拳王阿里的一生

[美] 乔纳森·艾格 著 徐海幈 译

ALI:A LIFE

文化发展出版社
Cultural Development Press
·北京·

献给洛拉

目录

第二部分

第三部分

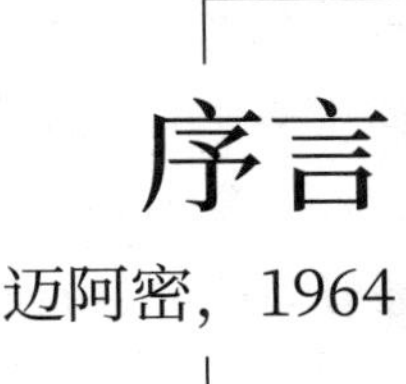

序言

迈阿密，1964

第一回合　挑战者：凯瑟斯·克莱

一辆长长的黑色凯迪拉克驶过一株株摇曳的棕榈树，在瑟夫赛德社区中心门前停了下来。午后的阳光从车上镀铬的保险杠上划了过去。[1]凯瑟斯·克莱从车上下来了。他穿着一件定制的牛仔夹克，手里挥舞着一根时髦的手杖。[2]

他朝四下里打量了一番，想看看是否有人注意到他。

没有人注意到他。

他大喊了一声："我是历史上最了不起的人！我是国王！"[3]

克莱身材高大，非常英俊，脸上挂着令人无法抗拒的笑容。他就是一股引力，一下子就把人们吸引进了他的轨道。喇叭声响了起来。柯林斯大道上的车纷纷停了下来。女人们从旅馆窗户里探出头来呼喊他的名字，穿短裤的男人和穿紧身裤的女孩聚在一起，看着这位一向喜欢自吹自擂的拳击手，关于他的故事他们已经听过很多了。[4]

"动如蝶舞！拳如蜂蜇！轰隆隆，年轻人，轰隆隆！啊！"他大声喊叫着。[5]

人越聚越多，终于，警察局长赶来了。他试图将克莱从街上转移到一处停车场，这样克莱也许就不会惹出太大的乱子了。一位新闻摄影师指了指自己的相机，可是克莱没有露出笑容，而是张大了嘴巴，如同表演哑剧一样发出了一声无声的尖叫。他猛地打出了一记左刺拳，在距离照相机只有几英寸的地方收住了拳头。

“我很帅，而且动作快如闪电。我才22岁，我要赚到100万美元！”他操着一口可爱的肯塔基口音说道。[6]

第二回合 冠军：桑尼·利斯顿

桑尼·利斯顿的左手就是一把攻城槌，右手是一把大锤。砰！砰！砰！砰！他用力地击打着沉重的沙包，墙壁都抖动了起来。体育记者们的手飞快地移动着，他们正在匆匆忙忙地写下一些矫揉造作的词汇，这些词都是“可怕”的同义词。

在不止一代人中，利斯顿都是最消耗对手的拳击手，他两个拳头的拳围都有15英寸（38厘米）左右，他的胸脯就像一辆M4谢尔曼坦克的前端一样向前突出。他无所畏惧，凶恶无比。有多凶恶？有一次，利斯顿主动出手和一个警察打了起来，结果把对方打得不省人事，他抢走了警察的枪，还把他抱起来扔在一条小巷子里，然后戴着那个警察的帽子笑呵呵地走开了。

利斯顿不仅会打败对手——他打败了他们，羞辱了他们，让他们在梦中也畏惧他的拳头。对美国来说，桑尼·利斯顿就是一个诅咒。他是脱胎于白人种族主义典型的黑人威胁。他喜欢这样。

他将世界比作一部牛仔电影：“世上有好人，也有坏人。坏人就应该输。可我改变了这一点。我赢了。”[7]

得知即将同他争夺世界重量级拳王称号的那个年轻人就在他正在进行训练的社区中心门外时，利斯顿来到阳光下，向这个捣蛋鬼表示了欢迎。他狠狠地推开粉丝们伸出的手，朝前走去，几乎走到了凯瑟斯·克莱出拳范围内。[8]

利斯顿停下了脚步，露出了笑容。

“克莱只是一个需要被揍揍屁股的小屁孩。”他告诉记者。[9]

第三回合 教士：马尔科姆·X

在纽约肯尼迪机场附近一个逼仄的旅馆房间里，38岁的马尔科姆·X

向一名记者讲述自己的一生，一直讲到了深夜。[10]马尔科姆身材瘦高，长着一副结实的下巴，戴着一副角质镜框眼镜。即使面带微笑，他的表情看上去还是很严肃。

马尔科姆一边口述一边踱着步子，坐下来的时候就只是为了在餐巾纸上草草写下几笔。他不想等到晚年才出版自传，他等不及了。就在不久前，由于不服从激进组织"伊斯兰民族"的领导人伊利贾·穆罕默德，他被停职了，他不知道自己是否还回得去。几个月前，出于对这个举国哀悼的国家的尊重，伊利贾·穆罕默德命令手下的部长们不要对肯尼迪总统遇刺一事发表评论，然而马尔科姆却大胆直言，他说这场谋杀是美国在越南、刚果和古巴撒播的暴力种子产生的结果。马尔科姆曾经说过："我自己就是一个出身于农场的老男孩，从来不会对自作自受这种事情感到伤心，这种事情总是会让我感到高兴。"[11]马尔科姆和自己的老师之间还存在着其他一些问题，这些问题都促使他们之间产生了隔阂。马尔科姆得知伊利贾·穆罕默德同伊斯兰民族组织雇佣的年轻妇女生下了很多孩子，他不断地告诉组织里其他人，他们的领导人做出了令人失望的行为。现在伊利贾·穆罕默德已经十分生气了，与此同时，一些传言传到了纽约，据说穆罕默德希望马尔科姆·X死掉。

马尔科姆在一生中始终都能渡过难关，贫穷、监狱和持刀斗殴都没能让他送命。这一次，他也打算活下来。在机场旁边的一个旅馆房间撰写自传——他就要从这里开始争取活命，因为语言能为他赋予力量。马尔科姆不会任由伊利贾·穆罕默德、埃德加·胡佛领导的联邦调查局，白人经营的新闻媒体，或其他任何人用他们的语言来定义他。他将用自己的语言，用自己的新信条来定义自己。在美国，一场伟大的革命正在酝酿中。占据主导地位的种族秩序受到了猛烈的攻击，其激烈程度自南北战争以来闻所未闻。觉醒中的黑人——无论男性还是女性——正在为争取权利而战斗。变革终于到来了，马尔科姆决心推动这场变革——如果有必要的话，要使用强力——不管伊利贾·穆罕默德或其他人怎么说。

凌晨两点，马尔科姆离开酒店，驱车回到了自己在皇后区的家中。[12]联邦调查局的一名特工监视着他的一举一动。当天晚些时候，马尔科姆、他的妻子和三个女儿登上了一架飞机，这是他们一家第一次外出度假，同时也是马尔科姆计划的一部分。他想让全世界看到他不是一个扔炸弹的疯子，而是一位父亲，一位丈夫，一位相信美国能够而且必须进行改革的牧师。他打算拍一些照，做一些笔记，以便为报纸撰写一篇专题报道。他为这篇报道选择的标题是《马尔科姆・X，居家男人》。

飞机在迈阿密落地了，一辆轿车正等在那里，准备将马尔科姆和他的家人送到他们预订的迈阿密海滩上的黑人专用汽车旅馆。根据联邦调查局线人的报告，轿车司机是凯瑟斯・克莱。[13]

第四回合 挑战者：凯瑟斯·克莱

克莱就像被魔鬼附了身一样喊叫着："你没有机会，你不可能打败我，你知道的！"[14]

这是一个战斗的清晨，是参战者面对媒体、展示强健身体、站在磅秤上检查体重的时候。房间里弥漫着香烟、体味和廉价古龙水的臭气。记者们从未见过哪个职业运动员会表现得如此不专业。有人说克莱失去了理智，对桑尼・利斯顿的恐惧让他失去了理智。

房间里的每个人都在说话，但克莱的声音最大。

"没机会！没机会！"他大喊大叫着，无视拳击官员的威胁，后者说如果他再不闭嘴就会对他处以罚款。同马尔科姆・X一样，克莱不会听从别人的命令。他会战胜困难，反抗任何试图控制或者剥削他的人。

克莱指着利斯顿，说自己已经准备好和这位冠军对决了，就在这一刻，没有拳击手套，没有裁判，没有花钱进场的观众，只有一个男人面对着另一个男人。他的脸上丝毫没有开玩笑的神情。他一把脱下了身上的白色长袍，露出一副修长瘦削的棕色身体，他的腹部和胸部上隆起一块块肌肉。他一下子朝利斯顿扑了过去，但是他的随行人员抓住了他，将他制服了。

也许克莱没有疯。也许本能告诉他，或者说在一个霸道暴力的父亲身边长大成人的经历告诉他，受到威胁的人表现出自己的恐惧是再糟糕不过的事情。

“我是最伟大的！我是冠军！”克莱喊道。[15]

第五回合　冠军：桑尼·利斯顿

利斯顿警告对手当心他的击打力量，无论给对手造成的影响长久还是短暂。在向一名记者解释他的出拳带来的危险时，他将两只巨掌的指节交叉在一起，然后他讲了起来：“瞧，大脑的不同部分被放在这样的小杯子里。当你被一记重拳击中时——砰！——脑子就从杯子里掉出来，你就被击倒了。接着，脑子又落回到杯子里，你又醒了过来。但是，等这种情况发生的次数足够多，有时甚至只需要来上那么一次，只要力量足够大，脑子就不会再落回到杯子里。到这时候，你就需要别人来帮你了。”[16]

凯瑟斯·克莱可能会蹦跶上一两个回合，但是利斯顿信誓旦旦地表示自己迟早会击中这个年轻的对手。等利斯顿击中克莱的时候，会将他狠狠地揍上一顿，让他的脑子从杯子里掉出来。

第六回合　拳击台上

耀眼的白色环形灯下缭绕着灰色的烟雾，视线中的一切都变得模糊不清了。记者们一边不停地敲打着各自的便携式打字机，一边掸掉领带上的烟灰。对于当天晚上谁会打赢的问题，一群群记者几乎没有什么争议。在大多数人看来，问题——唯一的问题——就是凯瑟斯·克莱离开拳击台的时候究竟是失去了知觉，还是已经死掉了。

这不仅仅是一场拳击比赛——在迈阿密海滩会议中心里，至少有一小部分人明白这一点。他们觉察到，在平静的美国生活表面之下蕴藏着一股野蛮而浪漫的力量，而凯瑟斯·克莱正是即将到来的这场变革的信使，他是一个披着传统美国运动员外衣的激进分子。在这场比赛前，马尔科姆·X针对克莱发表了一番评价：“他把他们给耍了。人们忘记了，虽然小丑从不效仿智者，但是智者可以模仿小丑。”[17]

马尔科姆凝视着前排座位上方的环形灯，他同歌手山姆·库克、拳击手舒格·雷·罗宾逊坐在一起。有传言称马尔科姆打算让凯瑟斯·克莱加入黑人穆斯林①的行列。

已经退休的重量级拳王乔·路易斯也坐在场边，身体凑到一支麦克风前，为全国各地的拳击爱好者们讲解比赛过程，这些爱好者正在电影院里等着像看黑白影片一样通过大银幕观赏这场比赛的转播。在拳击生涯中被誉为“褐色轰炸机”的路易斯是那一代人中最伟大的一位重量级拳击手，由于曾在二战中服过役，在1938年击败了德国拳击手马克斯·施梅林，并且表现得十分谦逊——即使是黑人冠军也不应该表现得像一名普通白人一样，他接受了这个事实——他赢得了美国白人的敬佩。

克莱走上拳击台，脱掉长袍，露出了一条带有红色条纹的白色绸缎短裤。他轻快地移动着两条瘦长的腿，对着空气轻轻出拳，用这样的方式让自己放松下来。利斯顿让克莱在台上晾了一会，然后迈着缓慢的步子一言不发地穿过体育场，登上了拳击台。

两个男人怒目而视。

铃声响了。

多年后，克莱会告诉别人：“那是我唯一一次在拳击台上感到了害怕。”[18]这时候，他已经三度赢得过重量级冠军的头衔，又三次输掉了这个头衔，曾宣布效忠伊斯兰民族组织，接受了“穆罕默德·阿里”这个名字，成为了全美国最受人鄙视的一个人，然后又变成了最受爱戴的一个人。这时候，从逃避兵役到美国英雄，他经历了各种角色，他也成为了有史以来最伟大的重量级拳击手之一，一位斗士，拥有无与伦比的速度、力量和耐力，也拥有一种消化惩罚、屹立不倒的奇特能力。这时候，他已经成为这个星球上最著名的人，正如一位作家所说的那样，他代表着“20世纪的精神”。[19]这时候，他已经患上了帕金森病，由于身体和头部曾遭受了大约20万次重击，[20]他失去了那些惊人的品质——敏捷、力量、魅力、傲

① 黑人穆斯林可以指称任何美国非裔穆斯林，在历史上，它更多代表自称为穆斯林的黑人民族主义组织。——译者注，下同。

慢、巧妙的应答，优雅、天生的雄性气概，还有眼睛里充满孩子气的亮光，那种光芒告诉世人无论他表现得多么无礼，他都需要别人的爱。

凯瑟斯·克莱的大名将响彻民权时代、冷战、越南战争、2001年9月11日的恐怖袭击，一直流传到21世纪。他将活着看到儿时在路易斯维尔的家变成了一座博物馆，在城市另一头还有一个规模更大的博物馆，用来纪念他给世人留下的宝贵财富。他的生命轨迹将激励无数人，即使有些人会因此而崇拜他，另一些人则会产生反感。

克莱的大部分人生都将在一场社会革命带来的阵痛中度过，他将会推动这场变革，因为在这场变革中美国黑人将迫使美国白人改写有关公民身份的规定。文字和图片在全球范围内加快了传播速度，人们能够以前所未有的方式看到其他人，听到其他人的声音，因此克莱将名闻天下。人们将为他谱写歌曲、创作诗歌、拍摄电影、排演戏剧，通过真实和虚构相结合的奇特方式讲述他的一生，而不是像镜子一样真实地反映出他在众目睽睽之下隐藏起来的复杂而满怀渴望的灵魂。他对爱的渴望将永不满足，这种贪婪促使他与无数的女孩和女人发生了关系，其中就包括他的四任妻子；他将赚到曾经只有石油巨头和房地产大亨才能赚到的钱，然而巨额财富和轻信他人的天性却会让他成为骗子们的囊中之物；他会残酷地嘲弄对手，然后将其打得血肉模糊，这将是他的谋生之道，然而他还是会在全世界成为宽容、仁慈以及和平主义的永恒象征。

克莱将骄傲地告诉世人："我就是美国。我是你们不会承认的那个美国。你们要习惯我——黑人、自信、狂妄；我的名字，不是你们的名字；我的宗教，不是你们的宗教；我的目标，就是我自己的目标；你们要习惯我。"

他非凡的拳击天赋将会让伟大的他变得更加伟大，让许多相互矛盾的事情在他的一生中化为了现实。然而，对于一场充满矛盾的人生来说，这也将是最具有讽刺性的一点——正是这种伟大的天赋最终毁掉了他。

在比赛开始的最初几秒钟里，利斯顿左右开弓，打出了一记又一记重拳，他要像自己期望的那样快速击倒对手。克莱左躲右闪，就仿佛他的脊椎是用橡胶做成的。利斯顿重重地踩着地面向前挪动，迫使克莱退到围绳那里，大块头的进攻者往往都会在这里彻底击败那些脚步花哨的对手。然而，就在利斯顿睁大眼睛准备打倒对手的时候，克莱朝旁边滑了过去，利斯顿的一记左勾拳呼啸而过，只击中了空气。

克莱转着圈地移动着，步伐就如同蜂鸟一样迅速而轻盈。突然，他朝着利斯顿的脸挥出了一记左刺拳。拳头命中目标。成千上万的人齐声尖叫了起来。利斯顿又打出了一记有力的右拳，克莱猫下腰，朝左边滑过去，完全避开了这一拳。接着，他直起身子，又猛地挥出一记刺拳，这一拳依然命中目标。接着又是一记。

这一回合还剩下不到一分钟的时间，就在这时，克莱用右手挥出了一记重拳，拳头结结实实地落在了利斯顿的脑袋上。克莱又快速挪动脚步，然后迅速站定，用机关枪一样的速度连续出了一阵拳，右—左—右—左—左—右。毫不停歇。

突然间，一切都变了。

观众咆哮了起来。利斯顿在四处躲避。

克莱终于证明了他一直以来都知道的一件事情——对他来说，做的比说的更重要。

克莱能做的就是战斗。

第一部分

第一章

凯瑟斯·马塞勒斯·克莱

他的曾祖父是一个奴隶。他的祖父是一个被定了罪的杀人犯，为了和别人争夺25美分，在口角时开枪射穿了对方的心脏。[1]他的父亲是一个酒鬼，经常在酒吧打架，[2]还招蜂引蝶，总是对妻子拳脚相加，有一次喝醉了，盛怒之下他抄起一把刀就朝自己的大儿子砍了过去。[3]这就是穆罕默德·阿里的根，这个男人原名叫“小凯瑟斯·马塞勒斯·克莱”，他说过这是奴隶的名字，最终他跻身那个时代最著名、最有影响力的人物之列。

穆罕默德·阿里的曾祖父约翰·亨利·克莱是主人的私有财产，也是美国政府的财产。他身材高挑，体格健壮，相貌英俊，褐色的皮肤光滑细腻。[4]他有着结实的胸部，宽阔的肩膀，高高的颧骨，还长着一双亲切而传神的眼睛。他属于亨利·克莱家族，美国肯塔基州的这位参议员是当时最鲁莽、最受争议的一名政客。他将奴隶制称为“民族耻辱”，是一种令人深恶痛绝的事物，会腐蚀人的灵魂，无论是奴隶主的，还是奴隶的，它是一个“大恶……是我们这个国家的版图上最黑暗的地方”。[5]

参议员克莱不仅对奴隶制大胆直言，他还创办了美国殖民协会，协会的目标就是把美国的奴隶送回非洲。然而，他和居住在肯塔基州的大部分家人却都继续蓄养着大量的奴隶——有着非洲血统的男人、女人和孩子。[6]

1846年，参议员克莱的儿子小亨利前往墨西哥参加美墨战争。奔赴战场的时候，小亨利还带上了一个名叫“约翰”的年轻奴隶。据穆罕默德·阿里的家人所述，这名奴隶就是阿里的曾祖父约翰·亨利·克莱。[7]穆罕默德·阿里的后人还坚称约翰·亨利·克莱是亨利·克莱或者小亨利·克莱的私生子。看一看身为白人的老亨利·克莱和身为黑人的约翰·亨利·克莱的照片，就能看出这两个人的相似之处，但是迄今为止还没有人试图通过基因检测的方法证实他们两个人之间的血缘关系。在奴隶中间，婚姻、出生和死亡这些事情很少会留下详细的记录，白人男性承认自己和黑人女性生儿育女的例子就更罕见了，而且这样的孩子大多都是强奸的产物。姓名也不能说明什么问题。名字这种东西属于奴隶主，不属于奴隶，它们就像牲口身上的印记一样牢牢地附着在奴隶身上。只有主人一时兴起，或者是在拍卖市场上的时候，奴隶才有可能更改名字。通常，在获得自由或者摆脱奴役后，奴隶会为自己取一个新的名字，一个属于自己的名字，以此庆祝自己获得了自由。拉尔夫·埃里森①曾在文章中写道："通过我们的名字，我们第一次在世界上拥有了立足之地。"[8]

1847年1月1日，小亨利·克莱从墨西哥给远在肯塔基州的儿子发去了一封信。在信中某一段他写道："约翰托我转达他对你的圣诞祝福。他还跟着我，事实证明，他基本上是一个非常棒的小伙子。他感谢上帝，因为他还活着，而他的几个黑人同伴都已经被墨西哥人杀死了。"[9]写下这封信后没多久，小亨利·克莱率领部下向敌军发动了一次猛攻，就在这场战斗中他阵亡了。约翰·亨利·克莱回到了肯塔基州，他的身份依然是奴隶。

关于他何时得到解放的问题，外界不得而知。不过，1870年的美国人口普查显示，约翰·克莱是一个已婚男人，一名劳工，生养了4个孩子，拥有价值2500美元的资产。后来，他和妻子萨莉又生下了9个孩子，其中就包括1876年在路易斯维尔出生的赫尔曼·希顿·克莱，也就是穆罕默德·阿里的祖父。

读完三年级，赫尔曼·希顿·克莱就退学了。[10]他长成了一个英俊的男人，体格魁梧，身材高大。[11]1898年，他与一个名叫普里西拉·纳瑟

---

① 拉尔夫·埃里森（1914—1994），美国著名黑人作家，代表作《隐形人》，被誉为美国二战以来最重要、最有影响的长篇小说。

的女人结了婚，他们生了一个男孩，[12]但是这段婚姻没有维持太长时间。1900年11月4日，在路易斯维尔一条小巷里玩骰子的时候，赫尔曼·克莱从一个男人手里抢走了25美分，并且拒绝还给对方。[13]当天晚些时候，赫尔曼颇有先见之明地告诉弟弟凯瑟斯，任何因为钱而骚扰他的人"都会受伤"。[14]赫尔曼和弟弟站在16街和哈尼街拐角的一根电线杆旁边，突然他们看到了查尔斯·迪基。迪基跟那个被抢走25美分的人是朋友，他25岁，是个目不识丁的临时工。[15]他拿着一根手杖朝克莱兄弟走了过去，手杖柄沉甸甸的。赫尔曼·克莱有一把枪。凯瑟斯的手里握着一把刀，迪基看见了。

迪基问凯瑟斯为什么拿着刀。

"你没来的时候我拿着这把刀了。"赫尔曼的弟弟说。[16]

"你拿着它肯定有什么企图……"迪基回答道。

据目击者所述，双方没有再多说什么。赫尔曼·克莱转过身，拔出他的0.38英寸口径手枪，开了一枪，子弹打中了迪基的心脏，"瞬间毙命"，《路易斯维尔新闻报》在报道中写道。[17]

赫尔曼逃离犯罪现场，但是很快就被抓住了。他被判为谋杀罪，并被判处终身监禁。就在被定罪后不久，他和普里西拉离婚了。[18]在肯塔基州法兰克福的州立监狱里服了6年刑之后，克莱获得了假释。[19]3年后，即1909年12月30日，他与伊迪丝·格雷特豪斯结了婚，[20]二人生养了12个孩子。他们的第一个孩子埃弗雷特·克莱因为用剃须刀杀死自己的妻子而进了监狱，[21]最终死在那里。他们的第二个孩子凯瑟斯·马塞勒斯·克莱出生于1912年11月11日，后来成为了穆罕默德·阿里的父亲。

对于这个20世纪的黑人家族——克莱一家人——来说，奴隶制并不是一个抽象的概念。这个词语同一些特定的人紧紧地联系在一起。它充满了细节。老凯瑟斯·马塞勒斯·克莱的名字来源于两个人，一个是黑人，另一个是白人。黑人凯瑟斯·克莱是他的叔叔，在赫尔曼开枪打死一个人的那天，站在哥哥赫尔曼身边的就是他；白人凯瑟斯·克莱是参议员亨利·克莱的表亲，他出生于1810年，当过律师、军人、出版商、政治家，并且批判过奴隶制。有一次，他说："对那些尊重上帝的律法的人，这就是我的观点。"[22]说完，他拿出一本皮面的《圣经》。"对那些相信人类法律的人，这就是我的观点。”说完，他放下一本州宪法。“对于那些既不信上帝的律法，也不信人类法律的人，这就是我的观点。”说完，他放下一把猎刀和两把手枪。还有一次，在和一个支持奴隶制的人进行辩论、争夺州长一职的过程中，克莱被刺中胸部，但是他幸免于难，而且还用匕首回敬了竞争对手。

白人凯瑟斯·克莱认为奴役在道德上是罪恶的，他呼吁白人逐步解放所有的奴隶。虽然他没有将属于自己庄园的奴隶统统解放，但是凭借这些直言不讳的观点他还是成为许多黑人心目中的英雄，因此曾经当过奴隶的约翰·亨利·克莱会给自己的一个儿子取名为“凯瑟斯”，在奴隶制结束十年后才出生的赫尔曼·希顿·克莱也会这样做，1912年出生的凯瑟斯·马塞勒斯·克莱再一次将这个名字传给了1942年出生的儿子。只要奴隶制和种族主义在美国各地还有影响，这个名字就会不断传承下去，历经重建时期[①]、“隔离但平等”[②]、美国全国有色人种协进会的诞生、杰克·约翰逊[③]、“大迁徙”[④]、乔·路易斯、马库斯·加维[⑤]为争取黑人独立打响的战斗、第二次世界大战、杰基·罗宾逊[⑥]，以及20世纪民权运动的诞生。

---

① 重建时期指的是1863至1877年，期间美国尝试着解决南北战争的遗留问题，其中就包括黑人自由民的法律地位等问题。

② 1877年美国联邦军队撤出后，南方各州普遍奉行“隔离但平等”原则，即只要为每个“种族”平等提供设施和服务，就可以将它们分割开来。这一原则得到最高法院1896年判决的支持，直到1954年才被推翻。

③ 杰克·约翰逊（1878—1946），美国拳击运动员，是1908—1915年的世界最重量级冠军，第一位获此称号的黑人。

④ “大迁徙”指的是在1916年至1970年间，大约600万非洲裔美国人从南部各州转移美国东北部、中西部以及西部地区的大规模人口迁徙。

⑤ 马库斯·加维（1887—1940），黑人民族主义者。他宣扬黑人优越论，提倡外地非裔黑人返回非洲，协力创建一个统一的黑人国家。

⑥ 杰基·罗宾逊（1919—1972），美国职业棒球大联盟史上第一位黑人球员，他参加大联盟被公认为近代美国民权运动最重要的事件之一。

第二章
嗓门最大的孩子

穆罕默德·阿里的父亲只有在喝醉的时候才会打架斗殴。

在全是黑人的路易斯维尔市西区，老凯瑟斯·马塞勒斯·克莱是一位知名人士，但是在邻居中间得不到多少尊敬。大家都叫他“凯什”，读完八年级后凯什就辍学了。靠着画广告招牌，他过着还算像样的生活。

在大部分男人都会稳定下来、组建家庭的年纪，凯什却穿着闪亮的白色鞋子和紧身裤，在西区和“小非洲”的各个社区烟雾缭绕的爵士俱乐部和带有自动点唱机的酒吧里跳舞，一跳就跳到了大清早。凯什有6英尺（1.8米）高，肌肉发达，皮肤黝黑，留着铅笔一样细的小胡子。西区的女人们都半开玩笑地管他叫“黑盖博”①。[1]凯什·克莱喜欢夸耀自己英俊的外表，强壮的体格，一副能唱出华丽颤音的好嗓子，[2]还有他为当地的商家——大部分都是黑人——绘制的漂亮的广告牌和店铺招牌。**市场街，卡尔·金，三间带家具的房间；杜梅斯尼尔街，A.B.哈里斯医学博士，分娩和女性失调；13街，乔伊斯理发店。**②[3]他还在教堂的墙上画过《圣经》里的场景。在教堂里干活的报酬有时候只有25美元和一顿免费的鸡肉晚餐，[4]难以维持生计，但是这种工作对南方一个黑人来说还是很有好处的，他可以凭借自己的双手和天赋在这个世界上闯出一条属于自己的道路，而不需要

① 这个绰号指的是好莱坞影星克拉克·盖博（1901—1960）。

② 黑体部分原文为大写。

得到白人的允许或者认可。凯什听过父亲赫尔曼宣扬的那一套——给白人干活会给自己带来各种危险和屈辱。赫尔曼总是说，黑人最好还是靠自己的本事过日子。[5]

凯什绝对不是名人，更不是有钱人，不过，画广告牌和店铺招牌的工作还是为他提供了保持独立的条件，而且还让他在大伙中间得到了一定认可，而这正是他喜欢看到的。人们雇佣他并不只是因为他的工作非常出色，而且还因为他善于交际。曾雇佣凯什为自己在市场街的当铺绘制店铺标志的梅尔·戴维斯就说过："画招牌的时候，凯瑟斯每天都得停下来一百次，跟路过的熟人聊聊天。你不想找别人给你画招牌，不过，你肯定也不想按小时给凯瑟斯付钱。"[6]

凯什一直宣称他没能成为一名名利双收的严肃艺术家并不是因为自己缺少天赋和训练，而是因为"吉姆·克劳美国"压制了他，他指的是在美国南部实行种族隔离制度的吉姆·克劳法①。

在清醒的时候，凯什是一个很会逗人开心的人，经常会爆发出一阵笑声，或者唱上几句纳·京·科尔②的歌。可是，一喝酒——通常都是杜松子酒——他就变得很吵闹，固执己见得令人反感，常常还会动粗。[7]他的一个朋友说过："他一点战斗力都没有，但是一喝多，他就敢挑衅任何人。"[8]

凯什并不急于安定下来，而且他的性格和收入都不太稳定，女人们都不会太认真地要求他做出承诺。克莱永远不会安定下来——终其一生，他一直在酗酒、追求女人——不过，最终他还是结婚了。有一天，在下班回家的路上，他看到街对面有一个女孩。"你真是一位美丽的女士！"[9]他大声喊道，这件事情是后来他自己讲给孩子们的。

奥德萨·李·格雷迪肤色浅黑，身材圆润，总是咯咯地笑个不停，当时她还在路易斯维尔的中央高中上学。她的外祖父是汤姆·莫尔黑德，莫

① 吉姆·克劳法泛指1876至1965年间美国南部各州以及边境各州对有色人种（主要针对非洲裔美国人）实行种族隔离制度的法律。

② 纳·京·科尔（1919—1965），美国音乐家，以出色的爵士钢琴演奏和柔和的男中音而闻名。

尔黑德是一个肤色比较浅的黑人，在内战中加入过北方联邦政府的军队，服役一年就从士兵升为了中士。莫尔黑德的父亲是肯塔基州的一个白人，娶了一个名叫“黛娜”的奴隶。奥德萨的祖父可能也是白人，一个名叫“亚伯·格雷迪”的爱尔兰移民。不过，能够证明她拥有爱尔兰血统的证据不太确凿。

当街对面那个年长于她的男人叫她的时候，年仅十几岁的奥德萨可能对凯什·克莱的名声一无所知。奥德萨经常去教堂做礼拜，学习也很用功，从来不是那种出没于夜总会的女孩。

奥德萨学习刻苦，为人开朗，因此受到很多人的喜爱。她自幼生活在肯塔基州西部的小镇厄灵顿，当煤矿工人的父亲抛弃了家庭之后，她被送到路易斯维尔，和她的一个姑姑住在一起。为了有钱买衣服，奥德萨在放学后就去给白人家庭做饭。没有人记得听到过她的抱怨。即便如此，对于一个在大萧条最严重的时期远离父母、住在大城市的花季少女来说，早早嫁给一个相貌英俊、充满自信、收入不错、年长于自己的男人一定是一件诱人的事情。在奥德萨怀孕后，结婚很有可能就成了不得已的选择。

凯什和奥德萨在许多方面都截然不同。凯什很粗暴，奥德萨很温柔；他身材高挑，她矮矮胖胖；他会谴责种族歧视的不公正，她则微笑着默默忍受这一切；他是一个很少做礼拜的卫理公会派教徒，而她则是一个浸礼会教徒，从不缺席锡安山教堂的主日礼拜；他喜欢喝酒，总是在外面待到很晚；她总是待在家里，做饭，打扫卫生。尽管两个人存在着如此大的差异，但是他们都喜欢大笑，每当凯什逗弄她、给她讲故事，或者突然放声唱起来的时候，奥德萨都会彻底释放自己，发出一串串美丽高亢的笑声，正是这样的笑声让她得到了“小鸟”这个绰号。

他们可能是在1933年或者1934年相遇的，因为奥德萨说过他们相遇时她才16岁，但是直到1941年他们才结婚。6月25日，他们在圣路易斯举行了婚礼，当时奥德萨已经怀孕3个月了。[10]1942年1月17日，她生下了第一个儿子。这个6磅7盎司（2.92千克）的婴儿出生在路易斯维尔的市立医院，出生时间比预产期晚了很多。[11]奥德萨说过自己经历了一次痛苦而漫长的分娩，最终还是一位医生用产钳夹住这个男婴的大脑袋，把他从子宫里取了出来，分娩才结束。产钳在这个男孩的右脸上留下了一个长方形的痕迹，[12]这个压痕伴随了他的一生。

凯什喜欢好莱坞演员鲁道夫·瓦伦蒂诺的名字，但是奥德萨坚持主张这个孩子应该用父亲的名字。她说："这是我听过的最美丽的名字。"[13]——一个来源于这个国家和这个家庭痛苦历史的名字。就这样，他们给他取了"小凯瑟斯·马塞勒斯·克莱"这个名字。只是，在出生证明上，他的名字被错误地写成了"Cassuis"（正确的写法为"Cassius"），但是他的父母可能没有注意到，不然就是不太在意这个问题，所以没有纠正拼写错误。

凯什和奥德萨住在西橡树街1121号，[14]距离奥德萨原先住的地方只有一个街区，他们的公寓每个月的租金是六七美元。[15]这个婴儿的出生证明显示凯什·克莱在南方贝尔电话电报公司工作，这表明他对组建家庭的事情非常上心，因此有生以来第一次找到了一份有稳定收入的工作。不过，这也是他一生中最后一次找到这样的工作。

小凯瑟斯是医院里嗓门最大的一个孩子，多年后他的母亲告诉记者："那会他哭得太厉害了，刺激得产房里的其他宝宝都跟着他哭起来。他们都睡得很香、很安静，可是凯瑟斯会第一个喊叫起来，接着，产房里的每个孩子就都喊叫了起来。"[16]

小凯瑟斯出生后不到两年，奥德萨和老凯瑟斯又生了一个儿子。这次凯什得逞了，他们给孩子取名为"鲁道夫·阿内特·克莱"。克莱一家买下了位于路易斯维尔西区格兰德大道3302号的一座小房子，这座房子只有盒子那么大，还不到800平方英尺（74平方米），里面有两间卧室和一间浴室。有一段时间，凯什把小屋刷成了粉红色，这是奥德萨最喜欢的颜色。凯什还在后院建了一座金鱼池，又开辟了一块菜园。后来，他在房子的后面又盖了一个小房间，这样孩子们就有更多的空间玩耍了。小凯瑟斯和小鲁迪合住在一个12英尺宽、20英尺长（3.65米×6米）的房间里，白色的墙纸上印着红玫瑰的图案。[17]两个男孩并排睡在两张单人床上，凯瑟斯的床靠着窗户，[18]从窗户看出去能看到邻居的房子，那座房子距离窗户只有72英寸（1.8米）。[19]

克莱一家的居住条件很普通，穿的衣服大部分都来自古德威尔慈善商店，[20]包括凯什用纸板衬里加固的鞋子。尽管如此，克莱家的两个男孩也从来不曾面容憔悴或者饥肠辘辘地去上学。凯什用过的大量油漆罐和刷子让他们的屋子里弥漫着一股油漆味，[21]但是，奥德萨精心烹制的美食散发出的香气总是能盖过油漆味。[22]奥德萨会做辣椒烧肉，用四季豆和土豆炒鸡肉。她还把卷心菜、胡萝卜和洋葱混合在一起，用油煎一下，直到香气飘满整个屋子，然后飘出窗外，在院子里的两个孩子都闻得到香气。她还会烤巧克力蛋糕，做香蕉布丁。有一段时间，克莱一家养了一只宠物鸡；还有一段时间，他们养了一只黑狗，这只长了一条白尾巴的狗名叫“拉斯提”。随着年龄的增长，凯瑟斯和鲁迪又逐渐拥有了电动火车、电动滑板车和自行车。

西区的一些道路铺得很粗糙，克莱小屋附近的一些房子只是一些简陋的棚屋。但是，这个地方还是比附近的“小非洲”好得多。在“小非洲”，直到20世纪中期还有一座座建在屋子外面的茅厕和一条条没有铺砌的街道。在1940年代，克莱家的邻居大部分都有着固定的收入——水管工、教师、私人司机、火车站的搬运工、汽车修理工和店老板。乔治娅·鲍尔斯小时候就住在格兰德大道，同克莱家的两个孩子一起长大，后来她成为了肯塔基州有史以来的第一位非洲裔参议员，也是第一位女性参议员。回首往事时，她说道：“这个街区每栋房子里的每一个人我们当然都认识。当时，社区里有13名教师，还有3名医生／博士——一名医学博士，一名牙医，一名博士。约瑟夫·雷是一个银行家，他会开着他那辆黑色凯迪拉克从我们面前经过，还扬一下帽子，打声招呼：‘你好，乔治娅小姐。’他用行动向所有社区成员清楚地表明了自己的态度。”[23]

住在西区的黑人孩子都听到过不要冒险进入更贫穷、更危险的黑人社区的警告，例如“小非洲”和烟城。至于白人社区，用不着警告，他们都会远离那种地方。西区能给人一种安全感。爱丽丝·基恩·休斯顿的家跟克莱家只隔了一座房子，提起往事时她说道：“小时候，我的生活并不困难。我们有店铺、银行、电影。直到走出了那个世界，我们才意识到我们的世界真的是不一样的。”[24]

在一篇用钢笔在横线纸上写下的传记里，奥德萨·克莱提到了大儿子早年的生活，她的字写得很漂亮，但是存在很多拼写、大写和标点符号方面的错误。这篇传记是奥德萨1966年的时候应一位杂志撰稿人的要求写下的，她在文章中写道："在我看来，小凯瑟斯的生活和其他孩子的不一样，直到今天，他仍然跟别人不一样。还是婴儿的时候，他永远坐不下来。每当我推着婴儿车带他去散步的时候，他就总是要站起来，想看到一切。他在很早的时候就试着说话了。他非常努力，到了十个月大的时候，他就学会走路了。一岁的时候，他喜欢有人摇着他入睡，如果没有人摇晃他，他就会坐在椅子上，不停地用脑袋去撞椅背，直到睡着为止。他不想让你帮他穿衣服、脱衣服。他总是在哭。很小的时候，他就想自己吃饭了。两岁的时候，他总是在早上5点就起床，然后把梳妆台抽屉里的东西统统扔出来，就把东西留在地板中间。他喜欢在水里玩。他喜欢不停地说话，喜欢吃东西，喜欢爬上高处，无论什么东西。他不愿意玩自己的玩具。他会把所有的锅碗瓢盆从橱柜里拿出来，敲打它们。无论什么东西，他都能敲，还能敲出节奏。还是个小孩子的时候，他会踮着脚尖走路，这样他的脚背就发育得很好，所以他的脚才能移动得那么快。"[25]

还是个婴儿的时候，凯瑟斯很喜欢吃东西，但是他讨厌别人给他喂饭。他坚持自己对付吃饭的问题，对他来说，碗里的饭菜被弄得越乱越好。他的胃口很大，身体长得又高大又结实，而且永远那么贪玩。能跑的时候，他绝不会走路，用奥德萨的话来说就是，他太着急了，以至于同时感染上了水痘和麻疹。他说出的第一个词是"哇"，一连几个月来他也只会说这么一个词。看着母亲时，他会说："哇！哇！"看着父亲时，他也在说："哇！哇！"他还会指着食物说："哇！哇！"需要换一块新尿布的时候，他就郑重其事地说"哇！哇！"，好让家人知道他的需求。自然而然地，奥德萨和凯什开始管儿子叫"哇"了，有时也叫他"哇-哇"。奥德萨还会把儿子叫作"木头宝贝"，[26]这个称呼来源于"小宝贝"。不过，"哇-哇"成了这个男孩永久性的称呼，不仅在家里，也不仅在儿时，这个称呼传遍了整个西区，也伴随了他的一生。

凯瑟斯渴望冒险。他曾爬进洗衣机，爬进洗碗槽，在院子里撵着小鸡跑。在一两岁的时候，他第一次挥出了一记重拳，无意中砸中母亲的嘴巴，把她的一颗牙齿打松了。后来，牙医帮奥德萨把那颗牙齿拔掉了。到了三岁的时候，凯瑟斯已经睡不下自己的婴儿床了，公共汽车司机也坚持要求奥德萨为这个孩子买票，他们都以为这个男孩至少有五六岁大了，其实这个男孩只有三四岁，有资格免费乘车。谁都不会挑战权威，奥德萨自然毫无异议地给司机掏了钱。

奥德萨从一开始就知道自己的这两个儿子都很早熟，凯瑟斯尤其如此，而且他几乎毫不在乎规则，也不在乎惩罚。他叛逆狂妄的性格来自他的父亲，他热情大度的一面则来自他的母亲。每当鲁迪惹上麻烦的时候，凯瑟斯就会警告他的父母，鲁迪是他的孩子，谁都不能揍他的孩子。他一边说一边抓起鲁迪的胳膊，把弟弟推进他们的卧室。

耐心不是他的强项。在凯瑟斯进入只有黑人学生的弗吉尼亚街小学后，一开始奥德萨每天都让他带着午餐去上学。可是，在上学的路上他就把午餐吃完了，[27]尽管他已经在家里吃了一顿丰盛的早餐。有些孩子可能会担心，如果在上学前吃掉了午餐，之后他们就会饿肚子了，但凯瑟斯不会产生这样的担忧。他觉得到时候自己会想出解决办法的，通常他的确会想出办法——到了吃午饭的时候，他就哄骗朋友们给他分一些食物。为了解决这个问题，奥德萨不再给凯瑟斯准备午饭，而是给他一些钱，让他自己在学校食堂里吃上一顿热乎乎的午餐。然而，凯瑟斯没有被阻止。他用母亲的钱买下朋友图迪的袋装午餐，然后在上学的路上吃掉了。

到了七八岁的时候，凯瑟斯成了孩子王，率领着一群随时在找机会搞些动静的男孩。有时候，透过纱门奥德萨会看到大儿子就像一位站在讲台上的政治家一样，站在水泥门廊上给年轻的追随者们讲着他为他们制订的计划。刚一到能跟上凯瑟斯脚步的年纪，鲁迪·克莱就成了哥哥的跟屁虫，也是哥哥的头号竞争对手。时隔多年后，鲁迪说过："那时候，我俩就像一对双胞胎。"[28]凯瑟斯会站在自己家和邻居家之间72英寸宽的空地上，让鲁迪朝他扔石头，这么做纯粹是出于好玩。鲁迪会用尽全力把石头扔出去，他的哥哥时而猫下腰，时而朝前冲去，蹦蹦跳跳地躲闪着。两个男孩还会打弹珠、玩抓子游戏和捉迷藏，凯瑟斯几乎从不给弟弟获胜的机会。[29]

玩牛仔和印第安人的游戏时，当牛仔的就是凯瑟斯——每次都是这样。

两个孩子总是受到别人的嘲弄和欺负，这不仅因为他们很吵闹，总是能引起别人的注意，还因为他们都长着一个异乎寻常的大脑袋。提起往事，他们的姑妈玛丽·特纳说道："亲爱的，我跟你说，那两个孩子的脑袋很大。他俩坐在路边打弹珠，或者玩一些街头的游戏，这时候就会有一两个孩子偷偷摸摸地溜到他们身后，把他俩的脑袋撞到一起，砰！然后那些孩子就跑开了，鲁迪和凯瑟斯紧紧地跟在他们后面。他们都觉得这么做很有趣。等到孩子们长大一些后，这种事情就不再发生了。凯瑟斯和鲁迪几乎对付得了街区里的所有男孩，因为他俩跑的速度很快，个头也很大。到最后，他俩的身体都长得很大了，他俩的脑袋就显得不那么大了。"[30]

没过多久，戏弄和折磨小孩子的人就变成了凯瑟斯和鲁迪。他们会管年龄更小的孩子们借自行车，一借就是几个钟头。玛丽·特纳说："他俩心眼不坏。他们只是觉得自己是那一带最了不起的小家伙。凯瑟斯觉得谁都没有鲁迪这么好的兄弟，鲁迪对凯瑟斯的想法也是这样的。"

同克莱兄弟俩一起长大的西区朋友们记得凯瑟斯跑得非常快，是一个优秀的运动员，但没有多少天赋。他对游泳一窍不通。[31]他会答应别人一起打打垒球或者触身式橄榄球，但是对这些运动都没有多少热情。

他的同学及邻居欧文·西特格雷夫斯还记得"那个'哇-哇'总是跑来跑去，给我惹麻烦。以前，我们经常躲在金斯洛花店后面的小巷子里，把旧轮胎滚到街上的汽车前面，让汽车停下来。有一次，轮胎卡在了一辆汽车下面，我们就从巷子的另一头跑出去，绕过几座房子，又绕回到那里，想看一看情况。那位女士下了车，她说，'孩子们，我会给你们每人两块钱，请你们帮忙把轮胎从我的车底下取出来。'于是，我们就从她的后备箱里拿出千斤顶，帮她把轮胎取出来。"还有一次，欧文和凯瑟斯在一条小巷里找到一件旧衬衫，他们在衬衫里面包满了土，然后把衬衫扔到了一辆经过那里的公共汽车敞开的窗户里。"那个穿着白色巴拿马西装的家伙——他绝对是在约会——他下车，追着我们，从34街和弗吉尼亚街一直追到了科特住宅区。可是，我们跑得太快了……现在，我还在为这件事情感到难过。他真的太干净了。"[32]

凯瑟斯一直很喜欢有趣又令人难以忍受的恶作剧。有一次，他把父亲的李子树砍倒了。[33]他还会模仿警笛的声音，模仿得非常像，害得一个个司机都把车停到了路边，伸长脖子寻找警车。[34]他曾经从家里的菜园里摘了几个西红柿，从一位老师家的篱笆外面往里扔，结果在老师家后院参加聚会的客人身上都被溅上了西红柿。他还在父母的卧室窗帘上系了一根绳子，绳子穿过大厅，一直拉到他自己的房间里，等到父母上床后，他就扯动绳子，让窗帘沙沙作响。他曾经还用床单把自己裹了起来，从屋子里漆黑的角落里跳出来吓唬母亲。再多的责骂和惩罚都无法阻止他。

奥德萨还记得："我叫他们俩每天都要午睡。有一天，他对鲁迪说：'知道吗，鲁迪？咱俩太大了，不能在这里睡午觉了。'从此以后，他们就再也没有睡过一次午觉了。"[35]每当两个孩子调皮到了极点，奥德萨就会叫他们去洗手间，凯什会轮流把他们按倒在自己的膝盖上，打他们的屁股。这些惩罚都没能让凯瑟斯变得警觉起来。在1966年的时候，《体育画报》的记者杰克·奥尔森为了一组专题报道采访了奥德萨，奥德萨告诉奥尔森："小凯瑟斯总是先进去挨上一顿揍，出来后就立即去干别的事情了！"说到这里，奥德萨笑了起来。"他是一个非常特别的孩子。"[36]

在讲述童年欢乐的时候，凯瑟斯的朋友们有时候不会提到在他们生活中以各种各样的方式存在的种族歧视和偏见。在一定程度上，这可能是因为凯瑟斯·克莱的朋友和邻居都把种族歧视当作理所当然的事情，这种事情在他们的日常活动中根深蒂固。他们忽略了这一点有可能也是因为在1940年代末和1950年代初，路易斯维尔的黑人觉得自己比其他地方的美国黑人过得更好，认为自己很幸运，能够生活在这样一座城市——用路易斯维尔的历史学家汤姆·欧文的话来说，这座城市展示出了"比较礼貌的种族主义"。[37]

肯塔基州的大部分人都同情南方邦联，但是在内战期间肯塔基州没有脱离北方联盟。在1865至1930年间，路易斯维尔没有发生过种族骚乱和私刑处决事件。与大多数南方黑人不同的是，路易斯维尔的黑人从1870年代开始就被赋予了选举权，此后也从未失去过这项权利。[38]路易斯维尔的白人公民领袖会经常表示他们关心黑人邻居们的生活状况，他们的关心似乎也是发自内心的，他们还慷慨地捐出自己的钱来支持黑人事业。当然，这些白人公民领袖就像其中一些人的奴隶主祖先一样，期望黑人不要抵抗，接受自己是二等公民的现实，不要大惊小怪，也不要感到愤怒，以此作为对他们的回报。

一些白人社区的领袖人物会摆出一副居高临下的姿态，宣称如果没有正确的指引和支持，路易斯维尔的黑人将会退回到野蛮的非洲式生活。路易斯维尔的许多白人都认为种族隔离是固有的、自然的、不可避免的事物。另一些人则比较进步，他们真诚地希望为黑人提供帮助，《路易斯维尔新闻报》的拥有者罗伯特·W. 宾厄姆就曾在全国城市联盟[1]和跨种族合作委员会[2]的地方分支机构任职。包括最高法院法官路易斯·布兰代斯[3]家族成员在内的一些犹太领袖也曾与服务黑人社区的一些志愿者组织合作过。当地一些著名的白人律师也曾与住房方面的歧视现象做过斗争。

在1940年代和1950年代里访问过这座城市的黑人和白人记者几乎一致表示，比起南方腹地各州和许多北方城市的黑人，路易斯维尔黑人受到的待遇要好一些。但是，他们大多都没有提及在住房、上学、就业和医疗保健等方面黑人仍然缺少平等的机会，因为这些现象都被当成理所当然的事情。他们也没有指出，尽管黑人顾客有权在市里的各大百货商店购买衣服，但是他们不能试穿衣服，记者们没有提及这一点是因为这种规定对黑人来说只是标准待遇而已。他们也没有说许多富有的白人之所以愿意为黑人事业出力是因为他们不希望黑人进行抗议和反抗，因为这一点太明显了。

实际上存在着两个路易斯维尔——一个是属于黑人的，一个是属于白人的，年轻的凯瑟斯·克莱不可能没有注意到这一点。对于黑人来说，最

① 全国城市联盟旨在消除种族隔离和歧视，帮助非洲裔美国人和其他少数民族参与美国生活，其前身为创建于1911年的全国黑人城市状况联盟。

② 跨种族合作委员会于1919年在亚特兰大成立，一直致力于反对私刑、暴力和奴役，并对南方白人开展有关反对种族虐待的教育。

③ 路易斯·布兰代斯（1856—1941），美国最高法院大法官（1916—1939），犹太人，被称为“人民的律师”，是美国进步运动的主要推动者。

好的学校、最好的商店和最好的医院都是禁区。大部分乡村俱乐部和银行也是如此。黑人电影观众只能选择市中心的少数几家大影院，即使在这些影院里，他们也只能待在楼座①里。

去市中心的路上，凯瑟斯会问母亲："小鸟，有色人种在哪里上班啊？小鸟，他们把那些有色人种怎么样了？"[39]

答案很清楚，但是给小孩子解释清楚也未必是一件容易的事情。在第二次世界大战结束后的几年里，路易斯维尔的经济蓬勃发展，制造业增加了许多工作岗位。烟草企业、酿酒厂和轮胎厂都提供了稳定的就业机会，但是黑人工人的工资通常都低于白人工人，而且他们基本上都得不到晋升的机会。1949年，路易斯维尔黑人工人的年收入中位数是1251美元，而白人工人的年收入中位数几乎是这个数字的两倍，即2202美元。[40]黑人工人不仅收入低，而且从事的都是更肮脏、更危险的工作。通常，黑人男性从事的工作都是为白人男性提供服务，例如服务员、高尔夫球童和擦鞋工，在这些行当里，温顺的脾气不仅是工作要求，同时也是生存的必要条件。黑人女性的前景更糟。只有少数一些人能从事秘书、理发师和学校教师的工作，但是在路易斯维尔工作的所有黑人女性中，有45%的人都做着奥德萨·克莱所做的工作——步行或者乘坐公交车前往富裕的社区，白天就在那里为白人家庭做饭、打扫卫生，用白人至上的石板雕刻出自己的身份。在得到白人雇主的允许后，她们可以把剩饭剩菜带回家，养活家人，她们挣的钱不仅要支付家庭生活产生的账单，而且还要为她们所在的教堂购买祈祷书。

根据母亲的回忆，凯瑟斯立即做出了一个冷酷无情的判断——这个世界是属于白人的。每当看到母亲在照顾完白人家庭后，筋疲力尽地回到家，然后打起精神照顾自己的家人时，他就意识到了这一点，只是直到很久之后他可能才理解了这样的现实。

---

① 楼座指的是剧场和影院里为了增加座席或作某些特殊用途，从一面或几面内墙挑出的平台，尤其是最高层的楼座。

小时候，还在逐步了解社会是如何区分种族、这种区分有多么重要的问题时，小凯瑟斯有时候会问母亲她是黑人还是白人。毕竟，她的肤色比丈夫白皙多了。但是，奥德萨的体重不够轻，不可能被人误认为是白人，她也不曾做过这样的尝试。她的肤色和她那几位白人祖先在遗传方面留下的影响在她的日常生活中无足轻重。就肯塔基州和美国的法律和习俗而言，克莱一家就是黑人——当时更常见的术语就是，“有色人种”——种族称谓决定了他们可以在哪里吃饭、在哪里购物、在哪里工作，可以把孩子送到哪里上学，可以住在哪里，如果他们触犯了法律或者受到这样的指控，他们会得到怎样的待遇，他们能和什么人结婚，如果生病了他们能得到怎样的照顾，以及死后他们能被安葬在哪里。凯瑟斯知道自己有权在契卡索公园、巴拉德公园和巴克斯特广场玩耍，但是不能去易洛魁公园、肖尼公园、切罗基公园、三角公园、胜利公园或者布恩广场。[41]

不平等的现象无处不在。1950年代中期，路易斯维尔的黑人遇害率约为56‰，而白人为3‰；黑人的自然死亡率比白人高出了50%。如果说这些现象没能引起一个在西区长大的精力充沛的少年的注意，那么有一个更加显眼的现象肯定被他发现了。这就是方丹渡轮公园，路易斯维尔最受欢迎的游乐园。从坐落在格兰德大道上的克莱家只需步行就能到达这个公园，可是这个公园只允许白人进入。在夏季的周末里，成千上万的路易斯维尔居民会驾车、乘坐渡轮或有轨电车来到这座公园。对于住在附近社区的黑人孩子来说，把这个公园安置在他们可望而不可即的地方不仅让他们感到干着急，甚至就是在折磨他们。住在方丹渡轮公园附近的黑人听得到过山车咣啷咣啷的滑行声和乘客们惊恐的尖叫声，他们也闻得到炸过头的油脂、油饼和熏牛肉的气味；每天晚上他们都会看着一家家被晒伤的白人开着旅行车鱼贯离去的景象。他们很难忽视掉这种景象传达出的信息——谁的欢乐重要，谁的欢乐不重要。

鲁迪·克莱说过：“我们可以站在栅栏跟前，但是不能进去。”[42]

小时候，小凯瑟斯·克莱曾躺在床上哭喊着问道，有色人种为什么要受这种罪。[43]他问道，为什么在他所在的教堂里全都是黑人，可是所有的耶稣肖像上画的都是白人，包括他父亲画的耶稣肖像。

通过祖父赫尔曼·希顿·克莱，年轻的凯瑟斯·克莱也对种族歧视有了一些了解。曾经在世纪之交因谋杀罪锒铛入狱的赫尔曼夸口说自己年轻时是一个很有天分的棒球运动员——太有天分了，要不是当时大联盟禁止黑人参加的话，他很可能会成为一名职业棒球运动员。[44]赫尔曼·希顿·克莱、凯什·克莱和小凯瑟斯·克莱都明白，他们必须忍受奴隶制带来的影响，这个国家是由奴隶劳工建立起来的，但是他们的工作甚至他们的身份都被偷走了，奴隶制留下了一套社会等级制度，这套制度让美国黑人和白人过着截然不同的生活，至少在可预见的未来情况将依然如此。

赫尔曼在1954年去世了，当时他的孙子只有12岁。就在当年，美国最高法院在"布朗诉托皮卡教育局案"①中裁定美国宪法禁止在公立学校实行种族隔离。南方各州立即做出了残酷而消极的反应，一些州开始采取行动，拒绝为兼收黑人和白人的学校提供资金。在密西西比州，白人商业领袖和政客们组建了一个"白人公民委员会"来抵制种族融合、捍卫白人至上主义。三K党领导人敦促支持者们抵制融合政策将给白种人带来的影响——"种族混杂"。就在"布朗案"尘埃落定后的那个夏天，来自芝加哥的14岁少年爱默特·提尔来到了密西西比州一个位于三角洲地区的小镇曼尼镇，全镇只有55名居民。提尔要在亲戚家住上一阵子。自1882年官方开始进行统计以来，密西西比州已有五百多名黑人被私刑处死了。就在不久前，该州州长宣布黑人不适合参加投票。在1955年的夏天，提尔的母亲对儿子要去南方的事情忧心忡忡，她警告提尔言谈举止都要符合密西西比白人对黑人青年的期望，这一点很重要。回答他们的时候，要说"是的，先生"和"不，先生"，必要时还要表现得谦卑一些，以免发生冲突。

可是，爱默特·提尔就跟小凯瑟斯·克莱一样，有时候会很倔强，实际上他只比小凯瑟斯·克莱小6个月。他没有在意母亲的警告。在曼尼镇

---

① "布朗诉托皮卡教育局案"是美国史上具有指标意义的一件诉讼案，美国的民权运动因为该案而前进了一大步。该案的判决结束了美国社会中存在已久的白人和黑人必须分别就读不同公立学校的种族隔离现象，"隔离但平等"的法律原则被推翻了。随后数年里，美国逐步废止了一切有关种族隔离的措施。

的一天，提尔站在一家杂货店的门外，给朋友们看他在芝加哥结交的白人女友的照片。其中一个孩子问他敢不敢走进商店和白人收银员说话，提尔接受了挑战。据说，在走出商店的时候，他对收银员说了一句“再见，宝贝”。几天后，收银员的丈夫和另一个男人闯进了提尔舅爷的家，把提尔从床上拽了下来。这两名男子用手枪抽打着提尔，还命令他乞求他们的宽恕。提尔拒绝乞求宽恕，结果他的脑袋就挨了枪子。凶手用带刺的铁丝网将一台很重的轧棉机风扇绑在男孩的脖子上，然后将他的尸体丢进了塔拉哈奇河。一个全部由白人组成的陪审团只花了67分钟就宣告被告无罪，一名陪审员还说：“要不是停下来喝汽水，就不会花这么长时间了。”[45]

提尔的母亲坚持敞着棺材，好让全世界都能看到她年轻的儿子那张残缺不全的脸，黑人杂志《喷气机》刊登了葬礼的照片，这些照片深深地烙印在了许许多多美国黑人的脑海中。提尔成为了公民权利的殉道者，激励了无数的民权积极分子。在杀害提尔的凶手接受审判后不久，罗莎·帕克斯①在阿拉巴马州的公交车上拒绝放弃自己的座位，引发了一波又一波的抗议浪潮。

凯什·克莱给两个儿子看了爱默特·提尔毁容后的照片。他要传达出的信息很清楚：白人会干出这种事情。这就是发生在一个无辜的黑人、一个无辜的孩子身上的事情，他唯一的罪行就是他的肤色。凯什·克莱认为，美国不存在公平，也永远不会有公平的一天。他自己的职业生涯就是证明。他拥有成为一名伟大的艺术家的天赋，不是吗？然而，现在他已经快四十岁了，靠着画店铺招牌赚取微薄的收入，几乎毫无希望找到一条出路，离开现在全家人住的那座逼仄的四居室小屋。凯什告诉自己的孩子

---

① 罗莎·帕克斯（1913—2005），美国黑人民权行动主义者，曾积极参与黑人组织“全国有色人种协进会”在当地的民权活动，后来被誉为“现代民权运动之母”。1955年12月1日，42岁的帕克斯坐上一辆公共汽车，司机要求黑人给白人让出座位，帕克斯拒绝了司机的要求，结果遭到监禁，并被罚款10美元。她的被捕在蒙哥马利市引发了长达381天的黑人抵制公交车运动，即“蒙哥马利公交车抵制运动”，组织者是当时名不见经传的浸礼宗牧师马丁·路德·金。由于这场运动，最高法院在次年做出裁决，禁止公车上实行“黑白隔离”政策。

们，只有金钱才能让黑人有机会获得平等和尊重。

小凯瑟斯·克莱领悟了父亲的这番话。在13岁的时候，他没有说过改变世界、改善同胞困境之类的豪言壮语，也没有说过接受教育、在一生中努力做一些有意义的事情之类的话。他说的只是他父亲说的那些话——赚钱。

有一次，儿子问父亲："凭什么我就不会有钱呢？"[46]

父亲抚摸着男孩胡桃色的手，说："你瞧，这就是你为什么不会有钱的原因。"

但是，所有的人早晚都会相信自己能比父亲做得更好，相信自己不会被人看到还干着父辈干的那些工作，不会受制于过去形成的一系列令人丧失信心、自己却束手无策的事情，小凯瑟斯也不例外。很小的时候，他就说自己要有一栋价值10万美元的山上的房子，车库里有豪华轿车，私人司机开车带他四处兜风，家里还有一名厨师为他准备饭菜。他发誓要给父母买一套房子，给弟弟也买一套，他会在银行里存上25万美元以备不时之需。

1955年夏天，也就是爱默特·提尔遇害的那个夏天，小凯瑟斯·马塞勒斯·克莱想到了一个赚钱的办法。

第三章
自行车

1954年10月的一个下午，12岁的凯瑟斯骑着自行车穿过路易斯维尔的市中心，他的弟弟坐在车把上，一个朋友一起骑着车。[1]突然，下起了大雨，三个孩子不得不找一个地方避避雨。他们急匆匆地走进了南4街324号的哥伦比亚大剧院。

当时，这个城市的黑人报纸《路易斯维尔卫报》正在剧院里举办一场家庭服务展览会。剧场里充满了各种令人惊喜的景象，陈列着琳琅满目的家庭用品，全都是最新发明的产品。参观者登记后就有机会赢得奖品，奖品包括一套"神器厨师"炉灶、一个"胡佛"蒸汽熨斗和一个美国无线电公司生产的"胜利者"电唱机。[2]在1950年代，随着经济的繁荣和新技术的发展，类似熨烫衣服、用吸尘器除尘之类的家务活都不再那么繁重了，黑人家庭也会想法设法地搞到他们在电视上或者杂志广告里看到的白人家庭演示的那些神奇家庭用品。凯瑟斯对最新设计的厨房小工具不感兴趣，但是展览会为他们提供了一个躲雨的地方，三个男孩还开心地大口吃着免费的爆米花和糖果。[3]

雨下了整整一个下午，到晚上7点钟左右，凯瑟斯、鲁迪和他们的朋友终于离开了剧院，这时候雨还在下。走出剧院后，他们发现自行车不见了。他们在街上来来回回地跑了几趟，想要找到偷自行车的人。突然，凯瑟斯哭了起来，他说："我真害怕爸爸，我不知道他会怎么做。"[4]

凯瑟斯的自行车是一份圣诞礼物——一辆"施文"牌豪华海滩车，红白相间，镀铬挡泥板，镀铬轮辋，白色胎壁的轮胎，还有一个大大的火箭形红色前灯。这辆自行车的零售价是60美元，相当于今天的500美元。克莱夫妇没有钱给两个孩子一人买一辆，所以按理说这辆车是凯瑟斯和鲁迪共同拥有的，[5]但是凯瑟斯尽量无视了这项协议。对于一个住在整条街最小的一座房子里，穿着二手衣服，在班上成绩最差，到这时都还没有成为社区里最耀眼的一个体育明星的男孩来说，这辆自行车是一件非常罕见的美好礼物——它是一种地位的象征，也许是他唯一的象征。

有人告诉三个心急如焚的男孩应该向碰巧在剧场地下室的那名警察报告他们的自行车被偷走了。三个男孩飞快地回到大楼里，下了楼梯。就在那里，他们遇到了路易斯维尔市的巡警乔·埃尔斯比·马丁，这个秃头大鼻子的白人警察在业余时间是一名拳击教练。当时，马丁下班了，正在地下室里训练一群业余拳击手，这些拳击手有黑人，也有白人，大部分都是十几岁的少年。体育馆为年轻的凯瑟斯开辟出一个新世界，满足了他的某种需要。这个宽敞低矮的房间，浓重的汗味，拳击手套撞击沙袋的声音，拳击手套撞击身体的声音——在这个地方，年轻人可以在一个关心他们的成年人的认可下做出暴力行为；在这个地方，外部世界井然有序的不公正的社会结构消失了。这一切令凯瑟斯·克莱感到着迷。他有些不知所措了，在提起那段往事时他说道："我几乎都把自行车的事情给忘掉了。"[6、7]

凯瑟斯很生气——用马丁的话说，他"比鞭炮都火爆"[8]——他说他想找到那个偷走自行车的人，把他狠狠地揍上一顿。

马丁平心静气地听着。他是一个随和的人，在上班的大部分时间里他都在倒空停车计时器里的硬币。他的同事们都开玩笑地称呼他为"警官"，因为在25年的巡警生涯中，马丁从不曾费功夫参加一次警官考试。白天在自己的管辖区里巡逻，晚上训练年轻的拳击手，他对这样的生活感到心满意足。马丁还为业余拳击手制作了一档名为《明日冠军》的面向地方观众的电视节目。每个星期六下午，这档节目会在路易斯维尔的波浪新闻台播出。

马丁看着体重整整89磅（40.4千克）的凯瑟斯，问道："你会打拳吗？"[9]

凯瑟斯说不会。他和自己的弟弟打过架，偶尔也会跟街上的孩子们动动手，但是他从来没有戴上过拳击手套。

"嗯，干吗不来这里开始接受训练呢？"马丁说。[10]

命运是机遇和选择共同作用的结果。机遇把年轻的凯瑟斯·克莱送到了乔·马丁的拳击馆，但是让他回到拳击馆的是他的选择。吸引凯瑟斯的不仅仅是拳击这项运动。他一直对自己强壮的体魄和英俊的相貌充满信心，一直渴望得到关注。他也已经意识到学校不会帮助他获得财富和名气。那么，拳击呢？对于想要凭空闯出一条出路的人来说，拳击这项运动一直很有吸引力。

凯瑟斯再也没有找回那辆自行车，也没有得到一辆新的。他的父母给他买了一辆电动滑板车，他又开始踩着滑板车飞快地穿梭在车流中了。[11]滑板车不需要踩踏板，所以比自行车更轻松。多年后，人们讲述这个年轻的拳击手如何踏上拳击道路的时候，滑板车取代了自行车的事情被人们遗漏了。丢失的自行车能引起最强烈的共鸣，但是滑板车同样有着重要的价值。这辆滑板车意味着小凯瑟斯没有因为弄丢自行车受到惩罚，他没有被迫去找一份工作赚钱，直到攒够买一辆新车的钱。相反，他的父母给了他一份更高级的奖励，这个举动或许能表明对克莱一家而言，责任感并不是最受到重视的价值观。

丢失自行车后不久的一天，凯瑟斯在家里看电视，乔·马丁的脸在屏幕上一闪而过。在《明日冠军》节目里，马丁和他培训出的一名业余拳击手正站在角落里。这正是驱使凯瑟斯回到拳击馆的全部动力。[12]在1975年出版的自传中，他提到在第二次去拳击馆的时候，他"和几个年龄大一些的拳击手"一起爬上了拳击台，结果他挨了一顿饱揍。"没过一会儿，我的鼻子就流血了。嘴巴很疼。脑袋晕乎乎的。到最后，有人把我从拳击台上拽了下去。"

等到清醒之后，凯瑟斯和马丁一起训练了。他要学习如何站稳，如何将自己的身体同对手错开一定的角度，如何用双手保护住头部，以免头部受到伤害，如何躲开对手的拳，如何打出左刺拳、右交叉拳、上勾拳和勾拳。

大约一个月后，即1954年11月12日，凯瑟斯登上了拳击台，这是他作为业余拳击手参加的第一场比赛。这场比赛要打三个回合，每回合两分钟，他的对手是一个和他年龄相仿的白人男孩，名叫罗尼·奥基夫。这场比赛在《明日冠军》节目中播出了，两个男孩每人拿到了3美元的报酬。两名拳击手戴着14盎司（397克）的手套，没有戴头盔。提起那场比赛，乔·马丁说："那两个小子太拼命了。"[13]凯瑟斯最终以分歧判定①获得了胜利。

这位年轻拳击手的表现丝毫没有显示出一位天才走进拳击场的迹象。马丁说过："那时候他很普通。"[14]但是，没过多久马丁就看到了自己喜欢的东西，一些教练无法教授的东西。一方面，凯瑟斯身手敏捷，手脚灵活，反应很快，这些优点都有助于他躲开拳头。他似乎从来不会疲倦。在头部中拳、感觉被扰乱后，他能够迅速恢复正常。在痛苦或者恐慌之下，他原本可以逃离，但是他却会反击，用意志压倒冲动。

但是，拳击也在凯瑟斯的身上激起了一种全新的东西——野心。他的父亲在工作的时候总是把他带在身边，教他如何混合颜料，画出清晰干净的字母，确保每个字的间距分毫不差。可是，这个男孩没有耐心从事这种工作，也没有继承到父亲的天赋，哪怕是一点点风景画或者肖像画的绘画能力。小凯瑟斯擅长打弹珠、在石块战中躲避飞来的石块，[15]可是这些技能不太可能保证他取得太大的发展。学校肯定从来不曾在他的心中激起过热情。现在，有生以来他第一次找到了自己想做的事情，这件事情不是胡闹，而是他愿意为之付出辛劳甚至做出牺牲的事情，是能让他出现在电视屏幕上的事情，天知道会有多少人看到他。

后来，在人们的口中，凯瑟斯·克莱丢失自行车的故事成了这位拳击手的决心和意外遭遇的奇迹性象征。但是，这件事情还有着更宽泛的意义。如果凯瑟斯·克莱是一个白人男孩，那么自行车被盗以及与乔·马丁的相识可能很容易让他对执法工作产生兴趣，就像他对拳击产生兴趣一样。然而，凯瑟斯已经对美国的种族分层结构有了敏锐的认识，他知道自己从事执法工作的希望不大。美国白人允许黑人做什么，对他们有着怎样

① 分歧判定：两名裁判认为一方拳手获胜，第三名裁判认为另一方拳手获胜。

的期望？终其一生，他一直对这个话题怀有浓厚的兴趣。

多年后，他说过："12岁的时候，我想成为一个大人物，我想名闻天下。"记者问他为什么想出名？经过一番深思熟虑后，他从一个更成熟的角度做出了回答："这样我就可以反抗，可以与众不同，可以向我之后的所有人证明，你们用不着当'汤姆叔叔'（对白人卑躬屈膝的黑人）了，用不着巴结你也知道的那些人就能成功……我想要自由。我希望自己想说什么就说什么……想去哪里就去哪里。想做什么就做什么。"[16]

对于年轻的凯瑟斯来说，最重要的就是拳击是被接受的，甚至是得到鼓励的，拳击在一定程度上让他和一起训练的白人男孩享受到了平等的地位。每天去健身房的路上，凯瑟斯都会经过一家凯迪拉克经销店。对他而言，拳击并不是获得展厅橱窗里那些又大又漂亮的汽车的唯一方式，但在当时看来似乎是这样。拳击提供了一条致富的道路，不需要他学习阅读和写作。得到一个名叫乔·马丁的白人的认可，他就能走上这条道路了。这条道路能够提供尊重、关注度、权力和金钱。

在1950年代，美国黑人对自己的经济和政治生活的控制权十分有限，但是拳击运动能够以一种极不寻常的方式超越种族界限。相比绝大多数运动，拳击更有可能让黑人运动员同白人运动员站在同一水平线上展开较量，公开展示他们的力量，甚至是超越白人的优势，收入水平也同白人比较接近。正如詹姆斯·鲍德温①在《下一次将是烈火》中所写的那样，克莱那一代的许多黑人都认为接受教育和存钱永远不足以让他们赢得尊重。"人需要一只把手，一根杠杆，一种激发恐惧的手段。毫无疑问，警察会鞭打你，把你关进监狱，只要他们能逃脱惩罚，其他人——家庭主妇、出租车司机、电梯工、洗碗工、调酒师、律师、法官、医生和杂货店老板——也绝不会大发善心，不再利用你来发泄他们的沮丧和敌意。无论是文明的理性还是基督教的爱，都不会让这些人善待你，尽管他们可能还指

---

① 詹姆斯·鲍德温（1924—1987），美国黑人作家、散文家、戏剧家及社会评论家，代表作《向苍天呼吁》，散文集《下一次将是烈火》出版于1963年。

望着你能这样对待他们。只有对你报复能力的恐惧才会让他们这样做，或者说看起来会这样做，这已经足够好了——无论是在过去，还是现在。”鲍德温在文章中写道。[17]一只把手。一根杠杆。激发恐惧的手段。在年轻的凯瑟斯·克莱看来，拳击正是这种东西。

凯瑟斯开始跑步锻炼身体。他原本可以在上学前或者放学后跑步，但是他没有这么做。他跑去学校。在多年后完成的自传中，他说自己那时候的日常生活就是“跟公交车赛跑”。[18]不过，赛跑的方式很特殊。首先，他和住在周围的其他孩子一起等着开往格林伍德大道的公交车。其他孩子上车，公交车吱吱嘎嘎地上路向东边的格林伍德驶去，这时穿着校服和校鞋的凯瑟斯就跟着公交车跑了起来，尽管阳光那么刺眼。当公交车停下来等待着绿灯或者让乘客上车的时候，凯瑟斯也会停下来。等朋友们在28街下车的时候，他又停了下来，和他们一起在那里等着开往栗子街的公交车。等这辆公交车开过来后，他又跑了起来。[19]他飞快地跑着，穿过一条条已经变形或者开裂的破旧马路，跑过一座座看上去像是靠着正在剥落的油漆才没有散架的房子，就这样一直跑到能看见路易斯维尔市中心的地方，那里有大银行、闪闪发亮的汽车经销店和闪烁着霓虹灯的电影院。到了这个时候，凯瑟斯已经跑得很热了，衬衫都紧紧地贴在脊背上。公交车上的那些孩子们知道，凯瑟斯这样做既是为了锻炼，也是为了吸引别人的注意。他并没有拼尽全力跑出最快的速度，也不是真的在跟公交车比赛，如果每次公交车停下来的时候，他没有停下来跟朋友们逗乐子，他本来可以轻松赢得比赛。欧文·西特格雷夫斯还记得：“有时候他会跳上车，抓住车窗，免费坐上一两条街。”凯瑟斯用手指抓着窗框，两条腿悬在离地面几英寸的地方，就这样抬起头看着朋友们的脸，脸上还挂着微笑。“你可得当心啊，万一司机往窗户外面看一眼、逮到你就糟了。”西特格雷夫斯哈哈大笑着对他说。[20]

凯瑟斯看上去就像一匹小马驹，四肢修长，膝盖外翻，身材修长，但是他一心想让自己变得高大强壮起来。早餐的时候，他会狼吞虎咽地喝下一夸脱（0.9升）牛奶，牛奶里还要打上两个生鸡蛋。他告诉大家，对于运动员来说，汽水就跟酒精和香烟一样糟糕，他发誓再也不会碰这些东西了。在发表这番禁欲宣言的时候，他或许是想证明自己比父亲优秀，他的父亲几乎每天都要喝酒，[21]而且还是一个出了名的懒鬼。或许他意识到了老凯瑟斯缺乏的力量源泉就是纪律。也有可能正如他的弟弟鲁迪记得的那样，他只是喜欢在照镜子的时候看到自己满身的肌肉而已。[22]

乔·马丁说过："几乎谁都无法让他丧失勇气。在我教过的所有孩子中，他无疑是最努力的一个。"[23]

凯瑟斯很享受自己在追求拳击事业的同时获得的关注。突然间，他有了自己的身份。他有了值得吹嘘的东西。他是一名运动员。他就是那个跟公交车赛跑的孩子，那个能灌下大蒜水的孩子，他说大蒜水可以帮助他降低血压。没过多久，他就开始告诉陌生人（他的朋友都已经知道这一点了）他不仅要成为一名职业拳击手，而且还要成为世界重量级拳王。在别人听来，这样的宣言肯定就像某个孩子宣称自己打算成为美国总统一样荒唐可笑。

在周五晚上的比赛开始之前，他会挨家挨户地敲门，试图激起人们的兴趣，增加高观众人数。没有人要求他这么做，在那个年代这种做法还是闻所未闻的。

他会告诉对方："我是凯瑟斯·克莱，我正在电视上打一场比赛。希望您能看一看我。"有一次，他跨了半个城区去一条街上推销自己，当他敲响一扇门的时候，乔·马丁从门里走出来。他们俩都笑了起来，但是马丁同时还意识到了这个举动正表明这个孩子对拳击事业有多么投入。

"可以肯定地说，凯瑟斯对自己充满信心。"马丁说。[24]

1954年，拳击在美国文化中占据着核心地位。对于体育迷来说，没有哪一项赛事能匹敌重量级冠军争霸赛，也没有哪一位运动员能赢得顶级重量级拳击手赢得的尊重。在余生中，无论走到哪里都依然被称为"冠军"的运动员就只有拳击界的顶级竞争者。拳击界的重量级拳王如同神一样，令人畏惧，一副充满男性气概和勇气的形象，全世界都会用钦佩和尊敬的目光注视着他们——除非他们是黑人，在这种情况下，情况会变得比较复杂。

在凯瑟斯·克莱年轻的时候，重量级拳王是洛基·马西安诺[①]。马西安诺长着一个扁平的鼻子，一根公牛脖子，一副宽阔的肩膀，他的那张脸既是DNA的结果，也是拳击运动摧残的产物。他身高5英尺10英寸（1.78米），体重188磅（85.3千克），身材不算特别魁梧。他的身手也不算特别敏捷。但是，他能够不屈不挠地对自己的对手发动攻击，给他们造成重创，几乎每10位对手中就有9个人被他打得不省人事。马西安诺原名罗科·弗朗西斯·马尔切亚诺，他正是美国人喜欢为其欢呼的那种拳击手。他的父母是意大利移民，挖水渠和运送冰块让他锻炼出了一身的肌肉，在二战期间他还在军队里服了两年的兵役。

在马西安诺之前，黑人已经霸占重量级拳王的称号长达15年之久。马西安诺击败了泽西·乔·沃尔科特[②]，夺得了冠军头衔，而沃尔科特则是从埃扎德·查尔斯手中夺走的冠军头衔。在乔·路易斯退役后，查尔斯成为了拳王，在1950年击败了复出的路易斯，从而巩固了这一成果。

乔·路易斯曾经把持重量级冠军头衔长达12年之久，比重量级拳击比赛史上的任何一位冠军都长寿，在这12年里，他成为了美国历史上最受欢迎的黑人。1934年，20岁的他第一次引起拳击爱好者的注意，他相貌英俊，肤色较浅，性格安静，赛事主办者都会特意将他塑造成一个健康、彬彬有礼的黑人，会对白人表现出应有的尊重。路易斯爱他的母亲，也爱《圣经》——这是他的公关人员所说的，白人新闻记者也是这样写的。为了确保这位强大的拳击手在拳击场外保持一种与人无害的形象，路易斯在日常生活中执行着经纪人强加给他的一些严格规定——绝不允许同白人女子合影，绝不允许独自进入夜总会，绝不允许对自己的手下败将摆出一副沾沾自喜的姿态，在获胜时绝不允许举起双臂，在接受采访时绝不允许吹

① 洛基·马西安诺（1923—1969），1952至1956年间的世界重量级拳王，是拳击史上唯一一位职业生涯保持全胜纪录的世界重量级拳王，被举世公认为历史上最伟大的拳手之一。

② 泽西·乔·沃尔科特（1914—1994），在37岁获得了重量级拳王的头衔，成为有史以来年龄最大的拳王。直到1994年，这个纪录才被乔治·福尔曼打破。

嘘自己的才华。他不是桑波[①]——白人扮演黑人的说唱表演里那种面带笑容、拖着脚走路的小丑，但他也不是一个完全能主宰自己的人。他是一个老好人，一个有自知之明的黑人，对美国白人给予他的机会心存感激。

当时，美国经济深陷于大萧条中，法西斯主义在欧洲蠢蠢欲动。美国需要一位新的拳击英雄，乔·路易斯就拥有这样的力量和天赋。借用路易斯·阿姆斯特朗[②]的一首名曲，乔·路易斯唯一的罪过就是他的皮肤。阿姆斯特朗也是黑人，在一定程度上，他能够赢得美国白人的认可是因为他看上去并不恨他们。最重要的一点就是，这正是美国白人对乔·路易斯的期望。他们允许他参加比赛，允许他成为冠军，甚至允许他把白人打得血肉模糊、不省人事，只要他记得白人比黑人优越，而且永远如此，只要他记得自己作为美国英雄的地位只是暂时的。人们期望像乔·路易斯和路易斯·阿姆斯特朗这样的黑人能够代表他们的黑人同胞，尽管这个角色给他们带来了难以承受的负担。作为黑人，他们应该表现出什么样的特质？只有白人想看到的那些特质吗？他们怎样才能在保持个性、自由表达想法的同时充当一种象征符号？在乔·路易斯之前，另一位黑人拳击手杰克·约翰逊就没能成为进入白人世界的黑人大使。在1890年代末期，当杰克·约翰逊开始参加拳击比赛并获得胜利的时候，拳击台上还从来没有出现过一位黑人重量级拳王。仅仅想到这一点就已经令许多白人感到冒犯。拳击历史上最后一位徒手比赛（不戴拳套）的世界重量级拳王约翰·L. 沙利文说过："任何一个跟黑鬼同场竞技的拳击手都会失去我的尊重。"[25]

随着杰克·约翰逊和其他一些黑人拳击手的出现，黑人不仅对白人拳王造成了威胁，而且还威胁到了社会对种族问题的顽固态度。《纽约太阳报》的编辑查尔斯·A. 达纳曾在1895年的一篇文章中写道："我们正身

---

① "桑波"是对黑人的一种蔑称，尤其针对黑人男性，也指黑白混血儿，此处指的是后者。

② 路易斯·阿姆斯特朗（1901—1971），美国爵士乐音乐家，被誉为"爵士乐之父"，早年以演奏小号成名，后来他以独特的沙哑嗓音成为爵士歌手中的佼佼者。

陷于一个日益严重的威胁之中。在竞技领域，尤其是拳击领域，黑人正在迅速走向前列。我们正处在一个黑人崛起、白人至上原则遭到破坏的时期。”[26]

杰克·约翰逊是一场噩梦，这场噩梦惊醒了白人至上主义者，把他们吓得出了一身冷汗。他身材高大，肤色黝黑，咄咄逼人。遭到别人的嘲笑时，他会做出反击。他对自然秩序发起了挑战，他很聪明，能够意识到自己的存在对当权者构成了多大的困扰。他会提前预测出比赛结果。他会奚落自己的对手。不知何故，约翰逊断定自己无须为了肤色和血统的原因就在白人主人面前卑躬屈膝，对他们惟命是从，尽管美国的历史无不在告诉他黑人就应该这么做。1908年，在取得了一连串令人信服的胜利之后，约翰逊赢得了挑战拳王的权利，这位白人拳王名叫汤米·伯恩斯，是德裔加拿大人。在第14回合击倒博恩斯之前，约翰逊将对方奚落了一番。几乎就在比赛刚刚结束的时候，人们就开始寻找一位能够恢复自然秩序的白人拳击手了。然而，约翰逊很难被击败。1910年，在他击败被称为“白人的伟大希望”的吉姆·杰弗里斯后，黑人社区出现了一场又一场的庆祝活动。紧接着，一伙伙白人就发动了报复性的袭击。

约翰逊保持拳王头衔将近7年时间，赢的次数越多，他的表现就越大胆，就好像世界重量级拳王的身份已经证明了他的优越性。他戴着昂贵的珠宝首饰，穿着长毛皮大衣，参加杂耍表演，对批评他的人出言不逊，公开与白人妇女交往，无论是妓女还是富有的已婚妇女，他还结过三次婚。约翰逊成为了那个时代最有名、也最受鄙视的黑人。他一度被迫远走他乡，重新回到美国后，他以莫须有的罪名被关进监狱，他们给他捏造的罪名是为了“不道德的目的”运送一名妇女越过州界。

杰克·约翰逊证明了拳击台在美国社会中占据着一个特殊的位置，可以说是一座祭坛，在这里，通常的规则和信仰并不总是能站得住脚。在拳击台上，在一场规范的比赛中，1910年的任何一个黑人都可以击中白人的头盖骨，而不会进监狱或者因此被私刑处死。在拳击台上，一个人可以杀死另一个人而不会面临谋杀的指控。正是在这个地方，杰克·约翰逊短暂地展现出了美国的未来。

在未来的岁月里，美国黑人会更加激进地反抗南方的种族隔离和北方的种族歧视，以及美国人崇奉的信条——人人生而平等——中似乎永远不会消失的侮辱和伪善。但是，直到大约半个世纪之后，才又有一位黑人拳击手大胆地对美国的种族规则发起了挑战。在这位斗士的时代终于到来后，他也会因为无礼的表现和不够谦逊而备受诟病。这位斗士也将面临来自政府的惩罚和来自白人同胞的愤慨。

日后，凯瑟斯·克莱会说出这样的话：“我渐渐喜欢上了杰克·约翰逊的形象。我想变得粗鲁、强硬、傲慢，就是白人不喜欢的那种黑人。”[27]

第四章

“每一天都在天堂”

在1957年8月里一个炎热的夏夜，路易斯维尔市警察局的警官查尔斯·卡尔布弗莱施在西区格兰德大道3302号处理了一起家庭纠纷案件。赶到那里时，他看到小凯瑟斯·克莱的腿正在滴血。这个瘦瘦高高的15岁男孩说他的父亲用刀子砍伤了他，他的母亲证实了这种说法。[1]

几年后，当记者问及当年那起家庭纠纷时，卡尔布弗莱施没有透露究竟是什么原因导致了那次攻击。他不记得伤口究竟是在小腿还是大腿上，也不记得是左腿还是右腿，他只记得伤口很小，甚至不需要缝针。考虑到涉及黑人家庭的家庭暴力案件很少能被定罪，这名白人警官认为逮捕老凯瑟斯·克莱纯属浪费时间。“他们只会互相残杀，两三个月后，等你上了法庭的时候，他们已经把事情忘记了。”卡尔布弗莱施说，[2]他指的是被卷入家庭纠纷的黑人男女。

那时候，路易斯维尔的警察们已经对凯什·克莱很了解了，多年里，他们处理过好几次奥德萨的投诉，她每次都告诉警察丈夫打了她，大多都是在他喝醉之后。他们曾以酒后驾驶和扰乱社会治安的罪名逮捕过凯什好几次，那都是凯什在梦境俱乐部或者36号俱乐部寻欢作乐一夜之后的事情。但是，凯什从未坐过牢，这在很大程度上得归功于他的律师亨利·萨德罗。身为白人的萨德罗碰巧还是肯塔基州拳击委员会的委员。凯什还与警察发生过其他一些摩擦，但是始终没有被逮捕过。他还有过更多令人不安的举动，但是这些事情丝毫没有引起任何人的注意。但是，最严重的问题还在于，凯什·克莱是一个酒鬼，还是一个没心没肺的人。在路易斯维尔“小非洲”长大的霍华德·布雷肯里奇说过：“他以前跟我的姑妈好过。事实上，跟我的两个姑妈都好过。”[3]凯什·克莱喜欢在酒吧里勾搭最丰满的女人，但是最终总是会跟酒吧里块头最大、体格最强壮的男人打上一架。

在腿被划伤后的三天里，年轻的凯瑟斯没有出现在训练馆里，他的教练乔·马丁越来越担心。[4]后来马丁说：“终于，他来了，被割伤的地方包扎得严严实实。我问他是怎么弄伤的，他说自己跌倒在牛奶瓶上了。”凯瑟斯的话没有骗过警察马丁。当年晚些时候，克莱告诉了马丁真相——当时他试图拉开正在吵架的父亲，结果就被父亲划伤了。“没过多久，我就知道了这孩子对他老爸害怕得要死。”马丁说。

日后，凯瑟斯和鲁迪会告诉采访者他们一直生活在一个幸福的家庭里，是两个快乐的孩子，家里不富有但从不会挨饿，他们都十分清楚自己的父亲喜怒无常，随时有可能发火，但是他们并不害怕他。他们会说自己的父母有时候的确会吵架，父亲把他们带进浴室，将他们“捆住”，[5]是因为他们干下了各种各样的错事，不过他们并不认为屁股挨揍是不正常的事情。鲁迪还会承认他们的父亲至少还有两个私生子，[6]奥德萨也知道这两个孩子的事情。鲁迪说自己在家里见过的最暴力的行为就是有一次奥德萨动手打了凯什，因为她逮到他的一次风流韵事，他说他不记得父亲对母亲也动过手。

多年后，鲁迪·克莱说过：“那时候，每一天都在天堂。天堂！”[7]

哥哥凯瑟斯在一生中几乎与记者无所不谈，但是他从来不会详细谈论自己和父亲的关系。他远离酒精是因为父亲酗酒吗？拳击对他有吸引力是因为他在家感到了威胁吗？他从不谈论这些事情。

“我只知道小时候我过得挺好的。”[8]他只会说这么多，仅此而已。

中央高中的年鉴《中央人》没有将凯瑟斯·克莱选为1959年度学校最佳运动员，获此殊荣的是凯瑟斯的朋友、篮球队大明星维克·本德尔。[9]对此，克莱没有什么意见。虽然他的个头超过了大多数同学，跑得也更快，但他对团体运动没有多少兴趣，没有加入学校里任何一支热门运动队。多年后，他做过一番解释：“对于其他的运动项目，我唯一考虑过的就是橄榄球，但我不喜欢这项运动，因为这项运动不会突出个人——你得穿上太多的装备，谁都看不到你。”[10]拳击已经成了他的生活，他的信仰，他每天早上起床的理由。他会趁着课间休息的工夫在走廊里对着空气打一会拳，在距离贴着走廊的储物柜只有几英寸的地方收住拳头。[11]在老师讲课的时候，他会信手画一些画，他画的都是拳击台、拳击手套，还有中央高中橄榄球员穿的那种夹克衫——只是他画的夹克衫上带有“全国金手套冠军”或者“世界重量级拳王”的字样。他会主动给同学们签名，落款是“世界重量级拳王凯瑟斯·克莱”。[12]

一天，当凯瑟斯正在做白日梦的时候，老师叫他回答一个他没有听到的问题。

“凯瑟斯，”她说，“你在听课吗？”

他撒了谎说自己在听课。

“那就回答问题吧。”老师说。

他一言不发。

“凯瑟斯，你这一辈子打算干什么呢？”老师问道。

凯瑟斯仍然没有回答。班上的三个男生举起了手，其中一个脱口而出：“老师，凯瑟斯会打架！”[13]

在最高法院对“布朗诉托皮卡教育局案”做出裁决之后，南方一些州的州长宣布他们将会避免或者破坏公立学校的融合。德怀特·艾森豪威尔总统在这个问题上保持了沉默，南方各州的反抗因此愈演愈烈。由于地方上的白人领导人全面控制了融合工作，因此融合工作停滞不前，紧张局势进一步升级，各地爆发了抗议活动，许多社区都出现了大量暴力事件。

但是，路易斯维尔不在其中。

1956年秋天，也就是凯瑟斯·克莱进入中央高中的前一年，路易斯维尔的各所学校在没有暴力抗议的情况下实现了融合。学监下令，该市46000名公立学校学生（其中27%为黑人）[14]要就近入学，无论离家最近的学校之前是黑人学校还是白人学校。然而，这意味着大多数学校将继续维持种族隔离的现状，因为大部分社区都处于种族隔离状态。这些规定包含了一项例外条款——如果父母不希望他们的孩子在学校里处于少数，父母可以要求转学。换言之，谁都不必被迫进入一所另一种族的学生占优势的学校。黑人领袖们反对这个转学方案，但是学监拒绝做出让步，黑人社区也没有出现大规模的抗议。融合工作仍在继续，虽然不尽如人意，但是和人们预期的一样顺利。

1956年9月，在开学的第一天，路易斯维尔市的73所学校中有54所实现了种族融合,《纽约时报》从当地发回了报道:“白人和黑人的孩子一起走过学校走廊。他们齐声庄严地朗诵了《效忠宣誓》。学生们并排坐在教室里。在第一天的课程结束后，他们开心地一起冲下台阶。肤色差异似乎已经被遗忘了。”[15]

一年后，即1957年的秋天，在阿肯色州小石城的白人中学中央高中，阿肯色州国民警卫队的队员拔出刺刀，拒绝一名想要上课的15岁黑人女孩进入学校，还给她指了指一伙威胁要杀死她的愤怒的白人男子。双方僵持了三个星期后，全副武装的联邦军队来到小石城，他们护送着这名女孩和另外8名黑人学生（被称为“小石城9人事件”）走进教室。这场危机成了国际头条新闻。尽管如此，路易斯维尔依然风平浪静。

路易斯维尔的融合工作在早期进展得并不完美。当地的白人似乎不介意让自己的孩子同黑人孩子一起上学，但是他们不希望孩子接受黑人老师的教育。黑人社区的领导人提出抗议，但是学监不为所动，坚持认为黑人教课有可能会对白人儿童造成伤害。凯瑟斯·克莱的一位历史老师——一位名叫莱曼·约翰逊的黑人发起了一场运动，向学区施压，要求学区改变政策，对学校教职员工也实现种族融合。经过两年的抗议，学区最终同意选择10名黑人教师加入以白人为主的学校工作，这些被选中的黑人“举止优雅”，在种族问题上不会“过于激烈”。[16]

即使在路易斯维尔这样的地方，白人市政领导人也意识到了他们不可能再指望黑人男女对他们唯命是从，或者对种族问题漠不关心。奴隶制和吉姆·克劳法的受害者们现在变得越来越自信，因为法律站在了他们一边。1955年，全国有色人种协进会向17个州的170个学校董事会提交了废除种族隔离的请愿书。[17]在一些社区，白人的抵抗变得更坚定了，种族之间的关系破裂，公开表明种族主义立场的白人公民委员会受到了拥戴。黑人男女以联合抵制为武器，推动着平等权利的实现。尽管如此，凯瑟斯·克莱就读的初中和高中仍然全是黑人学生，在接下来的几十年里也一直以黑人学生为主。

中央高中创建于1882年，最初被称为“中央有色高中”，自建校以来，这所学校一直是路易斯维尔市黑人社区的骄傲。凯瑟斯上课的教学楼是新建成的，投资将近400万美元，1952年才竣工，并在当年投入使用。[18]这座庞大的红砖建筑有111个房间，包括一个游泳池、一个广播电台和一座收藏了12000册图书的图书馆，其规模甚至配得上大学校园。除了数学、自然科学和英语，学生们还可以参加干洗、钣金加工、收音机、电器修理、管道维修、家居装饰、美容、茶室服务、商业食品加工和自助餐厅管理等方面的课程。[19]

但是，这些课程都引不起凯瑟斯·克莱的兴趣。

时隔多年，在提起往事的时候他的同学玛乔里·米姆斯说过：“他笨得就像一箱石头。”[20]米姆斯比凯瑟斯低一年级，曾经和他短暂地约会过一段时间。

他的朋友欧文·西特格雷夫斯说他的脑袋“不是最聪明的”。[21]

后来，凯瑟斯对自己当年的“学习方法”做过一番解释：“在学校里，我坐在一个干瘦干瘦的、戴着一副眼睛的孩子旁边，我就抄他的答案。”[22]

1957年1月，还在杜瓦尔初中上学的凯瑟斯参加了一次加州标准智商测试，得分低于平均水平83分。在中央高中就读的第一年，他的英语成绩是65分，美国历史课的成绩也是65分，生物课的成绩和艺术综合课的成绩都是70分。[23]1958年3月31日，没等读完10年级，凯瑟斯就离开了学校。他的学习成绩无法说明他退学的原因，不过其中有可能包括成绩差和紧张的拳击训练。在中央高中，每门功课的及格成绩都是70分，这就意味着他有两门课的考试没有通过，其他两门课也只是勉强及格而已。第二年秋天，他又回到了学校。他的学习成绩之所以这么差，可能部分由于他花在拳击方面的时间太多了。在1957年里，凯瑟斯至少参加了12场业余比赛，尽管输了三场比赛，但是路易斯维尔每一个关注拳击运动的人都逐渐认识到他具有成为一名拳击手的巨大潜力。

凯瑟斯拼写和标点符号能力都超过了自己父母，但是他的阅读速度很慢，不喜欢写作文。面对书面文字，他总是感到灰心丧气，在一生中的大部分时间里他都是如此。多年后，凯瑟斯的家人告诉外界他患有阅读困难症，据他的第四任妻子朗尼说，是“非常严重的阅读困难症”。[24]但是，在他小时候，对这种疾病的诊断还鲜为人知，医生很少做出这样的诊断。对凯瑟斯来说，即使阅读报纸体育版上刊登的一篇简单文章也是一件苦差事，要花上正常阅读时间两三倍的工夫。数学题也令他感到困惑，尤其是那些同时含有单词和数字的数学题。学校唯一令他喜欢的一点就是在那里他能找到观众。他最渴望得到的就是关注，旺盛的精力就如同拳击一样，为他赢得了别人的关注。

凯瑟斯说过，拳击“让我觉得自己与众不同。以前，孩子们经常取笑我。‘他还以为自己会当上拳击手呢。他什么都干不了。’可是，我总是喜欢受到关注，得到露脸的机会……吸引别人的注意力，出风头，这就是我最喜欢的事情。很快，我就成了学校里最受欢迎的孩子”。[25]

有一天，他涂着口红走进中央高中，把自己扮成了一个女孩。[26]他曾假装把一个朋友的头撞向储物柜，撞了一遍又一遍，直到走廊里的其他孩子意识到他只是在开玩笑，没有人受伤。他会把钱放在一个零钱包里，把钞票整整齐齐叠成一沓，当时，任何一个头脑正常的男孩都不会随身带着任何款式的零钱包。[27]他说自己很“漂亮”，男孩们几乎从不用这个词来形容自己。如果不是跟着公交车跑步去学校的话，他就踩着他那辆电动滑板车，在他到达学校车道的时候，如果有女孩子看着他，他就会用能引起她们尖叫的速度驶过最后一个转弯，女孩们会捂住自己的眼睛，以为会发生车祸，其实这种事情永远不会发生。这些行为或许都是不成熟的表现，但是对克莱来说这并不重要，他更关心的是如何赢得同学们的尊敬，而不是老师们的表扬。

“在我认识的人里，没有谁不喜欢凯瑟斯·克莱。”他的同学维克·本德尔说。[28]

阿里吸引注意力的伎俩或许补偿了他在读书写字方面的能力不足。

除了逗人发笑的恶作剧，他还学会了如何倾听、如何揣摩别人的情绪、如何施展魅力、如何用幽默化解困境，当这些手段都不起作用的时候，他学会了战斗。对于某些人来说，诵读障碍可能反而成了一种优势，虽然科学家们还无法充分理解这其中的原因。研究表明，学习阅读可以重新激活大脑。阅读教会了我们如何遗忘周遭的世界，在这个过程中人会失去某些视觉处理技能。或许正是因为这一点，一些存在诵读障碍的患者才会表现出非凡的视觉才能，这种能力让他们在理解形状和动作的时候比其他人更迅速、更细致。凯瑟斯·克莱之所以能够预测到对手的出拳、避开对方，或许也是因为这个原因。他的大脑无法对需要准确排序的单词和句子保持高度的注意力，但是他非常擅长处理与此截然不同的事情——同时对所有事情保持警惕，发现看起来有些奇怪或者不协调的事情。扬起的眉毛，拳击手肩膀角度的变化，肌肉的抽搐——当他面对另一名拳击手的时候，这些细节都有可能为他提供线索，他的大脑在飞快地运转，帮助他和对手保持安全距离。要是让诵读障碍患者记账，他们可能会记得一塌糊涂，但是在一间拥挤的房间里，他们能够读懂人们的情绪，即使他们同时还得努力集中精力听站在他们面前的人在说些什么。他们能够发现规律，看到别人察觉不到的机会。科学家们认为，在企业家和其他行业的领导人中间，诵读障碍是一种比较常见的现象，尤其是那些具有创造性思维，能够背离主流、看到全局的人。[29]

1958年7月，16岁的凯瑟斯开始吹嘘自己打算和全西区——没准还是全路易斯维尔——最强悍的小伙子较量较量。这个人就是考基·贝克。虽然凯瑟斯已经是一位声名显赫的业余拳击手了，但是贝克却堪称一位传奇人物——这一带最强壮、最狠毒的小伙子。[30]大家只会小声提起他的名字，以免他碰巧就在附近等着找茬打上一架。考基·贝克总是穿着皮夹克不停地咆哮，就连成年男子都会从人行道上闪开，给他让路。“他就不是人。有一次，我看见他把一辆车给抬了起来。”与贝克年龄相仿的邻居霍华德·布雷肯里奇回忆道。[31]

凯瑟斯·克莱懂得如何打拳，但是考基·贝克知道怎样打架，而且他比凯瑟斯至少重20磅（9.1千克）。[32]

在1958年的时候，凯瑟斯的朋友小约翰·鲍威尔对这位年仅十几岁的拳击手说过："要是你跟他打拳，那你肯定是疯了。"

"我会把他揍一顿的。"凯瑟斯回答。

这场拳赛得到了声势浩大的宣传。西区热闹非凡。多年后，克莱说过："拳赛在这座小镇上引起的轰动不亚于多年后我和乔·弗雷泽之间的那一场大战。从某种程度上而言，它对我来说也同样重要。"[33]

比赛一开始，贝克就像一心想要杀人一样发动起来，他疯狂地摇摆着身体，低着头向前逼近。凯瑟斯打出了一记又一记长长的左刺拳，拳拳都落在了贝克的身上，同时又避开了贝克的拳头。终于，贝克筋疲力尽了，鼻子流着血，一只眼睛也青了。第二回合打到一半的时候，贝克嚷嚷了起来："不公平！"[34]随即便跌跌撞撞地下了拳台，走出了体育馆。

这场比赛结束后，约翰·鲍威尔对凯瑟斯说："伙计，现在你是我认识的最厉害的家伙了。"[35]

乔·马丁保存的记录显示，从1954年11月参加第一场业余拳击赛到1960年的夏天，也就是从12岁到18岁的这段时期里，凯瑟斯·克莱以业余选手的身份参加了106场比赛。一些研究人员对这些数字提出了质疑。多年后，这位拳击手在自传中表示自己打过167场业余拳击赛。[36]根据近些年来产生的最准确的估算，这名拳击手的记录是82胜8负，25次击倒获胜，但是在这份记录中至少有几次击倒获胜被漏掉了。[37]

不管准确的数字究竟是多少，有一点是很清楚的，凯瑟斯·克莱经常参加拳击比赛——平均每三周一次，而且获胜次数远远多于输掉的次数。同样可以肯定的是，如果不是一位医生发现这位拳击手的心脏有杂音，因而要求他休息四个月的话，他参加比赛的频率应该会更高一些。[38]除了有组织的正规比赛之外，在为拳赛做准备的过程中，凯瑟斯每周至少还要参加三四次练习赛。

鲁迪也打拳，兄弟俩曾多次一起出现在同一赛事中，不过他们俩从未交过手。维克·本德尔同样也是一名拳击手，而且跟克莱兄弟都是朋友，他说过："说实话，我们都觉得鲁迪（比凯瑟斯）更有潜力。他更壮一些。"[39]凯什和奥德萨夫妇俩几乎观看了两个儿子的每一场比赛。一个尚未成年的拳击手，骨瘦如柴，四肢松弛，看上去有些笨拙，但是铃声一响，他立即就喘起了粗气、瞪大了眼睛，在他自己都没有意识到的荷尔蒙的驱使下开始发动攻击，这一幕多少会令一个成年人感到不安。每当有比赛的夜晚，凯什总是会在儿子不停出拳的时候大吼大叫一通，还冲着空气挥上一阵拳头，奥德萨则捂着眼睛呻吟着。比赛结束后，凯瑟斯一家就回家吃上一顿肉饼或者一大碗意大利面，面里拌的是奥德萨自制的辣椒酱，然后再吃上更大的一碗从商店买来的香草冰淇淋。[40]

打的比赛越多，凯瑟斯的个人风格就越是成熟。有些拳击手喜欢向前移动，面对重拳迎面顶上，而凯瑟斯更喜欢沿顺时针方向围着对手绕圈，出拳后迅速移开，面对对手的出拳，他会将脑袋向后躲开，而不下潜闪身。当对手近身时，上身左右躲闪和U型迂回闪身这两种防守方式就都不起作用了。但是，凯瑟斯已经知道了只要能和对手拉开距离，不停地绕圈，坚持住，不停地移动，他就不会吃到太多的苦头。他最大的天赋或许就在于计算距离的能力，他有一套诀窍能躲开对手的攻击，然后接近对手，打出一记能给对方造成伤害的重拳。正如他在多年后说过的那样，他有一套"内置的雷达"。"在应该下潜闪身或者阻挡住对方的时候，我清楚自己应该后退多少。我知道可以用一种科学的方法消耗对方。我学会了如何将脑袋伸到对手的击打范围内，迫使对方出拳，这时我就后仰躲开。我始终睁大了眼睛，这样我就能看清一切。然后，我就用侧步移动，向右或者向左侧步，然后再来一记刺拳，再一记，然后再将脑袋伸到击打范围内。一圈又一圈，拳拳落空会很消耗拳击手。等他最有效的出拳都落空后，他就精改成筋了。"[41]

这种方法存在一定的风险。在学习拳击的时候，拳击手们都知道要把两只手举到头部附近挡住对手的拳头，但是凯瑟斯却把两只手放了下来，诱使对手攻击他的脸部，指望自己能依靠反应能力及时躲闪开。此外，为了和对手拉开距离，凯瑟斯几乎放弃了上体重击这个武器。他很少近身击打对手的肋部。他也很少在对手的身后使出全部的力量出拳。他打起拳来更像是一架喷气式轰炸机，而不是一辆坦克，他依靠的是速度、敏捷的身手和精准的瞄准能力。

尽管凯瑟斯·克莱速度极快，可能比绝大多数年轻拳手挨的拳头都要少，但是他还没有快到能避开朝他打过来的所有重拳。1955年2月4日，也就是凯瑟斯第一次参加业余拳击赛的三个月后，也是他刚刚过完13岁生日的三个星期后，他被一个名叫詹姆斯·戴维斯的年轻拳击手击败了。当年夏天，他先是击败了约翰·汉普顿，第二个星期又被对方击败了。1957年8月30日，15岁的凯瑟斯击败了17岁的路易斯维尔拳击手吉米·埃利斯，后来埃利斯一度成为了世界拳击协会的重量级冠军。在8天后举行的那场比赛中，克莱在第一回合就输掉了比赛，当时他的眼角被打裂了，对手是一个名叫特里·霍奇的拳手。一个月之后，凯瑟斯再次与吉米·埃利斯交手，最终以分歧判定输掉了比赛。

凯瑟斯的技术不断地提高，他开始向年长一些的拳击手发起挑战，在电视上抛头露面也让他在当地变得小有名气，现在的他变得比以往任何时候都更加自信。他预言自己将成为全国性“金手套”拳击赛的冠军，然后成为职业选手，最终成为世界重量级拳王。其他拳击手受够了克莱的唠叨。不过，克莱并不在乎。在学校的食堂里，他得用两个托盘端午饭，他的午饭包括6瓶牛奶，几块堆尖的三明治，[42]如果有人说他暴饮暴食，他就会提醒对方自己正在接受训练。

他曾经说过：“我走上拳击这条路是因为我认为在这个国家这种方式最容易让黑人取得成功。我在学校不够聪明，学得很慢，当不了橄榄球或者篮球运动员，因为你得上大学，拿到各种学位、通过一门门考试。可是，要想当拳击手，你只需要走进体育馆，蹦来蹦去，成为职业选手，赢得比赛，休息一下，你就进入拳击界了。如果打得很好，你挣的钱甚至会比那些球员一辈子挣的钱都多。”[43]

凯瑟斯继续在中央高中上学，不过考虑到比赛日程安排，他旷课的次数肯定越来越多。与此同时，他还在拼命地挣钱，帮邻居看孩子，在路易斯维尔的拿撒勒大学图书馆里做一些简单清洁工作。有一次，负责监督凯瑟斯的一名修女发现他打扫灰尘时在图书馆的书架中间睡着了。[44]

乔·马丁和妻子克里斯汀率领年轻的拳击手们前往芝加哥、印第安纳波利斯和托莱多参加比赛。克里斯汀曾经对一名记者说过："在那个年代，黑人男孩不能进餐馆，所以我没有把任何男孩带进去过。不管每个男孩想吃多少个汉堡，我都只是自己进去，买了他们想吃的，然后带回车上。凯瑟斯是个极其容易相处的人。很好对付。非常懂礼貌。"[45]

凯瑟斯不仅仅很懂礼貌，跟很少几个人待在一起的时候他总是非常腼腆，尤其是在女孩子面前。但是，一旦聊起拳击，他就对自己的能力充满自信。他早就意识到了自信可以成为一种武器，能让他显得更强大、更坚强，有时候甚至会让对手感到不安。在路易斯维尔的一次锦标赛期间，他走进客队的更衣室，跟一个名叫乔治·金的拳击手顶起了嘴。乔治·金21岁，已经结婚了，还有一个孩子。凯瑟斯说："我比你高。你觉得你能打败我吗？"然后，他冲着空中狠狠地挥了两拳，"你觉得你能挡住这样的刺拳吗？"当时，他只有12岁。[46]

凯瑟斯还写出了一种诗，后来这种诗成了他的一个标志。下面这首诗是他为《路易斯维尔新闻报》创作的。

必须干掉这个家伙。
一个回合，我就要让他止步。

1957年2月，也就是凯瑟斯15岁那一年，著名轻重量级拳击手威利·帕斯特拉诺从迈阿密来到路易斯维尔，参加一场在州立训练场举行的比赛，他的对手是约翰·霍尔曼。一天晚上，帕斯特拉诺正待在酒店的房间里，凯瑟斯在大厅里给他打去电话。帕斯特拉诺的教练安吉洛·邓迪接起了电话。

"您好，我叫凯瑟斯·马塞勒斯·克莱。我是路易斯维尔的'金手套'冠军……我会成为奥运会冠军的，然后我还会成为全世界的冠军。我想跟您见一面。"凯瑟斯对邓迪说。[47]

电视上没有什么节目可看，所以邓迪和帕斯特拉诺就叫凯瑟斯去他们的房间。凯瑟斯又问他们他的弟弟能不能也一道过去。

凯瑟斯和鲁迪跟帕斯特拉诺和邓迪待了四个小时，凯瑟斯不停地询问着有关训练和拳击技巧的问题。接着，凯瑟斯问对方能不能让他和帕斯特拉诺一起打拳，帕斯特拉诺和邓迪同意了。来自新奥尔良的帕斯特拉诺已经拥有五年多的职业经验，就在几年后他还赢得了世界轻重量级冠军的头衔。但是，对于和十几岁的凯瑟斯·克莱打拳的这个决定，他后来感到了后悔。

“他打中我很多次，我不喜欢被一个业余选手打得这么惨。在场下的时候他看起来不太厉害，可是一旦上了台、站在你面前的时候，他就会打出长长的刺拳。他出拳出得太轻松了，而且太快了。”帕斯特拉诺说。

一年后，也就是1958年2月25日，凯瑟斯·克莱在芝加哥参加了一生中规模最大的一场比赛——金手套拳击锦标赛。来自20个州的250多名顶尖选手参加了一系列比赛，比赛持续了10天。比赛是在芝加哥体育馆举行的，这座体育馆是冰球联盟队伍芝加哥黑鹰队的主场，还曾经是全球最大的室内体育场。在路易斯维尔的时候，凯瑟斯已经有过在众多观众面前打比赛的经历了，他的比赛也被电视台转播过。可是，他还从来没有目睹过眼前这样的场面。对于一名拳击手而言，没有什么能比在一座大型体育场里参加一场重要比赛更令人激动了——空气中弥漫着的香烟和雪茄的烟雾，叫喊声，呻吟声，呼唤圣血的嘶吼声。

16岁的凯瑟斯赢得了第一轮比赛，接下来他要面对的是来自蒙大拿州朗达普的年轻牧场主弗朗西斯·特里。特里个子不高，只有5英尺8英寸（1.73米），但是体格粗壮。[48]在第一场比赛中，他在第一回合中就用一记左刺拳打得对方流出了鼻血，[49]最终在第三回合连续出拳将对方逼出绳圈。在第一回合，凯瑟斯和特里的出拳几乎不相上下，[50]但是到了第二回合，特里注意到了凯瑟斯的特点：他一直试图和自己拉开距离，把全身的重量都放在右腿上，时不时地向前迈上一步出拳。特里瞅准机会快速地拉近了两个人之间的距离，随即便打出了一连串凶猛的重拳。观众沸腾了，凯瑟斯踉踉跄跄地摔倒在了垫子上。

然而，凯瑟斯站了起来，克服了人群的嘈杂声，还有可能响彻他脑袋脑子里的嗡嗡声，用一记右拳击倒了特里，这是他第一次向外界展示出自己战胜伤害、继续战斗的能力。最后一回合，凯瑟斯快速移动脚步，完全避开了特里的拳头。裁判们判定这位来自路易斯维尔的年轻选手获胜。

再打赢一场比赛，凯瑟斯就有资格争夺轻重量级冠军的头衔了。可是，他在半决赛中又碰到了一名强劲的对手——肯特·格林。格林不仅比凯瑟斯大两岁半，而且比他重了9磅（约4.1千克）。

在对阵格林的前一天晚上，凯瑟斯和来自路易斯维尔的另一名拳击手走出圣克莱尔酒店，在密歇根大道拦了一辆出租车，让司机带他们去一个能嫖妓的地方。[51]司机带着他们来到了南区的47街和卡柳梅特大道。很快就有两个女人朝这两个男孩凑了过来，一个女人是黑人，另一个是白人。她们告诉两个男孩只要给她们每个人“7+2美元”就能享受她们的服务——7美元的性服务，2美元的房费。凯瑟斯挑了那名黑人女子，在他那双年轻的眼睛看来，她已经差不多有30岁了。两个女人陪着这两个年仅十几岁的男孩走进跟前的一幢楼，爬上摇摇晃晃的木楼梯，经过涂鸦满墙的墙壁……

第二天，比赛在芝加哥体育馆继续进行，凯瑟斯用自己最有效的拳法——刺拳——抵挡住了肯特·格林的进攻。一记又一记刺拳落了下去，重重地落在对方身上，但是这还不够。格林招架住了凯瑟斯的拳头，向前挪动，越来越靠近凯瑟斯。拳台上飞舞着一记记重拳，形势变得对身材高大、体格强壮的选手有利了。到了第二回合，凯瑟斯彻底放弃了刺拳，试图用勾拳和上勾拳抗衡格林。两个人开始近身对抗，你来我往地出着重拳。很快，凯瑟斯就感到累了，而格林则继续挥舞拳头凶猛地击打着他。最终，裁判终止了比赛，判定格林技术性击倒对手获胜。

后来，马丁说过当时那个孩子“被打得太惨了”。[52]

比赛结束后，克莱在更衣室里哭了。

第二年，凯瑟斯又来到芝加哥参加城际金手套锦标赛。17岁的他依然那么苗条，胳膊肘和膝盖都很细，胸部扁平，腹部微微有些起伏。但是，他的个头已经有6英尺（1.8米）了，体重也超过了170磅（77.18千克）。

凯瑟斯这次参加的是芝加哥拳击队，这支队伍包括来自20个州的拳击手，凯瑟斯一路杀到了轻重量级的决赛，决赛的对手是纽约拳击队里最有成就的轻重量级拳击手托尼·马迪根。29岁的马迪根曾经代表澳大利亚参加过1952年和1956年的奥运会，后来移居到了纽约。尽管年纪比较大，经验丰富，但是马迪根仍然是一名业余拳击手。凯瑟斯和马迪根的比赛将于1959年3月25日举行，届时将有7000多名拳击爱好者观看比赛，美国广播公司还将向全国进行转播。大部分人都认为有望获胜的人是马迪根。

即使在175磅（79.45千克）以下（含175磅）的轻重量级比赛中，参赛选手往往也都是“强打者”。毫无疑问，马迪根符合这一要求。他拥有一只强壮的右手，经常像在酒吧里与人斗殴那样跟对手激烈地厮打，压低脑袋，左躲右闪，直到某一方倒地不起。通常，倒下去的那个人都不是他。马迪根已经打赢了99场比赛中的94场。

然而，从宣布比赛开始的铃声响起的那一刻，这场比赛的形势就十分清楚了——对马迪根来说，这将是一场不寻常的比赛，也不是那种聚集在黑白电视机前或者挤在烟雾缭绕的竞技场里的拳击迷们习惯看到的那种大块头拳击手之间的较量。凯瑟斯轻盈地挥舞着刺拳，在拳击台上飞快地移动着脚步。他的步伐太快了，手臂短小的马迪根够不着他。每当马迪根试图突破凯瑟斯的防御时，凯瑟斯就会猛地朝马迪根的头顶打出一记左拳，然后便弹开了。在挨了凯瑟斯三四记左刺拳之后，马迪根仍然逼着自己继续发起进攻，这时凯瑟斯就开始用力量十足的右拳阻挡这位老拳手进攻的势头。很快，马迪根的眼睛就肿了起来，脸也变红了。

老拳手开始有些体力不支了，速度也慢了下来，他不停地眨着眼睛试图缓解疼痛。与此同时，凯瑟斯却站起来，打出了更多的重拳。就在一年前，当肯特·格林大力出拳突破他的防御时，凯瑟斯还没有抵挡的能力，但是现在他变得强大了。对马迪根而言，唯一的希望就是将眼前这位对手击倒，但是每次他使出浑身的力气打出一拳，凯瑟斯都会闪到他触及不到的地方。

最终，凯瑟斯取得了令人信服的胜利。

到了1950年代，拳击运动受欢迎的程度出现了急剧的下滑。随着经济状况的改善，美国的年轻人有了更好的职业选择。数以百万的二战老兵接受了大学教育或者职业培训。随着人口从城市转移到郊区，城市社区的搏击俱乐部开始衰落，拳击比赛也越来越少。爱尔兰、犹太和意大利拳击手逐渐被黑人和拉丁裔拳击手取代了，总体上美国职业拳击手的数量减少了50%。[53]要不是电视转播，这项体育运动的衰退将会更加严重。在1950年代中期，美国观众几乎每天晚上都能在电视上看到拳击比赛，这种节目在收视率方面甚至和风靡一时的电视喜剧片《我爱露西》旗鼓相当。[54]

在1959年3月25日电视转播的所有拳击比赛中，最激动人心的就是凯瑟斯·克莱打的那一场。拳击迷们原本以为会看到这个年龄比较小、体重比较轻的选手被击败，结果他们却看到了拳击运动的未来。第二天，全国各地数百家报纸都刊登了美联社的这篇报道：

星期三晚上，纽约队史无前例地连续两次击败芝加哥队，获得了“金手套队”的头衔。但是，最受瞩目的个人则是风城（芝加哥）队的凯瑟斯·克莱。

克莱，一名来自肯塔基州路易斯维尔市的17岁高中生，通过三回合的决赛，他证明自己已经具备了远远超乎同龄选手的成熟，是一名身手敏捷、擅长防守反击的拳击手。[55]

就像他一直说的那样，全世界都开始注意到他了。

第五章
预言家

在比赛之前，其他拳击手通常都在保存体力，集中精神，接受教练在最后一刻的建议，做祷告，或者呕吐，而凯瑟斯·克莱则会站起来，对着空气打几拳，或者讲讲笑话、吹吹牛、照照镜子，[1]仿佛空闲的时间才是唯一令他感到恐惧的对手。多年后，他会坦诚地告诉朋友每次比赛之前他都感到害怕。[2]但是，他巧妙地掩藏起了内心的恐惧。铃声一响，他的恐惧就消失了。

1959年，在与托尼·马迪根进行这场面向全国转播的比赛之前，凯瑟斯怎么都坐不住，他散发出的紧张不安的活力甚至令其他拳击手感到心烦意乱。此时此刻他在芝加哥，距离家乡有300英里（482.8千米）。他想做点什么。难道其他人都不想做点什么吗？他一个劲地问着大家。终于，他听到了自己想要的答案。

来自托莱多的“蚊子”威尔伯特·麦克卢尔当时只有十几岁，他曾说起过这件事情：“我们在一起训练。我还记得当时凯瑟斯一直缠着队里的每个人，不停地说：‘伙计，满大街都是漂亮姑娘，那些漂亮姑娘就在街上溜达着，我们都跟那种姑娘约会过。’”一些年轻人不敢自己去芝加哥的大街小巷找刺激，其他人则一心只想着养精蓄锐，为即将到来的比赛做好准备。可是，克莱却一个劲地劝说着大家：“走吧，穿上咱们的［金手套］夹克，找个地方让姑娘们开开眼。”最终，监护这群拳击手的成年人做出了让步，组织他们去了一趟位于城市西区的马歇尔高中。

麦克卢尔说：“我们的东道主是一群漂亮姑娘，她们带着我们参观了学校。然后，我们去了餐厅吃午饭，那里的漂亮姑娘就更多了。到处都坐着漂亮姑娘。那个一直坐卧不安的家伙也坐在那里，一直盯着自己盘子里的食物。他一句话都没说。”[3]

在锦标赛期间见过凯瑟斯的一些年轻人觉得他是一个十分有趣的人，有着令人无法抗拒的魅力，在他们看来他的自吹自擂只是一种表演，他们不会因此而打退堂鼓。其他人则认为他对自己的关注已经到了令人厌恶的程度。谁都不记得他曾谈论过政治、世界事务、种族或者文化之类的话题。他想要打比赛。他想成为一个伟大的人。他想出名，想变成有钱人。他想好好玩一玩。仅此而已。

从1958年开始，凯瑟斯在3年的时间里去了芝加哥3次。与其他任何一座城市相比，芝加哥不仅给了他机会走向成年、了解大城市生活，同时也让他能够了解一些新出现的复杂现象，它们来自种族以及种族问题造成的后果。芝加哥不是一片乐土，对凯瑟斯来说不是，对那些来自南方的新移民而言也不是，他们来到这座位于密歇根湖岸边的城市，原本指望着在这里能找到比自己抛下的旧生活更好的东西。黑人家庭的工资水平和生活条件都远远不及白人家庭，许多工作、工会、俱乐部和社区都不欢迎黑人。正如经济学家纲纳·缪达尔①在1944年写到的那样，当时在美国的北方地区，“几乎每个人原则上都反对歧视现象，然而，与此同时几乎每个人在面对私事的时候都存在着歧视行为。”[4]尽管如此，芝加哥还是为凯瑟斯提供了一生中的第一次性经历，以及第一次全国性的媒体曝光。这座城市向他证明了他在拳击台上的自信是正确的，他的确能够和全国最优秀的拳击手一争高下，这反过来又让他变得比以往任何时候都更加自信了。这座城市虽然仍旧存在着严重的种族隔离现象，但是相比路易斯维尔，这里带给人更大的自由感。凯瑟斯不仅远离了父母，而且他在美国的北方，在这座城市里，许多来自南方的黑人都发现他们可以更公开地表达自己的意见，在这里他们可以随心所欲地走在人行道上，用不着为白人男子让路，在这里

① 纲纳·缪达尔（1898—1987），瑞典学派和新制度学派以及发展经济学的主要代表人物之一，1974年诺贝尔经济学奖得主。

他们可以和白人妇女一起坐在餐吧台前，用不着担心自己的这种行为会引发暴力事件。在这里，像凯瑟斯·克莱这样的年轻人在调皮捣蛋的时候不会过于担心遭到报复。

也正是在芝加哥，凯瑟斯·克莱发现了一个或许比其他人更能改变他的生活的人。

伊利贾·穆罕默德自称是伊斯兰民族组织的先知。伊斯兰民族组织是一个致力于黑人分离主义和赋权运动的宗教团体，它的大本营就在芝加哥南区，芝加哥的大部分黑人居民都聚居在这里。伊利贾·穆罕默德的追随者们在街头巷尾和清真寺里传播着一种宣扬黑人力量的思想，从1950年代开始这种思想在年轻黑人中间产生了共鸣，当时种族隔离和类似于爱默特·提尔事件的暴力袭击引发了越来越强烈的愤怒。伊利贾·穆罕默德问道，欧洲人和美国白人崇拜的是一位白人基督，中国的佛教徒崇拜的是看起来像中国人的佛陀，为什么黑人不崇拜一位黑人神祇？欧洲人和中国人的名字都来源于他们的祖先和文化，为什么美国的黑人男女却仍旧使用着奴隶主给他们取的名字，就像牧场主在牲口的身上打上烙印一样？这些情况都是白人强加给他们的，并没有征得被波及的人们的同意。由于这些情况，黑人男女被打入另册，似乎永远低人一等，只有当黑人要求改变这些情况时，这些情况才会改变。

在伊斯兰民族组织看来，法院下令要求学校、火车、公共汽车和海滩实现种族融合是不够的。只要非洲裔美国人仍然被当作二等公民，比白人邻居更有可能被关进监狱、失业、无法充分就业、无家可归或者挨饿，更有可能年纪轻轻就死去，更有可能被警察枪杀，更有可能被私刑处死，社会就不可能实现充分的种族融合。

在非洲，黑人在1950年代终于摆脱了殖民统治。美国黑人是否将成为在种族上低人一等和屈服的最后象征呢？如果他们相信伊利贾·穆罕默德的观点，就不会出现这样的情况。如果穆罕默德的预言成真，世界上很快就会出现一个由获得自由的美国黑人组成的国家，这个国家占据的面积将相当于当时美国领土的1/5。对于成千上万的美国黑人——尤其是那些觉得自己被剥夺了最多权利的人，包括监狱服刑人员和失业者，他们都是伊斯兰民族组织的核心成员——而言，伊利贾·穆罕默德传达的信息很有吸引力。穆罕默德拒绝接受小马丁·路德·金这些民权领袖们主张的和平主义，也不认可全国有色人种协进会通过美国司法系统逐步改变黑人生存现状的努力。

在改名之前，伊利贾·穆罕默德是一位佃农的儿子伊利贾·普尔，于1897年出生在佐治亚州的农村。[5]1923年，普尔和许多人一样移居到了北方，在底特律市中心的一个贫民区住了下来，这里的经济状况并不比被他抛下的佐治亚州好多少。普尔酗酒，靠着政府的救济度日，但是他接受了神秘的传教士W. D. 法尔德的教导。这位肤色比较浅的黑人在底特律挨家挨户地推销一种服装，他说这种服装和中东地区黑人穿的衣服很相似。法尔德声称自己来自麦加，其实他从未去过那里。他用各种充满异域色彩的名字来称呼自己，其中包括法拉德·穆罕默德先生、F. 穆罕默德·阿里先生、福特教授和瓦利·法拉德先生。无论用的是哪一个名字，法尔德都发现自己的顾客们渴望对他宣称自己去过的那些地方有更多的了解——黑人祖先生活过的那些地方，在那些地方他们属于自豪的多数人口，在那些地方他们向一位名叫“安拉”的神祈祷，在那些地方他们为自己的肤色和血统历史感到骄傲。

法尔德开始在整个社区召开会议，他自称是一位先知，向听众提供各种建议，其中甚至包括通过禁食某些食物来改善健康。[6]随着声望的增长，法尔德对基督教的《圣经》和构成白人种族的“蓝眼魔鬼”的批评越来越激烈。他向自己的追随者承诺了一条摆脱苦难的道路——他说回归古老的伊斯兰传统，拥抱清洁、独立和努力工作的人生信条，黑人就将崛起，将建立一个属于自己的独立国家。太空中将盘旋着一架由黑人飞行员通过心灵感应控制的“母亲飞机”，它将摧毁地球，只有相信他的教导的人才能存活下来。根据法尔德的说法，这个大灾难很可能会发生在1966年。

这种哲学虽然不同寻常，但并不是全新的。[7]布克·华盛顿①和其他无数的黑人领袖老早以前就在宣讲道德和努力工作的重要性。在1920年代，诺布尔·德鲁·阿里（原名蒂莫西·德鲁，出生于北卡罗来纳州）建立了美国摩尔人科学圣殿组织（原名为"迦南人圣殿"），该组织宣扬所有有色人种最初都是摩尔人，或者说是穆斯林。马库斯·加维②大力宣扬黑人自豪感，敦促黑人同胞离开美国、重返非洲，通过这样的宣讲激起了无数黑人的想象力。

法尔德将自己创建的这个新宗教团体称为"伊斯兰民族"，不出几年时间他就在底特律建起了一个名为"伊斯兰安拉寺"的宗教组织和一所伊斯兰大学。他打下了一个大约有8000名追随者的群众基础，伊利贾·穆罕默德成为该组织的第一批官员。[8]1934年，法尔德任命穆罕默德为伊斯兰教首席宣礼员，并授予他管理组织的权力。在伊利贾·穆罕默德被任命后不久，法尔德就消失了，此后再也没有人听到过他的消息。伊利贾·穆罕默德几乎是单枪匹马地继续着法尔德的宣教工作，将自己的这位导师神化，并且极大地扩展了伊斯兰民族组织的影响。即使包含了宇宙飞船之类的元素，伊利贾·穆罕默德的观点其实还是地地道道的美国式价值观，这种价值观基本上是一种保守主义的观点。他敦促黑人不要再等待美国白人来帮助他们，他说黑人唯一的出路就是自动实现分离——通过创办自己的企业，购买黑人企业出售的商品，最终建立一个属于自己的国家。

到了1955年，伊斯兰民族组织已经足够壮大了，因此引起了美国联邦调查局的注意，后者将该组织称为"伊斯兰穆斯林邪教"（MCI），称它是"一个极度反美和暴力的邪教组织"。[9]

伊斯兰民族组织的发展并不全是伊利贾·穆罕默德一个人的功劳，

---

① 布克·华盛顿（1856—1915），美国政治家、教育家及作家，1890到1915年间在美国黑人的政治活动中发挥了重要作用。

② 马库斯·加维（1887—1940），黑人民族主义者。加维出生在牙买加，1914年在当地创建了全球黑人促进协会，宣扬黑人优越论，提倡外地非裔黑人返回非洲，合力创建一个统一的黑人国家。

它也是美国黑人不满情绪不断增强的产物。黑人记者及民权活动家路易斯·E. 洛马克斯属于最早一批记录伊斯兰民族组织历史的作家，他曾在文章中写道："若不是西方社会的失败，黑人穆斯林就不可能存在。"[10]若不是成长过程中经历的种族主义，全家人居住的小房子里回荡着的父亲的怒吼声，伊利贾·穆罕默德那副智慧、强大、冷静的父亲般形象，爱默特·提尔令人震惊的死亡，年轻的凯瑟斯·克莱也许就不会如此着迷于被称为"黑人穆斯林"的伊斯兰民族组织所传达的信息。

在凯瑟斯·克莱的一生中，有两样东西对他产生的影响最大：一个就是拳击，这项运动的核心要素是暴力，但是它提供了获得声望、财富和荣耀的机会；另一个就是伊利贾·穆罕默德的哲学思想，穆罕默德说黑人应当为自己的肤色感到骄傲，很快黑人就会统治这个世界，还说如果有必要，他们会使用暴力来获得权力，面对这一切美国白人将无能为力。

1959年，在芝加哥获得了"金手套"冠军后，凯瑟斯带着一张唱片回到了家中。有些记者说它是伊利贾·穆罕默德的演讲录音，其实更有可能是《白人的天堂就是黑人的地狱》这首歌曲的唱片。这首歌曲是路易斯·X牧师创作和演唱的，他以前叫路易斯·尤金·沃尔科特，后来被称为路易斯·法拉罕牧师。这张唱片有10多分钟长，每分钟45转，录在正反两面上。随着缓和的卡利普索民歌①的曲子，路易斯·X牧师似乎做了一场布道，他更像是在宣讲，而不是唱歌：

我们为何被称为黑人？
我们为何又聋又哑又瞎？[11]

接着，这首歌提出了一连串的问题——为什么其他人都在不断前进，

① 卡利普索民歌起源于西印度群岛，随着黑人漂洋过海流传到了"新大陆"，后来流行于加勒比海地区。歌词以即兴创作为主，大多以当前发生的事情为主题。

而黑人却落后了？为什么黑人受到如此恶劣的对待？为什么他们被剥夺了名字、语言、宗教信仰？

《白人的天堂就是黑人的地狱》这首歌让许许多多的美国黑人认识了伊斯兰民族组织。在黑人经营的咖啡馆和餐馆里的点唱机上，人们可以听到这首歌；在黑人经营的唱片店里，人们可以买到这张唱片。几个世纪以来，白人一直打着解放黑人的旗号将自己的宗教强加给非洲人。现在，这首歌敦促在奴隶制下长大的孩子们重新思考自己与基督教会的关系，重新构建自己的身份。这首歌的歌词反映了伊利贾·穆罕默德的哲学，穆罕默德告诉像路易·X牧师这样的年轻人，他们并不只拥有曾奴役他们祖先的白人强加给他们的那些品质，他们拥有自己的历史和宗教，他们能够打破那些先是让他们变成奴隶，接着又让他们成为“二等公民”的制度和规矩。凯瑟斯的姨妈告诉过一位记者，凯瑟斯曾经一遍又一遍地听着这张唱片，到最后屋子里的每个人都听腻了，他自己则被彻底“洗脑、催眠”[12]了，他的生活也发生了不可逆转的改变。

在1959年3月击败托尼·马迪根获得“金手套”全国轻重量级冠军后，凯瑟斯基本上成了一名全职的业余拳击手。当年4月，在美国业余体育联合会举办的拳击赛上他被裁判一致判定击败了对手约翰尼·鲍威尔，获得了冠军。

但是到了5月，凯瑟斯遭遇了业余拳击生涯中最惨重的一次失败，在与左撇子拳击手阿莫斯·约翰逊对阵的时候，他以分歧判定败于对方。由于这场失利，他未能进入泛美运动会拳击比赛的决赛。尽管凯瑟斯被约翰逊打得很惨，但是这名年轻的拳击手在受伤时依然屹立不倒、保持冷静的能力还是给乔·马丁留下了深刻的印象。

马丁曾对一名记者说过：“在遇到麻烦的时候，凯瑟斯很清楚应该怎样打下去。他从来不会惊慌失措，也不会忘记我教给他的东西。被击中的时候，他不会像某些小伙子那样生气，然后向对手发起猛攻。挨上一记重拳后他会继续打下去，用拳击的方式找到解决办法……只有一次我看到他被打倒了，被打昏了，那一次是在体育馆里，他跟一个名叫威利·莫兰的业余拳击手一起练习。莫兰打得很好……不管怎么说，那天他的确把凯瑟斯给打倒了。凯瑟斯一直跟我说想要一辆小摩托车，恢复意识后他对我说：'马丁先生，撞到我的摩托车往哪边走了？'他心里想的是摩托车。那是我唯一一次看到他被打昏了。那时他大约16岁，这次经历没有令他感到胆怯。第二天，他又来跟莫兰一起练习了。"[13]

在1959年，所有人都知道颅骨是大脑的容器，但是颅骨受到撞击造成的伤害并没有引起多少人的注意。相反，挨上一记重拳的能力被认为是男子气概的象征，对于像凯瑟斯这样的年轻拳击手来说，这种能力则意味着光明的未来。

1959年春天，凯瑟斯几乎在不间断地接受着训练，此外平均每个月打大约3场比赛。[14]大多数比赛都被安排在周末，但是他旷课的日子肯定少不了，朋友们再也看不到凯瑟斯跟在校车旁跑向中央高中的景象了。现在，凯瑟斯和鲁迪几乎只会在契卡索公园和附近的小路上跑步。兄弟俩几乎形影不离，合住一间卧室，一起吃饭，接受同样的训练。鲁迪参加锦标赛的次数几乎和哥哥一样多，虽然他的表现也不错，但是他和哥哥以及他们的教练都很清楚凯瑟斯比他更有前途。这是天赋的问题，而不是努力或者力量所能决定的。凯瑟斯具备这种天赋，他的弟弟没有这种天赋。鲁迪说过："我的思维没有他那么敏捷。拳击是思考者的游戏。"[15]

身为凯瑟斯·克莱的弟弟不是一件容易的事情。作为运动员，凯瑟斯更为出色，而且他比弟弟更受欢迎，更有趣，更有魅力。鲁迪似乎接受了自己的这种地位，就像一位滑稽剧的捧哏接受了观众的笑声都是献给自己搭档的事实一样。鲁迪清楚自己的局限性，他欣然享受着随时能够参加狂欢的权利，那些狂欢就是他哥哥的生活。鲁迪是哥哥最信任的伙伴。凯瑟斯从来不戴手表，因为鲁迪永远在他的身边告诉他时间。[16]凯瑟斯向弟弟做出过一个承诺：无论什么东西——金钱、女人、旅行、荣耀——他们都会一起分享，直到永远。[17]

到了1960年，凯瑟斯的身高达到了6英尺1英寸（1.85米），体重约为180磅（81.6千克）。在这一年的3月，他再次来到芝加哥，参加了"金手套”拳击赛，这次他参加比赛的身份是重量级选手而不是轻重量级选手，他之所以这么做是为了避免与同样参加比赛的鲁迪对阵。[18]在芝加哥获胜后，凯瑟斯前往纽约，与东部地区的“金手套”冠军加里·贾威什进行比赛，后者的体重超出他40磅（18.1千克）。比赛一开始，凯瑟斯先用刺拳试探了一下贾威什，然后快打出了一连串迅猛的勾拳。他出拳敏捷，力量强劲，贾威什失去了反击能力。很快，贾威什甚至没法站直身体了。到了第三回合，裁判判定贾威什有严重受伤的危险，宣布凯瑟斯以技术击倒获胜。

在1960年整个上半年里，凯瑟斯的比赛安排或许非常适合一个如饥似渴的年轻职业拳击手。在4月举行的美国业余体育联合会拳击赛上，他再次获得了轻重量级冠军的头衔，并且捧回了一座“杰出拳击手”奖杯。在这场拳击赛结束后，热衷于推广拳击运动的记者汉克·卡普兰在文章中写道：“未来应当注意克莱。全国最有前途的业余选手。不是一个强击手，但是能够打出快速的组合拳。”[19]

获得美国业余体育联合会拳击赛的冠军确保凯瑟斯有机会参加即将到来的奥运会选拔赛，可是他没有休息，而是回到了路易斯维尔，在那里继续打着比赛，继续取得胜利。

“咱们忘了奥运会吧，我准备当职业选手了。”他告诉乔·马丁。[20]

第六章

“我只是年轻，什么都不在乎”[1]

多年以后，历史学家会说，1959年标志着美国纯真时代的结束。在那10年里，形象胜过了本质，这个时代以粉红色的凯迪拉克、汽车影院、汽车餐厅、头发油光水滑的摇滚乐队、白天的棒球赛和偷袭女生宿舍的兄弟会挑战而闻名，所有这一切都闪烁着明亮的色彩，仿佛是好莱坞对年轻人的致敬。

对于正在读高中最后一年的凯瑟斯而言，无论与远方那些战争相关的传言，还是北卡罗来纳州格林斯博罗的农业技术学院4名黑人大学新生干了什么，都无关紧要。当时，这4名黑人青年在伍尔沃斯一家小饭馆里客客气气地点了一杯咖啡，遭到服务员的拒绝后，他们坐下来，进行了一场无声的抗议，他们的行为在南方的其他7个州引发了一波“静坐”活动。不久后，即1960年4月，一群斗志昂扬的黑人青年组建了“学生非暴力协调委员会”，他们后来参加了旨在消除公交车上种族隔离现象的“自由乘车运动”以及其他无数的民权抗议活动。这些年轻反叛者自律、勇敢，他们或许在凯瑟斯·克莱的心中引起了共鸣。但是，在这个阶段凯瑟斯没有参与政治活动。他很年轻，相貌英俊，充满天赋。他的注意力都集中在了拳击、女孩、汽车、钱和镜子上。

当一名记者隐晦地指出他有些自负时，凯瑟斯似乎受到了伤害。

“不，我只是年轻，什么都不在乎。”他说。

在高中最后一年的一天，凯瑟斯·克莱参加了学校举办的一场才艺表演。表演结束后，他看到了以前的同班同学阿丽莎·斯温特，他拦住她，跟她打了招呼。就在前一年，阿丽莎怀孕生下了一个男孩，然后就辍学了。她把孩子留在家里，交给母亲照顾，这样她才赶来参加这场才艺表演，也跟自己在中央高中的老朋友们见了见。演出结束后，凯瑟斯主动提出陪她走回家。

有些男孩没有兴趣跟一个带着孩子的年轻女人约会，即使是像斯温特这样漂亮的女人。[2]得知斯温特孩子的父亲正在监狱里服刑之后，男孩们就变得更加警惕了。凯瑟斯不在乎。他一直对斯温特很迷恋，而且他也不是那种谨小慎微的人。才艺表演结束后，凯瑟斯陪着斯温特回到了她在比彻露台公寓的家中。斯温特很喜欢凯瑟斯的陪伴，她喜欢他那种富有感染力的笑声。尽管他吹牛吹得天花乱坠，但是他看起来又紧张又谦虚，斯温特喜欢这一点。斯温特知道凯瑟斯是中央高中的名人，所有的女孩都知道他在运动方面非常成功，她们都很欣赏他引人注目的五官，还有那两条肌肉发达的纤长胳膊，为了展示胳膊，他特意穿了一件紧身的白色短袖T恤。凯瑟斯有着美丽的皮肤和深褐色的眼睛，上门牙之间有一道小缝隙，这点瑕疵令他显得更性感了。提起往事，已经改名为贾米拉·穆罕默德的斯温特说过："他就像一只活鸡仔从山德士上校（肯德基创始人）的身边走过去一样。他像磁铁一样吸引着她们。"不过，更吸引斯温特的是他的个性，而不是他的外表。

"我喜欢他的一点就是我不在乎你的心情如何，跟他在一起一个钟头能让你忘记一切。他总是那么乐观，总是那么有趣。他有一种你无法相信的幽默感。"斯温特说。

这天晚上，来到比彻露台公寓楼下，凯瑟斯和斯温特一起走上楼梯，来到了斯温特在二楼的公寓。走到门口后，凯瑟斯朝前凑过身子吻了一下斯温特，斯温特闭上眼睛也吻了他一下。接着就传来一阵响亮沉重的撞击声——没有亲吻了。当斯温特睁开眼睛，凯瑟斯已经躺在楼梯口的地上，纤长的四肢抱成了一团。

凯瑟斯刚才晕了过去。

他从下面的楼梯口羞怯地抬头望向斯温特。"谁都不会相信这种事情。"他说。

在1960年的春天和夏天，凯瑟斯和斯温特一直在约会，尽管他们两个人一个忙于拳击，一个忙于抚养孩子，没时间认真谈恋爱。凯瑟斯喜欢和斯温特年幼的儿子艾伦玩耍，这个小宝宝有一只毛绒玩具牧羊犬，凯瑟斯会在玩具狗的脖子上系上一根绳子，把绳子藏在地毯下面，让狗在房间里走来走去。

“和他在一起的每一分钟都很有趣，他就是这样的人。”斯温特说。

尽管凯瑟斯已经说了要转为职业选手，但他仍然是一名业余选手。1960年5月，他来到旧金山，参加争夺美国奥运拳击队入场券的比赛。参加这次比赛的有80个年轻人，其中10人将组成这支队伍，每个重量级一人，参加将在罗马举行的奥运会。在参加选拔赛之前，凯瑟斯必须首先克服对飞行的恐惧。

老凯瑟斯·克莱害怕乘飞机旅行，他的儿子在1958年（或1959年）乘坐一次早班航班从路易斯维尔飞到芝加哥后也患上了几乎同样的恐惧症。[3]在1975年出版的自传中，凯瑟斯提到当时气流非常强烈，“有些座椅固定在地板上的螺栓都被拔了出来。”乔·马丁对这次飞行的记忆也差不多：“我是说，我们用各种各样的姿势翻转着，东西都掉在了地上，你知道吗？然后，飞机开始朝那个方向滑了下去，那些发动机就一个劲地尖叫着、呼啸着。我真的以为这就是我们的最后一次飞行……我们重重地落了下去，螺丝全都从我座位下的地板上拔了出来。我的肚子上留下了一道黑印子，就是系安全带的地方。我是说凯瑟斯一直在祷告、大声叫喊！天呐，他吓得要死。”[4]

现在，那次创伤性的飞行已经过去大约一年时间了，凯瑟斯告诉马丁如果只能乘飞机前往旧金山，那他就不参加在那里举行的奥运会选拔赛了。毕竟，如果他在旧金山获胜，那就意味着他还得再乘坐飞机前往罗马，然后再乘坐飞机返回美国。他说自己最好现在就转为职业选手，参加他可以坐汽车、公共汽车或者火车到达的城市里举行的比赛。他说自己的目标是成为拳击史上最年轻的重量级冠军。这一年，凯瑟斯只有18岁，这意味着他还有3年时间来打破弗洛伊德·帕特森保持的纪录——弗洛伊德·帕特森在21岁零10个月的时候成为了这一级别的冠军。

但是，乔·马丁希望凯瑟斯能参加旧金山的比赛，并且在拳击队中赢得一席之地，他告诉自己的学生没有什么机会能比奥运会更快地让他获得重量级冠军了。

供职于这位拳击手老家的报纸《路易斯维尔时报》的体育专栏作家迪恩·伊格尔曾在文章中写道："克莱做的这个决定很重要。如果这一次他不飞的话，那他可能就得坐很多趟大巴才能在职业比赛中有所成就。"[5]伊格尔接着指出近年来棒球队、篮球队和足球队都开始乘坐飞机出行了，而且航空保险的价格也表明乘坐飞机出行的风险其实比较低。伊格尔写道，乘客只需花25美分就能买到7500美元的保险，这意味着飞机失事造成乘客死亡的概率大约是三万分之一。

最终，马丁说服了凯瑟斯，"不过，他去了一家军需品商店，买了一个降落伞，在飞机上他真的把降落伞系在了身上。"马丁的儿子小乔·马丁说。[6]当飞往旧金山的航班在印第安纳上空遇到气流时，凯瑟斯就在座位上俯下身子，做着祷告。[7]

凯瑟斯轻轻松松地通过了预选赛的前几轮比赛，但是在最后一轮，他遇到了一位在前往旧金山途中留下一连串击倒获胜记录的对手。这位对手就是来自纽约长岛的退伍老兵，通常以重量级拳手的身份参加比赛的"六月虫"艾伦·哈德森，在这次比赛中他拥有所有人见过的最凶狠的左勾拳之一，他的个性和他的左勾拳一样凶狠。在凯瑟斯之前跟他对阵的选手只坚持了32秒。[8]

无论是在拳击场上，还是在场下，哈德森都是一种威胁。但是，如果说他也令凯瑟斯感到紧张，那么至少凯瑟斯的表现十分有趣。在交手之前，两个年轻人玩了扑克。一开始还算温和的调侃渐渐地就变得不那么温和了，很快凯瑟斯和哈德森就隔着桌子冲对方嚷嚷起来。当时还是业余拳击手，后来成为拳击教练的汤米·加拉赫也在场，他说椅子刮着地板，两个人的胸脯鼓了起来，拳头也挥舞起来。根据他所述，这场争执是凯瑟斯挑起的，"他是你见过的最讨厌的家伙，真讨厌！真讨厌！他来自中产阶级家庭。他不是在贫民窟里长大的黑人，他就是摆出一副这样讨厌得要死的态度。其实，我觉得他只是怕得要死，不知道该怎么做。”加拉赫回忆说。[9]

1960年美国奥运会拳击队的主教练，绰号“朱莉”的朱利叶斯·梅嫩德斯制止了两个年轻人的争吵，他告诉他们要是想打架的话，那就戴上手套，上台去打。两个年轻人真的这么做了。在正式比赛的前一天，凯瑟斯和哈德森在不多的几个拳击手和教练们面前打了一场。不过，在这场比赛中，两位对手有可能要付出的代价只是自尊。

“我不想这么说，但是［克莱］被狠狠地揍了一顿。”加拉赫说。[10]

第二天晚上，凯瑟斯和哈德森在牛宫体育馆举行正式的比赛，等待他们的就是罗马之行。比赛一开始，两个人都以一种彬彬有礼的业余拳击界少见的方式冲对方咆哮起来，[11]这对凯瑟斯来说是一个不祥的预兆，职业生涯中他一直在威吓对手，他相信吹嘘和不礼貌的举止会令对手们紧张不安。这一点也清楚地提醒了我们，拳击运动——即使是业余拳击比赛——是一种不停宣泄愤怒的运动，是战斗，每一名登上拳击台的拳击手都想要证明自己胜过对手，想要利用对手的弱点，将其打得下颌骨松脱，鼻梁骨折，眼眶出血，头骨咔哒作响，不省人事。

尽管这两位对手之间充满了敌意，但是在比赛的最初几分钟里凯瑟斯一直保持着冷静，时不时地挥一下拳，脚底下也不停地挪动，就像是在发动攻击之前侦察地形一样。他的步伐很敏捷，哈德森的流线拳一次次扑空了。他的左手一次次猛地打了出去，然后迅速地收了回来，始终避开了哈德森可怕的左勾拳的射程。哈德森被击中了，但是看起来没有受伤，他快速闪躲着，避开了凯瑟斯的刺拳，狠狠地捶打着这位年轻拳手的身体。经过两回合的比赛，双方势均力敌，但是凯瑟斯在点数上领先了，这就意味着哈德森可能需要在第三回合即最后一回合击倒对手才能进入奥运会代表队。

铃声响了，两名拳击手在四四方方的拳击台上相会，这一次他们不再耍嘴皮子了。节奏加快了。哈德森连续两次挥出左刺拳，凯瑟斯都躲开了，而且还用一记软绵绵的右拳击中了哈德森。哈德森接着就用一记右拳狠狠地击中凯瑟斯的身体。凯瑟斯又打了几记刺拳。哈德森差一点就用一记左勾拳打中凯瑟斯，但是这一重拳只是从凯瑟斯的脸上擦了过去，两名拳击手扭抱在一起，推来推去。裁判将两个人分开，紧接着那一幕就发生了——哈德森一直指望着这一幕的出现，凯瑟斯则对此毫无准备。哈德森躲开了凯瑟斯一记没有力量的刺拳，气势汹汹地向前突破。他又挥出了一记左勾拳——“砰”地一下砸在凯瑟斯的下巴上，将凯瑟斯的脑袋和脖子扭到了另一边。凯瑟斯大概还从未见识过这样的重拳。他先是撞在台子后部加固围绳的帆布条上。这一击速度极快，如闷雷一般，随即观众中间就爆发出了一阵吼叫声。但是，没等裁判开始数秒，凯瑟斯又一下子站了起来。他和裁判说了几句，点了点头，清醒了一下脑袋，一再宣称自己没事，已经准备好继续打下去，而不是挨打。

裁判抓起凯瑟斯的手套，直视着他的眼睛，看了看他是否有受伤的迹象，然后便示意比赛继续进行。

哈德森逼上前来，试图打倒这位年轻的对手。两记重拳落在了凯瑟斯的身上。但是，现在凯瑟斯不再快速移动脚步了，也不再试图得分了。他只是一个劲地发动攻击，或许他愤怒了，肾上腺素在激增。躲开了一拳之后，他向后倾斜身子，随即便挥出了一记幅度很大的右拳，他很少打出这样的拳，因为这样容易让他受到对手的反击。然而，他打出了这样的拳，这一拳不仅击中了目标，而且将对方打得摇晃起来。哈德森瞬时失去了平衡。趁着哈德森站起来的功夫，凯瑟斯向前一跃，又挥出了一记右拳，径直打在哈德森的下巴上。这一拳将哈德森打得转了180度，他脸朝下摔在拳击台一角的围绳上。

哈德森踉踉跄跄地站了起来，但是身体不住地摇晃。裁判终止了比赛。哈德森瘫倒在角落里哭了起来，凯瑟斯在拳击台上蹦来蹦去，他将手臂高高举过头顶，比划出一个“V”字，庆祝着自己的胜利。

这是一场凶猛的比赛，在那一周里旧金山的每一个人都看到了。年轻的凯瑟斯·克莱以胜利者的形象出现在世人面前，他或许还是美国在罗马奥运会上最有希望摘得金牌的运动员。

奥运选拔赛结束后，凯瑟斯开口向乔·马丁借钱，他想买一张火车票。马丁拒绝了他的请求，还告诉他自己已经给他买好了飞机票。结果，凯瑟斯典当了一块金表，[12]这块表是他在锦标赛上获胜后得到的一个奖品。他自己一个人坐火车回了家。

凯瑟斯赶上了中央高中的毕业典礼。不过，在毕业典礼之前的几个星期里，他是否能拿到毕业证书还是一个悬而未决的问题。在高中最后一年的大部分时间里，他都在参加全国性拳击比赛。即使来上课，他的成绩也一直像往常一样飘忽不定。

中央高中的一些老师不满地表示凯瑟斯没有资格拿到毕业证，辅导员贝蒂·约翰逊就说过："他就不是一个好学生。他来上学是因为上学才是他应该做的事情。"[13]在高中的最后一年里，凯瑟斯给英文老师交了一篇关于伊利贾·穆罕默德和伊斯兰民族组织的论文。只要凯瑟斯能交作业，老师们就已经谢天谢地了，可是约翰逊记得这位英文老师是"一个非常循规蹈矩的基督徒，哪怕只是提一下分离主义或者黑人超级自信的问题，她都会感到害怕"。这位英文老师想要给凯瑟斯打一个不及格的成绩，可是在一次教师会议上，温文尔雅、受人尊敬的校长阿特伍德·威尔逊站起来发表了一番讲话，这场讲话后来成为了中央高中的传说，被称为"出名"讲话。威尔逊说他理解一些教师认为授予凯瑟斯文凭会给年轻的运动员们造成误导，让他们有理由相信只要自己跑得快、投球投得准，或者能用快拳击中别人的脑袋，那么学业就不重要了。他说，但是或许有一天凯瑟斯·克莱会出名，赚的钱比学校所有教师加起来还多，如果真的出现这种情况，学校里的每一位教师和管理人员都会夸耀自己认识他、教过他，这将是最有可能让他们出名的机会。威尔逊希望自己以这样的身份被世人记住，而不是一个让凯瑟斯·克莱不及格的人。

凯瑟斯拿到了毕业证书，在391名毕业生中，他的成绩排在第376位。他获得了"结业证"，这是学校颁发的最低等级的毕业证，但是已经足够让他成为一名高中毕业生了。

第七章
美国英雄

在动身前往罗马之前，凯瑟斯·克莱和奥运会拳击队的队友们在纽约市待了几天。他们住在市中心的一家酒店里，一天下午，《新闻周刊》的记者迪克·沙普来到酒店，邀请凯瑟斯和三名队友共进晚餐。在纽约，沙普没有不认识的人，他建议拳击手们去哈莱姆区见一见舒格·雷·罗宾逊。

凯瑟斯非常激动。罗宾逊是他的偶像，他一直在模仿他的拳击风格。凯瑟斯的块头比罗宾逊大，但是他认为自己完全能够打出罗宾逊的速度，也能拥有同样的天赋。他还很欣赏罗宾逊招摇的做派，后者外出时身边总是带着一大群随从，每年都会订购颜色令人咋舌的新款凯迪拉克轿车。在美国，像罗宾逊这样肆无忌惮地炫耀财富和名声的黑人寥寥无几，凯瑟斯打算增加这个数字。就这样，他和沙普，以及另外三名拳击手挤上一辆出租车，去了罗宾逊在第七大道和124街拐角处经营的餐馆。当他们赶到餐馆的时候，罗宾逊不在那里，沙普便和几个年轻人在哈莱姆区闲逛了一会儿。在第七大道和125街的拐角处，一名西装革履、打着领带的男子站在一个小讲台上号召黑人兄弟姐妹们去黑人经营的商店购买商品，记住自己是谁，为自己的身份感到自豪。这个人就是伊利贾·穆罕默德的伊斯兰民族组织一名成员。

“他不会惹上麻烦吗？”凯瑟斯向沙普问道。[1]

凯瑟斯意识到了伊斯兰民族组织最能吸引人的一个重要因素。长期以来，一直有人在哈莱姆区发表演说，他们中的许多人就站在同一个角落，许多人都提出了类似的观点，认为黑人需要建立一个独立的黑人国家，拥有独立的黑人经济。伊斯兰民族组织的演说家们最令凯瑟斯这种刚刚接触组织的人感兴趣的一点就是警方对他们表现出的克制，毕竟人们都知道以前哪怕发表的观点远不如伊斯兰民族组织演说家们的讲话激烈，演说者都会被警察从讲台上揪下来，遭到逮捕。[2]

伊斯兰民族组织的演说家们在讲话中提出了权力的问题。他们还拿出了证据——既有宗教上的证据，也有历史证据——这些证据证明了白人是魔鬼，注定要走向堕落。人群聚精会神地注视着演说者，心中充满了希望。

在沙普看来，凯瑟斯提出的这个问题表明这位年轻的拳击手很容易轻信别人。他说过凯瑟斯很容易"受影响……我都能让他改信犹太教"。[3]身为一个白人，沙普无法理解为什么一个来自南方的年轻黑人听到这一切——自己的经历在宗教上得到了肯定，黑人长期遭受不公正待遇是有原因的，他们遭受的苦难很快就要到头了——会表现得那么兴奋。正如詹姆斯·鲍德温在文章中写到的那样，伊利贾·穆罕默德传达的信息之所以有力量，是因为这些信息清楚地阐明了黑人在历史上遭受的苦难，并且提出了结束这种苦难的方法，为追随者们赋予了"自豪感、平静感，就如同一盏永不熄灭的明灯一样驻留在他们的心中"。[4]

不过，凯瑟斯来哈莱姆并不是为了聆听可敬的伊利贾·穆罕默德的教诲，他来这里是为了拜见一位不同领域的先知。终于，舒格·雷·罗宾逊开着自己那辆紫色林肯大陆轿车来到他们面前。沙普将几名年轻奥运会选手介绍给了这位被许多人认为是有史以来综合实力最强、最耀眼的拳击手。这一次，凯瑟斯没有吹牛的欲望了。[5]他毕恭毕敬地走到偶像面前。

罗宾逊在其中一名年轻拳击手递过来的照片上签了名，一边朝着其他几个人咕哝了几句，然后便走掉了。"他一向都这么傲慢，瞧不起人。"沙普说。[6]凯瑟斯只是点了点头。

多年后，提起那段往事时凯瑟斯说过："当时我很伤心。要是舒格·雷知道我有多么爱他，我模仿他已经有多久了，也许他就不会是这种表现了……当时我就告诉自己：'要是有一天我成了大人物，出名了，人们想要我的签名，等上一整天就为了跟我见一面，那我肯定不会这样对待他们的。'"[7]

凯瑟斯来到了罗马，他的头上戴着一顶王冠，无论走到哪里，身后都有一大群人在唱赞歌——至少他表现得派头十足。他大步流星地走进奥运村，仿佛他已经被任命为这里的国王，其他人来到这里都是为了庆祝他的加冕典礼，欣赏他美丽优雅的身姿。

在向一名记者介绍自己的时候，他说自己名字是"凯瑟斯·马塞勒斯·克莱七世"，[8]或许他希望他的血统可以追溯到某位罗马角斗士或国王那里。根据这名记者所述，凯瑟斯把照相机挂在脖子上，在奥运村里飞来飞去，"就像小狗一样友好、活泼"。他先是拍上几张照片，然后把照相机递给别人，这样他就能出现在集体合影中了。

"今天已经拍了48张。"他说，然后就蹦蹦跳跳地跑去给一群外国人拍照了。他用手比划着，告诉他们摆好姿势，然后又回到了记者面前。他把一群俄国人叫到了一起，在他的指导下，对方很快就露出了笑容，抱在了一起。

"我得学学语言。我在这里都不知道该怎么办。我唯一知道的意大利语就是'bambino'（小孩子）。"

他跟许多漂亮的年轻女郎抛媚眼，管她们叫"狐狸"，似乎伟大的美国短跑运动员威尔玛·鲁道夫尤其令他着迷。他碰到了能演会唱的平·克劳斯贝（第17届奥斯卡金像奖最佳男主角得主），挽着后者的胳膊大步流星地走上一会，突然他又发现自己正在与重量级拳王和1952年奥运会金牌得主弗洛伊德·帕特森合影。凯瑟斯注意到自己比帕特森高一点，胳膊也长一些，他曾对一名记者提起过这一点。[9]

"再过差不多两年再见。"凯瑟斯说，[10]他的意思是自己已经准备好迎战这位冠军了，而且还要打败他。记者们在报道中没有提及帕特森是否做出了回应，不过可以肯定的是这个孩子的狂妄自大至少令对方感到有些不快。某种程度上，刺伤他的是凯瑟斯的表达方式。在吹嘘自己的时候，其他一些伟大的运动员通常都会表现得有些巧妙。可是，凯瑟斯的脸上很少会露出幽默的神情。他很少会表现出温柔的一面。

凯瑟斯从未出过国，身边也从未出现过这么多世界级的运动员和名人。现在，他进入了这个世界，依靠着这样的新经历，他和自己原先的成长经历拉开了距离。一天晚上，他会去和其他国家的运动员一起跳跳舞；另一天，他又跟一群年轻人——有男也有女——一起去了圣彼得广场观看和聆听教皇约翰二十三世的讲话。为什么不呢？他是一个黑人，几乎不识字，他很年轻，他的家庭不富裕，也没有受过良好的教育，但是没有人在乎这些事情。还没有人认识他。他将从现在开始书写自己的人生故事。

“如果人们能一直这么友好，那岂不是太好了？”他向来自老家的一名记者反问道。[11]

奥运会为新闻工作者提供了一个特殊的机会，而不仅仅只是他们报销差旅费的由头。奥运会给了那些几乎一直在事无巨细地报道竞技体育项目的记者们一个机会，让他们可以写出一些更为宏大的文章。奥运会提供了全世界最好的地方，让他们见证不同的国家、种族、宗教和意识形态之间的互动。1960年，冷战的形势十分严峻，观看男女运动员们在罗马的竞赛场上比拼的时候，人们不可能想不到共产主义和资本主义在世界各地的激烈竞争，这是一场全球性的竞争，很可能会导致世界的毁灭。

在1960年的奥运会上，美国女运动员再一次扮演了重要角色，这既是由于当时女性正在进行争取平等权利的斗争，同时也是因为美国代表队认为和苏联在奖牌总数的竞争上，自己最后或许能凭借女运动员们的成绩略占上风。罗马奥运会也预示了其他方面的文化变迁。在这届奥运会上，第一次爆出了兴奋剂丑闻，实现了第一次商业电视转播，也是第一次品牌厂家花钱让径赛运动员穿上品牌跑鞋。

十项全能选手拉斐尔·约翰逊带领美国代表队在奥林匹克体育场参加了各国运动员列队进场仪式，这是黑人运动员第一次在奥运会上升起美国国旗。美国人希望通过约翰逊的当选告诉外界美国是一个自由、充满机会的国度，尽管这么做同时也让喜欢批评美国的人有机会指出约翰逊和其他美国黑人在美国国内仍然面对着种族歧视。欧洲记者们惊讶地看到美国代表队中竟然有这么多黑人运动员，有12%的男队员和25%的女队员都是黑人。[12]在奥运村里，尽管要求跟白人合住的白人运动员大多都如愿以偿，但在美国代表队的食堂和宿舍里还是充分实现了种族融合。

在24年前，希特勒的宣传机器就曾指责美国使用杰西·欧文斯这样的非人“黑色后备力量”来与希特勒所谓的“支配种族”（优等种族）竞争。现在，由白人和黑人运动员组成的美国代表队成了值得美国人吹嘘的事情。

媒体对凯瑟斯的关注不仅仅是因为他有能力取悦他们，还因为他似乎能够代表1960年这届奥运会上出现的许多新鲜事物。他骄傲自大，固执己见，这样的性格在年轻黑人运动员身上很罕见。他公开表示自己渴望成为职业选手，赚大钱，这样的表态也是相当新颖、令人耳目一新的。他从不避讳政治话题，即使他对自己谈论的事情几乎一无所知。

在比赛开始前，一位外国记者问凯瑟斯：“美国的黑人面临着一场危机吗？”

“哦，我想的确有一些问题。不过，没有什么是解决不了的。美国仍然是世界上最伟大的国家。”他回答道。[13]

一名苏联记者咄咄逼人地问他在美国黑人不能和白人在同一家餐馆吃饭的传言是否属实，他的回答很诚实。他说，是的，有时候黑人很难在美国的餐馆里吃上一顿饭，但这并不是判断一个国家是否伟大的唯一标准。美国的生活还是很好的。毕竟，“我不会和短吻鳄搏斗，也不会住在泥巴窝棚里，”他说。

凯瑟斯一直在努力引起别人的注意，找到最高的神坛，站在上面尽可能地大声告诉世界他是一个与众不同、非常特别的人，他们最好注意一下他。如果他在18岁的时候参了军、上了大学，或者进了工厂上班，那么就不会有人关心他对美国种族危机有什么样的看法了，而他自大的性格也有可能会让他受到教官、老师、工头或者愤怒的白人执法人员的斥责，甚至是更糟糕的对待。如果不是一位著名的运动员，他可能会被迫驯化无法无天的内心。

对于一个急于成为明星的年轻人而言，这场奥运会可以说是天时地利。当然，要想真正成为一个明星，他还必须参加战斗，并且要取得胜利。站在凯瑟斯面前的一大队拳击手们不可能像记者那么乖乖听话。

在比赛开始之前，记者们称凯瑟斯是一支平庸的美国拳击队里最优秀的拳击手。为《纽约世界电讯报》撰稿的传奇体育专栏作家丹·丹尼尔曾预测这9个美国人都不太可能成为职业拳击手：“如果说我们的拳击手中间会诞生一位罗马冠军，以及有潜力赚到大钱的明星，那么这个人就是来自路易斯维尔、体重175磅（79.4千克）的凯瑟斯·克莱……有人说克莱比［弗洛伊德］帕特森在1952年赫尔辛基奥运会上赢得中量级冠军时更出色。……然而，在意大利，克莱发现自己的级别是10个级别中最难打的一个。”[14]

许多记者都说全世界最优秀的3名业余拳击手都集中在凯瑟斯参加的轻重量级别组里。这3名选手分别是澳大利亚人托尼·马迪根，一年半前凯瑟斯在纽约和他交过手；苏联人盖纳基·沙特科夫，此人曾在1956年的墨尔本奥运会上夺得了中量级金牌；波兰人泽比格纳夫·皮耶季科夫斯基（凯瑟斯将他称为“名字里有15个字母的家伙”），这个“家伙”已经参加过230多场比赛了，而且获得过3次欧洲冠军，被认为是夺金的热门选手。

在第一场比赛中，凯瑟斯穿着一件背后印有数字“272”的白色背心，[15]从拳击台的一角发动了进攻，他快速地移动着脚步，不停打出一记又一记刺拳，他迂回进退的速度太快了，24岁的比利时对手伊冯·贝克特看上去就像在对着烟圈出拳一样。他挥出一拳，没打中，然后他抬起头想看一看凯瑟斯上哪去了，接着他又挥出一拳，又没打中。当他猛地抬起头时，凯瑟斯突然挥出一记左刺拳打中了他。就在第一回合即将结束的时候，凯瑟斯又用一记刺拳狠狠地打在了比利时人的身上。在第二回合中，凯瑟斯一出场就发动了猛烈攻势，用一记左勾拳击倒了贝克特。他的出拳速度太快了，观众中应该没有几个人能看清楚这一拳。没等第二回合结束，贝克特就因为伤势过重无法继续比赛了。裁判中止了比赛。

在接下来的一场比赛中，凯瑟斯将苏联金牌得主沙特科夫的两只眼睛都打得乌黑，最终轻松取胜。这样一来，他就要再次跟托尼·马迪根交手了。在纽约交手之后，马迪根曾抱怨说凯瑟斯是他所害怕的那种拳击手：“他个子很高，左手非常快，脚底下动个不停，我的灵活性不够，没法用正确的打法迎战这种拳击手。我应该改变自己的打法，以应对这种情况，可惜的是，我就是做不到。”[16]

在罗马，马迪根没有尝试改变自己的打法。他压低肩膀，小心翼翼地挪动着脚步，任由凯瑟斯抡起纤长的胳膊，用快速的刺拳攻击他，而他则用大力勾拳攻击着凯瑟斯的身体和头部。最终，比赛结果很接近，但是裁判一致裁定凯瑟斯获胜，将他送进了和皮耶季科夫斯基争夺金牌的决赛。

得知自己将在决赛中面对皮耶季科夫斯基的时候，凯瑟斯一定想到了“左撇子”阿莫斯·约翰逊。一年前，在威斯康星州举行的泛美选拔赛上，约翰逊让凯瑟斯经历了一生中最惨痛的一次攻击。从那以后，凯瑟斯连续打赢了42场比赛。现在，他要面对不仅也是一个“左撇子”，而且还是身为全世界最杰出的“左撇子”之一的皮耶季科夫斯基。

“别人也会对左撇子选手感到头疼吗？”凯瑟斯向体育专栏作家瑞德·史密斯打听道，[17]后者信誓旦旦地告诉他所有的拳击手都认为左撇子选手一出生就应该被淹死。

即使真的感到过担心，凯瑟斯也不曾流露出来。他的教练恳求他多花些时间在体育馆里，可是他却忙着签名、拍照。[18]大多数早晨他都会跑上一两英里，除此以外他就觉得没有训练的必要。他要么就是已经准备好了，要么就是没有做好准备。

铃声响了，凯瑟斯上场了。登上拳击台就意味着心甘情愿地失去控制。你接受训练，学习，全心全意地投入进这项运动，或许你选定了某一种策略、一套进攻方案，或许你会祷告一番，然后跨过围绳，去面对一个同样训练有素、不断学习、全身心投入的对手，他可能也做过祷告，决定采取一个旨在让你的进攻方案失效的策略。战斗开始了，形势很不明朗。任何情况都可能发生——胜利，失败，甚至死亡。伟大的拳击手会彻底忘记自己。他们不会去想这个问题。他们只会跟着感觉走。

凯瑟斯走进场内，用他一贯的速度和充沛的能量迎战皮耶季科夫斯基，但是他看起来不像是意大利观众在那个星期里看到过的那名拳击手。凯瑟斯没有说过他究竟是在这场比赛前就已经决定改变自己的打法，还是看到对手的打法之后自然而然地做出了这个决定，但是有一点很明显，面对这位对手时他换了一种方式。首先，他不太快速移动脚步了。[19]他没有使用左刺拳来消耗对手的体力，而是穿插使用着左刺拳和右拳，右拳的作用在于逼迫对方和他对攻上一阵。

在第一回合结束时，皮耶季科夫斯基有两记重拳击中了凯瑟斯，但是凯瑟斯并没有感到不安。凯瑟斯的出拳数量超过了对手，但是大部分都落空了。当这一回合结束的铃声响起时，对于自己能否赢得这场比赛的问题，凯瑟斯应该毫无把握。

到了第二回合，皮耶季科夫斯基压低脑袋，发起了更猛烈的进攻。他用左手打出的两记重拳击中了凯瑟斯，然而凯瑟斯似乎毫不在意。在这个回合中，凯瑟斯一反常态地频频用右手出拳。就在皮耶季科夫斯基俯下身子进行防御的时候，凯瑟斯用左勾拳击中了这个波兰人的肋部。

比赛进入了第三回合，双方仍然不相上下。凯瑟斯可能略胜一筹，但是两名选手都不想让比赛发展到让评委来决定胜负的地步。凯瑟斯出拳的速度越来越快，力量越来越大。他一记记重拳击打着对方的上肢，试图击中对方的头部。他以闪电般的速度滑动着脚步，随即便打出一串勾拳。在最后一分钟里，他不停地挥出重拳。皮耶季科夫斯基每打中他一拳，就会挨上他三拳。[20]鲜血从这个波兰人的嘴和鼻子里涌了出来，染红了他的白背心。凯瑟斯不停地凑上前去，就像一头尝到血腥味的野兽，眼睛死死地盯着对手的脑袋，双臂一刻不停地飞舞，脸上的表情就是在说这是我的。他猛地冲上前去，挥出重拳，直到铃声制止了他。

过了一会儿，一座三层的领奖台被搬上拳击台，凯瑟斯走上了最高的那一层台阶。一名奥运会官员站在他面前，向他颁发了金牌，这是一名业余拳击手所能获得的最高荣誉。当宣布他的名字时，凯瑟斯向人群谦虚地挥了挥手，还跟那名奥运会官员说了几句，然后弯下了腰，让对方将奖牌挂在他的脖子上。

这时，在难得一见的沉默中，他挺直了身躯，露出了温文尔雅的笑容。[21]

第八章

梦想家

他现在是个人物了。最机智的家伙，最漂亮的家伙，最大胆的家伙，最冲动的家伙。一幅充满希望的人生画卷。自信的化身。能打出干净利索左刺拳的家伙。

“伙计，当个大人物肯定很棒。”他说。[1]

凯瑟斯坐着飞机从罗马回来了，回到路易斯维尔之前他先在纽约停留了一下，从每一个陌生人身边经过时他几乎都要打量一下对方，看看对方是否认得他；走过每一家商店的橱窗时，他也几乎总是要停下来欣赏一下自己在窗户里的形象。他身材高挑，皮肤泛着巧克力牛奶般的色泽，还长着一双稍微有些乌黑的眼睛。他的五官结构很柔和，脸上没有生硬的线条，丝毫没有令人感到突兀的地方，一切都那么匀称——更确切地说，对于一个拳击手来说简直太匀称了。他那年轻的笑容比挂在他脖子上的金光闪闪的奖牌还要灿烂。

“看看我！我真美。”他大声地说着。[2]他不是在心里念叨着，因为他很少会把自己的想法闷在心里。“我会一直这么漂亮，因为世界上没有一个拳击手能快到打中我！”

无论到哪儿他都戴着自己的奖章，甚至睡觉的时候也不例外。[3]他仰面躺着，这样胸部就不会被割伤了。

他和教练乔·马丁在纽约的爱德怀德机场碰了头，和马丁一起赶到机场的还有雷诺兹金属公司的副总裁威廉·雷诺兹，路易斯维尔最富有、也是最知名的市民之一。他们开车将凯瑟斯送到华尔道夫塔酒店，安排他住进了一间套房，当时住在隔壁房间的客人是温莎公爵和公爵夫人。[4]雷诺兹给了凯瑟斯一厚沓现金，让他给父母买些礼物。这位拳击手为母亲选了一块价值250美元的手表，为父亲和弟弟各选了一块价值100美元的手表。他在华尔道夫饭店吃了饭，他点了两份7.95美元的牛排。[5]吃饭的时候脖子上还挂着奥运奖牌。

在纽约，无论走到哪里，凯瑟斯都会被问及是否打算转为职业选手。答案是肯定的，他说："我需要钱，很多钱。"他告诉别人自己最终有可能会成为一名流行歌手，"就像埃尔维斯·普雷斯利"猫王"那样"。不过，拳击还是首位的。他发誓要在三年内成为世界重量级冠军。[6]作为不耐烦的表现之一，他走进时代广场的通道，买了一份仿制报纸，报纸上印着他自己想出来的欣慰标题——"凯瑟斯签下了和帕特森打比赛的合同"。[7]通过这件事情不难看出他已经急不可耐了。

"在老家，他们会以为这是真的。"他说。[8]

迪克·沙普又一次成了凯瑟斯的导游。1960年的秋天，纽约的人行道上满是戴着软呢帽的男人和穿着貂皮大衣的女人，爵士乐迷们挤在"先锋村"（一家爵士酒吧），聆听着爵士乐手迈尔斯·戴维斯的演奏，广告牌上打着"莱茵黄金"啤酒和"肯特"香烟的广告。这位拳击手对许许多多的东西都感到惊讶，其中就包括"勾拳王"杰克·邓普西（被称为"最恐怖的拳击手之一"）经营的餐厅里的烤牛肉三明治和芝士蛋糕，一块三明治和一块蛋糕的价格竟然高达2.5美元。[9]

凯瑟斯告诉沙普他的梦想就是拥有一座价值10万美元的房子，一个漂亮的妻子，两辆"凯迪拉克"，再加上一辆"福特"，"只是为了四处走走"。他还有一个梦想，"我梦见我沿着百老汇大街跑着——那是路易斯维尔的主街——突然，一辆卡车朝我开过来。我跑向了卡车，然后我就离开了地面，我飞了起来。我就飞在卡车的正上方，所有人都站在周围，向我欢呼着，冲我挥着手。我也冲他们挥着手，一直不停地飞着。我一直做着这样的梦。"他说。[10]

在纽约，每当被别人认出来的时候，他都兴奋不已，更不用说他还会尽一切努力吸引别人的目光——穿着自己的奥运会运动衫，戴上自己的金牌。

“真的吗？你真的认识我？”他问道，“太棒了！”[11]

这座城市就像一辆满载着甜点的大车一样在这位年轻的冠军面前挪动着。这是令人兴奋的1960年代：年轻的约翰·F. 肯尼迪被提名为民主党总统候选人；女孩们将身上的裙子一寸一寸地拉到了膝盖上，显然她们还会继续往上拉；市场上已经出现了避孕药，所有事情和所有人无不显示出美国社会将要出现一种新的性秩序。凯瑟斯·克莱表现出一副决意征服一切的姿态，仿佛这座城市的灯光都只为他一个人闪耀。

凌晨两点，沙普打算结束这一天的行程回家去，可是凯瑟斯还没有打发掉围观人群的意思。他把记者请进了自己在华尔道夫酒店的套房，让对方看了他从罗马带回来的剪贴簿。沙普接受了邀请，但是他说凯瑟斯必须向沙普夫人解释一下为什么她的丈夫要在外面待到那么晚。

“你是说你的妻子也知道我是谁？”克莱兴奋地问道。[12]

后来，这位年轻的英雄四仰八叉地躺在床上，进入了梦乡。也许，他梦见自己飞了起来。

比利·雷诺兹专程赶过来欢迎接凯瑟斯回家，同时他还向这位年轻的拳击手发出了邀请。在此之前，他们两个人已经互相认识了。就这一年的夏天，雷诺兹给了凯瑟斯一份工作，在他的庄园里打理院子。凯瑟斯每天都会去雷诺兹家，带着雷诺兹的几个孩子在游泳池里泼水玩。他一点活都不干，但还是能领到工资。对此，雷诺兹毫不介意，他更感兴趣的是为一位有前途的运动员提供帮助，获得一位有潜力赚大钱的拳击手的信任，他还有其他人帮他修剪树篱。

现在，雷诺兹想和凯瑟斯做一笔交易，启动后者的职业生涯。乔·马丁将被聘为凯瑟斯的教练，这名拳击手的商业利益将被交给路易斯维尔的一伙白人职业经理人管理。路易斯维尔的这伙白人商人和马丁一起为凯瑟斯挑选对手，指引他朝着冠军的目标前进。他们将给凯瑟斯支付一份固定的薪水，外加收入的提成，跟他的训练和工作有关的所有费用也都由他们支付。他们会留出一部分钱用来缴税，以确保凯瑟斯永远不会惹上国税局的麻烦。他们还将建立一个信托基金，把这位拳击手的一部分收入存起来，等到他退休以后再用。

雷诺兹来纽约并不是为了给凯瑟斯施加压力，逼他立即签约，但他的确想向这位年轻的拳击手表明自己很想帮他一把。大多数职业拳击手的事业都是由健身狂和罪犯打理的，因此大多都没有受过教育的年轻运动员们很容易受到各种肮脏交易的伤害，也正是出于这种原因，那么多拳击手在职业生涯结束时都破产了，而且还受到了税务员的纠缠，凯瑟斯很清楚这一点。

雷诺兹和他的朋友们都非常富有，他们绝不会想着欺骗凯瑟斯。这是他们在向凯瑟斯推销自己时最突出的一点。他们说自己不需要他的钱，实际上，他们是意识到了自己作为路易斯维尔的市民有责任支持拳击运动。他们来自肯塔基州，这是一个奇特而富饶的地方，人们靠着在烂泥地里奔驰的种马和用玉米糊酿造的威士忌发财致富。面对凯瑟斯，他们看到了机会——让一个来自西部的黑人名利双收，同时还有可能让他创造出价值。当然，他们之所以对凯瑟斯产生兴趣或许也是因为在观看职业拳赛的时候，如果你能坐在前排，而且事关自身利益的话，那么比赛就会变得更加有趣了，这也是某些黑社会人物和失意的前运动员资助拳击手的原因。

雷诺兹打算回到路易斯维尔后，再向凯瑟斯和他的父母提出自己的想法。现在，这位商人只是想向奥运会冠军表示祝贺，让他这趟重返美国的旅途更加有纪念意义。当然，他同时也想用自己的财富打动凯瑟斯，给他留下深刻的印象。

回到路易斯维尔时，凯瑟斯朗诵了一首诗：

让美国成为最伟大的国家是我的目标，
所以我打败了俄国人，也打败了波兰人
为美国赢得了金牌。
意大利人都说："你比以前的卡西乌斯①更伟大。"[13]

---

① 阿里的名字"凯瑟斯"和"卡西乌斯"在英文中是同一个名字。卡西乌斯（公元前85—前42）是罗马元老院议员和军事将领，以刺杀恺撒而闻名。

这些被人反复提及的词句不足以改变曾经教过凯瑟斯的老师们对他拙劣学习成绩的看法；不过，对于在斯坦迪福德机场（路易斯维尔国际机场）停机坪上为凯瑟斯的到来欢呼的300名拳击迷来说，这一点并不重要。当然，克莱的父母和弟弟也都在那里等待着他，人群中还有市长布鲁斯·霍布利茨尔、6名啦啦队队员。等待着他的还有市政府提供的一支车队。由25辆轿车组成的车队载着这位金牌得主前往中央高中，他要去参加一场赛前动员会。

当初慷慨授予凯瑟斯文凭的校长阿特伍德·威尔逊走到麦克风前说："想到有些行为正在破坏美国声誉的同时，我们也应当心存感激，因为我们将一位像凯瑟斯这样优秀的使者派往了意大利。"市长称凯瑟斯是"路易斯维尔的光荣"，"激励着这个城市的年轻人"。凯瑟斯也向学生们发表了一番讲话。他打趣地说在赢得金牌的过程中，自己和几名美国军人交过手并且将他们打败了，如果一个高中生都能打败美国最强悍的士兵，"那么山姆大叔的防御系统就太差劲了，他最好做点什么"。[14]凯瑟斯的讲话令一些老朋友感到吃惊。他的同学维克·本德尔就犯起了嘀咕："我当时就想'这还是我认识的那个凯瑟斯·克莱吗？'他哪来的这种信心呢？我觉得他的自信应该来自奥运会，能够勇敢地面对那些外国人。在那之前，他总是有点害羞。"

回到格兰德大道，奥德萨·克莱烤上了一只火鸡，这就是今天的晚餐，老凯瑟斯·克莱唱起了《上帝保佑美国》。邻居们源源不断地来到他们家，走上门前的台阶，凯什刚刚把这些台阶刷成了红色、白色和蓝色的条纹。

1960年的秋天，拳击界的大腕排着队表示希望接手凯瑟斯的职业生涯。[15]给重量级冠军弗洛伊德·帕特森当过经理的康斯坦丁·库斯·达马托表示有兴趣培养这位新诞生的奥运金牌得主，1956年的奥运会冠军彼得·拉德马赫、前重量级冠军洛基·马西安诺和轻重量级冠军阿奇·摩尔也表达了同样的意向。但是威廉·雷诺兹近水楼台先得月，很快他就给凯瑟斯拿出了一份为期10年的合同，相比大多数年轻拳击手能拿到的合同，这份合同里的条款要慷慨得多——拳击比赛全部收入的50%归凯瑟斯所有，训练和旅行的全部费用都由经理们支付。雷诺兹还说他会把凯瑟斯收入的25%存入一个信托基金，等凯瑟斯年满35岁或者退役后就可以动用。

这份合同是雷诺兹的律师戈登·戴维森起草的。“我研究了一下，结果发现大多数拳击合同都非常有利于老板。”戴维森说。[16]但是，戴维森起草时是得到了雷诺兹的授意，雷诺兹表示这份合同应当对凯瑟斯非常有利。

正因为如此，当代表凯瑟斯一家人的律师艾伯塔·琼斯打来电话说她的客户决定拒绝这笔交易时，戴维森感到十分惊讶。原来，凯什·克莱不想让乔·马丁当他儿子的教练。[17]凯什表示他想找一个更有经验的教练，一个曾经和职业拳手打过交道的人。其实，马丁是一名白人警官的事实有可能也是影响凯什做出决定的一个因素。

凯什很享受儿子的成功。现在，他自己也成了当地的名人，在享受免费饮料、招蜂引蝶的过程中，他有了引人注目的新话术。他的行为本来就有些离经叛道，现在就更是招摇了。他会戴着墨西哥宽边帽在社区一带闲逛，假装自己是一个墨西哥人，不请自来地出现在别人家后院里的烧烤聚会上，毫不见外地喝着啤酒。要是某一天他觉得自己不适合当墨西哥人，他就会坚称自己是一位阿拉伯酋长，还会告诉别人自己深色的皮肤和又平又宽的鼻子能够证明这一点。[18]他还会从口袋里掏出拳击赛的票根和报纸，指出票根上和报纸文章里的名字——凯瑟斯·克莱——是他的名字。如果乐队领队允许的话，他还会在夜总会里唱唱歌；要是喝醉了，跌跌撞撞地走在回家的路上时，他的嗓门就更大了。

提起往事，凯瑟斯的邻居多拉·琸·马拉奇说：“哦，天哪，他骄傲得自己都快要受不了了。你肯定会笑话他。”[19]当时她的名字是多拉·琸·菲利普斯。

凯什越来越膨胀，他甚至觉得自己有资格指导儿子的职业生涯，这就意味着乔·马丁必须滚蛋。凯什的拒绝令这名路易斯维尔警官伤心不已。“那个老头，他对那个男孩不比他对‘月亮上的人’关心得更多。”马丁说。[20]

马丁被抛弃了。出于对朋友的忠诚，雷诺兹也立即退出了。不过，戈登·戴维森几乎同时就接到了路易斯维尔另一位富有的企业高管小威廉·法弗舍姆的电话。身材高大、声音沙哑的法弗舍姆是路易斯维尔最大的酿酒企业之一“布朗福曼”酒厂的副总裁，他曾经做过投资顾问、演员、大学拳击手，他的父亲是一个在英国出生的偶像派明星。[21]现在，法弗舍姆说服肯塔基州最富有的11个人组成了一个财团，联手为凯瑟斯·克莱提供支持。他问戴维森是否愿意以雷诺兹的那份合同为基础，重新起草一份协议，戴维森接受了这个提议。新合同为期6年，凯瑟斯有权在3年后终止合同。拳击手将获得10000美元的签约奖金，头两年里每年能拿到4800美元的最低收入，剩下4年每年有6000美元的最低收入。此外，新合同还像原先那份合同一样，承诺拳击手在场上场下一切活动所得收入的50%都归拳击手本人所有。总收入将在凯瑟斯和这个辛迪加之间平均分配，凯瑟斯的训练费用——包括旅行、食宿费用——全部由集团承担。凯瑟斯的收入有15%将被存入一个信托基金，直到他满35岁或者退役。为了帮助这位拳击手避税，这个辛迪加还将他编入了自己的职员名单，以月薪和年终奖的形式支付他的收入。在为凯瑟斯选择下一任教练时，凯瑟斯和他的父亲都有发言权。[22]

法弗舍姆辛迪加的成员都是当地最有权势的企业高管，其中有7个百万富翁。[23]他们在潘登尼斯俱乐部打台球，在丘吉尔·唐斯赛马场的露台上嚼薄荷叶。这些人都是白人男性：法弗舍姆供职的“布朗福曼”酒厂的主席威廉·李·里昂斯·布朗，一个魅力十足的了不起的南方人（他曾对《体育画报》的记者说：“我不知道你是否意识到了凯瑟斯·克莱的姑妈在给我亲上加亲的表亲做饭？”[24]）；集团里最年轻的成员詹姆斯·罗斯·托德，年仅26岁的他出身于肯塔基一个的古老家族，他说过自己之所以参与凯瑟斯·克莱的事情而不是跟父亲掺和在一起，是因为“我已经受够老爸了”；曾经做过“布朗福曼”酒厂销售经理和州赛马委员会主管的温特·德加莫·史密斯；《路易斯维尔新闻报》和《路易斯维尔时报》的出版商助理罗斯·沃斯·宾厄姆（出版商是他的父亲）；被朋友们称为“负鼠”的乔治·华盛顿·诺顿四世，他是玛莎·华盛顿[①]的远房亲戚，在全国广播公司当地附属电视台WAVE-TV里担任秘书兼财务主管，《明日冠军》就是这家电视台播出的节目；喜欢养马的小帕特里克·卡尔霍恩，他曾直言不讳地说“你们尽可以相信我对拳击的了解”；美国钢铁公司第一任主席的孙子埃尔伯特·加里·苏特克利夫，他喜欢称自己是一个“退休农民”；J. D. 斯泰森·科尔曼，他参与的生意包括佛罗里达的一家公交车公司、俄克拉荷马州的一家石油公司、伊利诺伊州的一家糖果公司和佐治亚州的一家制药公司；布朗和威廉姆森烟草公司总裁威廉·索尔·卡钦斯，“总督”和“雷利”牌香烟就是这家公司生产的；以及纽约一家广告公司的高级副总裁阿奇博尔德·麦吉·福斯特，布朗和威廉姆森烟草公司的广告就是由这家公司负责的，这笔业务的利润非常丰厚。

这个集团的大多数成员都和官方的说法保持着一致的口径，用其中一个人的话说就是，他们的目的在于“为一个表现良好、值得帮助的路易斯维尔男孩做一些好事，培养出更优秀的拳击手”。[25]路易斯维尔赞助团的每个成员都拿出了2800美元，这笔投资可以用来减税。他们当然希望看到回报，但是他们并不指望靠着这笔收入为生。事实上，赞助团的财务主管已经提醒过所有的成员了，他预计在1961年的前6个月里赞助团将支出9015.86美元，但是收入应该很少，甚至为零。[26]凯瑟斯·克莱拿到的是有史以来没有职业经历的拳击手拿到的最慷慨的一份合同，但是，对于支持他的这些人而言，他只是一个取乐的工具而已。这就是1960年真实的种族关系。白人商界领袖们都觉得凯瑟斯·克莱应该会认为自己很幸运，竟然能享受到这样的特权、职业生涯能得到无私的白人男性的指引。至少眼下，他们的想法是对的。

凯瑟斯的梦想成真了。先是一块金牌，接着又是一张1万美元的支票，然后又是一辆粉红色的“凯迪拉克”，这辆车的售价为4450美元——首

① 玛莎·华盛顿（1731—1802），第二任丈夫是美国总统华盛顿。

付1100美元，每月分期付款120美元。

当人们看到凯瑟斯开着这辆新车的时候，西区出现了传言，人们都说他已经把奖金都花光了。因此，凯瑟斯将自己的银行存折拿给了一名记者，上面显示存款余额为6217.12美元。[27]“我可能只有18岁，但我没那么傻。”他告诉记者除了这辆车，他唯一一笔比较大的开支就是律师费，有2500美元。[28]

凯瑟斯告诉记者这辆车是送给父母的礼物，只是大部分时间里都是他在用这辆车。有了这辆凯迪拉克，每一天都会出现一队车队，对于这位年轻英俊的冠军来说，每一次出行都是吸引公众崇拜的机会，每一次与邻居的相遇都让他又一次陶醉于自己非凡的成就、过去和未来。似乎没有人介意凯瑟斯还没有拿到驾照的事实。[29]威尔玛·鲁道夫从田纳西来看望凯瑟斯的时候，两位奥运冠军开着车慢慢地穿过街道，凯瑟斯冲着车窗外大声宣布着重要人物的到来，鲁道夫在座位上局促不安，人们的关注令她感到尴尬。“我和‘魔笛手’的唯一区别就在于就是他没有‘凯迪拉克’。”凯瑟斯说。[30]

据凯瑟斯的一些朋友所述，在鲁道夫这次做客期间，年轻的拳击手向她求婚了，但是遭到了拒绝。拳击手还提议举行一场比赛，凯瑟斯和鲁道夫——金牌拳击手对阵金牌短跑运动员——在格兰德大道上来一场赛跑。男女老少站在街道两旁观看了这场比赛。两位优秀的运动员全速向前冲刺，街道上爆发出巨大的欢呼声。鲁道夫以极大的优势赢得了比赛，这时候欢呼声变得更加响亮了。

1960年10月29日，凯瑟斯以压倒性的优势打败了西弗吉尼亚州费耶特维尔市警察局的局长滕尼·汉萨克，就这样开始了自己的职业生涯。[31]在这场和凯瑟斯的比赛之前，31岁的汉萨克已经连输6场比赛了。这场比赛给他留下了深刻的印象，在比赛结束后，他说：“这孩子很有潜力。首先，他身高6尺3寸（1.9米），而且他的胳膊很长，脚底下很快……他就像威利·帕斯特拉诺一样，总是会向后躲闪，然后打出迎击拳。作为一个孩子，他已经是一个非常优秀的拳击手了；在刚刚起步的男孩里，他是我见过的最出色的一个。”[32]

汉萨克唯一感到不满的就是凯瑟斯的态度:“可能是被惯坏了吧。”他指的是凯瑟斯拿到的1万美元奖金和那辆粉红色的“凯迪拉克”。要想成为冠军，凯瑟斯就必须安下心来，努力训练。“我本来可以帮帮他，给他的鼻子狠狠来上几拳。可是，他太厉害了，很难被打到。”汉萨克说。

凯瑟斯毫不费力地打败了汉萨克，可是体育记者们都对他的这场处女秀不以为然，他们说他本来就该击败汉萨克这样的笨蛋，如果他想和全国最优秀的重量级拳击手一争高下的话。A. J. 利布林经常在《纽约客》上发表有关拳击比赛的文章，他文风华丽，非常注重细节，他说凯瑟斯在早期打的一些比赛“很吸引人，但是还不足以证明他的能力”，[33]他还表示这位奥运会冠军有一种“掠过式的风格，就如同鹅卵石划过水面一样。看他打比赛还不错，但是他和对手的接触似乎都只是蜻蜓点水”。

在准备与汉萨克比赛的过程中，克莱在契卡索公园练习了跑步，与弟弟鲁迪打了打比赛，还接受了弗雷德·斯托纳教练的训练。凯什·克莱更青睐斯托纳，而不是乔·马丁，这主要因为斯托纳是黑人，而且还不是警察。这样的训练已经保证凯瑟斯击败费耶特维尔警察局的局长，但是路易斯维尔赞助团的成员还是希望找到一位真正的教练，一位能够教会凯瑟斯如何与正规的重量级对手战斗的教练，一个懂得如何为他挑选最合适对手的教练。对于一名教练而言，最重要的一项工作就是调教自己的拳击手，让他们在拳击场上面对各种各样的挑战，慢慢地、一步一步地增强他们的身体素质，提高他们的战斗经验，同时也要保证他们不会在拳击场上丢了性命。如果教练选中的对手很理想，那么拳击手不仅能够击败对手，而且还能够学到新的经验。当然，其中肯定存在一定的风险。对于一名年轻的拳击手来说，如果教练高估了学生的成熟度或者低估了对手，那么他的职业生涯就可能到此为止了。这正是许多拳击手的共同遭遇，只有少数人成了例外。有些教练十分幸运，在职业生涯中他们有可能会碰到一个永远不会暴露出缺点，并且会不断改正自己的错误、稳步前进的拳击手，这样的拳击手会一次又一次地击败越来越难以对付的对手，直到最终赢得冠军。

在44岁的时候仍然赢得了轻重量级冠军头衔的阿奇·摩尔在加利福

尼亚州圣地亚哥市附近经营着一所拳击训练营。当凯瑟斯在罗马获胜后，摩尔给他发去了一封电报，表示愿意担任他的教练。凯瑟斯和摩尔似乎是天生的一对。与凯瑟斯一样，摩尔也是一个喜欢卖弄自己的人。他是土生土长的密西西比人，可是却喜欢伪装出一副英国口音说话。摩尔也是一个聪明的拳击手，在击败对手的过程中他依靠的不仅仅只是自己的力量，随着年龄的增长这一点就表现得更加突出了。如果说还有哪位教练会欣赏凯瑟斯离经叛道的行事风格和不受约束的个性，那这个人肯定就是阿奇·摩尔。

路易斯维尔赞助团选择摩尔担任凯瑟斯的教练还有另外一个原因。如果凯瑟斯住在加利福尼亚州，他与赞助团签订的合同就将具有法律约束力。加利福尼亚州有一项旨在保护儿童演员的法律，按照这项法律的规定，未成年人可以签订劳务合同，并且由州政府负责监管他们的收入，直到他们成年。这项法律的目的在于防止贪婪的家长挪用孩子的钱财。

击败汉萨克几天后，凯瑟斯前往加利福尼亚州的拉蒙纳。摩尔为自己的训练营取名为“盐矿”，对一个需要纪律约束的年轻拳击手来说，这是一个理想的地方。营地里摆放着一块块巨大的石块，上面写着曾经涌现出的那些伟大拳击手的名字，例如乔·路易斯、杰克·约翰逊和雷·罗宾逊。在这里接受训练的拳击手要劈柴、自己做饭、自己洗碗。每天他们要跑上至少4英里（6.4千米），然后在那个年代最伟大的一位拳击手的监督下进行练习赛。凯瑟斯不想接受这样的约束，尽管这可能正是他所需要的。他有凯迪拉克，有金牌，每个月还有363.63美元的基本工资（在那个年代，这笔收入和刚开始执勤的巡警的工资差不多）。[34]

“阿奇，我不是来当洗碗工的。我不会像个女人一样洗盘子。”他说。[35]

几个星期后，摩尔拨通了法弗舍姆的电话，他告诉对方这种训练不起作用。路易斯维尔赞助团每周为凯瑟斯的训练支付200美元，[36]但是如果这位拳击手不合作的话，摩尔就拿不到这笔钱。

“我觉得这孩子需要被好好揍上一顿。”法弗舍姆说。

“我也是这么想的。可是，谁能揍他呢？”摩尔说。[37]

在选择新教练的时候，法弗舍姆将目光投向了一个可能与阿奇·摩尔截然相反的人。这个人就是柔声细气的安吉洛·邓迪。邓迪长着一头黑发，上臂很粗壮，如果不是鼻子那么突出的话，他的面孔还算英俊。他是意大利人，这一年39岁，已经有两个孩子，工作之余他喜欢钓鱼，或者和妻子跳方块舞。在每一场重要比赛中，他都平静地站在自己训练的拳击手的角落里，没完没了地嚼着一团胶带，脸上毫无表情。[38]

安吉洛·邓迪的父母都来自意大利的卡拉布里亚，他们都不识字，总共生养了7个孩子，安吉洛排行老五。他们一家人原本姓“米雷纳”，但是安吉洛的一个哥哥将自己的名字改成了“乔·邓迪”，以此向活跃于1920年代的意大利次轻量级冠军约翰尼·邓迪致敬，安吉洛和克里斯也都接受了这个姓氏。在第二次世界大战期间，安吉洛做过检查飞机的工作，后来在一家导弹工厂找到工作。1948年，他开始和自己的兄弟克里斯合作了，后者在纽约负责着15名拳击手的业务。没过多久，邓迪兄弟俩搬到了迈阿密，在那里开办了“第五街”健身房。老鼠和白蚁肆虐的健身房位于迈阿密海滩上的华盛顿大道和第五街交叉路口，楼下是一座药店。[39]

这所健身房又脏又乱。建筑本身并不旧，但是看起来很旧。里面散发着一股木头和皮革的气味，还有一股外用酒精、搽剂、香烟和雪茄的混合气味。但是，最主要的还是一股汗味，拳击手们来到这里是为了在脾气暴躁的教练监督下耗尽自己的体力。当一天的工作结束时，看着被汗水浸透的地板，那些教练就如同杂货店老板看着空空的货架一样心满意足。

第五街健身房的经营者对室内装饰、场馆风格之类的事情毫不在意。拳击台周围散落着从一家旧电影院弄来的破破烂烂的椅子，能够引起注意的装饰就只有速度球、沙袋、跳绳、护裆、按摩台、重力球、拳击手套、头盔、泛黄的拳击海报，整个场馆就靠几个光秃秃的灯泡提供照明。地板已经出现了一道道裂缝，断掉的木板上打着胶合板补丁。阳光从满是尘垢的窗户里斜射进来，其中一扇窗户上画着一只拳击手套，还有用黄色颜料写的“健身房”三个字，从上到下一个摞一个。这种地方会让人觉得自己就是一名拳击手。

安吉洛与拳击手的合作更为密切，但是创办和管理这家健身房的人则是克里斯。克里斯在健身房的角落里有一张办公桌，可他从来不用那张桌子，因为他总是站着，总是忙个不停，总是把手伸进自己肥肥大大的裤子的口袋里，然后从里面掏出一叠用橡皮筋扎着的名片和钞票，他还不停地结交着朋友，建立着人脉。《迈阿密先驱报》的体育记者埃德温·波普说过克里斯是他在体育界里遇到的“最迷人的一个人”。[40]在10岁那年，克里斯就开始在往返于费城和纽约之间的火车上贩卖“贝比·鲁斯”巧克力棒，从此开始了糖果销售生涯。后来。他转行做起了拳击生意。他天生就是一个务实的人，做什么都能成功。他和每个人都合作得很好，无论对方来自什么种族或者民族，也无论对方有着怎样的犯罪倾向。

克里斯在一个文件柜里保存着自己参与过的每一场比赛和送出去的每一笔“劳务费”的记录，这些钱从30美元到300美元不等。[41]他只用名字的首字母（没有全名）来标记那些体育记者和八卦专栏作家，贿赂可以从这些人的手上换取有利的宣传。不过，支付给弗兰基·卡尔博和布林基·巴勒莫之类黑手党头目的大额贿赂大概都没有留下记录。克里斯也没有记录下自己日常的慷慨行为。他欢迎那些没有任何明显的谋生办法的人来到第五街健身房，帮他们找到工作，例如“嘟囔鬼”萨姆·索贝尔和“邪恶之眼”本·芬克尔。在伟大的古巴教练路易斯·萨里亚的帮助下，他为健身房招募了一批古巴最优秀的拳击手。在做生意的问题上，克里斯认为醉汉就是醉汉，小偷就是小偷，白痴就是白痴，所有人都有权谋生。

1960年12月19日，凯瑟斯抵达了迈阿密，还来得及为自己的第二场职业拳击赛备战。[42]在这场比赛中，他的对手是和他一样只有一场职业比赛记录的赫伯·塞勒。来到迈阿密的第一天，凯瑟斯就坚持要求安吉洛带他去健身房练习一下。无论到哪里，凯瑟斯都随身带着那枚奥运会金牌，而且还会执意让陌生人试戴一下。到最后，金牌都被摆弄得有些磨损了。

现在，凯瑟斯自己一个人住，这还是有生以来的第一次。安吉洛为这名年轻拳击手在欧弗敦附近的玛丽·伊丽莎白酒店租下了一个房间。这家酒店和毗邻的约翰爵士酒店是来迈阿密的黑人艺人热衷入住的地方。歌唱家小萨米·戴维斯、演员雷德·福克斯、爵士乐歌手和钢琴家纳·京·科尔、歌手艾拉·费兹杰拉和音乐家卡布·卡洛维来到迈阿密，在迈阿密海滩的高档酒店里为白人观众表演，可是那些高档酒店却拒绝黑人入住，所以这些演艺明星在演出结束后只能离开那些酒店，去玛丽·伊丽莎白酒店和约翰爵士酒店。在这两家酒店里，趁着休息的时候，他们经常会举办一些比之前的演出更有趣的聚会。皮条客和妓女在酒店的大厅里来来往往，凯瑟斯对他们避而远之。每天早上，他都要沿着比斯坎大道跑上一会儿，一边跑，一边看着天空一点点被染上橙色和黄色。他会不停地跑下去，直到浑身感到灼热，灰色运动衫的腋下和胸前也变成了黑色。

“训练他就像是喷气机推进的过程。你一碰他，他就起飞了。”曾经当过飞机检查员的安吉洛说。[43]

他真的起飞了。来到迈阿密后不到两个月，凯瑟斯就打了4场比赛。1960年12月27日，他在第四回合中靠着技术击倒打败了塞勒。三个星期后，在他19岁生日当天（也就是新一届美国总统约翰·F. 肯尼迪举行就职典礼的三天前），他只用了三个回合就击败了托尼·埃斯佩蒂，后者在退役后不久就成了黑帮里的一名勒索行家。三个星期后，凯瑟斯击败了吉米·罗宾逊，后者在比赛开始前的最后一刻才接替没能参加比赛的威利·古拉特。两个星期后，凯瑟斯击败了唐尼·弗里曼，后者被《路易斯维尔时报》称为“靠猪肉和豆子为生的人”①，在这场失利后他就放弃了拳击生涯。[44]

在这些早期的比赛中，凯瑟斯依然保持着业余时期的拳击风格：快速挪动脚步，上下摆动、快速扭头以躲避对手的拳头。体育记者们对此都嗤之以鼻，他们说凯瑟斯的技术一团糟，这种技术对付吉米·罗宾逊这样的废物可能会奏效，但是绝对没法击败一个有天赋的拳击手。有趣的是，安吉洛在拳击方面是一个传统主义者，但他并没有试图改变凯瑟斯的风格。他甚至对这个年轻人口无遮拦的毛病都相当宽容。毫无疑问，他听说了凯瑟斯与阿奇·摩尔发生过冲突的事情。也许这位经验丰富的教练意识到凯瑟斯不会对唠唠叨叨的说教做出积极的反应，也许他知道要想保住这份每

---

① 在大萧条时期，“靠猪肉和豆子为生的人”指的是年纪较大、技术不太熟练，总是会受伤的拳击手，他们之所以参加比赛大多都是为了糊口，他们的日常饮食就是猪肉和豆子。

周200美元的工作，自己最好还是让这位拳击手过得开心一些。也许，他意识到了阿里就像一个不识谱的天才歌手，过度地教育有可能会削弱他的天赋。

事实证明，安吉洛是一位聪明的心理学家。他发现凯瑟斯具有一种非常健康的自我意识，于是便不断地滋养这种意识。他说过："调教这样的孩子就只有一种办法——逆反心理。要是你想教他一些东西，你得先假装这是他的主意……等训练结束后，我会走到他跟前，跟他说：'嘿，你刚才打的上勾拳太棒了。这是我见过的最出色的。'当然，他压根就没有打出过上勾拳，只是我非常希望他能练习一下。第二天，他就在那里打出了上勾拳。"[45]

凯瑟斯认为自己很伟大。在职业生涯的早期，任何经历都不曾令他打消这种想法。他穿上了印有自己名字的白色T恤衫，名字被印成了大红色，他可能受到了可口可乐公司标志的启发。拳击手们大多都会穿后背印有自己名字的长袍，但他们只在比赛之夜、在粉丝和摄像机的注视下才会穿上这种袍子。凯瑟斯的白色T恤衫是他以自己的名字为品牌设计的日常服装，这在美国运动员中间或许还是有史以来的第一次。凯瑟斯已经跻身于最擅长自我推销的运动员行列了。

在击败唐尼·弗里曼之后，凯瑟斯应邀与英格玛·约翰松打了3个回合的练习赛。约翰松是一位右手极具杀伤力的重量级拳击手，在之前的职业生涯中保持着22胜1负的记录。当时，约翰松正在准备第三次迎战重量级拳王弗洛伊德·帕特森。他曾在1959年击败了帕特森，赢得了重量级拳王的称号，但是次年又输掉了比赛。与约翰松的比赛只是一场表演赛，但是凯瑟斯肯定对这场比赛感到兴奋，毕竟这还是他第一次与一名重量级拳击手进行较量，而且后者几乎是顶级的重量级拳击手。更妙的是，他面对的还是将近1000名花钱买票的观众。对于约翰松而言，这可能只是一次锻炼，但是凯瑟斯对这场比赛的态度很认真。他快速地走到了拳击台的中央，与约翰松交缠在一起，一记刺拳接着一记刺拳，然后迅速闪到对方够不到的地方。约翰松踉踉跄跄地追着他。仅仅两个回合之后，瑞典人的教练就结束了比赛。

得知通过这场训练赛自己可以拿到25美元的奖金后，凯瑟斯厚着脸皮说自己应该在门票收入里拿一份提成。[46]

几个星期后，约翰松与帕特森进行了冠军争夺战。在第一回合中，约翰松两次将帕特森打倒在地，但是在第六回合中，帕特森以击倒对手获胜。也许，凯瑟斯的结论是可以想见的——他曾夸口在这两位拳击手中，无论跟谁交手，他都能打败对方。

不过，拳击是一种有着严格等级结构的游戏，凯瑟斯还是得一步一步地朝着冠军的目标努力。他遇到的第一位强劲对手是来自犹他州的拉马尔·克拉克，克拉克是一个善于猛冲强打的拳击手，在之前交过手的45名对手中有43人被他打败，其中有42场比赛是击倒获胜，有28场比赛都是在第一回合就决出了胜负。凯瑟斯与克拉克的这场比赛被安排在路易斯维尔举行，现场有五千多名观众，其中包括凯瑟斯的许多朋友和亲戚。

当凯瑟斯在迈阿密接受训练的时候，家乡发生了一些事情。接受《体育画报》的杰克·奥尔森采访时，克莱家的一位朋友说凯瑟斯的父亲一直在肆无忌惮地胡闹——酗酒，吹牛，和妻子吵架，甚至比平时更严重了。这个朋友告诉记者："就在奥运会刚刚结束后，老头子就对老太太发了场火，当时鲁迪差点就杀了［凯什］……鲁迪说他再也受不了了。"[47]在此之后，鲁迪就搬出了儿时的那个家。有一次，克莱两口子吵得太厉害了，奥德萨威胁要和丈夫离婚，小凯瑟斯赶紧从迈阿密赶了回来，竭力劝说父母解决两个人之间的分歧。

大约就在同一时间，凯瑟斯在美国兵役局登记注册了，当时的大多数美国男青年都会这么做。在1961年3月1日签字的一份登记表上，凯瑟斯描述自己的眼睛为深棕色，皮肤为浅棕色，身高6英尺3英寸半（1.9米），体重195磅（88.5千克），职业是"职业拳击手"，月薪300美元，雇主是"路易斯维尔赞助团"（"团"字还写错了），在"之前的工作经历"一栏中他填写的是"在罗马奥运会上获得了世界轻重量级拳击冠军"。[48]

1961年4月19日，凯瑟斯对阵克拉克的比赛在路易斯维尔的自由厅举行。在第一回合中，克拉克几乎让当地的这位英雄蒙羞。他先用一记右拳击中凯瑟斯的下颚，接着又是一记左拳击中他的胸部，凯瑟斯踉跄了几步。但是，这位年轻的拳击手轻巧地躲开了，他一直和对手保持着距离，直到自己恢复过来。在第二回合中，他打断了克拉克的鼻子，后者瘫倒在拳击台上。

在克拉克之后，凯瑟斯面对了一位比一位强大的对手，他一一打败了他们，然而体育记者们依然对他的表现表示怀疑。

《纽约时报》表示："拳坛还不能确定凯瑟斯究竟是一个神奇小子，还是又一个用嘴巴代替拳击手套的吹牛大王。"[49]对于作家们来说，有一些刻板成见是难以克服的：芭蕾舞演员就应当肢体柔软、脚步轻盈；布鲁斯歌手就应当拥有充满悲伤、如泣如诉的嗓音；而重量级拳击手就应当表现得像"金刚"一样，而不是歌舞演员弗雷德·阿斯泰尔。

凯瑟斯接下来遇到的对手是来自夏威夷的大块头杜克·萨贝东。萨贝东的块头有大？"6英尺20英寸（2.3米）。一个又高又壮的傻大个。"安吉洛打趣地说。[50]

这是凯瑟斯在拉斯维加斯的首次亮相。

"打比赛我不怕。我怕的是坐飞机。"他说。[51]

凯瑟斯再一次赢得了比赛，可是这场胜利丝毫没能动摇外界对他的怀疑。比赛进行了10个回合，自始至终凯瑟斯丝毫没有找到击倒获胜的机会。"他出拳就像个中量级拳手。"萨贝东说。[52]在他针对自己对手发表的评价中，这一句算是比较中肯的。

在与萨贝东进行比赛之前，凯瑟斯和当时最著名的职业摔跤手高杰斯·乔治一起参加了当地的一档广播节目。乔治留着一头长长的金发，每次参加比赛时他的头发上都卷着发卷，直到比赛开始前，他才让自己的教练帮他梳出一头的大波浪。他还涂着指甲油，穿着一条银色的长袍。自称"人体兰花"的乔治是那个时代最著名的表演者之一。在1950年里，他赚到了10万美元[53]——与乔·迪马吉奥（大联盟历史上第一个身价过百万的球员）为洋基队打中外野时的收入旗鼓相当。乔治花在新闻媒体上的时间比在摔跤场上与对手较量的时间还要多，他或许比美国任何一位表演者都更清楚激怒粉丝比吸引粉丝更有利可图。人们掏钱是为了看到乔治那颗裹着一层精心做过的大波浪的脑袋被对手打爆。后来，鲍勃·迪伦、詹姆斯·布朗和约翰·沃特斯都说过自己受到过高杰斯·乔治的启发。

参加电台的节目之后，凯瑟斯在一个座无虚席的摔跤场里观看了一场乔治的比赛。“我看到15000人来看这个人挨打。他的话起了作用。我说，‘这真是个非常好非常好的主意！’”[54]

凯瑟斯的表演能力原本就非常成熟，但是在见到这位满身散发着香水味的摔跤手之后，他在表演方面就更加努力了。在准备迎战自己遇到的最强劲对手阿隆索·约翰逊时，凯瑟斯告诉所有愿意倾听的人，他已经做好了迎战弗洛伊德·帕特森的准备，他——凯瑟斯——是有史以来最伟大的拳击手，即将成为历史上最年轻的冠军，是重量级这个级别中前所未有的拳击手，他的速度太快了，根本没人能打中他，他的力量太强了，根本不会受伤。但是，记者们并不买账。阿隆索·约翰逊也不买账，在之前打过的8场比赛中他输了6场，但他曾经是一位高水平的竞争者。在与凯瑟斯的这场比赛中，约翰逊一直坚持完最后一回合，虽然最终以点数落败，但是在比赛过程中他一次又一次地将这位年轻拳击手打得很狼狈。多年后，约翰逊提起当年那场比赛：“他把我打倒了一次，但我没有受伤。”[55]他斜靠在地下室的一张椅子上，墙上贴满了拳击海报和黑白老照片。

凯瑟斯面对约翰逊时获得的这场胜利平淡无奇，在最后的几个回合里，观众甚至对他喝起了倒彩。这不是高杰斯·乔治想要听到的那种嘘声，这是花钱买票的顾客在对眼前拳击比赛的质量表示不满。考虑到这场比赛是在路易斯维尔举行的，他们的不满就更加令人不安了。

比赛结束后，凯瑟斯休了一段时间的假。他在路易斯维尔待了6个星期，尽情地享受着母亲的厨艺，体重一下增加了15磅（6.8千克）。[56]回到迈阿密后，在一个没有空调的房间里，他逐渐恢复了体形。“晚上，我就像一只被关在箱子里的小动物一样坐着。我不能去街上和外面的人混在一起——如果他们想干什么好事的话，他们就不会出来了。我什么都做不了，只能干坐着……这正是我需要考虑的问题。现在，我只有19岁，周围满是歌舞女郎、威士忌和娘娘腔，没有人盯着我。所有这些诱惑，还有我试图把自己训练成一名拳击手……可是，要想把事情做好，你就得有脑子。就像我小时候告诉自己的那样。我说：‘凯瑟斯，总有一天你会赢得奥运会冠军的，然后你就会给自己买一辆凯迪拉克，然后你会成为世界冠军。’现在，我有了金牌，我有了汽车。要是在眼看就要获得世界冠军的时候屈服于诱惑，那我就太傻了。”他说。[57]

在接下来的一场比赛中，凯瑟斯的对手是体重超重的阿根廷拳击手亚历克斯·米特夫。凯瑟斯不仅信誓旦旦地宣称自己肯定会获得胜利，而且还预测出比赛将在哪一回合结束。“米特夫肯定会在6个回合之内倒下。”他说。在开始的几个回合中，凯瑟斯接二连三地击中米特夫的头部。但是，米特夫将他的躯干狠狠地击打了一番。第四回合，米特夫的脸已经肿得像小面包一样了。不过，米特夫对躯干的攻击也让凯瑟斯筋疲力尽，他的速度慢了下来。他不再蹦来蹦去了。他站稳了身体，将更多的力量加在拳头上。第五回合，他就像机关枪一样飞速地打着组合拳，拳头都落在了米特夫的头部。到了第六回合，终于一套组合拳——先是一记轻微的左刺拳，接着又是一记扎扎实实的右刺拳——将这个大块头阿根廷人打倒在垫子上。米特夫爬了起来，可是他已经摇摇晃晃，无法继续比赛了。

毫无疑问，这是凯瑟斯职业生涯中最出色的一次表现——他的表现太好了，在比赛结束后安吉洛告诉他，如果他一直打得这么好，那他就能打败任何一个人了。[58]

到了职业生涯的这个阶段，大多数拳击手都会意识到自己的任务几乎是不可能完成的。他们过着贫困的生活，每隔两三个星期就要为一笔几乎难以支付健身房储物柜租金的小钱打上一场比赛，他们拼命寻找着足够的食物，以补偿每天在训练中消耗掉的几千大卡热量，每一次踏上拳击台的时候他们都清楚一次受伤或者失败就有可能断送自己的职业生涯，将他们打发回工厂的流水线或者卡车司机这样的工作岗位，一直以来他们牺牲了时间、金钱和脑细胞就是为了逃避这样的生活。但是，凯瑟斯是天之骄子。他是一个有薪水的拳击手，这在拳击界几乎是闻所未闻的新闻，这意味着他在经济方面没有了后顾之忧。即使这样的特殊待遇还不足以让他产生优越感，他在拳击场上的成功肯定也足以让他感到自己的优越。他预测自己将在第七回合击倒威利·贝斯马诺夫。在第五回合里，这个德国人几乎就要倒下了，这时候，他向后退去，兜起了圈子。在第六回合里，他不停地打出一记又一记刺拳。然后，他就兑现了自己的预言，在接下来的一个回合击败了对手。记者们又发出了抱怨。他们说这种规矩很糟糕，也很危险——为了实现预测就凑凑合合地打上一个回合。同往常一样，凯瑟斯对批评家们的想法毫不在意。他喜欢自己想出来的新噱头，喜欢越来越大胆的行为给自己招引来的额外关注，他相信公众的关注有助于他更快地获得争夺冠军头衔的机会。

“我已经受够了别人给我安排的生活。光靠着击败一群过气拳击手或者新手，我不可能有机会争夺冠军头衔。”他说。[59]

凯瑟斯当然清楚自己的表演和高杰斯·乔治的表演存在着一个很大的区别——他是黑人，这就意味着每次吹嘘自己和表演的时候，他扮演的都是一个年少轻狂的黑人的角色，这么做他就有可能激起白人作者和拳击迷们的强烈抵制。

凯瑟斯是一个急不可耐的年轻人。但是，他在试图表达一个更重要的观点吗？他是不是通过一种反叛而巧妙的手段提出了伊利贾·穆罕默德可能会提出的论点——黑人最好按照自己的方式行事，而不是努力按照白人的规则行事？

他从来没有谈起过这个问题。

第九章
“20世纪的朝气”

1961年12月的一个下午，凯瑟斯·克莱和朋友们去百老汇旱冰场滑旱冰。这家旱冰场位于路易斯维尔的百老汇和第九大街交界处，只有黑人会去那里滑旱冰。凯瑟斯的名气越来越大，但他其实再过几个星期才年满20岁，现在仍然是一个顽皮的孩子，仍然喜欢与西区和中央高中的老朋友们在一起。

下午6点左右，凯瑟斯离开了旱冰场，这时天色已经有些黑了，路灯为下班的男男女女指引着回家的路。[1]凯瑟斯看到旱冰场对面人行道上围了一群人，于是他决定过去看一看，多年后他在一封信中提起了这段往事，他说当时自己希望能找到“一个可以说几句话的漂亮姑娘”。穿过马路后，他知道了真相。人们正在听一个身着深色西装的黑人宣讲伊斯兰民族组织的领袖——尊敬的伊利贾·穆罕默德——的观点。

穿着西装的男人把头转向了凯瑟斯，说：“我的兄弟，你想买一份《穆罕默德之声》吗？这样你就能了解一下自己的同类，了解一下你真正的历史，你真正的宗教，你真正的名字，就是你在受到奴役后用了白人名字之前的名字？”[2]

凯瑟斯知道伊斯兰民族组织。他背得出路易斯·X牧师的歌曲《白人的天堂就是黑人的地狱》的歌词，去罗马之前他在哈莱姆区也听到过类似的街头宣讲。但是，这份报纸对他来说很可能是一个全新的事物，这只是《穆罕默德之声》的第二期。凯瑟斯拿了一份报纸，穿深色西装的男人又邀请他参加当天晚上8点在27街和切斯纳特街交界处举行的一场集会。

“好的，我会去的。”他说。

凯瑟斯拿起报纸离去了，他并不打算参加那场集会。但是，当他翻看《穆罕默德之声》的时候，刊登在第32版顶部的一幅漫画吸引住了他。10年后，他在自己亲手写下的一封信里描述了那幅漫画给他带来的强烈影响。这封信只残存下了一部分，但是足以显示出凯瑟斯在信中流露出的真挚和天真。他没有探究伊斯兰民族组织吸引他的一些深层原因，而是一步一步地解释了自己是如何被伊利贾·穆罕默德传达的信息吸引住的。信中的拼写、大写和标点时而正确，时而错误：

漫画描述的是第一批来到美国的奴隶，曼画展示了黑人奴隶悄悄地从种直园溜出来、面朝东方用阿拉伯语祈祷，**白人**奴隶主拿着鞭子**追赶**奴隶，用鞭子**抽打**可怜的小［奴隶］的**后背**，还说你为什么要用这种雨言祷告，你知道我叫你怎么说话，奴隶说是的，主人，我会向耶稣祈祷的，耶稣主人，我喜欢这幅漫画，它对我产生了影响。①3

此时，凯瑟斯正处在独立的边缘。他已经走出了路易斯维尔，离开了父母，开始探寻这个世界所能提供的其他机会。到1961年的时候，凯瑟斯与伊斯兰民族组织至少已经有过3次接触了，他的经历有力地证明了伊利贾·穆罕默德的信息在美国传播得有多快。如果你是一个被关在美国监狱里或者住在美国大城市里的黑人，那么你就会不可避免地接触伊斯兰民族组织。随着这份报纸的出现，伊利贾·穆罕默德逐渐培养起了更广泛、更主流的听众，同时也有了一个新的收入来源。

凯瑟斯之前就已经和伊斯兰民族组织有过接触了，但是直到此时还没有什么事情能够说服他考虑加入这个组织。在他的心中，最重要的是拳击，而不是种族和宗教。凯什·克莱聘请了一名黑人律师审查儿子的第一份职业合同，还逼着儿子选择了黑人教练弗雷德·斯托纳。然而，事实证

① 加了着重号的原文为拼写错误，黑体字原文为大写错误。

明这些选择都无关紧要。拳击手凯瑟斯·克莱关心的是如何找到一条通往名利的捷径，而不是如何表达自己的哲学或者政治信仰。正是由于这个原因，他才会将自己的职业生涯托付给完全由白人组成的路易斯维尔赞助团，并且为自己选择了一名白人教练。在1960年和1961年里数十次接受记者采访的过程中，凯瑟斯从未提及“自由乘车运动”，也从未表达过对这场运动的支持。“自由乘车运动”组织黑人冒着被逮捕和遭到暴力袭击的危险乘坐公交车前往南方各地，以此检验最高法院最近做出的一项判决是否得到落实，该判决旨在取消州际交通服务中存在的种族隔离现象。对于在餐馆静坐示威的学生以及在阿拉巴马州蒙哥马利的教堂演讲时被白人投掷石块的牧师小马丁·路德·金，凯瑟斯也不曾表示过声援。如果凯瑟斯知道这些事情，那么他要么认为这些事情无关紧要，要么就是不知道该说些什么。但是，当他意识到自己在不断地接触伊斯兰民族组织时，伊利贾·穆罕默德所传达的信息就开始对他产生影响——在1961年的美国，做一个黑人意味着什么？正如鲁迪·克莱所说的那样，“这给了他作为黑人的自信。”[4]

凯瑟斯在12月那一天拿到的那期《穆罕默德之声》头版上刊登了一篇伊利贾·穆罕默德撰写的文章，他的署名是“真主的使者”。文章的开头写道：“我的追随者和我都被扣上了‘非美国人’的罪名。我们其实并不清楚什么是‘美国人’，什么是‘非美国人’，因为美利坚合众国没有告诉我们‘美国人’和‘非美国人’是由什么成分构成的。”穆罕默德的文章提到了加利福尼亚州参议院下属一个小组委员会提交的一份报告，报告称“黑人穆斯林”不爱国，并且宣称伊斯兰民族组织利用自己的学校给学生们教授种族仇恨。“这种说法不符合事实，因为我们只是在让他们懂得你究竟是谁。他们可以恨你，也可以爱你，这取决于他们。”他接着写道：白人显然在利用他们的学校教育白人孩子仇恨黑人，白人是“黑人的头号杀手”。[5]

第二期《穆罕默德之声》上刊登的许多文章都进一步巩固了伊斯兰民族组织的核心观点——一场“世界末日之战”即将来临。真主允许美国和其他基督教国家奴役非洲人，用伊利贾·穆罕默德的话来说就是，允许他们“吃人骨头已经有三百年的时间了”。穆罕默德说这样的苦难是一种考验，等到了白人被击败、黑人统治世界的那一天，愿意承担责任、信奉伊斯兰教的黑人都将得到奖赏。穆罕默德也对追随他的黑人进行了斥责，在发表在另一期报纸上的一篇文章里他写道："你们就是那个睡着的人，可是白人却清醒得很。他们决不是傻瓜。他们创造了一个世界。他们的知识和智慧现在都传播到了太空中。"[6]

凯瑟斯不是一个喜欢沉思的人，他的生活不贫困，也不痛苦，他也不曾通过书本或者老师接触思想世界。但是，伊利贾·穆罕默德呼吁自律和自我提高的言论打动了一个喝得下大蒜水、跟着公交车跑步上学、拒绝和朋友们熬夜喝酒的年轻人。他宣称所谓的黑人正是上帝的选民，这种论调肯定令某个自称为"最伟大的人"的年轻人产生了共鸣。报纸上的那幅漫画也引起了共鸣，它让读者很容易就理解了为什么被强行输送到大洋彼岸的非洲人会对奴役他们、不把他们当人看的那些人强加给他们的宗教产生怀疑。最后，凯瑟斯还明白了白人拥有让他遭受各种痛苦的权力，尽管他暂时还没有受到过具有种族主义色彩的暴力攻击。对于这一点，他已经听父亲说过无数次了。白人掌握着权力，只要一直维持着现状，每一个黑人就会一直生活在恐惧之中。黑人的目标是生存——而不是受到教化，也不是发财致富。他们最渴望获得的只是活下来，因为在每一个角落里，在与白人社会的每一次接触中，黑人都面临着破产、监禁和死亡的可能。

这种脆弱性反而让一些黑人男女变得更加强大了，它的存在让他们知道自己正在进行一场永恒的斗争。现在，凯瑟斯作为公众人物越来越坦然和自信了，他或许一直在试图表明自己与受苦受难的美国黑人站在一起的立场，承担起父亲身上的沉重包袱。如果说权利是人类存在的货币，那么从最宽泛的意义上而言，现在凯瑟斯·克莱所做的就是尽可能展示自己的肌肉，探索自己影响他人和周围世界的能力。

伊利贾·穆罕默德的哲学为黑人提供了获得尊严和权力的机会。为他们提供了一种自我意识。这一切都不需要得到白人的批准。在弥尔顿的《失乐园》中，路西法说："心灵能够自己为自己做主，它能让地狱变成天堂，也能让天堂变成地狱。"[7]穆罕默德说黑人不必因为白人将他们放逐到地狱里就永远留在那里，他们有能力塑造自己的身份，改变强加在他身上的条件，用不着得到任何人的批准，也不需要得到最高法院的命令。他们可以依靠自己思想的力量，通过自己的力量和自己的行动来实现这一切。凯瑟斯对宗教的兴趣并不强烈，不过，伊利贾·穆罕默德的观点并不是严格意义上的宗教信条。曾在1960年代参加伊斯兰民族组织并且结识了凯瑟斯的贝内特·约翰逊说过，伊斯兰教只是一个“外表”，“一种结构”。[8]它就是一个故事，一种让伊利贾·穆罕默德教导美国黑人解放自己的方法。

约翰逊说这一点引起了凯瑟斯的共鸣，因为他最重要的身份就是斗士。

在1961年和1962年交接之际，凯瑟斯过着来回往返于路易斯维尔和迈阿密两地的生活。在迈阿密的一天，就在第二大道和第6街的拐角处，他看到一个穿着绉布西装的黑人在兜售《穆罕默德之声》。[9]这一次，报贩还没来得及大声推销，凯瑟斯就在马路对面喊了一声：“我们为什么被叫作‘黑人’？我们为什么又聋又哑又瞎？”[10]他说的是路易斯·X的《白人的天堂就是黑人的地狱》里的歌词。

报贩是一个拳击爱好者，他认出了凯瑟斯。他告诉凯瑟斯自己名叫“萨姆上尉”，他的真名其实是萨姆·萨克森，后来他为自己改名为阿卜杜勒·拉赫曼。萨克森高中没读完就辍学了，还染上了毒瘾，每天都赌博，他说自己是“亚特兰大排名第三的台球高手”，[11]但是后来在伊斯兰民族组织的影响下，他改邪归正了。不在街头销售《穆罕默德之声》的时候，他就在迈阿密的赛马场——海厄利亚、湾流和热带公园——上班，他的工作是在男厕所里发毛巾、擦鞋，顺便还指望着能从白人客户那里得到一些小费。

凯瑟斯一心想要让萨克森看一看他的剪贴簿，于是他们钻进了“萨姆上尉”的那辆老福特车，去了凯瑟斯居住的酒店。一路上，凯瑟斯又摆出了一贯的做派，他告诉萨姆自己打算首先与英格玛·约翰松打一场比赛，接着是弗洛伊德·帕特森，然后他就成了拳击史上最年轻的重量级冠军。萨克森喜欢这个年轻人的活力和自信：“当时我心想，‘没错，这个人会成为冠军的。他相信这一点！’”

友谊在两个人之间迅速萌生了。萨克森决定将凯瑟斯介绍进伊斯兰民族组织，他说："当时他已经知道它了，只是还没加入进来。"他们聊着伊利贾·穆罕默德的观点、奴隶的名字，以及"黑人"（Negro）这个词的含义。在20世纪的大部分时间里，许多黑人都喜欢这个词，他们曾自豪地用这个词用来称呼在二战中驾驶战斗机、创办企业、整合棒球联盟、创办大学的那些人，但是到1960年代早期这个词似乎失去了力量，似乎已经走完了自己的历程。现在，这个词已经不适合像"萨姆上尉"这样根据自己的情况来定义自己的人了。

"我把他拉进了我们所说的'注册穆斯林'的圈子。"萨克森说。在他回忆的记忆中，这种转变丝毫不存在强迫的因素，也没有使用微妙的心理战术。大多数人之所以不加入我们是因为心中的恐惧。他无所畏惧。我无所畏惧……他的信仰来得一点也不晚。他开始像其他人一样参加集会，用正确的方式思考问题，用正确的方式吃饭了。"[12]

在路易斯维尔的时候，凯瑟斯还没有做好参加伊斯兰民族组织集会的心理准备，但是现在他来到了第29号会堂，这或许是因为独立的生活让他和自己的家乡以及父母拉开了一段距离。这处会堂是由空置店面改造成的一座清真寺，凯瑟斯被自己在这里听到的事情深深地吸引了。

多年后，他告诉非裔美国作家亚历克斯·哈利："这位牧师宣讲了起来，他说的话真的令我感到震惊。就是在美国的两千万黑人不知道我们自己真正的身份，甚至不知道我们真正的姓氏之类的事情。我们是那些被别人从一个富饶的黑人大陆偷来，然后被带到这里的黑人男女的直系后裔，他们被剥夺了有关自己的一切知识，被教会仇恨自己以及自己的同胞。这就是为什么我们这些所谓的'黑人'会成为人类中唯一热爱敌人的种族。嗯，我是那种很快就能领悟要领的人。我告诉自己，听着，这个人说的话很重要！"[13]

在20岁生日即将来临的时候，凯瑟斯忙着准备自己在美国的拳击圣殿麦迪逊广场花园的第一场职业拳击比赛。他的对手桑尼·班克斯不是一位杰出的拳击手，只跟一些平庸的对手交过手，比赛记录是10胜2负。尽管如此，凯瑟斯还是认为这是一个重要的时刻，因为他将在麦迪逊花园广场打这场比赛，而且他将有机会在纽约——全国媒体之都——推销自己。参加完奥运会回到美国后，他来过一次纽约，那是他第一次来到这座城市，当时他表现得极其自负，也极其热情。记者们都很吃这一套。当然，有一件事情记者们不知道，凯瑟斯也从来没有提起过这件事情——他近来一直潜心于伊斯兰民族组织。[14]

1962年2月6日，凯瑟斯以演讲嘉宾的身份参加了大都会拳击作家协会举办的一场午餐会。在午餐会上，他说："拳击不再像以前那么多姿多彩了。我们需要更多的人来为拳击界注入活力，我想我能帮上忙。"[15]他还预测自己将在第四回合里击倒桑尼·班克斯。

拳击之夜，寒风袭击了曼哈顿，许多拳迷都决定待在家里看电视转播。在麦迪逊广场花园里，当凯瑟斯被介绍给观众的时候，花钱买票去了现场的观众发出一阵嘘声。不过，这种嘘声和高杰斯·乔治听到的那种起劲、高亢、血腥的尖叫声是不一样的。在第一回合里，特意来看班克斯能否让一直喜欢夸夸其谈的凯瑟斯闭上嘴巴的观众看到了一个激动人心的时刻：蹲在地上的班克斯突然跳了起来，用一记短促的左勾拳击中了凯瑟斯。凯瑟斯摔倒了，一屁股坐在地上。实际上，他一下子就蹦了起来，在垫子上只坐了不到一秒钟的时间。尽管如此，这仍然要被算作他参加职业比赛以来第一次被击倒的记录。随着比赛的继续，班克斯打出了更多的左勾拳，他想要找到凯瑟斯的弱点。然而，凯瑟斯很快就反应过来，抵抗住了他的攻击。拳王萨姆·朗福德是拳击界的智者，他的出拳极其有力，他曾经给拳击手们提出过这样一条建议："不管对方想做什么，都不要让他得逞。"[16]凯瑟斯用重拳进行反击，出完拳之后又立即闪开，班克斯再也没能伤到他。在第二回合里，凯瑟斯镇定自若地控制住了局面，跌坐在地上的那一刻似乎已经被遗忘了。到了第三回合，班克斯变成了他的沙袋。到最后，班克斯已经筋疲力尽，脚底下都站不稳当了。第四回合刚开始几秒钟，裁判终止了比赛。班克斯的助手哈里·威利在比赛结束后说过："一下子情况就不妙了。"

这不是一场“诸神之战”。[17]毕竟，凯瑟斯在重量级选手中只排名第九，班克斯则根本没有名次。但是，在被击倒后他立即就站了起来，到最后还把对手打得晕头转向，这样的表现至少让他从记者那里赢得了一些分数，用A.J.利布林的话来说，记者们原本都认为他“体质羸弱”。几名拳击专栏作家做出了一个其实很明显的结论：尽管大家都在说凯瑟斯有着不可思议的速度和反应能力，但问题是，他比大多数对手都要高大健壮。

在1962年里，凯瑟斯一直保持着胜利的记录，其中最主要的对手就是像乔治·洛根和唐·华纳这样强大但是不太引人注目的拳击手，他们打拳主要是为了赚工资，而不是为了兑现赢得荣耀的诺言，他们喜欢和夸夸其谈的对手比赛，因为后者的名气越大，观众就越多。在这些比赛中，只有一场比赛凯瑟斯打得有些吃力。这场比赛的对手是24岁的纽约拳击手“理发师”比利·丹尼尔斯，他上上下下地躲闪着凯瑟斯的拳头，不停地打出一记记刺拳，迫使凯瑟斯不停地向后躲闪着他的进攻。在这场比赛之前，丹尼尔斯保持着16胜0负的战绩，在面对凯瑟斯的时候，他的出拳非常重。看上去，他一直控制着局势，可是最终他的左眼被打出了两道伤口。出于对拳击手健康的考虑，裁判不得不在第七回合终止了比赛，宣布凯瑟斯以技术击倒获胜。

终于，在当年的7月，凯瑟斯在赛场上见到了排名前10名的对手，在一年前击败了佐拉·福利的阿根廷拳击手亚历汉德罗·拉沃兰特。在洛杉矶体育馆里12000名拳击爱好者面前，凯瑟斯向个头更大、身材更强壮的对手发起了猛烈的攻击，开赛仅两分钟他就把对方的左眼打出了一道伤口。在第二回合里，他频频出拳，拉沃兰特几乎都来不及还手。他的一记重拳——右直拳——把阿根廷人的下巴打得红彤彤的，这个大个子的腿都晃悠了起来。在第五回合里，又一记右拳径直落在了拉沃兰特的左脸上。拉沃兰特重重地倒在了地上。受伤的拳击手摇摇晃晃地爬起来，凯瑟斯又是狠狠的一记左勾拳，将他打得向后倒了下去。拉沃兰特倒下得太突然了，脑袋一下子从最上面一根围绳上弹起来，落在了底部的围绳上，看着就像是枕在了枕头上。考虑到倒地的拳击手的身体状况，裁判甚至没有对他读秒，就直接挥起了双手，宣布比赛结束，并示意教练或者医生立即过来看一看受伤的拳击手。（两个月后，拉沃兰特又参加了一场比赛，又一次被击倒了。这一次，他陷入了昏迷，再也没有醒来。）

在击败拉沃兰特四个月后，即1962年11月15日，凯瑟斯在拳击台上见到了曾短暂地给他当过教练的阿奇·摩尔。再有一个月，摩尔就46岁了（根据某些人所述或许是49岁）。他是拳击界的老人了，拥有令人难以置信的职业记录：185胜22负10平，记录最早开始于1935年，当时“棒球之神”贝比·鲁斯还在打球，富兰克林·德拉诺·罗斯福刚刚颁布了《社会保障法案》。摩尔还创造了132次击倒对手获胜的历史纪录。

提起凯瑟斯，摩尔说过：“面对这个人，我的心情很复杂。他就像一个文笔优美但是不会点标点的人。他有着属于这个20世纪的朝气，但是他的身上隐藏着一丝愤怒……他出现得正是时候，现在拳坛——这个拳头决定一切的世界——正需要新的面孔。可是，他太急于成为这样的人了，或许他的表演有些过火了，他在贬低别人。他只想卖弄自己，也不管踩到了谁的脚。”[18]

摩尔说自己会用一种新式拳法教训一下凯瑟斯，他将这种拳法称为“闭嘴拳”，这个名称影射了新闻界最近给凯瑟斯起的绰号——“路易斯维尔大话王”。

凯瑟斯简洁明了地回应道：“不出四个回合，摩尔就会倒下。”

凯瑟斯过得很开心，他期待着他职业生涯中收入最高的一天，也是观众最多的一天。几乎每一次接受采访的时候，他都要跟记者讲一遍自己即将拥有的奢华生活：穿着55美元的鳄鱼皮鞋，口袋里揣着500美元现金，两只胳膊各挽着一个美女，开着一辆崭新的、带有车载电话的红色“弗利特伍德”轿车，住在一栋价值17.5万美元的房子里。凯瑟斯将这一切描述得很浪漫，他的腔调就像一位画家在谈论自己如何在日落时捕捉到最完美的光线一样。有一次，记者问他打拳是为了金钱还是荣誉，他毫不犹豫地回答道：“金钱和荣誉如影随形。”[19]他说话越大胆，人们就越是反感他。一天，他在洛杉矶的主街健身房里进行训练，周围的人起劲地冲他喝着倒彩，结果警察都被叫来了，以免健身房里会发生一起骚乱。[20]《洛杉矶时报》的专栏作家吉姆·默里曾不满地表示：“凯瑟斯的自恋太经典了，如果莎士比亚还活着，他肯定会写一部戏剧来讲述这种自恋。这是历史上最伟大的一段爱情，凯瑟斯对克莱如此痴迷，没有哪个女孩能够插足其中。结婚几乎就等于重婚。”[21]

在比赛开始前，安吉洛·邓迪告诉记者摩尔太老了，没有能力向后躲闪，只能一味地向前冲。他预测凯瑟斯会用刺拳阻挡住摩尔靠近他，这样一来摩尔就毫无办法了，几乎动弹不得。安吉洛说得没错。摩尔弯起膝盖，身体向前探去。凯瑟斯迈起了环绕步，用刺拳发动了进攻。摩尔就像一只乌龟，时而下潜躲闪着凯瑟斯的拳头，时而四处张望，寻找着正在发动攻击的对手，然后再次下潜躲开对方的拳头。不出几分钟，老拳击手的脸就肿了起来。在第三回合进行到一半的时候，有那么一刻，摩尔畏畏缩缩地等待着凯瑟斯的拳头，那时的他看上去就好像一心只想躲到别处去——任何地方都行，只要不是这里。到了第四回合，凯瑟斯终于把他击倒在地。摩尔站了起来，然后又倒了下去。他又爬了起来，但最终还是彻底地倒了下去。

比赛结束后，凯瑟斯说：“我现在就要跟桑尼·利斯顿打一场。我要在八个回合内干掉他。”[22]

他说的正是刚刚把重量级拳王弗洛伊德·帕特森羞辱了一番的桑尼·利斯顿，他只用了126秒就将对方击败了；也是那个让韦恩·贝西亚吃够了拳头的桑尼·利斯顿，在那场比赛结束后，贝西亚的助理从他的牙套里取出了7颗牙齿，还看到鲜血从他的耳朵里滴滴哒哒地往外淌。

碰巧，就在当天晚上，凯瑟斯在洛杉矶市中心的一个舞厅里遇到了利斯顿。

“下一个就是你！”凯瑟斯说。

那位冠军似乎一点也不担心。

第十章
“这是表演业”

凯瑟斯·克莱现在已经是重量级冠军的有力争夺者了，在重量级拳击手中他排名世界第四。他的名声不胫而走，通往冠军的道路清晰可见。他所要做的就是不停地说话，不停地赢得胜利。

为了庆祝自己的21岁生日，凯瑟斯在匹兹堡的舍温酒店里举办了一场午宴，在场的还有他的父母和弟弟，以及几十名来自当地报纸、广播和电视台的新闻记者。凯瑟斯来到匹兹堡是为接下来的一场比赛做准备，他将要面对的是查利·鲍威尔。高大魁梧的鲍威尔不光参加拳击比赛，而且还参加了国家橄榄球联盟的比赛，以防守端锋的身份效力于奥克兰突袭者队和旧金山淘金者队。他的身材比凯瑟斯高大，比赛经验也比凯瑟斯丰富，不过，凯瑟斯当然还是向参加午宴的来宾展现出了一贯的超乎寻常的自信。在击败阿奇·摩尔之后，凯瑟斯原本表示过除非弗洛伊德·帕特森或者桑尼·利斯顿同意与他对阵，否则他就不再参加比赛了。“打败几个废物”[1]能证明什么呢？他问道。可是，后来他改变了主意，同意与鲍威尔打一场比赛。他说听上去这笔钱很容易到手，而且在等待争夺冠军的机会时他想让自己的头脑保持清醒。对于这场比赛，凯瑟斯预言自己用不了几个回合就能靠击倒获胜。

凯瑟斯说他担心天气会让拳击迷们望而却步，他也知道这场比赛的一部分收入将被用于帮助37名矿工的家属，这些矿工在一个月前的格林县矿难中丧生了。“我听说了矿井爆炸的所有消息。因为这个原因，我希望能吸引来一大批观众。这也是我要打满5个回合的另一个原因。我不希望任何人错过这场比赛，所以不会太早击倒对方。”他说。

一个蛋糕和冰淇淋被端了上来，凯瑟斯吹灭了蜡烛。

“他们是来看凯瑟斯倒下的，”他继续说道，现在他改用第三人称称呼自己了，这也许是一种自恋的表现，或者只表示凯瑟斯认为自己应当帮衬着推销自己，“但是，凯瑟斯是不会倒下的，因为拳击运动需要他。”凯瑟斯说得没错。或者说，至少记者团的记者们有理由希望他是对的。自从胸毛浓密、擅长重拳的典型美国小子洛基·马西安诺退役后，拳击比赛就变得乏味起来了。黑帮掌控着这项运动，太多的拳击手看上去都像是流氓，而不是英雄。利斯顿的身份就极为不幸，他既是一个流氓，又是一个黑人，因此他成了自杰克·约翰逊以来最不受欢迎的重量级冠军。他的传记出版于1963年，书名就是《无人需要的冠军》。

凯瑟斯年纪轻轻，个性十足，脸上挂着百万美元般的笑容。他给湿漉漉、汗涔涔的房间里带来了一股新鲜的空气。他的成功让本已令人印象深刻的高昂士气变得更加高昂了。无论士气多么高昂，总还是存在着波动起伏的危险。然而，凯瑟斯的身上并不存在明显的矛盾状态。他看上去是什么样就是什么样——容光焕发，毫不做作，总是渴望获得更多的东西，对一切事物都是如此。当然，如果他是白人的话，拳击记者们就会更喜欢他。尽管如此，他仍然是这项运动多年来最有趣、最吸引观众的人物，他的存在为拳击这项运动增色不少。一些记者开始将他称为“反复不定的凯瑟斯”，有人认为他缺乏风度，但是几乎所有报道这项运动的记者都承认他让拳击变得更有趣了。正如前冠军杰克·邓普西说过的那样，“我不在乎这个孩子是否能轻轻松松地打败对手。我支持他。一切又有了活力。”[2]

来参加凯瑟斯在匹兹堡这场“表演”的名人包括达拉斯得克萨斯人橄榄球队的四分卫莱恩·道森，退役棒球运动员“馅饼”崔诺，以及电视演员塞巴斯蒂安·卡伯特。凯瑟斯草草在餐巾纸上记着笔记，谁想要，他就把餐巾纸递给谁。

一个星期后，就在比赛当天的早上，凯瑟斯对自己之前所做的预测进行了更正。他说很抱歉，但是他真的认为自己不可能让查利·鲍威尔坚持5个回合。他会在3个回合之内结束这场比赛。“我都给你们想好新闻标题了——《美女打败野兽》。”他说。[3]

30岁的鲍威尔是一个成熟的人，成年后大部分时间他都是和职业拳击手们度过的。在职业拳击圈里，年轻人大多都很尊敬长辈，身材比较瘦小的拳击手——如果够聪明的话——都不会主动惹麻烦。在比赛前称体重的时候，鲍威尔没有扮出一副活宝相逗大家开心，而是握紧了拳头，将拳头伸到凯瑟斯的鼻子底下。鲍威尔的哥哥阿特·鲍威尔是一名职业橄榄球运动员，他冲着凯瑟斯调侃道：“打我呀，小子！打我呀，我会宰了你！”

凯瑟斯气冲冲地走出房间。

这场比赛创造了匹兹堡的纪录，总共售出了1.1万张门票，收入大约为5.6万美元。[4]在第二回合比赛中，鲍威尔用戴着手套的拳头击中了凯瑟斯的肋骨，观众们为他欢呼起来。攻击凯瑟斯的躯干之后，鲍威尔紧接着就将凯瑟斯推到围绳那里，一记右拳打在他的下巴上，令他的身体摇晃起来。凯瑟斯受了伤，他不得不紧紧地抓住鲍威尔，以判断清楚自己的位置。不过，很快他就站直身体，发动了一次反击。正如一位作家描述的那样，这次反击“让查利的头像个吊球一样来回甩动了起来”。

铃声响了，鲍威尔瞪着克莱说：“来呀，娘娘腔，小白脸。你就只能打出这种拳吗？”

第三回合刚一开始，凯瑟斯没有在每一次出拳的时候都使出更大的力气，但是他出拳的次数增加了，有40记重拳都落在了鲍威尔的脑袋上，而且鲍威尔没有做出反击。鲍威尔看上去就像是一个深陷在噩梦中无法脱身的人，手足无措，张着嘴尖叫着。血从他的左眼中涌了出来，流进了他的嘴里。最终，鲍威尔慢慢地跌落在台子上，这是他受到的重创积少成多的结果，而不是单一一记重拳的威力。他闭着眼睛，四肢着地，试图爬起来。裁判数到十。

后来，鲍威尔做过这样的评价：“当他第一次打中我的时候，我对自己说，这样的两拳才顶得上我的一拳。可是，才过了一小会，每次他打中我的时候，我的头就越来越晕了，而且他打得很疼。克莱的每一拳都打得那么轻松，以至于你都意识不到自己受到了多么强力的打击，等你反应过来的时候，就已经太迟了。”[5]

比赛结束后，在更衣室里，记者们将凯瑟斯团团围住，这时他又从拳击手的模式恢复成了演员的模式。

“我太帅了。让我换上衣服吧。外面还有那么多漂亮姑娘在等我呐。”他说。

如果凯瑟斯只是一个普普通通的拳击手，在和非顶级选手的比赛中保持着17场胜0负的记录，那么他就没有机会参加冠军争夺战。他的嘴巴发挥了作用，他准确的预测和英俊的外表也不无裨益。他给人们带来了一种欢乐和神秘的感觉，这两种感觉的结合是媒体无法抗拒的。这种形象似乎是他自己琢磨出来的，在这个市场营销盛行的新时代——麦迪逊大道上的广告公司找到了时髦的新方法来打造品牌形象，宣传名人，创造财富——他成了一个十分老练的推销员。推销不再只是达到目的的一种手段，它成了一件艺术品，成了自己的产品，它正是以消费者为导向的美国社会的一种体现。在美国历史上，没有哪位运动员像这位年轻的拳击手一样，如此清楚地意识到品牌建设蕴含的力量。凯瑟斯做到了这一点，并没有麦迪逊大道代理商，甚至没有推广人或者全职业务经理的帮助。他塑造的形象既浪漫又令人兴奋：一个相信只要足够努力自己就能成为世界重量级拳王，就能拥有一切——财富、名誉、女人、汽车——的年轻人，而且在这个过程中他丝毫用不着妥协，也不会流血受伤。

一天，凯瑟斯躺在床上向《迈阿密新闻》的一名记者解释了一番自己对媒体采取的策略：“先说说美联社的那些记者。我总是会跟他们聊一聊。我是不会放跑他们的。他们中间的一些人已经寄来了38份报纸。《乌木》和《喷气机》也来找我了，我看见他们了。黑人想了解我……再来说说《时代》吧……那本杂志是给聪明人读的。那些人不太去看拳击。读到我的故事后，他们就想去看拳击了。他们会谈论我。还有你们的报纸。覆盖整个迈阿密和佛罗里达。这些地方有很多人……电视台的人也来了，我很高兴见到他们。看电视的人成千上万。我需要打发走的就只有下午4：30才让你露面的小广播电台，根本没有人会听你的节目。”[6]他甚至开始为自己打造神话了，他曾告诉一名记者："我很显眼。我的脑袋很大，看上去就像是乔·路易斯躺在摇篮里。大家都这么说。有一天，我挥出我的第一记重拳，正好打在我母亲的牙齿上，结果把她的一颗牙打掉了。"[7]

在另一次采访中，一位记者问凯瑟斯在他说出的大话中有多少是真实，有多少属于炒作成分？他有多相信自己每天挂在嘴上的口头禅"我是最伟大的，我难道不很帅吗"？

他毫不犹豫地说出了一个精确的数字："百分之七十五。"[8]

让公众知道他的自恋是有限度的，这一定令他们感到新鲜。有没有可能他的性格中还存在着一点谦卑的成分？

在出去向匹兹堡的漂亮姑娘们打招呼之前，凯瑟斯和路易斯维尔赞助团的负责人威廉·法弗舍姆一起在更衣室里坐了一会。[9]法弗舍姆告诉凯瑟斯，在下一场比赛中他的对手有可能会是排名第三的重量级拳手道格·琼斯，比赛将于3月在麦迪逊广场花园举行。

"咱们能得到什么？"凯瑟斯问道。

法弗舍姆说他们可能会得到3.5万美元的保证收入，或者门票收入的25%，无论数额多少。

凯瑟斯又问在这3.5万美元中他能拿到多少，法弗舍姆露出了一脸的惊讶。凯瑟斯知道按照合同的规定自己能拿到50%，可是他被一个问题难住了。几年后，法弗舍姆在接受采访时告诉记者："他算不出3.5万美元除以2等于多少。这个问题一直存在。现在是几月份？离2月还有几个月？就用报纸上的专栏文章举例吧，比方说瑞德·史密斯的文章。你跟我用四五分钟的时间就能读完，而他则需要花上20分钟、半个小时。在我看来，他没有接受过正规教育，无论路易斯维尔的学校系统是怎么说的。"

凯瑟斯对待钱的态度也十分奇怪。在加油站停车加油的时候，他只会给油箱里加上50美分的汽油，显然他相信自己这么做是在省钱。一两个小时后，当汽油表的指针再次指向E（表示油箱空了）的时候，他又不得不再加50美分的汽油，但是他丝毫不觉得这么做很麻烦。[10]

幸运的是，路易斯维尔赞助团的成员们并不指望凯瑟斯参加拼写比赛或者数学考试。他们把钱投在了一名拳击手的身上，到目前为止，他们完全有理由为这笔投资感到高兴。

在1962年底的时候，赞助团的账簿显示如下：

总收入	88855.76美元
凯瑟斯的报酬	44933美元
业务支出	2287.14美元
律师费	1867.16美元
经理的报酬	950.00美元
交通费	970.60美元
电话费	1319.83美元
训练费	17989.76美元
坏账支出	250.00美元[11]

净利润就是18287.77美元，即总收入的20.7%，这意味着路易斯维尔赞助团每位成员的收入为1828.78美元。根据一份内部备忘录，按照这个速度，赞助团的成员有望在1963年底之前看到最初的投资回本。在一次私人会议上，投资者们商量了跟凯瑟斯续约并且为其购买保险的事情，以免这名拳击手受伤或者死亡。[12]赞助团里的每个人都认为自己的投资是明智的，他们都对凯瑟斯毫无意见——他因为超速驾驶收到了几张罚单，丢了驾驶执照，偶尔要求预支薪水，但是他们都认为对于21岁的人来说这类行为都是意料之中的事情。

当初支持凯瑟斯的时候，路易斯维尔赞助团的成员们对他的期望并不高，但是现在他们意识到如果击败了琼斯，他可能就会开始赚大钱了。他们已经开始讨论安排凯瑟斯在电视上和电影里露面，从而在拳击比赛之外获得更多收入的可能性。凯瑟斯从高中毕业还不到3年时间，还没有参加过冠军争夺战，但他无疑是全国最令人兴奋的年轻拳击手，即使有人对他日益增长的名气心存怀疑，那么这种疑虑在1963年3月22日这一天也被打消了。就在这一天，发行量高达1000万份的《时代》杂志将这位年轻拳击手放在了封面上。画家鲍里斯·恰利亚平为杂志绘制了一幅凯瑟斯的肖像，画面中凯瑟斯歪着脑袋张着嘴巴，在他的脑袋上方有一副拳击手套，两只手套抓着一本诗集，上面写着尼克·蒂梅希创作的一首诗："凯瑟斯·克莱就是赫拉克勒斯，正在努力完成那十二项艰巨的任务。他是正在寻找金羊毛的伊阿宋。他是加拉哈德，西拉诺，达达尼昂。①他一皱眉，强壮的男人便会瑟瑟发抖；他一微笑，女人便会晕倒。宇宙的奥秘只是他的玩具。他让天空雷声阵阵，电光闪闪。"[13]

在1960年代初，杂志新闻业的创造力达到了新的高度。特写报道的作者们借用着小说家们的工具，浸淫在自己关注的领域中，运用戏剧性的对话和详尽细致的描述，为笔下的人物和故事注入了生命。不过，蒂梅希的这篇报道不在此列。对于凯瑟斯的性格，他要么就是没有看透，要么就是看透了，但是觉得很平淡。在这篇长达4页的人物报道中，凯瑟斯丝毫没有对种族问题发表见解，也几乎没有谈及女人的话题，除了明显的对名利的追求之外，对于激励他的其他因素，他也没有说多少。他背诵了自己一贯喜欢背诵的那种拙劣的诗歌，夸夸其谈地告诉蒂梅希等到打完与琼斯的比赛之后，他打算买一辆"番茄红的凯迪拉克"，车里要套上白色皮座套。他还一如既往地将对手的长相嘲笑了一番。谈到桑尼·利斯顿的时候，他说："那头丑陋的大狗熊。我讨厌死他了，因为他长得太丑了。"至于琼斯，他也说："那个丑陋的小个子！我要彻底打垮他！"

没过多久，《君子》杂志的汤姆·沃尔夫写出了更出色的报道。不过，他的文章之所以显得略胜一筹只是因为他似乎断定凯瑟斯的身上值得报道的正是他的肤浅，一旦下了拳击台，这位拳击手就成了一名演员，开始表演了。凯瑟斯也向沃尔夫表明了这一点，他说："我觉得自己不再是打拳击了。这是表演业。"考虑到这一点，沃尔夫用娴熟的笔法在文章里加入

① 加拉哈德是亚瑟王传说中的一名骑士，只有他才能找到圣杯；西拉诺是才华横溢、武艺高强的诗人；达达尼昂是路易十三的第一任警卫军队长和火枪手副队长，即大仲马小说《三个火枪手》里的主角。

了一系列小插曲，这个年轻名人鲜活的形象跃然纸上：在纽约的美国酒店42楼的房间里，窗外的景色让他看得眼花缭乱；他为哥伦比亚唱片公司的一场会议排练新诗；他带着一群漂亮女孩招摇地前往大都会咖啡馆；他在夜总会嘲弄了一个索要签名却拿不出笔的男人；他预测自己将在8个回合之内打败桑尼·利斯顿，而且还补充说了一句："要是他敢胡说八道，那不出5个回合他就会完蛋"；他模仿南方白人的口音；看到三名街头音乐家吸引了本应属于他的目光，他感到嫉妒；不过，他又一如既往地聊起了那头"丑陋的大狗熊"，从那三个人的身上夺回了众人的注意。[14]

多年后，沃尔夫说过他觉得自己"始终没有真正地了解"凯瑟斯。[15]不过，这很可能是因为凯瑟斯不给他这样的机会。在大都会咖啡馆里，一个带有南方口音的白人男子向凯瑟斯索要签名，他将凯瑟斯称为"小子"（"给你，小子，把你的名字写在这里"），凯瑟斯满足了对方的要求，丝毫没有提出异议。他的表现显然不像一个已经被伊利贾·穆罕默德迷住的人。[16]

其实凯瑟斯可以聊的话题有很多，如果他感兴趣的话，或者如果记者向他问起的话。1962年4月，洛杉矶的一名警察开枪打死了一名手无寸铁的伊斯兰民族组织成员，当时这名男子已经按照警察的指示举起了两只手。枪击事件引发了一波又一波的抗议活动，并且让伊斯兰民族组织登上了全国媒体的头条新闻。伊斯兰民族组织的领导人呼吁洛杉矶的黑人们团结起来，在这个过程中他们发出了愤怒的声音。组织里的官员称马丁·路德·金是"黑人的叛徒"，因为他坚持以非暴力的方式来争取平等权利，他们还说基于静坐和"自由乘车"的运动是不够的。他们坚称必须采取真正的行动——甚至是暴力行动。

作家詹姆斯·鲍德温不曾发表过任何威胁性的言论，但是他也警告黑人必须为正义而战。在发表于《纽约客》的文章中，他写道："这个国家的黑人可能永远无法执掌大权，但他们确实处于非常有利的位置，能够制造混乱，结束美国梦。"[17]

对于这个问题，凯瑟斯在公开场合从未发表过任何看法。花时间和他在一起的作者们几乎都是白人，他们很少向他追问这个问题。在这些记者看来，凯瑟斯似乎是在追随舒格·雷·罗宾逊的脚步。这名年轻的拳击手喜欢他的好车和好衣服，谈到未来时他满口都是更好的车和更好的衣服。他对美国政治体制最大的抱怨似乎就是路易斯维尔安全部吊销了他的驾照。[18]有一次，一位摄影师想要为他和一名年轻的白人女性拍摄合影，他罕见地针对种族问题发表了自己的看法。他对摄影师的提议表示反对，这种反应令摄影师不禁想起了杰克·约翰逊①因为与白人女性嬉戏而招惹来的麻烦。[19]

备战与琼斯在麦迪逊广场花园举行的比赛时，凯瑟斯不得不加班加点地进行宣传。当时，印刷工人正在进行罢工，纽约的7家报社停业了（由于罢工，再加上其他因素，最终其中4家报社倒闭了）。[20]拳击比赛没有固定的赛程安排，因此比大多数运动项目更依赖于报纸的报道。不过，凯瑟斯对此并不介意。他开车穿过曼哈顿时会随意停车，下车和拳击迷们攀谈一番，还会在全国广播公司《今夜秀》节目中与约翰尼·卡森调侃一番。无疑，电视观众们会对凯瑟斯的表现感到震惊，在他们看来，拳击手都应该是身形高大、吐字不清、鼻子歪歪扭扭的暴徒，而不是像凯瑟斯这种油嘴滑舌、像好莱坞明星一样相貌堂堂的人物。凯瑟斯会还一路溜达到格林尼治村，在一家名为“结局”的咖啡馆（纽约市历史最悠久的摇滚乐俱乐部）里朗诵诗歌——当然是歌颂自己的诗。这家咖啡馆是“垮掉的一代”聚集的地方，鲍勃·迪伦和琼·贝兹之类的民谣歌手经常在这里演出。

一天，凯瑟斯和琼斯一起亮相，为比赛进行宣传。“你有多高？”凯瑟斯向琼斯问道。

“问这个干什么？”琼斯说。

---

① 杰克·约翰逊在极盛时期两次和白人妇女结婚，遭到白人至上主义者的极端仇恨。他曾携未婚妻越过州界，触犯了《曼恩法案》，因此以贩卖妇女罪受到起诉，被判处1年徒刑。在上诉期间他被保释出狱，乔装成黑人棒球运动员经加拿大潜逃至欧洲，在那里度过了7年的流亡生涯。最终，他于1920年投案服刑。

“这样，在第四回合里当你倒下的时候，我就可以提前知道自己应该退到多远的地方。”凯瑟斯说。[21]

由于坚持不懈的练习，凯瑟斯的宣传技巧得到了提高，在你来我往地与采访者进行交流的时候，他越来越自信了。

“‘花园’对我来说太小了。大舞台在哪里？那才是我需要的。也许应该去洛杉矶（纪念）体育场……你知道这场比赛对我意味着什么吗？一辆番茄红色的凯迪拉克‘埃尔多拉多’敞篷车，白色皮革内饰，还带空调和高保真。这就是［路易斯维尔赞助团］将会给我的胜利奖品。你觉得，要是输给这个丑陋的废物琼斯，还会有那辆时髦的车等着我吗？”[22]

当时，这场采访堪称凯瑟斯在自我推销方面的最佳表现。在麦迪逊广场花园38年的拳击比赛历史中，还从来没有一场拳击比赛的门票在开赛前就售罄，而且无论从哪种意义上而言，都已经连续6年不曾出现过门票售罄的现象了，直到1963年3月13日凯瑟斯和琼斯的这场比赛。这场比赛的最高票价是12美元，但是体育馆外的黄牛党可以把门票卖到100美元，甚至更高的价格。[23]将近19000名拳击迷挤满了赛场，还有数千人被拒之门外。此外，还有33个城市的15万观众通过电视观看了这场比赛。

“真不敢相信。”麦迪逊广场花园体育馆的拳击部总监哈里·马克森说。[24]考虑到当时几家报社的罢工，再加上这场比赛并不是一场冠军争夺战，而且保持着21胜3负1平战绩的琼斯跟乔·路易斯几乎毫无相似之处，因此，对于这样的市场需求就只有一种解释。凯瑟斯用诗的形式做出了解释：

人们从四面八方来看我
来看凯瑟斯倒下去。
有些人被气坏了，有些人赔了钱，
可是凯瑟斯还是那么可爱。[25]

在很大程度上，拳击对观众始终具有一种很原始的魅力。因此，观众希望看到的无疑就是某一位拳击手吃吃苦头。这一次，他们是来看凯瑟斯·克莱的，一个骄傲的黑人青年，他们想要看到对手让他闭上嘴巴，毁掉他那张漂亮的脸蛋。

比赛当天的早上，凯瑟斯难以入眠。清晨6：30，他溜出了酒店，目瞪口呆地看着麦迪逊广场花园广告牌上自己的名字，然后又回到房间睡到了10点。在开赛前称体重的时候，他用遮盖胶带贴住了自己的嘴巴，就连琼斯都被他这个玩笑逗乐了。

晚上9：47分，比赛开始了，凯瑟斯爬上拳击台，像风车一样甩起了手臂。[26]观众发出了响亮的嘘声。来自哈莱姆区的琼斯在观众的欢呼声中登上了拳击台。观看这场比赛的有前拳击冠军吉恩·滕尼、杰克·邓普西、舒格·雷·罗宾逊洛基·格拉齐亚诺、巴尼·罗斯和迪克·泰格。另外还有杰基·罗宾逊、阿尔西亚·吉布森、拉尔夫·邦奇、马尔科姆·X、图茨·肖尔和劳伦·巴考尔等社会名人。

铃声一响，他们互相比了比身高，花上大约一分钟的时间相互挑衅了一番。接着，琼斯就用一记右勾拳击中了凯瑟斯的脑袋，打得凯瑟斯靠在围绳上。观众齐声尖叫起来，他们一心想要知道他会不会倒在地上。然而，凯瑟斯还是挣扎着从围绳上弹了起来，恢复了平衡，继续比赛。他狠狠地出着拳，不让那个比他矮、也比他轻的人靠近自己。

到了第二回合，凯瑟斯又恢复了状态，看上去完好无损。他用刺拳和勾拳打出了一套组合拳，在造成伤害方面超过了对手。现在，拳击迷们已经对凯瑟斯的肢体语言不再陌生了。他前脚掌着地，像一个硕大的球一样蹦跶着，不停地移动着脚步躲闪，那副轮廓分明的宽阔肩膀左右晃动。他动个不停，让人无法预测到他什么时候会发动一次快速的攻击。每当躲开对手打过来的一拳时，他总是睁大了眼睛；当他自己打出一记重拳时，他的脸颊就鼓了起来，吹出一口气。到了第四回合——之前凯瑟斯曾信誓旦旦地说过自己将在这一回合结束比赛——琼斯有了新的思路。他时不时打出重重的左勾拳，逼得凯瑟斯旋转着身子。“打那个大嘴巴！”凯瑟斯听到拳击台边有人在奚落他。[27]

看上去琼斯有机会了。由于不良的拳击习惯，凯瑟斯暴露出了自己的弱点，这还是有史以来的第一次。他的两只手垂在身体两侧，没能挡住琼斯对着他的头部打出的一记记勾拳。面对对手的出拳，他没有压低自己的重心，而是忙着左躲右闪，结果身体失去了平衡。琼斯对着他的躯干进行猛烈攻击，他显得十分虚弱。尽管如此，琼斯还是没能完成任务。每次被对手打中时，凯瑟斯都会做出反击，有时候每挨上一拳，他甚至会还给对方两拳。到了第六回合，两个人看上去都已经狼狈不堪了。

在第七回合结束的时候，安吉洛·邓迪确信自己的拳手在得分上落后了。不过，教练有可能受到了观众的影响。相比凯瑟斯的出拳，观众看到琼斯出拳时发出的尖叫更加充满热情。

“你可以跟那辆番茄红的凯迪拉克吻别了！”邓迪冲着凯瑟斯吼道。

也许正是邓迪的这句话起了作用。在第八回合里，凯瑟斯高举起双手，发动了进攻，出拳21次，超过了之前的任何一个回合。[28]在第九回合里，他的表现更出色了，打出了22拳。到了最后一回合，他彻底爆发了，打出了压倒性的101拳，其中42拳都命中目标。在同一回合里，琼斯只打出了51拳，命中19拳。一旦受到威胁，凯瑟斯就会发动全面战争，利用自己的体格、力量和速度发动猛攻，这样的猛攻原本应该会让观众对他肃然起敬。然而，事实并非如此。

当最后的铃声响起时，观众们爆发出了赞许的欢呼声，观看一场如此激烈的比赛令他们感到开心，而且他们确信他们支持的拳击手琼斯获胜了。电视播音员都表示他们认为这场比赛可能是平局。

凯瑟斯走到自己的角落，没有理会琼斯，只是等着裁判宣布结果。对于裁判们而言，这场比赛还尚未结束。最终，他们一致判定凯瑟斯获胜。

“作弊！作弊！作弊！作弊！”观众一遍又一遍地呼喊着。

热情蒙蔽了观众的判断力。实际上，凯瑟斯的出拳次数和力量都超过了琼斯，命中率也高于琼斯。而且，在最后两个回合里，他完全占据了上风。这是一场艰苦的比赛，一场精彩的比赛，尽管观众对凯瑟斯充满了敌意，但他还是赢得了比赛，并且给人们留下了难忘的印象。

愤怒的拳击迷们扔起了啤酒罐、节目单和花生，而凯瑟斯则举起双臂，张开嘴，朝拳击场的四个方向走去，用咆哮回击着观众。[29]

然后，他捡起一颗花生吃了下去。[30]

电视台的一名播音员走到凯瑟斯面前，让他看着摄像机，问他是否考虑与琼斯再进行一场比赛。

凯瑟斯做出了否定的回答。

“我想要的对手是桑尼·利斯顿，我非常想跟那头大狗熊打一场。”

一百多名记者挤满了凯瑟斯的更衣室，还有来自路易斯维尔的老朋友，还有舒格·雷·罗宾逊、获得过奥运会冠军的撑杆跳运动员唐·布拉格和橄榄球明星吉姆·布朗。[31]凯瑟斯左眼下面肿胀起来，他一反常态地表现出一副粗鲁的模样。“我不是超人。要是拳击爱好者们觉得我说什么，就能做什么的话，那他们可就比我还疯狂。”他说。[32]

绰号“桑尼”（小宝贝）的查尔斯·利斯顿或许是全美国最不受欢迎的人。然而，随着他和凯瑟斯的比赛日益临近，许多体育迷又对这位冠军有了新的认识。他们怀疑自己以前对利斯顿太苛刻了，他们自问相比凯瑟斯，自己是否更接受利斯顿。黑人拳击迷们尤其如此，他们似乎对凯瑟斯很警惕。凯瑟斯留给他们的印象是一个古怪的家伙，而不是那种有资格代表他们的自豪、强壮的黑人形象。

专栏作家艾尔·门罗曾在美国最有影响力的黑人报纸《芝加哥卫报》上发表过一篇文章，试图为利斯顿争取到更多的支持。他指出白人记者们的偏见助长了这位冠军对社会构成威胁的名声，并且用实例证明了利斯顿在回答问题时表现出的机敏和睿智。[33]在另一篇专栏文章中，门罗还指出利斯顿理应为提升自己、将自己有过犯罪记录的过去抛之脑后而受到世人的称赞。

门罗写道：“拳击迷们想要的是一位值得他们敬仰的冠军。在拳击场外，凯瑟斯·克莱会是这种人吗？”凯瑟斯嘲笑利斯顿是“最不配冠军头衔的冠军”，针对这种言论，门罗写道：“克莱能体面地拥有这个头衔吗？还是说，他只是国王身边的一名弄臣，而不是一位拥有自身职位所要求的统治权的国王？”[34]

这番傲慢的言论表明这个重量级冠军的头衔对美国人来说依然十分

重要。在美国还没有多少黑人身居要职、手握大权的1963年，这个冠军头衔对黑人而言或许比对白人更为重要。当时在美国各地，黑人活动家们正在组织发起选民登记、游行和静坐等各种运动，以改善黑人的生活条件、促进种族平等。这些活动家提醒人们黑人男性的失业率是白人的两倍。在南方的许多州，学校里的种族融合工作仍然受到阻挠。1962年秋天，退伍的黑人学生詹姆斯·梅雷迪思在320名联邦法警的护送下才来到了自己的宿舍，因为他是密西西比大学招收的第一名黑人学生。武装暴徒们对联邦军队发动了袭击，历史学家科默·范恩·伍德沃德称这是“对美国政府官员和军人的一场暴动袭击，是自内战以来联邦政府遭受的最严峻的一次挑战”。[35]在这场袭击期间，肯尼迪总统呼吁人们保持冷静，但是他的呼吁没有得到多少响应。阿拉巴马州的伯明翰市爆发了一场场骚乱，当地的警察动用了攻击犬和消防水龙头驱赶抗议者。马丁·路德·金和盟友们计划在华盛顿举行一场大型集会，他们将这场集会命名为“为工作和自由向华盛顿进军”。包括伊斯兰民族组织的牧师在内的其他黑人领袖呼吁人们采取更多的行动，他们说美国白人是永远不会放弃权力的，除非美国黑人逼着他们这样做。

年轻的激进分子们谈论着“黑人骄傲”的概念。对他们而言，仅仅在美国白人的势力范围之内占据一席之地是不够的，他们希望黑人为自己的肤色感到骄傲，越黑越好。凯瑟斯·克莱令一些年轻而激进的运动领导人失望了。利斯顿也一直令人感到失望，但是民权活动家们原本对他就没有抱太大的期望。凯瑟斯不一样，他年轻聪明，敢于大胆直言。如果他能够表明立场的话，运动的领导人会非常欣喜。可是，凯瑟斯似乎对民权不感兴趣，他们不明白为什么会这样；他同其他黑人拳击手说话时总是一副居高临下的模样，这种习惯令他们感到愤怒。在给《芝加哥卫报》的一封信中，纽约非洲爵士艺术协会的主席塞西尔·布拉斯韦特不满地宣称凯瑟斯背叛了这场运动，他将利斯顿称作一头丑陋的大狗熊，从而助长了种族偏见。布拉斯韦特用了一首诗来描述凯瑟斯，其中一段这样写道：

桑尼·利斯顿就是标准，

你应当尊重他，
我们是种族先锋，
我们应当捍卫我们的形象。

为什么要当着全世界的面，
对他评头论足？
你说他相貌普通，
而你自己“就像女孩一样漂亮”。

你真的对媒体说过，
“琼斯是个丑陋的矮子”吗？
可是，当他考验你的时候，
你却转身逃跑了。

琼斯也是一种标准，
他绝对是一个非洲人。
吟游诗人说，还没有一个
毫不纯洁之人。

还有非洲母亲——我们的和你的，
你还是从前的样子吗？
“我是不会跟鳄鱼搏斗、
住在泥巴小屋里的！”

为什么你会欣然转过身去，
这对我们来说，是一个谜……
是为了一辆带着白色内饰、
番茄红色的凯迪拉克吗？

从现在开始，开口之前要三思，
你还有很多东西需要学，
因为你有可能永远无法到达顶峰，
到那时，你又该向谁求助呢？[36]

结束与琼斯的比赛之后，凯瑟斯参加了哈莱姆区夜总会“斯莫尔的天堂”的地下室里举行的庆功宴。[37]主宾收到了一个献给胜利者的蛋糕，蛋糕上点缀着草莓，在拥挤的房间里，蛋糕因为又热又潮的空气而变得软趴趴的。凯瑟斯也是一副萎靡不振的模样，由于比赛，再加上睡眠不足，他已经筋疲力尽了。他在桌子旁边一屁股坐下来，挣扎着绷着眼睛。

过了几分钟，他告诉聚会上的客人他有些不舒服，然后便走掉了。

第二天，凯瑟斯仍然是一副疲沓沓的模样。在准备离开纽约的时候，他说：“我有点头疼。”他右手的指关节肿了起来，肋骨也擦伤了。“要回路易斯维尔了，我真开心……我不喜欢那个大城市。路易斯维尔，我的家……我可以在路易斯维尔放松放松了。”[38]

在普利茅斯酒店外面，漂亮的姑娘们向凯瑟斯索要签名。凯瑟斯答应了她们的请求，然后和路易斯维尔赞助团的两位成员——布朗和威廉姆森烟草公司的总裁索尔·卡钦斯和律师戈登·戴维森一起坐上了一辆配有司机的黑色豪华轿车。和他们在一起的还有《时代》杂志的一名记者。当豪华轿车经过林肯隧道前往纽瓦克机场时，戴维森拿出了一份一英寸厚的合同，他将合同交给了凯瑟斯。这份合同来自威廉·莫里斯经纪公司，他们想成为凯瑟斯的代理人，让他成为一名艺人，帮助他拿到参加电视和电影拍摄的合同。

凯瑟斯似乎有些疑虑。“你的意思是跟咱们对半分？”他问道。

“不，”戴维森说，“只要支付10%。你出5%，我们出5%。”

卡钦斯插话说：“凯瑟斯，这是一家很好的公司。”

凯瑟斯对90%感到不满意，或者就是他不理解这个概念。他说他的父亲告诉他，承诺毫无价值——唯一可以指望的工资就是预付的工资。接着，他又回到了桑尼·利斯顿的话题上。"我想要一些钱。现在，咱们应该大赚一笔。咱们应该找个有分量的。咱们再也不需要这样的锻炼了。咱们现在已经很有分量了。咱们去找利斯顿，去赚钱……咱们去找那只大猴子，那个丑陋的大块头利斯顿。"

说到这里，他停顿了一下，就好像他开始理解在电视和电影里亮相的事情了，还有他对前一天晚上自己遭受的重击的回忆，接着他就轻声地继续说了起来。

"要是亮相足够多的话，也许咱们就用不着打那么多比赛了，也用不着到处挨揍了。咱们应该趁热打铁。"[39]

这是凯瑟斯，在属于他自己的豪华轿车里，在21岁的年纪，在最罕见的时刻，谈论着拳击运动的风险，谈论着自己从事的运动对身体和精神造成的损害，谈论着在自己还算健康、有能力享受拳击之外的生活时及早退出拳坛。他会唱歌！他会讲笑话！他可以演演电视和电影！不过，随即他的注意力就转移到了近在眼前的飞机旅行上，特别是当天下午飞往路易斯维尔的这趟航班。

当他们几个人坐在机场大厅里等着登机时，他问了一句："最近一次坠机是什么时候？最近一次坠机是什么时候？"他的声音太大了，以至于同行的一个人不得不让他安静下来，生怕他会吓到其他乘客，害得他们几个人都被禁止登机。

经过一场有些颠簸的飞行之后，凯瑟斯回到了路易斯维尔。他租了一辆车，开车去了他最近刚刚为父母购置的新家。房子坐落在维罗纳路7307号，距离他们在格兰德大道的老屋大约有18英里（29千米），这里是一个以黑人为主的郊区社区，也就是蒙特克莱住宅区。他支付了10956美元，接受了每月分期付款93.75美元的合同。[40]凯什和奥德萨夫妇去了佛罗里达度假，所以家里只剩下鲁迪和凯瑟斯两个人。他们雇了一名厨师为他们做饭（厨师的费用由路易斯维尔赞助团支付），两个人就这样一直过到了母亲回来。[41]

回到家的第二天，凯瑟斯恢复了体力，看上去也精神多了。他去办公室拜访了卡钦斯，进一步讨论了一下威廉·莫里斯的合同。凯瑟斯同意签下这份合同。在卡钦斯那间装修豪华的办公室里，凯瑟斯挥着手，说："你这里有这么多东西，你不可能是个骗子。我知道你对我很公平。"

卡钦斯说自己为凯瑟斯准备了一份惊喜——赞助团的成员要送给这位拳击手的礼物就是番茄红色的"凯迪拉克"（如果赞助团不批准这笔费用的话，卡钦斯本人也会送给他这份礼物），凯瑟斯只需要支付一笔销售税。卡钦斯问凯瑟斯是否希望用金色字体将自己的名字印在车身上。凯瑟斯谢绝了这番好意，他告诉卡钦斯他担心自己的敌人或者嫉妒他的对手在看到他的名字后有可能会把车刮花。凯瑟斯的驾照已经被吊销了，不过这种小事对他构不成困扰。随即，凯瑟斯就去了位于路易斯维尔市中心的凯迪拉克经销店。

他推开玻璃门，高高地举起两只手，大声嚷嚷着："番茄红色的凯迪拉克敞篷车，我来啦！"

看到卡钦斯订购的那辆轿车时，他一下子就变得沮丧起来。

"这不是'埃多拉多'。①这根本不是'埃多拉多'。我不要。我要的是'埃多拉多'。打电话给卡钦斯，告诉他这辆车我不要。"他说。[42]

卡钦斯订购的这款"凯迪拉克"比"埃多拉多"低了一个档次，铬合金材料少了一点，装饰也简单了一些。经销店的经理告诉凯瑟斯他可以搞到"埃多拉多"，只是需要一个月的时间。凯瑟斯平静了下来，说他可以等。

《时代》记者尼克·蒂梅希开着一辆租来的雪佛兰轿车，拉着凯瑟斯在路易斯维尔兜了一天的风。凯瑟斯尽情地享受着别人的奉承，还向蒂梅希抱怨说人们的奉承没有达到应有的程度。"我打赢了那么多场业余赛，现在我又打赢了所有这些职业赛，这里的人已经对我获胜的事情习以为常了。这对他们来说已经不太重要了。"他说。[43]

到了晚上，凯瑟斯已经筋疲力尽了。他换上一套保暖内衣，这就是他

① "埃多拉多"在西班牙语中的意思是"黄金国"，有着半个世纪历史的"埃多拉多"曾是最昂贵的凯迪拉克轿车，对许多美国人而言，这款车意味着"美国梦"的一部分。

的睡衣，然后伸展身体在客厅的地板上躺了下来。他面对着自己为父母买的大电视机，不停地换着频道，直到找到了《安迪·威廉斯秀》。接着，他发表了一番讲话，这段讲话有可能经过了他的一番深刻思考，但是给蒂梅希表演的成分更大一些。他说："我的父母把我养育得很好。爸爸总是跟我说我会成为世界冠军。仔细研究运动员的原则让我学会了干净的生活方式。我的母亲总是那么谦逊，又那么无助，她一直在支持我。她把我教得很好。她是个好女人。我努力善待每一个人，努力把日子过好；等我死了，我会去最好的地方。"凯瑟斯继续讲述着自己过去的生活，一直讲到了自己在奥运会上的英雄事迹，他还引用了自己向记者谈及美国辉煌成就时说过的最精彩的一句话："正是在经济方面的嫉妒导致了战争。如果世上只有体育运动，就不会有枪支和战争了。"

然后，他又描述了一番自己对未来的憧憬。

"对我来说爱情是不存在的。只要我还在为冠军头衔努力，就不会有爱情。但是，等拿到冠军头衔后，我就会穿上以前的牛仔服，戴上以前的帽子，留起胡子。我要沿着大街走下去，直到找到一个漂亮性感的姑娘，她只爱我本来的模样。然后，我就带着她回到我那幢价值25万美元的房子，俯瞰我那片价值100万美元的正在建造中的住宅，我还要让她看一看'凯迪拉克'、露台和室内游泳池——万一下雨的话。我会告诉她：'亲爱的，这一切都是你的了，因为你爱的就是我这个人。'"

然后，他就睡着了。

第二天早上，凯瑟斯咕哝着喊了弟弟一声。这是他们兄弟俩之间的秘密信号，鲁迪就像仆人听到铃声一样立即做出了反应。为了做早餐，鲁迪尽职尽责地去商店买鸡蛋、牛奶和全麦面包。当弟弟出去的时候，坐卧不安的凯瑟斯就会脱下衬衫，对着屋子里的每面镜子将自己打量一番，摆出佯攻的模样，或者挥几下拳，或者安静下来欣赏一下自己的侧影。

"嗯，嗯。"他说，声音中充满了满足感。"嗯，嗯……哦，要是我们今天能开上番茄红色的敞篷车就好了！他们都会看着我们！"

第十一章

动如蝶舞，拳如蜂蜇

几乎每一位伟大的拳击手迟早都会吸引到一批追随者。一开始，面对试图接近的人给予的关注，他们会有一种受宠若惊的感觉。他们认为这些追捧者可能很有趣，甚至让他们包围着会对自己有实际用处。不过，在尚未意识到这一点的时候，他们就已经和一群头衔模糊不清、职责更是模糊不清的人混在一起四处走动了，这些人都期待住进顶级酒店，享受美食和漂亮的女人，并且还能拿着现金付账。

在职业生涯的鼎盛时期，舒格·雷·罗宾逊的随行人员包括一名理发师、一名高尔夫教练、一名女按摩师、一名声乐教练、一名戏剧教练、一名秘书，还有一个充当吉祥物的侏儒。有时候，就连弗兰克·辛纳屈都跟随在这支队伍中。

凯瑟斯·克莱总是有弟弟鲁迪陪在身边。鲁迪一个人就是他的啦啦队，也是他最要好的朋友和陪练员，还帮他盯着日程表，有时候还帮他跑跑腿。现在，凯瑟斯的名气越来越大，吸引来了越来越多的崇拜者，而且他很少会拒绝别人。他的生活就像一个巡回马戏团，加入的人越多，他越开心。在第一批参加“克莱秀”的人里就有前文提到的来自迈阿密的萨姆·萨克森上尉。萨克森雇了一名厨师，后者要按照伊斯兰民族组织的饮食规定做饭。1962年，在洛杉矶与乔治·洛根的比赛之前，凯瑟斯结识了《洛杉矶哨兵报》的摄影师霍华德·宾厄姆。没过多久，凯瑟斯就邀请宾厄姆加入了他的随行队伍，因为除了镜子，这位拳击手最喜欢的东西就是镜头。身着司机制服、身材肥胖的阿奇·罗宾逊成了凯瑟斯的私人秘书。[1]

接下来加入这支队伍的是医生费迪·帕切科。帕切科曾经在迈阿密的贫民区欧弗敦的一家诊所里工作，经常出没于第五街健身房附近，后来他成了邓迪兄弟手下拳击手们的非正式医生，拳击手们都管他叫“淋病医生”，因为他的主要工作就是为拳击手们治疗性病。[2]帕切科自己又能得到什么好处呢？“我可以免费观看比赛。”他说。[3]

在1963年里，凯瑟斯生活中新出现的最重要的一个人就是小德鲁·布朗。布朗也被别人叫作邦迪尼·布朗（或者“博迪尼”，凯瑟斯和其他一些人都是这样发音的），他是一位来自贫民窟的诗人，也是一位萨满，最初还是舒格·雷·罗宾逊或者是罗宾逊的某个跟班叫他跟阿里接触的。

在与琼斯的那场比赛之前，凯瑟斯在纽约遇到了邦迪尼，他们两个人在许多方面似乎都很不匹配。直到那时，凯瑟斯在女人面前仍然会很紧张，而布朗则是一个风月场上的老手；凯瑟斯从不喝酒，布朗不仅有时候会酗酒，甚至还会吸食毒品；凯瑟斯有着黑人工人阶级的出身，这个群体很少会对政治和种族问题发表见解，而布朗则是在哈莱姆区长大的，他经常会对黑人经历的斗争高谈阔论一番。布朗将上帝称为“矮子”，他的脖子上挂着一颗犹太六芒星吊坠，以此纪念与他结婚的那位犹太白种女人。在他的口中，有一位涵盖了各种宗教的“上帝”，他说“种族”并不是一个来自天国或者自然存在的概念，而是人类发明出来的一个受到了误导的概念。“蓝色的眼睛和棕色的眼睛看到的草都是绿色的。”这是布朗最喜欢说的一句话。[4]

邦迪尼·布朗给凯瑟斯带来了从来不曾有人带给他的挑战。他告诉凯瑟斯伊利贾·穆罕默德错了，白人不是魔鬼，上帝根本不在乎一个人的肤色。有时他会将这位拳击手狠狠地斥责一番，有时又很溺爱他，不过无论什么时候他几乎都能让后者露出笑容。与堂吉诃德一样，凯瑟斯·克莱也是一个充满欲望的人，他常常会把激情误认为是真理。现在，面对邦迪尼·布朗，他找到了自己的桑乔·潘沙。

路易斯维尔赞助团里的戈登·戴维森曾经对邦迪尼·布朗做过一番评价：“他不是一个值得钦佩的人，但他是一个有趣的人。他能取悦国王。”[5]

在凯瑟斯的跟班里，邦迪尼·布朗还扮演着一个更为特殊的角色——

他帮助这位拳击手提高了诗歌创作能力，当时后者创作的诗歌大多都是以数字1到10结尾的短小抒情诗。但是，布朗非常热爱读书，而且他还以作家自居。相比凯瑟斯，他在贫民区有着更深的根基，他为这位拳击手的诗歌赋予了一种更鲜活、爵士味更浓的色彩。

在1962年《纽约客》上发表的一篇文章中，A. J. 利布林写道“蝴蝶凯瑟斯”在打拳时“两只忙碌的手就如同蜜蜂蜇人”一样。[6]没有人知道邦迪尼·布朗是否读过利布林的这段描述，或者说，他是否独自想出了将凯瑟斯的风格比作蝴蝶和蜜蜂。不过有一点确定无疑，日后这位拳击手最为人们所熟知的一句口号正是邦迪尼·布朗创造并注册的。这句8个字的名言最早出现在1964年2月的美国报纸上，凯瑟斯无数次地念叨着这句话，到最后利布林和布朗的贡献都彻底被世人遗忘了。这句话完全属于凯瑟斯了，它充分体现出了他的拳击风格——“动如蝶舞，拳如蜂蜇！”

在俘获大批追随者的同时，凯瑟斯也成为了别人的追随者。他所崇拜和效仿的人是马尔科姆·X，或者说马尔科姆·利特尔，这是他在加入伊斯兰民族组织之前使用的名字。伊利贾·穆罕默德是伊斯兰民族组织的领导者和精神领袖，而马尔科姆·X则是黑人运动中一位充满激情的大师。马尔科姆身材瘦长结实，性格坚忍，充满激情，他是那种能令白人感到很不舒服的人。无论说话还是做事，他都表现得好像他真的拥有了自由。正如作家塔那西斯·科茨后来所说的那样，“如果说他憎恨什么，那他之所以憎恨是因为受奴役者憎恨奴役者是人的本性，这就像普罗米修斯憎恨鸟类一样自然。”[7]

马尔科姆一生的经历可以说是有些变异的美国梦。他出生在奥马哈，在密歇根州首府兰辛附近度过了大部分青少年时光。他的父亲是一位流动的浸礼会牧师，对牙买加黑人民族主义者马库斯·加维创建的全球黑人促进协会怀有浓厚的兴趣。厄尔·利特尔怀有的激进主义招惹来了白人至上主义组织黑色军团的死亡威胁，全家人两度被迫逃离家园。1929年，利特尔一家在兰辛的家被彻底烧毁了，两年后，厄尔·利特尔被人发现死在电车轨道上。警方认定这两件事情都属于意外事故。后来，马尔科姆的母亲因精神疾病被送进精神病院，她的孩子们也就分开了。渐渐地，马尔科姆过上了犯罪和吸毒的生活，由于入室盗窃在监狱里度过了大约7年的时间。到1952年被假释时，他已经成为伊斯兰民族组织的信徒，丢掉了自己所谓的奴隶姓氏，用字母X代表已经遗失的非洲部落的姓氏。马尔科姆成了一名充满活力的演说家，吸引了大批追随者，参与建造了一座座新的清真寺，并且迅速成为伊斯兰民族组织中第二股强大势力。

伊斯兰民族组织1962年6月底在底特律举行集会之前，凯瑟斯第一次见到了马尔科姆·X。当时，马尔科姆正在底特律清真寺旁边的学生餐馆吃饭，凯瑟斯和鲁迪走了进去。同大多数人一样，马尔科姆首先被克莱兄弟的体型和英俊的外表吸引住了。多年后，他在自传中提到了那一刻："凯瑟斯走上前来，快速地摇动着我的手……他表现得就好像我应该知道他是谁似的。所以我表现得好像我认识他一样。其实，在那之前我根本没有听说过他。我们的世界是两个完全不同的世界。事实上，伊利贾·穆罕默德教导我们穆斯林反对各种体育运动。"[8]

当天晚些时候，克莱兄弟参加了伊利贾·穆罕默德的布道会，用马尔科姆的话说，会众"几乎是在他们的带领下鼓掌的"。在周游全国的过程中，马尔科姆偶尔会听到克莱兄弟去清真寺和穆斯林餐馆的消息，如果发现当时自己也在同一座城市，他还会前去探望克莱兄弟。据几个当时认识这对兄弟的人所述，那时候鲁迪对伊利贾·穆罕默德更有热情，但是令马尔科姆产生兴趣的却是凯瑟斯。马尔科姆曾写道："我喜欢他，他身上具有某种富有感染力的特质，由于这种特质，他被我邀请到了家里，这样的人非常少。"马尔科姆的妻子和孩子也对凯瑟斯感到着迷。他成了这个家庭的一员，对孩子们来说他就像是一个顽皮的叔叔，对马尔科姆来说他就如同弟弟一样。[9]

马尔科姆肯定意识到了凯瑟斯的友好和天真很容易让他受到各种骗子的欺骗，因为他主动承担起教导凯瑟斯的责任："一个公众人物能否取得成功取决于他对簇拥在他周围的人的本性和真正动机有多警觉，有多了解。"

这些人也包括女性。

“我警告过他要当心‘狐狸精’。我告诉凯瑟斯，她们可不是‘狐狸’，而是‘狼’。”马尔科姆写道。[10]然而，凯瑟斯没有理会他的建议。

当然，马尔科姆之所以关心簇拥在凯瑟斯周围的人的“真正动机”是有他自己的理由的。他之所以努力与凯瑟斯·克莱保持日益深厚的友谊也同样有着他自己的理由。凯瑟斯开朗快活的性格能够消除别人的忧虑。1963年，马尔科姆的生活一团糟。他发现自己那位伟大的导师、尊敬的伊利贾·穆罕默德存在通奸行为，他和在伊斯兰民族组织芝加哥办公室工作的一些年轻女秘书有染，而且这种行为有可能已经持续了十多年的时间。一直以来，穆罕默德不断地告诉这些年轻女性他的妻子对他来说已经死了，他有责任在处女中间撒播他神圣的种子。最终，曾经给他当过私人秘书的7名女性宣称她们生下的13个孩子的父亲都是伊斯兰民族组织的这位领导人。[11]根据伊斯兰民族组织的章程，这些女性都由于非婚生育子女受到了惩罚，她们被迫离群索居，被禁止参加当地清真寺的活动。然而，伊利贾·穆罕默德却没有受到这样的惩罚。到1963年，伊斯兰民族组织和联邦调查局上上下下都已经对他的风流韵事有所耳闻了。

这种行为并没有损害穆罕默德在信徒中的声誉，至少当时没有产生损害。在这个教派中，女性一直被视为下等公民（甚至比整个社会更甚），受制于男性的控制，被禁止使用避孕措施，当然也被禁止与白人男性交往。

多年来，那些与伊利贾·穆罕默德关系最密切的人都清楚他的风流韵事，但是没有人敢对此表示不满。伊斯兰民族组织设在芝加哥总部的内部文化为组织领导人赋予了不受制约的权力。穆罕默德的亲属们得到了高薪工作，伊斯兰民族组织的基金被用来维持“真主的使者”舒适的生活方式。这些情况有助于解释为什么穆罕默德会像其他许多大权在握的人一样，能够坦然地沉溺于信众必须远离的行为。他的声誉不太可能受到损害，除非他的性行为被广为人知，以至于损害到了伊斯兰民族组织的形象，并且给组织招募信徒和筹集资金的工作造成破坏。

最初听到这些传言时，马尔科姆·X认为这些都是谎言，没有理会。到了1962年，不仅这些传言没有消失，而且芝加哥清真寺的一些成员还逃离了组织，因此马尔科姆断定这些指控是真实的。“我感到自然界里的某些东西——就像太阳或者星星——完蛋了。”他写道。[12]

马尔科姆向凯瑟斯透露过他对伊利贾·穆罕默德日益增长的担忧吗？他在自传中没有提到过这个问题。如果说凯瑟斯对穆罕默德或者伊斯兰民族组织产生了一些疑虑，那么他也没有表现出来。1962年8月，他和弟弟还参加了伊斯兰民族组织在圣路易斯举行的集会。[13]一年后，《芝加哥太阳报》的一名记者看到凯瑟斯的红色“凯迪拉克”出现在了位于南格林伍德大道5335号的伊斯兰大学的后巷里。[14]凯瑟斯从这所专门为伊斯兰民族组织年轻成员提供教育的学校里走了出来，钻进了车子的后座，开车的是他的弟弟。另外两辆满载着穆斯林的轿车与凯瑟斯乘坐的轿车结伴而行，《芝加哥太阳报》的记者紧紧地尾随着车队。在54街和湖泊公园大道的路口，这名记者在凯瑟斯的“凯迪拉克”旁边停下车。然后，车队便以“警察局长奥兰多·W.威尔逊应该不会接受的速度”前行，一场采访就这样开始了，采访者和被采访者透过敞开的窗户大声嚷嚷着问题和回答。

“你在芝加哥做什么？”

“我只是碰巧来了这里。真高兴我来了这里。今晚这场集会是这一辈子我参加过的最精彩的一次。”

“你加入‘黑人穆斯林’了吗？”

车子行驶了半条街，凯瑟斯才想出了答案。

“不是的，”他回答道，随即他又补了一句，“我不知道。”停顿了一下，他又说：“我支持‘黑人穆斯林’。”

“你相信他们所倡导的一切吗？”

“听着，我对每一个支持黑人的组织都做过非常认真的研究，这一个是我看到的最好的一个。‘黑人穆斯林’是最好的东西，仅次于上帝。”凯瑟斯提高了嗓门，声音盖过了车流巨大的噪音。“让你保持干净的好东西——我见过的最棒的东西。”他吟出了一句诗。

这名记者问凯瑟斯是否打算参加即将在南方举行的民权示威活动。

“我支持融合。我当然支持融合，我可有十位白人经理呐。”他笑着说道。

“你打算像迪克·格雷戈里一样去南方吗？”

凯瑟斯收住了笑容。

"我支持一切有利于黑人的事情，但我不会过去的。我可不希望别人放狗咬我。"

凯瑟斯的车拐上了芝加哥高架路，朝着印第安纳的方向开去了，这场采访便结束了。

两天后，在《路易斯维尔时报》刊登的一篇报道中，凯瑟斯否认了自己曾公开宣称效忠于伊斯兰民族组织。他说自己读了很多关于这个组织的资料，也确实参加过该组织举办的一场宴会，但他坚称："我对他们不太了解。"他还说："看到成千上万的黑人不愿接受种族融合，我很惊讶。而且，白人似乎更担心他们，而不是那些支持融合的人。"最后，他还表示自己并没有加入伊斯兰民族组织和任何其他民权组织，因为他还没有找到一个能够提供"一套一劳永逸的解决方案"的组织，而且他也无意"被培养成一名政治家"。[15]

正如他喜欢在拳击场上采取的策略一样，凯瑟斯躲开了锋头。

凯瑟斯距离对战利斯顿的机会越来越近了，路易斯维尔赞助团的成员们开始商量起自己手里这名拳击手应当如何在拳击场外赚钱的问题了——不仅是为了帮他补贴收入，而且也要让他做好准备，以免他打输了比赛，或者职业生涯由于受伤而缩短。这群商人相信凯瑟斯可以成为一名成功的艺人。[16]喜剧演员杰克·本尼主持的综艺节目已经为凯瑟斯开出了7500美元的价格，有关一匹会说话的马的喜剧片《埃德先生》的制片人希望凯瑟斯参加其中一集的拍摄。[17]弗兰克·辛纳屈也询问过这位拳击手是否可以出演一部电影的事情，预计辛纳屈、迪恩·马丁、贝蒂·戴维斯，以及曾当过拳击手、后来成为电影演员的杰克·帕兰斯都将参加这部影片的拍摄。[18]

但是，凯瑟斯的管理团队不知道将这位拳击手与伊利贾·穆罕默德和马尔科姆·X联系在一起的传闻是怎么产生的，他们对此感到担忧。路易斯维尔赞助集团的律师戈登·戴维森说过马尔科姆是"一个迷人的混蛋"，[19]但是他与这位年轻拳击手之间的关系造成了一定的威胁。倘若凯瑟斯真的加入了所谓的“黑人穆斯林”组织，那么很难想象杰克·本尼和《埃德先生》剧组的邀请是否还会存在。凯瑟斯还年轻，还尚未成熟，可是眼下两种最强烈的冲动在他的身上产生了冲突——对名望的渴望和反叛的渴望。这还是他第一次面对这样的矛盾。他不是一个习惯深思熟虑的人，但他肯定知道自己与伊斯兰民族组织的关系会导致他与支持他的白人拳击爱好者、白人教练以及白人新闻记者之间的关系变得复杂起来，而他又非常渴望得到这些记者的关注。凯瑟斯或许明白，一旦公开自己对伊利贾·穆罕默德的支持，他的公众形象就将被永远改变，这种改变会给他招致一定程度的敌意，面对这样的敌意，就连高杰斯·乔治都有可能怯阵。对于一个男人而言，头上卷着发卷、假装自己是同性恋是一回事，而提倡毁灭全体白人则完全是另外一回事了。

在这份公开声明中，凯瑟斯把重点放在了利斯顿身上。他只提到了利斯顿。凯瑟斯相信，只有战胜不可战胜的利斯顿，他才能证明自己的天赋，完成自己的使命。

可是，利斯顿已经签下了与帕特森比赛的合约。凯瑟斯需要钱，需要保持良好的状态。在争夺拳王的头衔之前，他至少还要面对一名对手。1963年年中，凯瑟斯在重量级选手中排名第三，排在利斯顿和帕特森之后。排在第四位的是道格·琼斯，但是凯瑟斯一心想要避开与危险的琼斯再次交手，于是他决定和排名世界第五的拳击手打一场比赛。这位拳击手是29岁的英国人亨利·库珀，截至此时他的战绩为27胜8负1平。库珀是出了名的容易见血的选手，他眼睛周围的皮肤就像古董瓷娃娃一样脆弱。体育专栏作家吉米·坎农曾在文章中提到，打个嗝都能把库珀脸上的伤疤撕开。[20]但是，库珀拥有拳坛最优秀的左勾拳，被誉为“亨利之锤”，这就意味着在凯瑟斯还没来得及“打嗝”的时候，他就会先打出几下精彩的“亨利之锤”。

比赛定于1963年6月18日在伦敦温布利体育场举行。即使凯瑟斯因为不得不继续等待着与利斯顿比赛的机会而有些失望，一想到在英格兰的一场比赛将会让一个对他来说全新的国家见识到他神奇的魅力，他也会感到一丝安慰。

现在，凯瑟斯还是不喜欢坐飞机，但是他没有选择。刚一抵达伦敦，他就惹怒了当地人。

在《每日镜报》上发表的文章中，著名体育记者彼得·威尔逊写道："从来没有发生过这样的事情。他来了，他看到了……他开口了。"[21]

凯瑟斯一开口就将白金汉宫称作"高级公寓"，[22]接着他又出言不逊将这个国家最伟大的拳击手羞辱了一番。他公然表示："亨利·库珀对我来说什么都不是。要是这个废物能打上5个回合，我就30天不回美国，就这么决定了！我对这个大废物一点都不担心。跟库珀的比赛只是我跟那头丑陋的大狗熊——桑尼·利斯顿——打比赛之前的一次热身赛而已。"在比赛称重时，凯瑟斯指出英国有一位女王，但它应该有一位国王。说完，他又拿出一个纸板做的王冠，戴在了自己的头上，然后说出了一个解决方案——"我就是国王！"

这位国王重达207磅（93.9千克），[23]截至当时，这是他在职业生涯中体重最高的一次，比库珀重了21.5磅（9.8千克）。

凯瑟斯走上了拳击台，做好了战斗的准备。这时，他又一次戴上了王冠，身上还穿着一件红白相间的绸缎长袍，这件袍子是他花了20英镑专门为了这场比赛定制的。[24]35000名听众咒骂着，大声喊叫着侮辱性的语言。美国影星伊丽莎白·泰勒和英国影星理查德·伯顿坐在台边，泰勒穿着一件长外套和绿松石色的裙子，手上戴着一副白手套，伯顿穿着一套保守的西装，还扎着领带。[25]

正如《体育画报》所说，库珀以慢热而著称，就像一幅"立起来的老平版画"一样。[26]然而，这一次他出人意料地表现出一副咄咄逼人的架势，一次又一次地打出自己最上乘的拳——左勾拳。开场不到30秒，他就把凯瑟斯打得流出了鼻血。凯瑟斯眨着眼，把眼泪憋了回去，用手套背面擦了擦鼻子。

英国电视播音员哈里·卡彭特说："第一个被库珀打出血的人。"[27]

库珀又用左手打出了几拳，然后用一只胳膊抱住了凯瑟斯的脑袋。凯瑟斯转向裁判表示不满，就在这时库珀再一次对他使出了重拳。第一回合，英国人赢了。

在第二回合的比赛中，库珀变得有些谨慎，他打出了一记记刺拳，而不是勾拳。凯瑟斯也采用刺拳，在库珀的左眼下方留下了一道小口子。尽管如此，这一回合还是库珀赢了，他打出的重拳要比凯瑟斯多得多。第二回合令观众更加兴奋，因为这场比赛眼看就要爆出冷门。

在第三回合里，凯瑟斯又在库珀的脸上留下了一道口子，这次是在库珀的左眼上方。伤口能够彻底改变一场比赛。在这种体育竞赛中，伤口醒目地提醒着人们拳击手的出拳超过了得分。伤口意味着伤害和危险，位于眼睛上方的伤口尤其危险，因为从伤口淌下的血会模糊拳击手的视线，迫使他们孤注一掷，轻率地发动攻击，为了尽快结束比赛而疯狂地出拳。

“这正是我们一直担心库珀的地方。不知道他那只眼睛还能撑多久。”忧心忡忡的英国电视播音员卡彭特说。[28]

凯瑟斯越来越自信，库珀看上去就像一个张开双臂跳进空水池的人一样。凯瑟斯双手低垂，凝视着库珀那张带着一道道鲜血的脸，偷偷地接近着自己的猎物。他开始戏弄起库珀了。他张开嘴巴，哄着对手出拳，而他自己并没有打出多少拳——在整整一个回合里他只有11拳命中目标[29]——他之所以这么做也许是因为他曾预测自己会在第五回合里击倒对手，而现在比赛才进行到第三回合。现在，凯瑟斯已经知道媒体喜欢谈论他实现预言的秘诀了。

路易斯维尔赞助团的负责人比尔（小威廉）·法弗舍姆就坐在拳击台跟前的座位上，他尖叫道：“别再逗乐子了。”[30]

在第四回合里，库珀又挥出了一记又一记左勾拳。对他来说，唯一的选择就是击倒对手，趁着自己还没有流出太多血的时候他必须快速击倒敌手。在这一回合还剩大约5秒钟的时候，库珀挥出一记完美的左勾拳——“亨利之锤”。拳头击中了凯瑟斯的下巴。凯瑟斯重重地摔在围绳上。他目光呆滞，大张着嘴巴。他飞快地站了起来，但是一副晕乎乎的模样。看上去他不太清楚自己在哪里，也不知道5秒钟前自己在做什么。他跌跌撞撞地回到了自己的角落，坐在凳子上，随即又试图站起来，但是还没等他站起身，他的教练安吉洛·邓迪就摁着他坐了回去。此时，观众的喧闹声盖过了宣告这一回合结束的铃声。

在几乎各行各业中，每当看到一个人被殴打得失去了知觉，人们都会对这个人的健康问题感到担心，并且会立即安排他接受医生的检查。但是，拳击运动的情况并非如此。在凯瑟斯的休息区里，令人们感到恐慌的问题是如何让他继续坚持比赛。如果他们的拳击手不能在60秒的时间里恢复知觉，重振旗鼓，赢得比赛，他们的麻烦就大了。利斯顿将与另一位顶级竞争者进行比赛，后者很可能就是亨利·库珀，而凯瑟斯有可能得等上好几年才能等到争夺拳王头衔的机会。这样一来，他赚钱的能力就减弱了。工作和财富都有可能会失去。

凯瑟斯萎靡不振地坐在凳子上。“没事吧？”邓迪问道。

“没事。库珀倒是越来越累了。”凯瑟斯说。[31]他没有慌张。

邓迪有些怀疑。他擦了擦凯瑟斯的眉毛，把嗅盐递到他的鼻子下面。突然，这位教练灵机一动。在比赛开始之前，他就注意到凯瑟斯一只手套的缝合处有一道小裂缝。当时，他觉得没什么问题，可是眼下他的拳击手被打蒙了，眼看就要输掉比赛了。他立即采取了行动，“我把手指插进那道裂缝，把它撑得更大。然后，我就喊裁判……过来检查一下手套。”他在出版于2009年的《从角落里看过去》一书中写道。[32]

当邓迪拖延时间的时候，凯瑟斯团队里的另一个人——奇基·费拉拉——又在凯瑟斯的鼻子下面打开了几瓶嗅盐，还把一些冰块丢在了他的短裤上。在拳击比赛中，人们经常用这种方法来帮助陷入昏迷的拳击手恢复意识。在接下来的几年里，一直有人说邓迪用手套当幌子为凯瑟斯争取到了3分钟的时间恢复状态，而通常两个回合之间拳击手只有一分钟的休息时间。但是，这场比赛的录像显示，凯瑟斯只是多休息了不到5秒钟的时间。“即便只有几秒钟，这几秒钟也起到了至关重要的作用。”邓迪在书中写道。

这多出来的5秒钟也让库珀的团队受益，教练们努力帮拳击手的眼睛止住了血。但是，当裁判示意比赛继续时，看上去更生龙活虎的是凯瑟斯。他就像龙卷风一样朝着目标挪动，他一副狂暴激烈、气势汹汹的样子，惩罚着触手可及的一切。他一记接着一记地挥着重拳，拳头又狠又快，库珀毫无招架之功，更没有还手之力。库珀试图抓住他，可是他的速度太快了，体格太强壮了，而且还一下又一下地挥着重拳。很快，库珀的左眼就开始流血，血流得就像从一条破裂的自来水管道里流出的水一样。凯瑟斯还在继续挥舞着手臂。大约1分45秒后，裁判终止了比赛。

在裁判示意后，鲁迪拿着哥哥的王冠跳上了拳击台。但是，凯瑟斯没有接过王冠。他获得了胜利，正如之前预言的那样，他在第五回合获得了胜利。不过，他也一度经历了惨败。

比赛结束后，在更衣室里，一个身材瘦小、穿着一套精心剪裁的西装的男人找到了凯瑟斯。他是杰克·尼隆，桑尼·利斯顿的经理。

“凯瑟斯，我们非常希望跟你在9月份打比赛。我赶了3500英里（5633千米）的路来征得你的同意。”尼隆说。[33]

两个人商量了9月30日在拥有10万个座位的费城市体育场举行一场“凯瑟斯对阵利斯顿”比赛的可能性，当然，前提是利斯顿能够在接下来的一场比赛中再次击败弗洛伊德·帕特森。

当年夏天，美国的社会矛盾爆发了。1963年6月，全国有色人种协进会密西西比州的外勤主任迈德加·艾佛斯在家门口遇刺身亡了；在阿拉巴马州，联邦军队迫使州长乔治·华莱士准许阿拉巴马大学招收黑人学生。在北方，黑人男女举行游行示威，抗议警方野蛮执法、工资待遇不平等和住房安置存在歧视等问题。为了逃避种族融合，弗吉尼亚州爱德华王子县的官员们在4年前就关闭了境内的学校，现在他们终于让步了，同意黑人学生回到学校继续接受教育。[34]8月10日，凯瑟斯参加了在哈莱姆区举行的一场集会，马尔科姆·X在集会上向人们解释了他为什么不打算参加即将到来的“向华盛顿进军”的游行。18天后，小马丁·路德·金与20多万人齐聚在华盛顿，这成为了民权运动历史上最具影响力的时刻之一。金呼喊着：“我有一个梦想，有一天，在佐治亚的红山上，曾经奴隶的儿子能够和曾经的奴隶主的儿子坐在一起，共叙兄弟情谊。”

这不是伊利贾·穆罕默德的梦想。也不是马尔科姆·X的梦想，他说过金领导的这场游行是一场“闹剧”，[35]是“黑皮白心”的人发明出来的玩意，得到了白人自由主义者的资助，这场闹剧也是肯尼迪总统精心策划的结果。在华盛顿大游行的18天后，白人至上主义者用15包炸药炸毁了阿拉巴马州伯明翰市的一座黑人教堂，炸死4名黑人女学生，炸伤20人。这起野蛮事件提醒人们并非每一个美国人都做好了与黑人共叙兄弟情谊的准备，事实远非如此。

当年9月，凯瑟斯参加了在奥克兰举行的一次有关“贫民区思想”的会议，会议是一个名为“美国黑人协会”的黑人民族主义组织筹办的。但是，尽管他参加了会议，他还是更愿意扮演小丑，而不是反叛者。“我什么都不支持，我不是政客。我也不反对任何事情。我是个热爱和平的人。你们也都知道，天主教徒、新教徒、3K党，还有全国有色人种协进会的成员都会来看我的比赛。我不讨论问题，我只打拳。”一位作家专门询问了他对伊斯兰民族组织的兴趣，他告诉对方：“我不支持任何人——除了凯瑟斯·克莱。”[36]

凯瑟斯从奥克兰来到费城聆听伊利贾·穆罕默德的演讲。

《费城论坛报》在报道中提到凯瑟斯穿着“一套昂贵的马海毛衣服，脸上一副闷闷不乐的表情”。当记者走近他时，他一把推开了他们，让他们去和马尔科姆·X谈一谈：“他真的有很重要的事情要说。”[37]

凯瑟斯依然否认自己加入了伊斯兰民族组织的传言，但是路易斯维尔赞助团的成员还是一天比一天更加担心。这群富有的白人商人表达过自己的担忧，他们唯恐凯瑟斯跟一个反对种族融合、将白人定义为魔鬼的激进组织交往会损害他的事业和他们的投资。[38]

凯瑟斯隐瞒自己与伊斯兰民族组织的关系是为了避免引起争议吗？是为了争取更多的时间对自己的选择进行考虑吗？对于这个问题，外人不得而知。凯瑟斯表现得像一个认为自己想要什么就能得到什么、想干什么就能干什么、想说什么就能说什么的年轻人。到目前为止，他在生活中遇到的一件件事情无不证明了这种想法。否则，一个人怎么可能在某一天刚刚参加了伊斯兰民族组织的集会，另一天又在白人喜剧演员杰瑞·刘易斯主持的脱口秀节目上扮演小丑呢？否则，凯瑟斯怎么可能在《杰克·帕尔秀》里朗诵诗歌，而身穿珠饰夹克的白人钢琴家李伯拉斯就在璀璨的枝形烛台旁叮叮咚咚地敲着钢琴？在凯瑟斯准备朗诵诗歌的时候，李伯拉斯跟他打趣道："换换口味吧。来一首关于你自己的诗吧。"[39]

如果凯瑟斯相信黑人民族主义是黑人同胞摆脱压迫的唯一途径，那么我们又该如何解释他在1963年夏天愿意录制一张喜剧专辑的行为呢？

这张喜剧专辑是路易斯维尔赞助团策划的，这是他们制定的一套应急方案的一部分，以防出现凯瑟斯输给桑尼·利斯顿或者拳击生涯缩短的情况。凯瑟斯似乎天生就是当艺人的料，能说会道，喜欢开玩笑，口才几乎快赶上他的拳击天赋了。一张由笑话和诗歌凑成的专辑将会给影视界的制片人们传递一个信息，那就是凯瑟斯还有另一种具有市场价值的天赋。

在此之前，这位拳击手的诗歌都比较幼稚：

这家伙就是个废物。
一个回合就会输。

但是，在《我是最伟大的！》这张专辑里，凯瑟斯改进了自己的作品，采用了更为复杂的幽默和更为微妙的韵律，同时依然展现出了拳击迷和评论家所期待的骄傲自大的态度。8月8日，在纽约的哥伦比亚唱片公司，凯瑟斯当着一群现场观众的面录制了这张专辑。[40]他朗读起了这段经常被人们挂在嘴上的话：

克莱来迎战利斯顿了
利斯顿开始撤退了
再后退一英寸
他就要坐在拳击台边的座位上了。
克莱挥着左拳，
克莱挥着右拳，
看呐，年轻的凯瑟斯
在继续战斗。

利斯顿还在后退
可是，已经无路可退了
只剩下时间问题了。
好了，克莱压低了声音。
现在，克莱打出了一记右拳，
摆臂多么漂亮啊。
这一拳打得利斯顿
飞出了拳击台。
利斯顿正在往台上爬
裁判皱起了眉头，
他是不会开始数秒的，
除非桑尼彻底倒下去。
现在，利斯顿从视野中消失了。
观众越来越疯狂。
不过，我们的雷达站已经发现了他
他就在大西洋的某个角落。
谁能想到
自己前来观看这场比赛，
结果亲眼看到了
一颗大活人卫星被发射出去？
是的，观众不是在做梦
他们掏了钱买了票，
竟然会看到
桑尼造成的日全食！[41]

除了诗歌，这张专辑还收录了各种各样的老套笑话，包括有关济慈和雪莱这些语言大师的一些笑话，调侃桑尼·利斯顿肥胖的笑话，以及借用了肯尼迪总统那句名言的一段话："我不问拳击能为我做些什么，我只问我能为拳击做些什么。"

凯瑟斯的作品之所以有所改进只有一个原因——大部分作品都不是他自己创作的。负责执笔的是喜剧界的老手加里·贝尔金，在专辑封套上的简介中，他的名字出现在制作人一栏里，但是其中没有提到他在撰稿方面的贡献。这些诗句或许的确不是凯瑟斯写的，但是他非常聪明，把贝尔金写的诗都背了下来。凯瑟斯在电视上、在新闻发布会上不断地念诵着这些诗，他的知名度也越来越高。他正在成为拳击界第一位为电视而生的英雄，他顽强又顽皮，叛逆却并不可怕。

《纽约时报》曾说过："凯瑟斯是一个讨人喜欢的年轻人。"[42]

只有少数一些作家——其中大多数都是黑人——发现了在他顽皮性格的背后已经萌生出某种更深层的东西。

亚历克斯·波因塞特在《乌木》杂志上写道："当凯瑟斯·克莱说出'我是最伟大的'这句话时，他想到的不只是拳击运动。存在于这些话背后的是迪克·格雷戈里辛辣的讽刺、迈尔斯·戴维斯激烈的反抗、马尔科姆·X纯粹的蔑视。他很容易露出笑容，但是，在这一切的背后……却是一座冶炼种族自豪感的高炉。"[43]

第十二章
丑陋的大狗熊

“瞧那头丑陋的大狗熊，他连骰子都不会玩。”

在半个多世纪前，围绕着骰子游戏发生的一场争执导致了一起谋杀案，凯瑟斯的祖父因此锒铛入狱。不过，凯瑟斯可能并不知道这件事情。

“瞧那头丑陋的大狗熊。”他嚷嚷着。

凯瑟斯赶去拉斯维加斯是为了观看桑尼·利斯顿和弗洛伊德·帕特森的比赛，但是现在他正在一家赌场的大厅里盯着对面的利斯顿。他要抓住这个机会激怒自己的对手。

利斯顿扔出了骰子。双骰子。他压上了400美元，眼睛瞪得大大的。这时，凯瑟斯又叽叽喳喳地唠叨了起来：“你怎么了？你连骰子都不会玩啊。”[1]

凯瑟斯还没说够。

“瞧那头丑陋的大狗熊。他什么都干不好。”

赌桌旁的其他赌徒都一声不吭，或许他们都有些害怕。利斯顿放下了骰子，朝着凯瑟斯走了过去。

“听着，你这个黑鬼××，”利斯顿说，“要是十秒钟内你不滚出去，我就把你那根长舌头从你嘴巴里拔出来，塞进你的××里。”[2]

在接下来的几个星期里，凯瑟斯无数次地向朋友们和记者们表演着在赌场的这次对峙，就好像是在表演自己最喜欢的西部片里的一场戏似的。他向别人描述着赌场里的人变得鸦雀无声，纷纷散开，还压低声音说着：“是凯瑟斯·克莱，凯瑟斯·克莱……”[3]

每一次重述这件事情的时候，他的勇气都不断地增强，而利斯顿的威胁也相应地减弱。

其实，当时面对利斯顿的时候，凯瑟斯表现得并没有那么勇敢——他以最快的速度逃走了。

帕特森与利斯顿的比赛是一场经典的善恶对决，恶在第一回合就击倒对手获胜了。帕特森过于担心重蹈前一次惨败的覆辙，所以他一直压低两只手，径直向对手扑了过去。他还不如冲向一个拆除建筑用的破碎球。在第一回合里，利斯顿三次将他击倒，2分10秒之后比赛结束了。

“在被打中之前，我的感觉还挺不错的。”帕特森说。[4]这就像是说，在你手中的玻璃杯掉下去之前杯子是半满的。

就在比赛结束的时候，凯瑟斯跌跌撞撞地从内华达州三名警卫的手中挣脱出来，爬上了拳击台，径直朝距离自己最近的那台电视摄像机——而不是利斯顿——走了过去。

“这场比赛太丢人了！利斯顿就是个废物！我是冠军！”凯瑟斯嚷嚷着。

他掏出一张假造的报纸，报纸上印着大字标题：“克莱有张大嘴巴，桑尼会让他闭嘴的”[5]。他用夸张的动作将报纸撕碎了。

“我要跟那头丑陋的大狗熊打一场。一逮到那个丑陋的大废物，我就要跟他打一场。”他说。

利斯顿举起双手，装出一副恐惧的模样。这一次，他欣然配合着凯瑟斯的表演。

杰克·尼伦希望利斯顿尽快与凯瑟斯进行一场比赛。在重量级的拳击手中，没有谁能像凯瑟斯那样充满魅力。也没有谁能像他那样得到那么大面积的认可。正如《体育画报》的文章所说的那样，凯瑟斯“被广泛认为是拳击运动的救星”，[6]这句话隐含的意思就是应当有人将拳击这项运动从目前霸占着重量级拳王王冠的怪物手中拯救出来。一名英国记者在报道中写道：“［凯瑟斯的］一举一动都令人兴奋。这个令人难以置信、相貌堂堂的年轻人，一个肌肉发达的哈利·贝拉方提（美国歌星），将延续了两个半世纪的拳击传统丢出了窗外——他甚至都懒得先把窗户打开。”[7]

但是，在与凯瑟斯以及路易斯维尔赞助集团达成协议之前，尼隆碰到了一些商业问题。在利斯顿与帕特森第二次交手的几天后，尼隆宣布了成立洲际推广公司的消息，这家新公司将专门负责推广利斯顿参加的所有比赛。利斯顿将出任公司总裁，尼隆和他的两个兄弟是公司的主要负责人。长期以来外界一直有传言称尼隆兄弟与黑帮有所交往，因此新闻记者们都对这家新公司的成立表示怀疑，认为其中应该存在着某种欺诈行为。7月28日，负责调查有组织犯罪活动的参议院特别委员会主席埃斯蒂斯·基福弗宣布，他打算对洲际推广公司进行仔细的审查。三天后，宾夕法尼亚州的拳击官员拒绝给这家新公司颁发承办商业执照，他们表示利斯顿持有专门推广自己拳赛的公司的股票属于违法行为。

这就意味着比赛不会在宾夕法尼亚州举行了。不过，其他一些州都很想获得举办拳王争霸赛所能带来的收益和宣传机会。经过一番短暂的谈判，路易斯维尔赞助集团和尼隆兄弟达成了协议，比赛将于2月25日在迈阿密海滩举行。[8]

路易斯维尔赞助集团的成员们还是搏击行业里的新手，也不习惯和尼隆兄弟这种臭名昭著的人物打交道，而且他们还对协议中的一些条款感到不安，但他们还是为凯瑟斯争取到了一笔不错的交易。根据这份协议，凯瑟斯将拿到22.5%的门票收入和特许经营收入，在利润丰厚的闭路电视转播收入中他也能分得22.5%。报道这一消息的记者们表示，凯瑟斯的总收入大概将近100万美元。

为《体育画报》撰稿的赫斯顿·霍恩说，凯瑟斯很明智，他迅速达成了这笔交易。霍恩对这名年轻拳击手的技术表示怀疑，他认为要不是亨利·库珀的面部组织那么娇弱，凯瑟斯应该会输掉上一场比赛。这名记者还说，更重要的是，凯瑟斯讲的笑话越来越老套了，他的性格也开始变得令人难以忍受了。他的人格也受到了质疑，“例如，尽管参加了黑人穆斯林的会议，但是他一无所获——他对那些人几乎一无所知。”霍恩写道，“同样不得体的是他最近对长期以来备受折磨的教练安吉洛·邓迪的批评，他幼稚地称其为‘废物’。”[9]

尼隆兄弟和路易斯维尔赞助集团计划在11月5日召开一场新闻发布会，对外公布他们达成的这项交易。凯瑟斯乘坐着刚刚买下的一辆二手大客车前往丹佛，去参加新闻发布会。他管这辆大客车叫作“小红”，因为车身外面是红白相间的。老凯瑟斯·克莱在车身上写了几句标语：“最伟大的”“世界上最多姿多彩的拳击手”，还有“桑尼·利斯顿将在第八回合输掉比赛”。

当这辆大客车快要抵达丹佛的时候，凯瑟斯停下了车，拨通了记者们的电话，他说如果他们想要一篇精彩报道，那就去桑尼·利斯顿的家。凌晨一点钟，凯瑟斯的大客车来到利斯顿的家，记者们已经守在那里了。利斯顿家所在的社区几乎都是白人住户，当年早些时候利斯顿搬进来的时候，据称那里竖起了32块“待售”的牌子。凯瑟斯按了按喇叭，闪了一下前灯。然后，他叫自己的朋友、说话一直结结巴巴的霍华德·宾厄姆去敲利斯顿家的门。

利斯顿开了门。他穿着一件金色的吸烟服（一种宽松的便装），手里挥舞着一根装饰着金色王冠的手杖。[10]

“你要干什么，你这个黑人混蛋？”他问。

“快出来！我现在就要抽你一顿！快出来，保护你的家吧！”凯瑟斯在路边喊叫着。

两个人你一言我一语地威胁着对方，利斯顿一边骂，一边朝凯瑟斯走了过去。可是，随即凯瑟斯的大客车就被7辆警车包围了，一条拴着皮带的警犬距离凯瑟斯的膝盖只有几英寸。[11]一名警察告诉凯瑟斯“马上离开，否则你就被捕了”，凯瑟斯立即回到了自己的大客车上，然后便开车离去了。

第二天下午，在招待媒体的午餐会上，凯瑟斯又使出自己惯用的花招来吸引记者、刺激利斯顿。他背诵了加里·贝尔金在那个夏天帮他写的一首诗，就是利斯顿被称为“大活人卫星”的那首诗。

利斯顿只是笑了笑。

“我是拳击冠军，而你是说话冠军。”他说。[12]

这位拳击冠军还向人们展示了一副毛皮拳击手套，他说自己喜欢戴着这副手套跟凯瑟斯这种实力较弱的对手打比赛。

利斯顿的笑话奏效了，凯瑟斯的笑话却显得平淡无奇。这时，凯瑟斯不再说话了，他转过身，吃起了桌上的那盘鸡肉。

“你吃东西的样子就像是马上要坐上电椅了似的！今晚可没有比赛啊！”利斯顿奚落道。[13]

这场比赛定在了2月份，也就是凯瑟斯22岁生日过后，他没有机会成为历史上最年轻的重量级拳王了。不过，在1963年即将结束的时候，这并不是他最担心的事情。他最担心的是接到军方的命令，要求他去路易斯维尔的美国陆军征兵委员会接受入伍前的体检。

当时国际社会没有什么重大危机，美国的确在南越派驻了1.5万名军人，但是政府将他们称为“顾问”，而不是战斗人员，而且也没有理由认为在亚洲的军事对抗会出现升级。在凯瑟斯驱车从丹佛返回纽约的路途中，一名记者赶上了他，当时他住进芝加哥南区的一家汽车旅馆，这名记者询问了他对服兵役的想法。

“我本来无忧无虑的，直到征兵委员会给我发来了正式问候。”他说。他告诉记者征兵信已经寄到了路易斯维尔那边，不过还在路上的他还没有收到副本。然后，他又调侃了一句：“看来山姆大叔不想要1500万美元的税款了，不是吗？”[14]他的言外之意就是他很快就会赚到一大笔钱，其中很大一部分将以所得税的形式进入联邦政府的口袋。

两个星期后，在车队穿过达拉斯市中心的时候，约翰·肯尼迪总统遇刺身亡了。杰克·尼隆的兄弟以及洲际推广公司的高管鲍勃·尼隆说，尽管发生了这起国难事件、尽管大家都在担心凯瑟斯有可能会被征召入伍，但是他们还是要继续执行比赛计划。他说凯瑟斯将向征兵委员会申请延期四个月应征，“这样他就能抓住一生中最重要的一个机会了——获得世界重量级拳王头衔以及随之而来的财富的机会。”[15]

桑尼·利斯顿也不担心凯瑟斯面临的征兵问题，他说：“等我干掉克莱，军队就不再需要他了。”

第十三章

“黑人穆斯林又有什么错呢？”

凯瑟斯是一种新类型的黑人，这个精力充沛的黑人似乎认为自己可以随心所欲地说话做事、毫不担心受到惩罚。在某些人看来，他就是一个“骄横的黑鬼”，需要有人来收拾他；在另一些人的眼中，他却是一个鼓舞人心的人。但是，几乎所有人都觉得他是一个令人好奇的人，一个几乎不可能被忽视的人。

提起往事，杰西·杰克逊说：“胆子太大了！那个年轻人！”当时，他正在攻读社会学专业的大学学位，没过多久他就积极地投身民权运动。“动如蝶舞！拳如蜂蜇！他也说了那些废话！”[1]

到1964年，阿里已经拥有三辆“凯迪拉克”、一辆旅游大巴，在路易斯维尔为父母买的一幢新房子以及在迈阿密租的一套房子。此外，他还考虑在纽约长岛买一套房子，这样他就会有更多的时间和马尔科姆·X待在一起了。无论是输还是赢，在和利斯顿的比赛结束后，他都会有一大笔进账，有时候他的口气听上去让人觉得金钱比冠军头衔更能令他兴奋。

他说过：“我从12岁起就开始打拳了。我对训练已经非常厌倦了，而且总是有人试图把我的嘴打爆。但是，我大概永远不会对金钱感到厌倦。我太喜欢钱了……做一些了不起的事情——比如成为世界冠军——所能带来的名望和骄傲，有时候的确会令人觉得很美妙，但是我赚到的钱任何时候都令我觉得很美妙。我想这就是让我坚持下来的原因。”[2]

凯瑟斯给人留下了一副乳臭未干、只关心自己的印象，实际上他的确是这样的人。现在，他正在为自己一生中最重要的一场比赛做着准备，他的对手太危险了，就连《体育》杂志都表示凯瑟斯“几乎不可避免地”要遭遇灭顶之灾了，文章的作者还指出，他之所加上了“几乎”这个词是以防比赛被意外取消的情况。[3]然而，这位年轻的拳击手丝毫没有流露出紧张的迹象，也不曾流露过明显的苦恼，除了如何使用即将到手的巨额财富的问题。

“很快我就要入伍了，之后会怎样我也不知道。没准我会买下一个大型住宅项目，然后结婚，安定下来，想一想如何变成有钱人的问题。”他说。[4]

拳击界的聪明人都认为过不了多久凯瑟斯就会有大把的时间去服兵役、从事房地产投机生意、谈情说爱、考虑从事新的职业了，他们说凯瑟斯还没有做好迎战利斯顿的准备。他需要在拳击场上积累更多的经验。他需要更多的时间。记者们和退休的拳击手们几乎全都是这么认为的。

在1959年里输给利斯顿的拳击手迈克·德约翰曾经与凯瑟斯打过练习赛，他说：“我觉得这个小子最多只能打上一两个回合。一两年后还有可能……利斯顿实在是太强大了。”[5]

凯瑟斯的存在本身就对一些报道拳击运动的人构成了冒犯，这些人中就包括《纽约时报》的专栏作家阿瑟·戴利，他曾在文章里写道：“这位来自路易斯维尔的‘大嘴巴’想说的很多自以为是的大话很可能会被桑尼·利斯顿火腿般的大拳头堵回喉咙里。”[6]《纽约美国日报》的吉米·坎农被认为是当时最有影响力的体育专栏作家，因此在那个报纸为王的时代他成了整个体育新闻界最有影响力的人物，他也认为凯瑟斯在拳击场上不会对利斯顿构成任何威胁。一天，坎农和当时还在为杂志撰稿的年轻作家乔治·普林顿在迈阿密的第五街健身房观看凯瑟斯的训练，坎农对普林顿说：“你瞧瞧！”凯瑟斯正在拳击台上四处乱蹿，轻飘飘地挥着一记记刺拳，踮着脚尖在场上溜来溜去，就好像没有人告诉过他重量级拳击手不应该瞎蹦跶，也不应该打这种只为了赚点数的小拳。“我是说，这也太差劲了。他逃不掉的。不可能的。”

“或许他的速度能弥补这一点。”普林顿说。

“他是第五个披头士。只是，这么说不对。‘披头士’不会胡说八道。”坎农说。

“好名字——‘第五个披头士’。”普林顿说。

“不准确。他只会装腔作势——那个家伙……没有诚意。”坎农说。[7]

在坎农这样的作家看来，凯瑟斯还是一个孩子，生性顽劣，无法理解自己低人一等的事实，还试图用浮夸的妄想弥补这个事实，这种孩子前一分钟还看不起长辈，下一分钟又会爱上长辈。这是老年白人中常见的一种“智力便秘”现象。向普林顿抱怨了一番之后，坎农在一篇专栏文中提炼了自己的这种想法：“克莱是披头士运动的一部分。他与那些没人能受得了的著名歌手非常匹配……还有那些留着脏兮兮长发的男孩，相貌邋遢的女孩，在公寓里偷偷举行的毕业舞会上光着身子跳舞的大学生，还有每个月第一天从爸爸那里领到支票的学生，复制汤罐头商标的画家和拒绝工作的冲浪狂进行的反抗，以及那些感到无聊的年轻人搞的那一套毫无节制、追求风格的时尚。”[8]

当时，真正的披头士乐队正在迈阿密参加《艾德·沙利文秀》的拍摄，这是他们第二次参加这个电视节目。一个星期前，他们就已经在纽约拍摄了一期节目，在不停尖叫的现场观众和7300万电视观众面前唱了5首歌。当他们第二次出现在节目中的时候，桑尼·利斯顿也一起登台亮相，同时参加节目的还有“褐色轰炸机”乔·路易斯和精干的公关人员哈罗德·康拉德，后者被请来专门负责阿里和利斯顿这场比赛的推广工作。康拉德宣称正是他想出的点子，把那几个头发又长又脏的男孩带到第五街健身房，看一看他们和喜欢出小拳的凯瑟斯待在一起会发生什么情况。康拉德是公关界的传奇人物，他参与过数十场拳击比赛和无数场百老汇演出，据说黑帮头子巴格斯·西格尔在把霓虹灯闪烁的拉斯维加斯推销给全美国的时候首先就选择了他负责。康拉德正是美国记者及小说家达蒙·鲁尼恩笔下那种说话慢条斯理、行动风风火火的人，他来自那个人们以为世界会无限地朝着更快、更高、更响亮、更光明的方向发展下去，聪明人能赚到无限金钱的时代。康拉德认为凯瑟斯和“披头士”有非常多的共同点——他们都年轻，新鲜，聪明——因此有理由安排他们见见面。

音乐家们来了，他们走上破旧的木台阶，来到了体育馆，可是拳击手已经走掉了。“披头士”不习惯被别人放鸽子。

“该死的克莱上哪儿去了？”林戈·斯塔尔问道。

正当来自英国的几个年轻人准备离开时，凯瑟斯终于露面了。

“你们好，披头士。”他一边说，一边冲着聚集在体育馆里的记者们表演。“咱们应该一起搞几场巡回演出。咱们会发财的。”

披头士们也喜欢钱，所以在这一点上他们也找到了共同点。

“你没有看上去那么蠢。”凯瑟斯调侃了一下列侬。

“是的。不过，你倒是一样蠢。”列侬反击道。[9]

《生活》杂志的摄影师哈里·本森催披头士进入拳击台，四对一地假装比划一番。然后，本森又叫披头士排成一队，让凯瑟斯假装一拳打倒他们，就像推倒多米诺骨牌一样。

披头士乐队不习惯让别人显得更高明，对于摄影师的安排他们感到不满。后来，列侬曾向本森抱怨过：“你把我们当猴耍了。”[10]

在媒体的一些人看来，这个噱头进一步证明了凯瑟斯就是个骗子，只有花拳绣腿，没有真材实料。这些人错了，哈罗德·康拉德是对的。他和当时在场的几名年轻记者都意识到了美国文化正在发生变化。凯瑟斯和披头士乐队不仅拥有真正的才华，他们还代表着一些新鲜事物。他们既是叛逆者，也是小丑，既具有潜在的危险性，也有可能带来收益，他们正是这样一种引人注目的混合体。

1964年1月14日晚，马尔科姆·X和妻子贝蒂以及三个女儿飞往迈阿密度假。凯瑟斯·克莱为他们的这趟旅行掏了钱，他还驱车赶去机场迎接他们。

凯瑟斯与马尔科姆都有理由感到焦虑。不到6个星期后，前者就要面对自己一生中最重要的一场比赛了，而后者则有着更迫切的事情需要处理。最近，他相信了有关伊利贾·穆罕默德的那些传言，他指责穆罕默德让一位位秘书怀上孩子。结果，伊利贾·穆罕默德对他下达了无限期停职的命令，理由是他违抗了组织的命令，即不对约翰·肯尼迪遇刺事件发表评论。

尽管生活承受着巨大的压力，这趟旅行对马尔科姆来说仍然算得上是一次度假。他会坐在汽车旅馆的游泳池边，会在脖子上挂上一架照相机，散很长时间的步。

凯瑟斯知道马尔科姆被停职的事情，但是他生性不喜欢在面对争执时选边站队。他喜欢马尔科姆的陪伴，他们两个人的共同点不只是最初看上去的那样。他们都喜欢受到关注，都喜欢和敌人争斗、操纵媒体，用粗暴的语言激起别人的恐惧。他们也都拒绝接受权威。凯瑟斯或许还会觉得与马尔科姆在一起的时间加强了他与伊斯兰民族组织之间的联系。花时间接受马尔科姆的教育和花时间接受“真主的使者”的教育没有太大区别。

和凯瑟斯在一起度过的时光也让马尔科姆有所收获。如果凯瑟斯设法打败了利斯顿，这名年轻的拳击手就有可能成为伊斯兰民族组织的一笔宝贵财富，凭着与这名拳击手的结盟，马尔科姆在伊利贾·穆罕默德面前就有可能身价倍增。凯瑟斯与马尔科姆将会赋予民权运动一副年轻和充满力量的形象，但前提是伊利贾·穆罕默德不会发现这样的前景将对他的权威地位构成威胁。记者中有传言称，如果击败利斯顿，凯瑟斯就会在比赛结束后第二天和马尔科姆一起赶到芝加哥参加伊斯兰民族组织的大会。在那里，凯瑟斯将受到伊利贾·穆罕默德的欢迎，马尔科姆·X的停职处罚也将被取消。[11]

对凯瑟斯而言，马尔科姆就像是他的哥哥，[12]他称这位新导师为“大M”。[13]对马尔科姆而言，凯瑟斯则是一个很有前途的门徒。

马尔科姆告诉乔治·普林顿他对体育没有兴趣，他说在整个体育史上，黑人从未有过出人头地的记录。普林顿指出凯瑟斯或许是个例外，但是马尔科姆固执地表示他对凯瑟斯当拳击手的事情不感兴趣。“我只对他这个人感兴趣，”马尔科姆一边说，一边轻轻地敲着自己的脑袋，“没有多少人知道他有着怎样的思想。他把他们都给愚弄了……他敏感，非常谦逊，但又很精明——有待开发的精神能量就跟他的身体力量一样巨大。他应该成为一名外交官。他具有一种直觉，当一种棘手的情况还在形成的过程中，他就能够发现它——例如，我待在迈阿密——并且想好如何回避它……他能够通过与他人的相处获得力量。他忍受不了孤独。周围的人越多越好。”[14]

马尔科姆明白，他在迈阿密的存在就造成了他所说的棘手局面。棘手是因为白人记者现在已经清楚地看到了凯瑟斯与伊斯兰民族组织有所交往。棘手是因为联邦调查局向媒体泄露了伊利贾·穆罕默德和马尔科姆·X之间不断扩大的裂痕。棘手也是因为马尔科姆的存在使凯瑟斯被夹在他们两个人中间，左右为难。马尔科姆在迈阿密度假期间，凯瑟斯一直竭力避免对自己与黑人穆斯林的关系发表意见，他担心一旦新闻记者给他打上伊斯兰民族组织成员的标签，拳击赛门票的销售就会受到影响。可是，很快他就发现自己再也无法回避这个话题了。

1月19日，马尔科姆的妻子和孩子飞回了纽约。两天后，马尔科姆和凯瑟斯也飞往纽约，凯瑟斯告诉安吉洛·邓迪，他要休息几天，不参加训练，但是他没有解释原因。此时距离比赛还有不到5个星期的时间。

回到纽约后，凯瑟斯先与马尔科姆吃了一顿饭，然后去了罗克兰宫舞厅参加伊斯兰民族组织在那里举行的一场集会。在集会上，凯瑟斯发表了一段简短的讲话，他告诉人们每次参加黑人穆斯林的集会他都会受到鼓舞。

联邦调查局从一名线人那里得知凯瑟斯参加了这场集会，探员们将消息透露给白人掌控的媒体。两天后，《先驱论坛报》在头版刊登了一篇文章，指出凯瑟斯出席了这场集会。凯瑟斯没有向《先驱论坛报》发表任何看法，但是他开始公开向白人媒体表达自己对黑人穆斯林的支持。“我当然和黑人穆斯林交谈过，我还会再回去的。我喜欢黑人穆斯林。我是不会为了强迫那些不需要我的人接受我而送命的。我喜欢我的生活。融合是错误的。白人不想要种族融合。我认为强行推广这一政策是错误的，黑人穆斯林也是这么想的。那么，黑人穆斯林又有什么错呢？”他说。[15]

与此同时，伊利贾·穆罕默德一直在静观其变。伊斯兰民族组织的官方报纸《穆罕默德之声》不会派记者去报道凯瑟斯和利斯顿的这场比赛，报纸也不曾提及凯瑟斯与马尔科姆的友谊。同大多数美国人一样，穆罕默德这位真主的使者很可能也认为凯瑟斯获胜的可能性微乎其微。如果凯瑟斯输了比赛，他和马尔科姆是朋友的事实就无足轻重了，凯瑟斯是伊斯兰民族组织成员的事实也同样无足轻重了。他很快就会被遗忘，就像旧报纸一样被人们丢到一边。

凯瑟斯和马尔科姆回到了迈阿密。一天早上，在吃饭的时候马尔科姆给凯瑟斯看了一张弗洛伊德·帕特森与桑尼·利斯顿的合影，照片上两名拳击手的身边各有一名白人天主教神父，他们充当着拳击手的精神顾问。凯瑟斯已经非常了解伊斯兰民族组织的观点了，这个组织认为基督教是白人在奴役黑人的时代强加给美国黑人的。现在，马尔科姆鼓励凯瑟斯实现又一次自然而然的飞跃——他与利斯顿的战斗代表着伊斯兰教与基督教之间的战斗。

“这场战斗就是真相。”马尔科姆说。在私下场合交谈时，他的声音温和而有力，平静地令人安心。“这是十字架和新月在拳击台上的较量——有史以来的第一次。这是一场现代圣战——一个基督徒和一个穆斯林面对面，看一看会发生什么，而这一幕将呈现在电视屏幕上，然后通信卫星又会将这一幕传遍全世界！你觉得这一切都是真主安拉安排的吗，他想让你不拿到冠军就走下拳击台吗？”[16]

凯瑟斯从不缺乏自信，但是现在马尔科姆给了他更多的理由相信自己。

“或许我会打得筋疲力尽，不过我对此表示怀疑，但是，那个人得把我打倒在地，然后我会站起来，他得再次把我打倒在地，我再站起来，他得再把我打倒在地，我还是会站起来。我一直在努力争取这个机会，我已经努力了很长时间了。除非打死我，否则我是不会输掉比赛的。而且，我也不是那么容易死掉的。”他说。[17]

比赛日益临近，现在迈阿密的每一名记者都已经知道了凯瑟斯与伊斯兰民族组织之间的联系。

联邦调查局的探员们询问邓迪兄弟，邓迪兄弟向特工们提供了一份跟凯瑟斯有交往的穆斯林的名单。在多年后的一次采访中，安吉洛·邓迪说过当时他对伊斯兰民族组织一无所知，他还以为“穆斯林”这个词指的是“一块布”。他还说他认为任何人都有权信仰自己喜欢的宗教。尽管如此，邓迪兄弟对自己手底下这名拳击手结交的新伙伴并没有好感，当联邦调查局的探员们找到他们打听凯瑟斯的情况时，他们同意提供帮助。他们告诉联邦调查局他们担心一旦有关凯瑟斯信仰伊斯兰教的传闻流传开，白人拳击爱好者就会抵制凯瑟斯和利斯顿的这场比赛。日期为1964年2月13日的一份联邦调查局备忘录显示，在距离比赛还有12天的时候，“邓迪兄弟声明，他们将随时向迈阿密办公室通报这条线索的最新进展”。[18]

在迈阿密期间，凯瑟斯住在西北大街15号社区4610号，一幢小小的白房子，这个社区住的都是黑人。房子前面的窗户上装着百叶窗，门廊上放得下一把椅子。[19]纱门开开关关个不停，没有必要敲门，住在附近的小孩子和年轻人都会过来看一看本地的大明星在做什么。到了晚上，凯瑟斯就在院子里的大银幕上放映电影，蛾子在放映机投射出的光束中上下飞舞，喧嚣的汽车川流不息。[20]大伙很少会把目光投向电影，因为人群中不停地爆发出笑声和吵闹声。凯瑟斯习惯给坐在身边的孩子们讲解银幕上的动作。只有播放《天外魔花》之类的恐怖片时，大伙才不会那么吵闹。电影结束后，凯瑟斯的跟班们都会留下来，两三个人睡在一个房间里。在凯瑟斯的卧室墙上挂着一幅描绘新英格兰港口景象的小幅油画，画的旁边贴着有关即将到来的这场比赛的报道。每天早上，邦迪尼·布朗都会在5点或者5点半叫醒凯瑟斯，然后凯瑟斯就穿上一双13码的重型军靴，跑上三四英里。[21]跑完步，他会享用一顿丰盛的早餐，然后就赶去第五街健身房，打一会儿沙袋，进行几轮练习赛，和记者们见见面。之后，他就会回家小睡一会儿。

所有人都在说利斯顿拥有不可思议的力量，这位拳王的确是这项运动有史以来击打力量最大的选手之一。报道这场比赛的体育记者们对凯瑟斯不同寻常的拳击风格感到困扰，同时又对利斯顿的力量非常敬畏，因此他们没能注意到一个显而易见的事实——凯瑟斯在不断成长。1960年，他首先和滕尼·汉萨克打了一场比赛，从此开始了自己的职业生涯，当时这位奥运金牌得主的体重是192磅（87.1千克）。现在，他的体重达到了210磅

（95.3千克），而且增加的重量似乎大多都集中在了他的胸部和肩膀上。他强壮得就像一根崭新的绳索。如果凯瑟斯和利斯顿是两个在酒吧里准备打上一架的陌生人，那么酒吧里的人很可能更倾向于凯瑟斯。他比利斯顿年轻十岁左右，身高高出两英寸（5.1厘米），体重只轻了7磅半（3.4千克），但是他的速度要比利斯顿快得多。而且，他的训练也更为刻苦。每天早上，当凯瑟斯沿着街道跑步、去第五街健身房和肌肉发达的陪练们用野蛮的训练折磨自己的身体时，利斯顿却在磨洋工，尼隆兄弟也任由他这么做。他在北迈阿密海滩带有空调的瑟夫赛德市政礼堂里训练，跳跳绳，打打沙袋，肚子上挨几下实心球，心情不好的时候就出去跑上一两英里，不过这种情况并不多见。他也会打一打训练赛，但是没有一个陪练员的块头或者速度能赶上凯瑟斯。晚上，利斯顿会吃热狗，喝啤酒，打打牌，跟妓女鬼混。他的训练让人觉得他相信自己只要狠狠地瞪一下眼睛就能把对手击倒在地。

利斯顿的教练威利·雷迪什说过："历史上什么时候出现过拳头跟桑尼一样狠，又能像他一样招架得住这么狠拳头的重量级拳击手？从来没有！只有他。"[22]

但是，凯瑟斯不仅身体状况良好，而且还在孜孜不倦地钻研着自己从事的这项运动，他看了无数个小时的拳击比赛录像，尤其是杰克·拉莫塔对阵舒格·雷·罗宾逊的比赛，一个身材高大、擅用重拳的拳击手和一个动作更快、更流畅的拳击手之间的比赛。[23]他说过自己把罗宾逊和拉莫塔的那场比赛看了"一遍又一遍"。[24]有人问凯瑟斯对于博彩公司给他定下的10：1的参赛赔率有什么想法，他冷静地给对方分析了开出这种赔率的人究竟错在哪里：

"10：1？可别把这个人说成是一个怪物。在把吓破胆的帕特森揍了一顿之前，他只是个无名小卒……我是个天生的拳击手。睡觉的时候在打拳，吃饭的时候在打拳，就连做梦的时候都在打拳。这将是我职业生涯中最轻松的一场比赛，也是一场实力悬殊的比赛……你怎么会认为我会挨揍？到现在你还不相信吗？你以为我只会傻站在那里吗？他要怎么击打我的躯干？如果他压在我的身上，想跟我缠斗一会，我就会把他锁死，然后把他从我身上推下去，一下子抽出我的左手。弗洛伊德·帕特森没能动弹得了，但是我做得到。我成功的秘诀就是速度……我是有史以来速度最快的重量级拳击手。你觉得那头230磅（104.3千克）的狗熊抓得住我？利斯顿让全世界都以为他会把我狠狠地修理一顿。好了，除了这些，也没什么可写了，也没什么可说了。我已经做好了比赛的准备。等我当上了冠军，我也会大声吆喝的。世界各地的人都会等着我，所以我需要四名司机和两架直升机把我送到各地。我还需要25名警察保护我。我的亲笔签名会卖到每张100美元。每一次露面我都能拿到2万美元。

“所以，记住这一点吧。”[25]

拳击台周围的第一排座位票价为250美元（大致相当于2016年的1900美元），[26]当时拳击比赛的门票还从未出现过这么高的定价，这也显示出威廉·B. 麦克唐纳对这场比赛非常乐观。曾经当过公交车司机，后来成了百万富翁的麦克唐纳为了让这场比赛在迈阿密举行斥资80万美元。凯瑟斯是拳击界有史以来最擅于自我推销的拳击手，他是一位勇敢年轻的英雄，前来消灭威胁乡村大地的食人魔。就连披头士乐队都在帮这场比赛做宣传。还能出什么问题呢？

然而，随着比赛的临近，问题显然还是出现了。门票卖不出去。迈阿密海滩会议中心可以容纳15744名观众，但是在麦克唐纳看来，观众能够坐满一半座位就已经算幸运了。造成这种状况的一个因素可能就在于高昂的票价。媒体也帮不上忙。几乎所有的记者都认为利斯顿会碾压凯瑟斯。至于观众，尽管他们大多都喜欢暴力，但是花250美元看一个人在拳击台上走上三步，一拳砸在另一个人的脑袋一侧还是太贵了。

威廉·麦克唐纳认为人们之所以对这场比赛的兴趣不大还有另外一个原因。凯瑟斯·克莱原本应该是一副勇敢年轻的失败者形象，一个有可能击败霸王利斯顿的新面孔。可是，有关他与马尔科姆·X以及伊斯兰民族组织有所交往的新闻报道改变了这样的人物设定。现在，迎战拳坛霸王的是黑人穆斯林的一名激进分子，拳击爱好者们都不清楚二者中究竟哪一个更可恶。体育迷们期待的可不是模糊不清的东西。

在比赛的前三天，麦克唐纳绝望地找到了凯瑟斯，告诉他如果他不收回支持伊斯兰民族组织的声明，比赛就会被取消。考虑到麦克唐纳有可能会因为这场比赛损失数十万美元，他或许一直在寻找取消比赛的借口。不过，他对凯瑟斯的威胁没有奏效。

“我不否认这一点，因为事实的确如此。要是你想取消比赛，那是你的事。对我来说，宗教信仰比拳击赛更重要。”凯瑟斯说。[27]这或许是凯瑟斯第一次将伊斯兰教称为自己的宗教。

哈罗德·康拉德强烈要求麦克唐纳不要取消比赛。

“如果马尔科姆·X马上离开这里呢？这样你就会回心转意吗？”康拉德问。

麦克唐纳说也许吧。于是，康拉德登门拜访了马尔科姆，向他解释了眼前的困境。马尔科姆同意消失几天，只要能让他回来参加这场重要的比赛。

几个月来，凯瑟斯一直在冒犯利斯顿：把他从床上叫起来，在赌场等着他，在机场给他制造一些“惊喜”，不停地念叨着同一句话：“你是个笨蛋。丑陋的大狗熊！我现在就要打败你。”正如他后来透露的那样，这一切都是设计好的。愤怒的拳击手会失去清晰的思维。他们会放弃自己原本的计划，会变得沮丧、懒散。凯瑟斯知道利斯顿对自己的形象很敏感，渴望得到别人的尊重，所以他就是不对利斯顿表现出尊重。他之所以给利斯顿打上“丑陋的大狗熊”这样的标签，就是为了刺激这位对手最敏感的神经，或许其中还掺杂了种族主义的成分，这个标签的言外之意就是利斯顿最多只是一头愚蠢的野兽。你可以给一头丑陋的大狗熊系上一条闪亮的皮带，说它是世界重量级冠军，但它还是一头丑陋的大狗熊。凯瑟斯从不收敛一下。他把这个标签念叨了无数次，到最后所有人都听厌了，或许就连他自己都听够了。心理战一直持续到了比赛当天，在这一天，凯瑟斯上演了他一生中最盛大、最精彩的一场表演。

2月25日的早晨，天气寒冷、潮湿，还刮着大风。凯瑟斯提前赶到会议中心，准备进行赛前称重。他穿着一件蓝色的牛仔夹克，肩膀上用红色的线绣着“猎熊”的字样。陪在他身边的有舒格·雷·罗宾逊、小威廉·法弗舍姆、安吉洛·邓迪和邦迪尼·布朗。马尔科姆·X不见踪影。凯瑟斯和邦迪尼异口同声地喊着“动如蝶舞，拳如蜂蜇”的口号。他们走进了更衣室，凯瑟斯换上了白色的毛巾布长袍。邓迪和迈阿密海滩拳击委员会的一名委员严厉地提醒凯瑟斯要像邓迪说的那样“放规矩点”，[28]就好像还有人以为他会摆出一副端庄得体的做派。

凯瑟斯没有理会他们的提醒。“我是冠军！我已经准备好上场了。”他喊叫着。他和邦迪尼大步流星地走向称重区，结果发现那里空无一人。原来，他们早到了一个小时。所有人都走掉了，去消磨时间了。到了11：09，凯瑟斯和邦迪尼又喊叫起来。两分钟后，利斯顿也来了。演出开始了。

现在称重区里挤满了记者，空气中弥漫着浓浓的烟气和剃须后润肤露的香味。赛前称重不需要向公众展示，这一惯例就像橄榄球赛和棒球比赛第七局之前的抛硬币一样不会受到外界的质疑。对于那些必须在当晚比赛之前交出报道的记者来说，这个环节给了他们最后一次采访选手的机会，也为他们提供了值得向读者描述的最后一幕。但是，记者们还从来没有见过这样的赛前称重。

“我已经准备好上场了！我随时都可以打败你，笨蛋。今晚有人会死在拳击台上！你害怕了，笨蛋！你不是巨人。我要把你生吞掉！”凯瑟斯嚷嚷着。

他一头冲了过去，邦迪尼把他拉了回来。他又冲了过去，舒格·雷·罗宾逊使劲把他按在了墙上。

“第八回合将证明我的伟大！”他高声喊道，一边还竖起了8根手指。

利斯顿洋洋得意地笑了笑，伸出了两根手指。

利斯顿站到了磅秤上，这时凯瑟斯又冲他嚷嚷了起来：“嘿，傻瓜！你是个笨蛋！你被骗了，笨蛋！”

他继续叫喊着：“你太丑了！我要把你好好修理一顿。你是个笨蛋，笨蛋，笨蛋……”

房间里的记者都觉得凯瑟斯已经失去了理智，他肯定是惊慌失措了，因为他真的害怕利斯顿。

凯瑟斯的疯狂表演没有收到太好的反响。记者默里·肯普顿在文章中写道："突然之间，房间里的所有人几乎都对凯瑟斯·克莱感到极度厌烦了。桑尼·利斯顿只是看着他。利斯顿曾经是一个流氓，现在他成了我们的警察，他成了我们花钱雇来让那些粗鲁的黑人学会排队的大块头，他就一直等在那里，直到他的老板告诉他该把这个孩子赶走了。"

即使比赛官员宣布凯瑟斯将因为自己的行为被罚款2500美元，凯瑟斯还是火力不减地继续闹腾着。即使拳击委员会的医生要求他安静地坐着以便测量他的脉搏，他还是继续闹腾着。即使医生说他的脉搏和血压已经达到了有些危险的程度，并且提醒他如果他的身体状况没有改善，比赛就会被取消，他还是继续闹腾着。

后来，凯瑟斯说这是"我最精彩的一次表演"，[29]他还说自己很可能会成为好莱坞的顶级电影明星，只要自己能下定决心。换回便装后，凯瑟斯让自己的跟班们对他的这番表现发表一下看法。他表现得怎么样？很棒，对吧？利斯顿很不爽吧？他真的很不爽，对吧？"我觉得他被吓坏了。"他自问自答道。[30]

决战之夜终于到来了。

在接受问卷调查的46名拳击记者和专栏作家中，有43人选择利斯顿获胜，其中大多数人都预测利斯顿会早早击倒对手获胜。[31]"就算是为了钱，凯瑟斯都撑不过国歌。"一位作家嘲讽道。

会议中心大厅的观众席空着一半。因为门票太贵，因为利斯顿太强大了，或许也因为许多白人拳击迷无法说服自己支持两名拳击手中的某一位。更糟糕的是，当地一家广播电台发布了一条错误的报道，声称有人在机场看到了凯瑟斯，他买了一张去国外的机票——害怕得要逃跑了。如果说有人原本打算等到最后一刻再买门票，那么这个谣言也打消了他们的念头。

赛场里的人绝大多数都是男性，绝大多数都是白人，他们呼吸着香烟和雪茄冒出的烟雾。马尔科姆·X坐在第一排7号座位上，旁边坐着黑人歌手山姆·库克和橄榄球明星吉姆·布朗。出现在观众席上的名人还有作家诺曼·梅勒和杜鲁门·卡波特、拳击手洛基·马西安诺、棒球明星乔·迪马吉奥和尤吉·贝拉、广播电视明星阿瑟·戈弗雷、艾德·沙利文、乔·E. 刘易斯[32]和乔治·杰塞尔，以及时尚偶像格洛丽亚·吉尼斯。[33]奥德萨·克莱和老凯瑟斯·克莱当然也出现在观众席上，路易斯维尔赞助团里的几位成员到场了。在肯塔基州，一万多人挤在路易斯维尔的自由厅观看闭路电视系统转播的比赛。[34]在全美各地，大约有70万拳击爱好者花钱买了门票，在电影院里观看比赛实况，这个数字创造了有史以来通过闭路电视系统观看拳击比赛的观众人数纪录。[35]拳击爱好者们平均每个人为门票花了6.42美元，这笔收入总计达到了450万美元。1964年，美国职业棒球大联盟20支球队的电视转播权卖出了1360万美元，[36]换句话说，这一场拳击比赛的转播收入顶得上大联盟整个赛季收入的三分之一，获益如此丰厚的一个原因是通过闭路电视系统观看比赛是一种新的观看方式，同时也是因为凯瑟斯凭一己之力吸引到了如此多的关注。欧洲也转播了这场比赛，据估计观众多达1.65亿人，这要归功于欧洲与美国国家航空航天局达成的一项协议，由于这份协议的存在，录播节目可以通过卫星从航空航天局设在缅因州的一个站点传输到欧洲的一个接收站，然后再传输到欧洲各地。[37]所以，尽管迈阿密会议中心有一半座位空着，凯瑟斯和利斯顿的这场比赛还是成为了史上观众人数最多的单场比赛之一。这场比赛标志着电视业和体育业迎来了一个新的时代，也为一个渴望出名的年轻人提供了一个前所未有的机会。

在比赛开始前，大多数人都认为凯瑟斯会待在更衣室里祷告或者写遗嘱，然而他却出现在了体育场里。他穿着一身紧身的黑色西装和一件白色礼服衬衫，脖子上还扎着一根黑色领结，他踮着脚尖看着弟弟鲁迪打赢了第一场职业比赛。[38]鲁迪的这场比赛平淡无奇，四个回合就分出胜负了，对手是没有什么名气的奇普·约翰逊。兄弟俩理解彼此。他们在对方的身上能看到外人忽视的性格，这在一定程度上要归功于他们小时候一起度过的漫长时光，那时候他们都还没有成熟世故到耍心眼的程度。鲁迪一直把哥哥视作英雄，凯瑟斯越出名，鲁迪就越相信自己对哥哥的崇拜是正确的。在鲁迪打完比赛后，凯瑟斯对他说："鲁迪，过了今晚，你就再也用不着打比赛了。"[39]

晚上10点左右，轮到哥哥上场了。在更衣室里，凯瑟斯朝着麦加的方向鞠了躬，然后就走向拳击台。按照惯例，挑战者凯瑟斯首先登场亮相。他穿着一条裤腿上各有一条红色竖条的白色短裤和一件白色短袍。利斯顿也走上了拳击台，他看上去活像一只巨大的运动袜——脖子上和肩膀上都裹着白毛巾，毛巾外面罩着白色的毛巾袍，头上还罩着白色兜帽。他拖着脚步慢吞吞地走着，眼睛盯着脚下的垫子，看上去很严肃，甚至显得有些无聊。裁判巴尼·菲利克斯示意两人和他一起站到场地中央，凯瑟斯和利斯顿靠得很近，他们甚至感觉得到对方的呼吸。现在，利斯顿应该吓唬一下对手了，他对之前的所有对手都这么做过，但是凯瑟斯是不会吃这一套的。利斯顿茫然地盯着前方，一动不动。凯瑟斯站得笔直，有可能还略微踮起了脚尖。菲利克斯叫两个人握握手。可是，他们没有握手，直接转身走向各自的角落。

铃声响了，凯瑟斯从拳击台的一侧冲了过来。现在，每一位现场观众和每一位电视观众都看到凯瑟斯不仅在速度上超过了利斯顿，在体格上也超过了后者，这个发现几乎令人感到震惊。利斯顿挥出一记左刺拳，落空了；又一记左刺拳，又落空了。接着，他又打出了一记右拳，想要给对手造成致命一击，可还是落空了。凯瑟斯朝左边迈出了环绕步，躲开了利斯顿的左手。利斯顿又是一记左拳……还是落空了。又一记……落空了。接下来的几拳依然如此。利斯顿打出的前八拳全都没有击中目标。最终，他打出了一记猛拳，拳头击中了凯瑟斯的心脏下方。听到皮革摩擦皮肤的声音，观众们立即呼喊起来，凯瑟斯的身体向后栽了过去。但是，他飞快地转过身子，用一记漂亮的刺拳打中了利斯顿。不管怎么说，凯瑟斯都招架住了利斯顿的第一轮攻击，而且还让利斯顿也吃了一记重拳。他是不会像很多人预测的那样，遭遇第一次重创就倒下去的。

利斯顿又发起了进攻。一记疯狂的左拳落空了。接下来的三记刺拳也落空了。凯瑟斯倒是用一记刺拳在利斯顿的脸上挠了一下，这一拳更多的只是为了侮辱他，而不是给他造成实质性的伤害。两个人兜起了圈子。凯瑟斯下潜躲开了一记刺拳。这个回合还剩下一分钟，凯瑟斯的脚步慢了下来。他站定了一会，试图找到机会给利斯顿来上一记重拳。利斯顿也寻找着这样的机会。凯瑟斯先发制人，打出了自己在这一回合里质量最好的一记刺拳，也是两个人在这一回合里打出的最精彩的一拳。这一拳“砰”的一声击中了目标，声音大得通过电视都能听到。凯瑟斯绕着利斯顿转了半圈，然后打出了一套组合拳，左—右—左，接着又是一套组合拳。他又大又宽的拳头一下又一下落在了利斯顿的身上。克莱的每一拳都能找到，都能击中利斯顿的脑袋。丑陋的大狗熊被身手敏捷的攻击者彻底压制住了，他时而后退，时而下潜，试图躲开对方的攻击，他剧烈地摆动着身体，打出一记左勾拳，这一拳还是落空了。

两年多来，在与桑尼·利斯顿的比赛中，没有一个对手能够撑过一个回合，凯瑟斯的表现已经超出了大多数记者的预期。利斯顿在第一回合里打出了45拳，只有6拳命中目标，而且没有一拳给凯瑟斯造成太大的威胁。这位拳王现在意识到了自己不可能凭着通常手法——皱起的眉头加一记重拳——就赢得比赛。他得动弹起来了。可是，他并没有做好动弹起来的准备。

在两个回合之间的休息阶段，凯瑟斯在镜头前耍起了活宝。他看着场边的记者，把嘴巴张成了大大的O型，就好像是在提醒他们谁都无法让他闭上嘴巴。利斯顿耐心地坐在角落里，听着威利·雷迪什的嘱咐。

在第二回合里，凯瑟斯放慢了速度。他一动不动地站着，任由利斯顿用一记记重拳砸着他。利斯顿拿下了这一回合，但是凯瑟斯始终都没有受伤。两个回合过后，凯瑟斯仍然没有倒下，仅仅这个事实就让之前批评他的那些人感到意外，或许也让利斯顿感到惊讶和沮丧。

第三回合一开场，凯瑟斯再一次让人们吃了一惊。他没有跑动，而是对利斯顿穷追不舍，气势汹汹地打出了一记又一记刺拳和勾拳。所有人都尖叫了起来。利斯顿进行反击，结果凯瑟斯打出了一连串精准的刺拳。一拳拳都击中了目标——每一拳都很重。利斯顿看上去有些摸不着头脑了。

“他挨的拳都是教科书级的！”拳击台上的播音员史蒂夫·埃利斯喊了起来。[40]

绝望之下，利斯顿又打出了一拳，这是当天晚上他打出的最有力的一拳。凯瑟斯一个侧步躲开了。利斯顿的拳头完全扑空了，他几乎一头扎到了围绳上。凯瑟斯又打起了刺拳，每一拳都冲着利斯顿的左眼而去，那里已经鼓起了一道又粗又红的伤痕。大约就在这一回合进行了一半的时候，凯瑟斯又兜起了圈子。他调整着呼吸，时不时地打上一拳。突然，利斯顿打出了一记左勾拳，逼得凯瑟斯晃了一下脑袋。凯瑟斯一边后退，一边出拳，利斯顿一心想要尽快结束比赛，他步步紧逼，试图打倒对手。这一回合结束了，两位拳击手回到了各自的角落里。

守在拳击台跟前的记者们议论了起来。这是怎么了？凯瑟斯怎么敢反抗？这个小子招架住了利斯顿最厉害的一拳。这是一场你来我往、真刀真枪的激烈较量，而这正是人们最没有想到的事情，尤其是利斯顿。然而，事情就发展成了这样。经过四个回合，利斯顿已经有58拳击中对手，其中至少有三拳看上去足以砸倒电线杆。凯瑟斯有69拳击中对手，其中绝大多数都是刺拳，但都是能够给人留下伤口的刺拳，能够给人造成伤害的刺拳，就连坐在廉价席上的观众都听得到这些刺拳落下的声音，当它们碰到皮肤时，那声音听上去就像是皮鞭抽打在小军鼓上一样。血从利斯顿的鼻子和左眼渗了出来。记者们相互交流着，他们一致认为比赛几乎打成了平局。这种局面就已经够令人震惊了。然而，更令人震惊的是，如果说其中一位拳击手略占上风的话，那他就是凯瑟斯，第一回合显然是他打赢了，他证明了自己能够承受住利斯顿最高质量的出拳，而且他越战越勇了。

突然，形势大变。凯瑟斯坐在凳子上，邓迪轻轻地擦着他的额头。

“我的眼睛里有什么东西！”凯瑟斯一边说，一边挤着眼睛。

邓迪擦了擦他的眼睛。

“我看不见了。赶紧把我的手套脱下来！”

凯瑟斯失明了。原因不明。他想退出比赛。

就在这时，在拳击台边，“褐色轰炸机”乔·路易斯告诉观众：“克莱让全世界都吃了一惊。”

凯瑟斯站了起来，举起双手，一副投降的模样。

按照邓迪的说法，是他——邓迪——把这位拳击手送回了拳击台。“少废话！咱们现在还不会放弃。”他大声喊道。

但是，邦迪尼·布朗说是他逼着凯瑟斯继续坚持比赛的，他对凯瑟斯说：“你不能放弃。你不再是为自己而战了，你在为上帝而战！”[41]

凯瑟斯的角落里没有一个人会终止这场比赛。他必须不停地跑起来，直到视力恢复正常。

“凯瑟斯出了点状况。凯瑟斯的眼睛出了点状况。”路易斯告诉观众。

铃响了。凯瑟斯不停地挤着眼睛，竭力与利斯顿拉开距离。利斯顿的拳头打中了他，先是他的躯干，接着又击中了他的脑袋。凯瑟斯蜷缩起来，他甚至无意打出一记重拳，只是一味地保护着自己。他无力地伸出手，碰到利斯顿的脸，随即又蜷缩起来。利斯顿打出了一记又一记重重的左勾拳，凯瑟斯则弯着腰，试图用两只手臂招架对方打过来的一记记重拳。在这一回合还剩下不到一分钟的时候，凯瑟斯的视线终于恢复得让他能够挑逗利斯顿了。他伸出左手，揉着利斯顿的鼻子。在这个回合里，利斯顿一直控制着局面，但是他还是没能打出他需要的一记重拳，这种努力让他消耗了大量的体力，当凯瑟斯的手套揉弄着他的鼻子时，他甚至懒得推开那只手套。至于凯瑟斯，在这个回合的大部分时间里，他一直在双目失明的情况下与所谓的地球上最强壮的人搏斗着。在比赛之前，曾经夺得过轻重量级拳击冠军的比利·康恩预言利斯顿一记重拳就能把凯瑟斯打败。现在，仅仅一个回合里，凯瑟斯就挨了37记重拳，而且还没有倒下。他没有放弃。他没有倒下。对于桑尼·利斯顿来说，这个事实或许比凯瑟斯截至目前击中他的任何一拳都更令他感到痛楚。

凯瑟斯的失明究竟是什么原因造成的？围绕着这个问题人们产生了各种猜测。比赛录像显示，直到第四回合结束后，当安吉洛·邓迪用毛巾帮凯瑟斯擦脸的时候，凯瑟斯才出现了挤眼睛、抱怨眼睛不适的情况。一些穆斯林朋友一直提醒凯瑟斯不要相信邓迪，他们说他的这位教练和黑手党有联系。现在，他们怀疑有可能是邓迪弄瞎了自己的拳击手。比赛结束后，邓迪说自己检查了海绵和毛巾，他用这些东西擦了擦自己的眼睛，他的眼睛没有出现任何问题。[42]是不是利斯顿的教练为了让对手失明，就在利斯顿的手套上抹了些东西？是不是利斯顿的伤口上涂抹的某种药剂碰巧钻进了凯瑟斯的眼睛？是不是利斯顿用来治疗肩膀酸痛的一种药膏不知怎得弄瞎了凯瑟斯？裁判员巴尼·菲利克斯说，他检查了利斯顿的手套，没有发现任何异物的痕迹。[43]真相究竟是什么，谁都无从得知。况且，三分钟热度过后，也就没有人关心这件事情了。

利斯顿坐在角落里，等待着第六回合开始的铃声，他的脸上挂着一道道大大小小的伤痕。他在过去的三年半里参加的所有比赛加起来还不到六个回合的时间。他就是一个拆除工，见到什么就推倒什么，然后继续前进。他不习惯需要耗费注意力和精力的工作。而现在，凯瑟斯的视力已经恢复了，速度也恢复了，他已经证明了自己招架得住利斯顿最高质量的攻击。这一回合刚一开场，他就打出了8记刺拳，每一拳在落下时都对准了利斯顿的脸。

“太容易被击中了！太容易了！”史蒂夫·埃利斯告诉观众。

凯瑟斯打出了一套套组合拳，打得利斯顿晃起了脑袋。利斯顿用刺拳进行了反击，但是没有一拳能给凯瑟斯造成真正的打击。凯瑟斯不断地给拳王造成伤害，而拳王却无能为力。他的年纪太大了，动作太慢了，而且他发现自己的油箱里已经几乎没油了。直到这一回合进行了一分多钟的时候，利斯顿才有一拳落在凯瑟斯的身上。

刺拳加上组合拳，迈着轻快的步伐在场上兜着圈子，凯瑟斯可以像这样打上一整夜，而利斯顿只会越来越疲劳，挫败感也越来越强烈。凯瑟斯能看到这一点，也能感受到这一点。在第六回合还剩一分钟的时候，他以令人眼花缭乱的速度发动了攻击。他用两记左勾拳击中利斯顿的头部，利斯顿的身体摇晃了起来。他有危险。这时，铃响了，利斯顿神情严肃地走到自己的角落里。

利斯顿坐在那里，几位教练把冰块摁在他肿胀的眼睛下面，揉着他的左肩。这位拳王的状况太糟糕了。

“我想凯瑟斯现在已经拥有他需要的全部信心了。我想他要赢了。”乔·路易斯说。[44]

铃声响起，第七回合开始了。

凯瑟斯已经做好了准备，他从凳子上站了起来。

利斯顿没有站起来。

在他的那个角落里，有人喊道："你得坚持！你得站起来，桑尼！你要是不站起来，你这一辈子都是个废物了！"[45]

利斯顿丝毫没有动弹。

突然，凯瑟斯蹦跶了起来，把两只手也举了起来。利斯顿放弃了。比赛结束了，凯瑟斯成为了新的重量级拳王。

全国各地的酒吧和电影院里都响彻着人们的喊声——利斯顿故意输掉了比赛，故意丢掉了世界重量级冠军的头衔。不然，该怎么解释他这一举动呢？后来，利斯顿说过在比赛的第一回合里，有一拳出拳幅度过大又落空了，就造成了左肩受伤。他还说在第六回合结束后，他的左臂从肩膀到前臂都已经没有知觉了。后来，他的医生给他出具了医学证明。尽管如此，人们还是很难相信一位拳王会如此轻易地放弃比赛。很难相信一个单单左手就打出了171次刺拳，就连最后一回合中都打出了21拳的人会说自己因为左肩麻了就无法继续比赛了。在最后一回合中，利斯顿的左手出拳次数是右手的4倍，如果他的左肩受了重伤，这个数据就太难以置信了。难以相信，一个像利斯顿这样顽强的人，一个即使下颌骨折却仍然打完整场比赛的人，竟然无法克服手臂麻木的问题。难以相信，一个拥有拳坛最有力右手的人，一个原本应该面对重拳岿然不动的人竟然会对自己进行风险评估，然后放弃比赛。

后来，有传言称利斯顿的团队成员用30万美元以7：1的赔率押注凯瑟斯获胜。后来，还有消息称尼隆兄弟向路易斯维尔赞助集团支付5万美元，买下了凯瑟斯在这场比赛之后的第一场比赛的转播权——只有在他们相信凯瑟斯会获胜的情况下，这笔交易才说得通。

不过，这些秘密都有待以后被破解，如果真有所谓秘密的话。而当时，比赛现场一片混乱。凯瑟斯站了起来，绕着拳击台跑来跑去，邦迪尼就像一条人形披风一样抱着他，鲁迪跟在他们身后。

"我是王！我是王！世界之王！收回你的话！收回去吧！收回去吧！"凯瑟斯高声叫喊着。

他凝视着面前的一排记者，这时美国广播公司的电台记者霍华德·科塞尔率先来到他的跟前，将一支麦克风塞到他面前。“我是最伟大的！我是最伟大的！我是世界之王！”凯瑟斯喊道。

科塞尔问凯瑟斯在第四回合里发生了什么事情。

“他的手上涂了药膏，是手套上。我什么都看不见了。全能的上帝与我同在！全能的上帝与我同在！”[46]

接着，他又来到了一台电视摄像机前，继续说道：“我是有史以来最伟大的拳击手！我太伟大了，我的脸上连一个印子都没有，我令桑尼·利斯顿心慌意乱，我才刚刚22岁。我绝对是最伟大的！我已经向全世界证明了！我每天都和上帝说话！如果上帝与我同在，那就没有人能反抗我！我让世界吃了一惊！我知道上帝！我知道真正的上帝！”

他举起了双臂。

“我是世界之王！我很帅！我是个坏蛋！我让世界吃了一惊！我让世界吃了一惊！我让世界吃了一惊！”[47]

第十四章

成为穆罕默德·阿里

赛后的庆功会算不上是拳击历史上最疯狂的一场聚会，但它或许是最奇怪的一场。当路易斯维尔赞助集团匆匆忙忙地在罗尼广场酒店筹备庆功会的时候，凯瑟斯和马尔科姆·X溜到了冷饮柜台，买了大杯香草冰淇淋。[1]然后，他们驱车前往汉普顿汽车旅馆，山姆·库克、吉姆·布朗、霍华德·宾厄姆、鲁迪，还有其他几个人聚在马尔科姆的房间里，他们将在滴酒不沾的情况下谈上一个晚上，一直谈到了次日的早上。

库克被誉为“灵歌之王”，热门歌曲《锁链帮》和《你让我着迷》都是他创作的。为了把商业方面的工作掌握在自己的手中，他刚刚和别人合伙创办了一家唱片公司。33岁的他从来不关心伊斯兰民族组织的事情，但他很欣赏马尔科姆的主张。[2]布朗是美国最伟大的运动员之一，克利夫兰布朗队的明星后卫。28岁的布朗并不是伊斯兰民族组织的成员，但他敬重马尔科姆和伊利贾·穆罕默德，因为他们帮助黑人逐步培养起了自豪感。[3]

这天晚上，马尔科姆对这位橄榄球运动员说：“好吧，布朗，你不觉得这个年轻人是时候停止说大话，变得认真一些了吗？”[4]

布朗同意马尔科姆的看法。凯瑟斯是应该认真一些了。但是，布朗也察觉到了一场危机即将来临。很快，凯瑟斯就得被迫在伊利贾·穆罕默德和马尔科姆这两位精神导师之间做出选择了，这个选择将是困难的，甚至有可能会带来危险。

凯瑟斯躺在马尔科姆的床上睡着了。但是，他没有睡多久。凌晨两点过后，他回到了家中，邻居们都在草坪上等着向他道贺。

第二天早上，凯瑟斯尽力让自己变得严肃起来。他回到迈阿密海滩会议中心的大厅，参加了在那里举行的一场新闻发布会，简单明了地回答了几个问题，没有背诗，也没有喊叫。他告诉记者自己打算一赚够钱就退休，拳击只是达到目的的一种手段，他不想给别人造成伤害，也不想受到别人的伤害。如果说，有人怀疑他在比赛前的夸张表演是他扰乱桑尼·利斯顿思维的一种手段，那么他赛后表现出的温和态度就证明了这一点。

“我说完了。我要做的就是做一个清清白白的好人。”他说。[5]

但是，媒体是不会轻易放过他的。凯瑟斯是“黑人穆斯林的正式成员”，这是真的吗？一名记者问道。

面对这个问题，原本十分冷静的凯瑟斯绷不住了。

“‘正式成员’？这是什么意思？”他问道。伊斯兰民族组织的成员不喜欢被称为“黑人穆斯林”，而“正式成员”这种说法又带有麦卡锡主义的色彩。他继续说道：“我相信真主，相信和平。我不想把家搬到白人社区去。我不想娶一个白人女子。我在12岁的时候接受了洗礼，但那时候我并不清楚自己在做什么。现在，我再也不是基督徒了。我知道我要走向何方，我知道真理，我用不着按照你们的期望做人。我想做什么样的人，就做什么样的人。”

突然间，这不再是一场有关拳击比赛的新闻发布会了，它成了一场独立宣言。凯瑟斯丢弃了外界给黑人运动员赋予的社会角色，开始了自己的独立奋斗。他旗帜鲜明地表明了自己在种族、政治和宗教方面的立场，拒绝从属于他人，拒绝被他人操控。

他说黑人和白人最好分开，“在丛林里，狮子和狮子在一起，老虎和老虎在一起，红雀和红雀在一起，青鸟和青鸟在一起。”[6]

很可能前一天晚上与马尔科姆、吉姆·布朗和山姆·库克的谈话对凯瑟斯有所启发，但是他说出的这番话完全来自他自己。他极其清楚地表达了自己对种族融合的不屑，也极其清楚地表明了放弃基督教、支持伊斯兰教的态度。不过，他最有力的一击还是“我用不着按照你们的期望做人”这句话。通过这句话，他抛弃了一个古老的许诺——只要遵守规则、努力工作，并且对白人统治集团表现出应有的尊重，他们就会获得公平的机会。他的言外之意就是，不只有桑尼·利斯顿无法伤害他。没有人能伤害他。没有人能告诉他应当如何为人处世、应当如何敬奉上帝。他并不十分清楚自己究竟信仰什么，也不清楚自己究竟想成为什么样的人，毕竟他只有22岁，但是他已经有了足够的见识，完全能够理解自决权具有多么强大的解放力量。

记者们吃力地撰写着报道。这孩子在说什么？黑人怎么可能反对种族融合呢？伊斯兰民族组织究竟是什么？一种宗教？一种邪教？一伙散布仇恨情绪的暴徒？在体育版的范围之内，他们应该如何报道如此微妙的话题呢？

第二天，凯瑟斯和马尔科姆继续对白人媒体说教了一番。凯瑟斯告诉记者们，他学习伊斯兰教已经好几个月了，这个决定并不是轻易做出的。

"看到光，雄鸡才会报晓。我已经看到光了，我正在报晓。"他说。[7]

他解释道，他加入的不是一个边缘组织，全世界有7.5亿穆斯林。"你们把它称作'黑人穆斯林'，我是不会用这个名字的。它真正的名字是'伊斯兰教'。这个名字意味着和平。然而，有人给我们打上了仇恨组织的标签。他们说我们想接管这个国家。他们说我们是共产党人。事实并非如此。真主的信徒是世上最温柔的人。他们不佩刀。他们不带枪。他们每天祈祷五次。女人穿着及地的长裙，不干通奸之事。男人不娶白种女人。他们只想与世界和平相处。他们不恨任何人。他们不想引起任何麻烦。"他说。

凯瑟斯提出了一个具有争议性的观点，他断言种族融合永远不可能取得成功，不过他的这番话没有多少愤世嫉俗的意思。在美国，黑人公民仍然以正式或者非正式的形式被无数社区、教堂、工会、社交俱乐部、工作单位、医院、酒店、养老院和学校拒之门外。在1964年里，美国没有一位黑人州长，没有一位黑人参议员，没有一位黑人最高法院法官。在众议院的435名议员中，只有5名是黑人。凯瑟斯没有上过实行种族融合政策的学校，也不曾在实行种族融合政策的社区里生活过，因此他完全有理由相信民主原则并没有惠及有色人种，更重要的是，他完全有理由相信白人希望继续维持这种状态。美国的大部分历史让他知道事实的确如此。

“我每天都会接到电话，他们希望我去打标语。他们希望我去抗议。他们跟我说娶白人女子为妻非常好，因为这将促进兄弟情谊。”可是这样做会招致暴力袭击。图什么呢？“我可不想被炸飞。我可不想被冲进下水道里。我只想快快乐乐地跟我的同类待在一起。我是个好孩子。我从没有做过错事。我从没坐过牢……我喜欢白人。我喜欢我的黑人同胞。他们可以生活在一起，但又互不打扰。你不能因为一个人想要和平就谴责他。要是你这样做，你就是在谴责和平。”他说。[8]

在宣言的尾声，凯瑟斯的口吻听上去比以往更像马尔科姆了。这并不奇怪，毕竟几个星期以来他们两个人几乎形影不离。马尔科姆不仅喜欢凯瑟斯的陪伴，而且越来越相信这名拳击手有机会让黑人和白人的关系发生巨变，让更多的黑人青年男女加入一场比马丁·路德·金领导的运动更积极进取的人民起义。在凯瑟斯获胜后不久，马尔科姆对一名记者说：“统治集团成功地为美国黑人塑造了一副没有自信、没有战斗精神的形象。为了实现这个目的，他们在黑人的面前塑造了一堆不太自信或者不太具有战斗精神的英雄。现在，凯瑟斯出现了，他跟一切代表黑人形象的事物截然相反。他说他是最伟大的，所有的机会都对他不利，但是他令决定机会的那些人感到了不安，他赢了……他们知道一旦人们开始认同凯瑟斯，认同他创造的形象，这些黑人就会给他们带来麻烦，因为到时候他们就会看到黑人在街上走来走去，一个个都在说‘我是最伟大的’。”[9]

马尔科姆知道黑人老百姓对这位年轻的拳击手产生了怎样的反应。他们并不害怕他接受伊斯兰民族组织的事情，也不担忧他拒绝种族融合的态度，即使他们的宗教信仰或者政治立场和他的有所不同。大多数美国白人对伊斯兰民族组织的一知半解都来自记者及主持人迈克·华莱士1959年解说的纪录片《仇恨孕育的仇恨》，通过这部纪录片的介绍，伊斯兰民族组织听上去既怪异又可怕。然而，美国黑人知道尽管伊斯兰民族组织出现了种种怪事，但它仍然是一个致力于自我赋权的强大草根组织。他们知道无论凯瑟斯信仰什么宗教，他都充满了自豪感。

作家沃尔特·莫斯利说：“我还记得我知道拳王的那一天。在他从桑尼·利斯顿手中拿到重量级拳击冠军头衔之后，我妈妈开车送我去上学。

在人行横道上，一个从我们车前走过的黑人突然转过身来，举起两只拳头，大声喊道：‘我是最伟大的！’我被这个人激烈爆发的样子吓坏了，但即使在那一刻，我还是听出了那种自豪和伤心，那种破碎的雄心壮志和微乎其微的希望刺穿了他的心。凯瑟斯的宣言也成为了他的宣言。‘黑人的自豪’运动正在进行着，运动的一根支柱正是‘我是最伟大的！’这句话。”[10]

在凯瑟斯清楚地表明自己宗教观当天，即1964年2月26日，伊利贾·穆罕默德在芝加哥竞技场举行的救世主日集会上对成千上万的穆斯林做了讲话。他没有提及自己与马尔科姆之间尚未解决的裂痕，但他借这个机会欢迎凯瑟斯加入伊斯兰民族组织，并且安排凯瑟斯的弟弟鲁迪在讲台上就座。在此之前，穆罕默德一直没有发表过对这位拳击手的看法，这也许是因为他认为凯瑟斯会输掉比赛，也可能是因为这位真主的使者对职业体育没有什么好感。

约翰·阿里说过穆罕默德反对“体育和游戏”。约翰·阿里当时在穆罕默德手下担任书记员一职，他所承担的实际职责是伊斯兰民族组织的最高业务经理。据他所说，在当时的情况下真主的使者还是克服了自己的这种偏见，因为他认为自己可以保护凯瑟斯不受那些经营拳击生意的白人商人的伤害，那些人把黑人拳击手当作奴隶一样对待，等到他们再也打不了拳的时候，就把身无分文、大脑受损的他们丢到一边。[11]

这或许确实是穆罕默德欢迎凯瑟斯加入组织的主要原因，但是他无疑看到了更多的好处。凯瑟斯刚刚成为地球上最出名的黑人之一——甚至或许可以把“之一”去掉。他过着干净的生活，年轻英俊，他就是力量的象征，州际高速公路有多么宽阔，他的叛逆性格就有多么强烈。在此之前，伊斯兰民族组织中最引人注目的代表人物一直是马尔科姆，但是在穆罕默德看来，马尔科姆太能惹祸了。凯瑟斯没有马尔科姆那样的领导才能，但是相比马尔科姆，他将吸引到更多的关注，同时又不会招惹那么多的麻烦。

在与利斯顿的比赛结束后，凯瑟斯从迈阿密驱车前往纽约。在纽约期间，他住在哈莱姆区的特雷莎酒店。

在以黑人为主要读者群的《喷气机》杂志的一次采访中，凯瑟斯宣布自己的生活进入了一个新的阶段，现在他将虔心于宗教，致力于实现种族平等。“我的嘴说我是最伟大的，但是在这个国家里，只要你是黑人，你就不可能成为大人物。”他说。他告诉记者他从佛罗里达开车过来的经历证明了这一点，他发现自己在沿途的餐馆根本不受欢迎，所以他只好靠香肠填饱肚子。他说自己在考虑退出拳坛，花时间周游各地，“寻求一种切实可行的和平的方案来解决种族问题”。另外，还有一种可能，“我有可能会竞选纽约市长之类的职位”。[12]

凯瑟斯从一名吵闹的拳击手逐渐成长为了一位冷静的精神领袖。一天，他去时代广场的一家剧院观看自己和利斯顿那场比赛的重播，为自己打了气。还有一天，他与山姆·库克去哥伦比亚唱片公司的办公大楼录制了一首新歌，这是一首喧闹版的《高朋满座》。在录制的过程中，他一度打断录音，指示调音师：“关掉吧。我觉得你把我的声音调得还不够大。记住，我的嗓门是最大的。”[13]

在《纽约信使报》率先报道马尔科姆·X有可能很快就将与伊斯兰民族组织决裂，在凯瑟斯的支持下成立一个新组织的消息后，全国各地的黑人报纸在3月2日这一天同时宣布了这个消息。[14]《纽约信使报》的记者援引一位不愿透露姓名的“内部人士”的话，此人向记者透露凯瑟斯“坚定地站在马尔科姆的一边，并将利用他在全国的影响力全力支持他的朋友建立自己的教派”。根据各种新闻报道，马尔科姆的理想是“与其他黑人团体一起更积极地参与当前黑人革命每个阶段的工作”，而穆罕默德则一直坚持要求自己领导的组织避免参与政治活动。就在这一天，凯瑟斯告诉《阿姆斯特丹新闻报》的一名记者，他要把自己的名字改成“凯瑟斯·X”。媒体认为这一举动也表明凯瑟斯将会和他的老大哥马尔科姆团结一致。穆罕默德注意到了这一点，据联邦调查局的一名线人所述，他表示马尔科姆在像“哺育婴儿”一样地“哺育”这个年轻的拳击手。[15]

3月4日，马尔科姆与凯瑟斯参观了联合国，凯瑟斯告诉非洲和亚洲的代表们他十分希望访问他们的国家，尤其是去麦加看一看。凯瑟斯和马尔科姆还提到他们打算一起访问这些国家。也许是马尔科姆首先意识到这位重量级拳王能够成为国际政坛上的一位重要人物，不过，他的朋友——这位拳击手本人——很快也意识到了这一点。

“我是全世界的冠军。我想见见我所捍卫的人民。”凯瑟斯说。[16]

两天后，即3月6日，伊利贾·穆罕默德在一次广播讲话中宣布拳坛的重量级冠军凯瑟斯·克莱，伊斯兰民族组织的成员，将光荣地获得一个穆斯林姓名。

“‘凯瑟斯’这个名字不具有神圣的涵义，我将赐予他‘穆罕默德·阿里’这个名字，只要他相信真主并追随我。”伊利贾·穆罕默德说。[17]

后来的事实证明，这份声明里的后一项条件和前一项条件一样重要。

在一通电话中，伊利贾·穆罕默德告诉凯瑟斯这个新名字有着特殊的涵义。伊斯兰民族组织的大多数成员只用字母“X”来取代他们所谓的奴隶名字，就像马尔科姆·利特尔所做的那样，也是凯瑟斯·克莱原本打算采取的做法。只有在非同一般的情况下，伊利贾·穆罕默德才会给他的追随者选择穆斯林姓名，在大多数情况下，这种荣誉都是那些追随者在多年的忠诚奉献之后才被授予的。凯瑟斯·克莱的新名字之所以特别还有另外一个原因，这位真主的使者解释说：除了其他一些带有“穆罕默德”的名字，伊斯兰民族组织的创始人W. D. 法尔德也使用过“穆罕默德·阿里”这个名字，“穆罕默德”这个名字表示值得赞扬。“阿里”则具有高尚之意。

小凯瑟斯·马塞勒斯·克莱一直很喜欢自己的名字，他说过这个名字能让他联想到一位罗马角斗士，这是他听过的最好听的名字，对于有史以来最英俊最伟大的重量级拳王来说这个名字再合适不过了。可是，现在伊利贾·穆罕默德要求他放弃这个名字。他毫不犹豫地同意了。

在纽约，马尔科姆的汽车收音机里传出伊利贾·穆罕默德的声音，他就以这样的方式得知了凯瑟斯改名的消息。在马尔科姆看来，伊利贾·穆罕默德的动机是显而易见的，他的健康状况不太乐观，性生活还受到诟病。如果不抗争一下，他就有可能失去自己亲手创建的组织。马尔科姆已经对他构成了威胁，但是有了那位深得民心的年轻拳击手加入自己的阵营，他的威慑力就会远远超过马尔科姆。因此，伊利贾·穆罕默德才会试图用荣誉性的名字来收买那位容易受别人影响的年轻追随者的忠心，这一举动就是在暗示穆罕默德·阿里将在伊斯兰民族组织中拥有特权地位，并且与组织的领导人有着特殊的关系。这是一种政治策略，“他这样做是为了阻止他［凯瑟斯］跟我站在一起。”马尔科姆说。[18]

马尔科姆并不是唯一一个被伊利贾·穆罕默德的声明激怒的人。老凯瑟斯·克莱也无法理解自己的儿子为什么要放弃一个那么动听，而且越来越值钱的名字。就为了换得“穆罕默德·阿里”，一个谁都拼不出来的名字？“从他18岁起，他们就一直在敲打他，给他洗脑。他很困惑，他都不知道自己究竟在哪里。”凯什·克莱说。他抱怨说穆斯林们正在毁掉他的两个儿子，他指出鲁迪也已经信奉这种新的信仰了。“他们应该在那些黑人穆斯林毁掉其他优秀年轻人之前把他们赶出这个国家。”[19]

奥德萨·克莱也很生气，她说：“他们不喜欢我，因为我很淡。”[20]她指的是自己的肤色。她还抱怨说要不是路易斯维尔赞助团把她的儿子送到了迈阿密，她的儿子就不会被伊斯兰民族组织吸引。奥德萨轻易地忽略了这样一个事实，在两个孩子长大成人的过程中，她的丈夫一直在向他们灌输白人对黑人动用私刑、强奸妇女、不断欺骗黑人的故事，这样的说教为两个孩子日后的反叛打下了基础。

乔·路易斯和奥德萨都在指责凯瑟斯的白人管理团队没能为这位拳击手提供保护，“他们待在城市的一头，他待在另一头。”[21]全国有色人种协进会路易斯维尔分会的主席莱曼·约翰逊曾经担任过这位拳击手的历史老师，他说自己“为天真的克莱感到害臊”。[22]路易斯维尔的黑人报纸《卫士报》表示担心这个年轻人的立场会损害种族融合运动。此时正如日中天的马丁·路德·金也表达了自己的失望：“当他加入黑人穆斯林组织、开始用‘凯瑟斯·X’来称呼自己时，他就成了我们所反对的种族隔离制度的拥护者。我认为凯瑟斯也许应该把更多的时间花在证明自己的拳击能力方面，少说点话。”[23]

与金博士并肩战斗的杰西·杰克逊牧师说，刚刚有了新名字的穆罕默德·阿里和伊斯兰民族组织里的其他人没有意识到的是，民权活动家们不仅仅是在争取实现种族融合，也不仅仅是在争取黑人儿童和白人儿童相互交往。真正的斗争旨在于消灭种族隔离，废除迫使美国黑人接受二等学校、二等工作、二等社区和二等生活的法律和习俗。“融合是我们的努力目标，这种想法是白人对我们的斗争所做的定义。我们是在为废除种族隔离而斗争，是在为使用公共设施的权利而斗争，而不只是为了跟白人并肩而坐。我们的游行活动抗议的是这样一个令人耻辱事实：你掏了钱也买不到热狗，住不了假日酒店。这是美元带给人的尊严感。我们之所以斗争并不只是为了和白人生活在一起。”杰克逊说。[24]

默默地为邓迪手下许多拳击手提供服务的医生费迪·帕切科曾说过穆罕默德·阿里就是一个发育过快的孩子，他的动力基本上来源于他对叛逆的渴望。“他渴望弄清楚公众对他的期望，然后就会去做与此背道而驰的事情，即使有时候做的事情是错误的。”帕切科说。[25]安吉洛·邓迪也同意这种观点：“我认为，他之所以跟那些穆斯林交往只是因为别人不希望他这么做。”[26]

白人体育记者——被作家诺曼·梅勒称为“老烟蒂”的那些人——对这个消息既惊骇，又不屑。吉米·坎农在文章中写道：“从一开始就很腐烂的拳击生意就是体育界的红灯区。但是，这还是它第一次变成了一种煽动大众仇恨的工具。它曾损害了无数人的身体，毁坏了他们的心灵，但是现在，作为伊利贾·穆罕默德的一名传教士，克莱正在把它当作邪恶的武器来攻击人们的精神世界。我同情克莱，厌恶他所代表的东西。”[27]拳击手马克斯·施梅林曾经被希特勒和纳粹愚弄，但是坎农认为，凯瑟斯的情况更为恶劣。

不难理解坎农那一代白人为什么会认为阿里的行为比施梅林的更为恶劣。在1964年，从篮球到拳击，再到美国一座座城市的大街小巷，黑人似乎掌控了一切。美国还从来没有出现过这样一个公开参与政治的运动员，当然也没有一个这样的黑人运动员。黑人民权运动团体黑豹党的宣传部长埃尔德里奇·克里弗说过：“白人统治的美国对自己的黑人冠军提出的要求是，一个聪明有力的身体和一个迟钝野蛮的头脑——拳击场上的老虎，拳击场下的小猫。”[28]穆罕默德·阿里用一声响亮的吼叫告诉人们这条旧规则已经无效了。

在拳击生涯中，凯瑟斯·克莱一直在努力制造争议，激怒拳击爱好者，他做这些事情主要是为了卖出门票，扩大自己的知名度。现在，成了穆罕默德·阿里的他已经用不着工作了。有了新的名字，再加上公开表示拥护一个大多数美国人知之甚少的激进宗教团体，他就失去了外界的信任和喜爱，同时也受到了超过以往任何时候的广泛讨论。

在此之前，路易斯维尔的赞助团不仅负责凯瑟斯的财务问题，而且还为他提供了重要的支持。就像一个富有的捐助者站在一个留着一头长发、吸毒成瘾的艺术家身后一样，这些操着南方口音、穿着绉布西装的白人帮助凯瑟斯改善着他的公众形象。他们向拳击爱好者和潜在的商业伙伴发送着信息：无论这个年轻人怎样说大话，他都值得信任；这一切都是为了体育和资本主义。可是现在，这种关系变得复杂起来，已经超出了这些路易斯维尔商人的想象，他们甚至几乎不知道应该如何讨论这种关系了。朱尔斯·阿尔贝蒂是美国最大的名人代言公司的负责人，在这位拳击手是否有资格被称为“某家产品的优质商标”的问题上，他就表示了怀疑。[29]

即使这些问题的挑战性还不够大，路易斯维尔的商人们至少还面临着凯瑟斯与利斯顿之战引发的法律问题和道德问题。问题已经解决了？迄今为止，所有的证据都难以令人信服，有时候甚至是相互矛盾的。曾经绝不认输的利斯顿看起来的确上了年纪，腿脚也有些迟缓了。但是，如果他计划输掉这场比赛，那么有关他在第五回合开始前弄瞎凯瑟斯·克莱的阴谋论又该作何解释呢？第五回合又该作何解释呢？他是那个时代最伟大的重拳手，以击倒获胜而著名，可是他却无法击倒一个双目失明的人？最后那一幕又该作何解释？世上最强壮的人因为手臂肌腱拉伤而失去冠军头衔？所有这些都说不通。有人向媒体透露了一条消息后，外界对这件事情的猜测就愈加复杂了。据说，利斯顿的管理公司洲际推广公司与凯瑟斯签订了协议，根据协议，该公司将承担他下一场比赛的推广工作，并且为他选择下一位对手。这样一来，利斯顿的团队就有了安排凯瑟斯获胜的经济动力。这条消息引起了强烈的怀疑，促使美国参议院司法委员会的反垄断和专卖附属委员会对此事进行调查。

在这场比赛之后，路易斯维尔赞助集团的成员传阅了一份备忘录，这份备忘录承认了路易斯维尔的这些商人在有关重赛的条款上别无选择。备忘录显示，“在谈判的各个阶段……尼隆兄弟都明确了一点，如果凯瑟斯赢得冠军，双方就要重赛一场，如果不向利斯顿和洲际推广公司做出这样的保证，这场比赛就不会举行。”这份文件是在赞助团一名成员的私人档案中找到的。尼隆兄弟和路易斯维尔赞助团知道世界拳击协会不喜欢有关重赛的条款，因此双方同意向世界拳击协会隐瞒第二份合同的存在。他们还同意尼隆兄弟将第一场比赛的部分收入交由第三方保管，以确保有关重赛的条款得到遵守。备忘录继续写道：“换言之，有关重赛的问题是没有商量余地的。”[30]

在参议院附属委员会召开的会议上，洲际推广公司的一名律师承认利斯顿和尼隆兄弟有权决定凯瑟斯的下一位对手，并且负责他的下一场比赛的推广工作，但他坚持认为这份合同没有什么可疑之处。“我们只是一群聪明的生意人。我们达成这份协议……只是以防凯瑟斯成为冠军。这是一份合法的合同。”律师加兰·切里说。[31]

当调查结束时，附属委员会没有发现任何证据表明这份合同存在漏洞。有些东西臭气熏天，可就是没有人知道臭气是从哪里散发出来的。而且，还有一种可能性总是存在的，这股臭气也许只是拳击比赛中常见的那种恶臭。

尽管如此，路易斯维尔赞助团还是陷入了困境：伊斯兰民族组织一方希望掌控穆罕默德·阿里的职业生涯，而这份合同则让尼隆兄弟有权决定阿里下一场比赛的地点和对手。

每天都会出现更加令人不安的新消息。首先，世界拳击协会主席要求剥夺阿里的冠军头衔，这倒不是因为他怀疑这场比赛受到了人为操纵，而是因为阿里与伊斯兰民族组织之间的关系，因为阿里的行为“为美国的年轻人树立了一个非常糟糕的榜样”。[32]1964年4月26日，世界拳击协会的另一名官员警告说，凯瑟斯和利斯顿的重赛“将会让数百万美国拳击爱好者受到愚弄”。[33]接着，军方报告称阿里两次未能通过入伍前的心理测试，这个消息令许多记者和拳击爱好者认为这位拳击手是为了逃避服役才在考试中“假装被击倒”的。毕竟，这么聪明的人怎么会被人认为笨到扛不了枪的地步呢？世界上最伟大的职业拳击手怎么会被认定不适合为自己的国家而战呢？军方表示，没有证据表明这位拳击手是故意不及格的，中央高中教过他的老师们也同意这一说法，他们告诉记者他们对这个结果一点也不感到惊讶。

阿里曾经不及格的考试包括如下这样的问题：

一个人从早上6点工作到下午3点，午餐时间有1小时。他工作了多少小时？

a.7　　b.8　　c.9　　d.10

办事员把一个数除以了3.5，而原本这个数字应该乘以4.5。

办事员写的答案是3。正确答案应当是什么？

a.75.25　　b.10.50　　c.15.75　　d.47.25[34]

在100道题中，参加考试的学生要答对30道题才能及格，而阿里没有答对几道。他说他花了15到20分钟“冥思苦想”一个涉及苹果的问题，结果发现自己没有时间回答接下来的一大堆题目了。

他告诉记者：“我只说过我是最伟大的，我从来没说过我是最聪明的。”[35]

一名记者问他，如果下一次他通过了测试，会发生什么事情，他是否会依据自己的宗教信仰要求军方免除他这个“拒服兵役者”①的兵役。

“不会用‘拒服兵役者’这个身份。我不喜欢这个名字。这个名字很难听。”他说。[36]

---

① 拒服兵役者（拒绝参战者），指的是因宗教信仰或者道义等原因而拒绝参战并拒绝服兵役的人，此类人不仅限于反战教派的教徒，凡是真诚地反对战争的人都可登记为拒服兵役者。

第十五章
选择

穆罕默德·阿里面临着一个抉择——伊利贾·穆罕默德，还是马尔科姆·X?

这个选择将改变这位拳击手和其他许多人的生活轨迹。

在战胜桑尼·利斯顿后，阿里成为了全世界最引人注目的黑人之一。1964年,《纽约时报》有100篇文章提到马尔科姆·X的名字，31篇文章提到伊利贾·穆罕默德的名字。穆罕默德·阿里全年只参加了一场比赛，但是他的名字出现在了《纽约时报》的203篇文章中（不过，这份报纸仍旧用“凯瑟斯·克莱”这个名字称呼他）。在美国黑人当中，只有当年获得诺贝尔和平奖的小马丁·路德·金受到了美国这份首屈一指的报纸更多的关注，有230篇文章提到了他的名字。除了报纸，电视新闻节目还播放了来自民权斗争前线的报道，电视屏幕上出现了消防水龙头、催泪瓦斯和尖头枪的黑白影像，以及种族隔离主义者和民权活动家们的简短评论。但是，这些报道都被浓缩成了每晚几分钟的新闻节目，而且都经过了白人的编辑。编辑工作很重要，它有助于解释为什么穆罕默德·阿里拥有如此大的能量。他比任何在世的黑人都更有效地抵抗住了白人控制的媒体的过滤，在这方面，他的表现甚至有可能超过了金博士。

在1964年里与阿里、金和马尔科姆相处过的喜剧演员及活动家迪克·格雷戈里做过这样的解释：“看到金的时候，你看到的是一些片段。大多数人从未听过《我有一个梦想》，他们听到的只是一些只言片语。”格雷戈里说，阿里之所以与众不同是因为他是一名拳击手，而拳击让他处于一个白人无法控制的世界。“这个混蛋会他妈的一直在你面前晃悠，只要比赛还在继续。金从来得不到这么多的时间。你看着他把一个白人小子打倒在地，而你却无能为力。然后，他还会走过去说，赞美真主！以前还从未发生过这种事情。在这个星球的历史上，从来没有发生过……阿里是每个人都希望自己的孩子成为的那种人，除了一些无知的白人蠢货，但是他们算不了什么。”格雷戈里说，全世界的黑人，男男女女都看到了阿里做出这些令人震惊的事情，都是黑人决不应该做的事情，他还说了黑人决不应该说的话，还是在电视直播时说的这些话——结果，他还没有受到惩罚。这就让他们提出了一个问题：“嘿，阿里，你在向谁祷告？”[1]

在争取阿里的忠心的竞争中，马尔科姆·X享受着与阿里更亲密的关系，伊利贾·穆罕默德则拥有权力。马尔科姆自己就对阿里说过：“谁都不可能毫不费力地退出黑人穆斯林。”阿里知道，选择伊斯兰民族组织就会让他失去与马尔科姆之间的友谊。但是，他或许担心一旦选择了马尔科姆，自己就会付出生命的代价。最终，他选择了“父亲”，而不是兄弟。其实，凯什·克莱和伊利贾·穆罕默德并非毫无相似之处。他们两个人都对白人的暴政感到悲哀，都喜欢女人——而不是妻子——的陪伴。但是，凯什·克莱是一个喜欢动粗的人，对妻子和孩子都进行过人身威胁和攻击。在这个方面，伊利贾·穆罕默德与凯什·克莱截然相反，他似乎从不提高嗓门，也从来没有人看到他喝醉过，他的力量来源于平静的自信和冷静的思考。因而，伊利贾·穆罕默德不仅代表着父亲的形象，而且还给老凯瑟斯的脸上来了一记狠狠的刺拳。将父亲取而代之，并且丢掉父亲的姓氏——对于一个儿子来说，还有什么比这种方法更能惩罚他的父亲呢？

在全国各地，伊斯兰民族组织的信徒都被迫在真主的使者伊利贾·穆罕默德和马尔科姆·X之间做出选择。根据卡尔·伊万兹为伊利贾·穆罕默德撰写的传记，在马尔科姆宣布正在组建自己的组织“穆斯林清真寺社团”之后，伊斯兰民族组织在短短几周的时间里就失去了大约20%的成员。[2]在路易斯·法拉罕（后来的路易斯·X牧师）的记忆中，那段时间对于组织中的许多人来说都是一段艰难的时光。现在，法拉罕住在密歇根南部，就在不久前的一天，他在家门外的凉亭里聊起了那段往事：“接受伊利贾·穆罕默德指导的我和接受马尔科姆兄弟指导的阿里必须做出一个决定，一个非常痛苦的决定。我不仅很喜欢马尔科姆兄弟，我还崇拜他，甘愿牺牲我的生命来保护他的生命，因为他对伊利贾·穆罕默德阁下和伊斯兰民族组织来说都是非常宝贵的。我不得不做出决定，究竟是与马尔科姆兄弟断绝关系，还是与我的老师伊利贾·穆罕默德阁下断绝关系。这个问题不用想都知道。我得跟那个教过马尔科姆兄弟的人、那个教过我的人在一起。我来这里不是为了追随马尔科姆的。我是来追随伊利贾·穆罕默德的……所以，我留了下来。阿里也是如此。”[3]

马尔科姆已经身处险境了。但是，当穆罕默德·阿里不再接听他的电话时，他被抛弃的可能性就变得更大了。伊利贾·穆罕默德命令马尔科姆搬出他目前居住的房子，交出他的汽车，这些东西的账单都是伊斯兰民族组织为他支付的。[4]伊利贾·穆罕默德在公开声明中预言马尔科姆一定会回来，乞求得到宽恕。但是，根据联邦调查局的一份报告，他又在私下里警告大家，阻止马尔科姆的唯一办法就是“像摩西和其他人除掉内部的坏分子那样除掉他”。这份日期为1964年3月23日的报告还写道：“伊利贾声明，对于这些伪善之人，一旦见到他们，就砍掉他们的脑袋。”[5]

马尔科姆知道有传言说他会被干掉，但是一旦脱离伊斯兰民族组织，他还是变得更加反叛了。他将自己的新组织定位为马丁·路德·金组织非暴力运动的替代品，他还敦促黑人活动家们不要再担心自己的“个人声望，共同努力消除我们的同胞在美国每天遭受的无休止的伤害”。[6]到了1964年，学生非暴力协调委员会和种族平等大会之类的组织都采取了更激进的立场。很快，美国东北部的几个城市里就爆发了种族骚乱。在创建初期向新闻界发布的一份声明中，穆斯林清真寺社团宣布：“关于非暴力主义：如果一个人不断遭受着野蛮的攻击，教导他不要保护自己就是犯罪行为。拥有猎枪或者步枪是合法的事情……如果我们的同胞被狗咬了，他们就有权杀死那些狗。”[7]

以一副新形象示人的马尔科姆·X表达了对废除种族隔离和选民登记的支持。他学习了正统的穆斯林仪式，知道了伊利贾·穆罕默德对穆斯林的神学理论和宗教活动的理解与正统的伊斯兰教相去甚远。他还毫不犹豫地告诉记者伊斯兰民族组织正在密谋杀死他的事情。

当年4月，马尔科姆飞往埃及，这次出行他用的是自己新取的穆斯林名字——艾尔-哈吉·马立克·艾尔-夏巴兹。接着，他又从开罗前往沙特阿拉伯的吉达。不久之后，他就踏上了去麦加朝圣的旅程，朝圣往往被称为穆斯林一生中最重要的一件事情。在见过各种肤色的穆斯林之后，马尔科姆对过去谴责整个白人种族的言论表示了遗憾。他在给《埃及公报》的信中写道："我不是一个种族主义者，我不赞同任何种族主义的信条。我在麦加的宗教朝圣之旅让我对伊斯兰教真正的兄弟情谊有了新的认识，它覆盖了人类的所有种族。"[8]

马尔科姆还去了尼日利亚的拉各斯和伊巴丹，然后去了加纳，所到之处他都发表了讲话，并且与宗教领袖和政治领袖见了面。在加纳首都阿克拉的大使酒店，就在准备去机场乘飞机前往摩洛哥的时候，马尔科姆看到了阿里，后者正在对非洲进行为期一个月的访问。阿里和桑尼·利斯顿的比赛已经过去将近三个月了，在这段时间里，他几乎没有再参加训练，这一点很明显。他的肚子变得软塌塌的，脸颊鼓了起来。这位拳击手的下一场比赛什么时候举行尚未确定，因此他享受起了多年来第一次长时间的休息。尽管体重增加了几磅，但是无论走到哪里，他都会立刻被人们认出来。有关他在最近那场拳击比赛中获胜以及他皈依伊斯兰教的报道让他成了一位国际名人，这个消息令他感到兴奋。成千上万的人在加纳机场等着迎接他，在他坐敞篷车前往酒店的路上，更多的人站在街道两旁，看着他从车里向他们挥手致意。

在酒店大厅里一看到这位朋友，马尔科姆就大喊了起来："穆罕默德兄弟！穆罕默德兄弟！"

马尔科姆穿着一条白色的长袍，拿着一根手杖。他还留起了胡子。阿里冷淡地向曾经的导师打了声招呼。

"你离开了伊利贾·穆罕默德阁下。这么做是错误的。"他说。

马尔科姆没有作答。

等到马尔科姆走远了，听不到他们的谈话时，阿里就声讨起了马尔科姆。他冲着自己的旅伴，伊利贾的儿子赫伯特·穆罕默德问道："伙计，你看到他的样子了吗？穿着那种滑稽的白袍子，留着胡子，走路时还拄着那根拐杖，看上去就像是先知的拐杖似的。伙计，他走了。他走得太远了，彻底消失了。赫伯特，这不正说明伊利贾是最强大的吗？谁都不会再听那个马尔科姆的话了。”[9]

这不是对待朋友的方式，这种态度体现出了阿里的复杂性和矛盾性。从善良和忠诚的阿里、快活的阿里，生长出了一个残忍的阿里，一个以自我为中心、傲慢无礼，一旦感觉到威胁就会勃然大怒的年轻人。

这是阿里在非洲度过的第一天，整整一天，他非常渴望开始自己的这趟旅程。他告诉《纽约时报》的一名记者，他期待着访问阿拉伯联合共和国（埃及和叙利亚政治结盟的结果）①，按照当地的法律，他可以娶四个妻子。他计划把她们带回家，安排她们住在一幢价值10万美元的新房里。“它就像一座城堡，我要把我的重量级拳王王冠放在金銮殿里。一个妻子——阿比盖尔——会坐在我身边喂我吃葡萄。另一个妻子——苏茜——会给我这一身漂亮的肌肉抹橄榄油。塞西莉亚会给我擦鞋。还有小美人。我还不知道她要做什么。也许唱唱歌或者弹弹琴吧。”[10]

说完这个话题之后，阿里又提起了自己最喜欢的另一个话题——钱。

“嘿，赫伯特，”他一边说，一边看了看表，“那个人什么时候来带我们去找钻石？”

“什么人？”赫伯特·穆罕默德问。

“昨晚咱们遇到的那个人，他跟咱们说了这里有钻石矿的事情。我听说他们这里有个湖，里面满是钻石，你只需要走进水里到处摸就行了。”也许阿里认为很快自己就用得上4枚订婚戒指了。不管怎样，一个加纳人无意中听到了阿里这番话，他告诉阿里根本没有这样的湖。

“好吧，他们在哪里找钻石，我就去哪里找。”阿里说。

吃过早饭，阿里就去寻找自己的崇拜者。他从餐厅跑到露台上，冲着

① 阿拉伯联合共和国（简称“阿联”），1958年2月1日由埃及与叙利亚联合组成的泛阿拉伯国家。3月8日，阿联与也门王国组成“阿拉伯合众国”。1961年9月28日叙利亚宣布退出，也门也于12月退出。埃及将这个国号保留至1972年。

酒店的服务员、行李员、酒店客人和一群在车道上闲逛的小男孩喊叫了起来。他希望引起他们的注意。

"谁是王？"他喊道。

"你。你。"人群中有人作答。

"大点声！好啦，谁是最伟大的？"他追问道。

"你！"人们回答说。

"好的。"他一边说，一边朝自己的敞篷车走去，"咱们去海滩吧。"

阿里见了一位又一位政治领导人，无论走到哪里，他都会登上头条新闻，尽管他对伊斯兰习俗浅薄粗陋的理解令一些东道主感到震惊。[11]5月18日，他同加纳总统克瓦米·恩克鲁玛见了面，恩克鲁玛向这位拳击手赠送了一块加纳传统肯特布和他的一部著作《非洲必须团结及良知主义》[12]。这本书不只是象征性的礼物，恩克鲁玛是希望通过这本书表明他和阿里都渴望与长期压迫黑人的白人势力做斗争，美国的民权运动与非洲的后殖民解放运动有着共同的目标。

在阿克拉，阿里和弟弟演示了阿里打败桑尼·利斯顿的那一幕。接着，阿里又飞往了尼日利亚的拉各斯。尼日利亚是非洲大陆上人口最多的国家，但是在拉各斯期间，阿里缩短了访问时间，取消了一场拳击演示会，还宣称埃及更为重要，他的这些举动都冒犯了尼日利亚人民。[13]在开罗期间，阿里看了一部电影，影片描述的是1956年埃及与以色列为了争夺苏伊士运河控制权爆发的战争，他说如果再发生这种侵略埃及的事件，"我会很高兴站在你们这边，跟你们并肩战斗"。[14]

在加纳遇见马尔科姆后不久，阿里收到了马尔科姆发来的一封电报。虽然受到了阿里的冷遇，马尔科姆还是没有放弃自己的这位学生。

"在非洲、阿拉伯半岛和亚洲，有十亿同胞盲目地爱着你，所以你现在必须意识到自己对他们所承担的巨大责任。你决不能说错话、做错事，以免让你的敌人有机会歪曲你在我们同胞中的美好形象。"马尔科姆在电报中写道。[15]

马尔科姆已经意识到了美国的民权运动有可能发展成一场黑人自由运动，也有可能与世界各地的自由运动产生联系。[16]无论阿里是否有着同样的认识，他的这趟非洲之行都成为了一个重要时刻。在此之前，当他自吹自擂、拼命博得外界的关注时，他的言谈举止总是透着一股年轻人的纯真，眼睛里也闪烁着一丝光亮，这表明他其实只是觉得这么做很好玩，或者只是想让自己变得更加富有、更出名。他还是个孩子，只有22岁，仍然害怕面对女孩子，无法做到收支平衡，依靠赞助人支付税款、做出商业决定，所有的事情他都不太会做，除了拳击和制造噪音。但是现在，他在这里，在离家将近6000英里（9656千米）的地方，访问在出发前自己几乎不曾听说过的国家，这些国家有着各种肤色的穆斯林，一位位世界领导人在向他赠送礼物。在这里一座座偏远的村庄，人们在尘土飞扬的马路两旁一遍又一遍高呼着他的新名字；在这里，只要挥一挥手，他就能让人们激动不已。

“你真该看看他们从山上蜂拥而至的样子，非洲的那些村子，他们全都知道我。全世界的人都知道我。”他说。[17]

第十六章

“小妞，你愿意嫁给我吗？”

穆罕默德·阿里的确在非洲找到了一位妻子，但不是阿比盖尔、苏茜、塞西莉亚、小美人，也不是他幻想的那些后宫成员。他的这位妻子是来自芝加哥的一个酒吧女招待，有时候也会做做兼职时装模特。她的名字是桑吉·罗伊。在前往非洲的时候，赫伯特·穆罕默德在公文包里放了一张桑吉的照片，有一天他把照片拿给阿里，还说等他们回到美国后就介绍阿里和桑吉认识。

赫伯特·穆罕默德前往非洲的时候为什么要在公文包里装一张这个芝加哥女孩的照片？答案很简单：他在芝加哥南区经营着一家照相馆。他喜欢拍摄衣着暴露的女人，也喜欢向别人炫耀自己的作品。当时，联邦调查局密切关注着赫伯特·穆罕默德和伊斯兰民族组织里的其他一些成员，这是破坏计划的一部分，前提是联邦调查局局长埃德加·胡佛认为该组织具有颠覆性。联邦调查局的报告并不全都符合事实，这些报告都反映出了绝大多数白人特工渴望取悦上司的心态。联邦调查局的备忘录显示，赫伯特经常给女人们赠送昂贵的礼物，好让她们在他的相机前宽衣解带。他不只是在拍摄人像照片，而且还在拍摄色情影片，他把这些影片都存放在自家的地下室里，还会给朋友们展示。[1]据穆罕默德·阿里的弟弟所说，当时赫伯特已经和桑吉上过床了，伊斯兰民族组织的其他一些成员也是如此。赫伯特之所以把这张照片拿给阿里看，既是为了炫耀，同时也是为了推销这名年轻女子的服务。根据美国联邦调查局以及赫伯特一位密友的说法，桑吉·罗伊有可能是一名妓女。[2]

摄影师洛厄尔·赖利与赫伯特合用过位于79街的明星摄影室，他说过桑吉“是个精力充沛的小东西”。

阿里和桑吉的第一次约会是在1964年7月3日。当时，阿里住在芝加哥东63街罗伯茨汽车旅馆101号房间。突然，赫伯特敲响了他的房门，然后就带着桑吉进了房间。桑吉戴着一头笔直的黑色假发，穿着蓝色紧身牛仔裤和带有红色条纹的长袖毛衣夹克。正如桑吉多年后仍然记得的那样，当时阿里一下子从床上蹦起来，说："我向上帝发誓，赫伯特，你知道我刚才在做什么吗？我躺在床上，祈求真主赐予我一个妻子，然后她就从门外走了进来。她跟着［真主的］使者的儿子一起来了，所以肯定就是她了。"说完，他转向还没有跟他说过一句话的桑吉。"小妞，你愿意嫁给我吗？"他问道。[3]

"这么快吗？"桑吉反问道。

"就这么快。"阿里说。

他们去马路对面吃了冰淇淋，又去一家中餐馆吃了一顿烩菜，然后回到桑吉在71街的公寓。桑吉打开音乐，脱掉了衣服。

第二天早上，阿里带桑吉回到罗伯茨汽车旅馆，安排她住在102房间。阿里告诉桑吉他们永远不会分开。那天晚些时候，他从她的头上取下假发，帮她洗了头发。

提起往事，桑吉说："他就那样摸我的脑袋——我没想到一个职业拳击手的触摸会这么温柔。"[4]

不到一个星期后，他们驱车前往路易斯维尔，去跟奥德萨和凯什见面。

"我至今都不敢相信。一切都太突然了……太突然了。"桑吉说。

桑吉在这个世界上孤身一人，没有父母。她感觉到阿里也需要另一个人的陪伴。[5]他是一个充满了爱和欲望的男人，他敢于谈论自己的感受，敢于表达自己对婚姻的渴望，敢于和朋友们谈论自己对性的渴望。阿里的表妹夏洛特·沃德尔说："那时候他很年轻，没什么经验，从来没接触过这种一步上位的女人。"[6]但是，在一生中他一直对别人对他的需要、崇拜和欲望表现出一种超乎寻常的强烈需求。因此，他对性有着强烈的渴望，需求量很大，接着又对婚姻产生强烈渴望就并不令人感到意外了。

这一年，桑吉·玛利亚·罗伊27岁，是一个漂亮的姑娘，身材娇小，长着一双褐色的眼睛，总是戴着又长又直的时髦假发。她穿着高跟鞋和色彩鲜艳的紧身短裙，看上去就像是在贝瑞·戈迪的摩城唱片公司参加演出的伴唱歌手一样。桑吉两岁那年，她的父亲在一次打牌的时候被杀死了。她的母亲靠着在夜总会唱歌跳舞的收入抚养女儿，可是桑吉8岁的时候她就过世了。14岁的时候，桑吉生下了一个男孩，并且辍学了。不久之后，她参加了几次选美比赛，还在夜总会当了酒吧女招待。[7]遇到赫伯特·穆罕默德之后，她的生活发生了改变，这个身材矮胖的男人勇敢又狡猾，这些特点弥补了他缺乏正规教育的缺陷。在父亲的支持下，赫伯特在第79街拥有或者经营着三份业务：一家穆斯林面包店，这家面包店的招牌糕点就是根据他母亲的配方制作的豆子馅饼；橱窗里装饰着迷人肖像摄影作品的明星摄影室；以及伊斯兰民族组织的官方报纸《穆罕默德之声》。在赫伯特的工作室拍摄了一些照片之后，桑吉就受雇于赫伯特，干起了电话推销《穆罕默德之声》的工作。

不过，桑吉并没有因为兼职推销《穆罕默德之声》的经历就成为一名穆斯林。根据伊斯兰民族组织的规定，穆斯林女性不应当化妆、穿着暴露的衣服，也不应当喝酒。这些事情桑吉都做过，实际上她做过的事情不止这些。赫伯特知道自己的父亲不会赞成阿里选中的这位新娘。真主的使者应该希望他这个名气最大的追随者能和同类的女性结婚。

一天，在翻看一本相册的时候，洛厄尔·赖利聊起了那段往事："我们试图说服他不要娶她。可是，她突然就跟他发生了性关系，他觉得其他人都做不到她所做的事情。"[8]那本相册里有几张桑尼的泳装照。

阿里的弟弟鲁迪也刚刚加入了伊斯兰民族组织，他现在使用的名字是"拉哈曼·阿里"，但是朋友们都叫他"石头"。对于哥哥的第一场婚姻，他做出了一种比较浪漫的解释——这是真爱，他说。

1964年8月14日，桑吉·罗伊和穆罕默德·阿里在印第安纳州加里市一位治安官的主持下结了婚，这时距离他们俩第一次约会还不到六个星期。新娘穿着一件黑白格子的紧身连衣裙，还系着一条橙色的围巾。[9]婚礼由治安官主持是因为伊斯兰民族组织没有正式的婚礼仪式。新郎在结婚证书上的签名是“穆罕默德·阿里”，尽管当时他还没有按照法律程序更改自己的名字。他说，这个名字是伊利贾·穆罕默德为他取的，“他做的任何事都是合法的”。[10]

当被问及他们有什么打算时，阿里说自己和桑吉希望他们的孩子出生在“来世”，而不是美国。一名记者问他“来世”在哪里，他回答道：“在阿拉伯半岛附近。”[11]

至少可以这样说，听说自己年轻富有的儿子娶了一个才刚刚认识六个星期的女人，许多父母都会感到担心，尤其是如果这个女人还有着桑吉·罗伊这样的经历：孤儿，单身母亲，兼职模特，舞女，传闻中的妓女。但是，奥德萨和凯什·克莱都很喜欢桑吉。在见面的第一天，桑吉就和奥德萨一起在奥德萨的厨房里炸了一堆鸡肉。[12]得知奥德萨仍然管已经成年的儿子叫作“叮当宝宝”和“翘鸡鸡宝宝”时，桑吉觉得很有趣，这些称呼都是对“小婴儿”的戏称。[13]没过多久，桑吉就用“我的翘鸡鸡宝宝”来称呼阿里了。

桑吉是一个迷人、坦率、风趣的人，在克莱夫妇看来，她身上最好的一点或许就是她没有加入伊斯兰民族组织。她的存在向阿里的父母表明，伊利贾·穆罕默德对他们儿子的控制可能是有限的。克莱夫妇甚至有可能幻想儿子对桑吉的爱或许比他对伊利贾·穆罕默德的爱更强烈，这场婚姻或许能为他们的儿子创造离开伊斯兰民族组织的契机。

凯什·克莱一有机会就喋喋不休地将伊斯兰民族组织批评一番，这在一定程度上也解释了他的儿子在路易斯维尔期间为什么很少回父母家。凯什曾告诉一名记者：“我跟他说，他会被那群水蛭弄得身无分文。”[14]但是，他没有提及自己也在从儿子的身上榨取利益，他还说服儿子投资了他拥有并经营的一家夜总会。结果，一个又一个顾客在他那里受了气，因此这家名为“奥林匹克”的俱乐部开业短短几个月之后就关门了。

阿里的姑姑玛丽·克莱·特纳说，克莱一家仍然希望穆罕默德·阿里能够意识到自己犯下的错误，回到家人身边，重新使用以前的那个名字，摆脱伊斯兰民族组织。在接受《体育画报》的杰克·奥尔森采访时，特纳说："为什么，只有基本上大字不识一个的人才会听信［黑人］穆斯林的那一套。在那个该死的［黑人］穆斯林组织中，凯瑟斯是最干净的一个人。其他人的名字都不干净。即令他们原先没当过皮条客，那么他们现在也在干皮肉生意！即令他们原先没当过强盗，那么他们现在也在干抢劫的生意！就是这样的，你知道我没有撒谎！基本上，他们每个人都进过监狱。凯瑟斯听信了他们关于禁止喝酒吸烟的那套鬼话，可是他不知道他们关起门来就会喝酒、骂脏话，殴打他们的妈妈，无恶不作。他们会尽快地杀了我，也会尽快地杀了你，可别忘了这一点！"[15]

除了伊斯兰民族组织，阿里还有其他选择。他见过黑人运动的其他一些活动家，并且与他们成了朋友，其中就包括迪克·格雷戈里和斯托克利·卡迈克尔。1964年9月4日，阿里和小马丁·路德·金通了电话，他们的谈话受到了联邦调查局的监听。根据监听记录，阿里向金做出了保证："他会和马丁·路德·金保持联系，马丁·路德·金是他的兄弟，他百分之百地支持他，但是他冒不了任何风险，马丁·路德·金应该照顾好自己，还应该'当心那些白人'。"外界无从得知阿里所说的"风险"指的是什么，不过有一点可以肯定，很可能他更担心惹怒伊利贾·穆罕默德，而不是惹怒白人统治集团，或者说联邦调查局。他对这位真主的使者的权威性怀着极其强烈的敬意，有一次他告诉杰克·奥尔森："我再也不能开车了。他不想看到我惹上麻烦的报道，所以他就说你别再开车了，我就只能放弃了。他的影响力就是这么大。他怎么说，我们就怎么做。就连白人——整个国家——都怕他。"[16]

在公开场合，伊利贾·穆罕默德从未对阿里决定和桑吉·罗伊结婚的事情发表过自己的看法。尽管如此，这桩婚姻还是将阿里置于了一个十字路口。在开始组建自己的家庭时，阿里完全有机会对自己的未来重新做出规划，可是他还是决定遵循宗教的规定，他告诉记者他的妻子曾致信给伊斯兰民族组织的书记员约翰·阿里，宣布她打算加入黑人穆斯林组织。"我娶她的理由就这么简单，因为我想让她怎么做，她就会怎么做……我告诉她，要想做我的妻子，她的裙子就必须盖过膝盖至少三英寸（7.6厘米），她就必须擦掉口红，她就必须戒烟戒酒。”[17]

但是，对于一个深陷爱河的男人而言，这些都是次要问题。

阿里告诉媒体：“我的妻子将永远和我在一起。”[18]

就在婚礼过后不久，阿里和桑尼·利斯顿达成了在波士顿花园体育场重赛一场的协议，比赛定于1964年11月16日。路易斯维尔赞助集团与洲际推广公司进行了谈判。路易斯维尔的这群商人已经在拳击界浸淫了4年时间，现在他们比以前更清楚地认识到自己陷入了怎样的境地，对于自己的处境他们不太满意。媒体经常抨击他们私下与利斯顿和尼隆兄弟达成重赛交易，而且直到现在尼隆兄弟都没有支付阿里在前一场比赛中应得的数十万美元。因此，尽管双方已经商定了新合同的细节，路易斯维尔赞助团还是对利斯顿和洲际推广公司提起了诉讼，要求他们支付之前那份合同规定的酬劳。只有在拳击界，这种做法才会被当作是正常的。

阿里很少留意生意方面的事情。婚礼过后11天，他回到了迈阿密，开始接受训练。一些报道指出他的体重一下子增加到了240磅（108.9千克），也有人说只有225磅（102.1千克）。不管怎样，他得工作了。所以，他又开始跑步了。跑步的时候，他的脚上穿上重达5磅（2.3千克）的工装靴，[19]两只手各拿着一个1.5磅（0.7千克）的重物。[20]每天跑完步之后，他有机会都要看一会自己与利斯顿上一次比赛的录像。经过反复的观看，他找到了自己当初获胜的关键——他躲避利斯顿刺拳的能力。在意识到自己的刺拳无法触及阿里之后，那个块头更大、但是速度较慢的拳击手就开始用左勾拳发起进攻，可是这个策略也没有成功，阿里的速度太快了，他打出的第一记勾拳也落空了。利斯顿别无选择。他扮演不了进攻者的角色了，阿里不断地发动攻势，而他却越来越沮丧和疲惫了。

阿里断定第一次成功了，第二次也会成功的。利斯顿就像一条鲨鱼，只要能够阻挡住他，不让他继续前进，他就会死掉。

在比赛的前一个星期，阿里的体重是216磅（98千克），比他在迈阿密击败利斯顿夺冠的时候重了5.5磅（2.5千克）。不过，即使体重有所增加，他的状态依然非常好。如果说相比之前有什么变化的话，那就是他的体型看上去更好了。根据《体育画报》的说法，他长高了半英寸（1.3厘米），身高达到了6英尺3英寸（1.9米），二头肌有17英寸左右（43厘米），大腿有27英寸左右（69厘米），这两个部位都长了2英寸（5.1厘米）。他的腰围还是34英寸（86厘米）。[21]

“我太漂亮了，应该是从金块里雕出来的。”他说。

利斯顿在复赛前的状态也很理想，他知道上一次比赛中自己太轻敌了。多年来，他第一次进行了刻苦的训练，好像他做了打一场持久战的准备。他在楼梯上跑上跑下，每天慢跑5英里（8千米），和一位武术教练一起训练，以提高自己的速度和灵活性。他先是在丹佛进行训练，随着比赛的临近，他搬到了马萨诸塞州普利茅斯市附近一家名为“白崖”的乡村俱乐部。他放弃了啤酒，也戒掉了在深夜打牌的习惯。到了10月底，他的体重降到208磅（94.3千克），比上一次比赛时轻了10磅（4.5千克）。但是，并非所有人都认为有些消瘦的利斯顿一定会比以前更凶狠。《纽约时报》的阿瑟·戴利就在文章中写道：“他的块头似乎有些缩水了，看上去不像他所说的30岁，而是更接近40岁。”[22]

10月26日，利斯顿把自己的一位陪练狠狠地捶打了一顿，把对方双眼之间打出了一道深深的伤口，害得对方缝了8针。给陪练造成的伤害鼓舞了利斯顿的士气。在迈阿密的那一次，阿里的确不可战胜，令人信服地击败了利斯顿，但是赌注登记人和拳击记者还是选择了利斯顿，这一次博彩公司开出的赔率是9比5。显然，专家们相信了利斯顿和他的妻子以及教练们一直坚持的那套说法——上一次比赛中这位拳击手只是因为一只手臂受伤才败下阵来。他们都认为，利斯顿太强大、太凶狠了，不可能连输两次。是的，在之前的比赛中他放弃了，但是这一次他会拼命挽救自己的职业生涯和声誉。就连阿里也承认这一次利斯顿可能会打得更好，他预测自己需要打上9个回合才能获胜。“我给他多算了3个回合，因为他现在的身体状况比以前好了。”他说。[23]

身为拳王的阿里扩大了自己的随行队伍。弟弟鲁迪还在这支队伍中，他模仿着阿里说的每一句话，还告诉阿里这多么有趣。邦迪尼·布朗也在，他会讲笑话，会写诗，看电视的时候，只要一听到阿里的指示，他就会把电视的音量调大。[24]但是，除此以外，他还有了三名穆斯林厨师，一名助理教练助手，一名专门为他那辆价值1.2万美元的凯迪拉克豪华轿车配备的司机，[25]以及一个“吉祥物”。这个吉祥物是上了年纪的杂要喜剧演员斯特平·费契特，媒体称他是阿里的“秘密战略家”，他本人也声称自己正在教这位年轻拳击手如何打出杰克·约翰逊的秘密武器“铁锚拳”。这种说法可能纯属虚构，但是拳击记者和阿里都觉得听上去还不错。费契特的真名是林肯·西奥多·门罗·安德鲁·佩里，他的父亲用了4位美国总统的名字为他取名。费契特是美国第一位黑人电影明星，不过，他以饰演一些懒惰拖沓的马屁精角色闻名，这些角色无不体现出种族偏见，他能被阿里和他那些骄傲的穆斯林战友接受真是令人难以置信。

有人说阿里和费契特的友谊证明了这位拳击手在情感方面的复杂性，其他人就没有那么客气了。

“在我看来，他纯粹就是一个糊涂蛋。”费迪·帕切科说。[26]

阿里和费契特都是伟大的演员，费契特似乎非常了解这位拳击手的表演天赋。在阿里与利斯顿的第二场比赛之前，费契特说：“人们不了解这位冠军，但是总有一天他会成为这个国家最伟大的英雄之一。他就跟那种戏剧一样，一个人在第一幕里是坏人，到了最后一幕又成了英雄……他想要的就是这种效果，让人们误解他对票房更有好处。”[27]

11月8日，星期天，阿里和弟弟在波士顿的一座清真寺里参加了伊斯兰民族组织的一场礼拜，主持仪式的是路易斯·X牧师。[28]11月13日，距离比赛还剩下三天的时间，阿里正在谢里–比特摩尔酒店的611号房间里放松。这天早上，他跑了5英里，但是不再跟陪练对打了，以免自己受伤。按照预计，波士顿花园体育场的门票将会售罄，闭路电视转播的门票将达到300万美元。[29]在比赛前的那段日子里，有时候阿里不跑步，不跳绳，也不让路易斯·萨里亚给他做按摩。每逢这种时候，阿里基本上就待在酒店房间里，看电影、听音乐，和弟弟、邦迪尼、萨姆·萨克森上尉等人逗逗乐子。记者们在房间里进进出出。伊斯兰民族组织的成员也是如此，其中包括路易·X、克拉伦斯·X（原名克拉伦斯·吉尔，伊斯兰民族组织在波士顿的清真寺的一位领导人，同时也是阿里的兼职保镖）和约翰·阿里。在11月13日晚上，阿里吃了一份牛排，还有菠菜、烤土豆、烤面包片和一份只调了橄榄油和醋的沙拉。吃过饭，他打开一台16毫米胶片放映机，看了1931年由爱德华·罗宾逊主演的经典黑帮片《小凯撒》。[30]

就在吃完饭15到20分钟后，即晚上6：30左右，阿里跑到洗手间吐了起来。突然，他感到了一阵剧痛。

从卫生间里出来时，他说："哦，出大麻烦了。"

有人叫了救护车。萨克森、鲁迪和其他几个人抬着阿里穿过客厅，上了送货电梯，然后穿过洗衣房，把阿里送上了等在外面的救护车。

波士顿市立医院的医生说，阿里存在嵌顿性腹股沟疝的问题，右肠出现了一块鸡蛋大小的肿块，他现在有生命危险，需要立即进行手术。

桑吉当时住在路易斯·X的家里，她急匆匆地赶到了医院。[31]安吉洛·邓迪也赶去了。路易斯维尔赞助集团的小威廉·法弗舍姆与戈登·戴维森当时正在波士顿花园体育场观看波士顿凯尔特人队和洛杉矶湖人队的比赛，一名警察找到了他们，通知他们马上赶去医院。[32]还有一位警官奉命去了歌剧院，找到一位外科医生，这位医生要穿着燕尾服、系着白色领带做一台手术了。

当这一切结束时，阿里已经没有生命危险了，随即外界就出现了一些传言和阴谋论的说法：利斯顿的教练给阿里下药了。伊斯兰民族组织给阿里下药了。马尔科姆·X给阿里下药了。黑手党给阿里下药了。阿里是在装病，因为他害怕这场比赛。

得知比赛被取消的消息后，利斯顿灌下了一杯鸡尾酒。他刻苦训练，让自己达到巅峰状态，可是一切又得重来了。折磨他的凯瑟斯又拿下了一个回合。

"那个该死的蠢货。那个该死的蠢货。"利斯顿说。[33]

第十七章
暗杀

一天晚上，马尔科姆·X正在家里睡觉，突然一场爆炸让他的房子摇晃了起来。冰冷的空气从破碎的窗户中呼啸而过，火焰在起居室的地板上蔓延开来。马尔科姆急忙带着妻子和孩子穿过烟雾，从后门逃了出去。这是1965年情人节的凌晨2：45。消防车在街上呼啸而过，邻居们纷纷从家里走出来，想看一看发生了什么事情。马尔科姆穿着睡衣站在街上，手里握着一把0.25英寸口径的手枪。

火被扑灭后，警方在皇后区这座普普通通红砖房的客厅窗户上发现了扔进来的汽油弹的痕迹。马尔科姆很生气，不过他并不感到意外。几个星期以来，他一直说伊利贾·穆罕默德想要他的命。在《穆罕默德之声》上刊登的文章里，路易斯·X牧师写道："他的死亡是已经决定了的事情，马尔科姆是逃脱不掉的……像马尔科姆这样的人就应该被处死。"[1]

穆罕默德·阿里也同样发出过威胁，他告诉一名记者："马尔科姆·X和任何攻击或者谈论攻击伊利贾·穆罕默德的人都会死。"[2]

在接受芝加哥记者欧文·库普西内特的一次电视采访中，阿里将马尔科姆辱骂了一番："我根本没把他放在眼里。他只是一个有过毒瘾、坐过牢的人，一个没有受过教育、不会读书写字的惯犯，只是听说过伊利贾·穆罕默德阁下的大名，结果后者把他从街上带回来，帮他戒了毒，让他接受了足够的教育，能出去和别人辩论……他不再是马尔科姆·X了……他只是马尔科姆·利特尔。小人物，什么都不是。"[3]

马尔科姆的妻子贝蒂·沙巴兹恳求阿里帮帮她的丈夫。在特雷莎酒店偶然碰到阿里时，她问阿里："你知道他们打算对我丈夫做什么，对吧？"阿里举起双手，说："我什么都没做过。我不会对他做任何事情的。"[4]

阿里宣称自己与此事无关，可是他的这番表白听上去并不可信。伊斯兰民族组织已经动用了一切手段，只差悬赏杀害马尔科姆·X了。作为这个组织最重要的成员，阿里原本可以利用自己的影响力呼吁组织停止对马尔科姆的恶意攻击。他原本可以代表自己以前的这位朋友从中进行调解。可他决定置身事外。实际上，他还助长了这种愤怒。

2月18日，在家中遭到燃烧弹袭击四天后，马尔科姆给联邦调查局打去电话，告诉他们有人要杀他——就好像他们没有注意到这件事情似的。除了燃烧弹攻击，洛杉矶和芝加哥还发生了汽车追逐事件。现在，伊斯兰民族组织的领导人就要赶到纽约了，他们的动向引起了外界的怀疑——可能很快就要发动另一场袭击。2月19日，星期五，负责波士顿工作的路易斯·X牧师主持了伊斯兰民族组织在纽瓦克25号清真寺召开的一次会议。就在这一天，书记员约翰·阿里住进了纽约的美国酒店。两天后，纽瓦克清真寺的成员驱车前往纽约，参加马尔科姆在哈莱姆区奥杜邦舞厅举行的集会。当马尔科姆走上讲台时，从纽瓦克赶来的一个人投掷了一枚烟雾弹，然后蹦起来，假称自己抓住了一个子虚乌有的小偷。"把你的手从我口袋里拿出来！"他大喊道。[5]他这么做是为了分散人们的注意力，因为这时候有三名持枪歹徒正爬上讲台。

"站住！站住！站住！站住！"马尔科姆喊道。突然，一声枪响，马尔科姆的胸膛被炸开了几个洞。随即枪声又几次响起。马尔科姆向后倒了过去，后脑勺撞在地板上。他几乎当场就身亡了。

几小时后，穆罕默德·阿里在芝加哥南区南克雷吉尔大街7036号的公寓起火了。当约翰·阿里打电话告诉他火灾的消息时，阿里和他的妻子正在一家餐馆吃饭。约翰·阿里怎么知道他们在哪里吃饭呢？除非有人在跟踪他们夫妇。桑吉产生了怀疑，她想知道这场火灾是不是为了警告她的丈夫规矩点。[6]

多年后，穆罕默德·阿里说过："这真是一场奇怪的火灾。太奇怪了。直到现在我仍然相信是有人故意放的火。"[7]

两天后，一枚炸弹几乎将伊斯兰民族组织在纽约的清真寺夷为平地。不久之后，曾经给阿里当过保镖，已经退出伊斯兰民族组织的利昂·4X·埃米尔在一家酒店的房间里身亡了，死亡原因是以前挨打时留下的旧伤发作了。埃米尔的原名是小利昂·莱昂内尔·菲利浦斯，在那次被殴打之前，他一直跟联邦调查局保持着沟通。在接受一名探员的调查时，埃米尔说阿里在和桑吉性交的时候得了疝气，阿里的经纪人处境尴尬，因为在阿里和利斯顿第二场比赛之前的几天里，他们“无法阻止”阿里和妻子“在夜里同床共枕”。[8]埃米尔还告诉联邦调查局探员，这位拳击手对伊斯兰民族组织希望他提供“大量捐款”的事情越来越厌烦了。根据联邦调查局的一份备忘录，埃米尔曾对阿里说过，“他真蠢，竟然允许伊斯兰民族组织‘压榨他’”。[9]

然而，面对这一切，阿里始终不曾对伊利贾·穆罕默德的领导公开表示质疑。“马尔科姆·X曾经是我的朋友，也是所有人的朋友，只要他是伊斯兰［民族组织］的成员。现在，我不想谈论他。我们所有人都对他遇害的事情感到震惊。伊利贾·穆罕默德已经否认这件事是［黑人］穆斯林干的。我们不是崇尚暴力的人。”[10]

几年后，在芝加哥一家餐馆一边吃午饭，一边接受采访的时候，约翰·阿里表示伊斯兰民族组织与这场暗杀事件毫无关系。“我从未被审问过。我从未受到过指控。人们都知道，要是我们想这么做，我们早就做了。”说到这里，他停顿了一下。“不是我们干的。”[11]

萨姆·萨克森也同意这种说法。几年后，他已经改名为阿卜杜勒·拉赫曼，他说“我想杀了马尔科姆，可是伊利贾·穆罕默德阁下告诉我们不要找他的麻烦，所以我们就没有找他的麻烦。”[12]萨克森还说他认为这起暗杀事件是联邦调查局安排的，这么做是为了挑起伊斯兰民族组织内部的不合，消灭一位潜在的极具影响力的叛军领导人。

阿里在数十年后说过背弃马尔科姆是他这辈子最后悔的事情之一。但是，在事情发生的时候，他丝毫不曾表现出悔恨之意。那次疝气发作之后，他远离拳击，休息了很长一段时间。在大部分的早上，桑吉做饭，阿里就在芝加哥的公寓里到处躺着。他也会出去散步，经常去《穆罕默德之声》的办公室看望赫伯特·穆罕默德，然后回家，在桑吉做晚饭的时候看一会电视。到了晚上，阿里和桑吉有时候会出去看电影或者去餐馆吃饭，这时候，一大群一大群的粉丝就会蜂拥来到阿里的跟前，不过桑吉并不介意。她会退后几步，让她的丈夫享受别人对他的仰慕，直到他想起她，向别人介绍说“这是我的妻子”。[13]

这是最简单、最快乐的一段时光，不过这段日子并不完美。桑吉是一个怀疑论者，正如她说过的那样，她就是“无法凭着盲目的信仰相信任何事情的人，就连上帝都不相信”。[14]所以，她向自己的丈夫询问过有关信仰的问题。女人为什么不能穿短裙？你有那么多白人朋友，为什么还要把白人叫作“魔鬼”？为什么他们俩不能去夜总会观看白人演员的表演呢？十年后，已经和阿里离婚的桑吉和阿里当着作家理查德·达勒姆的面聊了聊这些问题和其他一些问题。当时，桑吉抱怨道：“你自己是永远不会回答我这些问题的。你觉得男人应该是家里唯一一个真正明白自己在说什么的人，所以你就去问［黑人］穆斯林的那些官员……你不明白为什么这个微不足道的我就是不会像其他人一样，按计划行事、不问任何问题。”

听到桑吉的抱怨，阿里说：“你完全不符合我对一个穆斯林女性的期望。”

有一次，阿里看到妻子在画眼影，他气坏了。

提起那件事，桑吉说：“当时你抓起一条湿毛巾，开始擦我的脸，很用力。”

阿里说：“是吗？对不起。如果我知道我现在所知道的，咱们现在还会是夫妻。你知道的，一开始我就像一个宗教狂热分子……我表现得就好像只要是不一样的事情就都是一种威胁似的。”[15]

3月初，做完疝气手术的阿里还没有彻底康复，但是他去了牙买加的首都金斯敦观看舒格·雷·罗宾逊在国家体育场与吉米·比彻姆进行的一场比赛。罗宾逊已经将近44岁了，但他仍然活跃在拳击台上，在1965年打了14场比赛。赛前一场气氛典雅的聚会上，阿里因为桑吉穿的橙色针织连衣裙发了火。当着宾客的面，他走到妻子面前，猛地扯了扯裙摆，试图让裙子盖过妻子的膝盖。一开始，桑吉还以为丈夫在开玩笑，毕竟周围没有黑人穆斯林的成员，而且这条裙子还是阿里给她买的，当天晚上早些时候也是阿里帮她穿上的。看到阿里不停地往下扯裙摆，桑尼才意识到他是认真的。尴尬之下，她走到阳台上哭了起来。阿里也来到阳台上，结果他看到一个白人正直勾勾地盯着他身穿短裙的妻子，他一下子火冒三丈。

时隔多年，阿里当着达勒姆的面告诉桑吉："那件衣服让我很恼火。"[16]

桑尼说："可是，那条该死的裙子是你买的！是你挑的！结果，你拽着我进了房间，径直穿过客厅，从那些客人身旁走了过去，从那些电影明星身旁走了过去，从银行行长、歌剧明星身边走了过去，从雷·罗宾逊和所有人身旁走了过去。我哭喊着，挣扎着，可你还是狠狠地拽着我，还吼叫着，你忘了所有人都在看着你。你吼叫着，大喊大叫什么的！你把我一把推进了浴室，然后你也进了浴室，把门关上了。我又哭又叫，你却还在想着把我的裙子往长里扯。为了把我的裙子拉长，你又拉又拽，结果就把裙子给扯破了。破得太厉害了，这一下我几乎光着身子了。我想挣脱你，你就跟我扭打起来，把衣服往我身上套，扇我耳光。舒格·雷来到浴室门外，敲起了门。'伙计，让我进去！让我进去……'他隔着门嚷嚷着，声音听上去就像是他以为你要杀了我似的。"

等夫妻俩回到迈阿密后，桑吉写了一封告别信，然后把信放在她丈夫的枕头上。[17]这天，当阿里从健身房回来的时候，桑吉已经离去了。

终于，阿里打听到桑吉在芝加哥。用桑吉的话说，当时他们打了"价值85美元"的电话，她指的是长途电话的费用。最终，桑吉答应再给阿里一次机会。她飞回了佛罗里达，这时候阿里也恢复了迎战利斯顿的训练。然而，他们的争执仍在继续。桑吉的衣柜依然是愤怒和仇恨的催化剂。

1965年4月1日，阿里和桑吉又分开了，不过这一次是出于职业的需要。阿里坐上了他那辆颜色定制的大客车"小红"，从迈阿密前往马萨诸塞州奇科皮瀑布市，他将在那里备战与利斯顿的第二场比赛，这场比赛的日期被改到了5月25日。阿里叫上了邦迪尼·布朗、霍华德·宾厄姆、几名陪练、几名厨师和4名白人记者与他随行。已经改名为“拉哈曼·阿里”的鲁迪会开着哥哥那辆番茄红色的“凯迪拉克”跟在大客车后面。[18]

大客车停在阿里的房子前面，所有人都上了车，准备出发。就在这时，桑吉在门外喊道：“阿里，你见到我干洗的衣服了吗？”[19]

“都送回来了。”重量级拳王告诉妻子。

“店里的鞋呢？”

“也送来了。”

“那就把垃圾带出去。”

阿里把一根手指压在了嘴唇上。

“嘘，拳王从不倒垃圾。”

桑吉的语气变得强硬起来：“我跟你说，阿里……”结果，阿里倒了垃圾，然后上了大客车。[20]

这辆大客车是福莱西宝公司在1955年出产的。[21]车厢里弥漫着一股香烟、白豆馅饼和炸鸡的混合气味，炸鸡是桑吉做的。[22]桑吉给他们带足了馅饼和炸鸡，她希望阿里和旅伴们在旅途中用不着停下来考验佛罗里达州和佐治亚州餐馆老板们在种族问题上是否足够宽容。开车的人是阿里，他对迈阿密的交通状况不以为然。他只用一只手握着方向盘，一边还转过头提醒旅伴他们有多么幸运：“想想看，全世界都那么想跟我一起坐这辆大客车，可是他们坐不上，你们坐得上。咱们要呼吸新鲜空气，看着美丽的树木，吃着鸡肉，你们还可以在我以85英里（136.8千米）的巡航速度开着我这辆漂亮的大客车时采访我。”

突然，他岔开了话题。“谁有汽油钱？”他问道。

他指了指一个戴眼镜的记者。

“你叫什么名字？”

“波普。”《迈阿密先驱报》的埃德温·波普说。

“波普，借我一百块钱。”

波普和车上的其他人还不知道该怎么称呼阿里。“穆罕默德”这个名字听上去太傻了。这位拳击手坚持说自己再也不叫“克莱”了。心情好的时候，听到别人叫他“凯瑟斯”他也会作答，不过大多数人还是选择了谨慎的做法，只是简单地用“拳王”称呼他。车上的白人很难想象这趟旅程的“领队”跟那个身陷于马尔科姆·X和伊利贾·穆罕默德之间激烈争斗的人是同一个人。眼前这个人很讨人喜欢，不停地讲着笑话，对美国的种族骚乱问题都会说上几句俏皮话。

“下一站是波士顿，不过咱们先要在塞尔玛和博加卢萨停一下。”他说。他还开玩笑说要开着一辆种族融合的大客车穿过南方诸州，然后麻烦就随之而来了。“别担心，要是我们冲着女孩大喊大叫的话，那肯定是黑人女孩，所以，不会有人被绞死的。”

对于这些记者而言，阿里是他们见过的最好的报道素材，他在说每一句话、做每一个动作的时候，都那么渴望被记录下来。大客车一路颠簸着驶向前方，波普就在车上用一台便携式史密斯科罗娜打字机写报道。[23]不开车的时候，阿里就会挤到波普身旁，看着他打字，还会提供一些建议，或者发表一下自己的看法。当大客车停下来的时候，波普会找到一个付费电话，打电话给自己的编辑，直接向对方口述一篇专栏文章。对波普和他的读者来说幸运的是，一路上大客车经常停下来，路过一个地方却不给当地人机会对他的到访表示感谢这对阿里来说是无法忍受的事情。

到了旅程第一天的晚饭时间，他们还没有走出佛罗里达，而这时桑吉给他们准备的炸鸡已经吃完了。到了佐治亚铁路线南边的尤利，大客车放慢速度，驶进了一座卡车服务站。巨大的加油机就像墓碑一样矗立在头顶的灯光下，柏油碎石地面的停车场里停满了卡车拖车。邦迪尼·布朗和几个白人记者下了车，走进一家小餐馆。

“他们不欢迎你。别费力了。”阿里警告邦迪尼。

邦迪尼穿着一件带有“猎熊”字样的牛仔夹克衫，就跟阿里的那件一样。虽然阿里已经提醒他了，他还是走进了餐馆。拳王和几名陪练站在加油机旁边看着他走进去。在阿里的跟班中，与他争论种族问题的人为数不多，其中就有邦迪尼。他告诉阿里，伊斯兰民族组织把他引向了歧途，黑人和白人没有什么不同，人们迟早会停止围绕着种族偏见产生的争斗。有一次，伊利贾·穆罕默德用每年5万美元的条件劝说邦迪尼加入伊斯兰民族组织，[24]真主的使者这么做主要是为了让他不要再向阿里灌输危险的想法。邦迪尼对这个提议嗤之以鼻，据他的儿子所述，他说：“要是你得花钱雇人加入组织，那你的宗教算什么呢？”

在接下来的多年里，阿里一次又一次地解雇邦迪尼，也一次又一次地重新雇用他，实际上似乎很喜欢和自己最重要的激励者“对打”。大多数跟班说的都是他们认为拳王想听的话，但是邦迪尼不会这么做，他一直在挑战拳王。

“好吧，杰基·罗宾逊，你去帮我们测试一下融合政策吧。要是你大头朝下地回来，我就知道他们不欢迎我们。”[25]

邦迪尼穿过纱门，从六七对白人夫妇身旁走过去，然后在柜台旁坐下来。几位记者跟他坐在一起。

经理从柜台后面走了出来，说：“抱歉。后面有块地方。我们提供分区服务。”

厨房里的两名黑人厨师透过门窥视着这一幕。邦迪尼和几位记者试图和经理争辩，经理告诉几位记者——而不是邦迪尼——他也无能为力。

纱门开了，阿里走了进来。他进来不是为了挽救局面，而是为了羞辱邦迪尼。

当时，几名坐在柜台前的记者中也有乔治·普林顿，据他所述，阿里冲着邦迪尼嚷嚷道：“你这个傻瓜——你有病吗？你这个该死的傻瓜。”他的鼻孔大张着，声音几乎失控了。“你给我滚出去，黑鬼，这里不欢迎你。你看不出来吗，他们不欢迎你，你这个黑鬼！”他一把揪住邦迪尼的夹克衫，把他拖出了餐馆。普林顿在文章中写道，邦迪尼“就像是被投石器发射出来一样”飞过了碎石地。拳王在后面追着他跑，嘴里还喊叫着：“我真高兴啊，邦迪尼！我真高兴啊，你丢人现眼了，邦迪尼，你丢人现眼了！”[26]

邦迪尼看着自己的脚。“别烦我，我配得上这个餐馆！我是一个自由的人。是上帝创造的我。”他说。

他挣脱阿里，躲到了大客车上。可是，阿里还是一副不依不饶的架势，管他叫“汤姆叔叔”，让他低头认输。

邦迪尼争辩起来。他说自己服过役，为这个国家效过力，应该想在哪里吃饭，就在哪里吃饭，卡车服务站的经理总有一天会为自己的所作所为后悔的。

“汤姆！汤姆！汤姆！”阿里嚷嚷着。

“别烦我。”邦迪尼说，他的声音几乎已经听不到了。他垂下头，哭了起来。

大客车沿着公路走了50英里（80.5千米），到达佐治亚州的布伦瑞克后，又在一家路边餐馆门口停了下来。这一次，阿里没有多说什么就带着随行人员走进餐馆，要了一张桌子，坐下来吃起了饭。他一副冷酷无情的样子，就像是一个独裁者或者部落酋长，有可能某一天他会将追随者们动员一番，让他们士气大振，到了第二天就命令他们去执行一项自杀任务，他的决断既神秘，又无可争议。

他拿起一只罐子，往自己的杯子里倒了一些奶油。

“邦迪尼，我要让咖啡实现融合。”他大声说道。

邦迪尼笑了起来。

“有一天，咱们会知道谁是疯子的。我觉得会是你。”他说。[27]

第十八章

幽灵拳

在北卡罗来纳州的费耶特维尔，“小红”起了火，不得不退休了。

阿里在路边悼念了一番。“我可怜的小红车啊，你是古往今来全世界最有名的大客车。至少是唯一一辆经历过这种旅行的大客车。”阿里温柔地说着。[1]

他还是不愿意坐飞机，因此他就和跟班们坐着旅途巴士公司的一辆客车完成了剩下的旅程。50个小时后，他们一行抵达了奇科皮瀑布市。在媒体中的一些怀疑论者看来，这场多灾多难的旅程是一个不祥的预兆。上一次，阿里并没有真正打败桑尼·利斯顿，是利斯顿退出了比赛。人们认为这名年轻的拳击手上一次交了好运——牧羊人大卫扔出了一次幸运石，如果明智的话，这一次他就不会再招惹巨人歌利亚了。和阿里疝气发作之前一样，拉斯维加斯的博彩公司又一次为利斯顿开出了更好的赔率。

5月初，距离比赛还剩下几个星期，马萨诸塞州的拳击官员们取消了这场比赛，他们担心利斯顿方面的比赛主办者与黑帮有联系。愤世嫉俗的人可能会说拳击界的所有人都跟黑帮有关，不过，比赛主办者们对这样的哲学讨论毫无兴趣，他们需要找到一个新的比赛场地，而且他们需要尽快找到这样的地方。一位来自缅因州刘易斯顿的承办商和当铺老板提出在能容纳5000名观众的圣多米尼克体育场举办这场比赛，双方达成了交易。这个结果令人感到不可思议。只有4.1万人口、以纺织工业为主的刘易斯顿将成为接下来42年里举办重量级拳击赛的规模最小的城镇。

有关这场比赛的所有事情都一团糟。体育场很小，可还是有一半的门票没有卖出去。门票价格从25美元到100美元不等，对刘易斯顿的大多数居民来说这个价格太高了。最终，比赛正式售出的门票为2434张，这成为现代史上重量级拳王争霸赛的最低上座率。当时，有传言称马尔科姆·X的追随者将在拳赛当晚杀死阿里，还有传言称如果桑尼·利斯顿不能假装被击倒，伊斯兰民族组织的一群杀手就会杀了他。在迈阿密的那场比赛中，几乎没有人注意到黑人穆斯林的存在，但是这一次他们要派出大队人马在缅因州采取行动了。无论走到哪里，阿里都被一群身穿深色西装、系着领结的人包围着，他们仔仔细细地打量着人群，吓退那些习惯面对更愉快气氛的白人记者。

接着就是利斯顿。他看上去很焦虑，而且远没有达到自己的巅峰状态。这位前冠军喝着苏格兰威士忌，对训练三心二意。他应该至少有32岁了，不过看上去更像是34岁，一副疲惫不堪的模样。[2]

“利斯顿已经筋疲力尽了。”阿里说。[3]

利斯顿的一名陪练说：“从他的眼睛里你就能看出来。那双眼睛看上去不像以前那么可怕了。”

他的妻子杰拉尔丁也注意到了同样的问题，“他看起来不像桑尼。”她说。[4]在与凯瑟斯的第一场比赛之前，利斯顿一直非常自信冷静，而这一次，在比赛当天他十分紧张——被腹泻折磨惨了。

而阿里在训练时的表现令人觉得他认为自己已经是世界之王了，或者说至少是黑人世界之王，他会尽一切可能不让自己的军团失望。他时而与速度型的陪练对打，时而与打击力强的陪练对打：吉米·埃利斯测试他的反应能力；或者他靠在围绳上，让“猎枪”乔·谢尔顿用重拳捶打他的腹部，一副毫不在意疼痛的架势，他在通过这样的方式适应和利斯顿最后几回合的比赛。

比赛当晚，周围地区的数百名警察被召集来执行任务。他们仔细检查了体育场，对观众也搜了身，以防有人放置炸弹或者携带枪支。安检工作非常仔细，直到比赛开始后，还有许多持有门票的观众站在体育场外面。对于这些持有门票但是久久无法进场的观众来说，唯一令人感到安慰的就是他们用不着欣赏被罗伯特·古利特唱得不成样子的国歌。

9点，阿里穿着牛仔裤和运动衫离开酒店。[5]同车前往体育场的《体育画报》记者莫特·沙尼克请拳王预测一下比赛结果，阿里平静地回答道："一开始，我或许都不会出拳。我只会往后退，利斯顿会追上来，然后——最后——砰！我用右手击中他，比赛就结束了。"[6]他的这番推测毫无根据。一个星期前，他告诉一名记者他从来不喜欢有计划地打拳："安吉洛，他会为比赛制订计划。能做计划的时候，我也会做计划。但是，对我来说最糟糕的事情就是上场的时候一门心思只想着自己打算怎么做。我从小就开始打拳，我做什么事都凭着直觉。有时候，我都对自己感到惊讶，看到一个大拳头冲我的脑袋打过来，我的脑袋就不假思索地动了起来，那个大拳头就从我旁边滑了过去。我都不清楚自己是怎么做到的。"[7]

这就是计划。

比赛于晚上10：40开始，桑吉和公公婆婆坐在一起——桑吉决定改姓"克莱"，尽管她的丈夫已经放弃了这个姓氏。在拳击台跟前，距离凯瑟斯不远的地方坐着弗兰克·辛纳屈、演员杰基·格利森和伊丽莎白·泰勒，这是刘易斯顿这座小镇第一次——也是最后一次——见到这么多明星。阿里来到体育场的时候，观众为利斯顿欢呼了起来，冲着他喝起了倒彩，这一幕证实了那句老话——敌人的敌人就是朋友。在1965年，阿里可能是全美国最不受欢迎的人。

裁判泽西·乔·沃尔科特也曾是一名重量级拳王，他和两位拳击手在拳击台中央碰了头，提醒他们遵守比赛规则。在铃声响起前，阿里低下头，朝着麦加的方向做了祷告，利斯顿拖着沉重的脚步在对面的角落里踱来踱去。

比赛开始了。身穿白色短裤的阿里看上去比以前更高大更强壮了，他的胸部和肩膀就跟利斯顿的一样令人难忘，他的腹部瘦削，肌肉清晰。他没有像他之前告诉沙尼克的那样，一味地后退。相反，他一下子冲到拳击台中央，快速地出了两拳。消息已经发出去了，接下来阿里的表现就没有出乎人们的意料了——后退，兜着圈子，而利斯顿则不停地追着他，不停地出拳，但是大部分出拳都落空了。每一次利斯顿试图将阿里逼到死角时，阿里总是溜走，通常都是朝左边闪开，然后迈着轻快的脚步在场上绕上一圈。在大多数比赛中，阿里在移动的时候都会打出一记又一记刺拳，但是这一次他几乎懒得出拳，只是一味地蹦跶着，任凭对手追着他满场跑。在比赛的前90秒，他只出了两次拳，两拳都没有命中目标。他或许是在对利斯顿进行估量，也许是为了自己的安全和对方拉开距离。

在面对年纪较大、动作较慢的阿奇·摩尔那场比赛中，仅第一回合阿里就打出了86拳。在与利斯顿的第一场比赛中，他在第一回合也打出了47拳。可是现在，在与利斯顿的第二场比赛的前两分钟里，他只打出了8拳，其中只有3拳命中目标。这是他职业拳击生涯中攻势最弱的一个回合，除了考验利斯顿的耐力，他在这个回合中似乎一无所获。阿里一圈又一圈地绕着利斯顿蹦跶，躲避着对方的拳头。

还剩下一分钟的时候，利斯顿朝着围绳的方向对阿里步步紧逼，他不停地向前推进，向阿里施加压力。阿里一直踮着脚尖，左一下右一下地来回晃着肩膀，不断地改变身体的重心，让自己变成了一个活靶子。利斯顿突然向前冲了过去，打出了一记左拳。阿里睁大了眼睛，张开了嘴。他收起下颌，让对方的拳头轻轻地落在了他的右肩下方。桑尼竖起右臂想再出一拳，可是他的动作太慢了。阿里挥着右手打出了一记短拳。这一拳击中了利斯顿的太阳穴。利斯顿低下了头，就像一个掉了钱包的人一样。他的右膝开始发软，身体对折了起来。

阿里紧接着又用左手打出一记上勾拳，这一拳落空了，因为利斯顿已经平展地躺在地上，他双手举过头顶，两腿大开，活像一个被扔掉的布娃娃。利斯顿倒下了，一切发生得太快了，许多观众都没有目睹到这一幕。阿里站在倒地的拳击手身边咆哮着，摄影师们拼命地拍摄着这一幕，不停地拨着卷片杆。利斯顿向右侧翻过身子，单膝跪地爬了起来，随即又倒在地上，就像一个决定躺下来睡上一觉的醉汉一样。

阿里开心地在拳击场上跳来跳去。

大约过了18秒钟，利斯顿终于站了起来。比赛原本应该结束了，可是沃尔科特一直没有开始数秒，因为他一直忙着控制阿里，后者没有按照比赛规则的规定待在中立角内。意识到自己的错误后，沃尔科特急忙跑到拳击场的另一边，与《拳台》杂志的出版人及拳击界的非官方委员纳特·弗莱舍交换意见。弗莱舍宣布利斯顿已经倒地10秒钟了。然而，趁着沃尔科特不在跟前，阿里和利斯顿又打起来了。阿里打出4记勾拳：左、右、左、右。沃尔科特终于赶过来，将他们二人分开了，这表明一切都结束了——阿里击倒对方获胜。

利斯顿迈着歪歪扭扭的步子回到自己的角落。与此同时，邦迪尼第一个来到阿里身边，把他举了起来。接着拉哈曼也过来了，他把手伸进哥哥的嘴里，摘掉他的护齿。

“他躺下了。”阿里告诉拉哈曼。

“不，是被你打的。”拉哈曼说。

“我觉得他……”

“不，伙计，是被你打的。”[8]

这一拳太快了，结果太令人震惊了，似乎就连阿里自己都不太清楚究竟发生了什么事情。在许多人看来，利斯顿似乎并不急于从垫子上爬起来。人群中随即就响起了“作弊”的喊叫声，在比赛结束之后很长一段时间里，这种声音都一直没有消失。杰拉尔丁·利斯顿无法相信这样一个侧击就能把她的丈夫打倒在地。在整个职业生涯中，桑尼还从未被打得不省人事，在此之前他只被击倒过一次。乔·路易斯也对这次击倒的真实性产生了怀疑，他说阿里用右手打出的一记短拳击中利斯顿的头盖骨就相当于“向一艘战舰扔玉米片”一样。这记右手短拳如此之快，再加上又被利斯顿向前移动的身体遮挡得严严实实，因此一些观众不仅产生了怀疑，而且坚持认为阿里根本没有出拳，利斯顿只是假装被击倒了。他们称这一拳是“幽灵拳”。

这一拳是存在的，也的确命中目标了。慢动作回放比赛录像基本上打消了人们的怀疑——阿里的右手的确重重地落在了利斯顿的脑袋上，从而导致利斯顿的脑袋向下移动到了他的右边。

坐在拳击台跟前的弗洛伊德·帕特森说：“这是一只完美的右手。”[9]

来自加拿大的重量级拳击手乔治·丘瓦罗也坐在拳击台跟前，他产生了怀疑：“我看到利斯顿的眼睛了，那是一个人做假时的眼睛。被打昏了，眼睛还在转动。利斯顿的眼睛在转来转去。”[10]

利斯顿说过："我没想到他能打得那么用力。"[11]

在看了比赛的重播后，阿里开始把这一拳称为"我的空手道拳"，或者是"著名的铁锚拳"——杰克·约翰逊传给斯特平·费契特，斯特平·费契特又传给阿里的拳法。阿里听到了有关"作弊"的呼喊声，面对这种声音，他做出了回答："桑尼太迟钝了，太慢了，没法在比赛中作弊。我用尽全身206镑（94.3千克）的力气击中了他，可他们就是不愿相信我。"[12]

如果这一拳是真的，那么唯一的问题就是，利斯顿是在假装被击倒，还是在倒地后决定不再爬起来——因为黑帮叫他这么做，因为伊斯兰民族组织对他发出了威胁，因为他生病了，或者是因为他知道自己赢不了了，所以也不想再努力了。联邦调查局对这场比赛的结果产生过怀疑，但是始终没有找到任何证据能够证明比赛中存在作弊的情况。[13]

然而，就连利斯顿的妻子也没有打消这种怀疑。

时隔35年，杰拉尔丁告诉一名电视记者："我觉得桑尼放弃了第二场比赛。我不清楚他有没有收钱，即使他收了钱故意输掉比赛，我也没有见到钱。我不知道，我不知道究竟发生了什么。但是，我知道就是这样的。我相信是这样的。我也跟他说了。"

杰拉尔丁告诉丈夫她觉得是他放弃了比赛，但是桑尼否认了这种说法。

"他说没有，他说'输赢都是常事'，你知道吗？我说：'在第一回合里？'"[14]

第十九章
真爱

比赛结束后第二天，阿里原本应该欣喜若狂。生活中的许多事情都和他梦想的一模一样——他梦想的一切并不普通。他刚刚在母亲、父亲、弟弟、数百名记者和全世界数百万观众面前又一次打败了桑尼·利斯顿。他拥有财富。他拥有名气。而且，他仍然拥有拳击界有史以来最英俊的面孔，他也一直在提醒大家这一点。但是，有一件事情的发展并不完全符合他的期望，而且这件事越来越令他感到沮丧。

他仍然爱着桑吉。他仍然想和她生儿育女。可是，直到现在桑吉还没有怀孕，考虑到他们性生活的质量和数量，这一点实在令他感到惊讶。不过，真正的问题在于桑吉在他那些穆斯林朋友面前的表现，尤其是她拒绝穿戴伊斯兰民族组织女性成员穿着的长袍和头巾。阿里曾解释说，穆斯林妇女应该顺从，尊重她们的男人，可是桑吉喜欢穿得花里胡哨，说起话来心直口快，还不愿听从阿里或者其他男人的意见。她还一直提醒丈夫她觉得他被一些朋友和跟班（包括伊斯兰民族组织的成员）利用或者欺骗了。从伊利贾·穆罕默德是否诚实可信到宗教的真正意义，她对所有的事情都会提出质疑。

她向丈夫问道："在拳击场上，你就像一头猛虎；下了拳击场，你就像相信神神鬼鬼的那些人一样，一看到某些宗教迷信两只膝盖就会打颤，我怎么能眼睁睁地看着这一切却不闻不问？"她想要的是一个能够带她远离一切的英雄，远离她艰难悲伤的生活，结果她却遇到了一个都无法为自己做主的男人。"我叫你质疑这一切，只是让你问一问自己这些问题，然后在寂静的夜晚回答一下。我都没让你大声说出答案。只是让自己想一想而已。你这个世界重量级拳王就是个混蛋。”[1]

可是，阿里从未质疑过这一切，至少说，他的质疑从未令桑吉满意过，宗教问题不断地在他们之间制造着摩擦，每次看到丈夫向伊斯兰民族组织的领导人示好，桑吉就火冒三丈，每次桑吉对他的信仰做出不屑或者无礼的举动时，阿里就会勃然大怒。为了加入伊斯兰民族组织，他做出了巨大的牺牲：令拳击迷们感到困惑，疏远了父母，失去了有价值的代言机会，抛弃了一些亲密的朋友，至少是马尔科姆·X这个朋友。他已经做出了选择，决心忠于伊利贾·穆罕默德，他希望自己的妻子也能做出同样的选择。可以肯定的是，他的挫败感既来自于宗教，也来自于一些与男子气概和婚姻有关的想法。

与利斯顿的比赛之前，阿里和桑吉在缅因州奥本市一家假日酒店住了几天。一天，桑吉从阳台上探出身子，叫丈夫进去。

“我这就回去。”阿里说。[2]他一直在外面跟记者杰里·伊兹恩伯格和他在迈阿密期间结识的伊斯兰民族组织成员萨姆·萨克森谈话。他正要上楼的时候，萨姆上尉挡住了他的去路。

“你是男人。要是女人叫你去，你就偏不能去。”他对阿里说。

阿里留了下来。

在和利斯顿的比赛结束后的第二天早上，阿里夫妇从刘易斯顿驱车前往奇科皮瀑布市，回到了阿里训练期间住过的那家酒店。提起那段往事，阿里说过在奇科皮瀑布期间，“她穿了一件小得不能再小的紧身连衣裙，没有袖子，什么都没有……她就穿着这条裙子去了大厅，穿着它去了餐厅，我把她拽回了房间，问她：‘你干吗要穿着款式这么性感的衣服……去大厅，把身体完完全全暴露出来，至少是暴露了很多，害我丢脸？’她说：‘你已经赢了比赛。我再也用不着假装……我永远都不会成为穆斯林的。’”[3]

夫妻俩吵了起来，桑吉再一次愤怒地离去。她回到了芝加哥。

阿里和桑吉整整两个星期没有见面。6月11日，他们终于在芝加哥重聚，阿里坚持要带妻子去一家裁缝店，这样她就可以买到“朴素而简单”

的拖地长裙了。[4]一天，阿里从衣柜里拿出一条他为桑吉买的长裙，将裙子放在床上，可是桑吉拒绝穿上这条裙子。夫妻俩又发生了曾经发生过的争执，就是在牙买加的聚会上促使阿里扇了桑吉耳光的那种争执。

赫伯特·穆罕默德的女儿萨菲亚·穆罕默德–拉玛说过："那一次，阿里已经忍无可忍了。"[5]

萨姆上尉试图进行调解，他相信他们两个人是真心相爱。他说，如果给桑吉多一些时间，她或许就会改变主意，加入伊斯兰民族组织。他告诉桑吉："那个人的巅峰时期还有十年，而你要做的就只是让裙子盖过膝盖。"[6]这番话迎合了桑吉实用主义的心态。

之前把阿里和桑吉撮合到一起的是伊利贾·穆罕默德的儿子赫伯特，现在又是他把他们拆开了。联邦调查局的一名线人说过赫伯特对待阿里"就像'皮条客'对待妓女一样……尽可能地贬低［他］，好让他完全处于自己的控制之下"。[7]按照阿里的弟弟拉哈曼·阿里的说法，直到桑吉和阿里结婚之后，赫伯特还曾试图和她上床。根据拉哈曼所述，在伊斯兰民族组织的成员中，他也不是唯一一个招惹桑吉的人。[8]遭到桑吉的拒绝之后，赫伯特便开始设法除掉她——散布恶毒的言论，说她不适合加入黑人穆斯林组织。

罗斯·詹宁斯曾与赫伯特·穆罕默德以及桑吉在《穆罕默德之声》共事过，她说她不知道赫伯特对桑吉心存不满是否跟性的问题有关，但她确信赫伯特觉得阿里的新婚妻子对他构成了威胁，她的退出也是他精心策划的结果。"赫伯特控制不了她。她开始告诉阿里事情的真相。她对他在生意方面的事情产生了影响。这是赫伯特做不到的。所以，他就告诉阿里桑吉跟一个白人有染。这不是真的，他就是想拆散他俩。"詹宁斯说。[9]

这一招奏效了。6月23日，阿里在佛罗里达州戴德县的巡回法院提起诉讼，要求法官取消他的婚姻。他之所以向法院申请判决这门婚姻无效，而不是离婚，是为了避免支付赡养费。可是，桑吉告诉记者她仍然希望挽救这场婚姻。

"我真的爱我的丈夫，我想和他在一起。我们只是因为这个宗教。我一直试着去接受它，我也跟他解释过，可我就是理解不了它。我很难按照他们的期望改变我自己。”她说。[10]

一个星期后，她告诉记者她一直在全国各地旅行，试图找到她的丈夫，好跟他谈一谈，试着修复他们的婚姻。“他不见我。一听说他要去哪儿，我就赶了过去。他走，我也走。”她说。[11]

在一次审前听证会上，一名法官问阿里是否爱过桑吉，阿里回答道：“我想说的是，只有在她愿意跟我过一样的生活，愿意接受我的姓氏和我能给予她的一切，我希望她怎么做她就怎么做的时候，我才爱她。这是我爱她的唯一理由。”或许阿里的回答没能说服法官，法官判决阿里没有理由取消这段婚姻。最终，阿里和律师同桑吉达成了协议，桑吉同意离婚，阿里支付给她22500美元的诉讼费，在接下来的10年里每年支付给她1.5万。[12]

尘埃落定后，桑吉向外界说出了自己对离婚的想法：“他们偷走了我男人的思想。”[13]

阿里则说他打算再结一次婚：“现在，我的心里还没有人，不过我可以告诉你，下一次我要娶一个十七八岁的女孩——一个我可以按照自己的心意养大的女孩。”[14]

阿里真的想娶一个可以按照自己的心意养大的女人，还是只想娶一个能够遵守伊斯兰民族组织行为规范的女人，对于这个问题，外界不得而知。但是，无论怎样，他的第一段婚姻都引发了一些令人不安的问题。对于许多年轻人来说，婚姻都会唤醒他们，让他们变得不再那么自私，优先考虑妻子的需求——很快还有孩子的需求——而不是自己的需求。可是，阿里不是这样的。在受到来自伊斯兰民族组织和赫伯特·穆罕默德的压力时，他抛弃了自己的妻子，就像他之前抛弃了朋友马尔科姆·X一样。

多年后，拉哈曼·阿里已经七十多岁了，他的短期记忆越来越衰弱，但是他的长期记忆还很清晰。这时候，他已经失去了哥哥的庇护，住在路易斯维尔一套有政府补贴的小公寓里，过着贫穷的生活。当被问及哥哥这一生经受的最大磨难是什么——某一场拳击比赛？疾病？受伤？父母的过世？他毫不犹豫地回答道：失去了桑吉。

“他过了一段地狱般的生活。不能拥抱她，不能和她做爱。这令他很痛苦。她是他唯一真正爱过的人。他的真爱，他唯一的爱。”拉哈曼说。[15]

赫伯特·穆罕默德对拳击运动几乎一无所知。这一年，他36岁，身体松软圆润，一位作家说过自己亲眼看见过他“漫长而坚定的就餐过程”。[16]奥德萨·克莱说他“呆头呆脑的”，[17]凯什·克莱甚至更为刻薄，他说：“他很脏。赫伯特·穆罕默德很脏。”[18]

在结交重量级拳王之前，赫伯特·穆罕默德的名字就已经在1962年登上过头条新闻，当时一名女子指控他殴打她，在她的下颌上造成四处骨折。[19]这名女子原先是赫伯特的情妇，她说在得知他已经结婚并有了孩子后，她就跟他分手了。可是，赫伯特闯进她的公寓殴打她，还威胁说如果她离开他，他就要杀了她。不久后，联邦调查局盯上了赫伯特。探员们的报告并非全都符合事实，他们常常对少数民族和其他被埃德加·胡佛视为潜在威胁的人怀有偏见。尽管如此，赫伯特还是让探员们忙得不可开交。他们报告说，赫伯特从他父亲的律师以及印刷《穆罕默德之声》的出版公司那里收取回扣，给女孩们拍摄裸体照片，拍摄色情电影，并且生育了至少一个私生子。[20]联邦调查局的一份报告指出，他“爱财如命，为了钱他什么事情都干得出，即使是违反伊斯兰民族组织原则的事情”。[21]

赫伯特喜欢穿着一套松松垮垮、不伦不类的西装，扎的领带也很少跟西服相配，他看上去完全就是一副希望被人忽视的模样。不过，即使他有可能在其他方面有罪，但他至少不抽烟也不喝酒。他遵循父亲的教导，只要这些教导不涉及他对外遇、丰盛的食物和昂贵家居装饰的爱好。与赫伯特有过密切合作的拳击比赛承办商鲍勃·埃勒姆说：“对于黑人穆斯林组织的规矩，他欣然接受的就是允许有很多妻子。”[22]

伊利贾·穆罕默德不允许自己的子女（及孙子孙女）去世俗学校上学，所以他们都在家里接受教育，负责这项工作的主要是他们的母亲（及奶奶）克莱拉·穆罕默德。罗斯·詹宁斯说：“赫伯特·穆罕默德不识字。”[23]不过，这并没有阻止他接受教育，也没有阻止他成为一家报社的一名高级编辑。年轻时，赫伯特参加过催眠学的课程和戴尔·卡耐基的函授课程。通过学习，他还成为了一名注册的电视修理工。[24]不过，他最喜欢的还是摄影，他热爱摄影多少是因为这种工作适合一个对自己的外在条件缺乏自信、除了数字难以阅读任何东西、不喜欢受到关注的人。只要在脖子上挂上一架相机，他就可以接近海滩上的那些漂亮女孩，请她们当模特让他拍上几张照片，然后邀请她们去他的工作室看一看冲印出来的照片，然后买下照片，没准她们还会跟他去老虎酒吧吃一顿牛排。

当阿里告诉路易斯维尔赞助集团赫伯特·穆罕默德将加入赞助团、出任他的业务经理时，谁都不清楚赫伯特会做些什么。不过，据埃勒姆所述，很快，“所有的事情就都得由赫伯特拍板了，这是因为他跟老板的关系”。[25]“老板”指的当然是他的父亲伊利贾·穆罕默德阁下。但是，阿里之所以接受赫伯特并非完全出于对他父亲的崇拜，他和赫伯特之间形成了一种密切而复杂的关系。这是因为他们两个人都喜欢惹麻烦，也都喜欢轻轻松松地赚到大钱。但是，原因并没有这么简单。阿里喜欢赫伯特随时都笑得出来的性格、乐观的心态和热情的为人。赫伯特成了阿里的经纪人，也成了他最亲密最信赖的一个朋友。

阿里与赫伯特的友情日益深厚，他对伊斯兰民族组织的感情也在日益加深，但是他依然忠于并依赖路易斯维尔赞助集团，赞助团与他续签了一年的合同，他的大部分商业事务继续由他们负责，包括支付房租、支付他的医疗账单，给他的教练、厨师、陪练员和司机支付工资，预留出用来支付税款的资金。此外，阿里还在一直预支未来的收入，每次高达5000美元，在与利斯顿的第二次比赛之前，他的负债额达到了4.3万美元。[26]他花起钱来就像房地产经纪人分发名片一样，离开酒店去餐馆吃午饭时他的口袋里会揣着500美元，没等坐下来吃饭他就已经把钱花干净了。只要听到别人遭遇了一点不幸，他就会从口袋里掏出一卷钞票。他也很少拒绝有关投资的建议，任何领域的投资都不例外，只要对方告诉他投资肯定会获得成功。他没有在衣服上花太多钱，但是他在轿车上都安装了电话和录音机，他的电话账单有时一个月就接近800美元，[27]因为他总是允许记者和出现在他房间里的任何人拨打长途电话，想打多久就打多久。他还为自己的随行人员支付医疗费，为霍华德·宾厄姆购买胶卷和照相设备。他的饭量也大得惊人。不过，他最大的开销或许还是汽车：3辆登记在他名下的轿车，两辆登记在他父亲名下的轿车，还有一辆登记在他弟弟名下的大客车。这些车辆的保险费都由他一人承担，由于他的年龄和糟糕的驾驶记录，这笔保险费高得离谱。[28]

路易斯维尔赞助团帮阿里支付账单、记录收入，对此阿里心存感激。在与利斯顿的第二场比赛之后，他告诉一位拳击比赛承办商他打算与赞助团续约。[29]他非常喜欢赞助团里的这些人，以至于当其中一个人表示想卖掉自己持有的股份时，阿里认为自己受到了冒犯。[30]一想到别人对他失去了信心，他就感到无法忍受。1964年12月，路易斯维尔赞助团的领导人，也是阿里最亲近的经理人小威廉·法弗舍姆突然心脏病发作，而且情况比较严重。听到这个消息后，阿里立即钻进车里，开了一夜的车从芝加哥赶到路易斯维尔，去医院陪着法弗舍姆。[31]

阿里对法弗舍姆和路易斯维尔赞助团的其他成员很有好感，可是当赫伯特·穆罕默德介入后，赞助团和阿里之间的关系就变得紧张起来。在与利斯顿的比赛结束后的几天里，阿里告诉路易斯维尔的这些商人他很想还清债务，重新开始打比赛，每年至少三四场，第一场就跟弗洛伊德·帕特森或者乔治·丘瓦罗打。但是，赫伯特想让路易斯维尔的这些商人们向阿里保证在这场比赛中他能拿到税后15万美元的收入。在与利斯顿的那场比赛中，阿里的收入为税前16万美元，税后约为9.5万美元。[32]作为阿里的对手，帕特森和丘瓦罗都不如利斯顿那么吸引人，所以在这场比赛中他的收入绝对达不到税后15万美元。赞助团向阿里指出了这一点，阿里表示自己打算暂缓向赞助团偿还债务（到1965年8月，这笔债务已经高达6万美元），除非他能得到他想要的东西。

在给路易斯维尔赞助团的一份备忘录中，律师阿瑟·格拉夫顿写道："当我们指出这种做法违反了我们既定的先例，而且将使他在下一场比赛中几乎一无所获时，他似乎认为这种态度对他不公平，还暗示我们连一点小忙都不愿帮他。在这个问题上，赫伯特·穆罕米德［原文如此］的话对他起到了教唆和煽动的作用。"[33]格拉夫顿还表示，他希望阿里能够恢复理智，意识到如果不打比赛，他很快就会破产。现在，他既欠着桑吉的钱，也欠着资助者们的钱。

路易斯维尔赞助团对待阿里的态度带有一定的种族主义色彩，或者至少是居高临下的态度。在他们的通信中出现过"我们的孩子""他那天真的头脑”之类的措辞，[34]但其中也不乏试图帮助阿里的善意表示。在一封信中，赞助团的一名成员对阿里想要捐钱给伊斯兰民族组织的想法表示了赞扬，但他同时也指出赫伯特·穆罕默德曾告诉业务负责人伊斯兰民族组织不符合免税组织的条件。

阿里和路易斯维尔的这些资助者们进行了一次会谈，试图解决双方之间存在的分歧。身穿带有鲸骨纽扣的深蓝色定制西装和条纹衬衫的阿奇博尔德·福斯特在纽约的办公室里主持了这场会谈，沃斯·宾厄姆和比尔·卡钦斯代表路易斯维尔赞助团与阿里、赫伯特、霍华德·宾厄姆和安吉洛·邓迪进行了谈判。谈到与帕特森或者丘瓦罗的比赛时，阿里变得兴奋起来。他想回到拳击台上。接着，他问到了钱的问题，他说自己想把这场比赛的全部或者部分收入捐给伊斯兰民族组织，以支持后者在芝加哥建造一座耗资350万美元的清真寺。[35]赞助团的成员提醒他，在上一次的比赛中他只拿到了9.5万美元，而且他还欠着资助者们6.5万美元。听到这番话的阿里口出恶言。“我不明白，要是赚不到钱，那我干吗还要打拳呢？”他说。

房间里的几个白人告诉阿里，如果他继续打比赛，并且在投资方面理智一些，他的钱就会越来越多，过不了多久他就会有很多积蓄，就能向伊斯兰民族组织大笔大笔地捐款了。可是，阿里听得很不耐烦。赫伯特把他从办公室里拉出去三四次，跟他悄悄地谈了谈，霍华德·宾厄姆则留在房间里监视着路易斯维尔的商人们。

“谈得越久，凯瑟斯和赫伯特的态度就越激烈。”沃斯·宾厄姆在信中写道。[36]在办公室门外与赫伯特又商量了一会之后，阿里回到办公室，提出了最终的方案，也是一个更不现实的方案：如果他们保证给他税后20万美元，他就同意打这场比赛。路易斯维尔的商人们说这个价格是不可能的，阿里便把要价降到15万美元。还是不可能，对方说。要想拿到税后的15万美元，他就得先赚到50万美元。阿里还提出路易斯维尔赞助团应当支付给他15万美元的续约费。对方对这个提议的反应很冷淡，于是阿里又问他们是否可以考虑免除他那笔6.5万美元的债务。路易斯维尔的商人们提出了一个折中方案：如果他现在付清6.5万美元，他们可以立即再借给他3万美元。

这个提议令阿里感到伤心，他对赫伯特说："你是对的。我简直不敢相信。我还以为他们对我的信任不止于此。"

沃斯·宾厄姆说，他认为让阿里进一步陷入债务问题是一个错误，这样他就会"被挡在8号球后面"①。

现在，轮到赫伯特发火了。"他说什么？"赫伯特问道，显然他对"8号球"这种说法感到很不舒服，这个词有时也被用来指皮肤很深的黑人。"你听见他说什么了吗？怎么会有人想说这种话？我觉得你不应该说这种话，除非你是故意的。"

等赫伯特说完，阿里就和朋友们起身离去了。

当天晚些时候，沃斯·宾厄姆和路易斯维尔赞助团的其他成员跟尼隆兄弟见了面，后者仍然掌握着阿里下一场拳赛的主办权。结果，他们得知尼隆兄弟用索尼微型电视向报社记者行了贿，除了瑞德·史密斯、阿瑟·戴利和雪莉·波维奇，所有记者都接受了贿赂。这个消息令宾厄姆感到惊恐，在给赞助团其他成员的一封信中他写道："这真是让人头破血流的一天，充满了令人震惊的发现。我们跟一些非常危险的人物交往过深，他们需要我们出现在哪里，我们就出现在哪里，至少目前是这样的。这就给我们带来了一个问题，几乎每个人都在问这个问题——'像你们这样的人干吗要掺和这种事情？'我觉得这个问题问得真好。"[37]

---

① 在台球比赛中，黑色的8号球最后才能被击落网袋。如果要击打的球在8号球后面，就很可能引起犯规，由此引申出"处于非常不利境地"的意思。

第二十章
一场神圣的战斗

他蹦蹦跳跳地沿着过道朝前走去，观众发出了嘘声；他爬上拳击台，观众发出了嘘声；拳击台上的播音员向观众介绍这位重量级冠军名叫穆罕默德·阿里，而不是凯瑟斯·克莱，观众发出了嘘声。阿里没有理睬这种噪音。他走到自己的角落，翻过两只手掌，默默地做了一番简短的祷告，然后便转过身，朝自己的对手弗洛伊德·帕特森走了过去。

这是1965年11月22日，距离肯尼迪遇刺过去了整整两年的时间，距离阿里——当时还是名叫“凯瑟斯·克莱”的奥运会选手——在罗马初次见到帕特森已经有五年多了。

阿里的身体在拉斯维加斯会议中心的灯光下闪闪发光。比赛开始了。

现在，阿里已经对嘘声习以为常了。他知道嘘声对生意有好处，不过，驱策他的还有一种正义感。就在这场比赛日益临近的时候他说过，伊利贾·穆罕默德的组织是唯一一种教导人们“真理、事实和现实”的宗教。他还说：“我发现这种宗教提供了一种能够让所谓的黑人团结起来、独立行事，而不是乞求或者强迫别人为他们做事的方法。团结起来，我们就能像其他种族的人民那样独立行事……直到了解了自己、了解了我们这个种族的历史，我才觉得自己是一个自由的人。这让我学会了骄傲，也让我拥有了自尊……总而言之，我希望大家能够明白一点，我不是宗教方面的权威人士，在解释复杂的宗教世界方面，我连三成的功力都没有。我不是宗教领袖，也不是传教士。我只是一个有自己的宗教信仰、遭到人们误解的世界重量级冠军。”[1]这些话听起来像是经过了采访者，也就是拳击公关专家汉克·卡普兰的润色，卡普兰的采访原稿附带的一份说明显示，稿件经过了赫伯特·穆罕默德的批准。[2]

尽管如此，这些话仍然属于阿里在自己皈依伊斯兰教问题上发表过的最简洁、最严肃的评论，凭着这番话，他就与年轻的民权工作者斯托克利·卡迈克尔几乎站在了同一阵营里。卡迈克尔不是穆斯林，但当时他也日渐疏远了主流民权运动，他在为“黑人权力”而战，而不是“平等权利”这一更具有和平主义色彩的目标。但是，阿里和卡迈克尔又有所不同。他信仰一种非西方宗教的行为令许多美国人感到不解，他认为一个全球性非白人联盟最终会打败占少数的白种人的想法又令许多白人感到愤怒。阿里之所以备受争议，是因为他是一名运动员，而不是一位激进的政治活动家。由于他的拳击生涯以及媒体对他的关注，美国的白人比较容易忽视他。在阿里和帕特森的这场比赛中，阿里代表着黑人激进分子，帕特森则代表着种族融合支持者，至少从某种意义上而言是这样的。阿里对帕特森怀有真正的敌意，从帕特森表示自己有义务从穆斯林的手中夺回重量级拳王的头衔开始，他的这种愤怒已经酝酿了至少一年。“这还是我头一次让自己培养起残忍的杀手本能。我对任何人都不曾有过这种感觉。对我来说，拳击比赛只是一种运动，一种游戏。可是，对于帕特森，我应该想把他打倒在地。”阿里告诉亚历克斯·哈利。[3]阿里称帕特森是白人的拳王。他嘲笑这位前冠军在一个白人社区买了一栋房子，结果还是搬走了，因为他发现白人社区并不欢迎他。阿里说，帕特森完全就是一个“黑人汤姆叔叔”。[4]

帕特森也没有示弱。在与米尔顿·格罗斯一起为《体育画报》撰写的一篇文章中，这位前冠军写道：“我是一个黑人，我为此感到自豪，但我同时也是一个美国人。我还没有笨到不知道黑人并不拥有所有美国人应当享有的一切权利和特权。但是，我知道总有一天我们会拥有的。我们都是上帝创造的，他创造的一切都是好的。所有人——白人、黑人和黄种人——都是兄弟姐妹。人们会明白这一点的。这只需要一些时间；但是，如果我们按照黑人穆斯林组织的思维方式来思考，我们就永远不会明白这一点。克莱太年轻了，又一直受到坏人的严重误导，所以他没有意识到我们已经取得了多么大的进步，也没有意识到他加入黑人穆斯林造成了多么大的伤害。他还不如加入三K党呢。”[5]

和马丁·路德·金一样，帕特森听上去也不像“汤姆叔叔”。但是，他的口气就好像他相信非暴力抵抗是黑人寻求正义最实际和最有效的途径。像伊斯兰民族组织这样的激进组织制造了很大的动静，但是在帕特森看来，它们一无所成，很有可能永远都会这样。帕特森的错误不在于讨论政治问题。如果说他有什么错误的话，那就是他试图为一场拳击比赛赋予拳击之外的意义。他宣布自己与阿里的这场比赛是一场圣战，他还说阿里有权信仰任何他想信仰的宗教。但是，他补充了一点：“我也有我的权利。我有权说‘黑人穆斯林’对美国构成了威胁，对黑人种族构成了威胁。我有权说‘黑人穆斯林’很让人讨厌……因此，除了第三次赢得世界重量级拳王的头衔，我还肩负着另外一项职责。必须消除‘黑人穆斯林’在拳坛的势力。”[6]

阿里做出了毫不含糊的回应——帕特森将会受伤。

体育记者们当然喜欢用最宏大的词汇来描述体育竞赛。当杰西·欧文斯在1936年奥运会上获得金牌时，记者们将这场胜利描述为对希特勒信奉的雅利安人至上观念的胜利。但是，这首先是一场纯粹的赛跑。阿里和帕特森之战也是如此。除了其他意义，这场比赛首先是一场拳击比赛，从这个意义上而言，更高大、更强壮、更年轻、速度更快的阿里占尽了优势。

比赛开始了，人群中没有一个人知道阿里究竟在做什么。他出拳的时候似乎根本无意攻击帕特森。他朝着帕特森的脑袋上方和身后出着拳，每一拳都和帕特森的身体相距甚远，收回拳头的时候他也会努力躲开对方的身体。当帕特森气势汹汹地冲过来，试图暴打他的身体时，他就抱住帕特森的脑袋，抱住他的身体，然后将他推开，接着便继续出着这种奇怪的假拳。有一次，他把两只手甩到了空中，就像是做了一个开合跳，然后闪到一旁，左躲右闪地晃动着上半身，脚底下迈着环绕步，甩着两只肩膀。还有一次，他抡着右手甩了几圈，就好似要像大力水手那样打出一拳。结果，他却放下拳头，向后退去了。

“来呀，美国人！来呀，美国白人！”他奚落着自己的对手。[7]

帕特森肯定觉得自己就像是在跟一个幽灵打拳。他打不中阿里，阿里也无意打中他。在重量级拳击比赛的历史上，这或许是唯一一场卫冕冠军似乎对出拳毫无兴趣的比赛。这一回合结束的铃声响起，阿里回到了自己的角落。在观众又一次发出的嘘声中，他以一副胜利的姿态举起了双手。

阿里不是打算把帕特森打倒在地、让他受受罪吗，他怎么了？或者说，这个奇怪的第一回合是他计划中的事情？阿里似乎不太可能像之前面对利斯顿时那样，觉得自己应当先消耗消耗帕特森的体力。他总是说自己打拳都靠直觉，在与帕特森的第一回合里，他看起来那么精力充沛、那么愤怒，就好像他意识到自己正在不断突破自己的创造力极限，就像迈尔斯·戴维斯在小号独奏表演时一直等待着，直到观众无法忍受的时候他才会吹响第一个音符，他就任由沉默自己发声，直到它的声音超过了小号发出的任何一个音符。阿里不见真刀真枪的表演令人极度兴奋，这或许是一场疯狂的表演，抑或是天才之举。

在第二回合里，双方真刀真枪、你来我往地交手了。阿里最先打出的5记刺拳就如同眼镜蛇的信子一样迅猛，每一拳都擦到了帕特森的左耳。接着，他做出了必要的调整，他的拳头瞄准了帕特森的鼻子、下颌和前额。这几拳都给帕特森带来了痛苦，但是它们还起到了另外一个作用。阿里的手臂比帕特森的长7英寸（17.8厘米），对于一个想要击中对手但是又不被对手击中的人来说，这是一个巨大的优势。阿里知道自己用不着用刺拳给帕特森造成伤害。刺拳会拉开他和帕特森之间的距离，让他失去平衡，无法进攻。但是，阿里不知道自己还具有另外一个优势。就在这个星期的早些时候，帕特森的脊背受了伤，他不想取消比赛，但是伤势显然影响了他的发挥。在第二回合里，阿里出拳65次，其中14拳击中对手，虽然他的命中率不算高，但是帕特森只打出了19拳，4拳击中阿里。这是一场碾压式的比赛，比赛会继续这样进行下去。阿里兜着圈子，一记记地出着刺拳，似乎他打算整晚都这么打下去。他径直朝帕特森蹦过去，管他叫“汤姆叔叔”，然后再一次蹦到他的面前。比赛原定十五个回合，到了第十二回合的时候，阿里发动了充满怒火的攻势，在赛前他曾信誓旦旦地宣称自己将对帕特森发动这样的攻势。他使出全身力气，用一记又一记刺拳、上勾拳和勾拳猛击着帕特森的头部。

后来，帕特森告诉记者盖伊·特立斯："一种幸福的感觉席卷了我。"他指的是第十二回合。"我知道比赛要结束了……我感到自己又昏沉，又快乐……我希望能有一记高质量的好拳击中我。我狠狠地出上一拳，然后就这样倒下去。"[8]

帕特森没有打出这一拳，也没有倒下去。裁判终止了比赛。

阿里摧毁了帕特森。当然，观众为此向他喝起了倒彩。白人媒体也对阿里提出批评，谴责他像一个精神变态折磨毫无自卫能力的动物一样折磨自己的对手，考虑到拳击运动的目的就在于伤害和折磨、让人不省人事，对阿里的这种抱怨听上去就不免令人感到奇怪。阿里究竟做错了什么？连续十二回合不停地用刺拳击打一个人，会比一拳击中后者的头骨、使其大脑短路更残忍？阿里清楚取悦这些批评者的办法只有一个，那就是输掉比赛。

比赛结束后，人们在金沙酒店举行了一场庆功宴。桑吉穿着一条曲线毕露的红裙子出现在宴会上，显然她是不请自来。她和邦迪尼聊着天，还坐在了老凯瑟斯·克莱的大腿上。

阿里在房间的另一头看着桑吉，但没有走近她。

在与帕特森的这场比赛之前，阿里说过："我有一种感觉，我是为了某种目的而生的。我不知道我来这里干什么。我就是觉得自己不同寻常，是一种不同的人。我不知道我为什么会被生下来。我就是被生下来了。一个轰隆作响的年轻人。我从小就有这种感觉。也许，我生来就是为了完成《圣经》中的预言。我就是觉得我也许是某件事情的一部分——一些神圣的事情。在我看来，一切都很奇怪。"[9]

阿里通过无数种方式为自己塑造出一副非同寻常、与众不同的形象，一个轰隆作响的年轻人的形象。

阿里喜欢在比赛结束后拿到以现金形式支付的酬劳。大约就在和帕特森的那场比赛前后，路易斯维尔赞助团的律师阿瑟·格拉夫顿陪着阿里去了一趟银行。后来，格拉夫顿告诉作家杰克·奥尔森说："当时，他还能拿到大概27000美元，我想是这个数。在付了几位离婚律师的钱，给了一名陪练1000美元，还有在其他地方花了5000美元之后，再去掉他欠我们的钱，他就剩这么多了。我们俩走去了银行，他想要27张面值1000的钞票。银行没有这笔钱，凯瑟斯就说：'唔，你要多长时间才能搞到这笔钱？'银行的人说大约20分钟——要从美联储送过来。凯瑟斯说不行，太花时间了。于是，出纳员就用小面额的钞票给他凑齐了27000元。最后，我们拿到了满满一袋钱，袋子侧面还写着大大的'第一国家银行'字样。我们只能拿着那东西穿过路易斯维尔的一条条街道，返回他住的酒店。离开前，凯瑟斯对那位女出纳员说：'你知道我会在旅馆房间里把这些钱数一数，我是不会乱数的，你会知道的，因为我的律师会看着我。'在回去的路上，他还调侃我。他说：'你觉得我会被打劫吗？你知道的，是不是？'他还说：'也许咱们应该雇个警察。雇个警察陪咱们一起走回去要多少钱？'——他的这个想法令我很不安。我们回到了酒店，他把钱统统摊在床上，然后就数起了钱，你相信吗？竟然少了1000美元！我们数了五遍，然后把一整袋钱又拿回银行。他们已经意识到钱少了，所以正等着我们。接下来，有了27000美元现金的凯瑟斯就飞往了芝加哥。”[10]

阿里喜欢用手指在一堆钱里摸来抹去，把成堆的钱展示给朋友们看。他需要看到钱、感受钱，在一定程度上这是因为他的大部分收入似乎在他还没来得及花掉之前就消失了。不等阿里看到自己的钱，其中很大一部分就已经流入了国税局、桑吉、路易斯维尔赞助团、他的律师、跟班，以及各种各样的汽车经销商手中。他经常向路易斯维尔赞助团的成员索要他的所得税收据复印件，这倒不是因为他想拿到能够证明自己已经缴税的证据，而是因为他无法相信“山姆大叔”能拿走那么多钱。另外，他也喜欢向朋友们炫耀这些收据。[11]当然，手头有这么多现金有时候反而会给他造成更大的损失。1965年，他的豪华轿车司机开着他的“凯迪拉克”跑掉了，再也没有回来，一起消失的还有他一直放在后备箱里的3000美元。[12]不过，阿里渐渐习惯了这样的损失。

眼看自己与路易斯维尔赞助团的合同即将到期，这位拳击手告诉几位赞助者他打算续约。[13]但是，赞助团的成员遇到了一个令他们感到不满的复杂问题。1966年1月，穆罕默德·阿里召集媒体，宣布了“压轴赛公司”成立的消息。这家公司将负责他所有拳击比赛的辅助宣传权，无论是直播还是录播的比赛。“我对这家公司非常感兴趣，看到这家公司不再把黑人当作幌子，而是让他们当上了股东、官员、生产和营销方面的代理人，我感到非常开心。”他说。[14]

阿里通过拳击比赛赚了不少钱。两个月前他与帕特森那场比赛的总收入约为350万美元，他和路易斯维尔赞助团拿到了大约75万美元。截至当时，他是整个体坛身材最高大、收入最高的一位明星。现在，他又宣布成立了自己的营销公司，这个举动让他拥有了黑人运动员从未拥有过的自主权。他还通过这家公司转移了收入中的最大一部分，从而让这笔收入不再落入路易斯维尔赞助团的口袋。这一点正体现出这6年里世界发生了多么大的变化。在结束了奥林匹克运动会、回到家中时，这名年轻的拳击手还认为自己拥有一群白人赞助者是一件幸运的事情。而现在，他谈论起了实现黑人独立、振兴黑人经济的问题，这些话题在1960年都是不可想象的。

毫不奇怪，路易斯维尔赞助团的成员们被震惊了。在接受联邦调查局的询问时，路易斯维尔赞助团的律师阿瑟·格拉夫顿说自己竭尽所能地提醒过阿里压轴赛公司给他开出的条件并不好。阿里告诉格拉夫顿，他不明白格拉夫顿在担心什么，他说压轴赛公司的筹办人都是他的朋友，赫伯特·穆罕默德是伊利贾·穆罕默德的儿子，伊利贾“给予了我力量——如果我能帮助［黑人］穆斯林组织，它就能给予我力量——如果我赚不到那么多钱，它也不会害我”。[15]格拉夫顿清楚自己无法改变这位拳击手的想法。在给路易斯维尔赞助团成员的一份备忘录中，他写道阿里“现在显然彻底被穆斯林组织左右了”。[16]面对阿里的表现，赞助团里至少有一名成员表示想与这位拳击手断绝关系。[17]

感到愤怒的并不只有这群商人。体育记者吉米·坎农就曾抱怨道：“拳坛的这种勾当已经被［黑人］穆斯林组织变成了一场十字军东征。克莱就是他们最大的战利品。”在《芝加哥美国人》上刊登的文章中，道格·吉尔伯特写道：“如果［黑人］穆斯林组织拥有了克莱，并且拥有了他所有拳击比赛的电视转播权，那么他们就相当于是对拳击界所有赚钱的东西都拥有了绝对的控制权。”[18]

不过，围绕阿里走向独立的举动产生的种族主义恐惧也颇有讽刺色彩。首先，所谓的穆斯林组织试图控制拳击生意的斗争其实是一个白人犹太人想出的点子，这个犹太人就是纽约的律师鲍勃·埃勒姆。埃勒姆首先向赫伯特·穆罕默德提出了这个想法，赫伯特邀请他前往芝加哥征得伊利贾·穆罕默德的批准。[19]随后，埃勒姆被叫到伊利贾·穆罕默德在芝加哥的家中见面，当时伊利贾的一大群穆斯林随从都恭恭敬敬地站在那里听他们谈话。[20]两个人围绕着共同的商业利益畅谈了二三十分钟，突然伊利贾针对“蓝眼睛的魔鬼”和他们对黑人犯下的罪行长篇大论地训斥了一通。伊利贾的爆发似乎毫无缘由，埃勒姆认为他只是在给那群随从演戏，在他看来这番说教正是伊利贾狡猾智慧的体现。会面结束后，伊利贾为这笔交易送上了祝福，但是他提出了一个条件：他希望伊斯兰民族组织的书记员约翰·阿里也参与这门新的生意，因为约翰·阿里比赫伯特更了解商业活动。[21]

伊利贾·穆罕默德认可这笔交易是因为它有利于伊斯兰民族组织吗？埃勒姆觉得不是这样的。提起往事，他说：“他是为了通过这门生意让他的儿子赚到大钱。”在阿里通过拳击比赛获得的收入中，赫伯特·穆罕默德已经拿到了三分之一左右的份额，通过别的计算方式，他拿到的份额甚至高达40%。而现在，他还能拿到4.5万美元的年薪，另外，压轴赛公司的收入他也能分到一部分。[22]根据美国联邦调查局的一份备忘录，他拿到的钱太多了，就连他的家人都眼红了。[23]根据联邦调查局的说法，赫伯特的家人并不知道他还有一些“秘密”收入，为了得到以现金形式支付的预付款，他削减了压轴赛公司合伙人的部分收益。

为什么要让约翰·阿里参与压轴赛公司的这项交易？对于这个问题，埃勒姆说，多年后他从执法部门一位消息人士那里得知约翰·阿里有可能是谋杀马尔科姆·X的幕后黑手之一，“拳赛钱……就是对他的奖励”。[24]约翰·阿里否认了这种说法，他说自己和伊斯兰民族组织里的任何一个人都与马尔科姆遇害事件无关。[25]

埃勒姆拉起了队伍，也就是包括他自己在内的五名高级职员和股东，队伍中的另一个白人是控制着美国大部分闭路电视业务的迈克·马利茨，另外还有橄榄球明星吉姆·布朗、赫伯特·穆罕默德和约翰·阿里。公司不归穆罕默德·阿里所有，董事会里也没有他的位置。在几年后的一次采访中，约翰·阿里提到自己和赫伯特都从压轴赛公司获得了个人利益。穆罕默德·阿里从每场比赛的收入中抽取一定比例的报酬，路易斯维尔赞助团也得到了补偿，直到他们与阿里的合同到期。但是，据约翰·阿里所述，没有一分钱流入伊斯兰民族组织的口袋。"'民族'可不指望着施舍过日子。"他说。[26]

路易斯维尔赞助团的成员阿奇博尔德·福斯特曾在备忘录中写道："对这种情况考虑得越多，我就越想放弃跟拳王的合作。我们的长期目标全都落空了。我们本来希望绝不跟黑社会人物交往，可是眼下在芝加哥我们似乎就跟这种人打上了交道。我们肯定不太喜欢自己因为这种交往被蹭上反美哲学。最后一点，金钱回报太少了，我都不相信咱们中间还有谁会对这份收入感兴趣。我想做的就是把合同还给凯瑟斯。"[27]

1966年2月16日，阿瑟·格拉夫顿给赞助团的其他成员发去了一份备忘录，他告诉大家从现在起赞助团要确保所有账单都得到支付，债务得到履行，以便在合适的时机"把我们的合同出让给克莱"。[28]不过，格拉夫顿还表示，对于阿里与厄尼·特雷尔在芝加哥举行的那场比赛，他已经预留了75个台边区的座位，如果赞助团里有谁希望观看那场比赛的话。这是他们跟这位重量级拳王的合作带给他们的特殊待遇，但是看起来这很有可能将是他们最后一次享受这种待遇了。

赞助团的许多成员都表示他们打算观看这场比赛。尽管出现了各种问题，遭遇了各种挫折，但是赞助团里的大多数人仍然十分喜欢这个在他们的帮助下走上了职业生涯的年轻人，也对他怀有美好的期望。

第二十一章
不要争吵

穆罕默德·阿里一屁股坐在草坪的椅子上，伸开两条大长腿，嘴里哼唱着鲍勃·迪伦的那句歌词：答案在风中飘荡。[1]这是1966年2月17日，阿里琢磨着一个问题：路易斯维尔的一个征兵委员为什么改变了先前的想法，把他列为1-A类征兵对象，一下子让他具备了服役资格？

在迈阿密那幢灰色水泥房子前，阿里斜靠在椅子上，跟记者、邻居和朋友闲聊着。“为什么是我？我不明白。他们怎么会这样对待我——世界重量级冠军？”

就在两年前，也就是他还把自己叫作“凯瑟斯·克莱”的时候，他没有通过入伍前的心理测试。可是，在那之后，越南战争升级了。从1964年到1965年，在越南死亡的美军士兵数量增长了将近9倍，从大约200人上升到1900人。1966年，死亡人数又增长了两倍，超过了6000人。[2]越来越多的美国士兵接到执行任务的命令，许多原本被推迟入伍的人都面临着重新评估。随着死亡人数的增加，美国人民之间的分歧也越来越大了。许多人认为，如果南越（越南共和国）落入一股共产主义势力手中，其他东南亚国家也会步其后尘；另一些人则指出，就连新任总统林登·约翰逊在私下里都说南越是“一个破破烂烂的四流国家”，美国根本没有理由在这样一个国家参与战事。

阿里向一位又一位电视台记者表达着自己的不满。他说，所有人都知道征兵制度受到了操纵，所以有钱的白人男性就不用服役，而穷人和黑皮肤的人服役的数量则高得不成比例。就在他的家里，伊斯兰民族组织的成员警告他，马上他就要被送到前线去了，就要受到那些疯狂的白人中士的折磨了。[3]

“他们怎么能把我重新分类到1–A？”阿里问道。

“他们怎么能这样，也不再测试一次，看看我比上一次更聪明了，还是更糟糕了？”[4]

哥伦比亚广播公司晚间新闻的记者鲍勃·哈洛伦和一名摄影师出现在阿里的家门外。哈洛伦走进去，在阿里不知情的情况下拔掉了房间里的电话线，这样他们的谈话就不会被打断了。采访开始，哈洛伦请拳击手对征兵委员会的决定做一下回应。[5]阿里竹筒倒豆子一样地向哈洛伦说出了自己的想法：

“是的，先生，这个决定令我感到十分意外。上次我被划为1–Y类并不是我自己说的。政府让我接受了测试。是政府说我没有资格的。现在，我成了1–A类人员，可我并不记得自己被叫到了哪里，被重新划为了1–A类这回事。就是两个人凑在一起，宣布我属于1–A类人员，其实他们压根不知道我的情况是否跟上次一样，还是比上次好一些。现在，他们在肯塔基州的路易斯维尔有30个人可以挑选……结果选中了世界重量级拳击冠军……其实有很多打棒球的年轻人让你们挑选。其实有很多年轻人让你们挑选……他们都已经参加了测试，都是1–A类的。上次他们测试我的时候，我还不是1–A类。可是，突然他们又好像一心想把我送去参军了。他们把我划到了1–A类，这类人员中本来有三四十个人供他们挑选。结果，那两个人做出了决定。还有一件事我也不明白，我真的不明白——为什么是我，一个至少可以给在越南的5万人开工资的人，一个政府从他一年打的两场比赛中就抽走600万美元的人，一个打两场比赛就能买得起三架轰炸机的人。”[6]

这天晚上，阿里和他的朋友们守在电视机前，观看了沃尔特·克朗凯特主持的哥伦比亚广播公司晚间新闻节目。[7]在播报了有关印第安纳波利斯一所女子惩罚机构爆发骚乱的报道后（“世界末日！”房间里有人冲着电视嚷嚷起来），克朗凯特谈起阿里一直期待的故事。

“今天，在路易斯维尔……”克朗凯特讲述了起来。

“嘘——嘘。”阿里说。

克朗凯特继续说着：“……负责重量级拳王凯瑟斯·克莱的征兵委员会将他重新划入了1-A类人员，从而让他立即具备了服役资格。”

接下来，阿里出现在了屏幕上。他言辞激烈地发表着自己的看法，对自己被列为1-A类人员的决定表示不满。等他的画面消失后，克朗凯特又出现在黑白屏幕上，他说没有迹象表明克莱究竟何时会应征入伍，也没有迹象表明他与厄尼·特雷尔原定3月29日举行的那场比赛是否会被取消。

“这个报道还不错，是吧？”阿里向一屋子的人问道。

屏幕上出现了“奇风”人造黄油的广告，房间里也立即响起了肯定的回答。

“林登·约翰逊听到我刚才说的话了吗？他看了这个吗？”阿里问道。

“他看着呐！”有人喊了一声。

“林登·约翰逊看了这个？我打两场比赛就能买得起三架轰炸机！”

无论林登·约翰逊总统是否听到了阿里的这番话，至少成千上万的观众都听到了。越南战争引发了激烈的争论，但是1966年大多数美国人仍然对政府在东南亚地区对抗共产主义的军事活动表示支持。现在，电视观众和报纸读者得知阿里不想服兵役，他的这番言论在他们看来进一步证明了他的自私和对国家的蔑视。阿里始终不曾从政治、哲学或者宗教的角度表示自己反对战争，他只是说自己不想打仗，而征兵委员会应该找得到人来代替他，他也不介意国家用他缴纳的税款购买轰炸机去杀死美军在越南的敌人。

两天后，阿里对自己的论点做出了修正。他在电话里告诉《芝加哥每日新闻》的一名记者：“我是［黑人］穆斯林的成员，除非真主宣战，否则我们是不会发动战争的。我和那些越共之间又没有什么私人恩怨。”他还补充道：“我只知道他们被视作亚洲黑人，我是不会跟黑人打仗的。我从没去过那里，我对他们没有什么意见。”阿里可能听说过学生非暴力协调委员会选择了反战的立场，他们宣称派美国黑人去越南为民主而战是错误的，毕竟直到现在他们在自己的国家里还尚未拥有自由。阿里说他在电视上看到过白人男子焚烧他们的征兵卡，他还听说一些国会议员反对越南战争。“他们都反对战争……那我们［黑人］穆斯林凭什么要支持战争呢？”他问道。[8]

现在，阿里从道德和宗教的角度提出了自己不愿服役的理由，这场辩论很有可能受到了他的导师伊利贾·穆罕默德的启发。在第二次世界大战期间，伊利贾就曾因拒绝参战而入狱4年。萨姆·萨克森——现在已经改名为阿卜杜勒·拉赫曼——声称“我和那些越共之间又没有什么私人恩怨”这句令人难忘的名言是他提供给阿里的。后来，很多人都认为与此类似的一句话也出自阿里之口——“我对越共没有意见。”这句话还和出现在印有阿里肖像的T恤衫和海报上的一句话——“没有一个越共管我叫‘黑鬼’”——联系在了一起，成为了公认的美国运动员说过的最有影响力的一句名言。有一点几乎是毫无疑问的，前一句话是阿里说的，至少是类似的话。但是，没有证据表明第二句话是他在几年后拍摄电影的时候说出的。正如斯蒂芬·法特西斯在2016年的一篇文章中指出的那样，在阿里发表有关战争的言论之前，反战抗议者们已经用上“没有一个越共管我叫‘黑鬼’”这句口号了。[9]

尽管如此，通过拒绝将越共视作敌人这样的表态，阿里还是显示出他正在逐渐形成自己的观点。他说他的敌人不在东南亚，他的敌人是美国的种族主义。

看到这句话引起了共鸣，阿里便开始把“我对越共没有意见”这句话挂在嘴上，有时候他也会采用双重否定的句式来表述同样的意思，“我跟越共没有什么过不去的”。在他一生中说出的无数名言中，这句话将成为最令世人难忘的一句话。这句话机智风趣，同时又充满了反抗色彩。至于它是否经过了阿里的深思熟虑，完全是无关紧要的问题，因为从本质上而言，这句话说出了真相。在几乎没有伊斯兰民族组织的知识分子或者宗教领袖支持的情况下，阿里选择了一种非常美国化的立场，这一点颇有讽刺意味。作家亨利·戴维·梭罗拒绝缴纳被用来资助奴隶制和美墨战争的税款，南方的黑人男女老少拒绝离开只有白人的小餐馆，同他们一样，阿里也在捍卫公民的不服从，在捍卫自由。

1966年2月28日，也就是得知自己被重新划定征兵类别的11天后，阿里向兵役登记局提交了文件，声称自己是“因良心拒服兵役者”。他宣称，基于宗教信仰的问题，他应当免于服役，无论是作为作战人员，还是非作战人员。他说在宗教方面，伊利贾·穆罕默德是他最信赖的导师，后者认为“只有在体育运动和自卫时”才应当使用武力。他还提到自己离婚的事情，以此证明自己坚定不移的宗教信仰，他说“我爱她，但是由于她不遵守我们［黑人］穆斯林的信仰”，[10]他就跟她离婚了。

“因良心拒服兵役者”登记表基本上是由纽约律师爱德华·W. 杰克逊填写的，他说按照阿里的要求，他只是把他的回答一一写了下来。在第一页需要签名的地方，阿里写道：

奴隶姓名：小凯瑟斯·M. 克莱；正确姓名——穆罕默德·阿里。[11]

毫不奇怪，阿里拒绝为祖国效力的举动激起了更强烈的仇恨。

《洛杉矶时报》的吉姆·默里讽刺阿里是“自贝内迪克特·阿诺德①之后最伟大的美国爱国者，国会谨慎精明勋章的头号候选人”。默里还给阿里——他仍然称阿里为凯瑟斯·克莱——出了一个主意：“你可以去艾奥瓦州——哈莱姆区也行——找一个大娘帮帮你。她肯定会理解的。你就跟她说，你有机会赚大钱。告诉她你有两辆凯迪拉克，一位前妻，你还要养活一整个教派……你就建议她把自己的儿子送去参军。你说你对越共没有意见。好吧，凯什，我觉得你的理由很充分。凭什么要为一个蹩脚的原则去打仗？我的意思是，从这个角度来想一想：在南北战争中，有五十万人为了与奴隶制做斗争而送了命。我打赌，他们中有一半人甚至都不知道奴隶制是什么……那些傻瓜真应该烧掉他们的征兵卡。或者像你现在这样请一个律师。嗯，凯什，这件事也有好的一面。要是他们没有牺牲生命解救你们这些人，想想那些会失业的律师会怎样。天哪！伊利贾·穆罕默德本人

① 贝内迪克特·阿诺德（1741—1801），美国独立战争时期将军，曾先后效力于大陆军和英军，常常被认为是美国独立战争时期最臭名昭著的叛徒。

可能会破产了。你这是在养活整个菲斯帽①产业啊。”[12]其他一些记者甚至对阿里的智商表示了质疑，他们说他不理解其中涉及的问题和原则。有人怀疑阿里之所以反对征兵只是为了引起外界对他与厄尼·特雷尔这场比赛的兴趣，还有一些人声称阿里只是伊利贾·穆罕默德手上的一个傀儡，伊利贾怎么说，他就怎么做。

按计划，阿里和厄尼·特雷尔应该在芝加哥举行这场比赛，但是芝加哥当地的报纸都敦促主办方取消比赛。在《芝加哥美国人》的社论撰稿人看来，问题在于阿里为拒绝服役提出的一连串理由难以令人信服。而《论坛报》则表示不希望看到比赛收入通过压轴赛公司落入伊斯兰民族组织的口袋。很快，退伍军人组织和当地的政客也加入了这个行列，开始呼吁取消这场比赛。阿里一度做出了道歉的姿态，但是他的道歉有些敷衍。他告诉合众国际社：“要是知道大家对我发表的所有政治见解都那么认真的话……我当初就不会开口了。”[13]

阿里的团队要求伊利诺伊州体育委员会举行一场正式的听证会。和阿里一起从迈阿密飞过来的鲍勃·埃勒姆认为，只要阿里把自己的政治观点表达得巧妙一些，这场比赛就能保住了。可是，在举行听证会之前，阿里拜访了伊利贾·穆罕默德，听闻这位拳击手打算再做一次道歉，伊利贾感到非常愤怒。[14]显然，阿里注意到了伊利贾的反应。在向体育委员会陈述时，阿里表示自己为那些因为取消比赛而遭受经济损失的人以及那些陷入尴尬境地的政客表示遗憾。可是，当一名委员问他是否为自己不爱国的言论感到后悔时，阿里给出了否定的回答，“我不会为这种事情道歉，因为我不需要道歉”。听证会结束大约半小时后，伊利诺伊州的检察长威廉·克拉克以许可程序存在技术问题为由，宣布这场比赛为非法比赛。正如埃勒姆所说的那样，“这样一来，他们就把我们赶出了芝加哥”。[15]

无论驱动阿里的力量来自宗教还是政治方面，或者是他对伊利贾·穆

① 菲斯帽，即土耳其毡帽，呈筒状，顶部常装饰有流苏，是流行于奥斯曼土耳其帝国的传统服饰。吉姆·默里借此指穆斯林。

罕默德的忠诚，许多美国人都低估了他对这一立场的坚定程度。美国的白人说这位重量级拳王应该成为美国年轻人的榜样、美国力量的象征，可是现在他的这个决定激怒了他们。这个决定也对黑人社会产生了作用，尽管效果可能不那么明显。年轻的黑人尤其受到了影响，对他们而言，阿里正在成长为一个极具影响力的偶像。对于许多反叛的黑人青年而言，阿里的宗教信仰并不重要，真正重要的是，他勇敢地面对白人当局，旗帜鲜明地反对种族主义。无论是在伊利诺伊州的体育委员会面前，还是在拳击台上面对帕特森的时候，他都证明了这一点。正如埃尔德里奇·克里弗在1968年出版的自传《搁置的灵魂》中所写，"如果说'猪湾'是打在美国白人心理下巴上的一记右直拳，那么［阿里和帕特森的那场比赛］就给他们的勇气来了一记完美的左勾拳。"[16]有一件事情足以说明阿里的影响力正在与日俱增。1965年，总部设在阿拉巴马州朗兹县的美国学生非暴力协调委员会选择黑豹的形象作为自己的标志，他们还给这个标志加上了一句口号，"我们是最伟大的"，这句口号正是受到了阿里的启发。自我意识的一阵爆发突然间就变成了战斗的号角。黑豹党的联合创始人休伊·牛顿说过，虽然自己对上帝和真主毫无兴趣，但是马尔科姆·X和穆罕默德·阿里的讲话在他逐步深入政治活动的过程中发挥了至关重要的作用。

在1970年里接受《黑人学者》采访的时候，阿里对自己在文化领域日渐增长的影响力做了一番描述："我决心成为白人理解不了的黑人。继续加入某个组织。即使不是［黑人］穆斯林，至少也会加入黑豹党。加入不好的组织。"[17]

和特雷尔的比赛落空了。阿里不得不匆忙选择一位新对手。在成为拳王后的两年里，他只打过两场比赛。现在，应该赚些钱了，要尽可能快、尽可能多地赚些钱，尤其是考虑到美国军方现在打算让他穿上军装、失去工作。可是，为了给他找到工作，他的团队现在不得不四处乞怜。伊利诺伊州将他拒之门外了，其他几个地方也表示他不受欢迎，现在他和自己的经纪人北上加拿大，宣布将于3月29日在多伦多的枫叶花园体育馆与乔治·丘瓦罗进行一场比赛。

被迫从自己的国家出走让阿里再一次意识到自己的重要性。"我受到的待遇似乎不符合这个自由世界。这一切都让我变得更加强大了。我一直都很清楚我生来是有使命的。它逐渐成形了，这就是命运。要想变得伟大，你就必须经历磨难，你就必须付出代价。”[18]

路易斯维尔赞助团的成员们试图说服阿里在服役的问题上放弃自己的立场，他们向政府里一些有权有势的人物寻求帮助，后者承诺，只要阿里同意为国家效力，他们就会给他分配一个远离战斗的职务。十有八九，他会像乔·路易斯在第二次世界大战期间那样，只是为士兵们进行一系列的拳击表演而已。戈登·戴维森代表赞助团飞往纽约，对阿里说教了一番。戴维森认为阿里是一个品质良好的年轻人，只是太容易受到别人的影响了，他说：“伊利贾·穆罕默德给他灌进了大量的毒药。阿里不相信这一切。”这位律师希望阿里明白拒绝入伍会给他带来多大的损失。在曼哈顿喜来登酒店的一间套房，他见到了阿里。阿里的身边有十几个黑人穆斯林的成员，他们全都穿着一身黑西装。“我的桌子上放着价值一百多万美元的合同，这些合同来自包括可口可乐在内的各种公司。我告诉他：‘你明白吗，它们说飞走就会呼的一下飞出窗户了。’”戴维森说。

然而，阿里不为所动。

“谈话持续了两个小时。最后，他说：‘我想谢谢你，我知道你一直把我的利益放在心上。’他很客气，也满怀谢意。”戴维森回忆道。[19]

丘瓦罗是洛基·马西安诺那类拳击手，一个充满了自豪感和勇气、不介意挨拳头的硬汉。当时，埃勒姆负责宣传这场比赛，他还用自己的信用卡来支付宣传费用，[20]在他看来，这场比赛不太容易推销。当酒吧里有人大动干戈的时候，只要一看到丘瓦罗的块头和那张饱受重创的脸，就连最强壮的家伙都会收住拳脚，可是加拿大人还是认为他不是阿里的对手。为了提高人们对这场平淡无奇的比赛的兴趣，阿里把这场比赛称为加拿大拳王和美国拳王之间的国际大战，他极力渲染着，试图让外界觉得他在担心自己可能会输掉这场比赛。阿里说，作为一名“自由战场上的战士”，[21]最近几个月来他一直忙于进行真正的训练。在一次训练的过程中，他被陪练吉米·埃利斯打倒在地，看到这一幕，体育记者们得出了一个结论，这位拳王之前说的是实话。[22]

这一年，丘瓦罗28岁，之前创造了34胜11负2平的记录，他身材高大、体格强壮，在拳击台上从未被打得不省人事。在赛前密集的媒体报道中，丘瓦罗信誓旦旦地表示自己不会像利斯顿那样轻易倒下，他说："去他的，我的孩子都挨得住更厉害的拳头。"他指的是阿里在缅因州小镇刘易斯顿打出的那一记所谓幽灵拳。一名记者问丘瓦罗他指的是不是他六岁的大儿子。"不，不，我说的是杰西，最小的那个。他才两岁。要是说我的大儿子没利斯顿能挨打，那就是在侮辱他。"丘瓦罗纠正道。[23]

比赛开始了。阿里打出了刺拳。丘瓦罗任由他发动攻击。一等到阿里停止出拳，丘瓦罗就逼上前去，对着阿里的胸部打出一记又一记重拳。在第一回合里，丘瓦罗一度连续打出了14记右勾拳，拳拳都落在了阿里身体左侧的同一个位置。然后，阿里才躲开了他的拳头，开始了反击。

"再用点力呀！再用点力呀！"阿里说。[24]

在第二回合里，阿里举起双手，一动不动地站在那里，他又在招惹丘瓦罗攻击他的腹部了。丘瓦罗满足了他的愿望。

"对丘瓦罗来说，这是一生难得一遇的机会。"坐在台边区的播音员说。在前4个回合里，丘瓦罗的出拳次数超过了阿里，两个人分别打出了120拳和92拳。这个数据已经够令人吃惊了。但是，还有一点才是更重要的：丘瓦罗在重拳上也占据了优势。在前4个回合里，阿里只有30记重拳击中对手，丘瓦罗的这个数据为107。[25]

丘瓦罗暴露出了传奇教练埃迪·富奇在阿里身上发现的弱点，富奇说过这位拳王击倒对手时的出拳质量并不高，而且他从来不懂得消耗对手的身体。他还说，阿里的防守"很单一"，几乎完全依赖于后撤来躲避对手的拳头，不太会下潜躲闪或者拨开对手的拳头。但是，他用"速度、良好的反应能力和大心脏"[26]弥补了自己的缺陷。在拳击领域，"大心脏"指的是拳击手在头部遭到击打时仍然保持清醒的能力。在这方面，阿里和丘瓦罗都非常出色。

丘瓦罗比阿里曾经面对过的任何一位对手都更充分地调动起了这位拳王，迫使他在比赛中全力以赴，放弃了那些花哨的小伎俩，充分发挥出了自己的才能，左一下刺拳、右一下勾拳，直到两条胳膊打得疲惫不堪，双手也感到酸痛。

在与利斯顿的第一场比赛中，阿里击中对手95次；在第二次比赛中，他只打出4拳就结束了比赛。在对阵帕特森的时候，他在十二回合里有210拳击中了对手。现在，面对丘瓦罗，阿里击中对手474次，自己则挨了对手335拳，其中包括300次重拳。他还从未经受过这样的重创。丘瓦罗说过："在我自己看来，我是——好像——挺特别的……我总是对自己说，我是不会受伤的。我觉得自己坚不可摧——是我疯狂的那一面这样认为的。"在第四回合结束后，阿里或许已经意识到丘瓦罗的确是不可摧毁的，或者说，至少他相信自己是坚不可摧的。拳王阿里在比赛结束后说，丘瓦罗的脑袋是"我打过的最硬的东西"。[27]

阿里在场上兜着圈子，调整着节奏。他的架势就好像他认为这将是一个漫长的夜晚，比赛结果很有可能要由裁判——而不是脑袋上的伤口或者致命的一击——来决定了。丘瓦罗比阿里在此之前接触过的任何一位拳击手都更清晰地展示出阿里是如何被耗尽体力的：做好打持久战的准备，紧贴对手，调动自己的身体，不停地出拳。他把阿里狠狠地打了一顿，迫使他打满了十五个回合，这对阿里来说还是有生以来的第一次。不过，裁判们还是一致判定阿里获胜。

丘瓦罗用一张起伏不平的脸和屹立不倒的斗志为这个夜晚画上了句号。多年后，丘瓦罗指出在那场比赛结束后阿里不得不去医院，因为他的肾脏挨了太多拳，害得他都"尿血"了。

"我？我得跟妻子跳舞去。"丘瓦罗说。[28]

第二十二章
“我叫什么？”

此时，阿里应该是拳坛之王，同时也是无可争议的体育商业冠军，然而他却因为极其不得民心而无法在美国当地参加拳击比赛。政客们接二连三地禁止阿里踏入他们管辖的地区，以此证明他们的爱国精神。就连路易斯维尔也将他拒之门外了。

他与丘瓦罗的这场比赛虽然很有观赏性，但是却没有让他发一笔横财。现场门票的确售罄了，可是闭路电视转播门票没有卖出多少，造成这种状况的一个原因在于这场比赛是临时安排的，另一个原因是拳击爱好者们对丘瓦罗的期望不高。阿里明白自己的职业生涯随时都有可能中断，如果军队强行要求他入伍的话。另外，他还身无分文。他在路易斯维尔赞助团强加给他的信托基金里存着5万美元，仅此而已。

所以，阿里就做了“阿里”最擅长的事。他进行了反抗。在接下来的12个月里，他打了6场卫冕赛。自1941年——乔·路易斯的巅峰时期——以来，还从来没有一位拳王如此频繁地参加过比赛。

“我是一名拳击手，拳击手的商业寿命并不长。所以，我始终在采取行动，始终保持着警惕，始终盯着目标。在拳击台进进出出的过程中，我可以保证自己不受伤，所以我能不停地参加比赛，付出比其他拳王多一倍的努力，因为我消耗的没有他们那么多。”或者，用赫伯特·穆罕默德的话来说，“标准石油公司不会每年只卖一点点石油”。[1]

这6场比赛的对手并不都是顶尖选手，不过，阿里还是一如既往地吹嘘了一番。当然，没有人知道这将是他们最后一次看到这位拳击手在鼎盛时期的比赛。

1966年5月21日，在英格兰阿森纳足球场里的46000名观众面前，阿里又一次与亨利·库珀较量了一番。一开始，比赛的节奏很缓慢，阿里轻松自如地在拳击台上转来转去，不时地出上几拳，这些出拳都微不足道，他看上去活像是受到了房间里苍蝇的骚扰。终于，在第四回合他发起了进攻。从这时起，他随时随地都能够击中库珀。到了第六回合，他的一记右拳把库珀左眼的皮肤打裂了，一道缝了16针才缝合住的口子。裁判出面终止了这场算不上比赛的比赛。

不到三个月后，阿里又在英格兰打了一场比赛，这一次他只用三个回合就击败了布莱恩·伦敦。不管怎样，在这场比赛中，他至少证明了他的确可以毫发无伤地走出拳击台。伦敦只有7拳击中了他。

接下来的一场比赛是在德国法兰克福举行的，对手是卡尔·米尔登伯格。这一次，新婚燕尔的弟弟没有陪在阿里身边，陪同他前往德国的是他的父母。从芝加哥起飞三个小时后，奥德萨——她是一行人中唯一的女性——在阿里的额头上亲了亲，熟睡中的阿里被唤醒了。

“我的孩子还好吗？”奥德萨轻声说。

“是的，妈妈，我很好，”阿里温柔地回答道，“我打赌你一定很紧张，对吧，妈妈？——这可是35000英尺（10668米）的高空。”

“不，宝贝，只要和你在一起，妈妈就没事。”奥德萨说。[2]

米尔登伯格是一位性格强悍、经验丰富的拳击手，保持着49胜2败3平的记录。他还是一个左撇子，从阿里刚刚成为业余选手时起，左撇子拳击手就一直令他感到头疼。

果然，这一次阿里打得很吃力。他无法尽情地发挥刺拳。面对他的勾拳，米尔登伯格总是能轻轻松松地躲开。他打出的拳只有四分之一击中了对方。而通常，他总有超过三分之一的出拳能够命中目标。[3]一回合接着一回合，法兰克森林球场里五万多名观众为米尔登伯格发出的欢呼声变得越来越响亮了，赌博公司为处于劣势的他开出了10：1的赔率。这是有史以来在德国境内举办的第一场重量级拳击冠军争夺赛。然而，米尔登伯格就像一个试图威胁超级大国的发展中国家一样，只是给阿里制造了一点麻烦，并没有对他构成实质性威胁。到了第八回合，阿里似乎觉得玩够了，他一下子掌控住了局面。一记阿里式的右拳把德国人的膝盖打弯了。米尔登伯格的脚底下摇晃起来，趁着这个时候阿里将他推倒在垫子上。米尔登伯格站了起来。在第十回合，阿里又一次把他打倒了。到这个时候，挑战者已经是一团糟，身上糊满了血。终于，在第十二回合，阿里再次用一记右直拳将米尔登伯格打得头昏脑涨、毫无招架之力。裁判终止了比赛。

与米尔登伯格的这场比赛是阿里在路易斯维尔赞助团手底下打的最后一场比赛。10月22日，双方的商业合作结束了，赞助团的成员们收到了一份有关阿里的简明扼要的投资报告。报告显示，阿里的总收入为237万美元，阿里拿到了136万美元，约占总收入的58%；扣除开支后，集团的净利润约为20万美元，分为13份。阿里已经还清了之前从赞助团那里拿到的借款，也缴了税，信托基金里有大约7.5万美元。[4]这位拳击手在理财方面不太精明，路易斯维尔赞助团成员们也没有看到自己的投资获得很大的收益，但是这群商人还是感到心满意足。毕竟，正是在他们的引导下，这位年轻的拳击手才开始了职业生涯，成为了拳王，他们还帮助他赚取了巨大的财富。从1964年到1966年，阿里赚了120多万美元，而同时期收入最高的棒球运动员威利·梅斯的年收入只有10万美元左右。阿里也是美国历史上收入最高的运动员，而且遥遥领先于其他人，即使考虑到通货膨胀因素，这一点几乎也是可以肯定的。不幸的是，他花钱如流水。他的信托基金还在，但他的积蓄基本上也就只有这么多了。1966年，他的个人银行账户上一度只剩下109美元。[5]

戈登·戴维森说过，路易斯维尔赞助团的主要目标就是帮助阿里成为拳王。他们不仅很好地规划了他的事业，妥善地管理了他的资产，而且在他加入伊斯兰民族组织的时候，他们也依然跟他站在一起。对于这一点，阿里心存感激。在他们的合同即将到期的时候，阿里在路易斯维尔进行了一场表演赛，在比赛现场，他邀请赞助团的成员们走上拳击台，公开向他们表达了谢意。戴维森说，总体而言，回首自己与阿里在一起度过的那段日子，赞助团的成员都会感到无比的骄傲。在他们的帮助下，美国体育史上出现了一段最伟大的职业生涯，“我们还让年轻人看到他们用不着出卖自己的灵魂，通过拳击比赛他们也能成为人上人。”戴维森说。[6]

到了接下来的一场比赛时，阿里已经24岁了。在这场比赛之前，他谈到了退役的问题。他感到后背发疼。两只手也疼。他的下一位对手是“大猫”克利夫兰·威廉姆斯，他说或许也属于他的最后一批对手。这一次，阿里终于在美国国内找到了一个愿意接纳他、允许他比赛的地方。比赛将在美国新的体育圣殿——休斯敦的太空巨蛋体育场——举行，这是美国第一个室内体育场，后来曾被誉为“世界第八大奇迹”。这场比赛将会带来大笔收入，不仅有门票收入，而且同以前一样，还有将近五十个国家的闭路电视转播收入。此外，墨西哥和加拿大都将通过电视直播这场比赛。[7]阿里说他想先跟威廉姆斯打一场，再跟厄尼·特雷尔打一场，等“银行里有一笔钱”的时候就退役。[8]

阿里说过威廉姆斯是他遇到的“最危险的对手”，如果放在过去，这种说法或许符合事实，但是就在两年前，威廉姆斯被一名警察用0.357英寸的大口径子弹射中了腹部，他接受了四次手术才保住性命。从那以后，他就不再是以前的那个威廉姆斯了。

在比赛现场，35000多名观众挤满了太空巨蛋体育场。这是一场实力悬殊的比赛，在第一回合中，阿里几乎就是随意得分，他在场上快速地移动着脚步，刺拳、勾拳和四拳组合拳轮番上阵。在第二回合中，他在步履艰难的大块头威廉姆斯身上找到了一个更容易得手的薄弱部位。他的拳头在空中绕着圈子，划过一道道令人眼花缭乱的轨迹，每一条轨迹最终都在威廉姆斯的下巴上戛然而止。从未亲身体验过拳击的观众或许会认为阿里在场上一定很舒服，就像艺术家在尽情抒发自己的胸臆一样。不幸的是，对于运动员来说，事情不是这样的。拳击运动是对神经的折磨，它要求拳击手全神贯注，全力以赴。阿里就说过很多次，拳击是他的工作，不是他表达自己的手段。一旦他把时间花在自己的感受上，一旦他的注意力稍有松懈，他或许就会发现自己平躺在地上，直勾勾地盯着上方的灯——他已经被一拳打倒在地了。后来，阿里终于欣赏到了自己才华横溢的表演，但他看到的是影片记录下来的比赛，而不是比赛现场。拳击台上的他充满活力，擅于即兴发挥，怒火四射，他是一位战士，而不是一位艺术家。

阿里用一套左右组合拳把威廉姆斯打倒在地。接着，他再一次将其打倒了。当威廉姆斯第二次从地上爬起来的时候，血从他的鼻子和嘴巴里涌了出来。阿里毫不留情地走上前去，又一次将他打倒在地。这一次，铃声救了威廉姆斯。在大多数拳击比赛中，如果一名拳击手在一个回合中倒地三次，裁判就会宣布对方击倒获胜。可是，这场比赛是一场冠军赛，所以这条规则作废了。威廉姆斯摇摇晃晃地从凳子上站起身，开始下一回合。结果，阿里又冲着他的脸来了几拳。鲜血继续滴落在地板上。威廉姆斯倒下了。这位受伤的拳击手最后一次挣扎着站起来，但是正如《体育画报》描述的那样，他的努力“勇敢却无用”。[9]阿里一拳又一拳，直到裁判终止了比赛。

拳击记者和退役的拳击手还在批评阿里离经叛道的拳击风格，质疑他的韧性。在《拳台》上发表的文章里，乔·路易斯指出：“克莱的麻烦就在于，他以为自己无所不知。他什么都听不进去……如果有足够的活动空间，克莱就会成为冠军，就会非常危险。但是，他根本不懂得如何贴着围绳打——要是跟我打的话，他肯定得这样。”[10]尽管如此，阿里还是赢了这场比赛，而且赢得非常有说服力。即使抱怨个不停的拳击老手们也承认，这位拳王在对战威廉姆斯的时候表现非常出色，很少有拳击手能在自己几乎毫发无伤的情况下给对手造成那么大的伤害。没有人知道阿里是否真的打算退役，但是，如果他真的打算退出拳击，那么现在就是一个绝佳的时机。他属于这个星球上相貌最英俊、待遇最丰厚的人群，他所从事的这项运动甚至给最优秀的选手造成了伤残或者导致他们神志不清，而他却没有遭受太大的损伤。现在，他又刚刚在有史以来人数最多的体育赛事现场观众面前奉献了一场精彩的表演。如果此时退出拳坛，他应该完全有资格作为有史以来最伟大的拳击手被载入史册。

然而，三个月后，阿里又一次出现在了赛场上。这场比赛还是在令人叹为观止的太空巨蛋体育场举行的，这一次他的对手是厄尼·特雷尔。在比赛前，阿里和特雷尔之间没有任何敌意。事实上，阿里似乎对在密西西比州长大的特雷尔颇有好感。同阿里一样，特雷尔也怀有成为一名歌手的想法，他甚至还跟一个被他命名为“厄尼·特雷尔和重量级拳击手”的乐队录制了几张唱片。他和阿里都曾以轻量级拳击手的身份参加过“金手套”拳击锦标赛，他们也都住在芝加哥的南区，只是近来阿里在休斯敦待了很长一段时间，以至于他已经把得克萨斯州当作自己的家了。

1966年12月28日，两位拳击手在纽约参加这场比赛的宣传活动。特雷尔是一个身材高大瘦削、轻声细语的男人，他告诉记者，对阵阿里的这个机会他已经等了好几年了，当时他仍然把阿里称为“凯瑟斯·克莱”。特雷尔说，他和阿里打败过不少同样的对手，包括克利夫兰·威廉姆斯、乔治·丘瓦罗和道格·琼斯。当许多州的拳击委员会仍然承认阿里是重量级拳王，大部分体育爱好者也是如此，可是为了表达对阿里政治观的不满，世界拳击协会取消了阿里的冠军头衔。至少可以说，根据协会的说法，冠军头衔属于特雷尔。尽管如此，特雷尔很清楚自己必须击败阿里才有资格拥有这个头衔。

两位拳击手在一个小房间里与纽约WABC电视台的霍华德·科塞尔进行了交流，他们就像拳击手们在大肆宣传比赛时经常做的那样，鼓起胸膛，以极度膨胀的姿态唇枪舌剑地互相攻击了一番。阿里不满地说：“霍华德·科塞尔和别人都叫我‘穆罕默德·阿里’，你干吗还要叫我‘凯瑟斯·克莱’？”他继续说着：“我叫穆罕默德·阿里，要是你现在不承认的话，那就等着比赛结束后在台子中央承认吧……你表现得就像个老汤姆叔叔，又一个弗洛伊德·帕特森罢了。我会让你受到惩罚的！”

一听到“老汤姆叔叔”，特雷尔立即把头转向阿里，朝他凑了过去：“别叫我汤姆叔叔。”

“你就是这种人。离我远点，汤姆叔叔！”阿里说。[11]

两人互相推搡了起来。阿里扇了特雷尔一巴掌。

“继续拍摄。”科塞尔对随行的摄影师说。

毫无疑问，凯瑟斯这么做是想激怒特雷尔，为他们的这场比赛做宣传，但是他的这番抱怨也是合情合理、发自真心的。总是有人会改变自己的名字，有的人是为了掩饰自己的宗教信仰，有的人是为了凸显自己的宗教信仰。很少会有人坚持把托尼·柯蒂斯叫作“伯纳德·施瓦兹”，把玛丽莲·梦露叫作“诺玛·珍·贝克”，或者把特雷莎修女称为“艾格尼斯·刚察·博加丘”。可是，美国的所有主流报纸都继续用“凯瑟斯·克莱”这个名字来称呼穆罕默德·阿里。桑尼·利斯顿和弗洛伊德·帕特森也是如此。找到他、向他索要签名的大部分拳击迷也都如此。《纽约时报》的一篇文章报道了阿里和特雷尔之间的口角，文章的标题采用了穆罕默德·阿里这个名字，正文则依然将他称为凯瑟斯·克莱。在1966年12月，只有不多的几名记者一直用“阿里”这个名字称呼他，科塞尔就是其中的一个。

特雷尔不是“汤姆叔叔”，他对阿里的信仰也不曾表示过反对。他从不曾像弗洛伊德·帕特森那样，公开表示阿里信仰的宗教不如基督教。事实上，特雷尔曾对一名记者说过：“我对他还有他的宗教都没有什么意见。”他还说自己知道阿里只是想吓唬吓唬他，作为回应，没准他也会吓唬吓唬阿里，“他想让我担心别人对我的看法，想把问题搞复杂。分心是很危险的。我只会更专心。”[12]

在比赛前，阿里发誓要让特雷尔受到惩罚，因为后者不尊重他的信仰和他的新名字，他说：“我要让他吃吃苦头。我要让他受到跟帕特森一样的羞辱，让他受到惩罚。干净利落地击倒他对他来说再合适不过了。”[13]

阿里的确让特雷尔受到了惩罚，只是没有出现速战速决的场面。在前两个回合中，两位拳击手的出拳势均力敌，但是接下来阿里不断地打出一记记有效的刺拳。就像在阿里与帕特森的那场比赛之后一样，记者们指责阿里一直在消耗特雷尔，他们说他完全可以早点结束比赛，可是他却把他折磨了整整一个晚上。几乎没有什么证据能够证明这种说法符合事实。在第七回合中，阿里一拳把特雷尔打得转了方向，靠在了围绳上，紧接着他打出一连串凶狠的重拳。他的双脚离开垫子，全身重量都压在拳头上，显然他打算击倒对方。这时候，特雷尔的两条腿已经发软，两只眼睛也在流血，但是这位挑战者还是打起精神，进行了反击，在这一回合的最后一分钟里对着阿里的头部猛击了一通。这一幕上演了一次又一次。每当阿里掌控了局面，特雷尔就会发动反击，即使他的左眼肿了起来，到最后甚至闭住了，他也没有放弃。

在第八回合，阿里挑衅地问道："我叫什么？"随即就呼呼地打出了一套左右组合拳，他的问题也因此显得那么夸张。"我叫什么？"他又吐了一口唾沫。特雷尔闭上了眼睛，下一套组合拳又扑了过来。

叮当作响的铃声宣告这一回合结束了，但是阿里没有回到自己的角落里，而是走到特雷尔跟前。他睁大了眼睛，脖子上青筋暴起，两条手臂垂在身体两侧，身子向前倾斜着。这一次，他的声音短促而响亮，听上去没有了问问题的意味——"我叫什么！"

比赛又进行了7个回合，这并不是因为阿里想要这么做。他试图尽快结束比赛，可是没能得逞。在第十二回合，阿里稳稳当当地站在那里，打出了最强劲的重拳。特雷尔承受住了攻击，并且进行了反击。在整场比赛中，阿里打出737拳，拳头几乎都瞄准了特雷尔的头部。但是，凭着一记记长刺拳，特雷尔在大部分时间里都让阿里无法近身。阿里显得疲惫不堪，没有一次出拳能击倒特雷尔。他不再挑衅对方了。

比赛结束后，评委们一致判定阿里为冠军。播音员霍华德·科塞尔走上拳击台问阿里本来是否可以击倒特雷尔，如果他愿意的话。

"不，我相信我做不到。第八回合之后，我还在进攻，可是我自己也累了。"阿里回答道。[14]

对报道这场比赛的白人记者来说，这一点并不重要，他们现在正在千方百计地寻找各种理由指摘阿里。他们说他不太自尊。他们说这场比赛是"一次经过了精心设计的、令人恶心的残忍表演"，他们的腔调就好像拳击运动不应该是这样的。米尔顿·格罗斯宣称自己几乎想要回到黑手党控制这项运动的那个时代，阿瑟·戴利称阿里是"一个卑鄙恶毒之人"，吉米·坎农的批评尤其夸张，他宣称阿里对待特雷尔的方式无异于"一种私刑"。[15]

阿里的拳打得很漂亮，速度和方向就像风筝一样变化不定，干净利索的刺拳，直捣肋部的勾拳，滑动脚步检查着自己给对手造成的伤害，接着又是几记干净利索的刺拳，他时而逼上前去，时而向后撤去，节奏变化不定，毫无规律可循。他就是一个查理·帕克[①]式的革新家，有着与生俱来的独特风格，也拥有精湛的技艺，没有人能够成为第二个他。他把暴力变成了技巧，在他之前还从来没有一位重量级拳击手实现过这样的转变。

不过，这并不意味着拳击运动固有的暴力成分不曾触及他。即使在一场取胜过程相对轻松的比赛中，阿里的头部还是会挨上一个身高6英尺6英寸（1.98米）、体重212.5磅（96.4千克）的人大约80拳，身体也会挨上60拳，而且这一切没有结束的时候。如果说这一切让阿里成了一个以虐待为乐的人，成了一个暴徒，那么他也没有成为一个合格的暴徒。

---

① 查理·帕克（1920—1955），美国黑人乐手，外号“大鸟”，爵士史上最伟大的中音萨克斯风手。

第二十三章
“面对愤怒”

1967年，穆罕默德·阿里25岁了，他已经成为了世界重量级拳王，全球最广为人知的运动员，美国最著名的穆斯林，最引人注目的越战反战者。他仍然痴迷于汽车、房子和金钱，也一心想要找到一位新的妻子，但是他谈论最多的还是种族问题。种族问题就是贯穿他全身的元气。

有一次，他对《体育画报》的白人记者杰克·奥尔森说：“假设一座房子着火了，你就睡在伙伴的旁边。”说到这里，他打了几声鼾声。“这时，你睁开一只眼睛，看到房子着火了。你的伙伴还睡着。”除了鼾声，他还吹了几声口哨。“眼看滚烫的岩浆和燃烧的木头就要落到伙伴的身上了，你从床上爬起来。你都没有叫醒他就跑出了房子！到了屋子外面，你说［他紧握双手，抬头看着天空］：‘哦，上帝，我做错了什么？我竟然这么自私、这么贪婪，只顾着担心自己，结果把伙伴都留在了屋里。哦［他的两只手拧在一起］，他可能已经死了，房子也塌了。”

他戏剧性地停顿了一下。

“结果，他及时逃了出来。他直勾勾地盯着你的脸！你一下子觉得他应该会杀了你。你知道如果有人把你丢在着火的房子里，你会怎么做……这时，他说：‘天哪，你为什么不叫醒我？你为什么把我留在那座房子里？［他喊叫了起来］房子着火了！天哪，你想让我被烧死啊……！’

“唉，美国白人就是这样的。这座房子已经烧了310年了，白人就一直让黑人继续睡着。黑人被私刑处死，被杀害，被强奸，被烧伤，被人挂在车链上拖着穿过整个城市，伤口上被泼上酒精和松节油。所以，今天黑人的心中才会充满恐惧。从他还是个婴儿的时候，恐惧就被注入他的内心。想想看，美国有2200万黑人，他们饱受痛苦，参加战争，遭受着任何人都无法想象的糟糕待遇，他们走在美国的大街上……饥肠辘辘，没有吃的，脚上没有鞋子，靠着救济为生，住在慈善机构和救济院里，2200万忠诚地为美国效力、勤勤恳恳地干活、仍然爱着他们的敌人的人至今依旧备受折磨，遭受着粗暴的对待。”[1]

这番话很有说服力，也很有远见，但是他的有些观点或许有些站不住脚，甚至是不合时宜。阿里之所以不同寻常并不是因为他说出了这些话，而是因为有那么多人在听他说这些话。记者们把他的观点一一记录下来，伊利贾·穆罕默德的追随者每个月都会在全国各地的清真寺聆听几次他的说教。联邦调查局的线人也会记下他说过的话，然后将记录发往联邦调查局在华盛顿特区的总部。

阿里曾对一名记者说过这样一番话：“如果彻底的融合能让他们幸福，不管是白人还是黑人，我会接受彻底的融合；如果彻底的分离——每个人都能跟自己的同类在一起——能让他们幸福，我就接受彻底的分离。不管付出什么代价，只要能让人们幸福就行，让他们用不着开枪、躲在灌木丛里、互相炸死对方、互相残杀、发动暴乱。可是，我认为彻底的融合是不会奏效的。”[2]

拳击运动员是职业的反叛者。他们有权从事其他人不能参与的暴力活动。他们有权当野蛮人。阿里只是把这种权利扩大到了拳击台之外的世界。他想让自己的一言一行都成为一种抗议，他一有机会就会告诉别人自己是不会被驯服的。他会战斗，会挺身而出，说到，立即就能做到，每一次都是如此。他将成为世界重量级反叛拳王。他和我们大多数人一样过着浅薄的生活，以艺人的身份谋生，把钱大把大把地花在自己可能都没工夫开的轿车上，但是有一种压倒一切的反叛精神指引着他，或许还拯救了他。正是因为这个原因，他拒绝参军的举动才引起如此广泛的关注，也才会激起如此强烈的愤怒，因为他身上的一切都令大多数美国白人反感：他的肤色，他的大嗓门，他的宗教信仰，现在又多了一条，缺乏爱国精神。在将近四十年的时间里，在拳击界有着圣经般地位的《拳台》杂志第一次拒绝评选“年度最佳拳击手”，杂志坚称阿里（杂志仍然称他为“凯瑟斯·克莱”）“不应成为美国年轻人的榜样”。[3]

这些批评从来不曾对阿里构成困扰，这也许是因为他对美国会公平对待自己毫无信心。这个问题可以追溯到黑人受到的奴役。“唔，他们把我们带到这里来不是为了让我们成为白人统治的美国的公民。他们的目的是让我们为他们干活——让我们爱上为他们干活。他们让我们交配，配得越多，他们越开心。高大的黑奴被称为‘鹿’。‘这个黑鬼一个月能下十五个崽！’孩子一生下来，就和母亲分开了。你们的‘黑人’就是这么形成的。他们是精神上的奴隶。直到今天，美国依然存在着这种人。”他问道，鉴于这一切，美国的黑人怎么可能指望自己得到公平的对待呢？“如果你把全部的信任和整个未来都寄托在其他种族的身上，那你就把自己置于一个注定会被辜负和欺骗的境地了。你们无法辜负我。如果我不指望从你们那里得到些什么，你们就无法欺骗我。”他说。[4]

阿里直截了当地说出了许许多多美国黑人的感受：他们永远不会得到公平的对待，因为在长期强加给他们的条件下，公平对待是不可能实现的。就连对拳击运动漠不关心、对法律一无所知的美国黑人，也产生了一种极其强烈的感觉：阿里是偏见的受害者。不过，让他成为英雄的并不是他受害者的身份，而是他对此做出的反应。当政府和拳击官员威胁要对他实施惩罚的时候，他拒绝做出让步。记者吉尔·纳尔逊曾在文章中写道：“身高6英尺2英寸半（1.89米）、体重220磅（99.8千克）、相貌极其英俊的穆罕默德·阿里是不曾孕育出多少黑人英雄的美国大地上出现的一位黑人英雄。他能言善辩、风趣幽默，是一个不可思议的男人，他从不接受白人说的那些谎言，面对各种困难，他坚持了下来，他就是所有黑人女性梦想中的男人。”[5]

由于在越战问题上的态度，阿里成为了反战运动中的一位代表人物，在人们反对的这场战争中，黑人死亡率高得不成比例。在美国，黑人只占总人口的10%，然而在越南战场上，黑人男性却占到死亡人数的22%。为什么美国在国内抵制自由事业的同时，却打着争取自由的旗号在一个遥远的国家耗费着金钱和生命？同样，为什么美国黑人的利益似乎与整个国家的利益背道而驰？在反战情绪迅速蔓延的时候，阿里提出了这些令人不安的问题。

马丁·路德·金已经开始公开表示反对美国卷入越南战争了，尽管南方基督教领袖会议的委员们都担心金这么做只会惹恼约翰逊总统，耽误民权运动的发展。[6]当时，金正在考虑对南方基督教领袖会议的斗争方向进行一次重大的调整。1966年，他在芝加哥领导的反对种族隔离住房政策的运动遭遇失败；1967年夏天，底特律和纽瓦克爆发了可怕的骚乱。目睹这些情况之后，这位民权领袖表示，只有通过“激进的道德手术”，美国社会才能得到拯救。他担心，如果不立即采取行动——停止战争，打击歧视，结束政府对穷人的压迫——美国就会爆发一场全面的种族战争，而最终美国就将变成一个右翼势力统治的法西斯警察国家。金打算领导人民发动一场更激进的运动，他反对越战的观点正是这场运动的一个核心思想。

南方基督教领袖会议的执行理事小安德鲁·杨说过，在金决定公开反战的过程中，阿里的立场可能起到了一定作用，他记得“大约就在穆罕默德宣布自己是因良心拒服兵役者的时候，马丁开始说‘我无法隔离我的良知’这句话了。在我看来，毫无疑问，他们两个人之间存在着一种微妙的相互作用，是良知和越南战争将他们联系在了一起”。[7]

《纽约时报》的一篇社论指出，这位拳击手“可能会成为反对征兵和越战方面的一个新的代表人物，一股新的号召力。有迹象表明，在全国规模最大的黑人聚居区哈莱姆……克莱拒绝被征召入伍的行为对人们的情感产生了相当大的影响力，尤其是对年轻人”。[8]

《纽约时报》的记者汤姆·威克想知道，如果成千上万的美国人都效仿阿里拒绝参战，会出现怎样的结果。他在文章中写道：“事实是，他占据了公民不服从这一极端立场，他依据自己的宗教信仰拒绝遵守多数人遵守的法律，而他十分清楚这会招致怎样的后果……如果所有到了征兵年龄的年轻人都采取同样的立场，会发生什么情况？”[9]众议院军事委员会的主席L. 孟德尔·里弗斯对这个问题做出了回答，他说如果允许阿里这位“黑人穆斯林势力的伟大神学家”[10]延期入伍，那么总统调动军队的权力就会被大量口是心非的因良心拒服兵役者削弱。伊利诺伊州的国会议员罗伯特·H.米歇尔也对阿里进行了谴责：“成千上万的杰出青年正在越南的丛林里战斗、牺牲，与此同时，这个健康的人正在通过一系列卑劣的比赛牟取暴利。很显然，凯瑟斯愿意跟任何一个人对战，除了越共。”[11]米歇尔还说过，尽管阿里自认为是“最伟大的人……但我相信，历史将把他视作所有获得过世界重量级冠军殊荣的人里最无足轻重的一个”。[12]

征兵委员会的官员也感到担心，他们说阿里给他们的工作制造了困难。其中一位，即路易斯安那州卡尔克苏教区征兵委员会主席艾伦·J. 罗勒致信给司法部长拉姆齐·克拉克，说他任职的委员会的成员将“认真考虑递交辞呈”的问题，除非司法部能对阿里采取“迅速有力的行动”。[13]

阿里声称自己是一名穆斯林牧师，他说自己用90%的时间进行布道，花在拳击上的时间只有10%。然而，在伊斯兰民族组织中，阿里从未有过正式的牧师头衔或者其他任何头衔。事实上，联邦调查局的一份备忘录显示，伊利贾·穆罕默德明确表示阿里不是牧师，这份备忘录的落款日期为1966年3月17日，直到半个世纪后才被公之于众。根据这份备忘录，伊利贾曾对伊斯兰民族组织的另一名成员说过，他们欢迎阿里参加伊斯兰民族组织即将举行的重大活动，但他不应得到任何特殊待遇和荣誉。“他可以来，这取决于他自己。谁都不能阻止他参加会议。但他不会出现在发言席上。他不是牧师……他不会讲话，除非我叫他说点什么，而且我会告诉他该说什么。”伊利贾说。[14]

尽管如此，阿里仍然自称是牧师，伊斯兰民族组织的官员们也从未驳斥过他的这种说法。联邦调查局曾在备忘录中表示过自己的怀疑，他们认为伊利贾·穆罕默德之所以允许阿里将自己称为牧师，“是因为他的公众价值”。[15]伊斯兰民族还帮阿里找了一位律师，这位律师就是来自纽约的海登·C.卡温顿，在耶和华见证会的信徒受到逃避兵役的指控时，他曾成功地为他们做过辩护。卡温顿和伊斯兰民族组织征集到了将近四千人的签名证词，其中绝大多数都是伊斯兰民族组织的成员，他们证实阿里是一名全职牧师。[16]这位律师还要求安吉洛·邓迪在一份声明上签字，这份声明证实拳击只是阿里的“副业，或者说是业余爱好”，布道才是他的“主业，或者说是职业”。在给阿里的信中，卡温顿写道：“我告诉伊利贾·穆罕默德阁下，我们将与他们战斗到地狱冰封，最终我们会在胜利的冰面上溜冰。”[17]

审理阿里案件的第一位法官支持他作为因良心拒服兵役者提出申诉，但是司法部上诉委员会拒绝了法官的建议，或许是担心引发一系列连锁反应，就像《纽约时报》的汤姆·威克警告的那样，他们表示阿里反对服役是基于政治和种族问题，而不是出于道德的考虑反对一切战争。委员会裁定，阿里要么服役，要么坐牢。当年3月，阿里接到命令，要求他于下个月到休斯敦的一个征兵局办公室报到。

律师们手忙脚乱地忙碌着，而阿里则又开始为比赛做起了准备，这场比赛对他来说就如同探囊取物一样轻松。1967年3月22日，经过一段时间极其轻松的训练后，阿里与佐拉·福利在麦迪逊广场花园相遇了。福利当时已经年近36岁，保持着74胜7负4平的战绩，他有8个孩子，是参加过朝鲜战争的退伍老兵，也是拳击界最善良最温和的一位拳击手。面对他，就连阿里都找不到生气的理由。在比赛即将开始的时候，有人问阿里倘若输了比赛，他会怎么办，他毫不犹豫地回答："退休。就今晚。"[18]

比赛刚一开始，阿里看上去毫无热情，就像在晚宴上觉得客人很无聊，都懒得跟客人交谈的人一样。在第一回合中，他只出了2拳；在第二回合中，只出了3拳；在第三回合中，只出了6拳。他在拳击场里蹦来蹦去，就好像他唯一的目标是燃烧卡路里似的。福利打出几记高质量的拳都击中了目标，但是这几拳都不足以对阿里构成困扰。

第四回合，阿里用一记重拳击倒了福利，令观众兴奋了一阵。但是，没等裁判数到十，福利就从地上爬起来进行反击，打出他整场比赛中最精彩的几拳，全部都击中了阿里。第五回合，阿里沉稳地打出了一记又一记刺拳。到了第六回合，他依然如此。到了第七回合，情况发生了变化。他不再是一副无聊的样子。他向福利发起进攻。他的右手出拳和左勾拳都很重，但是他没有出一记刺拳。这让他变得脆弱，而福利则用当晚最精彩的几拳加以反击。阿里接受了惩罚，他知道这是从事这项运动的代价。他重新进入状态。就在这一回合进行到一半的时候，他扭过身子，右手一记重拳把福利的左脸颊打得通红。接着，他又扭过身子，打出了同样的一拳，这一拳还是打在老地方。接下来，他便看到眼前这位经验丰富的拳击手脸朝下直挺挺地倒在地上，双臂摊在身体两侧，活像人行道上的醉汉。

当电视播音员看到阿里时，这位拳王一边是他的弟弟，另一边是赫伯特·穆罕默德，身后是他的父亲。阿里笑着说："首先，我想对我们敬爱的领袖和导师伊利贾·穆罕默德阁下说一声'祝你平安'①。今晚，我的感觉

① 原文为阿拉伯文"As-Salaam-Alaikum"，是穆斯林的问候用语。

非常好。我要感谢他的祝福和祈祷。”

“接下来，我们谈一谈这场比赛吧。”播音员说。

于是，他们聊起了比赛。阿里首先习惯性地说了一句自己从未受过伤，接着讲述了击倒对手的那一拳，然后他把父亲请到了镜头前。“我想说，他是有史以来最伟大的拳击手，我这么说并不是因为他是我的儿子。”头发油光水滑、一脸喜色的凯什·克莱说道。

挣扎着从垫子上站起来、恢复了理智之后，佐拉·福利这位更为公正客观的法官做出了和凯什·克莱一样的断言：“他很聪明，是我见过的最狡猾的拳击手。他打过29场比赛，可是他的表现就好像已经打过100场了。他可以写一本关于拳击的书，凡是想跟他打比赛的人，都有必要先读一读这本书。”他还说：“你怎么训练都没法适应他的节奏。他的动作、速度、出拳，还有，每当你以为自己已经看穿他的时候，他改变风格的方式……这个家伙的风格自成一体。这种风格遥遥领先于当今的任何一位拳击手。所以，那些老式的拳击手——你知道的，邓普西，滕尼，或者他们中的任何一个——怎么可能跟得上他的节奏呢？路易斯没有机会的——他太慢了。马西安诺根本近不了他的身，也根本躲不开他的刺拳。”[19]

终于，阿里得到了他从12岁起就一直说他应该得到的尊重。更重要的是，没有几个对手会向他发起挑战。当时，有传言称丘瓦罗或者帕特森会跟他再打一场。拳坛上还出现了一位颇有威胁性的年轻拳击手，1964年的奥运会金牌获得者乔·弗雷泽，在之前打过的14场比赛中保持着不败的记录。但是，在这一刻，很难想象有人能打败阿里。

在他面前，最大的威胁是牢狱之灾。

“我已经离开体育版了。我上了头版。我想知道怎么做才是正确的，怎么做才能名垂青史。现在，我在接受真主的考验。我放弃了我的头衔、我的财富，也许还有我的未来。许多伟人都经受过宗教信仰方面的考验。如果通过了这次考验，我就会变得比以往任何时候都更强大……我想要的只是正义。我只能通过历史看到它吗？”[20]

第二部分

第二十四章
放逐

1967年3月28日，马丁·路德·金来到了路易斯维尔，这时阿里刚刚打败佐拉·福利，回到家乡。根据联邦调查局一份被标注为“机密”的备忘录，阿里和金在后者下榻的酒店里单独会面了大约30分钟，他们在一起“主要就是开玩笑、打打闹闹”。[1]

会面结束后，他们同记者见了面。

两个人都身穿西装，打着领带，阿里比金几乎高出一个头。“我们都是黑人兄弟，面对日常问题，我们会采用不同的解决方法，但是咬他的和咬我的都是同一只狗。当我们外出时，他们不会问我们是基督徒、天主教徒、浸礼会教徒还是穆斯林。他们只会动手打黑人的脑袋。”

“是的，哦，是的，我们讨论了我们共同面临的问题和共同关心的问题。我们都受着同一压迫制度的伤害。虽然我们有着不同的宗教信仰，但我们仍是兄弟。”金附和道。[2]

联邦调查局或许说得没错，阿里和金在会面的时候主要是在逗乐打趣。他们两个人都是伟大的喜剧演员，都懂得如何迅速和别人培养起感情，即使是和他们的批评者，而且两个人有时候都具有一种狂躁的能量。但是，开玩笑归开玩笑，这次会面还是有着重大的意义。首先，它显示出金愿意继续公开反对越南战争；其次，它提醒外界阿里有着灵活的思想意识，以及他既反叛又喜欢结交朋友这种看似矛盾的性格；最后，这场会面还反映出民权运动和反战运动之间存在的冲突。

就与金会面的当天，身着一套闪亮蓝绿色西装的阿里出现在了路易斯维尔反对种族隔离住房政策的抗议活动中。他的发言并不完全支持种族融合，但他至少还是发了言，并且表示了一定的支持。他想让人们听到他的声音。他想和黑人站在一起。他想让所有人知道他为变革而战。

“听听这个。”他对反对住房政策的抗议者说道。接着，他就把自己在伊斯兰民族组织的集会上听到的一些讲话稍加改动，说给了抗议者们。“最肥沃的土地就是黑土地。想要一杯浓咖啡的时候，你会说‘我要黑咖啡’。浆果越黑，果汁就越甜。”他还说黑色不仅美丽，而且没有白色的话就会变得更美丽。这句话促使听众大声喊起了“不对！”，毕竟，他们聚集在这里是为了促进路易斯维尔的住房安置工作实现种族融合。但是，阿里继续说了下去：“咱们不要再担心白人了，不要再逼着自己进入他们的社区了。咱们就开始大扫除吧，开始自己照顾自己吧。我就是他们所说的穆斯林。我是另一位自由斗士的追随者——他的名字是伊利贾·穆罕默德。”人群再一次发出了不屑的声音。阿里说黑人基督徒一辈子都受着欺骗。“我们去了教堂，读着《圣经》……结果看到了耶稣。他是白人。我们看到了天使。他们是白人。你们看一看《最后的晚餐》这幅画。里面的每一个人都是白人。总统住在白宫。而魔鬼吃的蛋糕是黑色的。黑猫会带来厄运。”接着，他开始羞辱听众了：“我知道这是一个小镇，你们不太聪明，还接受不了这些说教……我认为要想解决咱们的问题，咱们就得团结起来，净化自己，尊重咱们的女性。这样，全世界就会把咱们视作一个种族，就会尊重咱们。”[3]

接下来，他又谈起了自己的反战立场：“他们为什么要让我——又一个所谓的黑人——穿上军装，离家10000英里，在越南向棕色人种发射子弹、投掷炸弹，而在路易斯维尔所谓的黑人却被当作了狗，被剥夺了最基本的人权？”他接着说，他真正的敌人在美国，他是不会帮助美国奴役其他民族的。[4]在此之前，他还从来没有发表过如此直白的政治声明。

讲话结束了，听众没有发出嘘声，也没有发出热烈的掌声。显然，这不是他们希望听到的。

在阿里发表完讲话后，一名记者问他觉得听众对他的布道反响如何。

“哦，他们喜欢听。”他说。[5]

几天后，金博士在纽约的滨河教堂发表了讲话，这是当时他在越南战争问题上发表的最有力的一份声明。他说美国是“当今全球最大的暴力提供者”，他觉得作为“越南受苦受难的穷人”和“付出了希望破灭和家园破碎双重代价、同时还在越南面对死亡和腐败问题的美国穷人的兄弟”，他有必要大胆直言。[6]由于这些言论，这位牧师受到了几乎全方位的攻击，被打上了不爱国、共产主义同情者之类的标签，用联邦调查局局长埃德加·胡佛的话说，他就是“试图破坏我们这个国家的颠覆势力手中的一个工具”。与此同时，全国各地的反战示威活动越来越多，声势也越来越大。[7]

4月17日，美国最高法院驳回了阿里的律师提出的申请，律师原本希望法院批准阻止这位拳击手入伍的强制令。律师辩称，肯塔基州的兵役登记局因为这名拳击手的种族而对他有所歧视。面对令人失望的消息，阿里承诺将参加于4月28日举行的入伍仪式，但他坚称自己不会入伍。他郑重其事地表示自己会“坚持我的宗教信仰，即使让我坐牢50年，或者站在机关枪面前”。[8]

在芝加哥，阿里与伊利贾·穆罕默德和赫伯特·穆罕默德进行了商议。伊利贾告诉记者，他没有给这名弟子提供任何建议，但他又补充了一句：“我给他的建议并不比我给1942年追随我进监狱的那些忠诚信徒的更多。”[9]这一点或许很能说明问题。

这是休斯敦一个凉爽灰暗的早晨，空气中弥漫着一层薄雾，阿里的入伍仪式就将在这一天举行。清晨，在一家咖啡店里，阿里一边用叉子戳着盘子里四个半熟的鸡蛋，一边凝视着镜子里的自己。也许，他在镜子里看到一个历史人物正望着他。这正是坐在他身旁的一名《体育画报》记者的想法。在反对征兵的问题上，阿里将自己视作一个超越体育界范围的斗士。

把自己看作是一名战斗力超越运动的战士。他现在就是大卫·克洛科特[①]。就是约翰·亨利[②]。纳撒尼尔·奈特·特纳[③]。他就是黑人的领袖。一个真正的信徒。或者说，有史以来最伟大的圣战斗士——这或许正是他想说的！

如果美国政府把他关进监狱，或者剥夺他参加拳击比赛的权利，“我有可能会损失1000万美元的收入。听起来，我对我的宗教是认真的吧？”他对记者——也是冲着镜子里的自己——说道。[10]

吃完早餐，阿里和朋友、律师，还有记者挤进了两辆出租车，前往武装部队体检和新兵站，这个办公室设在圣哈辛托街701号联邦办公大楼的三楼。当阿里钻出出租车的时候，电视摄像机的灯一下子打开了，将这位拳击手的蓝色西装照得亮闪闪的。在进入大楼之前，阿里停留了片刻，笑了笑，但是没有对媒体发表任何评论。

阿里应该在上午8点向休斯敦的61号征兵委员会报到，接受入伍前的测试。同他一起报到的还有另外25个人，他是唯一一个有律师随行的。大多数人都带着行李袋或者手提箱，他们都知道当天晚些时候自己很可能就会坐着公共汽车前往某个军事基地。但是，阿里空着两只手。

他对其他几个等着入伍的人说：“你们看起来都挺沮丧的啊。”他给他们讲起了笑话，还聊起了自己跟弗洛伊德·帕特森的那场比赛。他说只要待在家里，越共就逮不到他，但是佐治亚州的乡巴佬没准会逮到他。他给一个来自加利福尼亚州埃斯孔迪多的等着入伍的年轻人签了名，另一个等着入伍的年轻人说他真希望阿里能和他一起去越南，因为有这位拳击手让人很开心，他的存在“会让我们的旅途轻松一些”。[11]

律师告诉阿里，他们计划将他的案件提交到民事法庭，但是只有在用

---

① 大卫·克洛科特（1786—1836），美国政治家和战斗英雄，在得克萨斯独立运动的阿拉莫战役中战死。

② 约翰·亨利（生辰不详），在19世纪末期美国西部铁路建设过程中出现的英雄式的黑人钢钻工。据说他和铁路公司的气钻机比试过，结果他赢得了比赛。后来，人们以他为原型创作了一批民谣和传奇故事。

③ 纳撒尼尔·奈特·特纳（1800—1831），出身奴隶的特纳是美国解放黑奴运动的领袖之一，1831年8月在弗吉尼亚州领导了反奴隶制起义。

尽所有行政补救措施，并且他正式拒绝服役命令之后，他们才能这样做。在轮到自己接受测试的时候，阿里拒绝迈步向前接受入伍命令。一名海军上尉把他叫到一间办公室，警告他说，他正在犯下一项有可能导致他蹲5年大牢、再加上10000美元罚款的重罪。阿里依然拒绝服从命令，并且签署了一份文件，对自己的立场进行了确认。就这样，他成了为免于参战而进行抗辩的最有名的一个美国人。

当尘埃落定后，阿里已经无话可说了。他宣读了一份事先准备好的声明，然后就返回了他在美国旅馆的房间。他拨通了母亲的电话，她之前一直劝说他接受入伍命令。在这一天结束的时候，世界拳击协会和纽约州体育委员会已经吊销了阿里的拳击执照，并剥夺了他的冠军头衔。没过多久，国内其他的拳击委员会团结一致，选择了同一阵营。不用在意，长期以来，这些机构一直对黑手党和职业赌徒插手这项运动的现实十分容忍。不用在意，此时阿里还尚未被判有罪。也不用在意，拳击规则并没有要求拳击冠军必须是基督徒、美国人，或者是美国战争的支持者。这些都不重要。在愤怒、偏见，或者是爱国主义的指引下，拳击界的统治者们认为穆罕默德·阿里不配戴上拳击界的王冠，因为他是一个拒绝为祖国而战的穆斯林。

拳王家乡的报纸《路易斯维尔新闻报》在报道中指出：“体育当局的行为实际上有可能会断送克莱的职业生涯。”[12]

“妈妈，我没事。我只能这么做。我太期待回家吃你做的饭。”阿里说。[13]

第二十五章
信仰

他的敌人是孤独。他的敌人一直都是孤独，但是现在，找不到人打拳，甚至都找不到理由参加训练，他的律师又忙着处理他和政府的斗争，也没有人群吵着要见他，他越来越感到无聊了。

1967年5月18日，阿里在迈阿密被警察拦下来，因无证驾驶，再加上之前交通违章未能出庭受审，他被逮捕了。在监狱里待了大约10分钟后，他交了保释金，离开了监狱。[1]

很快，他回到了芝加哥。在芝加哥期间，他去了坐落在71街上的沙巴兹餐馆，这家餐馆提供豆子汤，还有按照伊利贾·穆罕默德妻子克莱拉·穆罕默德的特殊配方制作的豆子馅饼。在餐馆柜台后面，阿里看到了一张熟悉的面孔，是一个名叫贝琳达·博伊德的17岁女孩。以前，他至少在穆罕默德伊斯兰大学里跟她见过一次面，他还见过她在伊斯兰民族组织经营的一家面包店里上班。贝琳达的头上裹着一条围巾，身上穿着一条长裙，赫伯特·穆罕默德曾建议阿里去贝琳达打工的餐馆，还含蓄地表示她可能会成为一个好妻子。[2]

穆罕默德·阿里是伊斯兰民族组织里的白马王子。贝琳达就读的学校里的每一个女孩都爱慕他，但是她比大多数女孩都更爱他。她的同学萨菲亚·穆罕默德–拉马（赫伯特·穆罕默德的女儿）说过，她的爱是“指数级的”。而且多年来，她一直在宣扬这份爱，“她就是觉得自己会嫁给他。”萨菲亚说。[3]

不过，当白马王子走进面包店时，贝琳达的膝盖并没有哆嗦。

“你知道我是谁吗？”阿里问。

贝琳达没有微笑，也没有眨眼睛。她身材纤长，但是并不瘦弱。她练过空手道。她就笔直而自信地站在那里。贝琳达用眼角的余光看着阿里，阿里的脸上挂着笑容，小心翼翼地从等着买面包的顾客身边走过去，他想要一碗汤。当他走到柜台前时，贝琳达严厉地对他说：“你要插队吗？”[4]

阿里愣住了。他走了回去，排起了队。

贝琳达的父母是雷蒙德·博伊德和阿米娜·博伊德，他们住在伊利诺伊州芝加哥市南区的工人阶级聚居区蓝岛。在伊利贾·穆罕默德主持的穆斯林男女综合学校完成学业后，贝琳达就开始在面包店和餐馆打起了两份工。她热爱工作，喜欢与顾客打交道，喜欢赚钱，喜欢为上大学存钱。的确，她早就迷恋上了阿里，听说了拳击手娶了桑吉·罗伊的消息时，她也的确感到了嫉妒。桑吉是贝琳达见过的最漂亮的女人——黑人版的伊丽莎白·泰勒，而阿里就是她的理查德·伯顿。[5]

贝琳达说，倘若桑吉和阿里没有离婚，那么她就会一直安心努力工作，帮助父母打理家务，过着恪守清规戒律的平静生活，通过《穆罕默德之声》和电视节目追随白马王子的足迹。时隔多年后，她说：“那时候，我对交男朋友的事情不感兴趣，我对结婚一点兴趣都没有。”可是，在阿里离婚后，再加上到1967年春天自己已经年满17岁了，贝琳达便又对梦中情人产生了念想。她说，吸引她的并不是他的名声和他英俊的外表，而是他作为一个穆斯林蕴藏的能量。一连几个星期，阿里不停地去面包店找贝琳达，还给她打电话。有一次，下班后，她冒着雨等公交车回家，阿里主动要求开着他那辆银色加长版“埃多拉多”送她回家。[6]她谢绝了阿里的好意，还告诉阿里单身女孩和一个男人单独待在一辆轿车里不太合适。[7]阿里开着“埃多拉多”跟在贝琳达乘坐的公交车后面，一路跟到了蓝岛的150街。等贝琳达从车上下来后，阿里又一次邀请她搭一段顺风车。贝琳达说自己更愿意走走路，阿里便打开车上的危险报警闪光灯，开着车跟上她。他把头伸出车窗，和她聊起了天。贝琳达就这样走完了回家的最后三英里（4.8千米）路。[8]

当时，贝琳达住在蓝岛的父母家。后来，当阿里登门拜访博伊德一家的时候，那副景象就好像是西德尼·波蒂埃①把车开进了博伊德家的车道，邻居们都从家里出来看他。一个17岁女孩，一个从未出过门的女孩，一个除了伊斯兰民族组织提供的教育之外就几乎没有受过什么教导的女孩，突然间发现世界上最英俊、最有名的一个男人正在追求她，一个现实中的英雄，一个已经周游过世界、结过婚、跟大人物们见过面的“老”男人。他那么高大，那么英俊，她说在他面前她感到头晕目眩。但是，她打定主意不让自己露怯。她感到在咄咄逼人的外表之下，阿里其实只是一个缺乏自信的小男孩，他只想听从别人的安排。她意识到，自己必须让他看到她的力量。

贝琳达还是处女。在两个人谈恋爱期间，甚至到了谈婚论嫁的时候，阿里都始终不曾在性的方面强求过她。但是，有一天，在去家里看望她的时候，阿里问她是否可以让他看看她的腿。“我想看看我得到了什么。”他说。他的语气很幽默，丝毫没有威胁的意味，不过贝琳达没有笑。

“你什么都看不到。什么都摸不到。什么都尝不到。什么都闻不到。”

与阿里这样的男人交往不是一件容易的事情，尤其是对一个如此年轻的女孩来说。但是，贝琳达也不是一个等闲之辈。在她看来，阿里才刚刚开始领悟伊斯兰教的力量和美丽，才刚刚开始像一个正经的穆斯林男人一样说话做事。“我想塑造他，把他塑造得跟我父亲一样。”贝琳达说。[9]

贝琳达的朋友萨菲亚有着不同的看法，她说贝琳达也想受到对方的影响。贝琳达对阿里的事情无所不知，她说着阿里说过的话，模仿着阿里的一举一动。虽然没有打过拳击，但她学了空手道，这或许也是她模仿冠军的一种方式。“她非常爱阿里，她想成为阿里。”萨菲亚说。[10]

1967年8月18日，阿里和贝琳达在阿里位于南杰弗里大道8500号的家中举行了婚礼，婚礼由浸礼会牧师莫里斯·H. 泰恩斯博士主持。[11]阿里的父母飞往芝加哥参加婚礼，但是他们到得太晚了，只赶上了宴会。[12]赫伯

① 西德尼·波蒂埃（1927—2022），好莱坞影星，先后获得过柏林影帝头衔和奥斯卡最佳男主角奖，美国影史第一位黑人影帝。

特·穆罕默德作为伴郎站在阿里身旁。[13]正如《芝加哥卫士报》指出的那样，有一点颇为奇怪：尽管泰恩斯在讲话中确实提到了伊斯兰教，但这场婚礼却是一场基督教婚礼，因为“穆斯林没有自己的结婚仪式”。

新婚夫妇去了纽约度蜜月，这次旅行是伊斯兰民族组织的牧师，已经改名为“路易斯·法拉罕”的路易斯·X送给他们的结婚礼物。[14]

贝琳达欣喜若狂，但同时她也终于意识到了，自己和新婚丈夫是不会过上皇宫贵族般的生活了。

她慢慢地才意识到一个问题。“我嫁给了一个没有工作的男人。”她说。[15]

在阿里因逃避兵役的指控等待审判期间，拳击官员们开始忙着筹划一场电视转播的拳击锦标赛了，他们要选出下一位重量级拳王的人选。就连一贯诋毁阿里的白人体育记者们也承认，在奥斯卡·波纳维纳、吉米·埃利斯、李奥蒂斯·马丁、卡尔·米尔登伯格、弗洛伊德·帕特森、杰里·夸里、赛德·斯宾塞和厄尼·特雷尔这些人中间，没有一个人比阿里更优秀，甚至都没有人赶得上他。锦标赛的获胜者很可能将与日薄西山的大明星桑尼·利斯顿或者冉冉升起的新星乔·弗雷泽决一高低。

面对如此平庸的备选队伍，拳击界的一些经理们不禁想到应该说服阿里在军队里担任一个象征性职务。如果阿里同意像乔·路易斯在第二次世界大战期间那样为士兵们表演表演拳击，他就可以免除牢狱之灾，再过上一两年他就能重返拳坛了。但是，如果继续抵制征兵，他可能就再也打不了拳击比赛了。

路易斯维尔赞助团已经试过了，他们向他解释了他将会损失多少钱。现在，1967年春天，压轴赛公司的负责人律师鲍勃·埃勒姆打算再努力一次。在这一年里，压轴赛公司仍然是埃勒姆的副业，他的主业还是在纽约的法律工作。律师事务所里的一位高级合伙人阿瑟·克里姆律师在娱乐界很有影响力，他还是林登·约翰逊总统的高级顾问。埃勒姆说：“克里姆去见了林登·约翰逊，就是在那一次，林登·约翰逊提出了一笔交易……他（阿里）不必入伍，不必穿上军装，只在各个陆军基地打打表演赛就行。”如果阿里接受了这笔交易，他或许就可以继续参加职业拳击比赛，即使是在服役期间。[16]

埃勒姆让压轴赛公司的合伙人橄榄球明星吉姆·布朗帮忙说服他的朋友阿里接受这笔交意。布朗把全国最优秀的许多黑人运动员召集到一起，开了一次会，与会者包括篮球明星比尔·拉塞尔和刘易斯·艾辛道（后来改名为卡里姆·阿卜杜勒·贾巴尔），橄榄球明星柯蒂斯·麦克林顿（堪萨斯城酋长队）、博比·米切尔（华盛顿红皮人队）、希德·威廉姆斯（克利夫兰布朗队）、吉姆·肖特（华盛顿红皮人队）、沃尔特·比奇（克利夫兰布朗队）、威利·戴维斯（绿湾包装工队），以及克利夫兰杰出的黑人律师、日后将成为美国主要城市中首位黑人市长的卡尔·斯托克斯。这场会议在克利夫兰举行，地点就在布朗领导的黑人工业经济联盟的办公室。多年后，布朗和记者们都说这场会议就是对阿里的诚意进行的一次考验，也让他在体育界的黑人同胞们有机会公开表示自己支持这位拳击手坚持原则的立场。在听了阿里慷慨激昂的讲话并且向他提出一些尖锐的问题之后，这群杰出的男人同意向媒体发表讲话，支持阿里。或者说，几年后流传的说法是这样的。

事实上，这场会议最关心的是金钱问题，其次才是原则问题。

如果阿里再也不打拳的话，埃勒姆、布朗、赫伯特·穆罕默德和压轴赛公司里的其他几位合伙人就将失去一个巨大的收入来源。压轴赛公司的发展依赖于闭路电视转播带来的收入，数百万观众不太可能在电影院外面排起长队等着进场观看杰里·夸里与赛德·斯宾塞之间的对决。而且，谁也不敢保证其他拳击手会与公司签约。阿里之所以效忠于公司，是因为他对赫伯特·穆罕默德很忠诚。他是公司最大的资产，但是如果他不再打比赛的话，那么对他们来说他就毫无价值。埃勒姆希望布朗和其他的优秀黑人运动员能说服阿里和军方达成协议，继续参加拳击比赛，他还打算对这些运动员进行奖励，让他们参与压轴赛公司的生意。他承诺实施一项具有平权法案性质的计划：让黑人运动员在美国某些顶级市场里获得闭路电视特许经营权。如果能够说服阿里重返拳坛，这些运动员（包括在克利夫兰参加会议的一些人）就能从阿里的拳击比赛中获利了。

根据埃勒姆的说法，这场会议的主要目的在于“说服阿里接受这笔交易，因为这笔交易为黑人运动员提供了巨大的机会”。[17]在1967年，职业橄榄球运动员的平均年工资约为2.5万美元，职业篮球运动员的年平均收入约为2万美元。通过闭路电视转播生意，一些运动员的年收入将增加一两倍，而且直到职业生涯结束很久之后，他们通过特许经营权还能继续获得收入。

谈到克利夫兰的会议时，埃勒姆说：“不过，那些运动员团结在阿里周围并不是我安排的。那时候谁他妈的会在乎这个啊？”[18]

在会议前夜，布朗和阿里见了一面，阿里明确表示自己不会动摇。[19]但是，阿里将要面对的可不是一群好说话的人。聚集在克利夫兰的这些人都有着坚定的意志，其中一些还是退伍老兵，还有一些人则认为伊利贾·穆罕默德的思想具有种族主义的色彩，一旦得到贯彻，美国就将成为一个种族隔离的国家。他们是有备而来的，就算无法说服阿里回心转意，也要好好教训他一顿。

提起那段往事，在绿湾包装工队打防守端锋的威利·戴维斯说：“我的第一反应就是，这不爱国。”[20]他还说当时他打算告诉阿里，他应该为自己的祖国服兵役。

可是，当阿里走进房间后，一切都变了。通常，当他走进房间，就像在场上亮出刺拳一样发挥着自己的魅力时，凭着自己高大的身材和优雅的体态，他就能引起人们的赞叹。他还会举起那只宽大的右手，在这种场合下，这个举动显示出他合群的性格。但是这一次，房间里的人几乎都那么高大、强壮、自信。尽管如此，阿里还是胜过了所有人，他凭借自己的活力和连珠炮般的口才征服了在座的那些人。他从不会安安静静地在座位坐太长时间，他总是打断别人的发言，说笑几句，轮到他自己发言时，他又会一口气讲上很长时间。他总是照准目标快步地走过去，就像牧师在自己的教堂里沿着过道走来走去，他会看着对方的眼睛，称呼别人时，他会直呼对方的名字，而不是姓氏，这令房间里的每一个人都觉得他似乎在单独跟他们讲话。当其他人向他提出尖锐的问题时，他从不辩解。发言时，他充满激情和自信，还十分风趣幽默，显然他很喜欢这样的辩论。

他对众人说道：“嗯，我知道我得怎么做。我的命运掌握在真主的手中，真主会眷顾我的。如果今天我走出这个房间就被杀死了，这肯定也是真主的安排，我会接受这一切的。我不担心。在最初接受教诲的时候，我得知了我们都将受到真主的考验。这也许就是对我的考验吧。”[21]

约翰·伍顿证实了这次会议的重点是商业问题，而不是道德问题。但是，他也说过，与会者同时也希望阿里解释一下他为什么拒绝服役。[22]

堪萨斯城酋长队的中卫柯蒂斯·麦克林顿当时就是陆军后备队军人，他告诉阿里，虽然他尊重他的宗教信仰，但是记住自己的国籍也很重要。麦克林顿还记得自己告诉阿里：“嘿，伙计，你要做的就只是穿上军装，然后在全国各地的军事基地打打拳击……你在军事基地露露面就能对那些军人起到激励的作用……就能证明我们认可他们，也尊重他们。”麦克林顿的这番话似乎对阿里有所触动，他好像明白了自己入伍的价值。“他内心十分矛盾。”麦克林顿说，他把阿里比作一个即将成年的孩子，他知道阿里面临着一个足以改变人生的决定，以及并非非黑即白的选择。“他向伊斯兰教转变的事情，所有这一切都必须像一块美味的蛋糕一样被摆放出来，被烘烤一番。他知道所有的配料。但他到底是什么呢？”麦克林顿说，如果说在会议的过程中阿里经常哈哈大笑，那很可能反映了他内心的不确定性。“如果你认识穆罕默德·阿里的话，”他说，你就会知道这种笑声“实际上是应付这种不确定性、让讨论继续下去的一种手段”。[23]

比尔·拉塞尔对阿里的立场很感兴趣，他表示对于拳击手来说，妥协是很容易的。阿里完全可以一边坚持自己的信仰，一边在公开场合淡化这件事情。他完全可以说服自己和其他人相信，让他在监狱里待上一段时间对伊斯兰民族组织和黑人权力运动都没有好处。拉塞尔说，去克利夫兰参加会议的人都打算帮一帮阿里，只要他改变主意、愿意妥协的话。他们本来都准备好了要说的话：他们说服这位拳击手与政府达成协议，这样他就可以继续战斗了——既是在拳击场上，也是为他的同胞而战。他们也做好了心理准备，一旦阿里因为胡说八道受到攻击，他们愿意接受黑人同胞的批评。可是，拉塞尔说在开会的过程中有一点自始至终都很清楚，阿里是不会妥协的。[24]

“三、四、五个小时——我不知道我们在里面待了多长时间。每个人都有机会向他提问，想问什么就问什么。到最后，所有人都满意地认为，他的立场的确基于他的宗教信仰，我们会支持他的。”吉姆·布朗回忆道。[25]

布朗带领众人参加了一场新闻发布会。阿里、布朗、拉塞尔和刘易斯·艾辛道坐在一张长桌前，其他人都站在他们的身后。

“没有什么新闻可说。”阿里宣布道。也许，他发现记者们都期待着获得一条重大新闻——他放弃了反战立场。[26]

他放弃反战立场，从而制造大新闻。

“我们听到了他的观点。我们知道他在信仰的问题上非常真诚。”布朗告诉媒体。[27]

这场会议过后不久，拉塞尔在《体育画报》的一篇文章中写道，他对阿里感到羡慕：“他拥有我从未得到过的东西，在我认识的人里没有几个人拥有这种东西。他有一种真正的、真诚的信仰……我不为穆罕默德·阿里感到担心。他比我认识的任何人都更有能力承受为他准备的考验。我所担心的是我们这些人。”[28]

两个星期后，一个完全由白人组成的陪审团只花了20分钟时间就裁定阿里逃避兵役罪名成立。法官乔·英格拉汉姆对阿里做出了最重的判罚：5年监禁和10000美元罚款。在律师对判决提起上诉期间，阿里的行动不受限制，但他必须上交自己的护照，以换取保释的机会。[29]无疑，如此严厉的惩罚是为了向其他打算逃避兵役的人传递一个信息，这种人的数量正在不断增长。判决当天，国会以压倒性多数的表决结果通过了将征兵法再延长四年的决议。在反战示威者的刺激下，国会还通过投票将亵渎美国国旗定为一项联邦犯罪。

拳击官员已经剥夺了阿里的冠军头衔，现在，当他面临更严厉的惩罚时，白人新闻记者们又一次对他进行了抨击，他们称他是懦夫和叛徒，问他为什么不对美国为他所做的一切多一些感激之情，毕竟这个国家允许（他们说得好像他需要国家的许可似的）出身卑微的他取得成功，成为同时代最有名的人，有机会成为黑人同胞的英雄和年轻人的榜样。

有时候，黑人记者还比较公正。他们中间的确有人抱怨这位拳击手辜负了国家，但也有人指出，他显然是种族歧视的受害者，由于他的种族和宗教信仰，政府把他当成攻击目标。在《路易斯维尔卫报》上发表的文章中，詹姆斯·希克斯写道："克莱应该像其他年轻健康的美国男孩一样在军队服役。但是，还有什么能比美国军队更有效地把一个骄傲自大的黑人打回原形呢？"[30]曾经，阿里在人们的眼中是一位伟大的运动员，一个对宗教有着独特品味的叛逆者；现在，至少在某些人的眼里，他成了一名殉道者，一个种族主义的受害者，一个与遭到滥用的美国力量做斗争的勇士，一个为了比金钱和冠军腰带都更重要的东西而战的斗士。

被定罪的三天后，阿里站在洛杉矶的一个垃圾桶上，向反战的抗议人群发表了讲话。"我与你们在一起。一切旨在实现和平、停止杀戮的事情，我都百分之百地支持。我不是一位领袖。我上这来不是给你们出主意的。但是，我鼓励你们说出自己的心声、阻止这场战争。"[31]阿里离开现场后不久，警察袭击了抗议者。当天晚上，阿里在电视上看到了随后发生的暴乱，他发誓不再参加示威活动。

越来越多的反战抗议激怒了联邦调查局局长埃德加·胡佛，他利用"反谍计划"遏制日益壮大的黑人激进分子运动，像阿里和马丁·路德·金这样的激进分子似乎正在逐步扩大他们的抗议范围。据阿里的表妹夏洛特·沃德尔[32]所述，联邦调查局特工们对阿里在芝加哥的住宅实施了监控。沃德尔自己就在地下室住过一段时间，她说联邦调查局特工找到了她，让她帮忙收集有关伊斯兰民族组织和阿里的材料。沃德尔说她拒绝了这个要求。

胡佛可能是一个偏执狂、种族主义者，也可能表现得像一个独裁者，但他或许完全有理由感到担心：一旦阿里和金这样的人对越南战争的价值提出质疑，就会有更多的美国人开始质疑这场军事行动的必要性，就会有更多的人追问为什么他们应该把自己的儿子送到一场他们并不完全理解的战争中去厮杀、去送命。民权活动家朱利安·邦德说过，当阿里拒绝参战时，他的这一行为引起了反响。邦德告诉作家戴夫·齐林："你听得到人们在街头巷尾谈论这件事情，每个人都在说这件事情。那些从来不曾思考过这场战争的人——无论是黑人还是白人——都因为阿里开始全面思考这场战争了。连锁反应非常大。"[33]人们开始用更加批判的眼光审视这场战争并不只是因为阿里的立场。在越南前线的记者发回的报道出现在电视和报纸上，向人们展示了战争的恐怖和徒劳。与此同时，更多的年轻人在应征入伍。朱利安·邦德所说的这种连锁反应促使人们提出了一连串问题：为什么美国愿意为越南牺牲这么多的生命？为什么美国黑人的伤亡人数高得不成比例？为什么有那么多富有的年轻白人男性能够通过上大学逃避兵役，或者请律师利用征兵法中存在的技术问题帮助他们逃避服役，而穷人却一股脑地应征入伍？兴起于1960年代的政治组织民主社会学生会散发的一份传单向人们问道："哪一种美国会用凝固汽油弹和落叶剂来回应越南的贫穷和压迫？又是谁用沉默来回应密西西比的贫穷和压迫？"[34]

在纽瓦克举行的第一次全国黑人权力会议上，代表们通过投票建议黑人运动员们抵制奥运会和所有的拳击比赛，直到穆罕默德·阿里被恢复冠军身份。迪克·格雷戈里告诉代表们："我们必须在全国范围内抵制一切拳击活动、一切比赛，以及每一个赞助商。无论他们在哪里打拳。只有这样，他们才会把头衔还给他［阿里］。"代表们——其中许多人都身着非洲服装——还通过投票决定抵制接受直发器和漂白膏广告的黑人出版物。[35]

面对阿里最近进行的这场斗争，只有为数不多的几家媒体第一时间意识到了其中蕴含的更大价值，面向黑人读者的杂志《自由之路》就是其中的一家。这份杂志在一篇社论中写道："即使完全不考虑穆罕默德·阿里与数百万美国人都在抗议的这场针对越南人民的战争存在着赤裸裸的道德缺陷，也不考虑他享有受宪法保护的自由选择宗教信仰的权利，他的这起官司至少也对整个国家提出了一些重大的问题，尤其是对2200万非洲裔美国人而言。

"我们不是在为美国黑人争取特权，我们只是在质疑这个国家是否具有——根据它的记录——坚持要求所有黑人必须随时可以穿上军装，远赴海外数千英里的地方，为一个从古至今一直压迫他们的社会去冒生命危险的这种道德权利。"[36]

在去世前创作的最后一首诗中，兰斯顿·休斯反思了白人对民权运动的种族主义反应以及黑人对越南战争日益强烈的批评。在与妮娜·西蒙携手创作的《抵制蓝调》这首歌曲中，休斯写道，美国给了黑人二等房屋和二等学校。接着，他问道：

你以为有色人种
就是二等傻瓜吗？[37]

第二十六章
殉道者

阿里破产了。他迟迟没能给前妻支付赡养费，而且因此面临刑事指控。[1]他和父母发生了争执，还受到了律师的起诉，后者宣称他欠了284615美元的律师费，就是靠着这笔钱，他才没有因逃避兵役的罪名入狱。[2]

尽管如此，阿里似乎并没有受到这些压力的影响。现在，他用不着参加比赛的宣传工作，用不着坚持按照计划进行锻炼，身边也没有了一大群跟班，他终于可以随心所欲地将注意力都倾注在新婚妻子身上。贝琳达支持阿里抵制征兵令的决定，即使这意味着他要坐牢，并且他们两个人都会陷入贫困。现在，他们还处在相互了解的过程中，正在适应在同一屋檐下的新生活。贝琳达在穆罕默德伊斯兰大学接受过家庭主妇方面的训练，现在她把这些技能付诸实践，每天晚上为丈夫做饭，为他洗衣服、熨衣服。当时，阿里的表妹夏洛特·沃德尔就住在这对新婚夫妇家的地下室里，她说贝琳达“就像一个忘乎所以的小女学生。他们总是在说说笑笑，整天都在看电视、吃爆米花”。[3]

穆罕默德和贝琳达都喜欢西部片，有时候他们还会摆出一副牛仔的架势。阿里会说：“你最好滚出这个镇子，贝琳达。你的马最好快一点。”贝琳达则狠狠地瞪丈夫一眼，回答道：“不。因为，我要拔枪了！”她的两只手放在臀部上，她想象中的手枪就别在那里。一天晚上，贝琳达在沙发上睡着了。突然，她听到门开了，一个男人的声音响了起来：“嘿，你最好在日出前滚出这个镇子。”这个声音听上去很熟悉，但不是阿里的。贝琳达从沙发上一跃而起，啪的一下打开灯，结果就看到休·奥布莱恩站在他们的起居室里。奥布莱恩在电视剧里扮演过传奇的西部警长怀亚特·厄普，见到奥布莱恩的时候，阿里说服这位演员跟他回家，和他的妻子开个玩笑。[4]

多年后，贝琳达对丈夫做过这样一番评价："我觉得就是那段时间，他对我来说是全世界最好的男人。他不赚钱的时候，我很开心。我非常开心。"[5]

阿里对性生活有着非同寻常的胃口，渐渐地贝琳达也学会了享受性生活。阿里相貌堂堂，身材完全像是米开朗琪罗雕刻出来的，而且作为爱人，他的身体条件非常好。他在卧室里只有一个缺点，不过直到几年后跟其他男人接触过之后，贝琳达才意识到了这一点。她说，阿里是一个自私的情人，很少留意她是否享受到了快乐。尽管如此，这个年仅17岁的女孩并没有对此产生怨言，婚后大约一个月的时候，她就怀孕了。

在某些方面，阿里和妻子就跟很多新婚夫妇一样，经济窘迫，前途未卜，梦想远大。贝琳达担心公公婆婆对她没有多少好感，有可能因为她是穆斯林，也有可能因为他们还是喜欢桑吉。但是，贝琳达很快就与奥德萨建立了感情。奥德萨和所有人都相处得很好，她也是唯一一个能让穆罕默德·阿里面对现实，还不会惹怒他的人。"哦，你很漂亮，但是石头很帅。石头更强壮！"[6]奥德萨说，她指的是另一个儿子拉哈曼。这种话会令阿里很恼怒，但是所有的话如果从奥德萨的嘴里说出来，听上去就总是那么容易让人接受。但是，凯什则是另一种人，贝琳达还从来没有见识过这样的男人。听到凯什说自己是"帮妓女跑腿的"，她感到非常震惊，什么样的人会吹嘘这种事情？凯什还告诉她，他喜欢腿长胸脯大的女人，他管这种女人叫作"种马"，"不过，我是不会为了这些劣质货离开我老婆的。"他说，就好像这样的"忠诚"会令儿媳妇对他刮目相看似的。"我在做什么，我老婆都清楚。"[7]

奥德萨当然清楚自己的丈夫在做什么。就在当年5月，凯什的风流韵事成了路易斯维尔的头条新闻。当时，他和两个朋友在比利·里普经营的炸鸡小吃店里吃饭，这时一个女人出现在餐厅门口。一看到那个女人，凯什就对朋友说："我现在有麻烦了。"据《路易斯维尔新闻报》报道，凯什走了出去，就在小吃店门外他被那个女人刺中了胸口。[8]

婚后第一年大部分时间里，贝琳达和阿里几乎都住在位于芝加哥南区那幢占地1300平方英尺（121平方米）的砖房里，房子坐落在85街和杰弗里大道的拐角处。在这个时期，拉哈曼仍然如影随形地跟随着哥哥，他就在距离阿里家几条街区的地方租了一套房子。贝琳达和阿里的房子原先归赫伯特·穆罕默德所有，或者是他租下的，但是在伊利贾·穆罕默德的授意下，他把房子让给了阿里。[9]这座房子有两间卧室和一间浴室，整个地板上都铺着地毯，房间里摆着一张蓝色天鹅绒的沙发，沙发对面的大理石壁炉里安装着一台彩色电视机。[10]

一天早上，《君子》杂志的一名记者登门拜访阿里。阿里赤裸着上身，四肢舒展地躺在沙发上，两只手抚摸着自己松垮的腹部。一个游戏节目在电视上一闪而过，分散了阿里对记者的注意力。这位拳击手正在展示他最新搞到手的新玩意——一个小小的遥控器，他拿着遥控器就能调节电视的声音，用不着站起来走到房间的另一头，在弟弟和邦迪尼·布朗不在身边的时候，这个遥控器对他来说就再美妙不过了。阿里一边瞟着电视屏幕，一边想方设法地告诉来访的记者即使被赶出了拳击界，他还是十分忙碌："今晚，他们要上演一部大型音乐剧，他们想让我讲几句话，随便讲什么都行。然后，我还接到了哈特福德一所大学的电话——我忘了是什么名字——他们想让我过去一趟……总是有事。所有人都想找我。"[11]阿里给人一种印象，只要受到正式邀请，他就会不假思索地在任何场合亮相。

壁炉后面的墙上挂着镜子，阿里时不时地就会打量一下镜子，看一看自己的表现如何。"我是不可能闭上嘴巴、什么事也不干的。我的意思是，我又不代表拳击运动。我坚持我的信仰，百分之一千地为黑人的自由而战。那些进行着同样斗争但是规模比较小的人，他们就来找我，这是自然而然的事情。"说到这里，他压低了声音，复述起了普通黑人跟他说过的话："你也为我们说说话吧，兄弟，你也为我们说说话吧。我从查理①那里赚钱，但我跟你是一伙的。"说完，他又提高了嗓门。"所以，我得去好多地方跟人们讲话，只要谈论自由的话题，我就总是有那么多地方

① 英语俚语中指白人。

可去。”

大约在中午12：30的时候，阿里穿上了条纹衬衫和黑色皮夹克。他邀请记者上了他的车，他说自己得去市中心接贝琳达。当时，贝琳达在卢普的一所秘书学校读书，学习为阿里打印信件。阿里每天早上开车送她去学校，每天下午再把她接回家，他的那辆“埃多拉多”就停在路边。沿着湖滨大道向北行驶的时候，阿里一直小心翼翼地把时速保持在45英里（72.4千米）的限制范围内。一路上，他不停地调整仪表盘下方的小型电唱机，继续向记者描述他有多么忙碌、几乎都没有时间研究宗教问题，“你也知道，我是牧师，我得知道这些事情，因为他们会问我这些问题。”

当阿里赶到卢普后，已经有三个月身孕的贝琳达爬上车的后座。阿里把贝琳达送回家，叫她晚上做牛排，再做些蔬菜，然后又开着车离去了。走的时候，他告诉贝琳达说：“我们还有重要的事情要做。”他去洗车，尽管他那辆“埃多拉多”已经洗得干干净净了。可是，洗车店关门了，于是他回家继续看起了电视。有时候，记者伦纳德·谢克特会感到阿里令人难以理解，他会抱怨山姆大叔想要饿死他、羞辱他，同时他又说自己很感激政府批准他保释，还允许他前往全国各地，他必须对自己的一言一行都小心一点，以免联邦政府改变主意。

贝琳达给他们端来了晚餐，阿里在水煮的秋葵和卷心菜上撒了一点胡椒粉。

“贝琳达，给我拿罐健怡可乐。”他说。

“贝琳达，给我牛排。”

“贝琳达，给我一点红糖。”

他说牛排做得太硬了。

“给我拿点鸡肉。”

“太凉了。”贝琳达说。

“总之，还是给我拿点来。”

阿里很快就吃完饭，离开了餐桌，去卧室换衣服，他一边穿衣服，一边唱起了《我没有骄傲得无法开口乞求》。贝琳达也去了卧室，谢克特听得到他们夫妻俩嘀嘀咕咕地说着什么。重新回到谢克特面前时，阿里穿着一套闪亮的黑色西装、一件白色衬衫，还打着一条深色的领带，他说要让谢克特看一看他现在都在做些什么事情，毕竟他已经不打拳了。他们驱车前往南德雷克塞尔大道上的拉蒂斯美容美发店，接着又去79街拜访了《穆罕默德之声》的记者和编辑。无论走到哪里，阿里从来不会注意禁止停车的标志，在晚年他曾告诉过朋友们当年一看到涂成黄色或者红色的路牙子，他就以为是当地人为他预留的停车位。[12]不过，他的朋友们都不确定他是不是在开玩笑。在报社办公室里，他拉开柜子里的一个抽屉，抽屉里放着数千张他打拳的照片。他拿出一大摞照片，回忆了一会儿往事，然后就把照片放回抽屉。

他们又前往下一个目的地，坐落在71街上的沙巴兹餐馆，阿里打算去吃一大块巧克力蛋糕。阿里五口就把蛋糕吃完了。从餐馆往外走的时候，他又买了一块豆子馅饼，两口就吃掉了。每次一上车，阿里都得找一番车钥匙。钥匙总是出现在不同的口袋里，偶尔他还会把钥匙锁在车里。

接下来，阿里来到一家剧院。剧院邀请他讲讲话，但是他早来了两个小时，剧院还没有开门。为了打发时间，他在人行道上溜达起来，想引起人们的注意。“我要找人打一场！这一带最厉害的是谁？”他冲着自己跟前听得到他说话的人们咆哮着。

这一切令谢克特感到悲哀。阿里似乎有些不知所措。来自一家全国性杂志的记者陪伴着他，记录着他的一言一行，然而这依然满足不了他的自尊心。他还要打发掉两个小时的时间，才能迎来下一批听众，他没有能力享受一段安安静静独处或者反省的时光，也没有能力去了解这个一整天陪着他在城里四处转悠的人。在两个人将要分别的时候，记者问拳击手对进监狱有什么想法。阿里还是借着回答对方问题的机会自我吹嘘了一番。

“谁愿意进监狱？我习惯了像小鸟一样自由自在地跑来跑去。在监狱里，你没有妻子，没有自由。你不能想吃什么就吃什么……每天待在监狱里，望着牢房外面，见不到任何人……只有认真对待自己信仰的人才能忍受这样的生活。”他说。

《君子》杂志决定把谢克特撰写的这篇文章当作4月份的封面报道，

编辑请乔治·洛伊斯设计了封面。阿里赶到纽约的一家照相馆，准备拍摄封面照片，洛伊斯拿着波提切利一幅画作的复制品给阿里看了看，这幅画描绘的是基督教早期的殉道圣塞巴斯蒂安，在画面中圣塞巴斯蒂安被绑在一棵树上，身上被箭射穿。洛伊斯让阿里摆出同样的造型。

阿里思索了一会儿。

终于，他做出了回答："嘿，乔治！这家伙是个基督徒！"[13]

洛伊斯是一个不太热心于宗教的希腊东正教徒，他告诉阿里塞巴斯蒂安因为皈依基督教而被处死，就像阿里因为皈依伊斯兰教而遭到痛斥一样，他希望阿里允许他和伊利贾·穆罕默德通一次电话，向后者解释一下。阿里同意了他的请求。随即，洛伊斯就花了十分钟时间同伊斯兰民族组织的这位领导人对意象和宗教象征意义进行了一番探讨。伊利贾·穆罕默德比绝大多数人都更了解媒体的力量，他为他们送上祝福。[14]

这些箭太重了，《君子》杂志的工作人员无法用胶水将它们粘在阿里身上，所以他们就在箭上绑上钓鱼线，把箭挂在高悬于阿里头顶上方的一根杆子上。阿里只穿着白色的"世亨"拳击短裤、白色的拳击鞋和白色的袜子，一动不动地保持着同样的姿势，好让摄影师卡尔·费希尔和几名助手在他的身上画上假血，把一支支箭摆好位置：胸部两支，心脏下方一支，腹部两支，大腿上一支。阿里的耐心和幽默令洛伊斯深受感动，在工作人员忙碌的时候，这位拳击手甚至指着那些箭，逐一给它们取了名字："林登·约翰逊，威廉·威斯特摩兰将军①，罗伯特·麦克纳马拉②……"[15]

《君子》的这次封面报道或许是阿里在有生之年得到的最好的一次宣传。文章的标题是《穆罕默德·阿里的受难》，但是最具影响力的还是阿里的这张照片。在照片中，这位强壮的拳击手完全是一副殉道者的形象：头歪到一边，痛苦地大张着嘴巴，两只手被绑在背后，鲜血从躯干上滴落下

---

① 威廉·蔡尔兹·威斯特摩兰（1914—2005），美国陆军上将，1964至1968年任驻越美军最高指挥官，后任美国陆军参谋长，将美国陆军由征兵制转型为募兵制。

② 罗伯特·斯特兰奇·麦克纳马拉（1916—2009），美国史上任期最久的国防部长（1961—1968年），后任世界银行行长（1968—1981）。

来。这个形象将美国文化中存在的三个最严重的问题——种族、宗教和越南战争——联系在一起，令人们不禁想到一个问题：也许这个可恶的拳击手并不完全是他们认为的那样。如果阿里像圣塞巴斯蒂安一样是一个基督徒，那么他会受到不同的对待吗？如果他为了信奉上帝的教导而放弃自己的个人欲望和职业抱负，他会受到人们的敬仰吗？他会因为将宗教理想转化为实际行动而被人们视为英雄吗？

当然，当阿里摆好造型、等着洛伊斯拍摄照片的时候，他们都想象不到这篇封面报道的影响力会因为出现的时机得到多么大的增强。1968年4月4日，正当这期《君子》出现在美国各地的报摊上和邮箱里的时候，小马丁·路德·金出现在孟菲斯的一场集会上，向参加罢工的环卫工人发表讲话，同时宣传自己领导的反贫困运动。下午6：05，当金站在洛林汽车旅馆的阳台上时，突然一发步枪子弹击中了他的胸部。金遇刺身亡了。

阿里告诉记者："金博士是我伟大的黑人兄弟，他将被人们铭记数千载。"[16]后来，他的口气就没这么客气了，他说金是"白人美国有史以来拥有过的最好的一位朋友"。[17]

当时，不久前刚刚宣布将参加总统竞选的罗伯特·肯尼迪要在印第安纳波利斯发表讲话，得知金遇刺身亡的消息后，他放弃事先准备好的讲话稿，即兴发表了一段悼词。他在讲话中说道："马丁·路德·金毕生致力于促进人与人之间的爱与正义。他为此献出了生命。在这个艰难的日子里，在这个对美国而言艰难的时刻里，我们也许应该问一问自己：我们的国家究竟是一个什么样的国家，我们想要朝着什么方向前进。对于你们黑人来说……你们尽可以怀着满腔的痛苦，怀着满腔的仇恨和复仇的欲望。作为一个国家，我们完全可以朝着这个方向前进，走向更大的两极分化——黑人和黑人在一起，白人和白人在一起，双方对彼此满怀仇恨。或者，我们也可以像马丁·路德·金那样，努力去了解，去理解，用理解、同情和爱来取代这样的暴力，取代遍布在美国大地上的这种流血事件。"[18]

两个月后，就在洛杉矶发表完讲话后，罗伯特·肯尼迪在一家酒店的厨房里遇刺身亡。

这一年将成为美国历史上最动荡的一年：在芝加哥举行的民主党全

国代表大会上发生了骚乱；贝里根兄弟带领一群天主教积极分子抢走了数百张征兵卡，用自制的凝固汽油弹将其付之一炬，这一举动导致全美各地的反战抗议活动升级；在大西洋城举行的美国小姐选美比赛上，争取平等权利的妇女们将自己的胸罩、拖把、平底锅和束身衣扔进垃圾桶，以示抗议。理查德·尼克松当选为总统，但是以独立候选人身份参选的种族隔离主义者阿拉巴马州州长乔治·华莱士也获得了将近1000万张选票。在墨西哥城举行的奥运会上，当举行颁奖仪式的会场奏响《星条旗》的时候，黑人运动员汤米·史密斯和约翰·卡洛斯举起了拳头，用这样的方式向黑人权利致敬，这种姿态在阿里之前是不可想象的。

正是在这样的背景下，阿里扮演的圣塞巴斯蒂安出现在了美国人民面前：一个为自己的信仰而左右为难，获得神启，受苦受难的人，一个被敌人乱箭射穿的人。如果阿里的宗教信仰在美国的一些黑人看来只是骗子的把戏，如果美国的白人只会挠挠头、试图搞清楚他为何会赞扬乔治·华莱士的种族隔离主义观点，[19]那么随着过去的每一天，过去的每一场暴乱，过去的每一场抗议游行，细枝末节的差异就变得越来越不重要了。到处都一片混乱，血流成河，动荡不安。流血的不只是阿里一个人。

1968年5月6日，联邦第五巡回上诉法院判定了阿里逃避兵役的罪名，裁定他没有作为穆斯林牧师或者因良心拒服兵役者的合法权利。法院还宣布，他也没有受到歧视。如果不入伍，他就会进监狱。[20]

在律师准备向美国最高法院提出上诉期间，阿里仍然是自由的。伊斯兰民族组织借给他2.7万美元，帮他支付了一部分律师费和生活费。阿里还清了这笔债务，但是没过多久又借了10万美元。即使借到了钱，他还是难以付清账单。为了赚钱，他从1967年秋天开始在一所所大学发表演讲，每场演讲的收入在500到3000美元之间。[21]

这些演讲令阿里感到焦虑，他对自己的阅读和写作能力缺乏信心，而且他也不知道大学生们会向他提出什么样的问题。他听着伊利贾·穆罕默德的布道录音，读着他撰写的《致美国黑人》，慢慢地把自己从录音和书里听到读到的话和思想抄写在索引卡上，然后把卡片装进西装夹克的口袋里。这是一项辛苦的工作。[22]对阿里而言，他也开始了一场战斗，战斗的目的就是克服自幼困扰他的诵读困难症和低下的阅读能力。在接下来的几年里，他把伊利贾·穆罕默德的著作和《古兰经》摘抄了至少数百本黄色便笺本。他也读了基督教的《圣经》，试图找出经文中自相矛盾的地方，然后把这些矛盾之处记下来。他还会把记者邀请到他家或者酒店房间去，拿出那些便笺本，把自己摘抄的内容读给他们听，有时候一读就是几个钟头。

阿里雇了一位经纪人为他联系安排演讲工作，这位经纪人在《综艺》杂志上刊登了一则广告。在广告照片中，阿里戴着拳击手套，旁边写着："穆罕默德·阿里（凯瑟斯·克莱），世界重量级拳王，——承接演讲——全国巡回——私人活动——剧院——农业展销会——公共场馆——学院——大学——一夜演出场地均可。"[23]

在1967年和1968年面对高校学生的时候，阿里的讲话通常都比较简短。他会在讲话中宣誓效忠于伊利贾·穆罕默德，还提醒听众他与第一任妻子离了婚、他失去了数百万美元的收入，这些事情都足以证明他的信仰有多么坚定。他还夸口说自己仍然是真正的重量级拳王，并且一直都是拳王，除非有人在拳击场上打败他。他嘲笑着其他拳击手，面对那些盯着他那张比以前圆润一些的脸、怀疑他的身材越来越走样的人，他会对着空气打上一连串的拳，脚底下也快速变换着步伐，让人们看到他的速度和敏捷性都不亚于从前。这种表演总是能赢得热烈的掌声。当然，他也谈到了自己对这场战争的反对。

"打倒一切"——当时一款流行的T恤衫上就印着这句话。在那个时代，一切似乎都受到了争抢，受到了攻击，每个人都能找到需要抗议的理由。一些青年男女进行着最宽泛的抗议，他们对循规蹈矩的生活发动了攻击。无论是学校、婚姻，还是生活，他们都统统放弃了，他们吸毒，留起了长发。他们一直走在路上，住在自己的车里，他们说除了自己，他们对任何人都没有义务。还有一些人去了密西西比和阿拉巴马，去了民权斗争的核心地带，参加选举，组织抗议活动。然而，支持黑人权力的斗争变得越来越激进，大城市里爆发了一起起骚乱，面对这种情况，许多白人活动家纷纷将精力转向了反战运动。随着这场运动的逐步发展，抗议者们越来越清楚地意识到如果自己足够大胆、队伍足够壮大、意志足够坚定，外界就有可能听到他们的声音，他们就有可能迫使美国政府退出越南。

在一次讲话中，阿里说："政府希望我去海外帮助南越的自由人民，然而，与此同时我自己的同胞却在这里遭受着残酷的对待。绝对不行！有人认为我失去了很多东西，我想对这些人说：我得到了一切。我有一颗平和的心，我有干净自由的良知。我为此感到自豪。"他说，如果让他与伊利贾·穆罕默德和伊斯兰教决裂，他宁愿面对行刑队。[24]

阿里会根据对象的不同调整讲话内容。在宾夕法尼亚大学做演讲的时候，他的听众都是黑人，他告诉他们种族融合绝对不会奏效。"黑人想与白人融合是说不通的。白人根本不想看到一个黑人孩子在他们的社区里走来走去，我们也不想看到一个白人孩子在我们的社区里走来走去。"他说，没有一个黑人想要一个奶白色肤色的孩子，同样地，也没有一个白人想要一个一头卷发、肤色浅棕的儿子。[25]

在北卡罗来纳州的阿巴拉契亚州立大学，阿里再一次表达了对白人种族隔离主义者乔治·华莱士的钦佩，并且重申自己反复提到的观点：世界上所有的动物和人类都更愿意跟自己的同类生活在一起。"中国人喜欢跟中国人在一起，因为他们用筷子吃饭，喜欢那种叮叮咚咚噼里啪啦的音乐。他们不喜欢约翰尼·卡什（美国乡村歌手）。"在这一次讲话中，他还说："黑人被剥夺了语言，奴隶们就像动物一样被配对交配……他们被剥夺了自己的宗教，他们被剥夺了自己的神，他们也被剥夺了自己的文化。就这样，我们有了一个被称为'黑人'的种族，这个种族的精神正在逐渐死去。死亡的过程已经持续五百年了。"[26]

到了洛杉矶，阿里又嘲笑黑人权利运动只是一阵热潮，时髦的黑人激进分子"留着非洲发型，穿着非洲衣服，胳膊上却挽着一个白人姑娘"。[27]发型很重要。黑人活动家们将"黑即是美"作为战斗口号，反击长期存在的各种偏见。对于1960年代里的许多青年男女来说，黑色和美丽就意味着自己的发型要又高又膨大。阿里的发型算得上是一种折中方案，他的头发比伊斯兰民族组织的大多数成员都要长，但是又远不及其他青年激进分子。

在弗吉尼亚州的里士满发表讲话的时候，阿里说道：“我们不是黑人。这个星球上的所有人都以国家的名字命名：墨西哥的人被称为墨西哥人，俄罗斯的人被称为俄罗斯人，埃及的人被称为埃及人……可是，哪个国家叫‘黑人’呢？”[28]这番话总是会引起哄堂大笑，尽管被逗笑的很多人后来都挠着头皮反应过来，这番话并非毫无意义。种族和国籍是两回事。

在马萨诸塞州的斯普林菲尔德，阿里把在抗议活动中发动暴乱的美国黑人比作冲向火车的公牛：“他们是勇敢的公牛，但他们唯一的纪念碑就只有他们的足迹。”[29]

在菲尼克斯，他说自己已经厌倦了拳击运动，现在他只想“为我的同胞而战”。[30]

在讲话的过程中，阿里偶尔会被打断，人们向他发出诘问，说他逃避兵役。批评家偶尔会指出他的讲话中存在的逻辑错误，例如，红雀和蓝鸟属于不同的物种，因此它们交配的可能性微乎其微。但是，大多数听众——多半都是信奉自由主义的白人大学生——都被他的真诚和幽默深深地吸引了。阿里要求人们重新思考一下自己怀有的偏见，不过，他没有像黑豹党领袖那样发出暴力性威胁。在讲话结束时，他常常叫听众一遍又一遍地喊出他的名字，直到听众的声音响亮得令他感到满意：“谁——是最伟大的？谁——是拳王？谁——是拳王？谁——是有史以来最伟大的？”

1968年6月18日，贝琳达生下了她和阿里的第一个孩子。伊利贾·穆罕默德来到医院，建议他们给孩子取名为玛丽姆。[31]

阿里很喜欢玛丽姆，但他认为抚养孩子是贝琳达的责任，每当玛丽姆吵吵闹闹的时候，他就没有了耐心。他说：“真主让男人俯视女人，让女人仰视男人，无论他们是站着还是躺着。这很很自然的事情。”他告诉《乌木》杂志的记者，他对女儿的事业没有特别的期望：“我只希望她能成为一个清白、正直的人，一个好的穆斯林女人，一个好姐妹，也许还有能力教育黑人孩子。”[32]

贝琳达带着孩子待在芝加哥的家里，阿里则继续在一所所学校里发表着讲话。他还同意与别人合伙经营一家总部设在迈阿密的连锁快餐店，这家新开张的连锁快餐店名叫“冠军汉堡”。这家公司是一个股票经纪人、一个会计师和一个律师合伙创办的，他们三个都是白人，之所以拉阿里入伙是因为看中了他推广品牌和吸引投资者的能力。当被问及对跟白人合伙人做生意这件事有什么感想时，阿里说：“我们穆斯林每天都在跟白人做生意，但我们不依赖于他们，也不依赖于‘汤姆叔叔’……他们知道我相信他们是魔鬼，如果他们问我，我是不会否认的。”[33]

第一家餐馆都还没有开门，“冠军汉堡”就已经在纽约证券交易所以每股5美元的价格上市了。公司的目标是快速扩张，餐馆只开在黑人社区，拿到特许经营权的也主要是黑人经营商。不过，股票招股说明书中附加了一条警告：如果阿里被判逃避兵役罪，公司的增长可能会受到抑制。阿里拥有公司6%的股份，作为回报，他应该参与餐馆的推广营销工作，并且允许公司将他的形象用于广告中。阿里曾告诉一名记者，他预计该公司在投入运营的第一年内将开设500家餐馆。[34]按照计划，第一家“冠军汉堡”将于当年的12月开业。这家餐馆位于迈阿密62街和西北17街的交叉路口，店里的招牌餐是四分之一磅（113克）重的“灵魂酱冠军汉堡”，这款汉堡的售价为49美分。菜单上还有热狗、炸鸡和炸鱼。[35]

阿里说：“这么做可以帮助黑人进入商业领域、融入经济体系。你会看到，在这些地方工作的都是黑人。”[36]

12月16日，就在距离第一家“冠军汉堡”开业还剩不到两个星期的时候，阿里因未支付交通罚款被关进了戴德县监狱。

“这对我来说或许是一件好事，我还从来没有受过苦呐。”阿里说，他指的是10天的刑期。[37]他还说，如果自己最终因为逃避兵役而服刑5年，那么坐几天牢的经历或许是一次很好的锻炼。碰巧的是，由于圣诞节，阿里被提前释放，及时赶上了“冠军汉堡”盛大的开业仪式。

阿里还赚到了另一份收入，大约有10000美元。[38]他要做的就是和前重量级冠军洛基·马西安诺在摄像机镜头前假打一场比赛，比赛的结果应该由一台电脑判定，但是制片人拍摄了两种不同的结果：在一个版本中，阿里抵挡住了马西安诺的进攻；在另一个版本中，马西安诺击倒了身材远比他魁梧、速度远比他快的阿里，获得了胜利，但是这场胜利难以令人信服。为了这场表演，马西安诺减掉了40磅（18.1千克）体重，但是这件事情完全就是一个笑话，身着拳击短裤的阿里再一次证明了一件事：这位拳王吃了太多的冠军汉堡。

阿里似乎并不想念拳击，对他来说，只要还能吸引到观众和记者的注意就够了。有一天，他开着他那辆粉红色的“凯迪拉克”从纽约市前往泽西海岸附近的蒙莫斯学院做演讲，副驾驶座上坐着《纽约时报》的一名记者。这名记者注意到，阿里“不是一个健谈的人，他更喜欢自言自语。当聊起一个显然已经被反复询问过的话题时，他就好像激活了脑子里的一盘磁带，那些话倾泻而出”。[39]在自言自语的过程中，当说到自己最常说的那些话时，他就会伸手打开顶灯，示意记者这些都是名言金句，他应该记下来。

在芝加哥的时候，有一天体育记者迪克·沙普邀请阿里和他一起共进晚餐，纽约大都会队的明星投手汤姆·西弗也来了。当时，西弗刚刚打完一个精彩绝伦的赛季，取得了25场胜利，并且带领自己的球队在职棒大联盟的总冠军赛“世界大赛”中取得了胜利。他们几个人的声音很大，大部分时间都是阿里在说话。吃到一半的时候，一直自言自语的阿里突然收住了口，把头转向西弗。“嘿，你是个不错的小伙子。你是体育记者？”他说。[40]

这就是阿里的生活，日复一日的生活。每一条街道、每一条人行道都是红地毯，专为他铺设的红地毯。阿里基本上都在大城市里活动，演讲也主要集中在频繁举行反战抗议活动的各所高校，因此，他和那些认为他不爱国的美国人没有什么接触。他很可能没有读过报纸上刊载的批评信件，他当然也看不到美国老百姓给白宫和司法部寄去的成百上千的信件，这些老百姓不明白为什么一个被判了逃避兵役的人没有因此被关进监狱。佛罗里达州坦帕市的一对夫妇就给司法部写过这种信，他们的这封信体现了很多人的情绪。信里写道：

亲爱的先生：

我们想郑重地问一问，为什么那个“超级爱国者”凯瑟斯·克莱——

无论他管自己叫什么——现在仍然逍遥法外，而其他的美国男孩却在越南送命、受伤、挨枪子。我们已经有一个儿子在越南了，另一个也即将去那里。

难道我们伟大的司法部害怕混蛋克莱和所有黑人？我们认为是这样的。[41]

陆军专家比尔·巴维克是一个黑人，他从越南发信给约翰逊总统，说军队里关于"凯瑟斯·克莱——对不起，是穆罕默德·阿里"的议论很多。他还在1967年6月24日的一封信中写道："在这里，没有几个人在谈论其他事情。倘若凯瑟斯·克莱能够逃脱这样的惩罚，那么我的兄弟、城里的孩子，或者任何一个该死的自作聪明的蠢货就都要这么做了。"在巴维克看来，阿里的案子证明了，对于阿里这样的人法律的效力是不一样的，这些人"比现在在武装部队里服役的人更有权势，在经济上也更成功"。[42]

尽管备受争议，阿里还是坚持了下去。在纽约的一天，走出酒店大厅后，他没有立即走向等着他的轿车，而是环顾了一下四周，等着人们认出他。人们认出了他。碰到索要签名或者从后面偷袭的人，大多数名人都会躲开他们。阿里不会这样。终其一生，每当有人提出要悄悄地把他从后门送出去或者带他乘坐员工专用电梯，以免引起别人的注意时，他都会拒绝对方。当豪华轿车司机等他的时候，他会给司机指定停车的地方——他能找到的最拥挤的那条街上最繁忙的一段路。当周围有人怀着崇拜的心情打量他的时候，他从来不会匆忙离去。

"是的，女士，没错。你现在看到的正是穆罕默德·阿里，全世界的重量级拳王。"他说。

酒店门口的人越来越多，人群越来越拥挤了。

"看见我的新车了吗？"他问道，"上周刚买的，1万块钱——我说的是现金，宝贝。他们以为夺走了我的头衔、不让我参加比赛，就能让我屈服……去他的！我已经两年没工作了，也没有当过谁的'汤姆叔叔'。现在，我还在买豪华轿车——美国总统的车都超不过这些车。看看！是不是很漂亮？你们去告诉大家，穆罕默德·阿里没有被打败。"[43]

第二十七章

唱歌跳舞和祈祷

1969年3月的一天，阿里夫妇被叫到了伊利贾·穆罕默德在芝加哥南区的家中。他们以前都去过这位使者的家，但是很少会接到这么紧急的通知。这令他们感到有些不安。[1]

同往常一样，这位使者装修雅致的家里挤满了人：身着西装、一脸严肃的男人，穿着白色长裙、安安静静的女人。他们坐在一张长长的餐桌旁，几乎每个座位上坐的都是伊斯兰民族组织的高级官员，[2]克莱拉·穆罕默德和几个穿着白色长裙的女人为大家端上茶点。通常，在伊利贾面前，贝琳达总是很开心，她称呼伊利贾为“爷爷”。通常，阿里都会在房间里走来走去，拍拍别人的后背，跟别人握握手。可是，这一次情况有所不同。

多年后，提起往事时贝琳达说道：“当时太可怕了。”[3]

与阿里相比，伊利贾·穆罕默德又瘦又小，他有一双温暖的大眼睛，脸上总是挂着令人放松的微笑，詹姆斯·鲍德温曾在文章中提到这种微笑“令人觉得肯定能帮我卸掉肩头的生活重担”。[4]然而，在这次会议上伊利贾·穆罕默德几乎没有露出这样的笑容。他平静地轻声解释了把阿里夫妇叫来的原因，他说就在几天前他在电视上看到阿里和霍华德·科塞尔在一起，听到阿里对这位电视记者说他希望过不了多久自己又能开始打比赛，因为他需要钱。伊利贾·穆罕默德一直密切地关注着阿里，作为他领导的这场运动中最知名的公众人物，这位拳击手的一言一行都有着举足轻重的意义。看到阿里跟别人合作做生意、售卖灵魂酱冠军汉堡，他没有不高兴；看到阿里与马丁·路德·金交好，他没有不高兴；看到阿里穿梭在一座座以白人为主的大学校园里，他也没有不高兴。可是，看到阿里在电视上说他还想打比赛，因为他需要钱，伊斯兰民族组织的这位领导人感到了极度愤怒。

阿里一声不吭地听着他的解释。他说，伊斯兰民族组织一直不赞成体育，体育不仅百无一用，它还腐蚀着人们的灵魂。体育助长了贪婪和暴力，使人们无暇顾及宗教仪式。他还说，听到阿里希望重新开始体育生涯，他感到很失望，听到他希望重新开始体育生涯仅仅是为了钱，他就更是失望了。[5]难道真主的使者不曾告诉他真主会为他提供一切吗？难道他失去信心了吗？

伊利贾·穆罕默德说，作为惩罚，阿里将被开除出伊斯兰民族组织一年。无论是阿里还是他的妻子都不允许参加礼拜，也不允许和信誉良好的成员保持密切的交往。这件事没有商量的余地，阿里丝毫没有争辩就接受了裁决。伊利贾·穆罕默德经常用逐出组织的方式来惩戒自己的信徒，之前他甚至赶走了自己的孩子华莱士·D. 穆罕默德，因为后者对伊斯兰民族组织的一些教义提出了质疑。而最著名的一次惩罚就是他对马尔科姆·X做了停职处分，从那以后马尔科姆就再也没有回到伊斯兰民族组织。

对于在伊斯兰民族组织里长大、父母都是伊斯兰教徒的贝琳达来说，这种惩罚几乎不堪忍受，“这就像是进了监狱”，她说。几天后，伊利贾·穆罕默德公开宣布了自己的决定，同时他还给了阿里一记重创：剥夺了这位拳击手的名字，因为他知道这么做对阿里的伤害最大。“我们应当称呼他‘凯瑟斯·克莱’。我们从他的手中收回安拉（神）的名字，直到他证明自己配得上这个名字。”他说。[6]

乍一看，伊利贾·穆罕默德的逻辑似乎很奇怪。在加入伊斯兰民族组织的时候，阿里一直从事着拳击运动，在宣布皈依伊斯兰教之后他还打过9场比赛。他经常夸耀自己对金钱、汽车和房子的热爱，并且抛弃了路易斯维尔赞助团，以便让使者的儿子经营他的拳击事业，帮他赚到更多的钱，而伊斯兰民族组织的书记员约翰·阿里与赫伯特·穆罕默德也都通过他的拳击事业获得了巨额的个人收益，《穆罕默德之声》也发表过数十篇文章颂扬阿里在拳击方面取得的成功。那么，伊利贾·穆罕默德这番充满恶意的言论究竟是什么意思？为什么他在这个时候发表这样的言论？

就在伊利贾·穆罕默德宣布阿里暂时被开除出伊斯兰民族组织不久后的一天，路易斯·法拉罕去了伊利贾·穆罕默德的家中，后者叫约翰·阿里大声读出他的这份声明，好让法拉罕听一听。提起往事，法拉罕说："那是我在老师家经历过的最难熬的一次。我不太明白。在约翰·阿里读完这篇文章之后，伊利贾·穆罕默德看着我，就像我现在看着你一样，他说：'兄弟，我这么做是为了你。'"[7]

法拉罕不太清楚伊利贾·穆罕默德是什么意思，至少一开始他没有反应过来。但是，伊利贾·穆罕默德知道法拉罕这位颇有天赋的音乐家就因为伊斯兰民族组织认为音乐和娱乐都是毫无意义的事情而放弃了演艺生涯。几年前，马尔科姆·X给法拉罕写过一封信，他在信中告诉法拉罕有30天的时间"告别音乐，要么就告别清真寺"。伊利贾·穆罕默德知道伊斯兰民族组织的其他成员都放弃了唱歌、表演、跳舞，以及其他各种职业活动和娱乐活动，因为伊斯兰民族组织认为从事这些活动会令他们分心。伊利贾·穆罕默德也知道，组织里的其他人对组织允许阿里参加拳击比赛这件事情感到愤怒。"他是那种领袖，一只眼睛盯着经书，一只眼睛盯着说话的对象，这样他就知道你适合什么地方了。"法拉罕说。[8]

伊利贾·穆罕默德在《致美国黑人》一书中写道，运动和游戏导致了"违法犯罪行为、谋杀、盗窃，以及其他邪恶和不道德的犯罪"。他还补充了一句："在这个充满体育和游戏的世界上，可怜的所谓的'黑人'是最大的受害者，因为他们在试图学习白人的文明游戏。而《古兰经》上写着：运动和游戏（靠运气而不是技能的游戏）剥夺了信徒对真主（神）的记忆，也剥夺了他们的善行。"[9]

伊利贾·穆罕默德为阿里破了例，他之所以这么做也许是因为他认为这位拳击手会为伊斯兰民族组织招募到更多的信徒，增加他经营的报纸的销量，也许是因为阿里给伊斯兰民族组织捐了钱，也有可能是因为他担心阿里会与马尔科姆·X结盟，或者是因为他看到了这个年轻人的潜力。毫无疑问，通过与阿里的联系，伊斯兰民族组织捞到了好处。为了给伊斯兰民族组织募集资金，这位拳击手曾与科迪·琼斯打过一场表演赛，门票售价为1.5到10美元。[10]还有一次，《穆罕默德之声》组织了一场读者比赛：在一个月内拉到订户最多的人可以免费观看一场阿里的拳击比赛。从1965年开始，这份报纸开设了一个名为《冠军阵营发来的报道》的定期专栏，详细报道着阿里的日常生活和人生哲学。[11]但是，当阿里向外界吹嘘自己的能力、没有将自己战胜乔治·丘瓦罗一事归功于真主时，报纸对阿里提出了批评，而阿里则表示了道歉。

如果说伊利贾·穆罕默德一直在《古兰经》和唾手可得的收益之间左右为难，那么科塞尔对阿里的采访就将这位教派领袖推向了《古兰经》，促使他重新占据他一度失去的一些道德制高点。同时，他可能还在向儿子赫伯特传递一个信息。赫伯特从来没有像父亲希望的那样虔诚地遵守清规戒律，如果阿里重返拳坛，他将是获益最多的一个人。如果说体育运动和游戏的确能使人堕落的话，那赫伯特肯定就属于这种情况。

阿里曾在一张黄色的横线便笺纸上写道："今天，我给经理赫伯特·穆罕默德打了电话，他告诉我他不能再给我当经理了。因为他父亲T.H.E.M［伊利贾·穆罕默德阁下］和黑人穆斯林在全国各地的成员不可能在我重返拳坛这件事上支持我。"[12]

这就是阿里，年仅27岁的阿里。出于对伊斯兰民族组织的忠诚，他远离了美国文化中的一些疯狂现象。例如，在1969年的夏天，他就远远躲开了伍德斯托克音乐节。他与黑豹党也保持距离，有时候后者看上去一副要参与反对美国政府的武装革命的样子。但是，在其他方面，他刚刚接受的这种宗教对他产生的影响不亚于拳击对他的影响。为了信仰，他放弃了第一任妻子，改了名字，面临着坐牢的危险，牺牲了数百万美元的收入，还抛弃了亲朋好友。他甚至赶走了朋友邦迪尼·布朗——虽然只是暂时的——就因为邦迪尼令穆斯林领导层感到不安。[13]现在，这个曾经激励阿里采取行动、被他当作神的先知崇拜的人把他丢到了一边，还告诉他黑人穆斯林不再欢迎他了，因为他拒绝放弃拳击运动。这一切肯定令阿里感到困惑。

在1964年，伊斯兰民族组织一直没有向外界透露过这位拳击手已经加入的事情，他们担心一旦凯瑟斯·克莱输给桑尼·利斯顿，公众会对他产生不好的印象。现在，在信徒需要帮助的时候，伊斯兰民族组织也没有伸出援手。阿里遵照伊利贾·穆罕默德的教诲坚守着自己的道德立场，然而伊利贾·穆罕默德躲开了这位拳击手。也许伊斯兰民族组织不再需要阿里了，因为他现在不赚钱了。全国各地的广播电台都播放了伊利贾·穆罕默德和路易斯·法拉罕的讲话，他们传播的信息正在进入主流社会。伊斯兰民族组织的官方报纸《穆罕默德之声》曾夸耀自己的发行量正在迅速增长。黑人合唱团诱惑乐队的一张唱片登上了畅销排行榜，唱片中有一首《一个黑人的来信》，这首歌的歌名与伊利贾·穆罕默德的那本书很相似，歌词也得到了后者的认可，第一句就唱道："是的，我的皮肤是黑色的，但这不是让我退缩的理由。"阿里不是一个愤世嫉俗的人，他对伊利贾·穆罕默德的决定表示了赞许。他说惩罚是公平的，还说他明白自己的错误，将尽一切努力弥补自己的罪过，重新获得老师的信任。"所有好玩的事情，打拳、到处跑、上电视，全都结束了。现在，我要集中精力好好祷告，努力学习，让自己成为一个更好的穆斯林牧师。"他说。[14]

阿里的这番话听上去发自肺腑，然而，他在接下来几个月里的活动却不符合他的表态。1969年10月，阿里宣布他将参加一部百老汇音乐剧的演出，这似乎与伊利贾·穆罕默德对他的期望相悖。音乐剧《巴克·怀特》改编自白人剧作家约瑟夫·多兰·图奥蒂的作品，剧中的歌曲是黑人音乐家小奥斯卡·布朗创作的。剧中的故事发生在黑人权利组织"B. A. D. "的会议大厅里，"B. A. D. "是"美丽的哈利路亚日"的缩写。除了票房收入分成，阿里还能拿到一份固定的周薪。这部音乐剧的制片人是制作过《欢乐梅姑》和《酒店套房》的泽夫·巴夫曼，他说自己还从没给演员支付过这么高的报酬。届时，乔治·艾伯特剧院门口的遮檐上将会打上这部音乐剧的剧名，演员的名字——"凯瑟斯·克莱，又名穆罕默德·阿里——则会出现在剧名的上方。

在《巴克·怀特》中，阿里会戴上胡子和非洲发型的假发，扮演一个明显不是穆斯林的黑人活动家巴克·怀特，吟唱着迪伦式的歌曲："是的，现在一切都结束了，强大的白鬼。我们再也无法忍受了。我们再也不关心了。"

阿里认为这部音乐剧毫无问题，正如他所说的那样，“这部剧最终讲述了黑人走到一起……站起来，自己决定一切，自己赚钱，尊重自己”。[15]他曾夸口说自己拒绝了在另一部百老汇戏剧《身负众望》中扮演拳击手杰克·约翰逊的邀请，因为他不想和白人女性搭档演爱情戏。至少在阿里看来，自己不存在自相矛盾的问题。他又不是那些声誉良好的伊斯兰民族组织成员，所以伊利贾·穆罕默德是否赞成他参加这部戏剧处女作的演出并不重要。如果他被允许重新加入伊斯兰民族组织，并且得知伊利贾·穆罕默德反对他参加百老汇的演出，那么他在演出合同里也为自己留了一条退路，到时候他完全可以退出剧组。

音乐剧上演了。评论家们对阿里很客气，他们表示他在唱歌和表演方面都表现得相当不错，他旺盛的精力和热情让一切缺陷都得到了弥补。不过，除了阿里的表演，这部音乐剧并没有受到好评，只演了7场就停止演出了。[16]

记者罗伯特·李普塞特亲眼目睹了阿里遭受的另一场羞辱。一天晚上，他和阿里一起走回旅馆，可是阿里打不开自己房间的门，酒店经理解释说门被锁上了，因为阿里欠了53.09美元。

阿里一脸吃惊地说，你是冠军的时候，他们从来不会叫你马上付钱。[17]

阿里退出了拳击界，退出了伊斯兰民族组织，刚刚当上了爸爸。随着反对越南战争的呼声日益高涨，他比以往任何时候都更像一个政治人物了，他有机会接触到新的听众，提出新的问题。对于穆罕默德·阿里来说，这段时间或许为他提供了一个反思的机会，一个重新审视一切的机会，如果他愿意这样做的话。然而，如果说和以前相比他在这段时间里有什么变化的话，那就是生命中这段前途未卜的时期似乎促使他变得更加自私了。

尽管穆罕默德已经提出警告，阿里还是在寻找打拳的机会。1969年秋天，赫伯特·穆罕默德、安吉洛·邓迪和电视播音员霍华德·科塞尔一起制订了一个计划，他们想安排阿里在电视台的演播室里与吉米·埃利斯打一场比赛。电视台将对这场比赛进行现场直播，但是不会对外出售现场门票。根据联邦调查局在1969年12月8日留下的一份备忘录，科塞尔将以中间人身份获得5万美元的酬劳。[18]他们几个人认为，如果这场比赛是在私下里进行的，没有花钱买票进场的观众，他们就无须申请政府部门或者拳击委员会的批准。但是，最终他们还是放弃了这个计划。至于他们为何会放弃，外界至今不得而知。

在这段时期里，阿里身边出现了越来越多的可疑人物，其中就包括伊斯兰民族组织设在费城的第12号清真寺的成员。联邦调查局将这座清真寺称为“黑帮清真寺”，它的成员参与了“毒品买卖、买凶杀人、抢劫银行、信用卡和支票欺诈、武装抢劫、大规模的勒索以及高利贷活动”，[19]也是在这段日子里，阿里开始与其他女人有了婚外性关系，这显然是他有生以来的第一次。根据费城清真寺的一名成员所述，阿里与前妻桑吉有染。[20]他还和毕业于中央高中的初恋，后来改名为“贾米拉·穆罕默德”的阿丽莎·斯温特长期保持着恋情。斯温特说过，阿里“是一个想做什么就做什么的人”。[21]

但是，在贝琳达的印象中，没有什么女人是与众不同的，阿里只会跟形形色色的妓女睡觉，只会发生一夜情。在参加《巴克·怀特》的排演时，阿里和贝琳达住在惠灵顿酒店里，贝琳达曾目睹自己的丈夫在乔治·艾伯特剧院的角落里和惠灵顿酒店的大厅里跟别的女人接吻。

时隔多年，贝琳达说：“他知道这么做是不对的。可是，只要能找到乐子，他就不在乎了。那时候，我在和伪善、大男子主义做斗争……从小到大我一直以为，如果我是个好人、为人忠诚，我的丈夫就会是个好人，就会忠诚。我真是大错特错，大错特错。”[22]

也许是因为自己在伊斯兰民族组织的经历，组织里的每个人都知道伊利贾·穆罕默德背叛了自己的妻子；也许是因为自己跟赫伯特·穆罕默德有所接触，后者一直有着活跃的婚外性生活；也许是因为看到了丈夫那么渴望得到别人关注，而那些女人又那么尽心尽力地讨好着他，无论出于什么原因，贝琳达都对她丈夫的行为既不感到惊讶，也不感到沮丧。

多年后，她回忆道：“我就知道会发生这种事。我做好了［接受］这一切的准备，只要他不把这种事情带回家，我就不在乎他做什么。我又不是他妈妈……我是不会告诉他该怎么做的。不过，我跟他说过，这么做对你没什么好处。你现在在努力建立自己的声誉，我也在你身旁努力建立家庭声誉，好让你在人们的眼中有一副好形象。”

阿里听不进去。

多年后，贝琳达说：“那时候，我管不住他。”

即使这种事情发生了不止一次，贝琳达也从未想过要离开阿里。她能去哪呢？她能做什么呢？她还年轻，抚养着一个孩子，她爱他。“不，我不想这么做。我是不会离开他的。我们还有事情要做，我说我得帮帮他。我知道我们会经历一些这样的考验。我知道会发生这种事情，因为他是阿里，他很软弱，我努力让他变得坚强起来。我努力支持着他，就是这些事情。他说：‘我就是太软弱了。’他会跟我说：‘我就是太软弱了，伙计。你没有离开我，我真是太感激你了。’我说我不会离开你。我说我们会养好些孩子。我是不会让任何一个女人毁了我的婚姻的。我是不会让这种事发生的。然后，他就说：‘我不爱那些人，只是嘿咻嘿咻而已。谢谢你，夫人。我谁也不爱。’他就跟我说这样的话。我说只要你不爱上别人就行。可是，他利用了这一点。他利用了这一点。他只是喜欢做爱。他是对性很上瘾……他会嘿咻嘿咻，然后就一走了之。”[23]

每当被抓到现行，阿里就会道歉。他还会哭起来，表白一番自己对贝琳达的爱。这个身形巨大的男人坐在床沿上，耷拉着肩膀，泪水顺着面颊滑落下来，这一招屡试不爽，贝琳达永远都会被感动。可是过后，阿里就又故态萌发了。有时候，阿里极其冷酷无情，甚至会要求妻子帮他处理他的婚外情，为他的那些情妇订酒店，当他和其他女人在一起的时候，还要小心翼翼地不能打扰他。[24]“他还跟我说：‘我会用这种事来对付你。’”贝琳达回忆道。[25]她认为这就意味着如果她提出离婚，阿里会告诉全世界自己的妻子在他的婚外情中扮演了同谋的角色，她实际上就是他的皮条客。“我想着，就让他去尽情乱搞吧。就让他彻底玩个够吧。过上一阵子，你总会厌倦这种事情的。那时候，我还是个小女孩。我不知道该怎么办……所以，他就逼着我给他帮忙。他说：‘你应该照我说的做，你是我的妻子。瞧瞧赫伯特，他就在搞女人，还有别的事情。’他说：‘如果你帮我，你就是在做别的妻子都不会做的事情。'"他说得就好像是在恭维贝琳达，是在证明她的忠诚，是在证明她的爱似的。只有最伟大、最忠诚的妻子才会帮助自己的丈夫随心所欲地跟所有他想得到的女人做爱。

贝琳达说："阿里有着黑暗的一面，邪恶的一面。他操纵我这么做。这就是所谓的操纵。我不知道操纵是什么意思……我想这就意味着我丈夫把一切都告诉了我，我还觉得他很真诚。我不喜欢这样，可是他哄骗我做了一些事情。"

贝琳达试图把这些事情告诉自己的父母，可是他们不相信她的说法，而她又觉得没有必要把这些事情告诉别人。"其他人都知道，他们看着他呢。他们都知道阿里在干什么。我用不着跟别人说，我也没有办法跟别人说。我只能忍受着这一切……我只能独自做很多事情。我只能独自面对这一切。"她说。[26]

1970年初，在20岁生日之前，贝琳达发现自己又怀孕了，这一次是一对双胞胎。

第二十八章
有史以来最伟大的一本书

1970年春天，阿里开始撰写自传了。当然，他信誓旦旦地宣称这部自传将“超越有史以来的所有著作”。[1]

兰登书屋为这本回忆录支付了二十多万美元的预付款，并且委派出版社最有才华的编辑托妮·莫里森负责这个出版项目。《穆罕默德之声》的前主编理查德·达勒姆是一位长期关注马克思主义的作家，他同意在对阿里进行一系列全面采访的基础上为这部自传执笔。

在有关新书合同的新闻发布会上，阿里说：“公众对我不太了解。”[2]乍一听，这句话似乎很有趣，毕竟阿里大概是这个星球上最广为人知的一个人，自从10年前作为奥运会选手一战成名以来，他几乎一直在不停地向外界讲述着自己的故事。然而，公众对阿里究竟了解多少？在28岁的这一年，阿里又对自己了解多少？他是谁？他希望成为什么样的人？对大多数男男女女而言，这些问题始终模模糊糊地萦绕在他们的心头，阿里则不同。现在，他需要对这些问题做出书面回答了。

他是穆罕默德·阿里，还是凯瑟斯·马塞勒斯·克莱？这很难说。他原名克莱，后来接受了阿里这个名字，但是在一直自称穆罕默德·阿里的6年里他始终没有按照法律程序为自己改名。相关的书面工作太麻烦了。[3]后来，伊利贾·穆罕默德又收回了这个名字，对伊斯兰民族组织而言，凯瑟斯·克莱又成了凯瑟斯·克莱。然而，阿里依然称自己为阿里。

他是世界重量级拳王吗？他击败桑尼·利斯顿、获得了拳王的头衔，后来还成功卫冕冠军，可是拳击官员们剥夺了他的头衔，他们说一个逃避兵役的穆斯林没有资格当这项运动的冠军。然而，拳王依然称自己为拳王。

他是拳击手？反战人士？黑人力量运动的领袖？伊利贾·穆罕默德卑微的追随者？他是谁？他想要什么？和别人一样，他也想拥有金钱、关注、性、冒险和权力。他想成为一个特别的人，他想让世界各地的人，尤其是黑人认为他是一个特别的人。“谁是拳王？”无论走到哪里，他都会问观众这个问题。“谁是拳王？”他一而再再而三地问着这个问题，直到人们反复不停地呼喊起来：“阿里！阿里！阿里！”

一直渴望得到别人的关注并不是一件轻松的事情。这令他陷入了无尽的矛盾之中，将他变成了一个宣称自己不喜欢战斗的斗士，一个不写作的作家，一个没有神职的牧师，一个渴望成为受人们爱戴的娱乐明星的激进分子，一个一边宣称金钱对自己毫无意义一边大肆挥霍的人，一个一边节制食欲一边狂饮软性饮料并且向自己的崇拜者兜售油腻汉堡包的人，一个回避有组织示威活动的反战抗议者，直到尼克松总统有关入侵柬埔寨的决定引发了美国历史上最大规模的学生罢课时他也依然如此，他还是一个献身宗教、对妻子要求严格，而自己却公然对妻子不忠的丈夫。时间进入1970年代，阿里有了新的渴望——成为一个面面俱到、令所有人都感到满意的人。这样的渴望让他开始了一段疯狂的旅程，他试图在自己的生活中、在公众的眼中，以及在自己的传记中找到自我。

但是，政治动态和社会动态都正在发生变化，界定他的还有各种超乎他控制范围的各种力量，这对阿里而言是一件幸运的事情。当他以凯瑟斯·克莱的身份赢得重量级拳击冠军的头衔时，他只是一个有着一副大嗓门、充满活力、前途光明的拳击手；当他加入伊斯兰民族组织时，他成为了美国黑人运动中这个最激进派别里的一位杰出成员；当他拒绝服兵役并且被禁止参加拳击比赛时，他在美国社会中的地位再一次发生了变化。成千上万到了服役年龄的年轻人纷纷效仿他逃避兵役，不过他们中的大多数人这样做时不会面临坐牢的风险，一些人逃到了加拿大，另一些人则开始了研究生的学习。有权有势的人可以要求政府回报他们。当然，许许多多的美国青年没有权势也没有钱来逃避征兵，他们也没有阿里那样的律师团队向法院提起上诉。这些年轻人便面临着令人反感的几种选择：要么逃跑，要么进监狱，不然就应征入伍。在示威者的队伍中，阿里不是一个普通人。但是，当数百万美国人反对这场战争的时候，这位拳击手的行为似乎没有那么严重的叛国色彩了，他的形象变得勇敢一些，尤其是在年轻白人抗议者的眼中。在1968年奥运会上出现示威行为和无数黑人运动员纷纷做出抗议举动之后，一位直言不讳的黑人运动员的形象就不再令人们感到震惊了，曾经鄙视过阿里的朱利安·邦德和拉尔夫·艾伯纳西这样的主流黑人领袖都开始为他欢呼了。随着其他黑人激进分子变得越来越激进，就连伊斯兰民族组织都似乎显得没有那么可怕了。当拳击官员拒绝批准阿里从事拳击运动的权利、政府吊销他的护照时，就连一些曾批评过他的白人体育记者也提出了质疑：阿里是否因为肤色、宗教和政治信仰的问题而受到了不公正的对待。并不是阿里走向了主流社会，而是主流社会走向了阿里。

多年后，作家斯坦利·克劳奇曾将阿里比作了一头熊，他说阿里是一头真正的熊，极度危险，无法控制。[4]然而，当这位拳击手越来越受到人们喜爱的时候，他的表现却越来越像一头马戏团的熊了，他会张牙舞爪一番，但这只是吓唬人的表演而已。

1970年春天，贝琳达和阿里搬到了费城，这么做主要是为了让阿里能在纽约的商界和娱乐界找到机会。8月，贝琳达生下了双胞胎贾米拉和拉希达。

阿里在1970年前几个月的生活毫无规律可言。他不再每天早起锻炼，也几乎没有什么日程安排。自从伊利贾·穆罕默德将他逐出伊斯兰民族组织后，他就不再参加黑人穆斯林的集会和祈祷会了，不过他每天还是会在家里做几次祷告。

阿里的一些朋友想知道他是否会退出伊斯兰民族组织，不再等着伊利贾·穆罕默德宽恕他。现在，伊斯兰民族组织日渐失势了，在黑人青年的眼中，休伊·牛顿和黑豹党比伊利贾·穆罕默德更有魅力。这一年，伊利贾·穆罕默德已经73岁了，伊斯兰民族组织核心圈子里的一些关键成员都渐渐流失了。这个组织深受腐败指控的困扰。卡尔·伊万兹在为伊利贾·穆罕默德撰写的传记中指出，驱逐阿里或许是这位使者为阿里做过的最大一件善事。当伊斯兰民族组织开始走向自我毁灭的时候，阿里与其拉开了距离，截至目前他在生活中总是能撞到大运，赶上好机会，这件事情只是又一个例证。

民权活动家杰西·杰克逊曾在1970年代初期与阿里保持着交往，当时阿里与伊斯兰民族组织之间的疏远就给他留下了深刻的印象。杰克逊还记得，有一天他和阿里去看望他的母亲。阿里和杰克逊聊了好几个钟头他被赶出伊斯兰民族组织的事情，自始至终杰克逊从未听到阿里说过自己对伊斯兰民族组织感到担忧的话。而且，他也始终没有看到阿里跪在祈祷毯的情景。那么，这位拳击手为何还要对伊利贾·穆罕默德保持忠心，即使后者已经江河日下了？

杰克逊有一种猜想："我认为人们一直对马尔科姆的遭遇感到不安。"[5]

阿里不是伊斯兰民族组织里的积极分子。他不是拳击手。他被判了逃避兵役罪，不过这件事情还没有定论，毕竟他的律师还在帮他继续上诉。一桩桩事情究竟什么时候才能尘埃落定？这个问题难以找到答案。尽管如此，即使在和朋友们私下议论的时候，阿里也从未对自己拒绝征兵的决定表示过怀疑。[6]

现在，乔·弗雷泽成了世界重量级拳王。他不像阿里那么魁梧，身高只有5英尺11英寸（1.8米），但他是一个拳头能打碎别人脑袋的拳击手。在击败曾给阿里当过陪练的吉米·埃利斯之后，弗雷泽保持着25胜0负的记录。为了证明自己仍然是头号选手，阿里最终必须击败弗雷泽。当时有传言称，阿里和弗雷泽将在墨西哥举行比赛，后来比赛的地方又变成了加拿大，可是阿里拿不到护照。在拒绝了与弗雷泽在加拿大进行一场比赛的提议后，阿里说："我已经正式退出拳坛了。现在，我正忙着写自传，他们还想把它拍成电影。我现在没有什么头衔，不过我在想——'要是有护照的话，我就会成为亿万富翁'。"

他继续说道："现在，我是一名自由斗士。"[7]

第二十九章
陪着我

1970年8月的一天，乔·弗雷泽开着自己那辆金色“凯迪拉克”接到了穆罕默德·阿里。弗雷泽穿着黄色的衬衫、黄色的条纹长裤、棕色的靴子，头上戴着黄褐色的牛仔帽。他就像偏坐在马鞍上一样歪歪斜斜地坐在驾驶座上，左手转动方向盘，右手指着阿里。他们从费城驱车前往纽约，阿里坐在副驾驶座上，为他代笔自传的理查德·达勒姆坐在后座上，后者的录音机一直转动着。

这次旅行是阿里的主意，他想为自己的这本书——《最伟大的人——我的故事》——找一些素材。这本书的名字叫《最伟大的人——我的故事》。

沉默了十分钟后，阿里先开口了：[1]

阿　里：还得走多久？

弗雷泽：5点就到了。

阿　里：我约了人在5点见面。

弗雷泽：你有什么可抱怨的？我还应该在3点赶到地方呢。我瞎耽误了半天工夫就为了等你。

阿　里（沉默了好一会）：你的腿咋样了？在维加斯弄折的那条。

弗雷泽：不会有事的。再过两三个星期，我就又可以上场了。把我的体重记清楚，伙计。瞧啊。

阿　里：是啊，你看上去不错。

弗雷泽：这是真的，我没有长胖。

阿　里：可是，你跟我一样，你很容易长胖，不是吗？

弗雷泽：太容易了。唉，还不是因为咱们吃了老婆做的那些好吃的嘛。

阿　里：那些好吃的。

弗雷泽：闲的时候，你就干坐在家里……大部分时间都待在家里……

阿　里：是啊，熬到很晚，然后就去睡大觉。所以就长胖了。

弗雷泽：没错，立马就让你长胖了。

阿　里：那就吃不加糖的柚子吧，伙计。

这时，他们看到了一辆警车，他们不清楚警察为什么盯着他们。他们又聊起了弗雷泽即将到来的比赛。

阿　里：跟我说实话吧，伙计。你就不怕跟我打吗？

弗雷泽：不怕，伙计。我对天发誓。

阿　里：真的不怕？

弗雷泽：绝不可能！

阿　里：我是说我那么快的左刺拳，还有我的滑步？

弗雷泽：不怕！我会接近你的。他们都说你的动作很快——躲闪得很快。但是，你会看到我跟进得有多快。

阿里继续追问着，弗雷泽肯定会承认自己对他感到畏惧。"你躲不过我的刺拳。躲不过！"他说。

弗雷泽：听着，那些小子让你为所欲为。他们任由你在场上蹦来蹦去、移步躲闪，诸如此类——

阿　里：你又阻止不了我在场上蹦来蹦去、移步躲闪，你要怎么做呢？

弗雷泽：我会瞄准你！你每次喘气的时候，都会照着我的脑袋喷气。

阿　里：打上五六个回合之后，你就累了。

弗雷泽：你也就躲累了。跑来跑去、刺拳、躲闪……你也就累了。

看到红灯，他们停下了车，阿里把身子探到窗外。“嘿，街角的两个美女！你俩最好看一眼！”那两个女孩认出了阿里，但是没有认出弗雷泽。这一回合，阿里赢了。

车继续向前走着，弗雷泽说自己很想打这场比赛，“因为你不怕我，我也不怕你”。

阿里沉默了片刻。“可我真的觉得你怕我。”他说。

现在，弗雷泽也沉默了片刻。“不，我绝对不怕你。”

他们两个人继续开心地争执着，直到阿里说弗雷泽不会打刺拳。听到这句话，弗雷泽一脚踩下了刹车。

弗雷泽：我不会打刺拳？

阿　里：继续开！当心点！不会，你不会打刺拳。

弗雷泽：伙计，我一个刺拳就能把你的脑袋打下来。我用刺拳打你就像开机关枪一样。

阿　里：不会的，伙计。你脚底下不行。你不会移步躲闪。

弗雷泽：听着！有些家伙把场上的情况理解错了。当我抵挡对方的刺拳时，我可不会把脑袋伸过去。我会用这两只手抵挡。挡在我身前，明白吗？要是你用刺拳来打我，我的手就会接住你的拳。然后我的手就能攻击你了。就这么简单。

阿　里（一脸不屑）：我的拳头可有点快哦，你是挡不住的。

弗雷泽（摇着头）：我会做好准备的。

阿　里：我也会。我可是为你准备了一份礼物啊，乔。你干吗总是说你会火暴得冒烟啊？

弗雷泽：我就是会啊！就没人能把烟压下去。他们把火弄小了一点，可是等火灭了，烟还在冒啊。

阿　里：别啊，伙计。我为你写了一首诗。是这样的：

乔要冒烟了，
我不会取笑他，
我只会轻轻地啄他，捅他

把水倒在他的浓烟上，
你们或许会大吃一惊，
但我真的会叫乔·弗雷泽退役！

弗雷泽（沉默了片刻）：是吗？可是，烟还在冒。还在冒烟。

他们哈哈大笑了起来，继续聊着往事。聊着聊着，他们聊起了他们都很欣赏的一个人：穆罕默德·阿里。弗雷泽承认，在跑步和练习对打的时候，他都逼着自己付出更大的努力，因为他知道总有一天自己会跟阿里交手。他们继续沿着新泽西的高速公路赶路，一路上他们经过了起伏的农田，路过伊丽莎白市散发着腐臭气的油罐时，他们又聊起有关垃圾的话题。他们还将自己过去的表现比较了一番，两个人都宣称自己比对方更胜一筹。阿里不断地打断弗雷泽，但是弗雷泽平心静气地容忍着他。

弗雷泽：所有被我打败的人，我都不讨厌。等我揍完你的屁股，我会给你买冰淇淋的。（阿里试图打断他。）让我说！你现在说完了吗？让我说。不管是现在还是别的时候，我都对你没有什么不满的。但是，等上了拳击台，你就得靠自己了。

阿　里：你也得靠自己。

弗雷泽：我知道咱们只能这样。

接下来，阿里自言自语了好一会，他一回合一回合地描述着自己和弗雷泽交手的情形：在第一回合，他只会躲闪，没有出拳；到了第二回合，他一个劲地用左刺拳攻击对方；在第三回合，他加上了后手直拳和左勾拳……他一边讲，一边还配上了声音效果。

弗雷泽骂骂咧咧地想要打断阿里，可是阿里丝毫不给他机会。终于，弗雷泽等到了开口的机会，他预测自己将在第六回合里击倒阿里。他的话令阿里有些不快。预测结果是属于他的游戏。

两个人继续调侃了一会。突然，阿里一脸严肃地告诉弗雷泽他需要一份工作，他问弗雷泽是否可以考虑雇他当陪练。

阿　里：假如我再也不能打比赛了。可我还想保持身材，还想这么敏捷。现在，你需要一个速度非常快的人来让你保持敏捷，因为你已经跟这么多陪练打过了，你难道不想找一个一天能跟你打上四五个回合，直到你不想再继续打下去的陪练吗？我是说，谁能让你不再因为陪练招架不住你而不停地换陪练呢？

弗雷泽：不错……

阿　里：我是说，你就不希望有一个能跟上你的好陪练吗？你也能跟上他，他也不会撇下你？我需要一份工作。

弗雷泽：你不需要什么该死的工作。

阿　里：别跟别人说啊，这是你我之间的秘密。说真的，我真的需要这份工作。你能出多少钱？

弗雷泽：你想要多少钱？

阿　里：一周两百。也就是说一个月八百。

弗雷泽：妈的！你真是狮子大开口啊。

阿里说自己是认真的，他愿意给弗雷泽当陪练。弗雷泽没有答应，也没有拒绝，不过他给了阿里一把他名下健身房的钥匙，这样阿里就可以随时去那里锻炼了。弗雷泽说，如果有可能，他希望当他们交手的时候阿里依然那么敏捷。

快到纽约的时候，他们两个人你一言我一语地听上去就像两个好朋友在一起消磨时光，享受着彼此的陪伴。阿里还给弗雷泽提供了一些财务方面的建议，他告诉弗雷泽自己已经从错误中吸取了教训。他说，买栋房子，克制大量购买轿车的冲动，一辆好的“凯迪拉克”就足够了。他还竭力劝说弗雷泽放弃摩托车，因为骑摩托车很危险。他们聊起了“汤姆叔叔”类型的拳击手，两个人都认为吉米·埃利斯、乔治·福尔曼、弗洛伊德·帕特森和巴斯特·马西斯都属于这种类型。他们说到了当时都怀有身孕的妻子。他们还比试了一下歌喉，阿里唱起了自己喜欢唱的《强者白人》，两个人还合唱了一首《陪着我》。

弗雷泽夸口说自己在拉斯维加斯靠唱歌赚了3万美元，这一次阿里终于承认自己感到了震撼。

阿　里：哇！你没有那么多钱吧，伙计。哇，你的钱包里装了那么多钱？

弗雷泽：四五百块吧。需要钱吗？

阿　里：一百，怎么样？我可以在这里过夜。

弗雷泽：好的，没问题。

弗雷泽递给阿里一张一百美元的钞票，阿里向他保证下个星期就还给他。他们两个人又唱起了歌。抵达纽约后，阿里叫弗雷泽打开“凯迪拉克”的天窗。

阿　里：哇，他妈的！看那边那个美女。嘿！我是穆罕默德·阿里。乔·弗雷泽和穆罕默德·阿里……过来呀！我一直都很喜欢纽约。这是咱们的城市，乔，世界就在这里。

弗雷泽在西52街停下了车，让阿里下了车。

阿　里：咱们可不能让人看到咱们经常在一起，你明白的。

弗雷泽：是的。他们会认为咱们是好兄弟。这对上座率可不利啊。

阿　里：是啊。没人愿意花钱去看两个好兄弟打架。

说完，他们就分手了。

第三十章
东山再起

在1970年搬到费城的时候，阿里买下了皮条客梅杰·本杰明·考克森的房子。“梅杰”是考克森的教名，但他却用这个名字来称呼自己，就好像这是王室头衔似的。被人们称为“梅杰”（音近“陛下”）的他拥有几家洗车场和汽车经销店，但是收入的大头还是来自公然的非法活动。衣着华丽的考克森贿赂市政官员、资助毒品交易，还充当着所谓的“友爱城”（即费城）的意大利黑帮和黑人黑帮之间的中间人。据说，他还是联邦调查局的线人。

1968年，阿里在费城参加了社区组织“黑人联盟”举办的一场筹款活动，就是在那一次他遇到了考克森，当时考克森和耶利米·沙巴兹都是黑人联盟董事会的成员。1969年，一家报纸认定考克森是阿里的经纪人。在决定离开芝加哥、前往东海岸的时候，阿里说过：“是梅杰叫我搬到费城的。”[1]他这么说或许有调侃的成分。当时，考克森主动提出要把自己的房子卖给这位拳击手。这座住宅是一座错层式的房子，坐落在以白人为主的欧弗布鲁克豪华社区里。房子已经装修好了，主卧室里有一张圆形床，每个房间（包括浴室）都配备了彩色电视机，整座住宅里安装了22部电话，车库地板上全都铺着地毯。阿里同意支付9.2万美元——估价的两倍多。

报纸报道了阿里搬进费城白人聚居区里一套豪华住宅的消息。在一次演讲时，阿里遭到了大学生们的质疑，他们问一个反对种族融合的黑人为什么不选择住在黑人社区。阿里向学生们反问道：“你们想让我在贫民区买房子吗？为什么我要住在老鼠窝里，让老鼠咬我的孩子？”[2]

在1970年里，加入阿里随从队伍的不只有考克森一个人。没有了平时那些跟班的簇拥，没有了规律的生活，阿里比以往任何时候都更容易接受陌生人——也更容易受到伤害。“阿里去了洗手间，见到了一个人，接下来的事情就是这个人成了他最要好的新朋友。”吉恩·吉洛伊说。[3]吉洛伊是一个白人，后来他成为了阿里的业务经理，他属于为数不多的看上去不会谋求个人发展的人。吉洛伊第一次见到阿里是在罗马奥运会上，后来他在纽约为米高梅电影制片公司工作。阿里退出拳坛后，吉洛伊开始帮他安排演讲业务，督促阿里拿到工资后把钱寄给父母，还聘请了一家会计师事务所负责这位拳击手的缴税工作。阿里的一部分魅力就在于他毫无戒心，他觉得自己遇到的每一个人都值得结交，即使过了十年的大明星生活之后，即使很多新结识的人都利用了他，他也依然如此。

1970年的一天，费城一位名叫马克·萨塔洛夫的白人教师问自己的妻子是否愿意开车出去兜兜风，看看能不能找到阿里的新家。毕竟，他们的社区没有几个名人。结果，他们没费多少工夫就找到了阿里的住所。欧弗布鲁克的每个人都知道哪一栋房子是阿里家。萨塔洛夫敲响了阿里家的门，贝琳达应声开了门，把他请进家里。阿里正在客厅里和朋友们看电视。萨塔洛夫做了一番自我介绍，然后问阿里是否愿意去看一看他任教的学校草莓大厦初中，学校位于费城北部一个只有黑人居民、犯罪团伙猖獗的地区，阿里毫不犹豫地接受了邀请。在之前约定的那一天，他出现在了草莓大厦初中的校园里，跟一群群学生聊了聊。当他表示自己有些累了的时候，萨塔洛夫以为这位拳击手是在礼貌地暗示自己打算离去了。可是，阿里说不是的，他不想就这样结束这次的访问，他只想先睡上一会，然后再回来跟其他学生谈一谈。萨塔洛夫家就在学校附近，阿里提议去那里待一会。在阿里午睡的时候，萨塔洛夫的一位邻居敲了敲门，他想看看萨塔洛夫是不是出了什么事，因为在上课的日子看到萨塔洛夫的车停在车道上是很不寻常的事情。萨塔洛夫叫邻居小声一点，因为穆罕默德·阿里正在隔壁房间睡觉。邻居笑了起来，他说要是你有了外遇，别担心，我是不会告诉任何人的。萨塔洛夫说不是的，真的是穆罕默德·阿里。阿里听到了他们的谈话，他突然怒气冲冲地从卧室里走了出来，挥舞着拳头，装出一副很生气的样子。在为萨塔洛夫的朋友签了名之后，阿里回到了学校，在那里又待了三个小时，直到每一个学生都听他聊了几句，每一个索要签名的人都得到了满足。[4]

大约就是那个时候，一个名叫雷吉·巴雷特的崇拜者邀请阿里参加了南卡罗来纳州查尔斯顿县的一支业余拳击队举办的筹款活动。巴雷特的首选拳击手是弗雷泽，可是弗雷泽拒绝了他的邀请，所以巴雷特就给鲍勃·埃勒姆打去了电话，埃勒姆建议他跟昌西·埃斯克里奇联系一下。结果，埃斯克里奇说如果南卡罗来纳州批准这场筹款活动的话，阿里可能会愿意出席活动。接下来，巴雷特与美国广播公司取得了联系，他询问对方是否会转播阿里在南卡罗来纳州的表演赛。美国广播公司的主管们表示了同意，于是巴雷特签了一份合同，租下了有4000个座位的查尔斯顿县政府大厅。

在表演赛的两天前，阿里来到了查尔斯顿，门票已经售罄了。"在南卡罗来纳的查尔斯顿做这种事情，你可真不是个聪明人啊，"这位拳击手一边说，一边把手搭在了巴雷特的肩膀上，"你疯了吗？"[5]

逃避兵役的案子还在上诉中，阿里也已经两年半没有上过拳击场了。直到这时，他在美国的白人——尤其是在南方的白人——中间仍然非常不受欢迎。当他将在南卡罗来纳州露面的消息传开后，主办方受到了巨大的政治压力，要求取消这次活动的呼声非常高。就在阿里抵达查尔斯顿的当天，当地的政府官员撤销了巴雷特在政府大厅举办比赛的许可证。巴雷特试图再找一个比赛场地，可是没有找到。在阿里准备离去时，巴雷特想要给阿里一些钱，以补偿他此行耽误的时间。阿里拒绝了巴雷特的好意，他给巴雷特留了他的电话号码，还说有什么需要帮忙的，就给他打电话。阿里总是这样热心肠。给我打电话。来找我。来为我工作。我下周要在一所大学演讲，到时候见。来看我的下一场比赛。毫不奇怪，很多人都会接受他的邀请，因为跟他在一起很有趣，因为他很有名，还因为在发出邀请的时候他看上去那么真诚，看到跟他还很陌生的他们像变魔术一样再次出现在他面前时，他显得那么开心。

巴雷特的确给阿里打去了电话，没过多久他又开始忙着为阿里筹办拳击赛了。很快，巴雷特就成了这位拳击手的商业顾问，他的出现并没有让赫伯特·穆罕默德和吉恩·吉洛伊从阿里的身边消失，而是进一步壮大了这支队伍。阿里的随行队伍总是还能再增加一个人。多年后，当巴雷特被判犯有可卡因走私罪的时候，阿里作为品德证人出庭做证，他代表他的朋友对法官说："我可以毫不怀疑地告诉您，我觉得他是一个好人，值得做朋友。如果我是独行侠，他就是我的汤头。①"[6]这句话可能被阿里用在了很多人的身上。

阿里还有其他几位"汤头"。曾为阿里和桑尼·利斯顿的第一场比赛做过推广工作的哈罗德·康拉德代表阿里联系了22个州，询问各位州长或者体育委员会主席是否有勇气给阿里一次比赛的机会。吉恩·吉洛伊也写了一些信、打了一些电话。加利福尼亚州的体育委员会似乎愿意接受这个提议，可是州长罗纳德·里根还是表示拒绝。内华达州的拳击官员们同意让阿里参加比赛，可是拉斯维加斯大酒店的老板们否决了这笔交易。康拉德策划了一个方案，让阿里在提华纳（墨西哥）的一所斗牛场与弗雷泽打比赛，他向美国司法部承诺阿里在境外的活动时间不会超过6个小时。可是，这个方案也没有奏效。他们也考虑过其他一些地方：底特律，迈阿密，甚至是俄克拉荷马州的博利，一个只有720名黑人居民的小镇。吉恩·吉洛伊和前职业橄榄球运动员埃德·卡亚特对密西西比州的官员进行了一番游说，恳请他们批准这场比赛。杰出的律师梅尔文·贝利一度鼓励阿里起诉那些剥夺了他谋生权利的州，但阿里拒绝了这个提议。[7]

在阿里被拳击界除名的时候，鲍勃·埃勒姆开办了一家新的拳击公司，他将其命名为"体育动作"。阿里已经退出拳击界了，这样一来，埃勒姆就没有理由与赫伯特·穆罕默德和约翰·阿里参与闭路电视转播收入的分成了。但是，有了体育动作公司，他也用不着这笔收入了。埃

① 独行侠是戴面具的前得克萨斯骑警，和原住民朋友汤头一起在美国西部维护正义。这一虚构形象在美国文化中经久不衰。

勒姆问新的商业伙伴鲍勃·卡塞尔能否想办法让阿里和弗雷泽打一场比赛，卡塞尔就给住在亚特兰大的岳父打去了电话，后者建议他联系佐治亚州最有权势的黑人政治家、州参议员勒罗伊·约翰逊。约翰逊不仅深受黑人选民的爱戴，而且凭借经营权力的能力也受到了佐治亚州不少白人议员的尊敬。

约翰逊仔细研究了相关法律，结果发现佐治亚州没有州拳击委员会，也没有管理拳击业的法律法规。这就意味着只要市长和市政委员会批准，亚特兰大就可以给这场比赛颁发许可证。此外，市长和市政委员会几位委员的当选都得到过约翰逊的帮助，因此约翰逊相信自己能够赢得他们的支持。卡塞尔和埃勒姆提出门票收入都归约翰逊所有，体育动作公司则保留了闭路电视转播收入这块更大的蛋糕。[8]约翰逊向当地的政治领导人卖力地推销这场比赛，他告诉他们亚特兰大可以借此机会向世界展示一下自己，让全世界看到它已经成为美国各大城市中社会成熟度最高、种族分化程度最低的城市，就像比赛的一位赞助商所说的那样，这座城市“忙得没时间去仇恨”。[9]亚特兰大市的市长萨姆·马塞尔同意举行这场比赛，只要阿里的团队能给亚特兰大一个打击犯罪项目捐赠5万美元。[10]为了确保不会受到州政府的干预，约翰逊还同佐治亚州的州长莱斯特·马多克斯见了一面。在1964年《民权法案》签署之后，当时还是餐馆老板的马多克斯因无视法案、拒绝招待黑人顾客而出名。成为州长后，马多克斯雇佣和提拔了一批黑人官员，还在州监狱系统启动了一项提前释放计划，这些举措令他的支持者和反对者都吃了一惊。约翰逊知道马多克斯十分反感救助穷人的福利计划，他告诉这位州长除了拳击阿里没有别的谋生手段，要是不能打比赛，最后他可能就得靠政府的失业救济金过日子了。[11]

“那就继续打比赛！”马多克斯郑重其事地说道。[12]

为了证明自己有能力确保阿里出场，并且在不引发暴乱和三K党袭击的情况下在南方腹地成功举办比赛，约翰逊于1970年9月2日在莫尔豪斯学院的体育馆举办了一场表演赛。3000名观众聚在体育馆里观看阿里与3名对手对打了8个回合。《体育画报》在报道中写道：“屋顶没塌。没人扔炸弹。天上没有降下硫黄大火，也没有人变成盐柱。连一个抗议者都没有。”[13]

老伙计们为了阿里重新聚在一起。安吉洛·邓迪和邦迪尼·布朗再一次出现在阿里的角落里，后者一度以500美元的价格把阿里镶有珠宝的冠军腰带典当给了哈莱姆区的一个理发师（他还辩解称："这跟当给当铺不一样，我只是把它当给了一个朋友。"[14]），不过他又一次得到了阿里的原谅。

阿里脱掉长袍，在拳击台上蹦跶起来，腰里的一小块肥肉随之颤动。他挪动着身体，打出一记记刺拳，展示着依然那么敏捷的步法，他时不时地还会停下来，任由对手击中他的胳膊和头顶，仿佛他还必须重新适应这种事情。比赛结束后，阿里光着上半身坐在更衣室里，他告诉记者自己还没有做好准备迎战弗雷泽的准备，不过用不了多久了。[15]

邓迪认同阿里的说法。这位教练说："一切都没丢。一切。他还是能用臀部、手和肩膀做假动作。"[16]

并非所有人都被说服了。自视为拳击界最刻薄预言师的教练库斯·达马托就表示，阿里两只手看起来跟以前一样敏捷，但是他的防守能力大大减弱了。"克莱说他故意让对手打到他，故意让他们用重拳打中他的脑袋和身体。我跟你说，没有一个拳击手会故意让别人打中他。这么做会很疼。会让你的脑子嘎嘎作响。克莱根本没法跟那些家伙拉开距离。"[17]

"那些家伙"都是陪练，而不是事业和生活都和胜败息息相关的真正对手。在达马托看来，这预示着阿里将要面对的是一场恶仗。

弗雷泽还没有同意和阿里打比赛。眼前没有显而易见的第二人选，但是负责公关工作的哈罗德·康拉德很清楚该怎么做：找一个白人来迎战阿里这个捍卫自由的黑人拳击手。

他们最终选定了杰里·科瑞。25岁的科瑞是一个相貌英俊的爱尔兰男孩，他的父亲是从爱尔兰移民到美国的农民。[18]在1969年一场激烈的比赛中，科瑞与乔·弗雷泽你来我往地用一记记重拳厮打着，直到眼睛上的一道伤口迫使科瑞放弃了比赛。在一个由黑人选手主导的领域中，体育记者们自然会将科瑞称为"白人巨大的希望"。科瑞或许不会给人带来"巨大"

的希望，但是他已经非常出色了，对阿里而言，他不啻为一个大胆的选择。对于他在中断了三年半职业生涯之后参加的第一场比赛，他其实应该选择一个他所谓的“废物”当对手。但是，阿里相信自己对付得了科瑞。

比赛定于1970年10月26日进行，双方签订了一份合同，阿里将拿到20万美元的报酬，还能从比赛收入中抽成42.5%，科瑞将获得15万美元的报酬和总收入的22.5%。在亚特兰大给阿里颁发比赛许可证一个月后，纽约南区联邦地方法院的一名法官裁定州体育委员会禁止阿里从事体育运动的判决侵犯了他的权利。全国有色人种协进会的法律辩护基金会代表阿里提起诉讼，他们指出在纽约其他被定罪的罪犯都已经拿到从事拳击运动的许可证了。法官沃尔特·R. 曼斯菲尔德对此表示同意，他表示体育委员会禁止阿里参加比赛的决定是“存心的、武断的、不合理的。”[19]

但是，阿里还在对自己逃避兵役的判决进行着上诉，因此他依然面临着坐牢的可能。不过，现在他至少在亚特兰大和纽约又能参加拳击比赛了。

阿里明白这场比赛涉及的利害关系。他知道，如果自己输给科瑞，一切就都不一样了。他也知道更稳妥的选择就是退休。但是，他应该战无不胜。他应该赢得伊利贾·穆罕默德的尊重。他应该为了捍卫信仰而牺牲自己的事业。他应该作为拳王被世人永远铭记。他应该拥有英俊的容颜、健康，还有名气。从某种意义上而言，他应该依然是拳坛之王，是美国最杰出、最有影响力的一名运动员。

可是，他不能放弃。他需要比赛，他需要钱，他需要外界的关注。

阿里在迈阿密海滩的一家酒店住下来，把贝琳达和他们的三个孩子留在了费城。他又开始在第五街健身房进行训练。在他上一次训练之后，这座健身馆被重新粉刷了一次，但是这里依然和以前一样散发着一股臭气，臭得令人心旷神怡。

他忙碌起来，做着自己最擅长的事情。为了去掉身上的赘肉，让身体做好伤害对手和承受对手伤害的准备，他每天早上5点左右开始长跑。他在健身房的一面镜子上贴了一张自己的照片，一张5年前拍摄的照片，那时他还没有和利斯顿重赛，浑身的肌肉跟以往一样发达。有一天，阿里说：

“那是我状态最好的时候。看看，那会我多么瘦、多匀称。也许我再也恢复不到那时候的状态了。”他让记者告诉他现在他看上去怎么样。身材匀称吗？他说自己已经准备好接受考验了。他说自己正在拼命跑步，牺牲了更多的东西，他确信自己在备战过程中不会犯错。“不过，孤独把我逼疯了。离开的这些年里，我从未感到过孤单。哦，我参加舞会，开车去大学，住在旅馆里，跟学生、黑人权利团体、白人嬉皮士见面。”现在，他过着有些孤独的日子，5点起床，10点睡觉，一直饿着肚子，拒绝女人们的追求，能做到这一切都是因为他“想象着自己走向拳击台的那一小段路，一路上所有的面孔，他们都看着我，说：‘天哪，真是一个奇迹！他看上去太帅了。’”

每个人都对阿里充满了期望。“我收到黑人兄弟们的来信，他们恳求我小心一点……谁都用不着告诉我这是一件严肃的事情。我不只是在和一个人战斗，我还在和许多人战斗，让他们看到有一个人他们无法战胜，无法征服……要是我输了，我就要在监狱里度过余生。要是我输了，我就失去了自由。我就不得不听着别人说我是个废物，我很胖，我参加了错误的运动，他们误导了我。所以，我是在为我的自由而战。”他说。[20]

“阿里！阿里！阿里！阿里！阿里！阿里！阿里！阿里！”

这是一副新的景象。他还从来没有得到过这样的欢呼。无论是作为阿里，还是作为克莱，他都不曾得到过这样的欢呼。在之前的每一场比赛中，他几乎都被视作恶人、大嘴巴、暴发户、叛徒，所有人都想看到他躺在担架上离开拳台，最好一路上还滴着血。而现在，在他即将在伟大的佐治亚州与一个白人开战的时候，他仍然因为逃避兵役的问题面临着牢狱之灾，仍然是一个穆斯林，仍然是美国最可恶的一个黑人……大部分白人都在支持他？这简直就像是莱斯特·马多克斯做过的最奇怪的一场噩梦中的情景，就像看着黑人演员保罗·罗伯逊扮演《乱世佳人》中的白瑞德一样——只不过，这一切都是真实的。

全国各地的黑人崇拜者齐聚在这里，其中不乏社会名流、体育明星和市政领袖：影星西德尼·波蒂埃、歌手戴安娜·罗斯、棒球明星汉克·阿伦、民权活动家科丽塔·斯科特·金、歌手玛丽·威尔逊、民权活动家朱利安·邦德和小安德鲁·杨。柯蒂斯·梅菲尔德弹着原声吉他唱起了国歌。喜剧演员比尔·科斯比坐在拳击台跟前，这一次他扮演的角色是电视评论员，发表一些既不好笑也没有多少见地的评论。在比赛开始前，杰西·杰克逊牧师在更衣室里陪着阿里，他的非洲式爆炸头几乎跟流行歌星戴安娜·罗斯的一样高、一样宽了。在阿里的建议下，他带领着大家一起做了祷告。[21]拳击历史学家伯特·舒格说过，这场比赛是有史以来阵容最强大的一次黑人政要富豪的聚会。[22]美国最著名的一些黑人毒贩、皮条客和街头混混也观看了这场比赛，这在一定程度上得归功于"小不点"理查德·柯克兰的努力。来自纽约的柯克兰是一个传奇的街头篮球运动员，一个即将被定罪的毒贩。对于这场比赛，他说过自己买了500张门票，"我就想，要是哈莱姆很多跟我一起长大的人也能坐在台子跟前看着阿里就太好了。"[23]

哈莱姆人在桃树街上四处溜达，参观这座城市最好的酒店，他们脸上洋溢的喜悦告诉人们他们一直等待着这一刻，等待着这一天——黑人男女穿得像王公贵族一样趾高气扬地在南方的某个城市里走来走去。一个个皮条客和毒贩的穿着打扮甚至比身旁的女人还要华丽。每一个人都在笑，毫无毕恭毕敬的神色。他们模仿着阿里昂首阔步的姿态。只有阿里才能激发出这样的景象。阿里是一种现象，一种精神，一种态度，一种对民主和礼仪的挑战。他就是伟大的平衡调节器。他就是砸在白人脸上的拳头。

他自己似乎更多地受着一种热烈的情绪——而不是某种具体的人生哲学——的引导，但是这个问题并不重要。事实上，这一点或许还起到了积极作用。他被伊利贾·穆罕默德从伊斯兰民族组织中暂时除名，现在他就更难被别人控制了。作家巴德·舒尔贝格说过，在那一刻，阿里"成功地将一系列相互冲突的思想意识跟自己作为黑人的美丽融合在了一起。不知道为什么，他变成了马库斯·加维、威·爱·伯·杜波依斯和保罗·罗伯逊，亚当·克莱顿·鲍威尔、伊利贾·穆罕默德和马尔科姆·X，约翰·柯尔特兰、迪兹·吉莱斯皮、比尔·科斯比、吉米·布朗和迪克·格

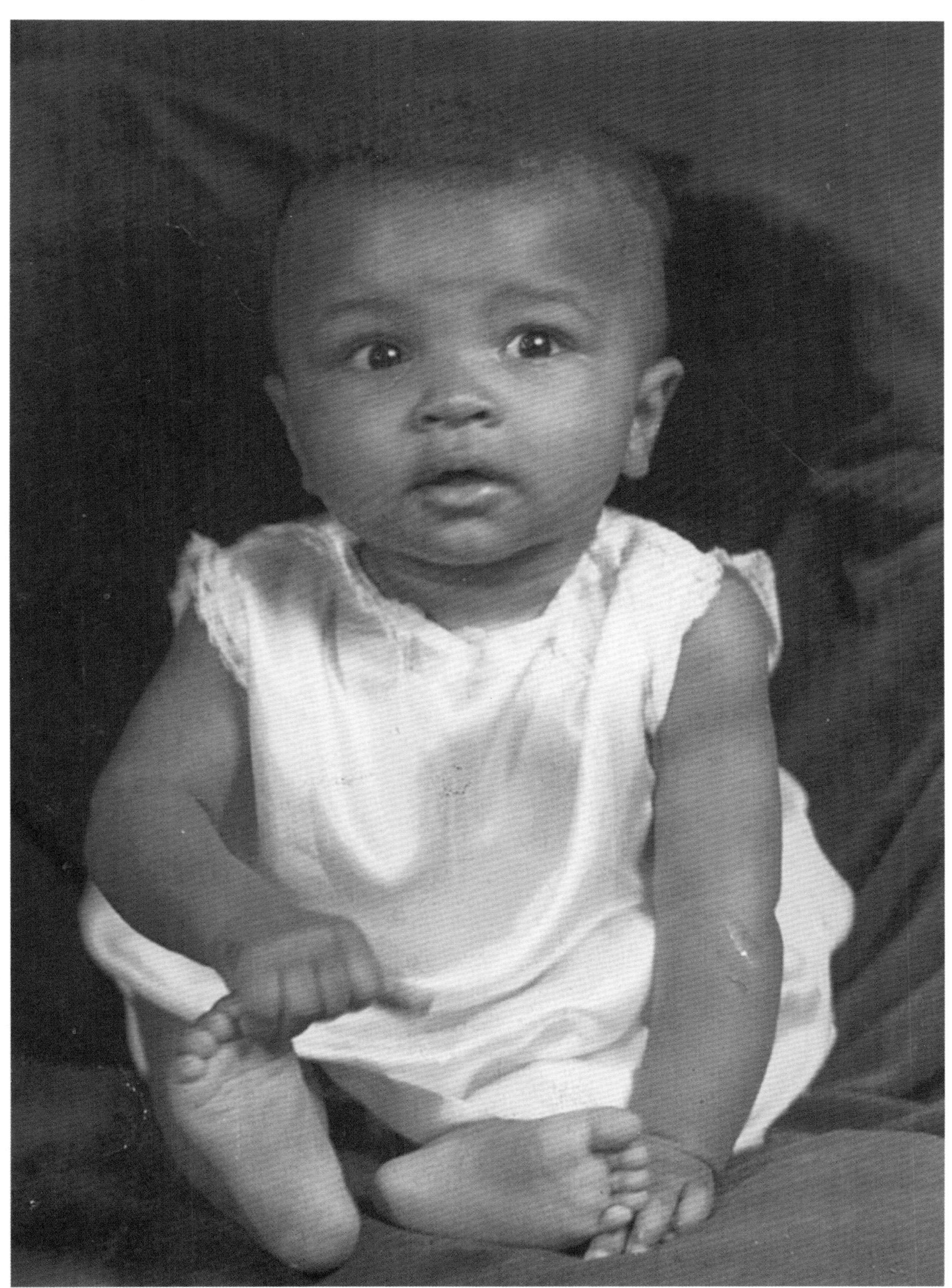

还是婴儿的小凯瑟斯就不害怕镜头。（由维克 · 本德尔和布伦达 · 本德提供）

12岁，95磅，即将一鸣惊人。（美联社）

鲁迪 · 克莱（左）帮助哥哥凯瑟斯 · 克莱备战 1960 年罗马奥运会。（美联社）

1960 年，凯瑟斯·克莱在意大利罗马奥运会拳击比赛中赢得了金牌。（Getty Images）

1961 年，这位年轻的拳击手身后总是跟着永远不离他左右的弟弟、他的母亲，以及一小群女人，后者的队伍还在不断地壮大着。（版权为阿特·谢伊所有）

1961 年，虽然开场打得很艰难，克莱最终还是用一记右刺拳击败了亚历克斯·米特夫，获得了第 9 场职业比赛的胜利。（版权为阿特·谢伊所有）

在成为职业拳击手后不久，凯瑟斯·克莱就离开了教练乔·马丁，开始跟着安吉洛·邓迪进行训练。（美联社，丹·格罗西）

1962 年 6 月，克莱见到了马尔科姆 · X，后者成了他的密友和精神导师，直到他们的交往戛然而止。（美联社）

挑战者凯瑟斯·克莱的速度、力量和无休止的刺拳将深受外界青睐的桑尼·利斯顿打得措手不及。（美联社）

“我震惊了世界”——克莱在 22 岁这一年成为了重量级拳王。（美联社）

1964 年 2 月 25 日，凯瑟斯 · 克莱在佛罗里达州迈阿密海滩庆祝他战胜桑尼 · 利斯顿获得重量级冠军。（Getty Images）

老凯瑟斯·克莱和奥德萨·克莱曾不满地表示，伊斯兰民族组织把他们的儿子洗脑了，但是他们也一直在介入儿子的生活。（美联社）

阿里和第一任妻子桑吉·罗伊。（美联社）

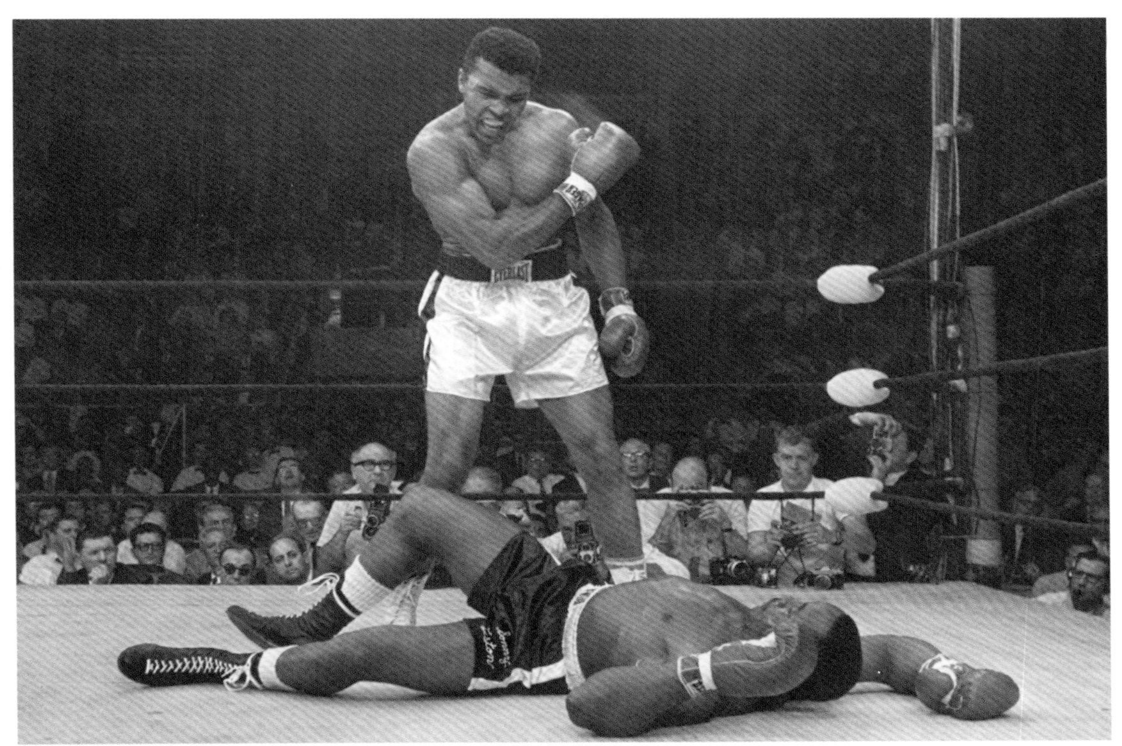

在和利斯顿的重赛中，阿里在第一回合中击倒了利斯顿，但是外界有大量传言称利斯顿受贿了。（美联社，约翰·鲁尼）

唐·金、阿里、赫伯特·穆罕默德和爵士乐小号手迪兹·吉莱斯皮。（由萨菲亚·穆罕默德－拉玛提供）

阿里喜欢身处很多人中间，在芝加哥的 79 街上他总能碰到很多人，《穆罕默德之声》的办公室和热门场所老虎酒吧就在附近。（版权为洛厄尔 · 赖利所有）

1965 年 11 月 22 日，美国内华达州，穆罕默德 · 阿里（右）在拉斯维加斯会议中心的一场比赛中击中了弗洛伊德 · 帕特森。阿里在这场比赛中获胜。（Getty Images）

霍华德·科塞尔（图中戴帽子者）在 1967 年里采访阿里，当时这位拳击手拒绝入伍，他自称是因良心拒服兵役者。最终，阿里被判犯有逃避兵役罪，并被禁止参加拳击比赛。（美联社）

“我嫁给了一个没有工作的男人”——贝琳达·阿里，伊斯兰民族组织的忠诚成员，在成为阿里的第二任妻子时，她只有 17 岁，同时做着两份工作。（美联社）

世纪之战：有史以来最伟大、最残酷的一场重量级拳击比赛，在这场打满十五个回合的比赛中，阿里最终从地上站了起来，但还是被裁判判定输给了乔·弗雷泽。（美联社）

德鲁·邦迪尼·布朗，阿里的朋友，也是最能激励他的人，正在宾夕法尼亚州鹿湖的新训练营里给阿里的手上缠上绷带。（版权为克瓦米·布拉斯韦特所有）

阿里很喜欢在鹿湖的小木屋里招待大家。（版权为彼得·安吉洛·西蒙所有）

阿里在练习速度球，斯托克利·卡迈克尔在一旁看着。（版权为彼得·安吉洛·西蒙所有）

阿里和一些朋友聚在拳王下榻的酒店房间里观看他的一场比赛，吉恩·吉洛伊（前排左侧）正在调电视。（版权为迈克尔·加夫尼摄影工作室所有）

为了夺回拳王头衔，阿里不得不前往扎伊尔，击败似乎战无不胜的乔治·福尔曼。（美联社）

拳击推广人唐·金将重量级拳击比赛带到了非洲，他夸张地说现在奴隶的后代回来征服这片大陆了。（美联社，霍斯特·法斯）

在扎伊尔期间，阿里遇到并爱上了被雇来参加比赛推广活动的年轻女子维罗妮卡·波奇（坐在沙发上的右数第二人，紧挨着福尔曼）。（美联社，霍斯特·法斯）

“我知道我在干什么，”阿里喊道，他在任由重量级拳击史上最优秀的重拳手暴打他，这就是后来被他称为“倚绳战术”的打法。（美联社，雷克斯图片社，沙特斯托克图片库）

自从和福尔曼的那场比赛之后，阿里就越来越依赖于倚绳战术这种打法，在面对厄尼·沙沃斯这种猛冲猛打的力量型选手时，这种打法会将他置于危险的境地；图片中为1977年的一场比赛。（版权为迈克尔·加夫尼摄影工作室所有）

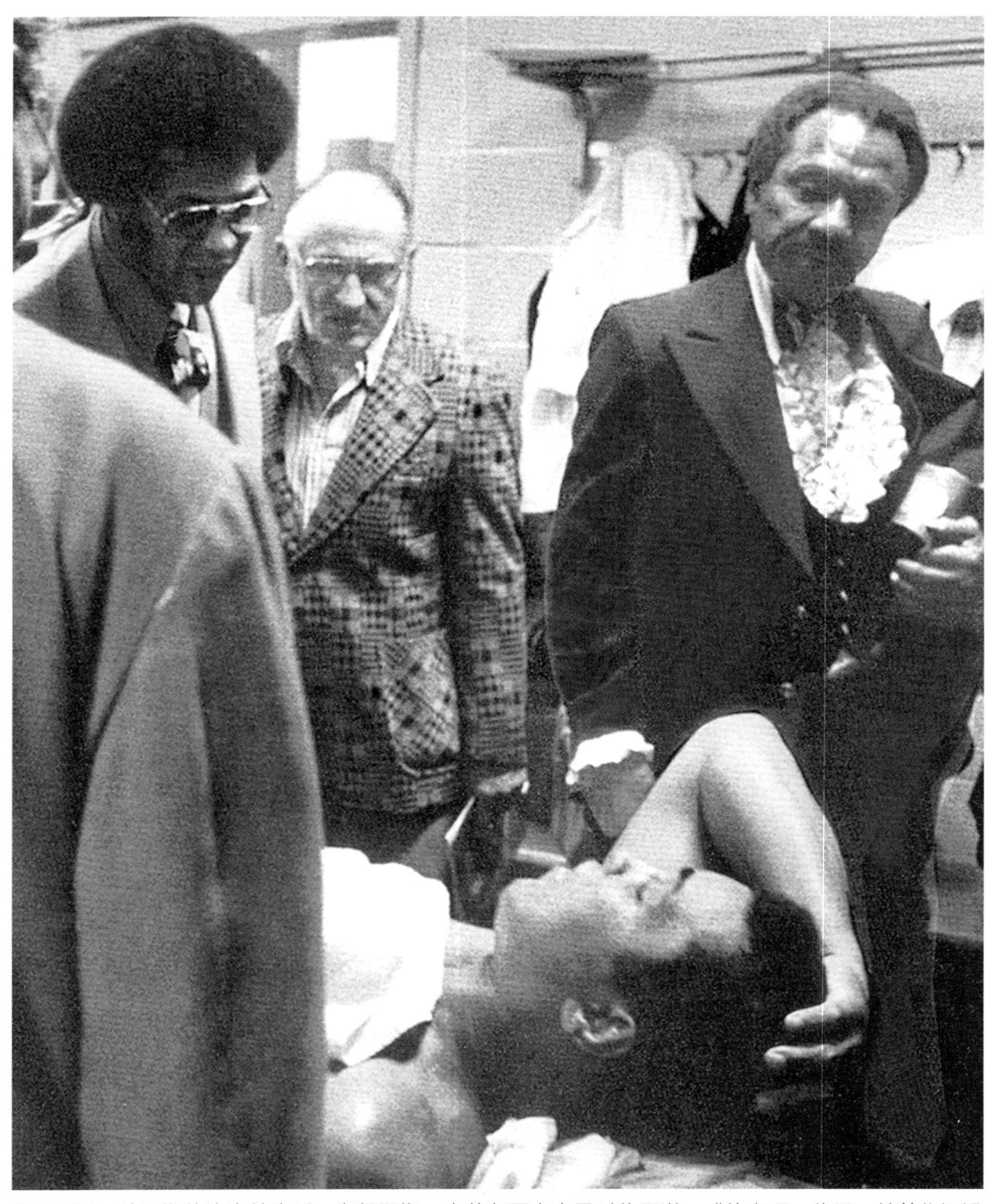

在和厄尼·沙沃斯的比赛结束后，老凯瑟斯·克莱在更衣室里对儿子说："放弃吧，儿子，趁着你还没有受伤的时候。"（版权为迈克尔·加夫尼摄影工作室所有）

1978 年，经过了少量的训练后阿里就上场了，结果以令人震惊的成绩败于莱昂·斯平克斯。比赛结束后，他说：“我输得很公平。”（版权为迈克尔·加夫尼摄影工作室所有）

在与贝琳达离婚后，阿里和维罗妮卡·波奇结了婚。图中，他们正和女儿哈娜一起乘坐着一辆大客车前往华盛顿特区，他们将在那里与吉米·卡特总统会面。（版权为迈克尔·加夫尼摄影工作室所有）

费迪·帕切科（左侧）退出了阿里的团队，他说继续打下去的话这位拳击手的身体就会受到伤害，但是大部分人都继续陪着阿里。（版权为迈克尔·加夫尼摄影工作室所有）

1981 年，已经退休的阿里又复出了，在一场极其残酷的比赛中输给了曾经给他当过陪练的拉里 · 霍姆斯。（美联社）

在1998年出访哈瓦那期间，阿里站在一幅绘制着切·格瓦拉肖像的壁画前。（版权为戴维·特恩利所有）

1996 年，在亚特兰大，双手颤抖、双脚拖沓的阿里点燃了奥运火炬，此举震撼了观众，也为他重新塑造了一副抗争病魔的形象。（美联社，道格 · 米尔斯）

2005 年，乔治 · W. 布什总统授予了阿里总统自由勋章，并且说他“是一名凶狠的拳击手，也是一个热爱和平的人”。（美联社，埃文 · 福熙）

雷戈里的合体。”①[24]

比赛当天晚上，一辆又一辆车身上带有迷幻图案的豪华轿车出现在赛场外。[25]有的人穿着翻领宽如“塞斯纳”飞机机翼的紫色礼服，有人穿着开口直到肚脐的丝绸衬衫，有人穿着鞋底有4英寸（10厘米）的厚底鞋。有人穿着长及脚踝的貂皮大衣，有人戴着貂皮软呢帽，有人扎着银色的貂皮领结。[26]为了在这场时装展上不落下风，凯什·克莱穿了一套白色双排扣西装，头上还戴了一顶装饰着红带子的宽檐帽。[27]赛场内许多衣着华丽的男人都在衣服底下藏着手枪，直到比赛结束后市长萨姆·马塞尔才从自己的保镖那里得知了这个情况。[28]

如果说阿里感到紧张不安，那他也没有把这种情绪流露出来。他活力四射地穿梭在崇拜者中间，吹吹牛，对着空气打上几拳，转来转去，咧嘴一笑，露出两排缝隙很大的牙齿——这副笑容很出名。他享受每一分钟，他的一举一动让所有人都意识到他并没有长胖，也没有变得自大，他能跟大家打成一片，但他也是世界之王，尤其是黑人的世界之王，远离拳击运动的这段时间并没有削弱他强大的自我。他那么英俊，那么骄傲。

阿里打了一个上午的电话，然后便驾车前往市政礼堂。正如一名记者所述，这座礼堂看上去“就像是专门为举行大型家长会而建造的”。[29]阿里的更衣室很小，比摆在房间一头的那张按摩台的长度宽不了多少。对面的墙上抵着一张梳妆台，镜子四周装着灯泡。杰西·杰克逊、安吉洛·邓迪和邦迪尼·布朗都挤在房间里。乔治·普林顿蹲在一个角落里，他手里拿着笔记本和钢笔，在阿里和邓迪为阿里应该穿哪个护裆的问题争执不下的时候，他就急匆匆地做着笔记。阿里认为标准尺寸的护裆很显胖，但是邓

---

① 威廉·爱得华·伯格哈特·杜波依斯（1868—1963），20世纪上半叶美国最有影响的黑人知识分子。保罗·勒鲁瓦·罗伯逊（1898—1976），美国黑人歌手、运动员、演员、社会活动家。亚当·克莱顿·鲍威尔（1908—1972），美国浸礼会牧师和黑人政治家。约翰·柯尔特兰（1926—1967），美国黑人爵士音乐家。迪兹·吉莱斯皮（1917—1993），美国黑人爵士乐小号演奏家。吉米·布朗（1926—2006），美国黑人小号和萨克斯手。迪克·格雷戈里（1932—2017），美国黑人喜剧演员、民权领袖。

迪坚持要求他穿上这个护裆。[30]

阿里对着更衣室的镜子欣赏了一会儿自己的形象。现在，他又变得跟以前一样强壮瘦削了，胸部和腹部的肌肉都比他失业之前那会更发达了。他梳了梳头发。他对着空气出着拳，直到胸脯和双肩都被汗水打得闪闪发亮。[31]这时候，门外传来了敲门声，有人说："到时间了。"阿里最后看了一眼镜子，然后便走出了更衣室。

这是阿里第一次在赛场上面对比自己年轻的对手。邓迪、本迪尼和杰西·杰克逊陪着阿里穿过竞技场，来到了拳击台上。杰克逊在喧闹声中告诉记者："如果今晚他输了，这将象征着盲目的爱国主义势力是正确的，不同意见是错误的，抗议就意味着你不爱这个国家。这场比赛是'要么爱，要么离去'和'爱它并改变它'这两种思维方式之间的较量。他们试图匆忙给他定罪。他们拒绝接受他关于宗教信仰的证词。他们剥夺了他从事自身职业的权利。他们试图在肉体上和精神上击垮他。马丁·路德·金曾经说过：'被碾碎的真理会再次复活。'这就是黑人精神。这场比赛就发生在佐治亚，而不是别的地方，而且面对的是一个白人。"[32]

不过，阿里没有压力。

对于过去的阿里而言，杰里·科瑞只是小菜一碟。他的个头比阿里矮，速度比阿里慢（每一个重量级拳击手都是如此），体重比阿里轻，胳膊比阿里短。在此之前，他不仅是乔·弗雷泽的手下败将，而且还输给过乔治·丘瓦罗、吉米·埃利斯和埃迪·马钦。但是，他的出拳很凶猛，也挨得住对手的重拳，他说为了备战这场比赛，他训练得比以前更加刻苦。无疑，他很清楚如果再输一场，自己可能就会被贴上任何一个拳击手都不想听到的标签——资质平平的熟练工。

阿里意志坚定地快速从自己的角落里走出来，打了一串刺拳和组合拳，他的手套嗖嗖地抽打着科瑞的脸。他没有像被赶出拳击界之前那样挑逗对方，消磨时间。年轻时，阿里打出一记记刺拳后就会蹦蹦跳跳地躲闪开，而今已经28岁的阿里打出一记记刺拳后就扑了上去，用敏捷的左手发动一套快速的组合拳——"左—右—左"。在开场的最初几分钟里，人们就清楚地意识到了一点：阿里的刺拳和以前一样出色，尽管他的刺拳不如以前那么频繁了。现在，他的块头更大了，体重达到了213.5磅（96.8千克），如此魁梧的身材令嘶嘶作响的刺拳更加惊人，看上去就像是巨龙嘴里喷出的熊熊烈火。

他的两条腿能否支撑得住还有待观察，或许正是因为这个原因，阿里才打得如此卖力。在第一回合中，他打出了61拳，有25拳命中目标，包括16记刺拳和9记重拳。当第一回合结束时，他看上去已经筋疲力尽了。用记者杰里·伊兹恩伯格的话来说，他"就像一头搁浅的鲸鱼一样"[33]一屁股瘫坐在了凳子上。

在第二回合中，阿里几乎还是那么积极，打出了49拳，20拳命中目标。但是到了第三回合，他慢了下来，按照安吉洛·邓迪的说法，他"就要精疲力竭了"。[34]但是，他还在不停地向对方发起进攻，打出了39拳，12拳命中目标。对阿里来说幸运的是，就在这12拳里，有一拳把科瑞的左眼上方打裂了一道口子。当这一回合结束后，裁判终止了比赛。

邦迪尼、邓迪、杰西·杰克逊和画家勒罗伊·内曼爬上拳击台围住阿里，分享着他的胜利。阿里没有吹嘘自己，也没有感谢真主和伊利贾·穆罕默德。他反而将科瑞称赞了一番，还说"至上合唱团，诱惑合唱团，西德尼·波蒂埃，比尔·科斯比，在座的所有朋友，还有芝加哥的盖尔·塞耶斯①，你们好"。[35]

后来，他承认对自己的表现感到失望，他惊讶地发现自己的身体不再像四年前那么出色了。[36]

尽管如此，他还是赢了这场比赛。东山再起的感觉真好。

比赛结束后有一场聚会。在比赛现场，穿着最光鲜亮丽的黑人男女纷纷收到了一份印制的请柬，请柬上写着一个名叫"火球"的人正在汉迪路2819号举办聚会。这座平房位于科利尔高地区，亚特兰大的许多知名

① 盖尔·塞耶斯（1943—2020），美国黑人橄榄球运动员，入选职业美式橄榄球名人堂最年轻纪录保持者。

黑人都住在那个地区。房子的主人是大名鼎鼎的街头牛郎“炸鸡侠”[①]戈登·威廉姆斯，参加聚会的客人大多都是毒贩、皮条客和黑帮分子。当客人来到聚会地点时，迎接他们的是几个带着猎枪的蒙面男子。原本打算狂欢一场的客人被带到地下室，身上脱得只剩下内衣，对方命令他们把随身带的手枪和贵重物品堆放在一起，然后在房间里找个角落待着。人越来越多，地下室里已经没有地方容纳更多的客人了。这时候，劫匪命令客人们像堆木材一样，一个压着一个躺在地板上。到了凌晨3点，地下室里至少挤了80个人，凯什·克莱也在其中。[37]两天后，《亚特兰大日报》报道称有20万美元被盗，不过只有5名受害者向警方报了案。大多数人——例如凯什·克莱——都不好意思承认自己被骗了。抢劫案发生6个月后，两名犯罪嫌疑人在纽约布朗克斯区一家台球厅外被枪杀了。

在谋杀发生后，亚特兰大的一名警探说过：“要是劫匪知道自己抢的是谁，他们就不会这么干了。”[38]

---

① 在都市传说中，有人穿着橡皮服装和面具偷鸡，分给穷苦黑人和白人孩子，尤其是快餐店的炸鸡。

第三十一章

“全世界都在看着你”

对接下来的一场比赛，所有人都希望看到阿里迎战弗雷泽。“阿里—弗雷泽之战”将会创造拳击史上数额最高的一笔奖金。这场比赛还将让这两位都不曾有过失败记录的重量级拳王决一高下，看看谁才应该被称为真正的冠军。然而，接下来，阿里面对的却不是弗雷泽。就在与杰里·科瑞的那场比赛结束42天后，阿里在纽约麦迪逊广场花园和奥斯卡·波纳维纳打了一场比赛。

28岁的波纳维纳是阿根廷人，由于留着一头“披头士”风格的长发而常常被人称为“林戈”（披头士乐队的鼓手）。波纳维纳是一名强悍的拳击手，保持着46胜6负1平的记录。他曾两次输给乔·弗雷泽，但是在那两场比赛中他都坚持了很久，并且将弗雷泽伤得很重，甚至在第一场比赛的第二回合中两次将弗雷泽击倒。波纳维纳打起拳来显得有些笨拙，出拳的角度变化不定，看上去毫无章法和规律。对阿里而言，波纳维纳同样也是一个冒险的选择，如果这个阿根廷人击败了退役的前冠军，就不会有“阿里—弗雷泽之战”了，两位从未被打败过的拳王就不会在拳击台上碰面了，巨额奖金也就不存在了。

在对战波纳维纳的前三个回合中，阿里很少蹦来蹦去。他站在台子中央，时而踮着脚尖，时而踩着脚后跟，和对手你来我往地出着拳，任凭波纳维纳耸起双肩不断逼上前来发动猛攻。阿里痛苦不堪。那个满场飞的阿里消失了。那个向后仰头、让对方的一记记重拳从自己的脑袋旁边呼啸而过的拳击手消失了。在第四回合中，阿里的表现更不寻常了。他站在台子中央，弓着身子，用两只手臂抱住脑袋——他要么是在故意挨打，要么就是在休息，旁人难以看出他究竟在做什么。到了第五回合，他终于时不时地拿出了一贯的步法，在拳击台上转来转去，打出一记记刺拳，但是他并没有这样坚持完整个回合，而是又像之前那样在场上迟缓地迈着步子，与波纳维纳你来我往地出着拳。比赛一个回合接着一个回合地进行着，播报赛况的霍华德·科塞尔不满地抱怨着比赛的乏味，他还说阿里没有了往日的气势。

在第八回合即将结束的时候，波纳维纳用一记左拳狠狠地打中了阿里。在第九回合中，波纳维纳又用一记大力的左勾拳狠狠地砸在了阿里的下巴上。阿里摇摇晃晃地向后退去，他惊恐地睁大了眼睛，两条腿也颤抖起来。他撞在围绳上，然后弹了回来，像一个溺水的人冲向救生圈一样伸出手，试图抓住波纳维纳。后来，阿里说过那一拳让他“全身都麻木了。我只感到了震颤，不然我都不知道自己还活着。我是说，我被狠狠地震了一下。就连我的脚趾都感觉得到震颤。梆的一下！”[1]他说自己唯一能做的就是拖延时间，直到“这种茫然的感觉彻底消失”。[2]

如果再来一拳，波纳维纳或许就能结束这场比赛。然而，他没有打出这一拳。

比赛继续进行，毫无美感地继续着。

观众喝起了倒彩，因为阿里的表现没有满足拳击爱好者们的期望。

“全世界都在看着你呐！”邦迪尼喊叫着。

就连赫伯特·穆罕默德都十分关切地从座位上站起来，爬上拳击台，恳求着阿里。

到了第十五回合，也是比赛的最后一回合，两位拳击手都已经筋疲力尽了。阿里潜下身子躲过波纳维纳打来的一记左拳，随即自己也打出一记左拳，将波纳维纳击倒在垫子上。波纳维纳爬了起来，可是又被阿里打倒在地。他再一次爬了起来，结果又一次被阿里击倒在地。阿里以技术击倒获胜。

比赛结束后，阿里浑身酸痛，嘴巴上留下了一道伤口，一只眼睛也落下了一道瘀伤。但是，他又一次打赢了比赛。科塞尔爬上了拳击台，想要采访阿里。他的手里拎着一部电话，电话上缀着一根长长的电话线。他将电话递给了阿里，说乔·弗雷泽正在听电话。

“你好，乔！你不怕我，是吧？”阿里对着电话说道。

他接着又说：“既然没法和睦相处，那咱俩就只能斗一斗了！”

在被科塞尔打断之前，阿里又说了几句。电视机前的观众听不到弗雷泽在说什么，他们只能听到阿里的声音。

“乔说什么？”科塞尔问道。

阿里低头看着科塞尔，毫不迟疑地回答道：“我还没听到乔的回答。”[3]

第三十二章
另一个拳击手

"他慢了很多……"[1]

前轻重量级拳王何塞·托雷斯就像医生一样做出了这个诊断，这既是对事实的陈述，也是对危险的预言。

安吉洛·邓迪也发现了这个问题。他说，在三分钟一回合的比赛中，每一回合中有一分钟的时间阿里看上去就像是上了年纪的阿里，在剩下的两分钟里，他也很迟缓，很容易被对手击中，很脆弱。[2]

多年后，拳击数据公司Compubox公司对阿里的职业生涯进行了一次统计分析，结果证实了托雷斯和邓迪的发现：从1970年开始，作为拳击手的阿里变了一个人。Compubox公司对阿里在1960至1967年间参加的16场比赛——保存了完整影像资料的16场比赛——进行了分析，统计出了他的所有出拳。在这16场比赛中，阿里处于自己的最佳状态，击中对手2245拳，只被对手击中1414次。换句话说，他的击中率达到了61.4%。[3]

然而，在职业生涯的其余时间里，阿里挨打的次数至少赶得上他给对手造成的打击。他击中对手5706次，被对手击中5596次。换句话说，常常被认为是有史以来最伟大重量级拳击手的阿里被对手击中的次数几乎和他击中对手的次数一样多。就连这五五开的击中率也不像表面看上去那么理想，因为阿里的出拳绝大多数都是刺拳，而他的对手打出的更多的是勾拳和上勾拳，这些拳往往会造成更严重的伤害。

Compubox会对拳击手击中对手的比率和被对手击中的比率相比较，然后对拳击手做出评估。[4]拳击迷们大多都对统计数据持谨慎态度，公平地说，对于拳击手的具体情况和技术水平，数字本身说明不了什么问题。尽管如此，它仍然是所有拳击数据中最能说明问题的一个指标。按照这个指标，次中量级拳击手小弗洛伊德·梅威瑟在当代拳击手中位居第一，他的出拳击中率为44%，而对手击中他的百分比却低得惊人，仅为18.8%。因此，梅威瑟的整体正负评估为+25.2%（44减18.8）。与阿里同时代的乔·弗雷泽是一名命中率非常高、风格凶悍的拳击手，他以+18.9%这样的优异成绩结束了自己的职业生涯。然而，阿里的整个职业生涯的得分为-1.7%。即使Compubox公司在统计分析中加入了包括总出拳数、总命中数、重拳命中数和刺拳命中数在内的其他因素，阿里还是没能跻身有史以来最顶级的重量级拳击手之列。

数字无法揭示一位拳击手的风格、优势和弱点，也无助于描述你来我往的徒手格斗的具体情况。但是，这些统计数据还是促使人们对阿里产生了一些疑问。就是因为他有着浮华的风格、似乎从不会在对手的拳头下受伤，所以裁判们就在他本不应获胜的时候判他获胜吗？他之所以赢得比赛就因为他是伟大的穆罕默德·阿里吗？

阿里的比赛统计数据之所以不理想，在一定程度上是因为他用刺拳作为防御武器，用刺拳与对手拉开距离，这就意味着他不会像其他拳击手那样频频击中对手。而且，在1970年重返拳坛后，阿里开始为自己比较薄弱的拳击基础知识付出代价了。他从来没有学过如何用正确的方法阻挡对手的进攻和躲闪对手的出拳，因为他用不着这样做。结果，当速度慢下来之后，他吃到的拳头就多了起来，他会靠在围绳上蜷起身体等着挨打，或者指望对方的拳头偏离方向，而不是通过躲闪技术躲开对方的拳头。阿里任由世界上最强壮的几个人一次次地在他的身上落下拳头，直到他们的胳膊没了力气，呼吸变得短促起来。这时，他才会发动反击。这种战术后来被称为"倚绳战术"（即以逸待劳），这个名字暗示出阿里的对手逐渐落入了一个聪明的陷阱。在职业生涯的最后一个阶段，阿里越来越依赖这种战术，他的整体评估分数达到了-9.8%。在最后参加的9场比赛中，他总共被击中2197次，而仅仅击中对手1349次。更能说明问题的是，在这9场比赛中，他和对手打出的重拳分别为833次和1565次。在最后两场比赛中，对手总共有371记重拳击中了他，而他只有51记重拳命中目标。

根据这些统计数据判断，这位自称是“史上最佳”的拳击手在职业生涯的大部分时间里其实都处于平均水平以下。

直到许多年后，人们才对这些数据有所了解，但是在阿里结束流放生活、重返拳击赛场时就注意到他出现了巨大变化的人并不只有托雷斯和邓迪。自封为“拳击医生”的费迪·帕切科说，1970年阿里开始抱怨自己的两只手感到酸痛。就是从这时起，帕切科开始在比赛前用可的松和一种叫作甲苯噻嗪的麻醉剂来麻醉这位拳击手的拳头，每只手各打两剂药。吉恩·吉洛伊说：“阿里的手上打的药太多了，他连枕头都打不中了。”[5]这些药物给了阿里必要的信心，让他能够向对手发动猛攻，但是这些药物也给他带来了一定的风险。如果感觉不到疼痛，他的手部组织就有可能受到更大的伤害。然而，考虑到现如今自己面临着生计问题，阿里还是认为这个险值得冒。后来，吉洛伊介绍阿里认识了一名矫形外科医生，后者建议阿里将两只手浸泡在石蜡中缓解疼痛。可是，没有什么办法能改善这位拳击手的两条腿。

帕切科曾告诉作家托马斯·豪瑟：“阿里回来了，可是他的腿不如以前了。他失去了那两条腿，失去了第一道防线。也就是在这个时候，他发现了一件很好、同时也很糟糕的事情……他发现自己挨得了拳头了。失业前，在健身馆里他从来不让别人碰到他。他的训练内容包括跑动，还有，他会说：‘这家伙不能打我。’但是，后来，当再也不能那样跑动的时候，他发现自己完全可以偷偷懒。可以跑一圈，然后休息上一圈，让自己靠着围绳挨上几拳……当他在体育馆开始犯懒——那时候他最辉煌的时刻还没有到来——他就开始走下坡路了。”[6]

多年后，当被问及为什么在阿里技术水平出现下滑的情况下还要帮助他继续参加比赛的时候，帕切科愤怒地从椅子上站起来，说：“你待在角落里就是为了让他们继续打下去，而不是告诉他们不要打了。要是你不对他们说去打吧，你立即就会被解雇。”[7]

在统计数据方面，阿里和奥斯卡·波纳维纳或多或少算是打成了平手。阿里和波纳维纳击中对手的拳数分别为191拳和186拳，但是波纳维纳命中目标的重拳更多，为152拳，而阿里的这个数字仅为97。在比赛结束后，阿里在更衣室里表现得很谦虚、严肃。他说自己的训练不够刻苦。他还大声地说出了心中的怀疑——他的反应能力是不是变慢了。但是，阿里依然是一位自大的重量级拳王，他很快又恢复了那副自吹自擂的做派。“今晚，我做到了弗雷泽用二十五个回合都做不到的事情。大家都说我挨不了拳头，他打出的每一拳我都招架住了，而且他打得那么狠……大家都说我只有把对手打伤才能干掉他，可我用一个左勾拳就把他撂倒了，他可是打得最好的拳击手，以前还从来没被击倒过。”[8]

如果阿里足够明智，在打败波纳维纳后，他或许应该给自己安排一两场低强度的比赛，趁着这个机会加紧训练、恢复状态。可是，他无意这么做。他打算迎战那个从他的手中抢走拳王头衔的人，那个将成为他的头号劲敌的人。他用了诗一般的语言阐明了自己的计划：

这没准会让你大吃一惊，
但我就是要让乔·弗雷泽退休。[9]

欧内斯特·海明威曾经说过：“如果你跟一个擅长左勾拳的优秀拳击手打拳，他迟早会把你打出局。他会在你看不到的地方把左手打出来，然后拳头就像砖头一样过来了。很多人都说芝加哥的查理·怀特是最会打左勾拳的人，其实生活才是迄今为止最擅长这种拳的拳击手。”[10]

生活的确是一个了不起的左勾拳拳击手。查理·怀特也是如此。但是，如果你问一个20世纪晚期的拳击迷谁是最伟大的左勾拳拳击手，他很可能会告诉你“冒烟”乔·弗雷泽才是最伟大的。

约瑟夫·弗雷泽1944年1月12日出生在南卡罗来纳州的波弗特，他的父亲是一名农场工人。弗雷泽家有十个孩子，约瑟夫排行老九，[11]身处这个位置的他很容易走上拳击道路。即使没有别的益处，排行老九的现实至少也让他培养起了坚强的性格。在15岁的那一年，弗雷泽退了学，为了赚钱，他搬到纽约市。结果，他发现自己很难找到工作，于是他干起了偷车的勾当。后来，他搬到费城，在一家屠宰场找到了工作。工作期间，他在冷库里对着一扇扇牛肉打拳，假想自己是正在击打沙袋的乔·路易斯。1961年，将近18岁的时候，弗雷泽开始在教练“美国佬”扬西·达勒姆的指导下学起了拳击。达勒姆是一个肤色较浅的黑人，留着一头灰发和一把灰色的胡子，和世界上任何一名教练一样，他知道如何帮助一个强悍的孩子远离街头、成为一名职业拳击手。弗雷泽非常信赖达勒姆。当带队外出的时候，达勒姆会让自己手下的拳击手们几个人合住一个旅馆房间，还不准他们关上卫生间的门，以免有人自慰，他认为即使最轻微的性行为都会消耗拳击手的生命能量。[12]遇见达勒姆的三年后，弗雷泽获得了奥运会金牌。1968年，他成为了重量级拳王。

弗雷泽都感到了惊讶。身高5英尺11英寸（1.8米）的他看上去太矮了，不可能成为重量级冠军。还有人说他的左眼失明了——至少几近失明。但是，他的左臂有些弯曲，极其适合打左勾拳，他正是用这样的左勾拳逼着一位位机警的对手移动到他的右侧，这样一来他就能更清楚地看到他们了。他还拥有一副结实的下巴和坚如磐石的专注力，他打起拳来不屈不挠，让对手几乎不可能保持长时间的进攻和可靠的防守。在打拳的时候，弗雷泽总是气势汹汹，蹦来蹦去，不停地出着拳，咄咄逼人地挑战着对手的勇气。他时而蹲下，时而打出一记重拳，时而连续打出几拳，直到准备好打出一记致命的勾拳。诺曼·梅勒曾在书中写道：“弗雷泽就是人类中的战争机器。”[13]

弗雷泽赢得了“烟雾”乔（或者是“冒烟”乔）这个绰号，因为他似乎就像烟雾一样无处不在，无影无形，不可撼动，翻腾滚滚，令人窒息。他的一名陪练就说过，被乔·弗雷泽的拳头击中就如同被公交车碾了过去一样——但是，公交车只会撞你一次。[14]

弗雷泽与阿里形成了鲜明的对比。阿里会迈着轻快的步伐蹦来蹦去，弗雷泽则喜欢横冲直撞；阿里仰仗着自己的刺拳，弗雷泽最厉害的法宝则是左勾拳。从第一次踏进拳击场开始，阿里就一直受着左勾拳的困扰。进入拳坛时，阿里梦想着成为有史以来最伟大的拳击手，而弗雷泽的心愿则是减肥。[15]用《时代》杂志的话来说，阿里就是一位“受众检阅的黑人版阿多尼斯（希腊神话中的美少年）”，[16]而弗雷泽则是一个“木讷内省的人，总是一副闷闷不乐的样子，也就是他所说的‘萎靡不振’”。阿里喜欢吟诗和吹牛，而弗雷泽喜欢最直白的语言，几乎从不花费精力去吸引公众的注意，他曾说过：“我喜欢这一行，打拳。有人想抢走你的东西。你应该消灭他。他也想对你做同样的事。你怎么会同情他呢？”[17]

复出前的那个夏天，阿里曾在弗雷泽的健身馆里邀请弗雷泽跟他打一场比赛，后来在一个公园里，面对着自发聚集起来的人群，他再一次发起挑战，当时他们两个人还穿着便装。弗雷泽没有上钩。弗雷泽击败曾经给阿里当过陪练的吉米·埃利斯之后，阿里对这个从他的手中抢走拳王头衔的人做了一番评价：“弗雷泽没有节奏感。他就是不停地往前冲，用膝盖以上的部位发力出拳。下潜躲闪，不停地往前冲，试图把你逼到围绳上，就像某种老式的机器人一样控制住你。在和埃利斯的比赛中，根本没有打拳。我比赛的时候是在打拳。你记得吗？砰，砰，砰，砰——蹦来蹦去——嗖，嗖，嗖，速度非常快——蹦一蹦，虚晃几下——呼啦！——后撤，兜上一圈——砰，砰，噼里啪啦一阵，就像打字机一样——嘭！这才是冠军争夺战。弗雷泽打不出这样的比赛。他就是一匹犁地的老马……不过，作为他那种类型的拳击手，在和埃利斯的比赛中，他的表现还是相当不错的。无论埃利斯打出什么样的拳，他都不害怕。他就一个劲地往前冲。另外，他的左刺拳很难对付，速度又快，让我感到吃惊。”[18]

弗雷泽对阿里颇有好感，他觉得自己和对方已经建立了真正的友谊。然而，就在1969年秋天的一天，正和朋友吉卜赛人乔·哈里斯在健身馆里的时候，弗雷泽突然听到广播里传出了阿里的声音，后者正在费城接受沃特调幅广播电台的采访。阿里说弗雷泽是一个懦夫，一个没有阶级观念的笨拙的拳击手，一个“汤姆叔叔”。在接受记者马克·克拉姆的采访时，吉卜赛人乔·哈里斯说当时弗雷泽被气坏了，他用脚踩烂了收音机。[19]阿里在广播里向弗雷泽发起挑战，叫他立即在附近的一家健身馆里与他见面，赛上一场。这场比赛不是为了赚钱，只是为了证明谁更优秀。弗雷泽来到了健身馆，但是他拒绝和阿里比试，尽管阿里又将他辱骂了一顿。后来，类似的事情又发生了一次，这一次弗雷泽火冒三丈，他开车赶到阿里家，要求后者向他道歉。

阿里和他黑人穆斯林组织的几个朋友一起来到门口，他告诉弗雷泽他这么做只是为了找找乐子，他只是为他们俩的比赛做做宣传。弗雷泽说，他觉得这么做并不好玩，他还说自己不喜欢别人质疑他的男子气概和他的黑人身份。他说，阿里没有这个权利。阿里从来没有种过地，也不曾有过站在深及脚踝的牛血里干活的经历，他拥有的是一个白人教练在拳击台的角落里陪着他，肯塔基州的一群白人有钱人资助他，几个白人律师保护他免受牢狱之灾，他还能跟霍华德·科塞尔相互调侃，就好像他们是一对杂耍搭档一样。他凭什么把弗雷泽叫作“汤姆”？

当时吉卜赛人乔陪在弗雷泽的身边，据他所述，弗雷泽对阿里说道：“胆小鬼？汤姆叔叔？让我受过气的人就只有你一个人！那些可怜的穆斯林哄着你找上了我。到此为止吧。”

“不要说我的宗教信仰。我不允许你这么做。回去吧，冷静一下。”阿里说。

弗雷泽说：“我再也不会冷静下来了。去你的宗教信仰。咱们现在说的是我。我是谁。”乔伸出一只手。“这是黑色的。你接受不了我的身份。你背叛朋友究竟图什么？所以，你让黑人穆斯林的那些蠢货对你刮目相看。所以，你成了大人物了？”

“咱们谈完了。”阿里边说边转身进了屋。[20]

然而，对他来说，一切才刚刚开始。

第三十三章
一场500万美元的比赛

《时代》将阿里和弗雷泽放在了杂志的封面上，大字标题写道："500万美元的拳击手"。[1]一场价值500万美元的拳击比赛。谁能明白这笔钱有多么可观？

只有在美国，这样的奇迹才会发生。只有在美国——在这里，有人在月球上打高尔夫球，神奇的小药丸让女人们在做爱的时候不用担心怀孕的问题，电子计算器小得一只手就握得住，棒球队在塑料草坪上打球，装配线上组装出一辆辆带有内置按钮的调幅／调频立体声收音机和8音轨磁带录音机的新型汽车——只有在这里，奴隶的曾孙们才能在一个晚上赚到250万美元，每个人250万美元。这笔收入超过了棒球巨星汉克·阿伦在整整23年的大联盟职业生涯中赚到的钱。

这笔钱本身就让这场比赛超越了比赛的意义，它促使记者们搜肠刮肚地寻找着浮夸的形容词，绞尽脑汁地琢磨着文化语境。它让"阿里—弗雷泽之战"成为了一份关于当前形势的宣言。通过这场比赛，人们可以看一看美国已经发展到了何种地步！一旦国家为两个黑人提供了这样的机会，这个国家的种族主义将会发展到何等程度！不要介意，这笔惊人的财富将流向参加一贯充满兽性的拳击比赛的黑人。不要介意，推销这场比赛的白人将大发横财，而普通黑人却一直拿着极低的工资。

千万不要介意这些事情。

"阿里—弗雷泽之战"成为了世纪之战，因为这是两位保持着不败纪录的重量级拳王在拳击场上的首次交手，而且这场比赛在一定程度上体现了美国的实力和韧性，同时也是因为无论怎样瓜分，500万美元都算得上是一块巨大的蛋糕。在经历了长达十年的骚乱和战争之后，人们会为高价拳击赛这种充满活力、简单纯粹的事物感到兴奋不啻为一件好事。

阿里和弗雷泽都表示，无论结果如何，在比赛结束后他们都有可能选择退休。弗雷泽冷静地预言自己会赢得这场比赛，阿里也在一个不着边际的冗长的新闻发布会上表示自己只是去“参加一场舞会”，用不着在场上蹦来蹦去，甚至都不需要举起双手来防御行动缓慢、一眼就能被看透的弗雷泽。他对聚集在面前的记者说：“在你们这些人看来，拳击太可怕了，你们坐在打字机旁，每天晚上喝喝酒，跟女朋友睡睡觉，在你们看来拳击太粗野了。但是，如果你的身体很好，又年轻，状态看上去就跟我一样好的话，这项运动就会很轻松。它并不难。很轻松。拳击是一项轻松的运动。”

如果拳击比赛能靠着口舌之能取胜，而不是拳头，那么阿里早就击倒对手获得胜利了。

“弗雷泽打败我，超过我，把我狠狠揍一顿——这都是不可能的。”他说。[2]

相比弗雷泽，阿里或许面临着更大风险。尽管赫伯特·穆罕默德又出现在了他的角落，但他仍然被伊斯兰民族组织拒之门外。此外，他还在继续等待着征兵案的判决结果。就在当年1月，美国最高法院宣布将听取这名拳击手的申辩。对于阿里而言，坐牢的可能性仍然很大，所以谁都说不上他何时还能找到夺回拳王头衔的机会，或者说谁都说不上他是否还能找到这样的机会。这场比赛有可能将是他和弗雷泽的最后一战。

阿里待在迈阿密进行训练，他说自己现在有228磅（103.4千克），但是他要努力减掉10磅（4.5千克）的体重。[3]他的妻子和孩子都不在身边，尽管如此，他还是很容易分心，毕竟他的身边总是有形形色色的人物来来往往，其中包括邦迪尼·布朗、诺曼·梅勒、好莱坞演员伯特·兰卡斯特、老凯瑟斯·克莱、梅杰·考克森，还有永远陪伴着他的弟弟拉哈曼。当然，他的身边也少不了报纸和电视台的记者，这些人似乎一直源源不断地冒出来。现在，阿里不再去大学发表演讲了，也不再是黑人穆斯林组织的牧师了，但他仍然会时不时地在卡片和便笺本上写上几句布道词。为了证明自己不仅仅是一名拳击手，他开始给记者们做起了宣讲。

“快乐是幸福的影子。”他说。

“是的，伙计。”拉哈曼作答道。

“人们之所以不幸福是因为他们成了宣传活动的受害者。”他说。

“太沉重了，哥哥，太沉重了。”拉哈曼作答道。[4]

安吉洛·邓迪希望阿里在迎战阵弗雷泽之前再进行两次“热身”，[5]可是赫伯特否决了这位教练的建议。在为这场比赛进行协商的过程中，赫伯特告诉弗雷泽的经纪人“美国佬”达勒姆，尽管弗雷泽是冠军，但是他希望阿里拿到的报酬和弗雷泽一样多。达勒姆接受了对方提出的条件。一开始，这场比赛的营销商们为两位拳击手开出了每人125万美元的保证收入，外加35%的比赛收入，但是达勒姆和赫伯特都坚持要求主办方给每位拳击手开出250万美元的固定报酬，这笔钱相当于今天的1500万美元，这是当时单个拳击手在单场比赛中拿到的最高一笔收入。选择固定报酬这种方式，这两位拳击手就无需操心比赛的营销商们是否会一五一十地把比赛的总收入情况告知他们。但是，达勒姆和赫伯特有可能还是错判形势。如果他们接受了前一种报价，即每位拳击手125万美元，外加总收入的35%，那么每位拳击手很有可能会赚到至少350万美元。[6]然而，在这场生意中，阿里和弗雷泽的身份都不是合伙人，他们只是被雇来表演一个晚上的娱乐明星而已。

这场比赛定于1971年3月8日在麦迪逊广场花园体育馆举行，门票一下子就售罄了。场边前排座位的票价为150美元，但是在二级市场上票价很快就被抬高到了700美元，甚至是更高的价格。在业内人士的印象中，还从来没有一场比赛获得过如此大规模的宣传。负责推广这场比赛的好莱坞明星经纪人杰里·佩伦乔说过，他当时预计将有26个国家的3亿人会通过闭路电视观看这场比赛。在比赛结束时，佩伦乔还表示他打算通过拍卖的形式把两位拳击手穿的鞋子、短裤、战袍和手套卖给出价最高的买家，当时他的这番话在一些人听来还那么荒诞不经。

佩伦乔说：“这场比赛超越了拳击的范畴——它是一场演艺界的盛会。对于这场比赛，你得丢掉所有的课本知识。它有可能会是全球历史上收入最高的一次单场活动。”[7]

当然，阿里欣然接受了这副令人咋舌的景象。他承诺会像一如既往地对比赛结果进行预测，只是这一次会有一些改动。他说，在比赛开始前5分钟的时候，他将在电视直播节目中从一个密封的信封里拿出一张纸，纸上就写着他的预测——弗雷泽何时会倒下。如果阿里赢得比赛，这就将成为一场历史性的回归，一种神圣的命运（至少在阿里自己看来是这样的），同时也将是体育界有史以来最伟大的一个故事——殉道者东山再起，前来复仇。

但是在阿里这段英雄之旅的途中也发生了一些奇怪的事情。这个曾与激进的黑人分离主义者结盟、拒绝为一个被他称为种族主义者的国家而战的人，突然超越了种族和宗教的界限，吸引来了许多曾经鄙视他的崇拜者，这一点出乎人们的意料。此时此刻，美国的年轻人正在寻求属于他们的文化声音。就像鲍勃·迪伦的那些歌词一样，穆罕默德·阿里不需要具有完美无缺的意义。他所要做的就是反抗自己的现状。

他略微缓和了自己原本尖酸刻薄的语气。他很少把白人称为魔鬼。他仍然忠于伊利贾·穆罕默德，不过他也没有过多谈及自己的这份忠诚。他的身上发生了微妙的变化，他也因此处于一个微妙的位置。在之前的职业生涯中，他一直在嘲弄美国白人，但是现在，在他重新开始自己的职业生涯时，白人当权派却希望他重新成为一名运动员，希望他参加公众人物应该参加的比赛——这一点值得庆幸。在一定程度上，阿里对此也表示了认可。对于一个反叛者而言，当一辈子的反叛者并不是一件容易的事情。这种事情太辛苦了。世界在不断地改变，反叛者要么适应这些变化，要么就会落伍。现在，这个反叛者成熟了，价值观也改变了。开上“劳斯莱斯”并不一定就会让一个反叛者不再继续反叛下去，但这也是影响因素之一。

“穆罕默德·阿里变成了‘幸运小子林迪’（查尔斯·林德伯格，美国飞行家）、‘褐色轰炸机’、鲍比·肯尼迪（罗伯特·肯尼迪）和琼·贝兹，这些人融合成了一个难以遏制的民间英雄，这位英雄被誉为我们最喜爱的真理捍卫者和权威反抗者。”巴德·舒尔贝格在书中写道。[8]但是，这是一项艰巨的工作，令阿里的生活充满了矛盾。阿里还是希望被外界视为一位美国黑人拳王，可是现在他越来越像是一个明星反叛者，一边眨着眼睛一边扔着炸弹。在一篇名为《花孔雀运动员》的文章中，《时代》杂志将阿里称为“展品A”，并且宣称“现如今运动员们只会对自己负责”。他们穿得就像好莱坞明星一样。他们在电视节目里就和在健身房里一样自在。他们组织人们参加抵制和罢工。他们对自己的教练指手画脚。杂志还抱怨道：“没有什么比更衣室里的那句格言消失得更彻底了——团队里没有‘我’，或者说，教练等于国王。”[9]

随着声望的提高，阿里找到了一种可悲的方式来表明自己是人民的战士这一立场。他开始对乔·弗雷泽进行恶意攻击，说他又蠢又丑，他还给这位对手贴上了没有骨气的“汤姆叔叔”的标签。阿里的这些言论几乎可以说是十分荒谬的。有一次，他说只有阿拉巴马州的治安官、身着白色西装的有钱白人、三K党成员——可能还有理查德·尼克松——会支持弗雷泽。[10]如果哪个黑人真的相信弗雷泽会赢，那么那个黑人也是一个“汤姆叔叔”。在阿里看来，对弗雷泽再怎么憎恶都不过分。

对于自己的这种表现，他做过一番解释：“来到拳击场边，弗雷泽就会觉得自己像一个叛徒，尽管他并不是叛徒。看到那些男男女女不支持他，他就会有些心虚。他会产生一种奇怪的感觉，一种愤怒的感觉。他会感到恐惧。他会意识到穆罕默德·阿里才是真正的拳王。他会觉得在人们的心中他处于劣势。他的骄傲会减少一些。压力会很大，大到他都感觉得到。在那么大的体育场里，独自走上拳击台，成千上万双眼睛盯着你，还有那些炽热的灯……走向自己角落的那段路将非常可怕。他并非一无所有。但是，我……我有自己的目标。”[11]

阿里不在乎弗雷泽是否会感到伤心，也不在乎弗雷泽的儿子马尔维斯在学校里是否会遭到同学们的嘲笑，那些孩子都认为乔·弗雷泽就是白人的走狗，因为阿里说他是“汤姆叔叔”。[12]

相比之下，弗雷泽的手段似乎人道得多，他说自己打算对着阿里的肚子打一顿，直到他的肾被打出来。[13]

1971年1月5日晚上8：30左右，外出旅行了一个星期的杰拉尔丁·利斯顿回到家中，发现丈夫躺在床尾的软长椅上，身体已经僵硬了，而且还有些浮肿。他的两只脚都在地上，袜子和鞋就在脚边，梳妆台上有一把0.38英寸口径的左轮手枪，厨房里放着1/4盎司（7克）的海洛因，卧室的椅子上挂着一条裤子，裤子的口袋里装着一袋大麻烟卷，房子的正门外堆着一个星期的报纸。验尸官说利斯顿是自然死亡，但是后来有人推测他死于吸毒过量。还有人说是黑手党干的。

这一年，利斯顿40岁左右。

得知利斯顿逝世的消息后，阿里将这位曾经的对手赞美了一番："他是一个非常好的人，我非常喜欢他。"接着，他又给利斯顿来了一记"刺拳"："但是就像所有上了年纪的拳击手一样，他当时就已经显示出衰老的迹象了。"[14]这一番攻击毫无意义，纯粹是报复他和利斯顿曾经的过节。

不到两个星期后，阿里年满29岁了。他用一个巨大的生日蛋糕庆祝了这个生日，蛋糕上装饰着两个用糖霜做的巧克力拳击手套。[15]吃完一大块蛋糕后，他又拿起了一块，就在他专心致志地吃着这块蛋糕的时候，斥巨资赞助他即将到来的那场比赛的杰克·肯特·库克①对他发出了警告。

"你能不能别吃那个东西了？"库克说，他还装出一副惊恐的模样。

阿里不以为然地说："我用不着为了弗雷泽刻苦训练。"他说，弗雷泽唯一的机会就是击倒他。但是，他又说："我是不会被击倒的。都不会被他打中多少次。要想击倒我，他就得凑到我跟前，要是他这么做，他就会被打中10次，或者15次。跟我比起来，弗雷泽只是个业余选手，这是显而易见的事情。"[16]

还有7个星期就要比赛了，阿里说再过几天他就开始训练。说完，他又创作了一首新诗：

弗雷泽会下地狱，

① 杰克·肯特·库克（1912—1997），加拿大裔美国商人，曾拥有华盛顿红皮人队、洛杉矶湖人队等多支职业球队。

铃声一响，

我就会和霍华德·科塞尔，

跳出来。[17]

随着年龄的增长，阿里变得越来越聪明了，至少他在采访中会这么宣称。他曾告诉一名记者："我不喜欢打拳。没有人会以打人为乐。"[18]他说，等到跟弗雷泽打完比赛，他就有足够的钱安度余生了。他信誓旦旦地说退休后自己会和妻子孩子住到西南某个地方的农场去。

在洛杉矶的时候，阿里还曾一边开车，一边接受采访。他告诉那名记者，他一直在接受赫伯特·穆罕默德的指导，学习如何控制自己的情绪、缓和自己在公开场合发表的言论，"因为我以前发表的许多疯狂言论造成了不明智的结果，比如不去思考，把体育与宗教、宗教与体育混为一谈，都是不明智的。"但是，一旦话题涉及乔·弗雷泽，阿里仍然觉得自己无法缓和下来，他说："我会完胜弗雷泽，碾压他。让他看上去像个业余选手。他一点机会都没有。两个对手根本不匹配。大家都会说：'咱们怎么会错得这么离谱呢？'"[19]

曾经在洛杉矶道奇队当投手的唐·纽科姆也坐在车里。听阿里吹嘘了自己一会儿后，纽科姆问他是否曾经尝试过自我催眠，"让自己相信某些事情？"

"我想我很自然地就会这么做，但是这么做的时候我并不知道我正在这么做。"阿里说。

这是真的。阿里就是那种人，他会为了找乐子跟你争执一番，但他绝对相信自己的冰块比你的更冷。这些自我吹嘘不就是一种自我催眠吗？但是对于眼前的事情，阿里坚持说在即将到来的这场比赛的问题上，自己的大脑并没有开玩笑："我真的相信我能完胜乔·弗雷泽。"

记者转向阿里的一个跟班："他一整天都会这样吗？"

"是啊。而且一天胜过一天。"那名跟班回答道。[20]

第三十四章

阿里–弗雷泽之战

想象一下，1000万人，阿里说。想象一下，如果有一个能容纳1000万人的体育场，一个这么大的体育场，你可以驾驶一架飞机飞过人群，在空中飞上一个钟头才能飞到最后一个人。就有这么多人会观看他和乔·弗雷泽的这场比赛。那些无法观看比赛的人，那些住在各大洲偏远城镇和乡村的人也会焦急地等待着他是否获胜的消息。

“这是有史以来全世界最伟大的一场比赛。”他说。[1]

阿里终于得到了他一直渴望得到的那种关注。如果说现实和他的期望有什么出入的话，那就是他低估了自己的名气。在1971年3月8日这一天，全球大约有3亿人——而不是1000万人——观看了他与乔·弗雷泽的这场比赛。即令不是历史上最伟大的一场比赛，这肯定也是观众人数最多的一场比赛。

在这场盛大的比赛之前，乔治·普林顿在伊莱恩餐厅举办了一场聚会，作家诺曼·梅勒、皮特·哈米尔、布鲁斯·杰·弗里德曼和其他一些人在聚会上大出风头。作家和知识分子们谈论着拳击运动所蕴含的深层含义，谈论着阿里，谈论着他有些荒谬的转变——变成了穆斯林、穷苦黑人、白人自由主义者、嬉皮士、逃避兵役者心目中的超级英雄，认为牌桌上的牌都有利于当权者的人几乎全都把阿里视作了大英雄。在杰克·肯特·库克举办的聚会上，百万富翁和好莱坞明星会集一堂，著名导演伊利亚·卡赞、演员罗恩·格林和彼得·法尔克就参加了这场聚会。弗兰克·辛纳屈和拉斯维加斯的朋友们当然也举办了一场纵情豪饮的庆祝会。

尼克松总统让人在白宫了安装了一条专线，这样他就可以观看每一个美国人都在谈论的这场拳击赛了。[2]

在比赛当天，阿里邀请一小群记者去他在纽约客酒店的房间，他对孤独的恐惧远远超过了对乔·弗雷泽的恐惧。他们一起看了电视。

晚些时候，贝琳达顺路去酒店房间找丈夫。阿里不在房间里，似乎谁都不知道他去了哪里。贝琳达产生了怀疑，接着她有些生气了。她拨通了阿里一个跟班的房间电话，结果一个女人接了电话。当那个女人开口说话时，贝琳达听到她周围传来一个男人的声音。

在多年后的一次采访中，贝琳达聊起了那段往事。

“谁来的电话？”她听到那个男人说。

“是我丈夫吗？是穆罕默德·阿里吗？”贝琳达对着听筒喊道。

“是的。”那个女人回答道。

“叫他接电话，我要找的就是他。”

阿里接过了电话。“你要干什么？”他问道。

几个星期以来，贝琳达一直在埋怨阿里训练不够刻苦。现在，她感到怒不可遏了。“你怎么会在那里？”她问道，“我要说的就是这个，阿里！我要说的就是这个！我要过去揍扁你！”

贝琳达挂上电话，去了那个房间。她试图把门踹开，可是没有成功。她使劲地砸门，终于阿里开了门。他光着身子。贝琳达走进房间，结果看到一个女人躲在浴室里，也光着身子。

“不是你想的那样！”那个女人喊叫了起来。

“知道吗，我都不知道我现在看到了什么。这不是我看到的。我就要在这里把你们两个都宰了。”贝琳达喊道。她抓起了一把餐刀。

“我就是街上的！他给了我四十块钱！我不是故意的！”那个女孩嘶喊着。

这时，贝琳达也说不清楚最令自己气愤的究竟是什么了：是丈夫的不忠，是他在比赛开始前几个小时还这么吊儿郎当，是他就在妻子孩子住的酒店里招妓，还是这个妓女长得很丑。[3]

她说：“我哭了起来。然后，我说：‘听着。阿里……这一切都没发生过。我只是在做梦，好吗？要是你跟我提起这件事，我就会把你狠狠地打一顿。我会给你甩几个巴掌，打掉你的脑袋。要是你再跟我提起这件事的话！永远不要！’他说：‘好吧。好吧。好吧。好吧。’于是，我就离开了。当时，我太难过了。我在里面的时候可能很大胆，可是出了房间，我就像个婴儿一样哭了起来。我在走廊里靠近窗户的一个软凳上坐下来，就那么哭着。不过，我还是打起精神，擦干净脸，带着孩子回了房间。回到自己的房间里，我摇了摇头，说：‘主啊，可怜可怜我吧。我这是怎么了？’我说，这一切不会持续太久的。这一切不会持续太久的。”

贝琳达还许下了一个心愿：希望乔·弗雷泽打败她的丈夫。[4]

人们原本来自多种多样的文化背景，直到有人采用了这样一些术语来描述这一盛况：一场骄傲的大爆发，一场放克音乐时尚秀，一场被毒品搞得神魂颠倒的自我和权利的展示。每一个人都去了现场，没有去的人也会谎称自己去了现场。在那些的确在现场观看了比赛并且呼吸了麦迪逊广场花园里污浊空气的人当中，有辛纳屈、芭芭拉·史翠珊，“阿波罗14号”的宇航员、小萨米·戴维斯、“肯德基”的大明星哈兰·山德士上校、《花花公子》的创刊人休·海夫纳、芭比·本顿（当时她正在跟海夫纳约会，她穿着一件猴子皮外套，里面穿着透视衬衫）、出任过美国副总统的休伯特·汉弗莱、伍迪·艾伦、黛安·基顿、迈尔斯·戴维斯、达斯汀·霍夫曼、戴安娜·罗斯（穿着黑色天鹅绒热裤）、罗伯特·肯尼迪的妻子埃塞尔·肯尼迪、爱德华·肯尼迪、市长约翰·林赛、作曲家伯特·巴卡拉克、政客萨金特·施赖弗、作家威廉·萨洛扬，还有意大利电影明星马塞洛·马斯楚安尼。平·克劳斯贝则在座无虚席的无线电城音乐厅里通过闭路电视转播观看了这场比赛。[5]

当晚早些时候，阿里的弟弟拉哈曼参加了自己职业生涯的第8场比赛。拉哈曼还没有被打败过，不过，他也从来不曾遇到过重要的对手。在麦迪逊广场花园里，就在哥哥职业生涯中最盛大的一场比赛之前，他第一次输掉了比赛，被一个名叫丹尼·麦卡林登的英国拳击手狠狠地打了一顿。

接下来，就到时间了。比赛的时间。这场比赛太盛大了，在麦迪逊广场花园目睹两位拳击手走向拳击台的人们的感官都在超负荷运转着。阿里率先上场，他穿着红色天鹅绒长袍、红色短裤，白色的鞋子上也缀着红色的流苏。弗雷泽披着一件金绿相间的锦缎长袍和一条相配的短裤。他们两人的身体状况都非常好。几位电视制作人精心设计了每一个细节，他们甚至还帮这两个男人挑选了短裤的颜色。他们为阿里选择了颜色深一些的战袍来衬托他比较浅的肤色，选择了浅色的短裤来衬托弗雷泽较深的肤色。[6]在向观众介绍参赛者的时候，阿里绕着拳击场蹦跶，不时地凑到弗雷泽跟前，冲他吼上一句："傻瓜！"

弗雷泽看上去无动于衷。

在裁判的示意下，阿里对着弗雷泽说了几句，弗雷泽也回敬了几句。

梅勒曾在书中写道，拳击比赛开场阶段"就相当于恋爱中的初吻"。[7]其实，这个阶段更像是一场战争中发射出的第一枚导弹。在阿里和弗雷泽的这场比赛中，无论开场属于哪种情况，两个人最开始打出的几拳都没有命中目标。阿里打出一记又一记刺拳。弗雷泽猫下腰躲闪着，他的头就像他的拳头一样快速地移动，然后猛地扑上前去，试图突破阿里的刺拳。阿里后退几步，又打出了几记刺拳，但是弗雷泽的头一直移动个不停，很少出现在阿里希望看到的地方。阿里的拳头依然如蜜蜂一样蜇人，可是他的脚步不再像蝴蝶一样轻快灵巧了。他根本飘不起来。显然，他想做的并不是把弗雷泽拖得筋疲力尽，而是试图给他造成伤害、切断他的突触——越快越好。阿里站在那里，双脚结结实实地踩在地上，他就这样挥着一记记刺拳，然后又快速地打出几记勾拳，试图发挥自己在身高和臂长方面的巨大优势，也是试图尽快结束比赛。弗雷泽一直压低重心，他曾经花了很长时间在埃迪·富奇的监督下苦练着这个技巧。在健身房里，他们在拳击场里拉起绳子，让弗雷泽练习躲避绳子，躲闪，出拳，躲闪，出拳，他们练了成百上千次。现在，弗雷泽就在躲闪，出拳，向前猛冲，一边移动一边不断地出拳。

阿里在点数上赢得了前两个回合，他命中目标的拳数超过了弗雷泽。但是，第三回合刚一开始，弗雷泽就露出了笑容，他摆着手，示意阿里起来战斗。弗雷泽对着阿里的头部和身体打出一阵勾拳，脚底下还不停地向前推进。每挨上弗雷泽一记重拳，阿里就会用力摇摇头，试图通过这种方式告诉观众对方的拳头并没有对他造成干扰。这一回合结束后，阿里回到自己的角落。他直挺挺地站在那里，拒绝坐下，他想让弗雷泽知道他不累。阿里表现得就像一个小孩子在操场上伸出舌头嘲弄自己的对手一样，可是，这一次他的对手似乎毫不在乎他的嘲弄。

拳迷们惊讶地看到，阿里没有蹦来蹦去，没有继续挥舞刺拳，他就站在那里和弗雷泽近身搏斗起来，你来我往地出着重拳。阿里的那副样子就好像他相信了自己之前天花乱坠的宣传——就好像他相信自己比以前高大强壮了很多，不用再依赖速度了。弗雷泽的眼睛肿了起来，嘴里满是血。然而，他还是继续坚持，不停地咆哮。就连阿里最难以招架的左刺拳也阻挡不住弗雷泽。他自然挨了不少拳头，但偶尔他还是会设法躲过阿里的一记刺拳，然后打出十分精彩的一拳，也就是左勾拳。

阿里曾预言自己将在第六回合中击倒弗雷泽。然而，到了第六回合，弗雷泽越战越勇，阿里却露出疲惫的迹象：用两只胳膊抱住弗雷泽的脖子，靠在围绳上，用手在弗雷泽的脸上轻轻地蹭来蹭去，就像是在给篱笆刷漆似的。在第七回合和第八回合中，他的表现更是如此。他在休息，也许是在佯装自己一整晚都会这样，试图通过这种方式磨灭弗雷泽的斗志，围绳成了他的吊床，一个能让他放松一下的地方，直到他做好重新上阵的准备。在整场比赛中，阿里一直在嘲笑弗雷泽，告诉对方他不可能获胜。

“你不知道我就是神吗？”他叫喊着。[8]

“神，那你今晚可来错了地方。上别的地方去，不要待在这里。这里我说了算。”弗雷泽回敬着他。[9]

第九回合激烈得令人震惊。阿里的手套击中了弗雷泽岩石般的脑袋，然后弹了起来，弗雷泽用几记上勾拳还击，把阿里打得整个人都飞了起来，然后又落了下去。两个人都打出了最猛的拳，这些拳也都击中了对方。弗雷泽的整张脸变得凹凸不平了，就好像刚刚钻进了蜂巢里似的。观众都站了起来。如果比赛就这样结束了，阿里有可能会凭着点数获胜；如果阿里能继续这样打下去，他应该就能击败弗雷泽，或者被裁判一致判定获胜。然而，他坚持不下去了。他已经把油箱里的油都耗尽了。

在第十一回合中，阿里没有进攻，而是退却了。他不仅又靠在了围绳上，而且还摆出一副邀请弗雷泽逼上前去、击中他的架势，那副样子就相当于一幢移动房屋在召唤龙卷风一样。

“他在干什么啊？”前轻重量级拳王何塞·托雷斯问道，“他脑子糊涂了吗？第十回合的最后几秒他已经赢了这场比赛啊，可现在他又搞砸了。”[10]

弗雷泽接受了阿里邀请，向他发起了进攻。他跳了起来，打出一记左勾拳，打得阿里的下巴咔哒作响，接着他又对着阿里的身体打出一记凶狠的左勾拳。换做以前，阿里完全躲得开这样的拳头，可是这一次他的身体毫无反应，即使他的意识发出了躲闪的命令。他的两只膝盖已经发软了，他想要找回平衡。看起来，他就要倒下去了，那副受伤的样子就好像他在职业生涯中还从未受过伤一样。但是，他还是设法恢复了过来，重新站了起来。他曾描述过这种半意识状态——“半梦半醒的房间”，他说这种感觉就像“重击之下你被狠狠地撞到了这个房间的门口。门打开了，你看到了霓虹灯，橙色的灯、绿色的灯在闪烁着。你看到了蝙蝠吹着喇叭，短吻鳄吹着长号，蛇尖叫着。墙上挂着怪异的面具和演员的衣服。第一次被撞到那里的时候，你会惊慌失措地跑开，可是等到醒来的时候，你会说：‘唔，这只是一场梦，我干吗不冷静一点……’，你只需要牢记这一点，在进入半梦半醒的房间之前早早做好准备……这种撞击会让你的大脑像音叉一样震动起来。你不能让你的对手继续下去。你得让叉子停止震动。”[11]

现在，阿里就在这间半梦半醒的房间里。铃声响了，没等他坐到凳子上，守在角落里的那些人就往他的脸上泼了些水，他们想要把他从那个房间里拉出来。邦迪尼·布朗挥着一根手指喊道：“拳王，你的角落里有上帝！”[12]裁判阿瑟·梅坎特走到阿里的角落，想看一看这位拳击手是否需要医生。最终，他被说服了，允许比赛继续下去。

第十二回合开始了。阿里移动的样子就好像他在测试自己的两条腿。弗雷泽又将他暴打了一会，这一次阿里奋力反击，但是显然他的体力只够招架住一阵拳头，而不是整个回合。到了第十三回合，阿里又发动了猛烈的攻势，动作也变得敏捷起来。他用一记记命中目标的刺拳得了分，可是他始终没能对弗雷泽造成伤害。在进攻了大约一分钟后，阿里回到围绳边，弗雷泽看到了机会，他爆发了。弗雷泽发起了不可思议的进攻，一口气打出了46拳。他肿胀的嘴唇滴着掺了血的口水，脸上布满了奇形怪状的瘀伤，但是他凶猛地攻击着阿里，用尽全身力量出着拳，几乎每一拳都落在了阿里的身上。如果阿里的围绳策略奏效了，如果这套策略能让他趁着对手消耗体力的时候恢复能量，他就会再次因为自己的拳击天赋而受到赞誉。可是，这套策略根本不起作用。对弗雷泽而言，这一幕就像是亚哈船长看到自己的那头大白鲸躺在海滩上任人宰割一样。弗雷泽出拳，出拳，出拳，他甩动身体，甩动脑袋，随心所欲地出着拳。他几乎一头扎在了阿里的肚脐上，一直扎在那里，阿里只看得到这个矮个子的头顶。弗雷泽跟阿里凑得太近了，即使阿里想反击，也无法伸开胳膊进行反击。弗雷泽的拳出得越多，阿里就越像沙袋一样死气沉沉地站在那里。他的下巴有些发肿了，看上去就像一只棕色的气球，角落里的人开始担心他的下巴已经被打烂了。

在第十四回合中，阿里聚集起最后一点力量，顽强地搏斗着。现在，两个人都已经精疲力竭。无论谁站起来都已经算是奇迹了，更不用说他们还在出拳，还在挨打。阿里喜欢自称是拳击运动史上最讲科学方法的拳击手，这一次他或许有了新的想法，因为这场比赛毫无科学性可言。这就是一场血腥的争斗。这就是地狱。

第十五回合也是最后一回合开始了，两个对手互相碰了碰手套。头顶上明亮的灯光在他们肿胀的脸上投下了丑陋的阴影，空气中弥漫着汗臭味和烟味。就连观众都已经筋疲力尽了，但他们依然站着，尖叫着，要求场上的两位拳击手继续打下去。

阿里迈着轻快的脚步蹦跶了起来，似乎是在告诉全世界他还是那么强壮，那么快，他没有完蛋。他先是用左手打出一拳，打得弗雷泽的嘴巴喷出一股血。弗雷泽在阿里的肚子上狠狠地砸了几拳，清楚无误地表明他也没有完蛋，随即他紧紧地一把抱住了阿里。接着，他们两个人分开了，兜起了圈子。弗雷泽向前挪动着，在整场比赛中他一直在这么做。阿里向后退去。弗雷泽的左手向后伸去，后来他做过这样一番描述，那只手一直伸到了南卡罗来纳炎热的萝卜田里，伸到了他贫穷的充满仇恨的童年时代。接着，那只手飞出一记左勾拳。当这一拳砸在阿里的身上时，阿里头上的汗水飞溅了起来，脑袋也摇晃了起来。他闭着眼睛，张着嘴，两条腿弯了起来。他倒了下去，背部和肘部着地，脑袋在垫子上弹动着，两条腿在半空中胡乱地甩动着。

不可思议的是，阿里站了起来。

身体刚一碰到垫子，他就站了起来。

他站了起来，继续战斗着。

安吉洛·邓迪后来说过在倒地时阿里已经失去知觉了，但是当他的屁股撞到地上的时候，他一下子又恢复了知觉，情况看上去就是这样的。当弗雷泽用左勾拳击中阿里时，阿里的大脑受到震动，脑细胞受到拉伸和撕裂，从而导致细胞功能和细胞通讯出现了暂时中断的现象。相比刺拳，勾拳对大脑组织造成的伤害更大，因为颈部有助于化解正面打来的拳头对头部产生的冲击力。当拳头从侧面打过来时，人的头部会转动和晃动，这样一来颈部就无法很好地化解头部受到的冲击力了，整个大脑就会像果冻一样震颤起来。这正是阿里倒地的原因。但是，这一点无法解释他怎么还能站起来，而且站得那么迅速，没等裁判数到四他就站了起来。对头部的重击会损伤神经轴突（在整个神经系统中传导信号的细长分支），完全恢复可能需要几个星期或者几个月的时间，甚至恢复不了。然而，阿里爬了起来，站在那里，在麦迪逊广场花园2万名观众的尖叫声中，在全世界3亿电视观众的尖叫声中，继续打完了最后两分半钟的比赛。

支撑着这两位拳击手的是勇气吗？是神经学的因素吗？还是自负这个心理因素超越了生理因素？他们继续战斗着，直到铃声响起，裁判走到他们中间，这意味着有史以来最激烈、最精彩的一场拳击比赛终于结束了。裁判一致判定弗雷泽获胜，随即拳击台上就挤满了拳击迷。

像诺曼·梅勒这样的作家都试图用某种类似精神层面的东西来描述阿里和弗雷泽之间的这场搏斗，他们认为这场比赛远远超出了两个人之间的较量。梅勒在书中写道：“除了文字，世上还有其他类型的语言——符号语言和自然语言。身体也有自己的语言。职业拳击运动就是一种身体语言。职业拳击手在通过对身体的控制来说话，这种语言方式就如同赫尔曼·卡恩[①]和亨利·基辛格这些社会工程师进行的思维训练一样客观、微妙、包罗万象，除非愿意承认这一点，否则我们就无法理解他们。”[13]比赛结束后，这些抽象的东西都让位于疼痛和损伤这些残酷的事实了。阿里一动不动地躺在一张长桌上，他闭着眼睛，赤裸着身子，不过身上还是盖了一条白毛巾。[14]安吉洛·邓迪在房间里走来走去，看上去就像是迷了路或者失去了亲人一样。奥德萨·克莱坐在桌子旁的长凳上，搂着儿子。“他会没事的。”她一遍又一遍地念叨着。

没有人看到贝琳达。不过，当戴安娜·罗斯出现在更衣室的时候，阿里坐了起来。罗斯从邦迪尼的手中接过一只冰袋，把冰袋摁在阿里的下巴上，在这个陨落的拳击手耳边低声说了起来。阿里挣扎着挤了挤眼睛。

阿里的下颌肿得像个小南瓜，他去弗劳尔第一大道医院做了X光检查。[15]医生说他的下颌没有骨折，但是建议他留院观察一个晚上。阿里没有接受医生的建议，他不想让弗雷泽认为他受了重伤。现在，他已经开始提起重赛的事情，拒绝治疗正是他在心理战中发动的第一次进攻。

① 赫尔曼·卡恩（1922—1983），美国物理学家、数学家、未来学家，乐观主义未来学派的代表。

第三十五章

自由

在哈莱姆，人们都说这场比赛受到了操纵；在白宫，尼克松总统欣喜若狂，为“逃避兵役的混蛋”[1]被打败而欢呼。每个人都有自己的看法，但是这些看法都不重要。弗雷泽赢了，如果阿里想夺回拳王的头衔，他就必须奋起反击。

比赛结束后，《体育画报》派乔治·普林顿去了阿里在新泽西樱桃山的新家，看看他如何应对自己的第一场失败。结果，普林普看到阿里在车道上和邻居们逗乐子，和几只狗厮打，抱起小孩子，给别人签名。[2]阿里不仅邀请普林顿进屋，他还把聚集在大街上的围观者也都请进了门，让他们参观他还没有装修完的家。在一个房间里，地板上靠墙放着一幅伊利贾·穆罕默德的肖像画，旁边还放着一束鲜花，花束附带的卡片上写着歌手艾瑞莎·弗兰克林的名字。[3]在另一个房间里，贝琳达正坐在地上看电视，她丝毫没有理会阿里和他的客人。

参观结束后，阿里告诉普林顿自己准备好跟他谈话了，只是普林顿不得不与另外两名记者一起进行这次采访。这两名记者是来自附近一所高中的男孩，他们要为校报撰写一篇文章，他们一个人拿着录音机，另一人拿着宝丽来照相机。拿着照相机的男孩给阿里拍了一张照片，阿里问他在照片里自己的下巴看起来是不是肿了。另一个男孩打开了录音机，还让阿里拿着麦克风。

“报道什么时候出来？报纸叫什么名字？”阿里问道。

“《哨兵报》，是油印的。”小记者解释道。照片将被挂在学校的布告栏里，因为油印机印不了照片。[4]

阿里觉得听上去不错。他聊了起来：前一天晚上他和10个朋友去了樱桃山的一家剧院，观看了自己和弗雷泽这场比赛的回顾片，影片有25分钟。说着说着，他就从沙发上站起来，演示了一番自己最喜欢的那一段：第十一回合中，他绕着拳击场不断地后退，弗雷泽垂下两只手，昂首阔步地追着他，然后就打出了那记左拳，这一拳打得阿里摇晃起来，他还很少会被打成这样。"弗雷泽追了好久。哦，天哪，看到那一段，我们都笑了起来。"他说。[5]

他还说，在整场比赛中，他一直对弗雷泽的左勾拳感到吃惊。为什么他总是被打中？一开始，他以为前几拳完全是弗雷泽走运而已，可是接下来一记又一记的左勾拳还是不断地落在了他的身上。

"怎么会……我是说，出了什么问题？"小摄影师问道。

阿里把一只手举到了自己的头上。"你本来应该这样做，而我的手放得太低了。"他说。

"你就不能把手举起来吗？"男孩问。

"听起来挺简单的，是不是？"阿里说。

小摄影师问阿里是不是还在为自己的失败耿耿于怀。

"没有我想象的那么耿耿于怀。现在，对我来说，拳击更多的是一门生意，而不是获胜者的荣耀。毕竟，当赞美结束后，"——根据普林顿的描述，说到这里时阿里换成了一种催眠般的低沉声音，每当他吟诵诗歌或者宣讲鼓舞人心的布道词的时候他就会使用这样的音色——"当大肆宣传全都结束后，唯一重要的就是你的反应。你流了那么多血，可是世界还在运转着。我太累了。我输掉了比赛。但是我没有流一滴眼泪。我还得继续过我的日子。我并不感到羞耻。"阿里说。[6]

与此同时，阿里还有另一场战斗需要担心——关于他征兵身份的法律之争，他有充分的理由相信在这场战斗中自己也同样会遭遇失败。

1969年，美国最高法院投票决定不审理阿里的案件。不过，司法部承认他们窃听了这名拳击手的私人谈话，因此最高法院将案件发回地方法院，阿里这才逃过了牢狱之灾。但是，在地方法院进行重审的时候，阿里还是败诉了。1971年1月，最高法院的法官们似乎对阿里一案毫无兴趣，这就意味着他们会维持地方法院的判决结果，阿里将被判处5年监禁。

但是，阿里还是等到了一个重大的突破。最高法院大法官小威廉·布伦南敦促法院审理阿里的案件，他还提出了一个不同寻常的观点。布伦南不认为同事们会改变主意，也不觉得阿里会赢得比赛，但是考虑到这位拳击手的名气以及他对越南战争的强烈抗议，他担心美国人民会对这个判决产生误解。他担心，如果阿里都没有机会在法庭上为自己辩护，那么他或许就会被赋予一种政治诉讼受害者的形象。

1971年4月19日，最高法院听取了“小凯瑟斯·马塞勒斯·克莱诉美国”一案的口头辩论。在审理案件的过程中，法院仍然使用阿里的原名称呼他，因为直到此时阿里还没有提交正式更改姓名的书面申请。但是，在卷宗里阿里的中间名被写作“马塞卢斯”（Marsellus），而不是“马塞勒斯”（Marcellus），因为在1961年注册征兵的时候，阿里在最早的兵役登记表上把自己的名字写错了。[7]

阿里没有出现在法庭上。昌西·埃斯克里奇代表阿里参加这场法庭辩论，但是法官们对他的观点反应冷淡，后来一位大法官说过他的辩论“令人摸不着头脑”。[8]副总检察长欧文·格里斯沃德代表美国政府参加辩论，他对阿里的反战立场的依据提出质疑。按照格里斯沃德的说法，当阿里宣称自己对越共“没有意见”时，他并不是在说他反对所有的战争，他其实是在说自己只是反对越南战争这一场战争。格里斯沃德指出，如果越共一直在攻击穆斯林，那么阿里就会参战了。另外，当阿里宣称自己不想为一个把他当作二等公民的国家而战时，他并不是在说他是一个和平主义者，他其实只是在发表一个政治声明，他是在说他不想在这个特定的时刻为这个特定的政府而战。

四天后，大法官们以5票对3票（瑟古德·马歇尔弃权）的结果维持原判。约翰·马歇尔·哈伦法官被指派撰写多数大法官的判决意见。通常撰写这种判决意见只是走走过场而已，但是这一次情况有所不同。

哈伦是一位保守派大法官，他认为社会问题应该由立法者——而不是法官——来裁决。此外，哈伦的祖父是肯塔基州白人奴隶主和废奴主义者凯瑟斯·马塞勒斯·克莱的好朋友。在1971年夏天，72岁的哈伦承受着身体上的剧痛，当时他还没有意识到自己将死于脊髓癌。在他准备动笔起草判决意见的时候，他的书记员托马斯·克拉腾梅克主动要求协助他进行研究工作。最高法院大法官们手下的书记员大多都很年轻，并且毕业于美国几所顶级法学院，另外，他们大多都反对越南战争。克拉腾梅克是一个26岁的白人男性，在哥伦比亚大学学习法律期间曾参加过反战游行。在成为最高法院的书记员之前，他就读过了《马尔科姆·X自传》，[9]通过这本书他感受到了马尔科姆和穆罕默德·阿里对自己信仰的宗教所怀有的热情和真诚。阿里旗帜鲜明地反对越战的表现也给他留下了深刻印象，在一次采访中他回忆道："当他说'我对越共没有意见'的时候，他是在跟每一个还没有入伍的美国人说话。我们的国家没有受到威胁，我们的文化没有受到威胁。我们为什么要打仗？"

克拉腾梅克明白大法官们为什么认为阿里的反战态度是基于种族因素和政治因素。在一定程度上，阿里反对战争的确是因为这些因素。但是这位年轻的书记员坚信阿里之所以拒绝参加战争同时也是出于宗教方面的考虑，而且阿里有权因为不止一个理由而拒绝参加战争，只要他对法院认定的具有法律效力的理由——基于自己的宗教信仰反对一切战争——是发自真心的。按照因良心拒服兵役者身份的检验标准，个体应当基于自己的宗教教育和信仰真诚地反对以任何形式参加战争的行为。贵格会教徒和其他形式的和平主义者都符合这个检验标准，但是认为越南战争有悖道德的天主教徒都没有通过检验。正如法院在同时期早些时候判定的那样，真正的和平主义者是不会对战争加以选择的。而阿里之前承认过，如果真主安拉下命令，他就会参加所谓的圣战。这是否意味着他没有资格宣称自己是一名因良心拒服兵役者？

克拉腾梅克不这么认为。他竭力劝说哈兰大法官读一读伊利贾·穆罕默德的《致美国黑人》。在这本书中，伊利贾·穆罕默德将黑人穆斯林组织的圣战描述为一种纯属假想的抽象的东西，就像耶和华见证会所说的世界末日的那场善恶大决战一样不现实。换句话说，伊利贾·穆罕默德的追随者们其实都出于宗教的原因而真心实意地反对一切世俗战争。

哈兰大法官的视力正在日渐衰退，但他还是答应读一读《致美国黑人》。在读过这本书之后，他认为克拉腾梅克的观点是正确的。在6月9日提交给法院的一份备忘录中，哈兰表示自己要改变当初的投票。他还长篇大论地介绍了一番伊斯兰民族组织的教义，并且引用了《致美国黑人》中的一段话："伊斯兰教的主导思想是谋求和平，而不是战争，我们拒绝把自己武装起来就证明了我们想要的是和平。我们认为，我们没有权利与不信仰伊斯兰教、拒绝给予我们公正和平等权利的人并肩作战。我们认为，要想成为和平与正义的典范（这正是真主为我们选择的道路），我们就没有权利与屠杀人民的刽子手携手合作，也没有权利帮助他们屠杀那些不曾对我们行不义之事的人……我们认为，自称正义的穆斯林的我们不应该参加一切夺走人类生命的战争。"[10]

大法官威廉·道格拉斯对此提出了质疑，他指出《古兰经》允许穆斯林参与对不信仰伊斯兰教的人发动的圣战。愿意参加圣战的人凭什么被视为和平主义者？

哈兰倒戈后，最高法院出现了4票对4票的平局。这意味着阿里的判决还是得到维持。阿里还是要进监狱了。但是波特·斯图尔特法官对此感到气恼，他认为阿里被判有罪是出于政治因素的考虑，现在外界会以为是最高法院要把阿里送进监狱，因为他的一些同事担心裁定伊斯兰民族组织的支持者免服兵役可能会引发强烈的政治反应。这样一个没有附上书面意见的决定将会给国防部造成一场公关灾难，并且有可能会让成千上万的美国黑人变成新生的穆斯林。

斯图尔特法官根据法律上的一个技术性问题提出了一套折中方案。按照这套方案，最高法院将可以推翻对阿里的判决，但不会据此设定任何法律先例，也不会在阿里以及伊斯兰民族组织的其他追随者是否真心实意反对所有战争的问题上做出判定。斯图尔特指出，驳回阿里第一次上诉的上诉委员会并没有为其做出的裁决提供任何依据。阿里的上诉被驳回是因为委员会认为他并非反对一切战争吗？委员会是否认定阿里的观点并非基于宗教因素？或者说，委员会怀疑他对宗教信仰并没有那么真心实意？在不清楚阿里的上诉为什么会被驳回的情况下，最高法院无法采取进一步行动，对他的案子进行公正的审理。他们唯一的选择就是推翻原判。

克拉腾梅克说，哈兰把这个决定称作“小东西”，[11]它纠正了一个有失公正的问题，但是没有设定任何法律先例。这是法庭上的每个人都能接受的决定。大法官们一致通过了这项裁决。

1971年6月28日上午9：15，阿里在芝加哥南区接到了这个消息。[12]当时，他开着自己那辆白绿相间的林肯大陆马克3型轿车在外面兜风，半路上他在一家小杂货店停下来买了一杯橙汁，然后就拿着橙汁朝轿车走去。就在这时，店主跑了出来。

他兴奋地告诉阿里：“我刚从收音机里听到，最高法院说你自由了，投票结果是8比0。”[13]此时距离阿里最初拒绝入伍已经过去50个月了，在这段时间里他花掉了25万美元的律师费[14]——如果是全额支付律师费，如果美国全国有色人种协进会和美国公民自由联盟没有向他提供免费的帮助，那么这笔钱就会更高了。杂货店老板抱住阿里，阿里大叫了一声，回到店里，请店里的所有顾客喝了橙汁。

当阿里赶到自己和妻子、孩子们所住的特拉维洛奇湖50号别墅的时候，一群报纸和电视台的记者已经等在那里了。阿里在镜头前表现得很冷静，他说：“我不打算庆祝，我已经向真主做了一次很长的祷告了，这就是我的庆祝方式。”他还说：“赞美真主，他以法鲁·穆罕默德大师形象来到我的身边；感谢真主让我遇见了伊利贾·穆罕默德阁下；感谢最高法院承认了我所接受的宗教教义的真诚。”[15]

阿里正在为7月26日与吉米·埃利斯的比赛进行训练，埃利斯曾经给他当过陪练，也是他在路易斯维尔时的老朋友。他还研究了一下与篮球超级明星威尔特·张伯伦切磋拳击的可能性。张伯伦身高7英尺1英寸（2.16米），体重超过275磅（124.7千克），对阿里来说，他会是一个有趣的对手。这场比赛从未举行过，其中一个原因或许就在于和张伯伦一起拍摄宣传照的时候，每当假装出拳时阿里总是会忍不住喊上一声“倒啦！”[①][16]

阿里说自己打算再打上三四场比赛就选择退役。只要击败弗雷泽、夺回拳王头衔，他就退出拳坛，回到伊斯兰民族组织，去当一名牧师，在妻子和孩子的陪伴下度过余生。他和贝琳达想再要7个孩子，其中至少有5个是男孩。他说：“除非退出体育界，否则我就不能再代表穆斯林了。我和伊利贾·穆罕默德阁下谈过了，他对我说：‘如果拳击就存在于你的血液中，那就把它剔除掉。’”[17]

阿里的身体已经告诉他，拳击不是一个理想的长期选择。自从打完和弗雷泽的那场比赛后，他至少长胖了10磅（4.5千克）。他意识到，在麦迪逊广场花园挨了那场暴打以来，自己一直没有充足的精力接受训练。他说，在被逐出拳击界之前，他每天都要跑上五六英里，然后才去健身房跟陪练对打一会儿，跳跳绳，打打沙袋。现在，跑上两英里，他就得小睡一会儿。是年龄的问题吗？是因为他有三年半时间没有打拳了吗？还是因为他的脑袋挨了太多的拳，认知功能已经受到损伤了？真正的原因很难说清，但是无论是在拳击场上还是在场下，阿里都跟以前不一样了，他自己也知道这一点。“以前，我每一分钟都在跳腾，往左跳，往右跳，总是动来动去，不停地打出几拳。现在，你再也看不到这种场面了。我还有一年的时间，就这样。我可以再打上8年，但到最后我就会变得很差劲。我现在都能被别人打得鼻青脸肿了。被击倒的情况也多了起来。”[18]

一名记者问阿里是否会起诉那些夺走他三年半职业生涯的人，要求他们补偿他的损失。“不会。他们那么做只是因为当时他们认为那么做是对的。而我也只是选择了我认为正确的做法。仅此而已。”他回答道。[19]

阿里打败了美国。在阿里到访康奈尔大学的时候，黑人学生唐纳德·里弗斯与他短暂地谋过面，在里弗斯的眼中，阿里就是一切——一位黑王子，美国黑人口中那只头脑聪明的布尔兔，打败了巨人歌利亚的大

① 伐木工在树木倒下时示警的呼喊声。

卫王，一个拒绝隐形的“隐形人”，①一位遭受重创、但是向黑人展示了如何能让自己屹立不倒的拳击手。对里弗斯和其他人而言，阿里很特别，他并没有领导着某个组织，他只是作为一个个体存在着，但是这个个体似乎处于时代的许多核心文化问题的核心位置。阿里在使用技巧——而不是武力——来打败对手，他拒绝按照当权派制定的规则行事，他蔑视唯物主义，他用一副狡黠的笑容和强烈的幽默感面对生活。在里弗斯的眼中，阿里是一个了不起的榜样，在他的启发下，这位大学生写下了一篇文章，然后将文章交给了《纽约时报》。他在文章中写道：“每一次阿里获胜，我都将其视作是黑人的胜利。作为一个黑人，他必须是最伟大的。他必须一遍又一遍地说：我是最伟大的，因为白人可能会忘记……阿里坚持让别人看到他，听到他，认识他，他也坚持要求自己对自己有清楚的认识。他已经超越了白人体制强加给黑人的一切限制——当然，现在他们正试图把他送进监狱。”[20]

阿里在拳击场外的影响力超过了以往任何时候。他冒着断送职业生涯的危险与联邦政府对抗，结果他赢得了胜利。但是，当记者问他将如何运用自己如此巨大的影响力时，阿里回答道：“我不认为我已经成了一种象征或者是一股力量。我拥护的是……我所信仰的东西。有些人可以说这是一种美国信仰，有些人认为它对这个国家不利的，是不好的。对于它，个体只能想怎么认为，就怎么认为。至于我对黑人运动的人权问题的看法，我们又回到了同样的答案上。要知道，这取决于个人。出于宗教原因，我努力实践着我自己的信仰。但是，我真的希望它能鼓励黑人做他们认为正确的事情，帮助自己的同胞走上通往自由和平等的道路。不过，很高兴知道自己所做的一切能够帮助别人也去做好事。我想对黑人说：好极了！继续用力。如果你们能继续尊重彼此，让年轻人接受教育，让他们走出去、自己做自己的事情。我希望所有的黑人都能读一读《穆罕默德之声》这份报纸……要是你接受不了报纸上的解释、智慧和知识，那就去穆罕默德的

① 语出美国黑人作家拉尔夫·埃里森的长篇小说《隐形人》。

伊斯兰清真寺。这就是我看到的，这就是我相信的，要是你爱我，那你就会喜欢我的老师。”[21]这番话，往好了说是含糊其词，往坏了说就是胡言乱语。

在最高法院做出裁决之后，阿里没有在大学校园里公开发表反战言论，也没有在伊斯兰民族组织的清真寺里发表讲话，按照伊利贾·穆罕默德的法令，他仍然没有得到伊斯兰民族组织的接纳。在最高法院做出裁决之后，他很少在种族问题和政治问题上发表意见，这种表现极其不同寻常。他令人们觉得重新成为拳击手才是最令他开心的事情。现在，距离与埃利斯的比赛只剩下4个星期的时间了，他还有很多工作要做，还有很多体重要减。

6月25日，阿里在俄亥俄州的代顿打了一场7回合的表演赛，其中几个回合跟他对战的是来自密尔沃基的年轻拳击手埃迪·布鲁克。在奥运会上担任过拳击裁判的罗利·施瓦茨观看了这场比较温和的比赛，据他所述，布鲁克斯的出拳很凌厉，一记记拳都“命中要害”，[22]比赛结束时，阿里已经筋疲力尽了，当他说起自己很快就会退役的事情时，人们完全有理由相信他是认真的。“再过一年，我就完蛋了。我太老了，干不了这行了。”他说。[23]

阿里希望自己陪练伤害他。他相信痛苦是备战训练中的一个重要组成部分，吃墨西哥青椒能让人增强对辛辣食物的耐受力，同样的，人也能这样培养脑部和躯干的抗击打能力。在整个职业生涯的对打训练中经受的打击对拳击手的影响是无法计算的，但是有时候——甚至是在短期内——阿里的这种策略显然会出现适得其反的效果。在7月的一场对打训练中，布鲁克斯击中了阿里的下巴，结果阿里就像在和弗雷泽的那场比赛中一样令人震惊地突然倒了下去，平躺在地上。根据媒体的一些报道，就在这次训练的过程中，阿里又两次被布鲁克斯打倒在地，这表明在第一次被击倒的时候阿里可能遭受了脑震荡。在另一次对打训练中，欧洲的重量级拳王乔·巴格纳不停地用迅猛的左刺拳击打着阿里，而阿里的两只脚牢牢地钉在地上，看上去好像没有能力——或者是没有兴趣——躲开对方的拳头。

要想躲开巴格纳的刺拳，阿里就需要具备他已经不再具备的那种快速反应能力和拳击技术。[24]

在距离比赛只剩一个星期的时候，阿里还在抱怨自己腰上的赘肉，还在说着放弃拳击的事情。他说自己正在考虑接受南非一家大公司的邀请，在那个种族分裂的国家进行一系列演讲。他还说，对于为一家白人公司打工、在南非进行巡回演讲的事情，他丝毫没有道德上的顾虑："我什么都不会做。我只是去跟黑人群体、白人群体、融合群体，以及各种各样的群体聊一聊。也许他们会喜欢我们（黑人穆斯林）有关种族分离的观点。"[25]

对于和吉米·埃利斯的这场比赛，阿里用不着担心自己糟糕的状态，真正值得他担心的事情是他将在没有安吉洛·邓迪陪伴的情况下打完这场比赛。邓迪既是阿里的教练，也是埃利斯的教练，但是他觉得自己对埃利斯负有更大的责任，毕竟他还是后者的经纪人。

埃利斯的比赛记录是30胜6负，14次击倒对手获胜，被他击败的拳击手包括弗洛伊德·帕特森、杰里·科瑞和奥斯卡·波纳维纳。邓迪认为埃利斯完全有可能击败阿里，只要他能攻击阿里的躯干部位，并且躲开他的刺拳。[26]

然而，事情的发展和邓迪希望看到的有所出入。在和埃利斯的比赛中，阿里表现得很懒散。他体重超标，行动迟缓，但是他比对手重了30磅（13.6千克），而且体格也强壮得多。他用高质量的刺拳阻挡住了埃利斯的进攻，因此后者无法像乔·弗雷泽那样逼近到他的跟前。阿里和埃利斯从小就是朋友，他们两个人经历过了数百次的对打练习，现在他们就像业余选手一样厮杀着。阿里一副自在和自信的样子，用拇指蹭蹭鼻子，垂下两只手，绕着拳击场蹦来蹦去，挑逗埃利斯攻击他。尽管如此，他还是任由比赛几乎打满了最后一个回合。第十二回合也就是最后一回合刚一开场，阿里就发动了拳击迷们期待已久的全力进攻。直到这时，裁判才终止了比赛。

比赛结束后，阿里没有为自己乏善可陈的表现道歉，"我可不会为了这场比赛毁掉自己，我现在正在进行训练、准备迎战弗雷泽呐。"他说。[27]

如果阿里的确在备战自己和弗雷泽的比赛，那么他的训练过程可以说就不太理想了。从对战埃利斯的这场比赛开始，他在27个月的时间里打了13场比赛，每60天左右打一场，这个成绩相当惊人。在同一段时间里，弗雷泽只打了4场比赛，就连怀才不遇的杰里·科瑞也没有那么频繁地参加比赛。

阿里根本没有必要在27个月里打13场比赛，那么他为什么还要这么做呢？他为什么要忍受拳坛最强悍的一些重量级选手长达139回合的暴打，另外还有数千回合的对打练习？他为什么要在这13场比赛中挨上1800拳？他究竟是怎么想的？这样的日程安排是否意味着他不屑于接受严格的训练？他觉得有必要证明自己？只有通过一连串的比赛他才能保持锐气？他需要钱？他需要经常参加比赛，以此来证明他有资格再次争夺拳王的头衔？还是说，他遇到了更糟糕的问题——脑部损伤对他的判断力造成了影响？他对严格的训练失去兴趣跟头部受到太多打击导致思维迟钝的问题有关系吗？

当时效力于阿里团队的医生费迪·帕切科说，在1971年阿里和弗雷泽的那场比赛之后，他就发现阿里出现了永久性脑损伤的迹象。他说，在那场比赛结束后他就建议阿里退役。[28]

阿里为什么就是不听呢？

“没有什么药能治得了发横财这种病。根本无药可救。”帕切科说。[29]

近年来，科学家在识别患者出现脑损伤迹象方面，尤其是在那些头部受到反复打击的运动员身上，已经取得了很大的进展，但是谁都无法确切地说出脑损伤什么时候就会对一个人产生影响。当一个人接近30岁的时候，他的脑组织的弹性就会逐渐减弱，随着时间的推移，随着颅骨受到的每一次冲击，脑组织就越来越容易受到永久性的损伤。拳击运动员尤其容易出现这样的损伤。毕竟，拳击的关键就在于给对手造成脑震荡，击倒对方，使其不省人事。如果有人尝试着改革拳击运动，使其变成一种能够保证拳击运动员安全的运动，那么拳击运动很可能就不复存在了。比起其他运动员，拳击运动员的脑部受到的打击要多得多，而且在脑部受到破坏性打击后，他们的伤势不太能得到正确的评估。在足球比赛中，如果一名球员因为遭受脑震荡或者需要接受脑震荡检查而被换下，那么就会有另一名球员接替他的位置。比赛会继续进行下去。在拳击比赛中，如果一个拳击手不能继续比赛，那么比赛就结束了，观众也就回家了。在拳击比赛中，摆脱大脑创伤造成的影响、继续坚持比赛的能力被视作拳击运动员力量和勇气的证明。在被弗雷泽的左勾拳击倒后，阿里一下子就从地上爬了起来，拳击迷、记者和作家无不对他的坚韧和钢铁般的脊梁骨表示钦佩。没有人站出来建议他做一次脑震荡检查。人们都在忙着欢呼。角落里的那些人都在怂恿他继续打下去。即使在比赛结束之后，也没有人检查一下他是否遭受了脑震荡。

1928年，一位美国医生首次使用了“重击晕眩”这种说法来描述出现认知功能障碍的拳击运动员，他们的症状包括失忆、攻击性、思维错乱、抑郁、说话含糊不清，以及最终出现的痴呆症状。自那时起，研究人员就一直对拳击运动有可能造成的长期危害开展研究。今天，“重击晕眩”被称为“慢性创伤性脑病变（CTE）”，这是一种由反复多次创伤引起的、并且逐步形成的退行性脑部疾病。科学家们现在明白了，即使是很小的震荡，只要重复出现，也会给患者造成永久性损伤。研究人员研究了脑部损伤对橄榄球运动员的影响，现在美国国家橄榄球联盟已经采取了一定的措施，从而提高了比赛的安全性。拳击运动员的头部承受的击打远远超过了橄榄球运动员，而且拳击运动员还不戴头盔来减轻这种伤害。对于一名日程紧张的拳击手来说，在每一年的拳击比赛中他的头部可能会受到一千多次击打，另外在对打练习过程中还要挨上数千次击打。在10年的职业生涯中，一名拳击手的头部可能会遭受数万次击打。可是，拳击界却没有相关政策供人们判断拳击运动员什么时候就算走到了职业生涯的尽头。监管这项运动的是各州的拳击委员会。一名拳击手如果在这个州拿不到拳击执照，他要做的就只是去另一个州碰碰运气。我们根本没有国家级或者国际性的管理机构来为这项运动制定规则、承担责任。

脑部遭受的大量击打是否给阿里带来了麻烦？事实很有可能是这样的。早在他进入后来被称为职业生涯中最伟大的一个阶段的时候，他就已经出现了这种迹象，而这些线索原本应该引起人们的警觉。大约从1971年开始，每当阿里开口说话的时候，这些迹象就已经表现得很明显了。

说话这种行为并不像看上去那么简单。大脑中负责说话和语言的神经元回路协同工作，形成信息，再将信息转化为从肺到喉咙、舌头和嘴唇的一百多块肌肉的运动，然后让这些复杂的肌肉运动产生声波。这个过程远比打出一记刺拳和躲闪对方的拳头难得多，所以口齿不清通常都是我们判断中度到重度神经损伤或疾病的一个首要指标。这就是为什么酒鬼、中风患者，以及神经系统疾病——例如，帕金森病和卢·格里克病（肌萎缩性脊髓侧索硬化症）——患者大多都会出现口齿不清的症状。大脑发送给身体的信号受到了十分严重的损伤，所以无法顺利完成工作。1967年，阿里的语速是每秒4.07个音节，接近健康成年人的平均语速。但是，亚利桑那州立大学的语言学家在2017年发表的一项研究表明，1971年他的语速已经下降到了每秒3.8个音节，而且在后来的职业生涯中他的语速一直在年复一年地稳步下降。这项研究对阿里的说话能力进行了检查，研究人员评估了他的几十份电视访谈录音，分析了他的声音在一段时期里的变化。在25岁到40岁的这个阶段里，正常成年人的语速几乎甚至根本不会出现下降的趋势，而阿里的语速却下降了26%以上。他的语言表述能力也出现了明显下降。

这个傲慢的拳击手慢慢地变得安静起来，让他闭上嘴巴的并不是政府，也不是批评家们，而是他自己。

阿里总是说自己绝对不会像许多老拳手那样结束自己的拳击生涯——流着口水，语无伦次，记忆模糊，各种症状就如同荣誉陈列柜里的阴影一样展示着他们挨过的那些拳头给他们余生造成的影响。

那些拳击手不曾预见到这一天的到来，阿里也是如此。

与埃利斯的那场比赛结束114天后，阿里又和巴斯特·马西斯打了一场。在太空巨蛋体育场举行的这场比赛的门票销售进展缓慢，阿里也想不出任何关于马西斯的坏话来激发外界对这场比赛的兴趣。他的表演越来越老套了，他的诗也不再令人感到新鲜了。他对霍华德·科塞尔的调侃给人一种经过精心准备但是很俗套的印象。他的自我吹嘘也不再令人感到震惊。他仍然懂得如何取悦别人，但是他再也不会激起别人的怒火，也不会令人感到惊讶了。

公关人员鲍勃·古德曼向阿里抱怨说他们需要一些能够吸引外界注意的素材，阿里一下子兴奋起来。他告诉古德曼："我想出来了！你们可以绑架我！安排我住在森林里的小木屋里。我就在那里训练。谁都不知道。你们可以在比赛的前几天找到我！"[30]古德曼附和道，这是个好主意，只是在一名参赛者失踪的情况下人们可能就不会购买比赛门票了。阿里和马西斯打了12个回合，最终裁判一致判定阿里获胜，到场观看这场比赛的观众只有21000人。

这场比赛结束39天后，阿里与约克·布林交手，在打到第七回合的时候阿里击倒布林获胜。又过了97天之后，他和麦克·福斯特交战15个回合，在整场比赛中后者一直被压制得毫无获胜的希望。30天后，阿里第二次与乔治·丘瓦罗交手，也又一次击败了他。57天后，他用7个回合就干掉了杰里·科瑞，并且在后者的身上留下了一道道伤口。22天后，他将"蓝人"阿尔文·刘易斯暴打了一顿，最终在第十一回合将其击败。又过了63天之后，他迈着轻快的步伐与弗洛伊德·帕特森纠缠了几个回合，最终一拳打裂了弗洛伊德的眼睛，比赛就这样结束了，这也是帕特森职业生涯的最后一场比赛。62天后，他用8个回合击败了鲍勃·福斯特。（福斯特在比赛中打出一连串凌厉的刺拳，还针对跟阿里对战的难度问题说出了一句经典名言——"他永远都是同时出现在几个地方！"[31]）

85天之后，即1973年的情人节这一天，阿里将乔·巴格纳暴打了一顿，但是没能将其击倒，最终他靠着裁判的一致判定赢得了这场血腥的胜利。

在做这一切的时候，阿里显得那么轻松，那么真实。沉重的刺拳，流畅的步法，惊人的力量，在展现这一切的时候他表现得十分自信和优雅，他就像是在说："抱歉了，伙计，可我是阿里啊。"

阿里一直在不停地四处走动，尽可能地享受着快活的日子。他早上训练，晚上看电视，喜欢女人们源源不断地来到他的身边。他会和邦迪尼开玩笑，也会像小时候捉弄父母那样将邓迪捉弄一番：在旅馆房间的百叶窗上系上一根绳子，把绳子一直拉到门外；躲在壁橱里，用床单裹住脑袋，然后从壁橱里蹿出来。[32]在拳击界的朋友们面前，他有时候完全就是当年那个小孩子。

在与巴格纳的那场比赛之后，阿里的战绩变成了40胜1负。他有必要打这些比赛吗？答案或许是否定的。但是，这些比赛多多少少的确帮助他恢复了拳击手应该具备的状态。显然，他还没有做好放弃运动生涯的准备。

阿里当然还有其他选择。华纳兄弟电影公司给他开出了25万美元外加一定比例收入提成的条件，邀请他主演《天堂可以等待》一片。这部影片是对1941年上映的《太虚道人》的翻拍，故事讲述的是一名拳击手的灵魂早早地被一个极度焦虑的天使移出了他的身体，然后又在一个刚刚被谋杀的百万富翁的身体里复活了。阿里拒绝了这个邀请，于是导演沃伦·比蒂亲自上阵担任影片的主演，他还把这个角色改成了一名橄榄球运动员。影片于1978年上映，票房成绩非常理想，并且获得了评论界的一片赞誉。如果阿里当初接受了这个角色，如果他的表演受到了好评，那么很难说他的职业道路会不会有所改变。但是目前，他仍然是一名拳击手。好莱坞为他提供了一种可能性，但是拳击则是万无一失的，而且这一行的钱实在太可观了，令人无法抗拒。不幸的是，阿里也付出了代价。即使在上述10场相对轻松的比赛中，他也挨了1200多拳。

在一定程度上，阿里的问题在于出拳力量不足，无法在比赛中速战速决，即使在中等水平的比赛中也是如此。在与阿里的比赛中，鲍勃·福斯特7次被击倒在地，但是在比赛结束后，他对阿里的力量表现得很不屑。他说过，当乔·弗雷泽击中他的时候，他“看到了好多鸟，还有各种颜色，知道吗？他们说我爬起来了，可我不记得了”[33]。阿里的情况不是这样。即使在轻松获胜的比赛中，他也很少能把对手打得晕头转向。“他并没有把那些家伙打得不省人事。妈的，那些家伙只是累了。他们都快没油了，体力越来越弱……你知道的，他把我放倒了六七次，可是从来没有打伤过我……阿里自己清楚他从来没有打伤过我！”福斯特说。

第三十六章

花招

“从来都不是钱的问题。也永远都是钱的问题。”[1]

这是鲍勃·埃勒姆最喜欢的一句口头禅，这句话的真实性也从未让这位推广人失望过。拳击手们会说自己喜欢打拳击，自己这么打拳是为了获得比赛过程中的刺激感，为了复仇，为了证明自己的技能，为了在名人堂中赢得一席之地。这些拳击手还会说，到了该放下手套的时候，他们就会毫不犹豫地放下——实际上，他们只会一次又一次地犹豫不决，无法抗拒金钱的诱惑。在与弗雷泽交手后，阿里的下巴肿了起来，当时他宣布自己准备退役。再打上两三场比赛就退役，最终以自己和弗雷泽的重赛为职业生涯画上句号，就是这样。好好过日子，就这么办！

然后，他就在24个月的时间里打了10场比赛，其中大部分比赛都是埃勒姆安排的。阿里依然热切地表示自己打算再和弗雷泽较量较量，但他似乎不像以前那么急于安排这场比赛了，毕竟打败约克·布林和乔·巴格纳之类的对手就能让他进账数百万美元。

“乔·弗雷泽可千万别出事啊。”阿里一边说，一边击败了一个又一个战绩平平的“番茄罐”。[2]

他承认钱很重要。“现在开始攒钱还不晚。打一场比赛我可以赚到10万块钱，买一个8000块钱的东西，别的事情再花上24000块钱，百元票子一下子就没了。每个月，过日子就得花掉1万块钱。我不能再这样下去了。”他说。[3]

阿里名下的资产包括两辆“劳斯莱斯”，几辆“凯迪拉克”，新泽西州的一处房产，他父母在路易斯维尔的一处房产。为阿里提供全方位服务，并且负责处理他许多日常商业交易的吉恩·吉洛伊介绍阿里认识了毕马威国际会计师事务所的会计师，后者告诉阿里通过扣除更多的业务支出他就可以省下一大笔税款。[4]了解了这一点后，阿里在宾夕法尼亚州的鹿湖买下了一块6英亩（2.4公顷）的土地，那里距离雷丁北部有大约25英里（40千米）的距离。阿里把这块地清理干净，开始建造起一座座小木屋。这将成为一处新的训练中心，在这里他可以躲开纽约和迈阿密的喧嚣，还有那些妓女，独自一人备战即将到来的那场比赛。他说，他计划建造足够20个人居住的小木屋，这样他的陪练、厨师、妻子和孩子、朋友，以及他的随行人员就总是能找到地方睡觉了。对阿里来说，孤独只是一个相对的概念。

阿里说过这座训练营也能帮他省钱，因为他再也用不着花钱去健身房训练了，也用不着住酒店了。阿里还想到了其他一些削减开支的点子，在接受《纽约时报》采访时他告诉记者："我要叫我的妻子自己做衣服。她没必要这么做，但我会逼着她这么做。"[5]他说自己的目标就是把75%的收入存入银行，直到存够100万美元。他估计，截至当时他通过从事拳击运动已经赚到了大约700万美元（税前）的收入。他和贝琳达现在有四个孩子：玛丽姆，双胞胎贾米拉和拉希达，还有一个四个月大的男孩，他们为他取名"小穆罕默德"。四个孩子大部分时间都和贝琳达的父母一起住在芝加哥郊区的一个工人聚居区里。

提起那段基本上和祖父母一起度过的岁月时，贾米拉说："这很正常。正因为如此，我的祖母才承担起了这个责任，她希望我们能拥有一个正常的童年。"贾米拉说，父亲来看望他们的日子就像过节。几个孩子都会穿上自己最漂亮的衣服，邻居们来按门铃，他们都想见一见阿里、拿到他的亲笔签名。赫伯特·穆罕默德和其他人也会顺道来坐一坐。等阿里离开后，他们就又恢复了正常的生活。[6]

阿里说他想多跟孩子们见见面："我不太回家，他们也不太了解我。"他告诉记者，他和贝琳达计划不久后就卖掉他们在新泽西州的房子，搬到芝加哥去。[7]

阿里喜欢和自己的孩子一起玩耍，但是他对父亲这个角色所要承担的日常工作不感兴趣，也没有兴趣为孩子们制定规则、监督他们遵守规定。

他说，家长承担的某些责任完全属于女性。有一天，《体育画报》的摄影师尼尔·莱费尔拜访阿里，他问阿里是否可以拍一张给儿子换尿布的照片。于是，阿里砰的一声把小穆罕默德放到床上，在他的腰里裹上了一片尿布，但是他完全不清楚应该怎么使用安全别针。而小穆罕默德是他的第四个孩子。照片拍完了，“贝琳达，过来把这个裹好。”他说。[8]

阿里说，作为一个父亲，他的任务就是帮助孩子认识到教育的重要性，赚够钱让全家人过上舒适的生活。“我可不希望有人窃窃私语：‘瞧那个女招待，那是穆罕默德·阿里的女儿。’一想到这种事情，你就会觉得很可怜……不过，这种事情是不会发生的。我会成为第一个这样的黑人——当你看着我的时候，你会说：‘这是个聪明、富有的人，他有房产、营地、生意，银行里还有200万的存款。’”[9]

阿里依然等待着和弗雷泽的较量，但是还没有人宣布这场比赛的具体日期。与此同时，他继续给自己安排一场又一场的比赛，不过这些对手都不是顶尖的拳击手。他说，接下来的一场比赛将在南非举行，那里有人向他提供了一份丰厚的报酬。在南非举行拳击赛的计划并没有实现，但是阿里的声明还是激怒了一名黑人记者。这名记者问道，阿里为什么要支持一个囚禁纳尔逊·曼德拉、迫使黑人生活在残酷种族隔离制度下的政府？

阿里回答道：“因为那里的黑人兄弟还没有见过我。”[10]

阿里在商业方面的选择大多都是赫伯特·穆罕默德和鲍勃·埃勒姆决定的，不过，在阿里备战和弗雷泽的重赛的过程中，他们在为阿里选择对手的时候还是会征求阿里本人和安吉洛·邓迪的意见。然而，就在1972年的夏天，一个新的人物进入了阿里的生活，此人甚至试图取代埃勒姆，成为阿里的推广人。

唐·金是克利夫兰的一名皮条客，他身材高大（大约6英尺3英寸高，即1.9米；体重有240磅，即109千克），大话连篇。他曾告诉一名记者：“我超越了世俗的界限。我总是能让自己感到惊奇，直到现在我都没有看到自己的极限。我都准备接受自己的能力是有限度的这个事实了，可是每当我产生这种感觉时，砰的一声，上帝碰了一下我，结果我就做出了一件更加令人惊叹的事情。”[11]难怪他和阿里那么投缘。唐·金的做派就像黑人版的阿尔·卡彭（芝加哥黑帮头目），他留着大大的爆炸头，身上戴着许多闪闪发光的珠宝首饰，口袋里揣满了现金。作家杰克·纽菲尔德称他是“街头的马基雅维利，贫民区的爱因斯坦”，他“打扮得像一个皮条客，说起话来像一个走街串巷的福音派传教士，思考问题的时候又像一个象棋大师”。[12]《体育画报》的小马克·克拉姆说过，他是“一颗五十克拉的钻石，既有着耀眼的粗俗气息，也充满了原始的能量，这是一个想要吞下山川、在海上漫步、在云端睡觉的人”。[13]在涉足拳击界之前，唐·金经营着一家非法的赌场。为了让生意尽可能顺利一些，他一边贿赂着警察和政客，一边出卖着竞争对手。据说，在1960年代后期，他每天能赚到15000美元，[14]这些钱大部分都来自克利夫兰贫穷的黑人男女，他们都指望着在他用非法手段操控的数字游戏中大捞一笔。

1966年4月的一天，唐·金走进克利夫兰的曼哈顿踢踏舞厅，曾经在他的手下做事的萨姆·加勒特就坐在酒吧里。加勒特还欠着唐·金600美元，唐·金想要回这笔钱。[15]两个人吵着吵着就动起手来，渐渐地打斗升级了，加勒特来到酒吧外的人行道上，唐·金不停地用脚踹着身材比他矮小的加勒特的脑袋。到最后，加勒特的耳朵里流出了血，颧骨上留下了唐·金的脚印。

后来，加勒特死了。陪审团判定唐·金犯有二级谋杀罪，应当被判处终身监禁。然而，审理此案的法官却将定罪降为过失杀人，这一举动令检察官感到困惑，也促使人们怀疑法官有可能接受了贿赂。唐·金在服了三年十一个月的刑期后就出狱了，再后来就又得到了赦免。出狱几年后，唐·金安排穆罕默德·阿里参加了这名法官的竞选宣传活动，还拍摄了一则支持他连任的广播商业广告。

1971年，就在唐·金出狱的第一天，他的朋友劳埃德·普赖斯赶来看望他。普赖斯是一位传奇性的歌手和歌曲作家，凭借《天呐，克劳迪小姐》《杀手李》和《个性》等歌曲出名。唐·金和普赖斯谈起他获得自由后的打算，他说自己对拳击生意很感兴趣，因为这一行能为他提供一个合法的赚钱渠道，他问普赖斯能否安排一个机会，把他介绍给阿里。[16]普赖斯跟阿里很熟，在阿里十几岁的时候他们两个人就认识了，当时阿里经常在路易斯维尔西区的几家音乐俱乐部周围闲逛，从那时起他们就一直是朋友。

普赖斯首先安排唐·金与赫伯特·穆罕默德聊了聊。[17]唐·金告诉赫伯特，他想带着阿里去克利夫兰打一场表演赛，举办这场比赛是为了给一个濒临破产的黑人社区的一家医院筹集资金。

即使在电话里，唐·金也充满了自然的力量。他用震耳欲聋的力气嚷嚷着，笑声就是他的感叹号。他又是咆哮，又是拼命地吹牛，而且一聊起来就没个完，到最后他往往都能得到称心如意的结果。如果没能得到自己想要的结果，他就会跪下来，一边哭喊着，一边用拳头砸着地，就像一个三岁大的孩子发脾气一样。在坐牢的那段日子里，他从图书馆借阅了大量的书，大段大段地背下了莎士比亚的文章，说话时能随心所欲地引用上几句。不过，他最喜欢的表达方式还是诅咒，而他最喜欢的一句诅咒无疑就是'混蛋'以及类似的形容词"混账"。他曾经说过："我们是黑人，我们一无所有。我们没有昂贵的衣服，没有大房子，也没有豪华假期。我们很穷。我们唯一拥有的就是一个词。唯一属于我们的发明也是一个词。这个词就是'混蛋！'没有人能从我们的手中夺走它。这是我们的词语。这是一个黑色的词语。这是我们的遗产……我们应该站在大楼的楼顶，大声喊出我们的这个词——混蛋！"[18]

唐·金想从赫伯特·穆罕默德那里得到的是阿里。他说阿里必须去克利夫兰。阿里必须拯救这家黑人医院。阿里必须去克利夫兰，否则那些贫穷的黑人就会死去，那些黑人医生就会失去这份混账的工作！赫伯特·穆罕默德答应了他的请求。1972年8月28日，阿里前往克利夫兰参加了一场10个回合的慈善表演赛。后来，《拳击画报》报道称，唐·金从这场慈善活动的收入中拿走了3万美元，医院方面只得到了1.3万美元。[19]几年后，这家医院也关门了。不过，站在唐·金的角度来看，这场表演赛非常成功，正是通过这场比赛，他与阿里和赫伯特·穆罕默德建立了工作关系。

唐·金对拳击运动知之甚少，但他是一个很厉害的推销员。他能把任何东西推销出去，甚至可以像他一贯喜欢吹嘘的那样，把冰箱卖给因纽特人。

[20]把穆罕默德·阿里推销出去很容易。任何人都能把穆罕默德·阿里推销出去，但是唐·金打算以前所未有的方式把穆罕默德·阿里推销出去。这笔买卖将会做得很光荣。令人惊叹。令人兴奋。会让唐·金成为拳击界的国王。

和阿里第一次见面时，唐·金带着一个男式钱包出现在阿里面前。阿里的朋友雷吉·巴雷特目睹了那次会面，在几年后的一次采访中他告诉记者，唐·金的那个钱包里装了22.5万美元现金。[21]那次见面后没过多久，阿里去了唐·金在克利夫兰的家，专程拜访了这位推销商。唐·金的家里摆着更多的现金，大部分都散放在梳妆台的抽屉里。

提到阿里第一次去他家做客时的情景，唐·金说："那会我有很多现金，所以我就一把拉开了抽屉。"[22]

看到这么多绿票子，阿里一下子瞪大了眼睛，唐·金问他熟不熟悉酒吧、拱廊和游乐中心里常见的那种抓娃娃机，玩家控制一只金属爪子，把爪子伸进下面的一堆玩具中，然后抓住奖品，一次抓一把。他告诉阿里，他也可以把手伸进抽屉一次——只能一次，而且只能用一只手，就像爪子一样手指朝下——只要是他能抓住并且拿出来的钱，就都归他。

阿里挽起袖子，把手指伸得展展的。

唐·金笑着说："只要是能抓起来的，就都归他。你明白我的意思吗？你不能像那样去铲，你必须抓起来，拿出来……但是，我知道人文主义的心理要素……贪婪！你明白我的意思吗？你会抓得太多，结果它们就会掉下来，簌，簌，簌，簌，簌。"想起这段往事，唐·金哈哈大笑了起来。如果阿里不慌不忙地去抓的话，他就会把抽屉仔仔细细地观察一番，看一看被扎成一大卷一大卷的大面额钞票放在哪里，然后干净利索地把那些钱抓起来。但是，唐·金觉得阿里会过于兴奋和心急，手也会变得很笨，他的判断没有错。在他们交往的最初几年里，每次拜访唐·金的时候，阿里都会玩这个游戏。每一次这位拳击手都很努力，也很心急，手也很笨。"有一次，他抓到了35000块钱，还有几次抓到了25000块钱。"唐·金越说笑得越起劲。"你明白我的意思吗？要是他能停下来、观察一下，找一找1万美元（被扎成一卷、1万美元的现金），他抓到的钱就会多得多了。但是，这一切带给人的兴奋……这才是令我感到刺激的地方。他总是想抓那么多，结果全都失去了。这就给你上了一课。要有耐心，要客观，走出去，拥有一切。能拥有多少就拥有多少。所以说，这才是令我感到刺激的地方。”

令唐·金感到刺激的是，他发现了阿里身上脆弱的地方。贪婪是一种恐惧，恐惧是一种弱点，而唐·金则是一位擅于利于别人弱点的大师。

“阿里，他什么都想要。你遇到了五六个左右的女孩，或者就两个女孩吧。就这样，你要了一个，我要了一个。不！阿里两个都想要。他的胃口根本填不满。你又无法剥夺他的这种胃口。”唐·金说。[23]

在炫耀大把钞票的时候，唐·金不仅仅利用了阿里的贪婪，他还向与他做生意的这些黑人男性发出了一条信息：他了解他们，他知道在1970年代美国黑人的成功看上去和白人的成功是不一样的，他也清楚黑人仍然担心一旦自己发了财或者拥有了太大的权力，白人男性就会把这一切统统拿走。但是，现金！现金是很难被拿走的！你可以把现金抓在手里，可以点一点，可以放起来，可以藏起来，也可以花掉，不需要得到任何人的批准。

“现金就是王道，王道就是现金。一直都是这样。跟人性打交道。跟那些受压迫的人、那些处于弱势地位的人、那些被剥夺了权利的人、那些不习惯和我打交道的人打交道，你就有机可乘，因为白人黑人都是一样的，票子永远在那里，很显眼。对于那些认为你会要什么花招的人……如果给他们支票，你就得一直等到他们去兑现的时候……但是，如果你给他们的是现金，那么立即就会见效，他们是没法终止付款的。你明白我的意思吗？他们可以给你一张200万美元的支票，你明白我的意思吗？在你赶到银行之前，他们完全可以终止付款。也没有任何证据能证明他们做过的事情。如果他们给你的是现金，他们是没法收回去的。”唐·金说。[24]

唐·金与黑人拳击手之间的交往是那些白人拳击运动推广人无法企及的。他会提醒手下的拳击手们，他和他们的处境一样艰难。和他们一样，他也遭受着一个旨在征服黑人的白人权力机构的欺骗和虐待。但是，尽管存在着种族主义，尽管存在着监狱，尽管白人建立起了一个制度来打倒他、阻挠他，但他还是像他反复提醒他们的那样，通过他那套“黑即是美”的布道以及对财富的炫耀拼命地追求着财富和名气。

“他们找不到另一个黑人捍卫他们。”唐·金说，他指的是那些雇他当推广人的那些拳击手。“他们来找我是因为我会成为这样的救世主，我能理解并容忍他们的轻率和不忠，因为我的共鸣来自黑人受到的奴役……我来到这里，作为一个人来面对他们。黑人的成功令他们无法接受……这就是为什么他们必须击倒穆罕默德·阿里，为什么必须击倒我。”[25]

尽管唐·金头脑聪明，非常有说服力，手头还有大把的钞票，但是要想跟阿里做生意，他仍然要得到伊利贾·穆罕默德的祝福，所以他约了伊利贾在芝加哥见面。当时，阿里仍然处于正式脱离伊斯兰民族组织的状态，但他依然遵守着伊斯兰教的教义教规，也依然相信伊利贾·穆罕默德是真正的先知。在这次会面的过程中，伊利贾试图说服唐·金加入伊斯兰民族组织。在多年后的一次采访中，唐·金说当时他对这个想法持开放态度。他对伊利贾拥有的这个伊斯兰教品牌表示出了热情，他还说如果不是因为一个大问题，他应该会考虑加入这个组织，“我本来可以成为一名穆斯林，可我就是不能不吃猪肉。”他还说，实际上他当时还试图说服伊利贾放弃伊斯兰民族组织有关猪肉的禁令。[26]

伊利贾拒绝了他的建议，但是他并没有气馁。他跟伊利贾谈起了把穆罕默德·阿里身边重要职位都交给黑人的重要性。现在已经有一个黑人准备挺身而出了，而且这个人会做得更好，那么为什么还要让鲍勃·埃勒姆继续帮助这位拳王推广比赛呢？他问道。

这个思路很正确。伊利贾对唐·金送上了祝福。

在与阿里比赛后，由于重度高血压和肾挫伤，乔·弗雷泽住进医院，三个星期后才康复。[27]出院后，他过了10个月远离拳击的生活，然后和特里·丹尼尔斯打了一场比赛，结果轻松战胜了后者。在这场比赛之后，他又休息了4个月。弗雷泽之所以不太频繁地参加比赛是因为他不愿意冒着失去冠军头衔的风险，同时也是因为阿里给他造成的伤害。他的陪练员和团队成员都看得出他已经开始走下坡路了，他的身上少了一种他曾经拥有的难以形容的特质。在和阿里交手之前，驱使弗雷泽成为全世界最凶狠拳击手的是饥饿和愤怒，而不是他的体格和力量。但是现在，一部分饥饿和愤怒消失了——被粉碎了，被摧毁了，或者只是被胜利带来的满足感驱散了。谁都不知道他是否还能把这些东西找回来，即使能找回来，又是什么时候呢。

1973年1月22日，在牙买加的金斯敦，弗雷泽与1968年奥运会的重量级冠军乔治·福尔曼打了一场比赛。在和阿里的那场比赛之后，弗雷泽一直没有和一流的对手打过比赛，直到福尔曼。不过，福尔曼或许也可以说是弗雷泽所能选择的最糟糕的一位对手。他没有自己的拳击风格，打不出五花八门的拳法，速度也不够快。他拥有的只有力量，非常强大的力量。福尔曼曾经是一个混迹于街头的混混，性格阴郁，离群索居，他的一记重拳足以把犀牛打昏。他就是一个没有个性的桑尼·利斯顿。作为职业选手，福尔曼已经和37个对手较量过了，所有人都成了他的手下败将，其中34场比赛都是击倒获胜。乔·弗雷泽喜欢蹂躏自己的身体、和对手近身缠斗，一想到这样的对手，福尔曼就兴奋不已。“他一上来，我就知道该去哪找他了。”福尔曼说。[28]

媒体喜欢将福尔曼描述成一个具有反社会人格的人，这主要是因为他打拳的时候下手太狠了。事实上，福尔曼是一个性格单纯、讨人喜欢的人。在1968年奥运会上打完那场为他赢得金牌的比赛后，他拿着一面小小的美国国旗，在拳击台上挥舞了起来，这个举动让他声名远扬，一些人认为他的这个举动反驳了所谓黑人好战的说法。福尔曼自称是“战斗部队医务兵”，因为他曾为林登·约翰逊总统主持的扶贫工程“就业团”效力过。不过，对于在奥运会上挥舞国旗的行为，福尔曼表示自己并没有涉足政治的打算：“我只是拿出了旗子。人们看到它就鼓起了掌，所以我就挥了挥。我不觉得这是抗议或者反抗议的举动。我只是做了当时想做的事情。我对政治和各种运动都不感兴趣。我花了那么多时间努力让自己成为一个优秀的拳击手，我成为知识分子的可能性几乎为零。”在与弗雷泽的比赛中，福尔曼赚到了37.5万美元，当被问及对这件事情有什么看法时，他说：“非常好。但是，钱是最不重要的。它来了又走了。自豪感，责任，还有与朋友们的交往，这些东西都不会消失。任何一种运动都存在着很多的利害关系，不光只是钱的问题。如果只为了钱打拳，那你就会被彻底击倒，浑身是血。我不想成为这种运动的代言人。”[29]

在与弗雷泽的比赛中，乔治·福尔曼没有被击倒，也没有浑身是血。挨打的一方是弗雷泽。福尔曼将这位拳王羞辱了一番，在4分半钟多一点的时间里把他击倒了6次。

“我被打中了，又打中了，又打中了。”弗雷泽说，他总结这场比赛时比他在比赛中表现得更机敏。[30]在这场比赛中，他唯一的成就其实就是不停地从地上爬起来。

唐·金作为乔·弗雷泽邀请的嘉宾观看了这场比赛，然而，当福尔曼把弗雷泽追得满场跑的时候，他小心翼翼地朝福尔曼的角落挪了过去。在比赛结束时，他爬上拳击台，和胜利者拥抱在了一起。[31]当福尔曼坐着豪华轿车离开体育馆的时候，唐·金就坐在他的身旁。后来，唐·金多次提起过这件事情，这样的表现跟忠诚二字完全不沾边，但至少足以说明他在商业方面的能力——“我是和拳王一起来的，也是和拳王一起离开的！”[32]

当唐·金洋洋得意的时候，阿里却感到了悲哀。打败弗雷泽的应该是阿里。下一个重量级拳王应该是阿里。现在，他的救赎之路变得复杂起来。要想证明自己的确是有史以来最伟大的拳击手，他不仅需要击败弗雷泽，而且还得击败福尔曼。尽管如此，他还是设法看到了这件事情积极的一面：如果说弗雷泽会如此轻易地被打败，那就证明弗雷泽当初击败他完全是凭着侥幸，甚至有可能是裁判们的失误导致的。下一次，他就会轻轻松松地打败乔。福尔曼也不是他的对手。

“我的价值不仅限于拳击——我是最伟大的人。”阿里说。[33]

不过，在证明自己比弗雷泽和福尔曼更伟大之前，阿里先得跟另一位拳击手打一场比赛。比赛定于1973年3月31日在圣地亚哥体育馆举行，对手看上去没有什么威胁性。此人曾经当过乔·弗雷泽的陪练，在力量和耐力方面还算过得去，但是没有什么令人惊叹的技术，他的名字叫肯·诺顿。

邦迪尼·布朗曾经将拳击比作性爱，他说：“你得硬起来，把这个状态保持下去。你得小心一点，不要软下来，当心不要射出来。”[34]

但是，面对诺顿，阿里“硬”不起来。他想要的是乔·弗雷泽，是乔治·福尔曼。而诺顿呢？诺顿最近一次参加的比赛只有700名观众，他得到的报酬只有300美元。[35]诺顿和阿里不是一个场子的人，霍华德·科塞尔就是这么说的，当拉斯维加斯的赌博公司说阿里是获胜热门、为他开出5比1的赔率时也是这么说的。[36]阿里自己也是这样认为的。诺顿是个喜欢速战速决、轻松拿钱型的拳击手。拳赛推广人试图将这场比赛渲染成一场逃避兵役者和前海军陆战队员之间的战斗，即使这样也还是无法激起人们的兴奋。

现在，美国已经变得平和了。越南战争还是艰难地进行，抗议运动也是如此。黑豹党的创始人之一，曾经十分激进的鲍比·西尔也变得温和了，甚至宣布将竞选奥克兰市长。理查德·尼克松以压倒性优势赢得总统大选，获得连任。就连伊利贾·穆罕默德也不再将白人称为“蓝眼睛的魔鬼”了，而是开始强调黑人社会自我进步的重要性。但是，一个个激进组织还在继续进行抗议活动。联邦调查局报告称，在1971年和1972年的18个月里，美国发生了2500多起爆炸事件，平均每天将近5起。[37]不过，很少有人在爆炸事件中丧生，而且爆炸事件的数量之多使得人们对此失去了兴趣。正如作家布莱恩·伯勒在书中写道的那样：“炸弹发挥的作用基本上只是让新闻稿出现激增。”[38]

与此同时，阿里在种族和政治方面的表现乏善可陈，他只是告诉人们他没有在总统选举中投票。实际上，他从未在任何选举中投过票，无论是地方选举还是全国大选。而诺顿又拒绝批评阿里的反战立场，他说自己尊重这个人，因为他捍卫了自己的信仰。诺顿和阿里这场比赛之前的准备过程就像教堂里的宾果游戏比赛一样充满了戏剧性。由于外界对这场比赛反应平平，所以推广人决定通过美国广播公司现场直播这场比赛，而不是通过闭路电视进行转播，这将是6年来阿里参加的第一场通过电视网播出的比赛。

在比赛当周，阿里在尝试革新高尔夫运动的时候扭伤了脚踝。[39]阿里没有打高尔夫的爱好，但是他提出如果人们一边跑一边击球，而不是站在球座跟前扭着屁股，那么这种运动就会变得更有趣一些，球也会被打得更远一些。为了展示自己的技术，阿里扭伤了脚踝，而且伤势很重。在这个星期剩下的时间里，他都没有再跑步。直到比赛当天，他的脚踝仍然很脆弱。不过，他觉得这不是问题。他觉得自己用一条腿就能打败诺顿。

在比赛的前一天晚上，阿里参加了一场聚会，在距离比赛还有两个小时的时候，他还跟两个妓女在床上厮混。[40]他们把梳妆台上的镜子挪到床的旁边，这样他们就可以看着自己了。为了躲开贝琳达的视线，阿里用了雷吉·巴雷特在勒巴伦酒店的房间。一个小时过去了，巴雷特敲响了门，他告诉阿里比赛马上就要开始了。

“哦，该死！我得洗个澡。”阿里说。[41]

诺顿身材高大，体格魁梧，身上没有一丝多余的赘肉，双肩膀就像红杉树的枝干一样从脖子那里伸展开。他的身体正处于一生中最好的阶段，再加上极度的自信，他整个人可以说艳惊四座。他的相貌或许赶不上阿里，但是他的身材肯定胜过了阿里。“那天晚上，我都能打败哥斯拉。我对自己就是这么自信。在那种状态下，我可以轻轻松松地打上五十回合。”诺顿说。[42]

诺顿还有另一个优势——睿智的教练埃迪·富奇守在他的角落里。大多数拳击专家都觉得诺顿不是阿里的对手，但是富奇认为阿里的拳击风格存在着根本性的缺陷，而诺顿的风格会让这些缺陷暴露出来。直到你的耳朵流血，教练才会告诉你，拳击不仅仅是男人之间的对抗，它也是不同风格之间的对抗，就像福尔曼和弗雷泽在不久前让人们看到的那样。富奇知道阿里的速度已经不像以前那么快了，他知道阿里几乎完全依赖于刺拳，根本不愿大力出拳给对手造成致命性的打击。他知道阿里在出拳后不会继续举着拳头。他知道阿里不会下潜躲闪对手的拳头，也不会挡住对方的拳头，他只会后退。[43]富奇告诉诺顿，阿里出一记刺拳，你就还一记刺拳，他预测只要诺顿打出刺拳，阿里必定会后撤。他说，当阿里后撤的时候，诺顿就用刺拳把他逼到围绳上，攻击他的肋部，直到把他的腰子打疼，等阿里打累了，就把他结果了。

在比赛当晚，当阿里走过体育馆、向拳击台走去的时候，他看上十分自在。邦迪尼·布朗、安吉洛·邓迪和唐·金陪在他的身边，唐·金穿着一件亮闪闪的银色无尾礼服，脖子上系着相配的领结，看上去活像一个穿着宇航服的皮条客。阿里钻过围绳，他的动作有些缓慢，但是很流畅，他的身上裹着一条紫色绸缎衬里的长袍，袍子上还点缀着宝石，这是埃尔维斯·普雷斯利（“猫王”）送给他的礼物。袍子背面横贯着用人造钻石拼成的字样：人民的选择。当阿里脱掉袍子后，一层松垮的赘肉从他的胸脯和肚子上轻轻地坠了下来。他的体重是221磅（100.2千克）。

铃声响了，诺顿听从了教练的指示。正如富奇预料的那样，阿里刚一开始向后退去，他就出起了刺拳，紧接着就逼上前去。在第一回合中，阿里每打出一记刺拳，诺顿就会有两记刺拳命中目标。到了第三回合，阿里偶尔展现出过去的风采。他没有后退，而是绕着拳击台蹦跶起来，跟诺顿拉开距离，轻巧地打出一记刺拳，然后迅速离开对方的射程，他的表现让崇拜者们重新燃起了希望，他们赶来就是为了欣赏这位轻松击败桑尼·利斯顿、远胜于克利夫兰·威廉姆斯的非凡拳击手。然而，这一幕只是昙花一现。在第四回合中，阿里不仅脚底下不再动弹，而且还停止了出拳，他看上去已经很疲惫了。

为美国广播公司播报比赛的霍华德·科塞尔就坐在拳击台边，他用挑剔的口吻对阿里杂乱无章的表现批评了一通：“过去的那个拳击手难道已经彻底成了过去时吗？”科塞尔问道。[44]全国的电视观众都在问着同样的问题。阿里失去了自己的优势吗？他只能打到这种水平吗？还是说，他完全能够轻松取胜，他随时都可以按下“伟大”的按钮，干掉诺顿？科塞尔不满足于一味地用反问语气质问阿里了。他转向阿里的角落，在节目转播过程中冲着安吉洛·邓迪叫嚷起来。

科塞尔说话时带着布鲁克林口音，元音憋在鼻腔后部，辅音以令人意想不到的力度和速度从嘴里喷涌而出。这种声音会令听众想起一个不会吹小号的人手中的小号。同阿里一样，科塞尔也认为自己是最伟大的，而且他也很能扰乱别人的心情。包括安吉洛·邓迪——就在此时此刻！

“安吉！你的拳手是怎么回事？”他说。[45]

邓迪冲着科塞尔喊起来，他说阿里没事。这位教练说，你看着，诺顿现在随时都有可能累倒，到时候阿里就控制住局面了。

然而，诺顿没有累倒，阿里也没有控制住局面。在第六回合中，阿里右手的第二个关节受伤了。到了第八回合，他几乎不用右手了，脚底下也几乎不再蹦跶了。最不寻常的是，他也不再吭声了。他没有调侃诺顿。就在这时，科塞尔注意到阿里的嘴巴动得很奇怪，好像他的下巴出了什么问题。科塞尔再次转向阿里的角落，这一次正在直播的他冲着费迪·帕切科医生喊道：阿里的嘴巴出了什么问题吗？[46]

“没有。”帕切科回答道，他的声音大得足以让电视上的观众听到。“我觉得是他的一颗牙齿松了，不过没有骨折，什么都没断，没什么事，你知道的……他现在没什么问题，他打得很好，霍华德。”[47]

科塞尔并没有问是否什么部位被打断了。帕切科紧张不安的谎言暴露了真相：阿里的下巴被诺顿打断了，可能早在第一回合的时候就被打断了。

诺顿不停地出着刺拳，把阿里逼到围绳上。阿里一度抓住诺顿的脖子，试图抱住他，然而诺顿一把抱住阿里，把他从地上抱起来，然后迅速地丢开了他，这个举动似乎是在说：我比你强壮！我比你年轻！我会打败你！

到了第十一回合，阿里被诺顿打得已经站不稳了。一把把椅子摩擦着地板。观众们纷纷站起来，跺着脚，拍着手，尖叫着。在第十二回合也是最后一回合，诺顿击倒了阿里，从他的表现上看，他似乎毫不担心对手会进行反击。血从阿里的嘴里涌了出来。

宣布比赛结束的铃声响起了，阿里回到自己的角落。他揉着一边高一边低的下巴，脸上的神情那么严肃，就好像他正在解一道他解不出来的数学题。他整理了一下头发，每次比赛结束后他都会这么做，即使刚刚跟人厮打完——即使他在厮打中表现得差劲——他也还是想让自己显得上镜一些。

拳击台上的播音员宣布诺顿获胜。阿里向对手表示了祝贺，然后便默默地离去了。

比赛结束后，阿里去了克莱蒙特综合医院，接受了下颌修复手术。贝琳达也去了医院，但她不是去看望丈夫的。她是坐着警方的救护车去医院的，因为在比赛结束后她发了疯。她太愤怒了，对丈夫在拳击场上的表现，对那些妓女，对她直到几十年后都不愿提及的隐藏在这段婚姻中的私密之事愤怒极了，当圣地亚哥的警察走过来试图安抚她的时候，她攻击了他们。[48]

提起那段往事，她骄傲地说："我把三个警察打得进了医院。邦迪尼说，'我们就应该派她上场！'"[49]

比赛结束后，场面变得十分混乱，一名记者趁乱问邓迪是否认为这次失利将标志着阿里的职业生涯结束了。

"我认为你就是个混蛋。"邓迪说。[50]

其实，这并不是一个愚蠢的问题。阿里已经31岁了，对拳击手来说，持久工作不是一种常态，也不是他们的福气。洛基·马西安诺在32岁那一年退休了，乔·路易斯也是在34岁的时候选择了退休——至少最初是这样。阿里从12岁起就开始用一种依赖于速度的方式打拳，现在他的速度仍然足以让他有能力与全世界最优秀的重量级拳击手一争高下，但是却不足以让他躲开对手的出拳、避免受伤。他尝试了12次，有两次都输了。更令人心烦的是，他团队里的一些人认为在1971年和弗雷泽那场打满15个回合的比赛中，他被对方伤得太重了，直到现在他都没有彻底恢复过来。[51]

另外，他的下巴也是问题。帕切科说过，拳击手下颌骨折就跟钢琴家手部骨折一样严重。[52]这个类比并不十分贴切。对钢琴家来说，手是用来完成弹奏琴键这项精确工作；对拳击手来说，下巴承担的是抵挡对手的重拳这种粗重的工作，就像汽车的保险杠一样。不过，对于伤势的严重性，帕切科的判断是正确的。在和弗雷泽的那场比赛中，阿里的下巴高高地肿了起来，现在这下巴被打断了。认为这样的伤势会迫使一名拳击手考虑退休并非毫无道理。

也许，正如报纸专栏作家李·温弗瑞在文章中所写，阿里逐渐失去了自己的拳击能力，同时也失去了自己的重要性。这是尼克松的时代，而不是摩羯座人的时代，温弗瑞写道。这个素来喜欢夸夸其谈的拳击手一路走来，不断地给人们带来欢乐，为拳击这项枯燥暴力的运动赋予了一丝活力。他真的震撼了整个世界。他让人们思考，令他们愤怒，迫使他们对一名年轻黑人运动员的所言所行产生了新的想象。然而，这一切都已经过去了。在温弗瑞看来，现在阿里已经过了自己的全盛时期，成20上世纪60年代的一件遗物，"他和恰比·切克（美国早期摇滚明星）没有什么区别。人们再也不想跟着他的音乐跳舞了。"这位专栏作家写道。[53]

第三部分

第三十七章
战斗到底

阿里把自己的灰色“劳斯莱斯”停在了距离纽约罗斯福酒店正门几英尺的地方，他叫一个朋友看着车，免得被开罚单。[1]然后，他下了车，沐浴在温暖的阳光中，接着便走进了酒店。他和肯·诺顿将在这家酒店举行一场联合记者招待会，宣布他们打算于9月10日在加利福尼亚州英格尔伍德的广场体育馆重赛一场的消息。在举行新闻发布会的酒店房间里，记者和摄影师聚集一堂，但是阿里没有走到前面去，而是悄悄地坐在后面的一个座位上，等着记者们过来采访他。当然，记者们的确围了过来。

阿里试图表现出一副谦卑的样子。他表演得非常到位，一名记者说凭借在《教父》中的表演获得奥斯卡奖的马龙·白兰度刚刚拒绝接受的那项大奖完全应该颁发给阿里。

“这是我这辈子最棒的经历。”这个面目一新、据说十分谦逊的阿里说，他指的是诺顿在上一场比赛中将他暴打了一顿。[2]

阿里的嘴里还有一些下颌修复手术留下的金属丝，医生说他会康复的，但是他说输给诺顿、受了重伤这件事情迫使他重新评估自己的生活，让他放慢了脚步，切断电话，花更多的时间陪着自己的孩子。

“我需要这个。”阿里说。他揉着自己的下巴，看着诺顿，说：“非常感谢你。”[3]

穿着一件很正式的衬衫的阿里发誓说，从现在开始他再也不会像以前那么傲慢了，他会刻苦训练、备战下一场比赛。他说，如果再次输给诺顿，就没有人会关心他和弗雷泽或者福尔曼交手的比赛了。那样一来，诺顿将成为拳王争霸赛的二号种子选手，其次才是他。

“输掉那场战斗正是我所需要的，这场失利让我变得谦卑了。我要去宾夕法尼亚州鹿湖的森林里去，在我自己的营地里训练，等到比赛前几天才去洛杉矶，住在别人家里，再也不住酒店了，再也没有那些事情了。一切都结束了。不再胡闹了。”[4]

如果说下颌骨折给阿里带来了什么益处的话，那就是，在整整四个半月的时间里，他的头部没有挨过一拳，在8月中旬之前，他一直在刻苦训练，让自己的身体保持着良好的状态。直到距离比赛还剩三个星期的时候，阿里才任由陪练放开手脚给他对打了几次。然后，他向记者们透露了一个好消息——他的下颌没事。他说，此外还有一个令人鼓舞的迹象，他的体重已经减到211磅（95.7千克），比上一场比赛时减轻了10磅（4.5千克）。

年纪越大，阿里就越难让注意力达到拳王的水平。在鹿湖期间，他每天凌晨4：30醒来，敲响一座重达800磅（363千克）的教堂钟，这是他从当地一个古董商那里买来的。钟声就是在告诉营地里的每一个人：他起得很早，训练很刻苦。阿里给这座营地里塞满了古董，他希望这里看上去很粗犷。当贝琳达来看望他的时候，他们俩就会坐在一辆古老的木制马车里，望着天空，搜寻着伊利贾·穆罕默德在布道中提到的那艘“母舰”。[5]

阿里还雇了一个人将一些巨大的石块搬到营地里，他的父亲在石块上写上了几位已经退役的杰出拳击手的名字，最先写上去的就是乔·路易斯和洛基·马西安诺的名字。

阿里的这座营地一点也不豪华，只有一些金属折叠椅、木头摇椅、胶合板桌子和朴素的木地板，健身馆的墙上装饰着有关阿里的照片和杂志封面，房间里还有很多镜子。在阿里不训练的时候，木屋餐厅就成了活动中心，所有人都围坐在长桌子四周，吃饭、聊天、讲笑话。营地的厨房里有两个炉灶，一个双缸水槽，两台冰箱，一张切菜的案台和两台咖啡机。阿里的父亲还在门对面的墙上写了一段告示：

厨房守则：

1.未经厨师明确许可，**禁止入内**。

2.洗碗机、锅刷、削皮刀和刮刀的使用均由厨师指定，**任何时候厨师**

都具有最高权威。

3.任何人都不得发表面包片糊了、粥太稀、大蒜炖菜太硬之类的意见。

4.炖菜里放什么与任何人无关。

5.如果你一定要把指头伸进什么东西里，那就伸进垃圾过滤器吧。

6.不要挑剔咖啡，你自己早晚也会变老变弱。

7.任何人都不得在没有提前通知的情况下擅自带客人来营地吃饭，否则你的脑壳将遭到锐器重击。

8.等一下，罗马不是一天就被烧毁的，烤肉也需要一段时间才能烧焦。

9.如果你一定要在这个厨房里骂娘，那就骂厨师吧！

10.这是我的厨房，如果你不相信，那你就是在挑事。

营地没有大门，大部分房间的门也都没有锁，客人们想来就来，想走就走。谁都可以接近阿里。提起那段往事，拳击公关鲍勃·古德曼说："这个营地就像是一扇旋转门，名流艺人、想当拳击手的人、想成为大人物的人进进出出。"[6]这正是阿里喜欢这个营地的原因。每当结交到新朋友，他都会邀请他们去营地工作。每当营地里出现新面孔，常客们都会问："他是干什么的？"阿里关心这个问题。他觉得这些新员工要么会发挥作用，要么就会在感到无聊时离开这里。

对此感到愤怒的安吉洛·邓迪则说："每个跟穆罕默德握手的人，他们是他的经理，他们是他的经纪人……他们可以为你做任何事。"[7]

又一次，阿里估算过，在一场常规比赛之前为期6周的准备阶段，他为随从们支付了大约20万美元，其中包括给邓迪的5万美元，给拉哈曼的5000美元，给吉恩·吉洛伊的1万美元，诸如此类。[8]在阿里的这些跟班中，没有多少人扮演着清晰的角色，而吉洛伊正是这少数几个人之一。阿里一行外出时他负责安排一切；每当电话铃响起，接电话的也是他，哪些打来电话的人值得阿里花时间接待也由他决定。当马龙·白兰度或者泰德·肯尼迪想要跟拳王见面时，吉洛伊就安排他们的会面。当阿里看到一则电视新闻报道说，一个犹太养老院将要因为无力支付房租而关门时，吉洛伊打了几个电话，安排阿里悄悄地去了一趟养老院，并负责筹措了老人们所需的资金。承担明确分工的还有帕特·帕特森，他曾经在芝加哥当过警察，现在负责阿里的安保工作；承担安保工作的还有绰号“鲜血”的沃尔特·杨布拉德，他后来改名为瓦利·穆罕默德。当过记者的劳埃德·威尔斯会安排女性参观营地，以便阿里和其他人寻欢作乐。[9]C.B.阿特金斯既是司机，又是顾问。拉娜·沙巴兹负责做饭，她会给大家端上羊腿、牛排和豆子馅饼，还有甜品——一碗碗堆尖的冰淇淋。邦迪尼又吃又喝，但他还负责激励大家，以及为大家取乐。霍华德·宾厄姆和洛厄尔·赖利抓拍下了一张张照片。拉尔夫·桑顿负责停车和扫地。布克·约翰逊在厨房里打下手。路易斯·萨里亚既是按摩师，又兼任着阿里的运动导师，监督这位拳击手完成了一个又一个钟头的仰卧起坐和下蹲练习。

贝琳达和孩子们也会来鹿湖，不过通常他们都不会待太长时间。阿里的父母经常来。拉哈曼是营地里的支柱，也是阿里最好的陪练。而安吉洛·邓迪只有在比赛日期临近、阿里开始认真训练的时候才会来营地。

冲突是不可避免的，打斗也并不少见。这群鱼龙混杂的人之所以能够凝聚在一起完全只是因为阿里的缘故，他的开心能感染所有人，赫伯特·穆罕默德曾经说过：“这些人对阿里来说就像一个小镇，而他就是治安官、法官、市长和财务主管。”[10]无聊的时候，阿里会提议大家去一趟儿童医院，或者在拥挤的酒店大厅里溜达溜达，他知道在那里他会被人们认出来。有时候，他会翻开电话簿，随机拨通几个号码，看一看陌生人接到穆罕默德·阿里的电话会有什么反应。有一次，吉洛伊的母亲心脏病发作，阿里给医院打去电话，和护士们聊了聊，他说他希望吉洛伊夫人得到尽可能妥善的治疗。提起那件事情，吉洛伊说：“当时，她们对待她的架势就好像她是示巴女王似的。”[11]在吉洛伊夫人康复后，阿里去了一趟宾夕法尼亚州巴克斯县的医院，向那些照顾过她的人表示了感谢。

赫伯特请来为《穆罕默德之声》拍照的摄影师洛厄尔·赖利说：“我们都很喜欢阿里。我们没有什么不满的地方。我觉得我们所有人就是想跟阿里待在一起，因为他就是这样的人……我们甚至都不知道自己能拿到多少报酬。比赛结束后，赫伯特和阿里就坐下来，然后你就会拿到一张支票。我们没有什么合同。”[12]

然而，阿里失去了小圈子里一个比较有趣的人物。1973年夏天，梅杰·考克森和妻子在新泽西的家中被人以处决的方式杀死了，有传言称这起凶杀事件是费城的黑手党干的。不过，即使少了考克森，阿里的训练营地也依然充满了狂欢节的气氛，记者们川流不息，阿里都懒得打听其中大部分人的姓名。一些自称是经理和经纪人的人也找到了赚外快的诀窍，有一个人就曾告诉记者采访阿里需要花费50美元，当然此人把钱装进了自己的腰包里。[13]还有一次，阿里的一个跟班介绍阿里认识了一个戴着道奇队帽子、坐在轮椅上的黑人，这名双腿被截肢的男子自称是曾经效力于道奇队的罗伊·坎帕内拉，现在急需用钱。其实，营地里的每个人——包括阿里在内——都知道这个人不是真正的坎帕内拉。

尽管如此，阿里还是掏出了一卷钞票给那个人。

后来，安吉洛问阿里为什么要把钱给一个显然是骗子的人。

阿里回答说："安，咱们可都有腿。"[14]

尽管鹿湖的营地存在各种干扰因素，阿里还是刻苦备战自己和诺顿的比赛。邓迪告诉外界，这位拳击手现在达到了一生中的最佳状态。[15]

阿里不再装出一副谦逊的模样，他对邓迪的这番话表示了认同："我就是全世界的一道风景。"

他还说："诺顿没有机会，我一整晚都会蹦个不停！哦，伙计，我会没有脂肪的，没有一丁点脂肪，现在的体重足以让我蹦起来了。来吧，一起来参加穆罕默德·阿里的舞会吧。"[16]

在这场比赛的第一回合中，当阿里从拳击台的一头朝诺顿走过去的时候，邦迪尼大喊起来："你是条带种的汉子。"[17]

诺顿走上前来，右手架在下颌旁边，左手在身体前方摇摆着。阿里也保持着同样的姿势，但是他的两只手明显放得比诺顿的低一些。当第一拳打出来的时候，两个人的左脚只有几英寸的距离，诺顿先打出了一记短促的左拳，随即阿里用右手也打出了一记短拳。

拳击台四周响起了呼喊声和急促的呼吸声。

阿里就像赛前宣称的那样蹦跶起来，在比赛刚一开始的时候，阿里的这种表现足以让观众兴奋起来。这才是他们花钱想要看到的阿里，即使场上还没有一记记重拳落在两位拳击手的身上，也没有出现血流如注的景象。

从诺顿的反应看，阿里的拳头似乎没有给他造成伤害，似乎只要有反击的机会，他就会欣然面对阿里的刺拳。他的确是这样做的。

到了第五回合，阿里稍稍放慢了速度。他仍然踮着脚尖，仍然在不停地移动，但是诺顿的进攻变得更加轻松了。这一回合打到最后的时候，诺顿逼到阿里跟前，始终没有后撤，他一拳接一拳地攻击着阿里的腹部。

这一回合结束后，诺顿喊了一句："我欠你的！"

在第六回合中，两个人的一记记重拳都命中了目标，诺顿右眼下方肿胀起来。诺顿的信心有些起伏不定了。第七回合，诺顿用气势汹汹的出拳逼得阿里绕着场子躲来躲去。第八回合，他继续发动着进攻，一记上勾拳让阿里痛苦——或者是震惊——得瞪大了眼睛。第九回合，两个人都打出了整场比赛中最大力的出拳，他们近距离地向对方开炮。电视播音员们兴奋地喊叫，观众也在喊叫，他们想要看到更多这样的表演。

比赛进入第十二回合，也是最后一回合，直到现在两个人仍然难以分出高下。他们都已经精疲力竭了，都受了伤。除非出现击倒的情况，否则谁胜谁负就只能由场边的裁判来判定了。

阿里又蹦跳着出场了，毫无疑问，他试图让裁判们看到他仍然精力充沛，仍然很强壮，即使他的真实情况并非如此。他率先打出了这一回合中几记精彩的出拳，他不停地出拳。拳头如大雨一样落在了诺顿的身上，诺顿被拳头淹没了，他已经没有能力思考了，也没有能力反击。这第十二回合是对意志的一场考验，阿里赢了。铃声响起，在过多的肾上腺素作用下——或是对自己没能早一点控制住场上形势感到愤怒——阿里大步流星走到自己的角落，朝着邦迪尼·布朗胡乱地打了一记重拳。然后，他靠在紧索器上，静静地等待着裁判们对他的命运做出判决。

很快，消息就传来了：阿里以分歧判定获得胜利。

他没有露出洋洋得意的神情。也没有在拳击台上跳来跳去，宣称自己是"最伟大的拳击手"。他只露出了一个严肃的笑容，然后说出了自己的心里话。

他站在拳台中央，说：“我比以往更累了。”他停顿了一下，然后又说了一句，“是年龄的问题。”再过4个月，他就32岁了。

在击败诺顿的四个半月后，阿里得到了第二次对战乔·弗雷泽的机会。这不是一场拳王争霸赛，再加上弗雷泽之前受到了乔治·福尔曼的重创，所以这场比赛缺少了他们第一次交手时的那种戏剧性。即使如此，这场比赛的获胜者将有机会迎战福尔曼、夺回拳王头衔。此外，弗雷泽毫无疑问地点燃了火花，促使阿里暴露出了一些最本质的品质。

阿里总是喜欢嘲弄对手。有趣的是，比起白人对手，他对黑人对手的骚扰往往更严重。面对白人对手，他往往都只是调侃一番，有时甚至会称赞后者拥有聪慧的头脑和坚韧的品质。也许对和白人选手的比赛，他觉得自己用不着那么卖力地兜售门票。然而，面对黑人对手，他偶尔会表现出真正的愤怒。正如白人至上主义者长期以来所做的那样，他试图将自己面对的黑人对手描述为非人类的怪物。他将桑尼·利斯顿称为“丑陋的大狗熊”，将弗洛伊德·帕特森称为“兔子”，将厄尼·特雷尔称为“汤姆叔叔”。有人说，他之所以这么做是因为他没有安全感——因为与那些出身较为低微的对手不同，他来自一个相对稳定的家庭和一个相对舒适的社区。考虑到他长期致力于提高黑种人的社会地位，他的这种行为就更令人感觉不正常了。现在，眼看能与弗雷泽二次交手了，他的表现达到了从未有过的恶劣程度。他更放肆地贬低对方，他的攻击变得更加恶毒，更具有人身攻击的性质，这表明他这一次可能真的感到了威胁。

阿里说服自己相信他真的打赢了与弗雷泽的上一场比赛，裁判们的判定是错误的。在重赛之前的一段时间里，他又竭力劝说媒体和拳击迷们相信这一点。他还把自己以前针对弗雷泽发表过的那些不满重新搬了出来，说后者太无知、长得太丑，当不了拳王。在一次又一次的采访中，他不停地说弗雷泽太愚蠢，不配拥有黑人拳击迷的尊敬。面对阿里的指责，其他对手或者置之不理，或者一笑了之，但是弗雷泽做不到。他受到了伤害，他也表现出了这一点。弗雷泽依然采取防守的姿态，称自己是一个亲民的人，并且提醒记者他一直对阿里很好，一直都很喜欢阿里，甚至在阿里被逐出拳坛的时候他还试图提供帮助。

对于阿里来说，对手和敌人这两个概念似乎没有什么区别，而且也从没有人叫他闭上嘴巴。没有人告诉过他他的表现不成熟。在距离比赛还剩下4天的时候，即1974年1月24日，阿里和弗雷泽在纽约的一个电视演播室里见了一面，他们都同意和霍华德·科塞尔一起坐下来观看一次上一场比赛的录像，并对他们的表现点评一番。他们事先都答应不提起各自去医院的事情。阿里仍然对弗雷泽给他的下颌造成伤害的事情很敏感，弗雷泽也还在对阿里吹嘘自己待在医院的时间比他短感到愤怒。

在节目的很长一段时间里，两个男人都表现得相当友好。然而，当比赛回放接近尾声的时候，摄像机在阿里鼓起的下巴上一闪而过，弗雷泽忍不住开火了："这就是他去医院的原因。"

阿里看着弗雷泽，说："我在医院待了十分钟。你可待了一个月。好了，闭嘴吧。"

"那是我在休养。"弗雷泽说。

"我都没打算提起医院的事情……这说明你有多蠢啊，"阿里回敬道，"瞧瞧，这个人多么无知啊？"

弗雷泽从座位上一跃而起，摘下耳机，怒视着阿里。

"小子，你凭什么觉得我很无知？"他说。

阿里的脸上露出淘气的神情。

"坐下，乔。坐下，乔。"他说。

阿里的弟弟走进拍摄现场，准备跟弗雷泽打上一架。

"你也想掺和这件事吗？"弗雷泽向拉哈曼问道。

阿里站了起来，伸出一只胳膊搂住弗雷泽的脖子。弗雷泽猫下腰，试图躲开阿里的胳膊。"坐下，快点啊，乔。"阿里说。弗雷泽把肩膀压在阿里的肚子上，两人一下子滚到了地板上。双方的随行人员蜂拥而入，想要拉开他们。没有人真刀真枪地动手，也没有人受伤。[18]

弗雷泽站起身，走了出去。阿里抻了抻西装，回到了科塞尔旁边的座位上。

后来，阿里和弗雷泽分别被处以5000美元的罚款，因为他们的行为被认为有损拳击运动的尊严。

就在阿里和弗雷泽在电视台里发生争执的4天后，麦迪逊广场花园上演了一场真正的较量。拳击运动和电影存在同样一个问题——续集往往会令人失望。在阿里和弗雷泽的第二场比赛中，两位拳击手的年龄都比以前大了一些，速度也比以前慢了一些，然而，他们的第二次交手却丝毫没有让人们失望。

这一次，阿里没有出怪相。他蹦跶着。他滑动着脚步。在第一回合中，他就接二连三地打出一记记刺拳，彻底压制住了弗雷泽的火力。在第二回合中，他仍然掌控住局势，给弗雷泽制造了不小的麻烦。不过，弗雷泽的运气不算差。就在还剩下10秒钟的时候，裁判托尼·佩雷斯误以为这一回合已经结束，打断了阿里强有力的最后一拳。

在比赛的过程中，阿里一直努力躲开和对手面对面的交锋，也没有靠近围绳。他左躲右闪，不停蹦跶，满场移动，他也没有过于依赖刺拳，而是交替使用了大量勾拳和混合拳。当弗雷泽逼上前来、试图自下而上攻击阿里的腹部时，阿里用左臂抱住弗雷泽的脖子，用右臂抱住弗雷泽的左臂。别的裁判或许会警告阿里不得继续搂抱对手，如果不听从警告，他或许就会被扣分，可是在阿里搂抱弗雷泽的时候佩雷斯往往都会放过阿里。

这场比赛的节奏不如前一场比赛的那么快，阿里和弗雷泽刚刚交手时也没有那么惨烈，但是这场比赛却更加暴力。数百记重拳都命中了目标。5个回合结束后，阿里的速度慢下来了一些，弗雷泽的右眼肿了起来。弗雷泽用强有力的左勾拳不断地击中对手，尤其是在第七和第八回合中，但是阿里一次又一次地抱住弗雷泽，挫败了他的进攻。在第九回合刚刚开场的时候，弗雷泽咧着嘴，笑呵呵地从自己的角落里走出来，催促阿里过来接招，阿里做出了回应。尽管鼻子已经流血，脸也肿了起来，但是阿里依旧欣然享受着这一回合，这是他在这个夜晚打出的最精彩的一个回合。观众高呼着他的名字，他打出了一套套迅猛的组合拳，得了一分又一分。

在最后的三个回合中，两位拳击手保持着激烈的节奏，你来我往毫无保留地出着重拳。比赛激烈地进行，麦迪逊广场花园里观众发出的喧闹声越来越大了。两位拳击手几乎势均力敌，有效击中数几乎是相等的。弗雷泽可能在出拳力量上胜过阿里，但是阿里的脚底下更流畅，看上去比弗雷泽更忙碌。弗雷泽的速度不够快，体格也不够强壮，无法再像三年前那样把阿里压制在围绳一带。

阿里流着鼻血，肿着两只眼睛，而弗雷泽的脸看上去就像一个旧的铝皮垃圾桶，仅仅勉强保持着原本的形状。到了第十二回合，阿里滑动脚步，打出了一套套快如闪电的组合拳。但是，弗雷泽做出反击，好几拳都落在阿里的脑袋上。阿里追着弗雷泽满场跑，邓迪大喊道："干掉他你才能赢！"[19]时间越来越少了。邓迪或许是在刺激自己的拳手，或许是真的相信弗雷泽在点数上占了上风。

全场比赛结束的铃声响起，阿里回到自己的角落。那里聚起一群人，他们的结合看上去有些奇怪：阿里一左一右地晃动着身体，邦迪尼皱着眉头，吉洛伊在四周逡巡，拉哈曼和安吉洛·邓迪看上去就像产房外大厅里即将成为父亲的那些男人一样无助焦虑。拳击台上挤满了摄影师、记者，还有装作也属于这里的拳击迷们。所有人都在等待着。[20]

《纽约时报》的瑞德·史密斯一向对阿里很严厉，他相信弗雷泽获胜了，弗雷泽那咄咄逼人、砰砰作响的出拳比阿里不断后退、蜻蜓点水般的出拳造成的伤害更大。[21]这种想法或许没有错。史密斯还含蓄地表示，阿里之所以打赢了几个回合是因为他是拳王阿里，是拳坛上最耀眼的明星。这种说法或许也没有错。但是，这并不意味着裁判们倾向于阿里是因为他们喜欢他，也不意味着他们希望看到他赢得比赛，因为他的胜负关乎参与这项运动的许多人的经济利益。史密斯的这种偏见可能源于某种更简单、更微妙的因素。阿里只是比其他拳击手更引人注目。他打起拳来太有天分了，令人难以将目光从他的身上移开。

无论裁判们是否心存偏见，他们还是做出了一致判定：阿里获胜。

后来，在自己的更衣室里，阿里张着肿胀的嘴唇舔着冰淇淋。他将弗雷泽夸赞了一番："他两次把我放倒了。"但是，阿里坚持了下来，"因为我有足够的能力摆脱麻烦”，他补充道。[22]

阿里之所以能够打败弗雷泽是因为他在赛前训练得很刻苦，在场上打得很聪明，抱住弗雷泽却能逃脱惩罚，而且他还展现出了一种惊人的能力，在面对几乎可以击倒其他所有人的重拳时让自己屹立不倒。

后来，有人问阿里被弗雷泽的拳头击中时感觉如何，阿里说：“你拿一根硬树枝敲打地板，你会感觉到你的手啵啵啵啵啵地颤动起来。嗯，被咬住就像是你全身猛震了一下，你至少需要10到20秒的时间才能让那种感觉消失。但是，没等那种感觉消失，你就又被击中了，然后那种啵啵啵啵啵的感觉又出现了……你就是麻木了，不知道自己在哪里。不疼，只有那种猛震了一下的感觉。但是，当这种事情发生在我身上的时候，我自然而然地就知道该怎么办，这就像是发生火灾时自动喷水灭火系统会自动启动一样。当我被震了一下的时候，我其实都不太清楚我在哪里、发生了什么，但我总是会告诉自己我要跳起来，跑起来，把我的对手缠住，或者把头压低。在清醒的时候，我会对自己这么说；被咬住的时候，我就会自动这么做了。”[23]

在比赛结束后的几个星期甚至几个月里，记者和拳击迷一直在愤愤不平地争论着裁判的判定是否正确。不过，在每一场势均力敌的体育比赛之后，这样的争论总会持续一段时间。阿里获胜了，有两个事实是毋庸置疑的：第一，尽管阿里和弗雷泽的技术有所下降，但他们仍然都是伟大的斗士；第二，外界已经出现了要求他们再赛一场的强烈呼声。

第三十八章
黑暗之心

这是1974年的情人节，在加利福尼亚州都柏林市（位于旧金山以东35英里，即56千米）一家汽车旅馆的停车场里，乔治·福尔曼一圈一圈地溜达着。唐·金一步一步地跟着他。[1]

福尔曼是世界重量级拳王，但他现在并不开心。他的婚姻破裂了。[2]他不太信任自己的业务经理。[3]面对那些名人和投资策划师，他小心翼翼地保持着警惕，那些人的言谈举止就好像他们都是他刚刚结交的密友似的。他还思念着自己的母亲。对阿里来说，重量级拳王争霸赛就是一场飞毯之旅，充满了刺激、急速转向，还有一次次前往异地他乡的旅程。对福尔曼来说，这却是令人悲伤的经历，给他带来了一种“可怕的空虚感”，他说自己“一天比一天变得卑鄙了”。[4]

眼下，被称为“大乔治”的福尔曼正在备战自己和肯·诺顿的比赛，但是那些投资策划师已经开始给他施压，要他向前看，签订一份跟阿里比赛的协议，他们说这将是体育史上最大、最好的一笔交易。福尔曼不知道自己该相信谁。现在，轮到唐·金向这位拳王表白了。福尔曼在停车场里一圈一圈地溜达着，金就一直跟在他的身边，嘴里滔滔不绝地说着，手里挥舞着一张张白纸。[5]

在汽车旅馆的一个房间里，唐·金的生意伙伴汉克·施瓦兹正望着窗外，他看到这两个人高马大的男人就那样兜着圈子。这正是施瓦兹雇佣唐·金为他的闭路电视广播公司“视频技术”工作的原因，他需要一个能够与拳击手们产生共鸣、获得他们信任的人。但是，此时此刻他想知道的是：金究竟在说些什么？他怎么说了这么长时间？他手里的文件是什么？

后来，唐·金提起过自己和福尔曼的那次谈话。

“乔治，我知道别人都在骗你。但是，我跟你说件事。我要给你一个能赚500万的机会。你可别错过这个机会啊。”他说。

福尔曼不相信唐·金的话。他不相信阿里会和他打比赛。

“我能让他出战。他答应过我的。”唐·金说。[6]

事实上，当时唐·金已经跟阿里和赫伯特·穆罕默德见过面了，他敦促阿里拒绝鲍勃·埃勒姆有关阿里和杰里·科瑞重赛一场的提议。唐·金指出，埃勒姆没有理解阿里的黑人身份，没有意识到阿里重新夺回美国种族主义白人政府从他手中偷走的拳王头衔对全世界有色人种有着怎样的意义。“这不仅仅是又一场比赛。自由。正义。这些正是你夺回拳王头衔能为你的同胞们带来的好处。”他告诉阿里。[7]说完，他才谈起了生意上的事情，他说自己会同意支付给阿里和福尔曼每人500万美元——这个数字高得令人感到荒谬，是阿里和弗雷泽在1971年那场创纪录比赛中拿到的报酬的两倍。为了证明自己是认真的，唐·金说如果阿里能与他在2月15日签订合同，他就会给阿里支付10万美元的预付款，到2月25日再支付10万美元，在3月15日还会给阿里一份230万美元的信用证，剩下250万美元的信用证将在比赛前90天的时候交给阿里。如果他在约定的付款截止日期没能付款，则阿里有权保留他已经支付的钱，并且退出比赛；如果他无法与福尔曼达成类似的协议，这笔交易也将作废，阿里有权保留最初收到的10万美元预付款。[8]

正因为如此，唐·金才会在福尔曼住的汽车旅馆门外苦苦哀求这位拳王。他的话没有错，阿里已经同意参加这场比赛了。但是，他还不知道自己怎样才能搞到一大笔钱来支付两位拳手的酬劳，他和施瓦兹手头的钱甚至都不够给两位拳手支付第一笔10万美元的预付款。不过，这都是以后才需要考虑的问题。

“我会这么宣传。”唐·金对福尔曼说。他停下了脚步，福尔曼也停下了脚步。他指着自己手臂上的皮肤，说：“我是黑人。这是一个机会，一个向所有黑人证明黑人团结起来就可以取得别人不相信我们能取得的成功的大好机会。”[9]

唐·金将手中的几张纸塞到福尔曼面前。在停车场里溜达了两个钟头后，福尔曼终于在纸上签了字。[10]

当天晚些时候，唐·金在汽车旅馆的酒吧里找到施瓦兹，给他看了那几张纸。这几张纸都是空白的，上面只有福尔曼的签名。其中一张的签名位于纸的三分之一处，一张在中间，一张在最下面。唐·金告诉福尔曼，他会在空白处补上所有必要的内容，然后会把文件拿给福尔曼的律师，后者将根据合同的长度决定使用福尔曼的哪一份签名。[11]

最后，唐·金还承诺，福尔曼会比阿里多拿到20万美元。他告诉阿里的正好与此相反——阿里会比福尔曼多拿到20万美元。[12]

尽管有了唐·金的协助，阿里和福尔曼的这场比赛还是无法给美国黑人带来自由和正义。不过，这场比赛仍然算得上是一件大事。在离开拳坛三年半之后，阿里一路反击，打败了仅有的两位曾经打败过他的职业拳击手，赢得了争夺世界重量级拳王头衔的机会。这个头衔是所有体育项目中最高的个人荣誉，他曾经从桑尼·利斯顿的手中夺得这个头衔，后来美国政府又从他的手中夺走了这个头衔。在他还是小凯瑟斯·克莱的时候，在他还是一个瘦弱的男孩、在肯塔基州路易斯维尔市哥伦比亚大剧院的地下室里跟着一个白人警官学习拳击的时候，他就一直梦想着拥有这个头衔。

现在，他32岁了。多年来，他一直称自己是“有史以来最伟大的拳击手”，为了营造戏剧性，他总是把最后两个音节拖长，并且在结尾处加上一个表示复数的“s”，仿佛是在暗示一轮人类历史是不足以描述他的伟大的。“有史史史史史史以来最伟大的拳击手！”

现在他又有机会证明这一点了。

从他第一次在乔·马丁的监督下戴上拳击手套到现在已经过去20年了，从他击败桑尼·利斯顿并宣布加入伊斯兰民族组织到现在也已经有10年的时间了。在这10年里，他从一位英雄变成了一个恶棍，然后又恢复了英雄的身份，他与法律做着斗争，与种族主义做着斗争，与当权的白人做着斗争，后者说过黑人运动员就应该好好做事、闭上嘴巴。他一直在与某种“敌人”做着斗争，尽管在偶尔才会关注一下他的人看来，他这一路上似乎不断地与敌人达成和解，对宗教观点和政治观点的选择也如同小鸟落在电话线上一样随意任性。他为人直率，热情洋溢，无论他说什么，人们都愿意相信他。比大多数人更了解图像和流行偶像的艺术家安迪·沃霍尔曾在1970年代初与阿里见过一面，后来他说：“他只是一遍又一遍地重复着那些简单的话，然后那些话就会敲响人们的耳膜。不过，他之所以能说出那些话，是因为他长得太帅了。”[13]

到了1973年，美国和越南的领导人已经同意结束这场战争，民权斗争在很大程度上告别了街头斗争，进入了法院以及各州和联邦政府的立法机构。一次又一次，经历了一个问题又一个问题，阿里看上去始终都是一副胜利者的模样，就像是一个在所有重大社会问题上都选择了正确立场的人。

即使是在自己和伊斯兰民族组织关系的问题上，阿里的直觉和运气也起到了很大的作用。在最初宣布效忠于这个宗教团体的时候，阿里失去了民心和支持。与此同时，他还不得不在朋友马尔科姆·X和导师伊利贾·穆罕默德之间做出痛苦的选择，并且成了主流民权运动的弃儿。但是，伊斯兰民族组织帮助他培养起了纪律性和专注力，给了他一套可以遵循的生活准则，并赋予了他一种使命感和社区意识。吉恩·吉洛伊就说：“要不是伊斯兰民族组织，他可能就会在路易斯维尔的汽车站打扫卫生了。”[14]

就连阿里被逐出伊斯兰民族组织也产生了有利的结果。伊斯兰民族组织在美国文化中逐渐式微，最终在1970年代初期走向了瓦解。《纽约时报》的一项调查发现，这个组织已经没有充裕的资金了，一些成员干起了入室盗窃、敲诈勒索和抢劫的勾当。[15]为了补充资金，伊斯兰民族组织派穆罕默德·阿里前往利比亚，在那里与利比亚总统奥马尔·穆阿迈尔·卡扎菲和乌干达独裁者伊迪·阿明见面，向对方提出了贷款和捐款的要求。[16]在阿里逗留乌干达期间，阿明提出想要和他比试一场，并提出给他50万美元现金以换取这种特权。一开始，阿里有些犹豫，阿明就用枪指着他，说：“现在，你想说什么啊，穆罕默德·阿里？”[17]阿里说自己是时候离开乌干达了。卡扎菲的态度比较友好，阿里从他那里拿到了300万美元。然而，伊斯兰民族组织还存在其他一些问题。据《纽约时报》报道，伊利贾·穆罕默德已经日渐衰老，失去了对这个组织的控制，组织里的书记员约翰·阿里已经取而代之了，现在这位书记员正在从中东领导人那里争取更多的资金，他向后者承诺伊斯兰民族组织将放松自己严格的反白人教义、回归传统的伊斯兰教。现在，穆罕默德·阿里正在为夺回重量级拳王头衔努力，他的支持率也在不断地上升，在这个过程中，他不再提起那些将会消灭白人种族的宇宙飞船，不再要求美国白人交出大量的房地产、以便他们创建一个独立的黑人国家，他也不再把白人称为蓝眼睛的恶魔，不再赞美乔治·华莱士这样的种族隔离主义者，也不再以扎着领结、戴着土耳其毡帽的形象出现在黑人穆斯林的集会上，这一切都不是巧合。如果不是他的汽车后备箱里还放着祷告毯，偶尔还会有人冲着他的方向喊一声“躲避兵役的黑鬼”，他就和美国的许多体育偶像没有什么区别了。在1970年代，如果走进一个住在郊区的12岁白人男孩的卧室，你经常会看到墙上贴着马克·施皮茨（泳坛传奇）、沃尔特·弗雷泽（篮球明星）、皮特·罗斯（棒球明星）或弗兰科·哈里斯（橄榄球明星），还有阿里的海报。

不过，并非每个人都喜欢1970年代的这个新版的穆罕默德·阿里。吉姆·布朗就说过：“当阿里结束流放生活归来，他成了美国的宠儿，这对美国有好处，因为这让黑人和白人走到了一起。可是，美国最终爱上的这个阿里并不是我最爱的那个阿里。我对他的感觉再也回不到从前了，因为我爱的那个战士已经不在了。在某种程度上，他加入了当权派。”[18]布朗还对阿里用“汤姆叔叔”这个标签来诋毁乔·弗雷泽和其他黑人拳击手的事情感到苦恼，他说这种做法“不太公道”。[19]

布朗说得没错。阿里走向了美国的主流，美国的主流也走向了阿里。在1974年发生的一件事情足以证明这一点。就在阿里和弗雷泽在麦迪逊广场花园打完比赛两天后的晚上，鲍勃·迪伦在同一个地方进行了一场演出。在1960年代，阿里被扣上了不爱国的罪名，迪伦则被贬称为嬉皮士民谣歌手，他们两个人曾经都坚守着自己的立场，但是现在看到他们有些人不免感到有些伤感，他们两个人似乎都依然执着于一个他们并不曾真正属于过的时代。1960年代已经结束了，尽管抗议者们在这个非凡的十年里发出了各种声音，提出了各种强烈的观点，人们依然觉得美国社会错过了一个实现根本性变革的机会，美国政府一如既往地反应迟钝和独裁专制，美国这个国家仍然像过去一样因为种族和阶级的不平等而处于分裂状态。整整一个时代的反抗没能取得成功，嬉皮士们开始了新的生活——找工作，把家搬到郊区。他们会拿出脏兮兮的旧T恤衫和喇叭裤去听迪伦的演唱会，但是第二天早上他们又会穿上西装、打起领带，去城里的办公室上班。他们尖锐的歌声和咄咄逼人的姿态没有产生很好的效果。

不过，阿里还有一次机会让自己在美国社会中占据一席之地，这就是他与福尔曼的比赛。到时候，他会发现自己处于全世界最重要的一场娱乐活动的中心，这场比赛或许会比其他任何事情都更能让他——不只是一名拳击手，而且还是一个英雄般的黑人男性——留给世人一笔宝贵的财富。

福尔曼和阿里都已经在合同——或者说最终会成为合同的空白纸——上签字了，那么唐·金和汉克·施瓦兹就不得不立即拿出1000万美元，并且找到一个比赛场地。在拿到福尔曼签名两三天后，施瓦兹飞往伦敦，跟一位潜在的投资者见了面，唐·金则找到了曾为阿里和弗雷泽的第一场比赛提供资金的杰里·佩伦乔。结果，他们都失败了。现在，他们只有几天时间来准备第一笔款项——给每位拳击手的10万美元，只有几个月的时间来筹措剩下的1000万美元。

匆忙之中，施瓦兹找到了一个愿意拿出20万美元的英国投资者，这笔钱的出现为他争取了一点时间。根据美国联邦调查局的一份备忘录，唐·金和施瓦兹还从前者的家乡克利夫兰的一个有组织犯罪团伙那里搞到了50万美元。[20]但是，他们需要更多的钱。一天，施瓦兹接到一个电话，对方是一个在德国和比利时做财务顾问的美国人。[21]这个美国人的客户包括凶残的扎伊尔独裁者约瑟夫·蒙博托，后者在瑞士银行拥有数十亿美元的非法所得，多年来，扎伊尔的国库和他的私人账户之间始终没有清晰的界限。蒙博托曾经被称为“一个戴着豹皮帽子的行走的银行金库”，[22]他就是一个窃取国家财富、导致国家道德沦丧的人。蒙博托的这名财务顾问说，如果施瓦兹同意在扎伊尔举办这场比赛，他的客户就将支付比赛的所有费用，并且预付1000万美元。

南极洲？西伯利亚？印度洋中央的一艘船？世界上还有比扎伊尔更不可能举办重大体育赛事的地方吗？

扎伊尔是世界上最贫穷、最腐败、政治最不稳定的一个地方，对外人而言，它也是最难接近、最令人费解的一个地方，它正是波兰裔英国作家约瑟夫·康拉德的著作《黑暗之心》的灵感来源。在这个地方，时间已经进入了20世纪，但是绝大多数人仍然生活在没有电、没有自来水的农村，以狩猎和采集为生，他们的通信工具不是电话、电视和收音机，而是丛林密布的一条条河流。在这个地方，反对国家领导人或者令其感到失望的人经常会遭到处决。

对于这一切以及其他事情，施瓦兹说："我才不在乎呢。"[23]

施瓦兹是一个犹太人，出生在布鲁克林，在第二次世界大战期间上过战场，他根本不在乎跟自己打交道的这个人同情纳粹，也不在乎这个人代表的是一个嗜杀成性的独裁者。他和唐·金不在乎扎伊尔最大的一座体育场只有35000个座位，而且没有停车场。他们不在乎比赛必须在金沙萨的凌晨4点举行，这么做是为了方便美国观众在东部夏令时晚上10点观看比赛。他们不在乎一旦扎伊尔的季节性降雨来得比平时早一点，比赛就有可能被取消。他们不在乎几乎所有的电子广播设备都必须从美国或者欧洲空运过来。他们不在乎拥有150万人口的金沙萨只有大约500个像样的酒店房间。他们不在乎为了这场比赛前往扎伊尔的记者和拳击迷会像诺曼·梅勒在文章中写到的那样，在出发前必须先"接种霍乱、天花、伤寒、破伤风、肝炎疫苗……更不用说黄热病疫苗，还有抗疟药"。他们也不在乎在扎伊尔举行的重量级拳王争霸赛会巩固蒙博托的权力，给已经饱受痛苦的2200万扎伊尔人带来更多的苦难。[24]

穆罕默德·阿里也不在乎。即使他关心扎伊尔的政治状况，在乎在这个国家做生意可能产生的道德后果，他也从来没有对此发表过任何意见。他是阿里，正常的行为标准不适用于他。他的种族，他的宗教，他对自己国家的政府的蔑视，他拒绝参加越南战争的行为，这一切让他成为了全世界最显眼的一个反叛符号。从这种意义上而言，在非洲打比赛就说得通了，而且足以压过其他所有问题。唐·金将这场比赛称为“一个具有象征意义的黑色事件”，这番含意模糊的赞美引起了阿里的共鸣。当然，500万美元也起到了同样的作用，但是身为表演家和公关大师的阿里一下子就意识到了一点：两个美国黑人在非洲腹地争夺世界重量级拳王头衔的画面有着多么强烈的震撼力。当初，他们的祖先正是在这片土地上被卖身为奴，而今非洲黑人仍在为摆脱殖民统治而奋斗。这场比赛的胜利者将是全世界最伟大的黑人战士，一个敢于面对恶魔的人，一个战胜了白人至上主义的人，全世界被剥夺权利、受到压迫的黑皮肤人民的真正捍卫者。

成交了。阿里将于1974年9月25日在扎伊尔的首都金沙萨与福尔曼交手。

阿里理应对扎伊尔近些年的历史略知一二。1963年，就在肯尼迪遇刺之后，马尔科姆·X因为批评肯尼迪并且暗示这位总统死有余辜而激怒了伊利贾·穆罕默德。当时，外界的注意力几乎都集中在他有关“自食其果”的言论上，其实除此以外，他还列举了肯尼迪及其政府负有责任的各种罪行，其中就包括谋杀扎伊尔（当时称为“刚果共和国”）首位黑人总理帕特里斯·卢蒙巴的罪行。

当然，扎伊尔的麻烦早在肯尼迪上台之前就开始了。一个多世纪以来，这个中非国家一直是有史以来最黑暗的丑闻、最肮脏的骗局和最致命的双重交易汇集的地方。这个国土面积大约相当于西欧的国家拥有惊人的财富：金子，钻石，钴、铜、锡和钽。在19世纪，比利时国王利奥波德二世从刚果输出了大量资源，从而积累起了个人财富，也增强了比利时的经济。利奥波德从未到过刚果，他对这个国家的态度就好像它是自己的私人殖民地。他采取强制措施逼迫劳工开采这个国家的矿产，如果对强制劳动有所抗拒，劳工就会受到惩罚：后背被鞭子抽开，双手被大砍刀砍断，身体被刺刀刺穿，然后被扔进河里。在《黑暗之心》一书中，康拉德以同时代的人为原型创作出了库尔茨先生这个形象。库尔茨的篱笆上插着被砍下来的非洲人的脑袋，那些都是他一手调教出来，帮他在刚果获取象牙、橡胶和其他东西的劳工。刚果于1908年正式成为比利时的殖民地，又于1960

年获得独立，成为刚果共和国，后来又成了刚果民主共和国。1965年，35岁的约瑟夫–德西雷·蒙博托在美国的支持下出任刚果总统。1971年，他将自己的国家改名为“扎伊尔“（发音和High–ear押韵），接着他还把自己的名字改为“蒙博托·塞塞·塞科·库库·恩关杜·瓦·扎·邦加”，意思是“全能的战士，将凭着忍耐力和渴望获得胜利的坚定意志实现一场又一场征服，所到之处无不燃起烈火”。为了显示自己的谦逊，他放弃了诸如“阁下”“总统”之类的各种头衔。也正是出于同样的谦逊与平等主义精神，他禁止扎伊尔人民打领带，这一举动让他在1974年里收获了不少体育记者的赞扬。

蒙博托知道金钱的力量。有了钱，他就可以为自己的军队购买战斗机，而军队能让他拥有确保自己执掌大权的力量，让他有能力赚更多钱，让他能够把儿女送到比利时去上学，让他能够在布鲁塞尔和巴黎拥有豪宅。金钱能够驱使伟大的穆罕默德·阿里来到扎伊尔，穆罕默德·阿里来了，一架架摄像机也就来了。穆罕默德·阿里不会解决扎伊尔的所有问题，他不会让这个国家一下子迈入20世纪、结束数百年的苦难。但是，他的出现将会提升蒙博托的声誉，向世界表明长期以来一直是全世界最混乱和最危险国家之一的扎伊尔至少已经在一定程度上恢复了秩序。

第三十九章
斗士的天堂

阿里信誓旦旦地告诉外界，无论是输是赢，他与乔治·福尔曼的这场比赛都将是他的最后一战。

“再打一场，我就打完了。”他说。[1]

除非他输了。他说，如果这样的话，他可能会再打一场。或者几场……直到他再次击败福尔曼。

不过，他没打算输掉这场比赛。只要再打一场，一场胜利，他就会带着拳王的头衔退役。

1974年3月，阿里访问了中东地区，这次访问是赫伯特·穆罕默德为了从阿拉伯世界领导人那里募集资金、支持伊斯兰民族组织的发展而发起的。刚从中东回到美国，阿里就又前往委内瑞拉的首都加拉加斯，在那里他亲眼看见乔治·福尔曼不到两个回合就击倒了肯·诺顿的一幕。加上这场比赛，福尔曼在最近3场拳王争霸赛中总共用了11分35秒就赢得了全部胜利。他打败了弗雷泽和诺顿这两位优秀的拳击手，让他们看上去就像小猫咪一样。他根本不是击败对手这么简单，他完全就像是拆房子的破碎球一样将他们夷为平地，他势如破竹的出拳让他们的抵抗变得徒劳无功。在干掉诺顿后，福尔曼迈着重重的脚步气势汹汹地在拳击台上走来走去，阿里在台子跟前仰头看着他，又开始嘲弄这位拳王，同时也为他们将要在扎伊尔举行的比赛做起了宣传。“要是你这么做，我的非洲朋友就会把你扔进锅里。”阿里喊道。[2]

这句话出现在了《纽约时报》上，它促使蒙博托·塞塞·塞科的助手给阿里方面打来了电话。蒙博托的助手说，他的老板想要提醒阿里一下，扎伊尔资助阿里和福尔曼的比赛只希望向全世界展示一个现代而先进的扎伊尔，他还说如果阿里不提到把乔治·福尔曼或者其他人扔到锅里煮的话，那就太好了。蒙博托并没有使用过这种粗鲁的惩罚方式。

阿里的经纪人向对方保证这种事情不会再发生了。[3]

7月，福尔曼召开了一场新闻发布会，在会上宣布他将在加利福尼亚的普莱森顿进行训练，备战自己和阿里的这场比赛。这位少言寡语的拳王还告诉记者，这将是他在比赛前参加的最后一场记者招待会。他还有事情要做，他不需要记者碍他的事。福尔曼是一个言辞俭省的人，当记者要求他预测一下自己将如何对付“日渐年迈的阿里”（一家通讯社对这位挑战者的称呼）时，福尔曼没有落入对方的圈套。在参加过的40场职业拳击比赛中，每一次他都获得了胜利，其中有37场都是击倒获胜。他觉得自己毫无虚张声势的必要，“我会努力在每一回合中都打败他”，他说。[4]

当被问及在场上将采取怎样的策略战术时，福尔曼说，“我会努力打败他的。”

在被告知阿里计划在这场比赛结束后退役时，福尔曼说：“我觉得他的确应该退役了，他经常受伤。”[5]

和福尔曼一样，阿里从7月份开始进行训练，但是他制造出了很大的声势。他组织了一次野餐会，邀请记者去他在宾夕法尼亚州鹿湖的训练营，还告诉他们，只要他们愿意，营地随时欢迎他们。他总是乐于和别人攀谈。在解释自己为什么对获胜如此自信的时候，他将福尔曼模仿了一番：迈着笨重的脚步从拳击台的另一头走过来，缓缓地打出一拳，然后被击倒在地。提到扎伊尔时，他说：“丛林里就要爆发一场大战了。”[6]

随着“丛林大战”日益临近，阿里身边那些颇有商业头脑的人都发现非洲蕴藏着丰富的矿藏。伊斯兰民族组织的书记员约翰·阿里访问了加蓬，他向总统奥马尔·邦戈承诺，只要开价合适，阿里在前往扎伊尔的途中就会在加蓬停留一下，举办一场表演赛。然而，事情出了差错，约翰·阿里最终被关进了加蓬的监狱。[7]穆罕默德·阿里和赫伯特·穆罕默德找了一些关系才把他从监狱里捞出来。

唐·金有一套更为复杂的赚钱计划。他和汉克·施瓦兹在扎伊尔成立了一家名为“节庆”的公司，这家公司实际上就是一家旅行社，业务范围就是将美国和欧洲的拳击迷带到非洲去观看这场比赛——假设他们需要为多达7000名的观众提供机票、豪华酒店住宿和大赛门票。[8]在唐·金看来，后勤问题稍后会解决的。也有可能无法解决。不过，真正重要的是，现在他的手上有一件紧俏货，也就是全球有史以来最盛大的一场国际体育赛事，而美国人和欧洲人只能通过报价以2100美元（相当于现在的1万美元）起步的扎伊尔节庆公司亲眼看到它。[9]金沙萨所有可接待客人的旅馆房间和宿舍都被掌握在政府的手中，而政府又指定了唐·金和汉克·施瓦兹来负责房间的销售。如果所有的酒店房间和宿舍都卖光了，他们还可以将一些客人安置在几百英里外的船上，然后安排客人搭乘飞机或者开车赶去金沙萨观看比赛。计划就是这样的，至少眼下是这样的。

为了证明高昂的价格和不寻常的住宿方案是合理的，施瓦兹告诉《纽约时报》：“这次的活动是史无前例的，现有的规则都不适用。”[10]

施瓦兹说得当然没错。不过，有一些规则还是适用的，其中就包括这一条：要想把这样一场体育赛事推销给几千名美国体育迷并不是一件容易的事情，毕竟观众需要花费数千美元、接种多种疫苗，还必须经历大约50个小时和1万英里（16093千米）的旅程，最后有可能还得住在距离他们花钱赶来观看的这场体育赛事数百英里远的非洲海岸线上某一艘船里。[11]这样的要求太高了，尤其是对于一场有可能在一分钟或者更短时间内就能结束的比赛——如果它像乔治·福尔曼近来打过的几场比赛一样的话。

在营销工作方面，唐·金首先雇来了4个年轻漂亮的黑人女子担任宣传大使，这几个女孩子将穿着比基尼、戴着拳击手套出现在促销活动上，她们还要拍摄宣传材料要用到的照片。如果潜在的客户想要对旅行套餐服务获得进一步了解，公司就会派一两个女孩为他们播放一套幻灯片，向他们展示金沙萨的现代建筑、最精美的商店和餐馆的照片。为了找到适合这种工作的女孩，唐·金在洛杉矶一家灵魂乐电台打出了广告，邀请女孩们参加他们在世纪广场酒店举办的公开试镜活动。250多名申请者参加了活动，大部分人都穿着比基尼。[12]当时担任福尔曼公关经理的比尔·卡普兰以评委身份参加了这次的试镜活动，“我们是怎么挑出这几个女人的？”他问道。说完，他停顿了一下，就好像他不确定这个问题是否真的需要回答似的。“听着！她们用不着跟我们说她们希望世界和平、消除美国的饥饿人口。相貌才是唯一重要的因素！”[13]

唐·金和施瓦兹卖力地向美国人兜售着这场比赛，与此同时，蒙博托则为这场比赛的举办开始了建设工作，这场比赛将成为这个国家有史以来最盛大的一场赛事。工人们开始对金沙萨的足球场进行翻修，使其容量翻了两番，能够容纳得下12万名观众，并且还增加了一座半英里（805米）宽的停车场。蒙博托订购了一批公交车，以便成千上万的扎伊尔人从全国各地赶过来观看这场阿里—福尔曼之战。[14]扎伊尔政府还宣布，这场比赛将为一场为期三天的节庆活动画上句号，詹姆斯·布朗和B. B. 金等美国黑人艺人将成为这场节庆活动的主演。

与往常一样，阿里对生意上的事情不闻不问。他从未表示过自己想看一看账簿，了解一下与此有关或者与他的拳击比赛有关的财务工作。他把这些事情都托付给了赫伯特·穆罕默德，提起当年的往事时，罗斯·詹宁斯说：“扎伊尔的外交部长说过，赫伯特让他想起了非洲的统治者。”当时，詹宁斯受雇于赫伯特，充当着美国新闻界和蒙博托政府之间的特别联络人。她说阿里的粗心大意令她感到震惊：“我看到的一些事情令人作呕，可是阿里对这一切却毫不知情。”[15]

阿里还是尽力向顾客们推销了他的这趟非洲冒险之旅。在鹿湖期间，他每天都会跟记者聊一聊，在每天早上醒来沿着普莱森特跑道跑上三四英里的时候，他甚至允许记者跟他一起跑步。他把自己经营的这个营地称为“斗士的天堂”，因为这里有着他所需要的一切。另外，或许也是因为这个地方给人一种修行地的感觉，令人觉得这是一个神圣的地方，而他就是这里的领袖、先知和导师。

阿里的陪练队伍中有一名来自宾夕法尼亚的颇有前途的拳击手，年轻的拉里·霍姆斯（后来也成为了重量级拳王）。每天都有崇拜者来到鹿湖，他们什么也不做，只是看着阿里跳绳、打沙袋。而那些选择放纵的人可以在这里找到毒品和妓女。这座营地还为美国文化在1970年代——记者汤姆·沃尔夫所说的“我时代”——正在发生的变化提供了一个绝佳的观察视角，正如历史学家托马斯·博斯泰尔曼在书中所写的那样，“一种对自我完善、自我表达、自我满足和自我放纵的新的重视成为了美国文化的核心，对更多以社会为导向的价值观造成了伤害。”[16]似乎1960年代盛行的反主流文化充满希望的渴求彻底被玩世不恭、愤世嫉俗的人生观冲走了，只留下了大量随随便便的性和毒品。

如果更多的美国人只想及时行乐，只为自己而活，那么阿里会非常适应这样的社会，自我表达、自我满足和自我放纵一直是他擅长的事情。尽管拳击记者们几乎全都预测阿里会输，而且有可能会输得很惨，但是他的公众形象从未改变过，他的自信也从未减弱过。

在接受来自路易斯维尔的记者戴夫·金德里德的采访时，阿里做了一番解释：“第一回合——叮铃铃！——我出来打他了——砰，砰——我让他吃了一惊——我抢先了一步——我在10年前打败桑尼·利斯顿的时候，他还是个小孩子——他们说：‘跟乔治·福尔曼打，阿里能坚持多久？’我说：‘他能坚持多久’——听着，他们说我打不中他——我什么时候被别人拦住过——什么时候有过很快就倒下的记录？——这是不对的，听着都不对。这就是个小孩子。没有技巧，没有速度——这就对我、对我的伟大的一种贬低——他不是要跟乔·弗雷泽打，他是要跟穆罕默德·阿里打——我实际上才是有史以来最伟大的拳击手。”[17]

在这次采访中，金德里德还问阿里他是否有什么遗憾的事情。如果生命可以重来一次，他是否还会选择同样的生活？

阿里通常都不喜欢反思，但是在回答这个问题之前他停下来思索了片刻：“我应该不会再说那些有关越共的话了。在征兵的问题上，我也会选择其他的处理方法。我完全没有理由惹怒这么多人。”他还说，他为自己不入伍的决定感到骄傲，唯一令他感到遗憾就是“越共的事情”。[18]

阿里的这番话至少可以说令人感到费解。毕竟，他那番关于自己对越共没有意见的声明影响巨大，将民权运动与反战运动紧密地联系在了一起，迫使无数美国人——无论是黑人还是白人，年轻人还是老年人——扪心自问，他们对越共有什么意见，如果说有的话。这番话让阿里在数百万根本不关心拳击的人心中成为了一位斗士。然而，这些年来，阿里却多次说过这番后悔的论调，清楚地告诉人们他在发自真心地质疑自己当初的言论是否明智，他真的为惹恼了那么多人感到抱歉。这种论调很能说明问题，一方面，它表明阿里并不明白或者是不在乎自己之所以对同时代的人产生了巨大的影响力是因为自己反对战争这个事实。但是，这种论调同时也提供了一些能让人们了解他内心世界的线索。他喜欢拥有人们对他的爱，胜过人们对他的崇拜。

在不到一年后的另一次采访中，阿里更进一步地向外界暗示他有可能并不是一个名副其实的"因良心拒服兵役者"。他告诉《花花公子》杂志："我是这样想的，如果美国遭到攻击，某支外国军队在街上游荡、开枪射击，我自然会参加战斗。我站在美国一边，而不是他们那一边，因为我是为自己、我的孩子和我的同胞而战……所以，是的，如果美国遭到攻击，我会参加战斗。"[19]

即使说阿里流露出了思想困惑或者价值观正在转变的迹象，在这个特殊的时刻他至少感到了喜悦。他高兴于自己能够再次成为一名拳击手，而不是反战斗士或者大学里的讲座主讲人，全世界的人都在看着他做他最擅长的事情。他的体重降到了218磅（98.9千克），[20]几乎达到了他想达到的体重。他比以往任何时候都更喜欢镜子里的自己，他说他有信心赢得这场比赛，福尔曼并不像大家想象的那么强悍，他将再次成为世界重量级拳王，这是他一直渴望的目标。

阿里一副洋洋得意的模样，其他人却在担心他的安全问题。

刚刚跟阿里交过手的杰里·科瑞说："阿里已经累坏了。他走到了头了。"[21]

霍华德·科塞尔告诉电视观众："也许是时候跟穆罕默德·阿里说再见了。说实话，我觉得他不可能打败乔治·福尔曼。"[22]

阿里似乎丝毫没有受到这种观点的困扰。他很喜欢科塞尔，科塞尔也很喜欢他。当大多数记者嘲笑这位拳击手的时候，科塞尔向他表示了尊重。一段时间以来，他们一直在演一出好戏，通过这出戏，他们帮助彼此获得了名声。现在，阿里用他们彼此都熟悉的一个有关假发的笑话回应了广播员："科塞尔，你这个骗子，你脑袋上的东西是用小马驹的尾巴做的！"①另一名记者预测福尔曼将在第一回合中击倒对手获胜，阿里把他拉到一边，对他说教了一番："我要跟你说件事：我希望你不会忘记……黑人对白人的恐惧可超过了黑人对黑人的恐惧。"[23]

就连阿里的妻子都怀疑丈夫没有获胜的机会。贝琳达不相信福尔曼是不可战胜的，但是她担心阿里说得太多，训练得不够，她无法理解丈夫的这种做法。她告诉阿里，在非洲输掉比赛将会是一场悲剧，他不仅会失去夺冠的机会，而且还会失去成为全世界黑人心目中英雄的机会。有时候，贝琳达会冲着阿里大吼大叫一通，可是这种吼叫的效果很短暂，她就像是在吹一个被扎了一个小孔的气球。阿里会刻苦训练上几天，甚至一两个星期，然后又开始懈怠上一段时间。

一天，贝琳达去了宾夕法尼亚州好时镇的好时游乐园，在游乐园里她发现了一间出售定制T恤衫的礼品店。她决定买一件T恤衫。她让商店用印刷字体在T恤衫的胸口上印了一句话，"我爱他，因为他是最伟大的"，然后在背面印上了"乔治·福尔曼"的字样。

在鹿湖看到贝琳达穿着这件T恤衫时，阿里叫妻子把它脱掉。

"除非你开始认真训练，否则我是不会脱掉它的。你不能才训练了两周就停下来。"贝琳达说。

阿里很生气，他说贝琳达令他感到害臊。

多年后，提起那次和丈夫的交火，贝琳达说当时她回敬了阿里一句："你不努力也让我感到害臊！"她一连好几天一直穿着这件T恤衫，直到她觉得阿里恢复了良好的训练习惯。[24]

然而，紧张的气氛并没有消散。8月的一个晚上，贝琳达向阿里提议去看梅尔·布鲁克斯编导的新电影《灼热的马鞍》。她知道阿里喜欢西部

---

① 英文里"骗子"（phony）和"马驹"（pony）发音接近。

片，而且她听说这部影片中夹杂了不少有关种族问题的幽默情节，她觉得丈夫会喜欢的。阿里和贝琳达带上了大女儿，6岁的玛丽姆，所有人都管她叫“梅梅”。拉哈曼、C.B.阿特金斯和贝琳达的一个表亲也都跟着一起去了。他们全都挤在拉哈曼那辆黑白色的“奥兹莫比尔”轿车上，一道去了附近波茨维尔的一家剧院。《灼热的马鞍》是一部很有时代特征的影片。在1970年代里，直白的说笑让位于讽刺，正如叛逆精神让位于对自己国家在东南亚军事行动的失败、白宫腐败行径曝光的愤怒和沮丧。在1960年代被人们广泛接受的真诚激情在1970年代里显得那么幼稚。在《灼热的马鞍》中，一个狡猾的黑人警长和一个嗜酒如命的白人枪手来到沙漠中的这个小镇，拯救种族主义的白人市民。在影片的结尾，两个大英雄策马奔向夕阳，摄影机一直转动着，直到两个牛仔下了马，拍了拍手，将马交给助手，然后钻进一辆等在那里的豪华轿车。无疑，他们返回了他们在好莱坞的大明星的家中。

贝琳达非常喜欢这部影片。她一次又一次笑了出来。阿里却始终一声不吭。当他们离开剧院时，天上下起了雨，贝琳达提出开车回鹿湖。刚一上路，贝琳达就看出了丈夫有些生气。阿里不懂得如何打讽刺这种拳，毕竟他代表着1960年代的那种真诚。所以，他要么没能领会《灼热的马鞍》透出的机智，要么就是不喜欢这种机智。贝琳达还记得：“他说这不好笑，这是种族歧视，就是这样的，就是那样的。”结果，贝琳达也生气了。他的幽默感去哪儿了？他为什么就不能好好地看一会电影，不要抱怨、不要挑起争执呢？

阿里改变了话题，自吹自擂地说起他会怎样对付乔治·福尔曼。即使是在狭小的“奥兹莫比尔”里，被家人和朋友包围着，他也还是忍不住想自夸一番，让自己振作起来，在精神上打倒福尔曼。他的表现令贝琳达更加愤怒，丈夫对这部影片的愚蠢反应、三心二意的训练，以及其他所有事情都令她感到愤怒。她自顾自地嘟囔起来，声音大得足以让阿里听到：“是啊，你只是想让自己相信你会赢的。你是赢不了的……就这么训练是赢不了的。”

阿里举起一只拳头，好像要打她似的。最终，他朝着她挥了挥拳头。

贝琳达躲开了。

“伙计，你这是要打我吗？”贝琳达说，她的两只握着方向盘，眼睛盯着马路，“你不是要打我吧！”

阿里又举起了拳头。“我可是在雨中开着车啊。我举起手，朝他挥了过去。我反手打在他的脸上。他又想打我，我阻止了他。”贝琳达回忆道。可能是她手上戴的戒指打中了阿里的眼睛，“他的眼睛有些发肿，还出了点血，我没想到自己会那么用力。他说：‘伙计，她打我！’然后他照起了镜子。看到了血，他就骂骂咧咧地说：‘婊子！那个婊子！伙计，我们会杀了你！停车！停车！’”

贝琳达对阿里喊道：“别对我动手！不许再对我动手了！”[25]

第二天早上，阿里向贝琳达道了歉，还给她买了花。贝琳达抱住阿里，亲了亲他，说她接受道歉。不过，她提醒阿里，他只有大约一个月的时间为这场比赛做准备了，他得认真一些。她说她会把孩子们送到芝加哥去，跟她的父母住在一起，等回来后，她打算给营地做一次大扫除——清理掉“那些成天待在这里睡女人的家伙，在这里吸大麻的家伙……还有他那些该死的女人”。她告诉阿里：“要是你想找女人的话，就去酒店找。”她指的是位于61号公路上的鹿湖汽车旅馆。在这家旅馆的名片上，旅馆名字的下方写着一行字：周到的住宿服务。旅馆的房间里充满了壳牌驱虫纸的气味。“别再把她们带到营地来了。”她说。[26]

阿里同意了。

阿里仍然信誓旦旦地表示打败福尔曼之后他就会退役。即使赫伯特·穆罕默德和国税局拿走他们的分成，500万美元也足以保证阿里在退出拳击界、尝试其他职业的时候能够平稳着陆。

一天，阿里在纽约的一场新闻发布会上表示：“这很适合我，当初怎么进入这一行的，现在就怎么离去——打败一个能把所有人都打倒、根本没人能打败他的大怪物。来自肯塔基州路易斯维尔的小凯瑟斯·克莱出现了，他干掉了桑尼·里斯顿，这个人曾两次摧毁了弗洛伊德·帕特森。他要杀了我！他的拳头比乔治还狠。他的胳膊伸出来比乔治的还长。他是一个比乔治更优秀的拳击手，而现如今的我又比你们当初看到那个从桑尼·利斯顿身边跑开的孩子更出色，那时候我22岁，还不成熟。我现在有了经验……我很厉害！为了这场比赛，我做了一些新的尝试。我跟鳄鱼扭打过……跟鲸鱼搏斗过，还给闪电戴上了手铐，把雷关进了监狱！太厉害了！就在上周，我还弄死了一块石头，打伤了一块石头，把一块砖头送进了医院！我太坏了，就连药都对我感到恶心了！”[27]

他朝左边看了一眼，唐·金笑呵呵地坐在那里。很难说在这场比赛中谁的优势更大。

“这将是世界历史上最伟大的一场奇观。”唐·金宣布道。

“有些人可能会觉得应该是最初以色列人离开埃及的事件。”一名记者反驳道。

“有些人毫无想象力。”唐·金说。[28]

在飞往扎伊尔之前，阿里在盐湖城的盐宫会展中心参加了一场拳击表演赛。在现场，喜剧演员鲍勃·霍普讲着笑话，乔·路易斯和舒格·雷·罗宾逊向人群挥手致意，阿里、弗雷泽和福尔曼分别与各自挑选的对手较量了几个回合。

比赛组织者在推广过程中宣称这次活动是为非洲旱灾的受害者筹集善款，可还是有四分之三的座位没有卖出去，最终组织者只筹集到了一笔宝贵但是比较微薄的资金。为了这场活动，阿里还创作了一首新诗，诗中提到了尼克松刚刚辞职的事情，这位总统没有接受有关“水门事件”的弹劾案听证会，而是主动下台了。阿里承认，他没有关注过水门事件的具体细节，[29]但他对这件事情的了解足够让他写诗了：“要是你以为尼克松的辞职震惊了整个世界／那就等着看我揍这个福尔曼的屁股吧。”[30]

如果不是因为期间发生的一件事情，那么阿里的这趟盐湖城之旅可能已经被人们遗忘了。在阿里一行抵达犹他州机场的时候，阿里的朋友吉恩·吉洛伊看到了一个女人，后来他说过那是他见过的“最漂亮的女人”。第二天，吉洛伊又看到了那个女人，他给阿里指了指她。阿里也觉得这个女人美得令人喘不过气，她身材高挑，有着焦糖色肌肤，一头飘逸的棕色卷发衬托着她那细腻的五官。这个女人名叫维罗妮卡·波奇，她是唐·金和他的评委小组选中帮助促销扎伊尔之战的四个女孩之一。

不出所料，没有多少美国人报名参加前往扎伊尔的旅游项目。在进行最后一次促销活动时，唐·金付钱给维罗妮卡和其他几个女孩，让她们飞到了盐湖城，他希望这些女孩能多哄到几个拳击迷跟着阿里和福尔曼一起去非洲。

这一年，维罗妮卡18岁，她的父亲是建筑工人，母亲是注册护士。在被高中开除的一年后，她仍然和父母住在一起。现在，她在一家百货公司上班，同时还在南加州大学读书，因为她想成为一名医生。维罗妮卡对拳击知之甚少，她曾在高中化学课上听到一个同学说穆罕默德·阿里是个大嘴巴，她对这位著名拳击手的了解差不多就这么多了。维罗妮卡是一个稳定的中产家庭的产物，她总是知道父母什么时候下班回家，什么时候晚饭会端上桌。她一直在天主教学校上学，她认为自己有些腼腆，很守规矩。她一点也不适应体育界和名人圈，对于跟阿里见面的事情她毫无兴趣。她觉得如果真的见到了他，自己大概不会对他有什么好感。[31]

在盐湖城的时候，阿里注意到了维罗妮卡，维罗妮卡也注意到了阿里，但是他们并没有被正式地介绍给对方。他们也没有说过话。阿里看了看她，低声跟吉洛伊表示了对她的赞许，然后便走掉了。[32]

提起自己和阿里的初次邂逅时，维罗妮卡说："就是这样的。"[33]

然而，事情并不是这样的。

第四十章

“阿里，干掉他！”

接下来的一周，他们上路了，一行人中除了阿里，就只有阿里的妻子、父母、弟弟、教练、经理、三名陪练、两名助理教练、两名摄影师、训练营的两名主管，还有他的厨师、按摩师、传记作者，以及其他13个亲朋好友。所有人都从纽约出发，先飞往波士顿，接着飞往巴黎，最后再从巴黎飞到扎伊尔的金沙萨，所有人——可能只有阿里除外——都在想这趟旅行或许将是他们最后一次一起外出了。[1]

在巴黎，他们登上了蒙博托私人名下的一架“747”飞机，开始了最后一段旅程。阿里把自己的整个职业生涯都押在了这场比赛上，但是他丝毫没有流露出紧张的迹象。看到驾驶舱里坐着两名黑人飞行员，所有空乘人员都是黑人，他激动不已。非洲有黑人飞行员！一位拥有私人“747”的黑人总统！这块大陆还有别的什么奇迹呢？

“对美国黑人来说，这一切很陌生，我们就是做梦也想不到这一切。”他说。[2]事实上，阿里曾梦想过这一切，至少他说过自己的这种梦想。伊利贾·穆罕默德也是如此。马尔科姆·X也是如此。伊斯兰民族组织多年来一直在宣扬美国黑人需要拥有自己的国家，这样他们就可以制定自己的法律，管理自己的学校，拥有自己的企业，大概还可以开上自己的“747”。10年来，阿里不停地告诉人们，他打拳是为了让人们关注他的同胞们的斗争，帮着传播真主的使者伊利贾·穆罕默德的话语，后者曾预言终有一天黑人会摆脱白人压迫者的枷锁，获得真正的自由。此时此刻，他，一个黑人男子，和一个黑人经理、一个黑人拳赛推广人一道前往一个黑人国家，跟另一个黑人男子打一场全世界都会看到的拳击比赛。在他第一次宣布效忠于伊斯兰民族组织时，谁敢想象世间会发生这种事情？如果这种不太可能发生的事情都会发生，那么相信伊利贾·穆罕默德的预言会化为现实又有什么难的？或者说，至少可以这样问，想象阿里会再次在拳击场上创造奇迹又有什么难的？想象他会打败乔治·福尔曼又有什么难的？

在阿里看来，福尔曼就是桑尼·利斯顿的翻版。福尔曼是坏人，阿里是好人。好人凭什么要害怕坏人呢？好人永远都会赢得胜利。

在飞行途中，阿里排练了一下自己的口头攻击，他把福尔曼叫作机器人、木乃伊、行动缓慢的呆子。几个月来，他反复不停地说福尔曼会在压力下崩溃。就像对利斯顿那样，他要分散福尔曼的注意力，让他心烦意乱。即使没有人相信他的话，他至少做到了坚持不懈。他一直在吹嘘到时候会有20亿人观看这场比赛，他说这就相当于“连续170年每天晚上出现10万张新面孔！想象一下吧！”[3]他把数字给算错了，但是他的说法没有错。在数量如此庞大的观众面前展现自己并不是一件容易的事情。他说，这就是在考验一个人的神经，“你要面对世界上最伟大的拳击手，或者说是世界上最好的拳击手之一，任由他一拳又一拳打在你的脸上、身体上，只戴着有点硬的手套。一切都被押上了——你的未来、你的生活、你家人的投资——一切都被押上了。这会让你感到担心。还有压力、兴奋和紧张的气氛。”[4]

阿里一直试图将福尔曼塑造成捍卫体制的拳击手，他把福尔曼在1968年奥运会上赢得金牌时挥舞美国国旗的事情当作了证据。有时候，外界很难判断阿里说这些话究竟是为了激怒福尔曼，还是为了吸引媒体的注意力，或者是为了说服自己相信福尔曼真的是一个道德低下的人。在鹿湖接受英国记者大卫·弗罗斯特的电视采访时，阿里说：“要是他赢了，我们就还得再当三百年的奴隶。要是我赢了，我们就自由了。”[5]

例如，6月里，在纽约的华尔道夫–阿斯托里亚酒店举行的一场拳击记者聚会上，阿里像以往一样，一开口就嘲弄起了福尔曼。他告诉福尔曼，扎伊尔是“我的国家”，[6]成千上万的非洲人会在自己的乔治·福尔曼巫毒娃娃上插针。没过几秒，原本比较温和的种族主义就变得恶毒起来，“我要打败你这个基督徒蠢货，你这个白人，你这个为狂热爱国主义摇旗呐喊的家伙（脏话已删除）！”[7]后来，阿里用一只胳膊搂住福尔曼的肩膀，福尔曼一把甩开他的胳膊。阿里又试图抓住福尔曼的冠军腰带，福尔曼又一把扯破了阿里的外套。阿里把酒杯朝福尔曼砸过去，自己靠在了一面盖着布幔的墙上。

福尔曼走掉了，可是阿里还是没有罢休。他大声嚷嚷起来，仿佛他打算继续跟福尔曼纠缠下去似的：“那个黑鬼住哪家酒店？”

阿里的表现太令人反感了，以至于《纽约时报》的专栏作家戴夫·安德森为阿里许下了一个心愿：“要是他把扎伊尔当作自己的祖国，也许他就会留在那里。”[8]

后来，阿里道了歉，他说自己不应该质疑别人的宗教信仰。可是，道歉刚刚过去10分钟，他又故态复萌了，“我是代表伊利贾·穆罕默德参加这场比赛的。这个福尔曼，他代表的是基督教、美国，还有国旗。我不能让他赢。他代表着对黑人的压迫，他代表着猪排。”他说。[9]

在此之前，福尔曼一直很崇拜阿里，他甚至考虑过加入伊斯兰民族组织，[10]可是在纽约和阿里见过面之后，他失去了兴趣。“我想，如果某种宗教不能让你成为一个更好的人，那它就毫无意义；如果他的嘴脸就是伊斯兰教的真面目，那我可不想在照镜子的时候看到这样的嘴脸。”他说。[11]

利用心理战术，阿里或许成功地煽起了观众的热情，甚至有可能促使裁判对他产生了偏袒之心，但他同时也削弱了自己宣称的一个主要目标，即提升黑人的地位。他把乔·弗雷泽叫作“汤姆”，说乔治·福尔曼是一个挥舞国旗的白种基督徒混蛋（或者是《纽约时报》从他的话里删除的脏话），用这样的方式来诋毁他们，从而将种族这个概念重新定义为一种思想意识。他还贬低这两个强壮、可敬、勤劳工作的黑人男性，而他本应该与他们并肩站在一起代表黑人的骄傲，这两个黑人既值得美国黑人的敬佩，也值得美国白人的尊敬。阿里的话不仅刺痛了福尔曼和弗雷泽，而且还影响了他数百万的崇拜者。电影导演斯派克·李说过阿里是“我们耀眼的黑人王子，对黑人来说，他就如同上帝一样”。他还说：“我必须承认，当时我就像许多年轻的非裔美国人一样，被阿里蒙得……晕头转向，我们都开始相信乔不是黑人。”[12]在1974年，李只有17岁，住在布鲁克林。

在飞往扎伊尔的航班上，有人向阿里指出他对福尔曼的一些抨击在非洲可能不会像在美国那样奏效。大部分扎伊尔人都是基督徒（并不极端排斥猪排），没有多少人能理解“汤姆叔叔”这个词所蕴含的意思。

阿里想了一会儿，问道：“这些人讨厌谁？”[13]

“比利时人。”吉恩·吉洛伊说。

阿里只需要知道这么多。

在金沙萨，当穿着一身蓝的阿里和贝琳达双双走下飞机时，无数人在等待他们。一个上身赤裸、头戴珠饰的扎伊尔男子带着阿里穿过机场，那个男人一只手拿着一块小小的木头盾牌，另一手握着一根长矛。

阿里立即开始对人群做起了工作。在伊斯兰民族组织的故事中，非洲并不占据核心位置，伊斯兰民族组织说美国黑人应当回归他们在亚洲的根源，而不是他们在非洲的根源。但是，阿里始终有一种为自己书写传奇的无与伦比的本能。很早以前，他放弃了自己的美国式名字，质疑美国政府没有权利告诉他该做什么、不该做什么。在1964年击败桑尼·利斯顿后，他大声喊道：“我是世界之王！”他说的不是“美国之王”。“**世界之王！**”大多数男女直到成年后才会对自己的身份进行虚构。在阿里为自己虚构身份的过程中，被种族歧视主宰的童年、粗暴的父亲、伊利贾·穆罕默德的宗教愿景，以及他自己对外界关注的巨大胃口都起到了极其重要的作用。在他虚构的故事中，他成了一位非洲裔美国人之王，他来到扎伊尔是为了取悦他的人民、夺回显然属于他的那顶王冠。大多数男女直到完成了创造历史的工作之后才会意识到之前自己在创造历史，但是阿里始终怀抱着一个简单自由的想法，他觉得自己一直在创造历史。

他问一名记者扎伊尔有多少人，对方告诉他有2200万人，他又问2200万人中有多少人支持阿里、又有多少人支持福尔曼，对方说不知道。[14]阿里不会冒险，从踏上非洲大陆的那一刻他就开动起来，努力争取着扎伊尔人民的支持。

“我是最伟大的！”他喊道。接着，他又补充了一句：“乔治·福尔曼是比利时人！”[15]

阿里先是给福尔曼贴上白人的标签。现在，他又将他称为压迫刚果人民的殖民者。有一次，他甚至变本加厉地称福尔曼是“所有黑人民族的压迫者”。[16]

这些话或许很可笑，但是没有人笑。接着，福尔曼还把自己的德国牧羊犬带到了扎伊尔，他这么做完全是无心之举，但是让情况变得更糟了。扎伊尔人不喜欢狗，尤其是德国牧羊犬，比利时殖民者当初就是用这种狗来控制刚果人的。[17]

不久，人群开始用当地的林加拉语呼喊了起来：“阿里，boma ye！阿里，boma ye！”[18]

意思就是：阿里，干掉他！

知道这句话的意思后，阿里无论走到哪里，都会带领人们高喊“阿里，boma ye！阿里，boma ye！”一边喊，他还一边挥舞着双臂，就像行进乐队的指挥一样。

阿里和随行人员住进了蒙博托位于恩塞尔区的总统府里，总统府坐落在刚果河畔，距离金沙萨大约有25英里（40千米）。大院里有一座装修精美的临河别墅、一个游泳池、一家杂货店和一家餐馆。福尔曼则被安排到了一处军营。出于对住宿条件和食物的不满，福尔曼很快就搬到金沙萨的洲际酒店，住进了总统套房。

无论走到哪里，阿里始终扮演着拉拉队长的角色，但是福尔曼是不会在展示魅力这种毫无必要的事情上花费精力的，他的言行举止表明他对阿里的这些把戏毫无兴趣。他千里迢迢来到这里只是为了把阿里击倒，他只想把这件事情做完，然后就打道回府。

在提到福尔曼时，诺曼·梅勒写道：“与其说他看上去像个人，不如说他像一头跟人一样直立的狮子。”[19]

当梅勒伸出手向福尔曼介绍自己的时候，这位拳王只是点了点头。“请原谅，我没有和你握手。可是，你瞧，我的手都在口袋里。”[20]梅勒觉得很难反驳福尔曼的这种逻辑。每当福尔曼拒绝跟别人握手、拒绝接受采访，或者是拒绝在镜头前露出笑容时，他就会令人觉得他像是一块雷雨云，迟迟不下一场大暴雨，而是把每一滴能量都贮存起来，时机到了，他就会向大地倾泻而下。

福尔曼在恩塞尔总统府里击打沙袋的景象激起了阿里一方的恐惧：福尔曼的经纪人迪克·萨德勒用两只胳膊抱着沙袋，竭力让沙袋保持不动，可是福尔曼的出拳力量太大了，萨德勒一下又一下被顶了起来。当福尔曼结束练习时，沙袋上留下了一个人头大小的凹痕。体育记者们产生了担忧：如果受到这样的打击，阿里的内脏会怎样？他的脑袋会怎样？就连阿里最信任的几个心腹也有些发愁了，他们知道阿里是一个聪明机智的拳击手，他们也知道他总是有机会的。可是，聪明和智谋只能保证拳击手走到现在这一步。拳击是两个人身体的对抗，用乔伊斯·卡罗尔·奥茨的话来说就是，“对战斗至死的一种程式化的模仿”。[21]福尔曼几乎在所有方面都表现出了更强的破坏力，阿里在抗击打方面的天赋也无法给人们带来多少安慰。

多年后，阿里也承认自己当时很担心。[22]福尔曼的出拳有多重？他能招架得住吗？不过，至少在公开场合中，他不曾流露出担忧的迹象。他表现得就好像重量级拳王的头衔已经是他的了——一直都是他的。他表现得就好像扎伊尔也是他的。他总是花很长时间散步，每次遇到黑人医生、黑人律师或者黑人政客的时候，他都会感到惊讶。令他感到惊讶的是，就连没有电视的人都能认出他来。在金沙萨，他似乎就跟在1960年的罗马奥运会上一样兴奋，或许比那时候还要兴奋，因为在扎伊尔他感到这些人都是他的同胞，他们都对他有所期待。

在阿里的资助下，学生非暴力协调委员会的领导人斯托克利·卡迈克尔也去了扎伊尔，他曾在书中提到：“你完全看得到、也感觉得到他在源源不断地从同胞对他浓烈的爱中汲取着能量。真是难以置信。无论我们走到哪里。我的意思是，即使他跑起来——无论什么时候——全城的年轻人好像都会跟着他跑起来。在他周围，在他身后，总是跟着一群衣衫褴褛、欢天喜地的黑人青年，他们的眼睛里闪烁着骄傲和兴奋的光芒。”[23]

唐·金和汉克·施瓦兹原本希望凑够7000名愿意花数千美元前往扎伊

尔的欧洲客户和美国客户，可是最终他们只找到了大约35个这样的客户[24]——不是35000，而是35。35个人。35名花高价去看拳击比赛的游客。

两位美国推广人曾向扎伊尔政府承诺，他们会将一部分赞助收入分给后者，这些赞助项目包括福尔曼-阿里泡泡糖、福尔曼-阿里糖、福尔曼-阿里T恤衫、福尔曼-阿里节目单、福尔曼-阿里明信片。可是，这些交易都没有实现。不仅如此，按照约定，在金沙萨举行的这场比赛的门票收入也全部归扎伊尔方面所有，可是现在只有扎伊尔当地人购买门票，他们支付的价格太低了，他们贡献的门票收入根本无法补偿扎伊尔政府为这场比赛投入的成本。为了做宣传，扎伊尔的领导人提出这场比赛是“蒙博托总统送给扎伊尔人民的一份礼物”。[25]全国各地都竖起了浅绿底黄字的路标，路标上用法文和英文写着：

> 由黑人组织的，黑人民族中的两个黑人之间的比赛，全世界都将看到，这是蒙博托主义的胜利。
>
> 在掠夺和系统性剥削下流血的扎伊尔必须成为反对帝国主义的堡垒和解放非洲大陆的先锋。
>
> 福尔曼-阿里之战不是两个敌人之间的战斗，而是两个兄弟之间的一场体育比赛。

蒙博托不太可能为这场比赛的财务状况感到担忧，毕竟这次事件具有极大的公关价值，再加上他已经从自己的国家大肆掠夺了数十亿美元。

由于大量的机票和酒店房间没有卖出去，更不用说为了迎接美国游客，扎伊尔的冰箱里还储存了数千份洛林蛋奶火腿挞和基辅鸡肉卷，[26]唐·金便决定邀请一些客人免费参加他此次的非洲之旅，其中就包括那4名被雇来推销旅游套餐的洛杉矶美女。一开始，维罗妮卡·波奇拒绝了邀请，她说自己不想错过南加州大学的课程。不过，最终她还是改变了主意，同意前往扎伊尔，这主要是因为她还从来没有出过国，也不知道下一次碰到这样的好事会是何年何月了，或者说，都不知道以后还能不能碰上这样的好事。[27]来到金沙萨后，有一天，阿里的跟班C.B.阿特金斯找到维罗妮卡，问她是否愿意去看看阿里的训练营。维罗妮卡说愿意，她还问崔娜——唐·金选中参加这次旅行的另一个女孩——是否也可以一起去训练营。

崔娜比维罗妮卡大四五岁，当时她穿着一件白色无袖T恤衫，没有戴胸罩。维罗妮卡的穿着比较保守，上身是一件粉红色的长袖衬衫，下身是一条配套的粉红色休闲裤。当她们见到阿里的时候，这位拳击手并没有理睬维罗妮卡，而是和崔娜调起了情。不过后来，当两个女孩坐上返回金沙萨的公共汽车时，阿里提出要跟她们一起坐车。他坐在了维罗妮卡旁边的座位上，在40分钟的车程中，他和维罗妮卡不停地聊着天，聊的基本上都是他们的童年生活和他们的家人。[28]

回到金沙萨后，阿里和维罗妮卡道了别。他们没有亲吻，也没有向彼此发出邀请，试图让这个夜晚变得更长一些。但是，维罗妮卡能感觉到阿里喜欢她，她惊讶地发现自己竟然也如此喜欢他。太不可思议了，一个这么英俊、这么有名的人看上去竟然如此单纯、如此迷人——“就像一个乡下男孩一样。”她说。[29]

没过多久，维罗妮卡就开始天天和阿里见面了。他们刻意安排着见面时间，以避开贝琳达。“他彻底征服了维罗妮卡。他总是去招惹她。”罗斯·詹宁斯回忆道。[30]

渐渐地，记者们也注意到了阿里的新同伴，开始打听她的情况。面对记者们的询问，阿里一笑置之，“是我的保姆”，他说。[31]他不在乎，维罗妮卡也不在乎。她太年轻了。而且，现在他们又在非洲。她有生以来见过的最英俊的男人是那么可爱善良，而且完完全全被她迷住了。这是一种令人无法抗拒的浪漫。

多年后，维罗妮卡说：“我还记得我爱上他的那一刻，就是那一刻。”那一刻，他们在恩塞尔区的别墅里，阿里穿着黑色短袖衬衫和休闲裤。“他把他要说的那些长篇大论都写在了卡片上，那些话非常动听，是关于友谊和爱情的。他讲着爱情和……我就爱上了他。我有了一种特别清晰的感觉……就在他长篇大论的过程中，我突然被某种能量击中了。然后，我就知道了。”[32]

后来，维罗妮卡才知道那些话不是阿里说的，而是他整篇整篇从宗教书籍上摘抄的。不过，这并不重要。她坠入了爱河，这是她有生以来的第一次。

距离预定比赛日还有9天的时候，即9月16日这一天，乔治·福尔曼的右眼在一次对打训练中受了伤。由于伤势严重，比赛不得不推迟，至于推迟多久，没有人知道。最初的报道称，至少需要一个星期的时间。不久，各种迹象表明，比赛将会延期一个月甚至更长的时间。

对于所有参与此事的人来说，这都是一场灾难。蒙博托担心阿里、福尔曼和报道比赛的记者会迅速离开扎伊尔，从此一去不返。为了防止这种情况发生，他命令两位拳击手和他们的经理交出他们的护照。

阿里感到十分沮丧，他说延期是“所有可能出现的情况中最糟糕的一种”。[33]一开始，他提议比赛按期进行，他还说，如果在比赛过程中福尔曼眼睛上的伤口裂开了，他将同意6个月后再打一场。后来，他又提议让乔·弗雷泽飞到金沙萨，取代福尔曼。

福尔曼拒绝缝针，他说他不信任当地的医生。由于只是在眼睛上贴了一条蝴蝶绷带，他不得不放弃对打训练，但是他还在坚持其他训练。阿里也在坚持训练，他还说服了维罗妮卡休学一段时间，跟他一起待在扎伊尔。贝琳达已经回国了，她显然还不知道丈夫的新恋情。[34]

9月22日，为期三天的音乐节在扎伊尔拉开了帷幕，詹姆斯·布朗、B. B. 金、米里亚姆·马凯巴、西莉亚·克鲁斯、“纺纱轮辋”乐队和比尔·威瑟斯一一登台亮相。①音乐令人们激动万分，在很大程度上是扎伊尔大麻的作用使然，这种大麻被美国人称为“宾吉”，[35]税率很高，但是在扎伊尔有一些人在以第三世界的价格出售着这种大麻。一天晚上，阿里邀请维罗妮卡和他一起去体育场听音乐会。维罗妮卡不想去，但是她待在恩塞尔的别墅里等着阿里回来。这天晚上，他们亲吻了彼此，这是他们的第一次接

① 米里亚姆·马凯巴（1932—2008），被誉为“非洲妈妈”的南非女歌手。西莉亚·克鲁斯（1925—2003），被誉为“拉丁音乐皇后”的古巴裔美国女歌手。“纺纱轮辋”乐队，来自底特律的节奏布鲁斯乐队。比尔·威瑟斯（1938—2020），美国歌手及作曲家。他们都是黑人。

吻。很快，维罗妮卡就几乎日日夜夜都跟阿里厮守在恩塞尔的别墅里了。

贝琳达回到了非洲，她和阿里发生了激烈的冲突，但不是因为她发现了阿里和维罗妮卡的事情。冲突的起因是，阿里指责贝琳达和别的男人上了床。[36]

“阿里走进房间。他走过来，就像这样打了我的脸，砰！我的脸肿了起来……整个脸都肿了起来。把下面的眼眶都打青了……他打得太狠了。”贝琳达说。[37]

贝琳达一下子爆发了。她在阿里的脸上猛抓了一通，在他的左脸上留下了一道深深的伤口，伤口从发际线延伸到了太阳穴，在阿里接下来几天拍摄的照片中都看得到这道伤口。后来，阿里哭了，还向贝琳达道了歉。

“我本来可以让警察把他抓起来的。”贝琳达说。不过，当时她还是决定向外界隐瞒自己的伤势，因为她不想害得比赛无法举行。她戴上太阳镜，一直躲在众人的视线之外，直到脸上的肿胀消退。

维罗妮卡说自己不清楚阿里究竟有没有殴打贝琳达，不过，她证实了在事情发生后第二天贝琳达的确用太阳镜遮掩着两只瘀青的眼睛。[38]吉恩·吉洛伊说，他不相信阿里殴打了妻子。

在比赛前的几个星期里，人们一直看到贝琳达佩戴着一枚乔治·福尔曼的徽章。[39]阿里和维罗妮卡继续着两个人的浪漫，维罗妮卡一天比一天深陷于爱情。和所有人一样，她也认为阿里会输给福尔曼，但是她并不在乎。虽然他们才认识了几个星期，可是当阿里向她求婚时，维罗妮卡毫不犹豫地就答应了。她说，当时她有一种印象，阿里和贝琳达的婚姻几乎已经正式结束了。阿里是这么跟她说的。扎伊尔的一名牧师被叫到恩塞尔，他们在阿里的别墅里举行了婚礼。时隔多年，维罗妮卡说：“不能说这么做有多合法。我知道这很疯狂，可我们就是结婚了。”[40]

阿里向维罗妮卡承诺，等他跟贝琳达离了婚，他们立即就在美国举行一场正式的婚礼。

现在，已经有600多名记者抵达了扎伊尔，大多数记者都感到很痛苦，或许只有《滚石》杂志的亨特·斯托克顿·汤普森是个例外，他大部分时间都在忙着购买象牙、吸食大麻、把自己灌得酩酊大醉。旅馆房间的电话纯属装饰品，政府只提供了不多的几台电传机供记者们向国内发回报道。当地官员提供的点对点电传打字机倒是没有那么少，可是他们忘了提供连接机器的插座。无论走到哪里，游客们都会被宰上一笔“马塔比奇”，也就是小费，或者说是贿赂。为了杀死“米昌戈”，也就是一种生活在皮肤底下的寄生虫，他们不得不经常把衣服清洗和熨烫一遍，这种寄生虫会沉积在柔软的眼袋里，需要动手术才能清除掉。另外，扎伊尔的调酒师非常蹩脚，这或许才是最糟糕的事情。提起往事，罗斯·詹宁斯说：“他们都不知道‘螺丝刀’是什么。你得跟他们说就是伏特加和橙汁。如果你点冰茶，他们会给你端来冰淇淋。”在詹宁斯抱怨一个特别不称职的酒保时，坐在她旁边的那个美国人对她说：“罗斯，你不知道，一个月前这家伙还不知道怎么冲马桶呢。”[41]

在美国客人中，最悲惨的或许就要算乔治·福尔曼了。这位拳击手要求迪克·萨德勒安排他飞去比利时或者法国，以便找一个合格的医生检查一下他的伤口。可是，蒙博托不给福尔曼放行，这位扎伊尔的独裁者担心他一去就再也不会回来了。蒙博托的猜测或许没有错。他明确表示，只要有必要，福尔曼和阿里就必须待在扎伊尔，任何事情都不能阻止这场比赛。

就在福尔曼闷闷不乐的时候，记者们把目光转向了唐·金，这个人能给大家带来欢乐，也能提供很好的新闻素材。唐·金喜欢穿颜色鲜艳的短袖花衬衫，他那一头圆蓬蓬的非洲发型似乎也长到了前所未有的新高度。诺曼·梅勒就从唐·金的“爆炸头”汲取了写作灵感，他在文章中写道，唐·金看上去就像是从电梯井里掉下来似的，“头发嗖的一声就从头上飞了起来”。[42]在对比赛延迟的问题发表意见时，唐·金借用了莎士比亚的诗句：“厄运就像一只癞蛤蟆，尽管丑陋又有毒，头上却顶着一块宝石。”[43]他说，围绕这场比赛产生的其他悬念将会让这一盛事变成一起超级盛事。

与此同时，阿里做着自己最喜欢的事情——娱乐。在进一步了解维罗妮卡的同时，他练习了一套最基本的魔术，学会了用钢琴敲出两三首布吉伍吉（一种爵士乐）舞曲，[44]看了美国大使馆送到训练营的电影。为了方便那些急于搞到新闻素材、却从福尔曼那里得不到多少信息的记者完成工作，他每天都要召开新闻发布会，接受非正式的采访。来自非洲和欧洲的记者以前还从未听过他以前创作的那些诗歌，这个事实令他感到很开心。他甚至构思了一首新诗，名为《一次糟糕的清晨刮脸经历》的长篇颂歌。他还对扎伊尔进行了一番仔细的研究。除此以外，他还在坚持训练。为了确保在漫长的等待过程中，自己和陪练不会因为吃了当地的食物而变得虚弱或者生病，他还叫人从欧洲空运来一批肉食。[45]

在距离比赛还剩一个星期的时候，阿里再一次重申了自己的誓言：这将是他参加的最后一场比赛。他在一场新闻发布会上说："我计划一打赢这场比赛就退休。不会输的。"[46]

多年来一直追随着阿里、逐渐对他产生了强烈好感的记者们都对他的言行举止感到惊讶，他身边的一些人甚至对他感到了敬畏。阿里是怎么做到这一点的？他怎么能让自己一直如此阳光、一直能传达出如此强烈的自信？阿里并不天真。他知道福尔曼年轻、强壮、不可战胜。他知道福尔曼是这项运动有史以来最厉害的、以击倒获胜而出名的重拳手。他知道拉斯维加斯为福尔曼开出了3：1的赔率。[47]即使阿里真的认为自己比福尔曼更优秀、更聪明，他也还是得担心福尔曼有可能会给他造成伤害，担心自己的复出、自己的职业生涯有可能会被福尔曼一记高质量的出拳终结。《纽约时报》的记者瑞德·史密斯称阿里获胜的机会"就像扎伊尔一样遥远"，他还说："关于这次对阿里的安排，拳击爱好者中间有很多不严谨的说法，但就其本身的价值而言，这场比赛是一个正在崛起的力量型年轻选手和一个早就过了巅峰时期的民间英雄之间的较量。"[48]一名英国记者打趣说，只有一种方法可以阻截福尔曼，"轰炸他三天，然后把他派到步兵部队去"。[49]

然而，就像水不会留在大理石雕像上一样，压力也不会留在阿里的身上。他只说着自己会获胜、再次成为拳王、重新赢得伊利贾·穆罕默德的青睐之类的事情。

他说："我有一个梦想：我穿上西装，准备好手提包，收拾好行李，我要去看看领路人会为我安排什么样的使命。这次冠军赛增强了我作为先知的声誉。我再也不是荒野中独一无二的哭泣声。舞台已经就绪。"[50]

第四十一章
丛林大战

10月30日，也就是比赛当天，凌晨两点，穆罕默德·阿里站在宽广的扎伊尔河（旧称“刚果河”）边。倒下的树木像一根根火柴一样顺水而下，一轮苍白的明月照耀着大地，空气温暖而潮湿。阿里穿着一身黑色的衣服站在那里，他的身旁都是他最信任的人。所有人都悄无声息，就像是一群准备去执行一项危险任务的战士。

一个小时后，在金沙萨体育场的更衣室里，阿里试图让自己放松下来。

“怎么了？大家都害怕了吗？”他问道。[1]

这天晚上早些时候，他看了恐怖电影《鬼男爵》。这会儿，他说那个才是真的可怕，而他和乔治·福尔曼的比赛并不可怕。“这不过是穆罕默德·阿里充满戏剧性的生活中的又一天而已！”他假装害怕地翻了翻眼睛，然后换上了带有黑条纹的白色拳击短裤和带有黑非洲图案的白色长袍。平时，阿里穿的都是邦迪尼为他设计的长袍，现在后者的胳膊上就挂着一条带有扎伊尔式配色的镶边、胸口上方有一幅扎伊尔地图的长袍。可是，阿里不想穿邦迪尼的这条长袍。

“瞧，这条看起来好多了。”阿里一边说，一边在镜子前转了个圈。“这是非洲风格。看看镜子吧。”

邦迪尼拒绝看镜子。

阿里打了他一巴掌。

“我叫你看你就看！别再这副德行了。”

邦迪尼还是不愿意看镜子。

阿里又打了他一巴掌。

尽管如此，邦迪尼还是不愿对阿里选中的袍子表示认可。

阿里耸耸肩，在训练桌的另一头坐了下来，他的头上悬挂着缓慢转动的吊扇。他用低沉单调的声音喃喃自语起来。他的口中念叨着以前创作的诗歌和自己最喜欢的口号，就像是在回顾自己的拳击生涯："动如蝶舞，拳如蜂蜇……看不到，就打不到……我受伤了……我倒下了……但是，我没有被击倒……被击倒的时候你的眼前肯定是黑的……真奇怪，竟然被干掉了。"最后，他说道："好了！让我们在丛林里打一架吧！"

他从桌子上跳了下来，试图抚慰一下邦迪尼。"邦迪尼！咱们要蹦起来吗？"他喊道。

对方没有应答。

"咱们不是要蹦起来吗，邦迪尼？你知道的，没有你我就蹦不起来。"

邦迪尼仍然很伤心。终于，他开口了："哦，天哪，拳王。蹦上一整晚。"

"咱们要跟他蹦起来吗？"

"蹦上一整晚！"

这时，有人喊了一声："十分钟。"

邓迪给阿里的两只手缠上了绷带。然后，他检查了一下，确保自己准备好了比赛需要用到的所有物品：衬衫口袋里装着棉签，耳朵后面夹着一小瓶嗅盐，左屁股兜里装着止血粉和纱布，右屁股兜里装着凝血水和手术剪，另外还有一个装得满满的工具包，里面装着一个冰袋、更多的纱布垫、一副备用鞋带、一副备用护齿和更多的嗅盐。

赫伯特·穆罕默德把阿里领到一个厕所隔间——这是唯一能找到的私密的地方——两人一起做了祷告。[2]

阿里平静地穿过体育场，走上拳击台。围在他身边的都是一贯陪伴着他的那些人：拉哈曼、邓迪、赫伯特、邦迪尼和吉洛伊，他们都带着一副配得上抬棺人的表情，此外还有几十名戴着白色头盔的扎伊尔士兵。体育场上空悬挂着一幅巨大的蒙博托画像。阿里笑呵呵地从坐在拳击台边的乔·弗雷泽身边走了过去，然后钻过围绳，脚底下迈起滑步，两只拳头冲着空气挥舞起来。他脱下长袍，褐色的身体在拳击台的灯光下闪闪发光。台下，一大群褐色的面孔注视着他的一举一动。阿里一边蹦跶，一边挥舞着手臂，观众高喊着他的名字，仿佛他们已经为这一刻排练了几个月。从某种意义上而言，事实的确如此。

快到凌晨4点了，拳击台附近的数千个座位都空着，这些座位的售价为250美元，是为唐·金原本希望能吸引来的美国和欧洲观众预留的。但是，在内圈座位的后面，有四万多个扎伊尔人站在一个远离拳击台的宽大低矮的椭圆形运动场里等待着。对于坐在廉价座位上的观众来说，阿里和福尔曼完全就是两个小黑点，他们根本看不清这两位拳击手敏捷微妙的动作。拳击台上方搭起了一片波浪形的铁皮屋顶，以免比赛过程中突然下起热带特有的倾盆大雨，但是屋顶进一步妨碍了坐在外围座位上的观众的视线。观众似乎毫不在乎视线被遮挡了一些，也不在乎一旦下起雨，自己就会被淋得湿透。他们已经等了一整夜了。现在，好戏终于要开场了。“阿里，干掉他！”他们一遍又一遍地呼喊。阿里挥了挥手，像乐队指挥一样带领着他们。

在世界各地，人们都坐下来看起了这场比赛。在许多国家，这场比赛会出现在人们家中的免费电视频道中；在美国、英国和加拿大，人们去电影院花钱在大银幕上观看这场比赛。纽约的华尔道夫–阿斯托里亚酒店的大宴会厅预计将有大约两千人一起观看比赛，比赛将于晚上10点左右开始，花上85美元买一张门票，你不仅可以观看比赛，还可以吃一顿晚餐，享用不限量的威士忌。[3]在纽约地区的汽车电影院，票价约为一辆车8美元左右。曾经夺得过世界重量级拳王头衔的杰克·邓普西、吉米·布拉多克和吉恩·滕尼将在麦迪逊广场花园观看比赛，这里的门票售价高达30美元。就连纽约以外的地方，门票也不便宜，例如，密尔沃基的票价是20美元，盐湖城的票价是17美元。阿里曾一度吹嘘全世界将有20亿人观看这场比赛。这是不可能的。实际上，能够观看比赛直播的观众大约有5000万人，另外有3到5亿人会观看录像转播。[4]尽管如此，5亿观众这个数字还是相当可观的。在观看这场比赛的很多人眼中，阿里不只是一个处于劣势的选手，不只是一个美国黑人，也不只是一个穆斯林——他是反抗的象征。

在金沙萨，空气中充满了降雨的威胁。还有暴力的威胁。扎伊尔全国已经等待这一刻几个月了。数百名士兵站在拳击台四周以及整个体育场各处关键位置上，他们的存在足以展示力量，但是一旦乌云裂开、比赛因下雨而被取消——或者更糟糕的是，一旦福尔曼用一记大力出拳干掉了阿里——这些士兵是不足以控制住4万扎伊尔人的。

福尔曼来了。乐队奏响了美国国歌，接着是扎伊尔国歌。就在邓迪帮阿里戴上8盎司（227克）重的手套时，阿里冲着拳击台另一端的福尔曼嚷嚷了起来。他嘲弄着拳王，当裁判扎克·克莱顿叫两位拳击手到拳击台中央重温比赛规则时，他还在继续奚落福尔曼。“蠢货！你会在这么多非洲人面前被打败的！”他恶狠狠地对福尔曼说。[5]

裁判叫阿里闭嘴。阿里没有闭嘴。“你从小就一直听人说我有多厉害，那会你还拉裤子呢。今晚，我要把你揍得像个婴儿一样嗷嗷大哭！”他咆哮着。[6]

铃响了。几个月来，阿里不停地说自己会蹦跶起来，还说他就要靠这种方法打败慢吞吞的福尔曼。就在刚才，他还在更衣室里念叨了一遍。现在，终于该蹦起来了，他却没有蹦起来。相反，他就像是一心寻死的人一样拖着脚步走到拳击台的中央，和乔治·福尔曼站在一起。

记者们守在拳击台边。

“哦，天哪，作弊！”普林顿喊了起来，[7]在海洋般巨大的咆哮声中他几乎都听不到自己的声音。普林顿还以为阿里会一动不动地站在那里，挨上福尔曼一拳，然后就像桑尼·利斯顿在缅因州的刘易斯顿时那样倒下去。

然而，阿里心里另有打算。在比赛前几个星期，他向传奇教练库斯·达马托请教过，后者告诉他福尔曼是个恶霸。达马托说，对付恶霸最好的办法就是先出手，打他，狠狠地打他。让他知道你不怕他。[8]

阿里正是这么做的。他抢先打中福尔曼两拳，连续30秒他不停地挥着拳，忙得都顾不上蹦起来了。当福尔曼控制住局面，将阿里逼退到角落时，角落里的团队成员都疯狂地嘶喊起来，向他发出了警告，就好像阿里是一个游泳运动员，不小心漂到了一条鲨鱼附近。但是，即使在这种情况下，阿里也没有蹦蹦跶跶地躲到别处去，而是从角落挪到了围绳前，正如乔治·普林顿在《体育画报》的文章中描述的那样，围绳“一贯都是耗尽了体力的拳击手的中途之家，下一站就是垫子”。[9]这一幕看上去就像是阿里在自杀，只不过，福尔曼的大部分出拳要么落空了，要么就落在了阿里的胳膊上。没过多久，阿里又回到了拳击台中央，用右手猛地打出有力的一拳，狠狠地砸在福尔曼的头上。福尔曼进行还击，用一记强劲的左拳打在阿里的脸上。

这个回合就是这样进行着，两个人高马大的拳击手你来我往地出着惊人的重拳。观众们尖叫着，阿里的态度令所有人都感到惊讶，他竟然愿意直挺挺地站在那里打；福尔曼则挥着又大又圆却毫无效果的重拳，他觉得自己只要打出一记好拳就够用了。这3分钟的打斗十分激烈，惊心动魄。这一回合结束后，福尔曼坐在凳子上，脸上露出了笑容。这是他喜欢的打斗方式。要是阿里想跟他对打，他会乐意奉陪的；要是阿里想靠在围绳上，任由他发挥出自己的最佳水平，他也会照做的，甚至会更乐于这么做。

后来，阿里说过他想看一看福尔曼是否知道如何从“半梦半醒的房间”中挣脱出来。当你的大脑信号变得模糊时，你就会进入“半梦半醒的房间”。考虑到福尔曼在大部分比赛中都能轻而易举地获得胜利，阿里怀疑他可能不具备逃出这个“房间”的能力。但是，在第一回合结束时，阿里出人意料的战术不禁令他的团队成员感到恐慌。

“你在干什么？”

“你干嘛不蹦起来？”

“你得蹦起来！”

“离开围绳……”

“别说了。我知道自己在做什么。”阿里回答道。[10]

第二回合和第三回合看起来还是一样的，只不过节奏慢了一些。福尔曼气势汹汹地逼上前去，把阿里逼到了围绳前。福尔曼不停地出着拳，阿里向后一靠，眼睛瞪得大大的，警觉地注意着危险。他没有从围绳上滑开，绕着拳击台蹦来蹦去，充分利用自己在速度方面的优势，而是待在原地，勉强做着短促快速的反击，福尔曼每打出两三拳，他才出上一拳。很快，阿里就像和乔·弗雷泽第一次交手时那样，摇头晃脑地冲着福尔曼喊叫了起来："你就这点本事吗？你就这点本事吗？"这就是阿里的计划？任由福尔曼揍他？招架住对手能打出的最高质量的出拳，指望着对方把燃料耗尽？想到这一点，守在阿里那个角落的所有人都感到了恐惧。在阿里对抗弗雷泽和诺顿的时候，这种策略都遭遇了失败，在对抗强大的福尔曼时失败的可能性似乎就更大了。

"蹦起来！蹦起来！"角落里传来了喊叫声。

在第三回合中，阿里依然采用了同样的策略。他靠在围绳上出着拳，抱住福尔曼的脑袋，试图让他慢下来，还在他的耳边低声说些打击人的话。在这一回合还剩一分钟的时候，福尔曼打出了当晚他最精彩的几拳——三记右拳——每一拳都结结实实地落在阿里的脑袋上。阿里抱住福尔曼的脖子，又对他说了起来，毫无疑问，他在贬低福尔曼的打击力量。接着，就在这一回合最后10秒钟里，他砰砰砰地打出了几记令人震荡的重拳，回击了福尔曼。

阿里的拳头给福尔曼造成了伤害，有时候甚至把他打得失去了平衡。但是，福尔曼仍然具有很大的威胁性，他继续跺着脚向前逼近。在福尔曼进攻时，阿里就靠在围绳上，身体倾斜着吊在记者席里的打字机上方，用普林顿的话来说，那副样子"就像是有人从自己家的窗户往外看，想看一看屋顶上是不是有一只猫"。

在第四回合中，他透过护齿奚落着福尔曼："这就是你的最高水平？你都出不了拳……让我看看你的真本事吧！……把它还给我！它是我的！现在轮到我了！"

在这一回合的最后30秒，的确轮到阿里了。他离开围绳，发起进攻，他如同蜂蜇一样的出拳速度太快了，福尔曼根本招架不住。

福尔曼的眼睛肿了起来，脚底下越来越慢，到最后他看上去就像是需要打一会盹似的。

福尔曼没有后备计划，他只知道一种战斗方式。福尔曼的出拳慢了下来，阿里继续靠在围绳上，耐心地等待着反击的机会。第五回合过后，福尔曼一方的人——迪克·萨德勒和阿奇·摩尔——开始抱怨起来：围绳太松，阿里的身体靠得太后了，导致他们的拳击手无法命中目标。这些抱怨毫无用处。在不经意的旁观者看来，似乎阿里任由福尔曼尽情地出着拳，自己则一拳不出。然而，事实并非如此。阿里的出拳其实几乎和福尔曼一样多，他们两个人最大的区别就在于，阿里的出拳都是有效的，福尔曼的出拳则用力猛击，要么落空了，要么就落在了阿里的胳膊上。另一个重要区别是：在每一回合中，福尔曼都会不停地打上3分钟的时间，而阿里则保存体力，等到只剩下30秒钟的时候才会全力以赴。他知道打出那么多拳，而且还有那么多出拳落空了，福尔曼肯定会感到疲惫，在每一回合的最后几秒钟里就更是疲惫了。他知道在这个时候自己的出拳会造成更大的伤害。他知道福尔曼没有多少时间进行反击。他知道自己姗姗来迟的爆发会给裁判们留下深刻的印象。有一次，原本趴在那里的他站了起来，用一记格外锐利的出拳击中福尔曼，就在这时他看了看担任比赛播音员的吉姆·布朗，冲他眨了眨眼睛，就好像是在说，我能搞定。

在第六回合中，阿里的表现令福尔曼吃了一惊。他径直走到拳击台中央，干净利索地对着福尔曼的前额打出三记左拳。他每打出一拳，观众就会嘶喊他的名字，仿佛他们就是他的私人合唱团。

出拳。

“阿里！”

出拳。

“阿里！”

出拳。

“阿里！”

这一回合进行到一半的时候，阿里又回到了围绳前，休息了起来。他把屁股靠在从上往下数的第二层围绳上，等着福尔曼过来打他。拳击界有一句格言：如果一个拳击手试图跟沙袋打上15个回合，那么获胜的肯定是沙袋。阿里就是那个沙袋。后来，他和其他一些人将他的这种被动防守策略称为“套傻瓜战术”，这个名称暗示着阿里诱使傻瓜福尔曼钻进了圈套。事实上，这种战术并不是阿里事先策划好的，也算不上是天才之举。其实，这种战术反而让比赛变得很无聊了，但它又是必需的。它是一次充满受虐精神的壮举。阿里没有足够的速度躲开对方的出拳，也没有足够的力量和耐力在每一回合中进行更长时间的反击。他对自己最大的希望就是比福尔曼坚持得更久。在《拳击运动的发展历程》一书中，迈克·西尔弗写道：“在拳击运动的整个历史上，这种算不上是策略的策略只奏效过一次。”[11]这一次正是那唯一的一次。

“你就这点本事吗？”阿里问福尔曼。

福尔曼就这点本事。

在这一回合即将结束的时候，福尔曼——自桑尼·利斯顿以来最高大、最可怕的重量级拳王——挥出的拳几乎都难以打翻一个花瓶。他看上去就像是阿里造就的一具木乃伊，一个行动迟缓得已经不可能对任何人造成伤害的活死人。

第七回合开始的铃声响了，阿里又回到了围绳前，坐在那里等着福尔曼过来出拳。同样地，他又一次在比赛还剩下30秒的时候发起进攻。时间一分一秒地过去了，阿里用右手打出一记后手直拳，把福尔曼的脑袋打得转了将近180度。福尔曼头发上的汗珠像一圈光晕一样飞溅开来。受伤的拳击手摇摇晃晃地站直了身子。

阿里叫喊着：“你还有8个回合！还要打好多回合啊，傻瓜！”[12]

在第七回合接近尾声的时候，乔·弗雷泽告诉世界各地的观众：“我有一种感觉，乔治赢不了了。”[13]

第八回合开始了，福尔曼摇摇晃晃地从凳子上站起来。现在，他需要击倒对手。在这种情况下，他打出一记又一记凶猛的重拳，可是大部分出拳要么没有命中目标，要么收效甚微。

阿里再一次等待着。在这一回合还剩下21秒钟的时候，他打出一套先左后右的组合拳。两拳都命中了目标。阿里预料到会有一记反击，于是又打出一记左拳和一记右拳，接着又打出了一套组合拳。现在，一股巨大的能量推动着他。他飞旋着冲出角落，来到拳击台中央——一记左拳，一记右拳，再一记左拳。福尔曼失去了平衡，两只手高高地举在半空中，活像是面对着一个武装抢劫犯似的。就在这时，阿里的第五拳又来，这一拳也同样没有激起对手的回应。

“哦，老天爷！他太狼狈了！”邦迪尼喊道。

接下来的一拳正中头部。福尔曼踉跄了几步，两只手在空中疯狂地抓了半天，然后他就跌倒在地上了。阿里抬起胳膊，绕着对手兜起了圈子。但是，已经没有必要再出拳了。福尔曼瘫倒在了垫子上。

阿里举起了双臂。不一会，他就被众人团团包围在了拳击台上。

几年后，福尔曼宣称就在开赛前他被自己的教练下了药，几十年过去了，他对这种说法越来越笃定了。他是这样解释的：在比赛前，他通常都会避免喝水，尽量让身体少一些水分，这样他的身体就会显得很瘦，肌肉也会更清晰，他会一直等到比赛即将开始的时候才喝上一点水。在扎伊尔的时候，萨德勒在比赛即将开始的时候给了他一些水。他觉得水喝起来有一股药味，可是当他抱怨的时候，萨德勒却说他疯了，他在扎伊尔每天喝的都是同样的水，于是他就把剩下的水灌了下去。他说，在爬上拳击台的时候，他感到自己昏昏沉沉的。不是高温或者潮湿的缘故。这是一种他以前从未有过的懒惰感。比赛结束后，他想起了萨德勒给他的水，他确信自己被下了药。

将近四十年后，福尔曼在一次采访中说道：“我清楚这件事。我清楚发生了什么。”福尔曼的经理为什么要给他下药？福尔曼怀疑萨德勒与赫伯特·穆罕默德达成了一笔交意：让阿里赢得这场比赛，咱俩就都能在重赛中大捞一笔了。

福尔曼喋喋不休地说着自己输了那场比赛究竟是因为他被下了药，还是因为阿里比他更优秀的事情，听上去就像是一个仍然心怀怨恨但是又希望自己能够宽宏大量的人。“倒不是说打败我的是水。打败我的是穆罕默德。一记右手直拳。是我这辈子挨过的最快的一记右拳。我是被这个打败的。只是，当时他们在我的水里下了药。”他说。[14]

福尔曼还抱怨说，在他被击倒后，裁判扎克·克莱顿只给了他8秒钟让他站起来，而不是10秒钟。比赛回放显示福尔曼说得可能没有错。克莱顿数秒的过程似乎又快又短。当他开始数秒时，那个回合只剩下8秒钟，不等他数到十，宣布结束的铃声就应该响了。但是，就算不考虑铃声的因素，福尔曼似乎也在克莱顿还没有数到十的时候就已经站起来了。

然而，当福尔曼站起来的时候，克莱顿却挥舞着手臂，宣布阿里击倒获胜。

福尔曼说，在比赛前萨德勒管他要了2.5万美元的现金，这笔钱是给克莱顿的，以确保他不会偏袒阿里。[15]福尔曼说他把钱给了萨德勒，萨德勒也把钱给了克莱顿，但是多年后他发现，赫伯特·穆罕默德也曾向克莱顿支付过一笔现金，后者也同样是为了萨德勒所说的目的，也就是确保这位裁判不会偏袒对方。按照福尔曼的说法，赫伯特支付的那笔钱“略高于”2.5万美元。

在被问及福尔曼的说法是否属实的时候，吉恩·吉洛伊愤怒地嚷嚷了起来：“胡说八道！我们只付了一万元！”[16]

这些阴谋论可能会流传几十年，但它们不会对现实产生任何影响。在与桑尼·利斯顿的第一场比赛之前，还是凯瑟斯·克莱的阿里在迈阿密的家中用毡制粗头笔在床垫上写下了“世界重量级拳王”的字样——旁边就是他的名字。从那时起，已经过去十年半的时间了。现在，他改了名字，但是那个头衔又重新属于他了，他因此成为拳击史上第二位失去拳王头衔后又重新夺回的重量级拳击手。

阿里离开体育场的时候已经是拂晓时分了。他和贝琳达爬上一辆银色“雪铁龙”的后座，团队里的其他人坐上两辆大巴。他们组成了一支车队，一辆配着橙色指路灯的警车在前面领路，用普林顿的话说，车队“就像……一支部队穿过解放区一样”[17]穿过了金沙萨。人群涌上街头庆祝阿里的胜利，所有人都高声喊着“阿里！阿里！阿里！”当车队驶出城市，朝阿里的训练营方向开去时，路两旁满是闻讯赶来的群众。低沉的乌云笼罩着群山，清晨的天空泛起了绿色。突然，大雨倾盆而下，敲打着两辆大巴和阿里乘坐的轿车的车顶。普林顿还记得，就在阿里令人震惊地击败桑尼·利斯顿之后，迈阿密也下起了雨。那时候，这位拳击手还是一个勇敢的暴发户，现在他已经是一位国王了，此时此刻他正透过淌着一道道雨水的窗户凝视着王国的另一片土地。[18]

由于暴雨，车队放慢了行进的速度。“天上在下牛头犬呢。”邦迪尼说。[19]

第二天，阿里哈哈大笑起来，他觉得是他让这场雨一直憋着没下下来，直到比赛结束。

在阿里战胜了强大的福尔曼后，有关他的神话再度流传开来。他就是敲打大山的约翰·亨利，但是他比后者更伟大，因为多年来他一直在不停地敲打着——敲打利斯顿，敲打帕特森，敲打那些让他闭嘴的白人记者，敲打林登·约翰逊，敲打尼克松，敲打美国最高法院，敲打诺顿，敲打弗雷泽，现在又敲打了高大厉害的乔治·福尔曼。

15年来，他不停地告诉全世界：“我是最伟大的！”谁会不同意这种说法呢？

他始终都是一个充满魅力的人，这或许才是他最令人惊讶的成就。他喜欢自吹自擂，但他知道如何自嘲。他意识到，自己虽然不是一个显而易见的王位继承人，而是一个宫廷小丑，但这个宫廷小丑终有一天会成为国王。前一分钟他还在说自己可能会拜访杰拉尔德·福特总统，问问他能否让他以外交官的身份为国家效力，下一分钟他又表演起了魔术——“吧啦吧啦变！”——将三根长度不等的绳子变得一样长了。尽管阿里总是一副咄咄逼人的样子，他所从事的这项运动在本质上又非常残酷，但是他身上那种无忧无虑的乐观精神颇能博得人们的好感，无论是黑人还是白人。种族主义仍然盛行于美国社会，越南战争留下的伤口还丝毫没有愈合，老兵们拖着残缺不全的身体、怀着自杀的念头回到家乡，显然没有欢庆胜利的游行等待着他们。在这个愤世嫉俗和绝望之情日渐强烈的时代，美国老百姓已经不再信任他们的领袖了，也彻底失去了对英雄主义以及英勇事迹的想象。然而，阿里——一个完全有理由愤怒的人——却依然生气勃勃，依然满怀希望，依然赏心悦目。他不是一个完美的美国英雄，他只是他那个时代的完美英雄。

接下来，他打算做什么？

阿里坦言他也不确定。

“但是，我知道用我的拳头打败乔治·福尔曼、征服世界是不会让我的同胞获得自由的。我很清楚，我必须超越这一切，让我自己做好迎接其他挑战的准备。”

“我知道，我进入了一个新的竞技场。”他说。[20]

第四十二章
继续前进

回到家，阿里受到了英雄般的欢迎。在芝加哥落地后，这位拳击手在车队护送下前往市政厅，市长理查德·J. 戴利宣布将1974年11月1日这一天命名为“拳王阿里日”。阿里打扮得十分考究，身上穿着一套蓝色西装，脖子上系着一条围巾，手里还拿着扎伊尔的统治者赠送给他的一根华丽手杖。他向戴利市长表示了感谢，让记者们拍了照。他告诉记者，他很想见到自己的四个孩子“以及我的伟大领袖伊利贾·穆罕默德”。[1]

然后，阿里从市政厅出发，前往伊斯兰民族组织在芝加哥南区经营的色俩目餐厅。第二天，他登门拜访了伊利贾·穆罕默德，结果他看到了一个在健康、智力和权力各方面都严重衰弱的伊利贾。多年来，一直有传言说，这位使者的脑子已经越来越迟钝了。[2]他近来发表的一些声明与他的核心原则有所出入，例如，在1974年的年度救世主日大会上发言时，他就敦促自己的追随者们停止谴责白人，不要再将自己的问题归咎于美国社会。他说：“奴隶主们说你们可以拥有自由了，我们也看到他们并不生我们的气，所以过错已经不在于他们了。”他告诉《穆罕默德之声》的编辑利昂·福里斯特：“咱们不要再说蓝眼睛的魔鬼的事情了。”[3]联邦调查局的报告显示，当时伊利贾·穆罕默德已经在认真考虑允许自己的追随者参加选举投票的事情了。

伊斯兰民族组织表面上仍然没有接受阿里，但是在此期间，这位拳击手一直宣称自己是坚定的信徒，而伊利贾·穆罕默德和伊斯兰民族组织也继续通过自己与阿里的交往获取着经济利益。阿里从非洲归来后，伊利贾再一次重申了自己的观点：他应该退出拳击界，回到伊斯兰民族组织，当一名牧师。和其他人一样，伊利贾深刻影响了阿里的一生。这位使者给予了他一种新宗教和一个新名字，迫使他和第一任妻子离婚，抛弃亦师亦友的马尔科姆·X，拒绝入伍。在从非洲回来一个月后接受的一次采访中，阿里说："我的全部生活就是伊利贾·穆罕默德。就是一切。"[4]

尽管如此，他还是不能说服自己服从伊利贾的这道命令。在夺回拳王头衔后，他仍然没有退役的打算。

是他的信仰有所动摇吗？还是他的胃口变大了？或者是这些因素的综合作用？

在非洲之战结束后的一次新闻发布会上，阿里说："我感到非常内疚，这么轻松地赚到了这么多钱。跟乔治·福尔曼的比赛让我轻轻松松地就赚到了500万美元……从现在开始，对于每一场拳王争霸战，我只想赚回训练所需的费用。我想把我的那份钱捐给有需要的组织。"他特别提到了"伊斯兰民族组织"和"全国有色人种协进会"，尽管这两个组织有着相互冲突的使命。当被问及是否有一天会成为伊斯兰民族组织的领导人时，他说："不会的，先生。我不想当领导人。我的生活不够干净，当不了精神领袖。"[5]

在芝加哥命名了"穆罕默德·阿里日"一个星期后，路易斯维尔也做了同样的事情，在阿里回到家乡的时候，迎接他的是拉拉队和中央高中的鼓乐队。奥德萨·克莱也在那里，她的身上披着一条白色貂皮披肩，那是她的儿子最近刚刚送给她的礼物。[6]路易斯维尔市长宣布，市中心的军械库路将改名为"穆罕默德·阿里广场路"。阿里告诉众人，去过世界各国之后，他仍然认为路易斯维尔是全世界最棒的城市——"主要是因为我就来自这里"。[7]他叫中央高中的学生们好好学习，这样他们就不会像他那样需要那么多律师了。在机场发表了十分钟的演讲后，阿里钻进一辆安装了两部电话、一台电视机和一台冰箱的白色凯迪拉克豪华轿车，他在车里站起身，把脑袋从天窗里伸出来，向人群挥手告别。[8]

"老兄，你是最伟大的！"一名崇拜者冲阿里喊道，阿里冲对方眨了眨眼睛。[9]

按照《乌木》杂志的说法，阿里战胜福尔曼的事情令他的崇拜者对他产生了一种新的钦佩之情。“这些人与穆罕默德·阿里之间的特殊关系存在着某种宗教因素，这种说法不着边际吗？”《乌木》问道。杂志还引用了一名黑人皮肤科医生的话，此人在华盛顿特区一座挤满了17000人的体育场里观看了这场“丛林大战”，“其中大部分都是黑人。我们看着阿里一个回合又一个回合地战斗着，试图拿回他失去的拳王头衔，他是一个地地道道的黑人，能够独自承担后果。嗯，就在我们看着他的时候，似乎有什么东西穿过了人群，某种温暖而美好的感觉……他获胜的时候，体育场里的每一个人似乎都突然消除了我们对身为黑人的自己以及对其他黑人的负面想法，走出体育场的时候我们的内心充满了骄傲、友爱，还有作为黑人的自爱。”这名皮肤科医生告诉《乌木》杂志。

阿里对美国的白人也产生了极大的影响。18岁的帕特·哈里斯是一名码头工人的儿子，在新泽西州的维霍肯长大。在1971年的时候，他恨阿里，恨他拒绝为国家而战，恨他那么傲慢，恨他说乔·弗雷泽的那些坏话，当弗雷泽在与阿里的第一场比赛中获得胜利时，他欣喜若狂。他和伙伴们每人花20块钱买了麦迪逊广场花园最后一排座位的票，观看阿里和福尔曼的比赛。比赛是通过闭路电视转播的，但是体育场里洋溢着令人难以置信的活力。当福尔曼的脸出现在屏幕上时，每个人都喝起了倒彩，每个人都在为阿里欢呼。提起那个夜晚，哈里斯说：“我一下子变成了阿里的崇拜者。”直到后来他才意识到阿里对他的种族观念产生了怎样的影响。“小时候，我不觉得种族问题对我们的影响那么大。”他说，因为他周围的人几乎都是白人。“黑人嘛，他们都是球员，都是拳击手。”用哈里斯的话来说，他和朋友们不准使用“黑鬼”这个词，“可是，阿里总是用这个词。他骂乔·弗雷泽是黑鬼。我们觉得很好玩。只有阿奇·邦克[1]和阿里能这么说。”多年后，哈里斯搬到了纽约，成为一名体育解说员，直到这时他才

① 阿奇·邦克是美国热门电视剧《我们一家人》中的人物，是一名二战老兵、蓝领工人，对包括黑人在内的不同族群都怀有偏见。

开始和黑人有了很多接触。但是早在1974年那会，十几岁的哈里斯突然意识到，阿里不再愤怒了，至少不再对美国白人感到愤怒了，这令他显得很有魅力。“如果你关注过他的职业生涯，看着他一点点取得进步，你就会情不自禁地爱上他……我觉得他喜欢逗大家笑。我觉得他喜欢给大家带来快乐。”[10]

阿里知道自己对哈里斯这样的人——尤其是对华盛顿那位黑人皮肤科医生这样的人——来说很重要，他也知道自己必须做一些特别的事情来超越打败福尔曼这项成就。在路易斯维尔的时候，他告诉《路易斯维尔新闻报》的记者戴夫·金德里德，他想在一个晚上连续和乔治·福尔曼、乔·弗雷泽两个人打比赛，两场比赛都将进行电视转播，这样他就可以在一天之内拿到1000万美元的报酬。他坚持宣称自己是认真的。也许阿里认为这是自己超越“丛林大战”的唯一方法。在采访的过程中，来自伊斯兰民族组织的两名保镖打断了采访，说阿里得去赴另一场约会了，阿里告诉两名保镖等到他和金德里德结束采访后再说。等保镖离去后，阿里小声告诉金德里德，要不是担心自己的安全，他早就离开伊斯兰民族组织了。多年后，金德里德在一本书里提到阿里对他说：“你也看到他们是怎么对待马尔科姆·X的。我没法离开黑人穆斯林。他们也会朝我开枪的。”[11]

三个月后，也就是1975年2月25日，伊利贾·穆罕默德由于心脏衰竭过世了，终年77岁。听到这个消息，阿里从鹿湖训练营赶往芝加哥，参加了葬礼。阿里在公开场合没有过多提及导师过世的事情，但是在后者的私人追悼会上他发表了一篇很长的悼词，此前这番话还从未被媒体和之前的传记作家报道过。

“听到伊利贾·穆罕默德阁下去世的消息后，”说到这里，他瞥了一眼笔记，“我立即飞去了芝加哥……去见赫伯特，我知道赫伯特会告诉我发生了什么事情、我应该有什么感觉、我应该说什么、我应该做什么。”身穿棕色西装的阿里说道。[12]

阿里解释说，伊利贾·穆罕默德多年前就告诉过他，他应当听从赫伯特·穆罕默德的命令和建议，就好像这些命令和建议直接来自真主的使者本人。伊利贾·穆罕默德激发了阿里的信仰，但是十多年来，几乎每天都要与阿里见面说话的人是赫伯特。赫伯特才是阿里的老师，据记者马克·克拉姆所述，赫伯特的父亲曾告诉他要照顾好阿里，“永远不要离开他”，因为阿里很脆弱，很容易被别人说服，而且总是会“听从最新一个能让他感兴趣的人”。[13]阿里说，现在又是赫伯特告诉他应当如何面对使者的过世——接受伊利贾·穆罕默德的另一个儿子华莱士·D. 穆罕默德为伊斯兰民族组织的新领袖。面对来到芝加哥哀悼伊利贾的人们，他说：“如果明天黑人穆斯林的成员全都被杀死，只剩下我一个人，我会去某个地方，在那里建一座小清真寺，遵照伊利贾·穆罕默德阁下教给我的东西继续坚持下去。”最后，他说：“今天，我在这里发誓……我将忠诚于华莱士·穆罕默德阁下，不会令他蒙羞，我相信今天在场的每一个有着同样感受的人都愿意站起来，让全世界知道你们支持这个人。”[14]

说完，阿里转过身，拥抱了这位新的精神领袖。在场的人们也都站了起来。

回到鹿湖后，阿里继续说着在一个晚上连续与福尔曼和弗雷泽打两场比赛的事情，但是没有人认真考虑过他的这个想法。唐·金与赫伯特·穆罕默德正在为他挑选新的对手，介绍这两个人认识的劳埃德·普赖斯说：“赫伯特没那么喜欢唐，但是他们会一起赚钱。”[15]唐·金与赫伯特·穆罕默德并不急于安排阿里和一位能够对他构成严重威胁的对手进行较量，和中等水平的拳击手打几场小规模或者中等规模的比赛，才是更稳妥安全的选择。唐·金建议阿里首先和乔·巴格纳打一场比赛，1973年阿里就已经打败过这位拳击手一次了。为了巩固自己拳击界最新的大牌推广人的地位，唐·金承诺阿里将给他200万美元的报酬。

阿里难以置信地问吉恩·吉洛伊：“乔·巴格纳？怎么能拒绝乔·巴格纳，拒绝200万美元呢？我可不会雇他当陪练。”[16]

阿里说过，他打算打完跟福尔曼的比赛就退役，可是现在他几乎彻底不再考虑退休的问题了。当你展翅高飞的时候，当你在自己的领域正是世界头号选手的时候，你怎么可能放弃？你怎么可能从一个重量级拳王变成……变成什么？一个健谈的名人？一个电视游戏节目主持人？在接下来的四五十年里，他会从事什么工作呢？他似乎不可能重新捡起自己在12岁的时候丢下的事情。他不打算回学校继续读书。他也不打算推销人寿保险。他其实可以像霍华德·科塞尔一样当一名电视节目评论员，可是他真的准备好看着其他运动员站在聚光灯下，而他自己却穿着花里胡哨的运动服打着领带坐在拳击台边上吗？他或许会喜欢外交工作，就像他在结束了与福尔曼的比赛之后接受采访时说的那样，但他不是那种能在官僚机器中愉快而高效地开展工作的人。在前一年12月访问白宫时，他开玩笑说自己也许会竞选总统，不过这件事情似乎也不太可能，尤其是考虑到他都没有多少投票的经历。

仅仅是阿里和福特总统一起开怀大笑的画面就足以证明阿里在美国文化中占据的奇特位置，以及他在努力超越职业拳击明星这一身份过程中可能面临的诸多困难。长期以来，阿里的声望一直建立在他对美国价值观的排斥上。然而，现在他却受到这个国家最高职务的官员的欢迎，而他也为自己受到欢迎感到开心，这一切没有引发社会上的波动，没有催生出任何政治问题或者社会问题，他只是笑呵呵地和总统开着玩笑。现在，阿里成了美国的英雄，成了民族认同的象征。他赢得这样的地位不仅因为他大胜乔治·福尔曼，还因为他拥有超乎自己控制范围的好运气。美国已经变了。1975年，哥伦比亚广播公司首播了喜剧片《杰斐逊一家》，这部电视剧讲述了纽约一个“搬到东边高档空中公寓”的黑人家庭的故事。历史学家布鲁斯·J.舒尔曼曾指出，这部电视剧将主人公乔治·杰斐逊及其家人描绘成来自上层社会的外国人，[17]但是它至少在鼓励观众思考民权运动的结果，看到种族斗争取得的某种进步。现在，已经没有人谈论南方种族隔离主义者的战斗口号“分离但平等”了，但是这一概念又被某种比平等概念更为复杂的东西取代了。一种多样性的新理念正在逐渐成形，种族群体和少数民族群体为保持自己的特性而斗争着。乔治·杰斐逊在继续向社会上层游动，但他并不打算融入白人社会，穆罕默德·阿里也是如此。但是其他人并不是这样的。O.J.辛普森，布法罗比尔队的明星跑卫就不愿参与政治，他认为政治有可能会对他这个品牌以及他的收入造成损害。他的确因此得到回报，跻身美国企业界的第一批黑人代言人。

同其他人一样，阿里也适应了流行文化的这种变化，就连伊利贾·穆罕默德的逝世及其儿子得势都对这位拳击手产生了有利的影响。华莱士·穆罕默德很快就否定了父亲宣扬的许多教义，改造了伊斯兰民族组织。他带领这个组织转向正统的伊斯兰教，并且取消了着装要求，在欢迎穆罕默德·阿里的招待会上他甚至允许组织成员抽烟、跳舞，这对该组织而言是史无前例的。华莱士还放弃了建立一个只有黑人的国家的要求，他甚至邀请白人加入他们的组织。[18]最终，在伊利贾去世大约一年半之后，华莱士宣布伊斯兰民族组织将不复存在，同时还宣布成立一个名为“西方伊斯兰世界共同体”的新组织，实际上这只是伊斯兰民族组织改了一个名字而已，在此之后这个组织又多次更改名字。

突然间，阿里有了一个新的开始。他是拳王，深得民心，不再受伊利贾·穆罕默德的约束了。但是，如果没有了精神导师长期强加给他的秩序和服从意识，阿里又会是谁呢?

就像乔·路易斯、洛基·马西安诺和杰克·邓普西一样，阿里终其一生都会是一个名人，这一点毋庸置疑。但是，他的言谈举止表明，他认为在职业生涯的这个阶段他的名气几乎完全来自拳击运动，因此他难以判断出自己退役后这种名气还能维持多久。对阿里来说，除了自己所从事的运动，什么事情是最重要的？这个问题就更难以回答了。几乎每一个职业运动员在职业生涯的终点都面临着类似的挑战。对运动员来说，成就伟大是第二难的事情。放弃才是最艰难的事情。

“阿里已经进入了民间传说中，除了下坡路，他别无去处。”威尔弗莱德·希德在书中写道。[19]

1月，也就是过完33岁生日一个星期后，阿里开始了漫长的下坡路。他与唐·金、迪克·萨德勒一起在芝加哥的凯悦酒店宣布了有关他下一场比赛的消息。这场比赛不是他和福尔曼的重赛，也不是和乔·弗雷泽或者肯·诺顿的第三次交手。他的对手甚至都不是之前宣传过的乔·巴格纳。不，唐·金与赫伯特·穆罕默德甚至将目光瞄准了食物链更下游的地方。结果，他们为阿里选中的对手是新泽西州贝永市的查克·韦普纳，拳击技术还不错的韦普纳平时还兼职销售酒类饮料，由于面部容易崩裂伤口，他得到了“贝永血友病人”这个绰号。这一年，韦普纳已经36岁了，此前的战绩为30胜9负2平，同时他还保持着缝合200多针的记录。[20]

这意味着阿里打算逐渐告别拳坛吗？还是打算以后只随便打几场比赛？他打算参加电视脱口秀节目的表演，每隔三四个月才会掸一掸拳击手套上的灰尘，打败像查克·韦普纳这样的人形棉花糖吗？

唐·金拼命大肆宣传这场单调的比赛，为了利用种族主义这个卖点，他宣称他们之所以选中韦普纳是为了“给白人一个机会”。[21]然而，这一招没能激起外界的反应，因此他又宣称每卖出一张票他就会拿出50美分捐给“生存项目”，一年前他也用过这个谁都不曾听说过的慈善项目来激起人们对盐湖城那场拳击表演赛的兴趣。即使阿里本人也无法将韦普纳渲染成一个颇有威胁性的对手，他嘲笑黑人对手时要比嘲笑白人对手时更起劲，这或许是因为他认为在拳击比赛中黑人选手才是他真正的对手，是全美国最坏的黑人。阿里一度拼命地为这场即将到来的拳击赛做着宣传，他说拳迷们应该买票观看这场比赛，因为韦普纳是“一个知道怎么用钱的顾家好男人”。他说自己保证会让这场比赛更有观赏性，他只会攻击韦普纳从肚脐到喉结之间的部位，避开韦普纳最容易流血的部位。最后他还说，他其实无须解释自己为什么会选择韦普纳，毕竟他“仍然是有史以来最伟大的拳击手”，无论对手是谁，拳击迷和“漂亮小妞们”都愿意花钱来看他的表演。[22]

在芝加哥举行的这场新闻发布会令外界产生了另一个令人不安的疑问：乔治·福尔曼的经理迪克·萨德勒为什么会跟唐·金站在一起？接下来几个月里，萨德勒和唐·金一起为阿里的这场拳击赛做着宣传，萨德勒还在鹿湖担任了阿里的助理教练。这就是萨德勒给乔治·福尔曼下药得到的回报吗？外界或许永远都无从得知真相。当时，唐·金还是拳击界的新手，有可能他只是抓住了萨德勒和福尔曼分道扬镳的这个机会，在萨德勒处于职业生涯低谷时向他伸出援手，从而获得了一个有价值的新盟友。

为了确保不会失去阿里，唐·金每个月都会以现金的形式给拳王身边的人支付一笔报酬，要求他们在阿里跟前帮他说说好话。[23]在这件事情上，他尤其注意收买阿里身边的黑人穆斯林成员，这些人中间就包括阿卜杜勒·拉赫曼（原名萨姆·萨克森上尉），他每个星期会收到500美元，外加作为阿里的精神导师的各种费用。[24]唐·金还在芝加哥为赫伯特·穆罕默德举办了一场聚会，以颂扬这位长久以来一直指引穆罕默德·阿里追求事业的"无名天才"。[25]他邀请了霍华德·科塞尔、肯·诺顿、乔治·福尔曼、雷德·福克斯、B. B. 金、洛拉·法拉纳、霍拉斯·西尔弗、保罗·安卡、卢·罗尔斯和尼基·乔瓦尼等人参加了这场聚会。①唐·金使出浑身解数确保赫伯特·穆罕默德和阿里继续忠心于他，但他知道自己还需要更多的拳击手，在这个问题上，萨德勒刚好能帮到他。

在和韦普纳的这场比赛中，阿里将得到150万美元的报酬，外加20万美元的训练费用，韦普纳能拿到10万美元。这些钱并不来自唐·金的口袋。他找到了投资者——据说与黑社会有所联系的投资者。通过向阿里支付过高的报酬，并且在他身边的一伙人中大肆撒钱，唐·金巩固了自己对这位拳坛巨星的控制权。没有人相信韦普纳有机会击败阿里。1970年，桑尼·利斯顿在去世前的最后一场比赛中用韦普纳的脸把拳击台染成了红色。比赛结束后，韦普纳在脸上缝了70针，但是在场上的时候这位一直处于劣势的拳击手始终拒绝放弃比赛。提起往事，韦普纳说："裁判是巴尼·菲利克斯。在第九回合开始之前他来到我跟前。我说：'巴尼，再给我一回合。'"裁判问韦普纳他竖起了多少根手指。"我能猜几次？"韦普纳开玩笑说，他的经纪人在他的后背上轻轻拍了三下。"三根！"韦普纳喊了出来。于是，菲利克斯允许比赛继续下去。"可是，到了第九回合，我狠狠地打了一拳，结果打在裁判的肩膀上，然后他们就终止了比赛。"[26]

韦普纳有着迷人的个性，这场比赛又是一场黑人和白人之间的碰撞、冠军和街头小子之间的对决，然而门票销售还是很疲软。阿里的直觉也是

---

① B.B.金（1925—2015），有史以来最伟大的布鲁斯音乐家之一，外号"布鲁斯之王"。洛拉·法拉纳（1942—），歌手、舞者，被誉为"拉斯维加斯第一夫人"。霍拉斯·西尔弗（1928—2014），爵士乐钢琴家。保罗·安卡（1941—），加拿大裔美国歌手。卢·罗尔斯（1933—2006），唱片制作人、歌手。尼基·乔瓦尼（1943—），诗人、作家。以上人物除了保罗·安卡之外都是黑人。

如此。他坦言："我太累了，而且训练不足。这是一项艰苦、折磨人的工作。对我来说，参加比赛没有什么乐趣可言……不过，对付那个韦普纳，我没什么问题。"[27]

这场3月24日在俄亥俄州的里奇菲尔德体育馆举行的拳击比赛之所以被世人记住主要是因为4件事情：

1.直到第十五回合，也就是最后一回合还剩下19秒钟的时候，阿里才终结了这位浑身是血的勇敢对手。

2.观众们看到阿里偷偷瞄了一眼拳击台跟前的电视监视器，想看一看自己在比赛中的样子。[28]

3.韦普纳在第九回合中击倒了阿里，这可能是阿里被绊了一下，或者是脚下打滑，也有可能是韦普纳击中他胸部的那一记出拳质量很高。

4.虽然韦普纳输掉了比赛，但是一个观看了比赛的年轻人还是在他的启发下创作了一个剧本，故事讲述的是一名出身蓝领的拳击手在与重量级拳王的比赛中一直坚持到了最后。这个年轻人的名字叫西尔维斯特·史泰龙，他创作的这个剧本后来被拍成了电影《洛奇》，影片在1977年获得了奥斯卡最佳影片奖。

击败韦普纳7个星期后，阿里又打了一场比赛。美国广播公司在拉斯维加斯进行现场直播的这场比赛中，罗恩·莱尔出人意料地让阿里吃了不少苦头。莱尔因被控谋杀而入狱，服刑期间他学会了拳击。仔细研究阿里近来几场比赛之后，他不愿落入这位拳王"倚绳战术"的圈套。他耐心地等待着与阿里在拳击台中央会合。在第一回合中，阿里一拳都没有打中对手，在前六个回合中，他也只打出了18记有效的出拳，那副样子看上去活像是他指望自己通过直接投票获胜似的。在第十回合中，他的嘴巴比拳头更忙碌。他向右斜过身子和莱尔说着话，莱尔则一下接一下地不停出拳，拳拳都瞄准了阿里右眼下方浮现出的一片看起来有些严重的瘀青。最终，在第十一回合中阿里用一记右拳击倒了莱尔。这一拳改变了一切。莱尔踉跄了几步，然后靠在绳子上休息起来，试图让脑子清醒一下，让两条腿恢复状态。然而，阿里却爆发了，发动了攻击。这是他整个晚上第一次真正的爆发。很快，裁判就介入了。他终止了比赛，宣布阿里以技术性击倒获胜。

6个星期后，阿里又打了一场比赛，这场比赛在马来西亚的吉隆坡举行，对手是巴格纳。当阿里到达吉隆坡的时候，机场里有两万人迎接他的到来。拳击场内的温度超过了100华氏度（38摄氏度），两名拳击手进行了一场激烈的比赛，打满了15个回合。最终，裁判一致判定阿里获胜。

阿里不得不又一次为一场在他的教练和推广人看来几乎无异于表演赛的比赛付出艰辛的努力，后者觉得这份钱应该来得很轻松，不存在多少风险。在与韦普纳、莱尔和巴格纳的比赛中，阿里确实得到了丰厚的报酬，但是这几场比赛并非是没有代价的。他与这三名出拳有力的拳击手总共打了41个回合，挨了483拳。在这段时间里，他在一次次对打训练和表演赛中还经受了数千次击打。为了给路易斯维尔的阿里拳击学校筹集资金，阿里参加了在路易斯维尔会议中心举行的一场表演赛，在五个回合的比赛中他被对手吉米·埃利斯击倒了四次。后来，他说第一次击倒的确是真的，其他几次都是他假装的，好让人们相信第一次击倒也是假的。[29]结束和埃利斯的比赛后，阿里把年仅16岁的拳击手、日后的重量级拳王格雷格·佩奇请上了拳击台。在三个回合中，阿里和佩奇你来我往地不停出着重拳。在两个人的较量结束后，阿里开玩笑说："这个小子出手太重了，我在非洲的亲戚们都被震惊了。"

阿里不介意在一场场比赛之间的空档期继续挨拳头。事实上，他认为这有助于他为迎战那些真正想要打败他的拳击手做好准备。在1975年的一次采访中，他说："有80%的时间我都在让陪练对手打我。我不停地防守，让头部和身体挨上几拳，这很有好处。你必须调整好你的身体和大脑，让它们能招架得住这些打击，因为每一场比赛中你总会挨上几次重拳。"[30]

在那段时期给阿里当过陪练的拉里·霍尔姆斯就表示，阿里明确地告诉自己聘用的陪练们应该狠狠地攻击他——不要想着避开他的头部。"要是你不打他，他可能就会把你给解雇了。"霍尔姆斯回忆道。阿里认为在对打训练中挨拳头能让自己在真正的比赛中变得更加坚强，时隔多年，霍尔姆斯却认为阿里的这种观点有些可笑，在他看来阿里的表现也十分可笑，仿佛他为自己在对打训练和比赛中能够挨打而感到自豪。“拳击比赛的目标是击中对手，而不是被对手击中。别傻了！别向别人证明垃圾有什么价值。要是你想向别人展示你有多强大，那就别挨那些打，用这种方式让他们看看你有多么强大。可是，你也知道，他可不是这么做的。打我呀！亮出你的真本事！结果，他们就按照他说的做了。”霍尔姆斯说。[31]

对阿里来说，他的职业生涯进入了一个令人不安的阶段。在1973年的大部分时间里，他一直宣称自己即将退休，然而在1974年一整年里他却不断地参加着一场又一场比赛，通常只有刚刚崭露头角的拳坛新星才会保持这样的比赛节奏。这些局面呈现一边倒的比赛对拳击运动没有什么好处，它们给这项运动带来了一种虚假的色彩，破坏了拳击手可以努力奋斗、争夺拳王头衔的民主理念。与这些跟自己实力悬殊的对手打比赛对阿里本人也没有什么好处。他已经上了年纪，速度慢了下来，体重涨了上去。他就像喝水一样大口大口地灌着可乐，在一杯咖啡里可以倒进6包糖。[32]阿里总是喜欢说自己跑得有多快——关灯之后，不等灯彻底黑下来他就已经钻进被窝了，不过，他或许也可以说不等盘子落到桌子上，他就已经把一块馅饼和一勺冰淇淋吃下肚了。在与莱尔和巴格纳比赛的时候，他的体重达到了224.5磅（101.8千克），比他和乔治·福尔曼比赛时多了8磅（3.6千克），比他第二次和桑尼·利斯顿交手时几乎多了19磅（8.6千克）。他对这些比赛都不像以前那么认真了，现在他的同行们都看得出他在拿自己的健康冒险。

“阿里出来和乔治·福尔曼打比赛，对他来说乔治可是个大家伙，他就挨那种人的打！那个混蛋就是匹马！你打的可是一匹马。你就像阿里那样，让他跑啊跑，不停地跑，直到把油耗尽，可是你不能靠在围绳上挨上五六个回合的打！一回合挨上三四十拳！脑袋挨上30次，被打中很多次……你不可能一直错下去，还觉得自己能全身而退。”拉里·霍尔姆斯说。[33]

阿里仍然不承认这一点。他真的认为自己能够做到全身而退。他依然告诉记者，他是一个很讲科学的拳击手，从来没有受过伤，他很特别，尽管他不再像以前那样潜下身子躲开对手的拳头，尽管他不再像以前那样迈着轻盈的脚步飞快地躲开对手的拳头，但他仍然比任何人都更能看清楚对手的出拳，仍然能够在最后一刻让自己的头部和躯干偏转得刚好让对手的大部分出拳都无法完完全全地命中目标。尽管已经33岁了，他却仍然相信自己能够避免所有的拳击手都几乎不可避免会遭受的伤害。

然而，这一切很快就要改变了。现在，他准备再次迎战乔·弗雷泽。在阿里和弗雷泽第三次交手之后，所有人都清楚地看到了拳击运动的残酷性，以及这项运动能够对拳击运动员身心健康造成的持久影响，就连阿里也不例外。

第四十三章

冲动

在所有人从扎伊尔回来后不久，贝琳达终于知道了自己的丈夫与维罗妮卡·波奇的婚外情。她对此并不感到震惊。早在几年前，跟阿里一起参加过奥运会的威尔玛·鲁道夫就找上了门，当时阿里住在新泽西州。鲁道夫向阿里索要一笔抚养费，她说那个孩子是阿里的。阿里承认自己与鲁道夫有染，但是他告诉贝琳达他不相信那个孩子是他的。看到孩子后，贝琳达断定丈夫说的可能是实话，因为那个孩子长得并不像阿里。[1]

还有其他一些女人和孩子，有些贝琳达知道，有些她不知道。据阿里以前的一名保镖说，在1960年代末和1970年代初，阿里一直在和第一任妻子桑吉·罗伊见面。[2]阿里的前女友、来自路易斯维尔中央高中的阿丽莎·斯温特说，在阿里与贝琳达的婚姻期间，她跟阿里保持过一段时间的交往，她还跟着这位拳击手一起去看过他的一些比赛。[3]一个名叫芭芭拉·门萨的女人宣称自己从1967年与阿里开始了一段漫长的恋情，当时她只有17岁，后来她还给阿里生了一个女儿。1972年，阿里和一个名叫帕特里夏·哈维尔的女人有了一个名叫米娅的女儿，阿里承认这个孩子是他的。1973年，阿里遇到了一个名叫旺达·博尔顿的女孩，当时博尔顿还是高中毕业班的学生，她和父母一起参观了鹿湖训练营。到了1974年，阿里就跟博尔顿有了一个女儿，在孩子出生后的第二年，阿里与博尔顿按照伊斯兰教的方式举行了一场婚礼，但是他们的婚姻始终没有得到法律的承认。当时，阿里和贝琳达还保持着夫妻关系。伊斯兰教法允许男人最多可以娶四个妻子，不过美国的绝大多数穆斯林都没有实行一夫多妻制，因为这种做法违反了美国法律。博尔顿和阿里一起前往扎伊尔，观看了阿里和福尔曼的比赛，后来她为了孩子抚养费的问题起诉过阿里，但是最终还是和阿里达成了和解。[4]另一个未成年的女性特米卡·威廉姆斯声称自己在1975年开始与阿里交往，不久后就有了他的儿子。在伊利诺伊州库克县提起的诉讼中，威廉姆斯宣称阿里只为她的儿子提供了4年的经济支持。她起诉阿里对她实施了性侵，并且声称他们发生关系时她只有12岁，在据说阿里让她怀上孩子的时候，她也尚未成年。威廉姆斯的起诉被驳回了，因为诉讼时效已经过期了。多年后，维罗妮卡说她知道特米卡的事情。阿里承认过这件事情，但他告诉维罗妮卡他不相信特米卡的孩子是他的。"他本来可以认下那个孩子的，只是训练营里的每个人都跟那个女孩有过一腿。"而且，当阿里和维罗妮卡谈到这件事情的时候，他们断定威廉姆斯很可能是在阿里外出的时候怀上这个孩子的。[5]

费城清真寺的利昂·穆罕默德说："阿里的弱点就是阴道。这种事情阿里干过很多，因为他是阿里。人们会对他说：'嘿，要忠于贝琳达……'可是，如果他是你的老板，给你付工资，你怎么可能对他说这种话？"[6]

多年以后，有人怀疑阿里的某些行为或许与头部在反复击打下遭受的损伤有关。阿里曾抱怨自己难以入睡，只能频频小睡一会来弥补睡眠的不足。[7]他说自己没有动力坚持长跑，他还会做出一些危险的行为，任由对手和陪练向他出拳，尽管多年前他曾说过他知道自己的长期健康以及在拳击运动上的成功都取决于自己躲避对手拳头的能力。但是，贝琳达认为对于阿里的行为表现，凯什·克莱与赫伯特·穆罕默德起到的作用超过了阿里的脑部损伤，她说她从来没有在丈夫身上看到过任何认知损伤的迹象。多年后，她说："他就是自然而然地变得那么愚蠢疯狂了。他的DNA就是那样的。"[8]

至于他的风流韵事，贝琳达说："他知道这是不对的。可是，只要玩得开心，他就不会在乎。我在跟虚伪、大男子主义做斗争……从小到大，我一直以为如果我做个好人，忠于丈夫，我的丈夫就会做个好人，忠于妻子。我真是大错特错。大错特错。"[9]多年后，贝琳达听了一张穆斯林布道的光盘，她听到伊玛目说，如果一个人把追求出名当作自己的首要目标，那么他做人就会做得很失败。"我说，没错，的确如此。阿里做人就做得很失败。他是一个成功的拳击手，但是做人做得很失败。做父亲做得很失败，做领袖做得很失败，做榜样也做得很失败。"[10]

在大部分时间里，贝琳达都忍受了这一切。每当她和阿里发生争执的时候，阿里都会哭着说对不起，说他不爱其他女人。他会说那只是性，没有任何意义。他会说他就是控制不住自己。跟朋友在一起的时候，阿里还会拿这种事情开玩笑："我老婆已经结婚了。"[11]

面对这些指责，阿里并没有全盘接受。有时候，他会指出贝琳达没有权利抱怨，因为她还帮他安排了跟其他女人的约会。有时候，他会威胁说，如果她要离婚或者向记者透露她的想法，他就会把她跟他串通一气搞外遇的事情公之于众。贝琳达忍受了这一切。"从他开始把她们带回家的时候，我就有麻烦了。有一次他叫我去杂货店，结果我回来了，因为我忘带钱包了，当时她就在我的床上。我觉得我的整个身体都烧起来了……孩子们在走廊另一头。他不在乎。他是穆罕默德·阿里。他可以为所欲为。"[12]

黑人女性，白人女性，年轻女人，上了年纪的女人，好莱坞女演员，客房女服务员，阿里对她们都一视同仁。[13]这位拳击手身边的每一个人都知道他的癖好。他的朋友们对此一笑置之，他的那群跟班和生意伙伴都支持他的这种行为。跟他最亲近的一伙人还设计了一套密码，专门用来在吵闹的人群中进行交流。他们的密码就是大声地咂舌：咂一下舌表示你在哪里？两下表示我在这儿或者好的，明白了，咂好几下舌则表示不管你现在在做什么，都不要做了，这很重要，或者，更确切的意思是，看到贝琳达了，阿里得甩掉跟他在一起的女人。[14]

鲍勃·埃勒姆说过自己和阿里一起去墨西哥的经历，在那里东道主为他们介绍了一屋子的美女供他们选择。在一次采访中，埃勒姆说阿里带了六个女人回了自己的房间，而埃勒姆只带了一个女人回去。[15]在另一次采访中，他又说阿里带回去三个女人。[16]无论究竟是几个女人，故事的结尾总是一样的：几个小时后，阿里打发一个人去埃勒姆的房间给他传话，说穆罕默德·阿里还想要埃勒姆的女人。

贝琳达认为自己应付得了这种事情。的确，大部分时间她都应付得了。她为阿里的情妇们预订酒店房间，偶尔还邀请她们跟她一起去购物。可是，随着时间的推移，这种风流韵事越来越多，跟旺达·博尔顿和维罗妮卡·波奇这些女人的露水姻缘最终变成了长期的婚外情，而且其中一些女人还生了孩子，再加上性病的传播，因此“我对他的爱开始变淡了，越来越淡，越来越淡”，贝琳达说。[17]

对于这一切，贝琳达认为责任在于阿里。不过，她同时也责怪阿里的父亲凯什·克莱为儿子树立了一个坏榜样，责怪赫伯特·穆罕默德对女性很轻慢，责怪伊斯兰民族组织接受婚姻中的不忠行为，责怪完全是男性世界的拳击运动。她还责怪阿里的那些跟班，尤其是戴着白色游艇帽的皮条客劳埃德·威尔斯，此人源源不断地为阿里和他那个训练营里的其他人提供女人，其中很多都是妓女。她责怪名人文化，这种文化似乎在说只要有钱有势，你就有权随时随地得到自己想要的一切，尤其是涉及性的时候。她责怪1970年代的美国社会，在那个年代婚外性行为几乎成了生活的常态，女性更大胆地表达着自己的欲望，离婚率极速飙升，瘾君子的队伍不断壮大，唐娜·莎曼（被誉为“迪斯科女王”）录制了热门迪斯科舞曲《爱你宝贝》，歌曲中出现了16分钟的充满激情的呻吟，因此有传言称莎曼在录制的过程中一直在自慰，在专辑封面的照片中莎曼似乎也的确在做这种事情。但是，贝琳达认为最主要的责任还在于阿里自己。

贝琳达和维罗妮卡有过交集，但是在扎伊尔的时候她们两个人从未见过面。[18]她们第一次见面是在拉斯维加斯，就在阿里和罗恩·莱尔的那场比赛前不久。在经人介绍相互相识的第二天，她们一起站在热带酒店的露台上，隔着栏杆眺望霓虹灯闪烁的拉斯维加斯大道。贝琳达说她做了一个关于维罗妮卡的梦，在梦中维罗妮卡从栏杆上摔了下去——就像她们现在靠着的这种栏杆——她面朝下落在地上，摔死了。维罗妮卡觉得这是一个警告。

从扎伊尔回到美国后，为了守在阿里跟前，维罗妮卡搬到了芝加哥。当时，阿里刚刚在芝加哥的海德公园附近买下了一栋有28个房间的豪宅，这座都铎风格的住宅坐落在南伍德朗大街4944号，马路正对面就是伊利贾·穆罕默德的故居。这座房子太大了，后来赫伯特·穆罕默德甚至在里面保留了一间办公室。[19]在装修这座房子期间，阿里和贝琳达在阿里名下一栋大楼里保留了一套顶层公寓，但是维罗妮卡的印象是贝琳达一个人住在那里，她说阿里很少和妻子住在一起。他们的孩子和贝琳达的父母住在一起。阿里在芝加哥给维罗妮卡买了一套公寓。

6月的一天，阿里邀请贝琳达和维罗妮卡去波士顿与他会合，按照计划，他将给哈佛大学的毕业生发表一场演讲。出发前，贝琳达和维罗妮卡在一家穆斯林餐厅买了牛排三明治，然后拿着三明治去了贝琳达的公寓。贝琳达在厨房里打开三明治，维罗妮卡就在客厅里等着。没过多久，她们坐上了飞机，这时维罗妮卡感到有些恶心。在整个飞行过程中，她一直待在飞机上的厕所里。"她没有恶心，我恶心了。当时我丝毫没有怀疑什么，可是现在我有些怀疑了。"维罗妮卡回忆道。[20]

阿里的朋友霍华德·宾厄姆也去了波士顿，一路上拍了不少照片，其中一张照片在当时看来很单纯，其实它捕捉到了阿里爱情生活的复杂性。照片中，阿里站在一扇不起眼的玻璃门旁边，他穿着一件细条纹西装，打着一根条纹领带，他的左边站着三个女人，从右往左分别是维罗妮卡·波奇，贝琳达·阿里和18岁的路易斯维尔女孩朗尼·威廉姆斯。波奇戴着一对大耳环，肩上挎着一只白色的小包，一只手抓着另一只放在肚子前面。贝琳达穿着一身白色的衣服，手里拿着一个牛皮纸文件夹，当照相机的快门被摁下时，她的右手伸向了阿里的胳膊，双眼转向了镜头。朗尼戴着一副眼镜，眼睛朝维罗妮卡那边凝视着。朗尼比阿里年轻15岁，但是当时她刚刚顿悟到一件事情。"我知道我要嫁给穆罕默德。那会儿我还是个正在上学的小孩子，有很多事情要做，但我知道……这种想法就像一把雨伞，总是罩在我的脑袋上。"她说。[21]

事实证明，朗尼的顿悟是正确的，但是在宾厄姆拍下这张照片的时候，贝琳达和阿里仍然保持着婚姻关系，而且没有和他离婚的打算。维罗妮卡认为自己已经和阿里结婚了，但是她在等着他离婚，这样她的婚姻就能得到法律的承认。朗尼还得再等等。

在宾厄姆的照片中，阿里跟自己的第二任妻子、未来的第三任妻子以及未来的第四任妻子站在一起，但是他丝毫没有流露出不安的情绪。他双肩松弛，两只手垂在身体两侧，嘴巴微微张着，看上去好像正在说话。他的目光瞟向右边，远离了身边的三个女人。没有人知道他在凝视什么，或者说，是谁。

阿里告诉维罗妮卡他邀请朗尼是有原因的。贝琳达不愿意和他离婚，沉浸在沮丧中的她经常抨击维罗妮卡。阿里希望在朗尼加入进来后，贝琳达能找到一个新的目标宣泄怒火。提起那段往事，维罗妮卡说："他说朗尼会成为他的第三任妻子，然后所有的压力就不会落在我身上了。"她说，回想起来，阿里的这种打算听起来太愚蠢了。

她停顿了一下，笑了起来。

"不过，还真奏效了。"[22]

阿里在哈佛大学做了一场演讲，其间一名听众要求他创作一首诗。阿里思索了一会儿，然后朝麦克风凑了过去：

"我！哇——！"[23]

这或许是他一生中创作的最伟大的一首诗，用两个字全面地概括出了自己的一生。

大约两个星期后，阿里带着贝琳达和维罗妮卡去了马来西亚，他将在那里与巴格纳打一场比赛。阿里毫不掩饰自己和两个女人一起外出的事情，在吉隆坡期间，他们三个人住在同一间套房，里面有两间卧室。[24]阿里告诉贝琳达："每两个晚上，我就当你是我的老婆，你跟我睡两个晚上。维罗妮卡睡那个房间。等这两个晚上过了，你就去那个房间，维罗妮卡来跟我睡两个晚上。"[25]他说，如果他不想和她们中的任何一个人睡，那么她们俩就都睡在另一间卧室里，那里有两张单人床。

贝琳达又一次接受了丈夫强加给她的条件。"我咬着牙，心想：'我真的碰上了这种事情吗？'"她回忆道。

贝琳达带着维罗妮卡去购物，她说她想让维罗妮卡穿得更像一个真正的穆斯林。她还花400美元给维罗妮卡买了一个银质的香水护身符。[26]贝琳达试图将自己的对手变成盟友。然而，大约一个星期后，当马来西亚人开始把维罗妮卡误认为阿里的妻子时，贝琳达失去了耐心。她告诉阿里，维罗妮卡必须滚蛋。

然而，维罗妮卡留下来了。

维罗妮卡痛恨贝琳达这样对待她，她希望阿里为她辩护，希望他告诉贝琳达不要再这么做了，或者与贝琳达彻底分手，提起离婚诉讼。可是，阿里什么都不会做的。尽管如此，维罗妮卡还是留了下来。多年后提起往事时，她说："这对我一点也不公平。可我记得当时我心想：'好吧，已经太迟了。我已经爱上他了。爱情高于一切。'我就是那么理想化的人。"[27]

在与巴格纳的比赛之前，阿里又一次提起了退役的话题。不过，没有人相信他的话。所有人都知道唐·金已经开始为阿里和乔·弗雷泽的第三次比赛进行商谈，这场比赛也许会在麦迪逊广场花园举行，也有可能会在菲律宾举行，菲律宾的独裁领导人费迪南德·马科斯和扎伊尔的蒙博托一样十分渴望通过与穆罕默德·阿里的交往来改善自己的公众形象。全世界没有人能提供比这位拳王更有力的宣传。

菲律宾人崇拜阿里，但是他们对阿里与弗雷泽的第三次交手没有多少热情，弗雷泽给人的感觉就像是沙滩球一样被福尔曼来来回回地打了一顿，然后就被海水冲走了。

尽管如此，阿里仍然是这项运动中最具有吸引力的人物。他不仅是拳击界的佼佼者，而且在所有体育明星中也是佼佼者，所谓的"体育明星"的概念实际上正是他发明出来的。他是一个超级巨星，最耀眼的一个巨星。他与理查德·达勒姆合著的自传在书店里十分畅销，而且备受好评。没过多久，这本书就被改编成了一部电影，在影片中扮演穆罕默德·阿里的正是穆罕默德·阿里本人。提到这部影片时，阿里说："它会是一部大制作，就像《教父》一样。还有《豪勇七蛟龙》。根据我的一生，他们都能拍出十部电影。"[28]

阿里的这部自传不仅是他的合著者理查德·达勒姆和编辑托妮·莫里森的心血结晶，在很大程度上它也是赫伯特·穆罕默德的作品，后者最终和其他人共同拥有了这部自传的版权。在这部自传中，阿里被描述成一个拳击手，一个反叛者，一个骄傲的穆斯林，达勒姆得到授权，可以在写作过程中充分发挥自己的想象力。

他虚构的一则轶事就尤其令人信服。参加完1960年罗马奥运会、回到路易斯维尔几年后，阿里一度把自己的金牌弄丢了。他不知道是怎么丢失的。前一天金牌还在，第二天就不见了。按照他弟弟拉哈曼的说法，金牌可能是被偷了，要么就是阿里放错了地方，他说最终他帮哥哥找到了金牌。[29]达勒姆用金牌丢失的事情创作了一个寓言。按照他的描述，阿里把金牌扔进了俄亥俄河，因为他在一家白人专用餐厅遭到了拒绝入内的对待，还被一伙骑摩托车的白人从餐厅赶跑了。凯瑟斯的确在路易斯维尔的一家餐馆吃了闭门羹，他也的确对这种事情感到愤怒——一个奥运英雄竟然会碰到这种事情。可是，一伙摩托车手追赶他的事情是不存在的，也没有证据表明他曾把奖牌扔进河里。在1960年，他肯定没有做过这部自传里记述的这种事情，因为照片显示直到1963年他的手中还拿着这枚金牌。[30]

这本书出版后，阿里曾在一场新闻发布会上承认金牌是被自己弄丢了，而不是扔进了河里。他还承认自己还没有读过达勒姆的这部作品。尽管如此，这个为了抗议而扔掉金牌的神话还是会在接下来的几十年不断流传下去。

阿里和弗雷泽的第三次比赛定于1975年10月1日在马尼拉举行。主办方承诺给阿里400万美元的报酬，弗雷泽将得到200万美元。

在距离比赛还有3个星期的时候，《新闻周刊》记者皮特·邦文特里接到编辑分配给他的一项任务：和阿里一起去马尼拉，跳过那些炫耀的成分，跳过体育版的那些陈词滥调，挖掘出这个人真实的一面。

在报道阿里的记者中，大部分都是体育记者，不少人已经报道他很多年了。他们都十分喜欢阿里，都熟悉他那些古怪滑稽的举动，以及他的“配角”阵容。《新闻周刊》之所以派邦文特里报道这场比赛，是希望获得局外人的视角，或许也是希望跳过依附在阿里身上的圣徒形象。

邦文特里也十分喜欢阿里，他说：“就是这个人，这种具有磁性的力量，他可能是全世界最有名的人，他对记者说：‘翻开你们的笔记本，我会把它们填满的。’我的意思是，你怎么可能不喜欢这样一个人呢？”

在一群体育记者赶到马尼拉之前，邦文特里先到了那里，跟阿里和他那帮逍遥快活的朋友混在一起。有一天，邦文特里看到一个菲律宾男子送给阿里一个卷轴，卷轴上印着美丽的书法，还带有金银色的装饰。阿里在卷轴上签了名，把它卷起来，然后躬身递还给对方。

“谢谢您。现在，您就是我孩子的教父了。”那个菲律宾男子说。

阿里咧开嘴，朝邦文特里露出了一个灿烂的笑容。

“你觉得怎么样！”他极其自豪地说。[31]

尽管如此，这位记者还是很快就发现了阿里的世界已经变了，而且不是变得更好了。随同阿里来到马尼拉的有38名“管理者”，这个数字还不包括他的那些女朋友。除了维罗妮卡，阿里的高中女友阿丽莎·斯温特也去了马尼拉。[32]

多年后提起往事时，斯温特说：“待在那种男人的身边，你不可能见不到一群母狼。你不可能让自己为这种事情生气。”[33]

对于阿里的世界发生的变化，邦文特里是这样描述的：“严肃的‘穆斯林’警卫让位于街头混混，认为他象征着支持黑人、反对战争的态度的自由主义者被那些只懂得欣赏他作秀技巧的鉴赏家们取而代之了。甚至阿里的女人——始终都是黑人美女——现在也都从他生活中的‘密室’里走了出来，招摇过市。”[34]邦文特里的这篇文章并不是一篇尖锐的调查性报道，但它颇有“水门”精神。在报道“水门事件”的过程中，记者们所做的就是挑战权威，打倒偶像，以及用当时流行的一句口号来说，实事求是。

邦文特里报道了其他记者早就知道的一件事：阿里现在似乎“不受婚姻习俗的约束”，这位拳击手一方的人都知道维罗妮卡·波奇是他的“另一位妻子”。在这篇报道配发的一张照片中，“临时保姆维罗妮卡”与阿里四个孩子中的三个——梅、贾米拉和拉希达——手拉着手走在一起。邦文特里在文章中还提到阿里用“近乎尼克松式的”残忍挑唆自己的跟班们进行内斗，有一次他甚至逼得两个跟班爬上拳击台打了一架，而他这么做只是为了找乐子。

在记者中间，并非只有邦文特里一个人认为外界不应该继续将阿里的婚外情视为私人问题。阿里在马尼拉总统府与马科斯见了一面，在这次会面后，记者们就再也无法对他和维罗妮卡的绯闻视而不见了。

在总统府里，马科斯的身旁陪着他的妻子伊梅尔达。阿里的身边是维罗妮卡。

“你有一个美丽的妻子。”阿里一边对马科斯说，一边笑呵呵地看着伊梅尔达。

“从你的样子来看，你也差不多。”马科斯说。

听到这句话，乔·弗雷泽窃笑起来，维罗妮卡不知道这句话是否算是对她的侮辱。

阿里丝毫无意纠正马科斯。[35]

记者报道了这件事情，他们说在把维罗妮卡介绍给马科斯的时候，阿里表示这是他的妻子。这种说法并不完全符合事实，但是已经足够令外界感到不安了。《纽约时报》的戴夫·安德森就询问过阿里是否娶了两个妻子。

“不，我们不会违反这个国家的法律的。”阿里说。他含蓄地指出，伊斯兰的教法允许他拥有一个以上的配偶。“不过，难道她不漂亮吗？”[36]

在美国国内，维罗妮卡和阿里在菲律宾总统府的照片出现在了报纸上。贝琳达当然知道维罗妮卡在马尼拉，但是，知道阿里的婚外情是一回事，看到这种事情变成国际新闻就是另外一回事了。贝琳达坐上飞机赶往马尼拉，在阿里正在接受采访的时候，她突然出现了。夫妻俩回到阿里的卧室，贝琳达嘶喊着，打翻了家具，还威胁说再见到维罗妮卡就拧断她的脖子。

贝琳达告诉在马尼拉的记者们：“我在这里不受欢迎。穆罕默德·阿里不希望我在这里。没人希望我留在这里。我是不会强迫自己的。我可不想在过了八年的婚姻生活之后让一个骗子接管我的家庭，毁掉我的生活。”[37]

说完这些话，贝琳达就返回机场，乘飞机回美国去了。

“你真的不能怪她。”阿丽莎·斯温特说。[38]

阿里告诉邦文特里，他不想让日常的家庭琐事干扰自己的工作。他肩负着神圣的使命。“我在历史上的这个时刻成了世界上最伟大的人，这可不是一件偶然的事情。”他说。真主选择他是有原因的。

他告诉邦文特里：“对我来说，现在是面对另一场考验的时候了。最近一切都太顺利了。真主绝对会让我为这些名气和权力付出代价……真主总是在考验你。他不会让你不付出任何代价就成就一番伟业。”[39]

后来，在接受《纽约时报》的采访时，阿里为自己随心所欲地和那么多女性上床的事情进行了辩解，他隐晦地表示除了维罗妮卡和阿丽莎，他还跟其他女人保持着交往。“我在这里有三四个女性朋友，如果她是白人，我就会听到一些争议，但她不是。不过，我唯一需要负责的就只有贝琳达·阿里，但是我不担心她……这太过分了。他们为了征兵的事找我的麻烦。他们为了我的宗教信仰找我的麻烦。他们为了各种各样的事找我的麻烦。但是，他们不能因为我交女朋友而找我的麻烦……如果我做错了什么，我唯一担心的人就只有华莱士·穆罕默德。如果我的妻子在聚会上看到我跟十个女人混在一起，跟她们亲嘴，我是不会在乎的，只要我在华莱士·穆罕默德那里不惹出麻烦就行。”他说。[40]

第四十四章

阿里三战弗雷泽

在距离比赛还有两天的时候，阿里躺在更衣室的沙发上给自己打气。房间里有一些记者，但是他们没有聚在一起，阿里似乎也不在乎他们是否在听他说话。他以意识流的方式自言自语着："他曾经击败过谁，赢得了这个头衔？"他指的自然是乔·弗雷泽。"巴斯特·马西斯和吉米·埃利斯。他不是什么拳王。他只有左勾拳，没有右拳，没有刺拳，没有节奏。我一直都是真正的拳王。他坐上了宝座只是因为我逃避了征兵，他幸运地躲过了我，可他只是个冒牌拳王。他幸运地过了关，只是因为他的脑袋很能挨打。"[1]

如果不是在接受采访，如果不在乎是否有人在听，那么阿里为什么会觉得有必要对弗雷泽显然很低劣的拳击技能和资质进行这样一番评价呢？他是在自娱自乐吗？还是在试图打消自己的疑虑？

在为这次比赛进行备战的过程中，阿里一如既往地对弗雷泽毫不留情，质疑着他的智力、男子气概和黑人身份。他挥舞着一只小小的橡皮猿猴，说弗雷泽是一头大猩猩，还假装与一个穿着大猩猩服装的人打比赛。他没完没了地用毫无想象力的诗句调侃着"大猩猩"和他所谓的"马尼拉战栗"。"他不仅看起来很糟糕！你在别的国家都闻得到他的气味！"说到这里，他捏住了鼻子。"马尼拉人会怎么想？我们不能让一个大猩猩当拳王。他们会想：瞧瞧他，所有的黑人兄弟都是野兽，无知、愚蠢、丑陋。要是他又当上了拳王，别的国家就会嘲笑咱们的。"[2]他压低身子，把指关节悬在膝盖上，跳来跳去，像大猩猩一样喷着鼻子。有一次，阿里还拿一把没有上膛的手枪指着弗雷泽，扣了四五次扳机。弗雷泽声称那是一把真枪："我对枪很了解，所以我看得出来真假"[3]——但是阿里说那是一把玩具枪。

弗雷泽痛恨阿里这样对待他。留在他心里的伤口太深了，在他的余生中，这些伤口一直没能愈合。他曾对自己的教练埃迪·富奇说："我要把这个心脏不正的杂种的心给吃掉。我是认真的。不是他死就是我亡。"[4]

阿里似乎并不在意。面对和弗雷泽的冲突，他采取的做法与大战乔治·福尔曼时一样——那是他一生中最重要的一场比赛：即兴发挥，依靠自己良好的直觉、英俊的外表以及好运气来渡过难关。把弗雷泽惹怒了，这重要吗？也许重要。也许不重要。谁在乎呢？不管怎样，拳击运动从来都不需要客客气气。对于阿里和弗雷泽而言，这场比赛有着比重量级拳王的头衔更重要的东西。他们要争夺的是他们两个人中间的拳王。这一次，他们要彻底解决这个问题：他们两个人究竟谁才是更伟大的拳击手。

1975年10月1日，比赛这一天又是一个烈日炎炎、酷热难耐、极其潮湿的日子。马尼拉的阿拉内塔体育馆里开着空调，但是根本不够用。上午10点，28000名观众挤满了体育馆，这时候所有人就已经感觉到了来势汹汹的热浪。这场比赛通过闭路电视系统在美国和加拿大的350座体育馆和剧院里进行现场直播。[5]不过，绝大多数拳击爱好者就像在大多数比赛中那样，还是通过广播收听了比赛的实况。不过，对于这场比赛，10万左右的美国房主又有了一个新的选择，这就是他们订购的"家庭影院频道"（HBO）。[6]在比赛当晚，这家刚刚起步的有线电视台成为首家通过卫星向全国转播比赛的电视台。为了实现这样的转播，菲律宾的一架发射机首先通过卫星将信号反射到太平洋另一头的一座基站，这座基站位于加利福尼亚州的詹姆斯堡，再通过美国电话电报公司的固定电话线将信号传输到曼哈顿的一个电话交换中心，电话交换中心再将信号转接到位于23街的家庭影院频道，然后信号又会通过卫星被传输到宾夕法尼亚州的福吉谷，接着再传输到佛罗里达州皮尔斯堡的一座基站，最后再通过微波链路被传输到有线电视供应商那里。[7]阿里和弗雷泽的比赛实时画面通过卫星出现在了家庭影院频道用户家中的电视屏幕上，电视业随之进入了一个新时代。突然间，向大量观众提供现场直播节目和原创节目对有线电视运营商来说变得远比以前容易了，也远比以前便宜了。

阿里穿着白色缎子短裤，弗雷泽穿着蓝色斜纹棉布短裤，两个人的身体状况都非常好。可是，天太热了，谁都不知道倘若比赛多持续几个回合，这两位拳击手该如何坚持下去。

铃声响了。这是两位拳击手在四年半的时间里第三次交手了。

阿里走到拳击场中央，双手举在脸前，摆出了他在职业生涯大部分时间里都不曾展现过的完美的拳击姿态，尽管这副站姿只维持了很短的一段时间。他先是打出了5记左刺拳，然后才挥起了右拳。在开局大约30秒的时候，他停止在场上移动了。他将两只手放了下来，对着弗雷泽的脑袋打出一记又一记强有力的勾拳。弗雷泽来来回回地快速移动着脚步，试图逼到阿里的身前，但是阿里退到了安全的地方。他不是蹦蹦跳跳地退到安全区域的。他的脚底下根本就没有跳动。不过，在前几个回合中，比赛的节奏还是掌握在他的手中。现在，他伸出左手，利用臂长的巨大优势，跟弗雷泽拉开了距离。就在弗雷泽试图挡开他的左拳时，他用右手快速地打出一记后手直拳。在前两个回合中，阿里的出拳数超过了弗雷泽，其中很多拳——那些伸展了手臂打出的砰砰作响的重拳——都命中了目标，他的脸上带着一丝冷笑，两只脚站得稳稳当当，身体转过极大的角度，好让自己发挥出最大的力量。他想要击倒弗雷泽。他想在弗雷泽或者热浪击倒他之前结束这一切。

弗雷泽时不时地就会摇晃几下。他的脸上淌着汗水。在第二回合结束的时候，他看上去都快要栽倒了。不过，他并没有倒下去。他一边咕哝着，一边埋下头扑在阿里的身上，一拳又一拳地捶打着比他高大的对手的肋骨，声音听上去就像是一只大木槌在敲打低音鼓。

第三回合开始，阿里采用了自己的倚绳战术。他蜷缩在角落里，任由弗雷泽逼到近前，他甚至都能感觉到弗雷泽呼出的热气。挨了大约40秒的猛击后，阿里直起身子，开始反击。他打出一串右手拳，弗雷泽的脑袋猛地向后仰了过去。这个回合就在两个人的全力进攻中结束了，他们都双臂飞舞，脑袋飞旋，阿里对弗雷泽喊叫着，弗雷泽对阿里咕哝着。最终，阿里拿下了这一回合，但是在此之前弗雷泽用一记凶狠的左拳击中了他的下巴。

“狠狠地揍他呀，拳王！”从阿里的角落里传来了一声叫喊。

在第四回合和第五回合中，弗雷泽挥拳攻击着阿里的手臂和臀部，阿里就向后靠在角落里。在第六回合中，弗雷泽钻到阿里的胸口下，像一个试图从锁着的行李箱里钻出来的人一样砰砰地撞击着阿里的身体，唯一的区别就是他面对的这只“行李箱”时不时地会做出反击。似乎一切都突破了极限，体育馆里的温度越来越高，雪茄和香烟冒出的烟雾结成了一团浓云，附着在天花板上，场内散发着一股腐臭的气味。阿里的身上浸透了自己的汗水，还有弗雷泽的汗水。很难想象这两个人，或者说任何一个人，在这样的条件下，在这样的攻击下，能够打满15个回合。阿里似乎被两记左勾拳打晕了，但他还在坚持着。又一记左勾拳打在他的脑袋上。一名经验丰富的体育记者说，这是他见过的最狠的一拳，比1971年将阿里打倒在垫子上的那一拳还要狠。

从各自的凳子站起身，准备开始第七回合的时候，阿里说：“老乔·弗雷泽，哎呀，我还以为你已经完蛋了。”

“别人跟你说的全都是错的，帅哥。”弗雷泽回答道。[8]

在第八回合中，阿里又一次试图结束这一切。他放弃了防守，咬紧牙关，向后伸展手臂，试图尽可能地打出最狠的重拳。然而，弗雷泽没有倒下，阿里也没能在整个回合中一直保持这样的攻势。当他回到围绳那里休息的时候，弗雷泽俯下身子，又一次捶打起对手的肋骨。他拿出了自己的看家本领：连续打出八九记直拳，狠狠地攻击着阿里的上腹部，然后打出了左勾拳，试图结束比赛。阿里摇晃着身子，但始终没有倒下去。

比赛持续到了第九回合，然后又进入了第十回合。在两位拳击手中，弗雷泽的攻势更强。他知道自己必须招架住阿里质量最好的出拳，这样才能逼近到阿里的身前。在每一回合中，阿里总会有一段时间任由弗雷泽捶打他。如果说拳击的根本就是对力量的考验，那么阿里现在就在赌自己最终会比对手更强壮，自己能够坚持到赢得比赛。终其一生，阿里始终能让身体听从自己的召唤。小时候，在和考基·贝克打架的过程中，他的脚底下就像跳吉特巴舞一样快速变换着步伐，

手上打出一记记刺拳，同时躲避着那个人高马大为害社区的恶霸，直到后者羞愧得放弃了和他的较量。在面对桑尼·利斯顿的时候，当人们觉得他应该逃走或者躲起来的时候，他却发射出了一串导弹，谁都不知道他竟然拥有这样的武器。在对战乔治·福尔曼的时候，他又把自己变成了一块海绵，吸收着对手的能量。过去，他一直展现着一种了不起的天赋：利用对手的弱点。然而，现在他却严重依赖于另一种天赋：纯粹的忍耐力。在面对弗雷泽的时候，他一心想要通过忍受痛苦——比弗雷泽忍受更多的痛苦——来赢得胜利。为了自己从事的运动，为了自己信仰的宗教，为了自己享受的快乐，阿里总是会心甘情愿地忍受痛苦。但是，他还从来没有遭受过现在正在遭受的这种肉体痛苦。

在比赛结束后，阿里说那种感觉“就像死了一样。据我所知，那就是最接近死亡的感觉。”[9]

就像许多信教的男人和女人一样，阿里经常会谈到死亡的话题。他拥有人们见过的最英俊的面容和最优雅的身材，但他始终都接受人体存在着局限性这个事实，也始终都承认任何人都不可能永生。正如穆斯林的祷告词所说的那样，“我们确是真主所有的，我们必定只归依他。”现在，阿里显然愿意为继续战斗下去付出巨大的代价，愿意逼着自己去往自己不曾去过的地方。

在第十回合和第十一回合的间隙，阿里瘫坐在凳子上。他看上去已经被打败了，已经完蛋了。

“世界需要你呀，拳王！”邦迪尼喊道，他已经泪流满面了。[10]

阿里站了起来，凝视着拳击台另一端的弗雷泽。他们两个人的脸都已经发肿，眼眶都泛着紫色。那两张脸都被汗水和血水浸透了。在他们周围，激动不安的观众嘶喊着，叫他们继续打下去。

在第十一回合中，阿里不知怎的发现了一种储存能量的新办法。他的出拳多了起来，力量加大了，速度提高了，他总共打出76拳，平均每2.37

秒就打出一拳。其中大部分出拳都命中了目标，也就是弗雷泽的脑袋。弗雷泽那张已经扭曲的脸淌着血。阿里一拳接着一拳，然而弗雷泽却不断地向前推进着。

“上帝啊，可怜可怜我吧！”邦迪尼尖叫了起来。[11]

到了十二回合，弗雷泽的速度终于慢了下来。阿里将手臂伸得展展的，打出了他在整个晚上最精彩的几拳。弗雷泽的额头原本已经鼓了起来，现在鼓得更高了，他看起来就像是刚刚被人从高速公路上丢下来似的。在第十三回合中，阿里把弗雷泽的护齿打飞了，这一战果似乎又让阿里的肾上腺素激增了一次。他站在拳击台中央，打出一记右拳，这一拳差点就把弗雷泽击倒了。然而，弗雷泽还是保持着直立的姿势。他透过合起的眼皮找到阿里，将他逼到了角落里，一拳又一拳地狠狠捶打着阿里的肚子。阿里翻着眼睛瞪着天空，就像是在问：这个人怎么还在打我？

到了第十四回合，弗雷泽的眼睛已经看不见了。他的左眼闭了起来，右眼受了伤，除非他直起身子，把头转向左边，否则他的勾拳根本无法瞄准目标。可是，一旦保持这种姿势，他就看不到朝他的脑袋飞来的那些右手直拳了。阿里用9记直拳将弗雷泽压制得死死的。

阿里受到了鼓励，变得更强壮了。当他应该精疲力竭的时候……不，当他超越了精疲力竭的阶段时，他打出了一种挑战高温、挑战逻辑，或许也在挑战生理学知识的节奏。弗雷泽几乎已经瞎了，高温、逻辑和生理学知识的影响在他的身上都得到了体现。随着阿里的每一次出拳，他的额头上不停地飞起一串串汗水、黏液和血水。他绝望地抵抗着，用一只眼睛四处搜索着阿里。他就像一个幽灵——黑人口中的恶灵海因特——一样跺着脚向前走去，无论最终是谁赢了这场比赛，这个幽灵在阿里的余生中都会一直纠缠着他。弗雷泽挨了一拳又一拳，毫无招架之力，但是他还是不愿倒下去。他拖着两只脚向前挪动，两只手臂剧烈地颤抖。他试图再挥出一记凶狠的左勾拳，这是他唯一的希望。可是他做不到了。

铃声响了，他摇摇晃晃地走回自己的角落，一屁股瘫坐在凳子上。他听到自己的经纪人埃迪·富奇说：“乔，结束了。”

“不，不，你们不能这样对我。”弗雷泽说。

在富奇以教练的身份参加的比赛中，有4场他都目睹了一名选手当场毙命的一幕。后来，他说当时他想到了弗雷泽的几个孩子，所以他才会在只剩下一个回合的时候执意要求终止比赛。[12]当时就在阿里的角落附近的一些人后来也说过，他们听到阿里告诉邓迪他想放弃比赛。邓迪从未证实过这些说法，但他的确说过当时他并不确定阿里能否坚持打完下一回合。[13]

不过，这已经不重要了。富奇结束了这一切——谢天谢地。

阿里从凳子上慢慢站起来，他是胜利者，至少可以说是幸存者。他将右手举了起来。凯什·克莱、拉哈曼·阿里、唐·金和赫伯特·穆罕默德爬上拳击台，庆祝着胜利。这时候，阿里倒在了垫子上。

当天晚上，伊梅尔达·马科斯带着阿里走上铺着红地毯的楼梯，去参加在马拉坎南宫为他举行的聚会。阿里一言不发地坐在那里，轻轻地往那两片擦破了皮的肿胀嘴唇里塞着食物。弗雷泽伤势太重，无法在这场招待会上亮相。阿里却执意以一副获胜的勇士的形象出现在众人面前，尽管他觉得自己更像一个受伤的勇士。

第二天，阿里出现了便血现象（这种情况持续了几个星期）。他双眼泛红，面部变形，右手肿痛。

当他凝视着酒店房间的窗外，看着暗红色的落日时，他转过头向一名记者问道："我为什么要这么做？"[14]

第四十五章
日渐衰老

他做到了。完成了。他是认真的。他打败了每一个值得打败的人。他已经证明了他所能证明的一切。是时候放弃了，他说。

但是，几个星期过去了。

他告诉霍华德·科塞尔："我改变主意了。我觉得我还能再打上几年。拳击迷们也想看我打拳。"他说他还有一些国际商业计划，"作为一名现役的拳王，我可以做更多的生意，还有其他事情。我就是想继续打拳，这样我可以拥有更大的力量做我现在悄悄做的一些事情。"[1]

他听上去就像一个为钱而打拳的人。他听上去比以往任何时候都更像是一个为了下一份收入而牺牲健康和名誉的人。有可能当时他想到了自己或许又得经历一次昂贵的离婚。也有可能他读过了《乌木》杂志最近对他妻子的采访，她在采访中说："我不会以任何方式破坏我们的婚姻。任何事情都不可能妨碍我们。我不在乎会有多少个维罗妮卡冒出来，我是不会离开的……我有四个孩子，我得照顾他们，对吧？"[2]

阿里坐在科塞尔旁边，慢条斯理地说着话，看上去一副没睡醒的样子。当被问及为什么没能实现自己之前所做的预测，在第一回合就打败弗雷泽时，他似乎花了一点时间让萎靡不振的自己打起精神，然后才打开了话匣子："嗯，是的。这个，呃，心……心理战，跟对手打的心理战。"[3]

在"马尼拉战栗"结束将近5个月后，阿里和比利时的重量级拳王让-皮埃尔·库普曼打了一场比赛，对于这场比赛，他无法集中精力吟诗一番。库普曼被称为"佛兰德斯之狮"，但是阿里将这场比赛称为某种形式的休假，他说在与弗雷泽的那场大战之后，他理应碰到一两个容易对付的对手。阿里动作迟缓，体重超标，但是他坐着都能打败库普曼。他一边打拳，一边和观众们聊着天，在拳击台上走来走去的时候他还扭了几下屁股，试图逗乐观众。谁都不知道他是否流汗了。打到第五回合，他就轻轻松松地结束了这个晚上的比赛，用一连串平淡无奇的组合拳击倒了库普曼。如果说这场比赛能够证明什么的话，那就是一个34岁的体重超重的阿里仍然远胜于一个中等水平的重量级选手。

两个月后，阿里又打了一场比赛。比赛在马里兰州兰多弗市的资本中心体育馆举行，对手是吉米·杨。在这场比赛中，阿里将得到160万美元的报酬，杨能拿到10万美元左右。阿里说他打算和杨、肯·诺顿、乔治·福尔曼各打一场，然后就退休。[4]他故意没有提及自己已经和理查德·邓恩签订了合同的事情。在结束和杨的比赛仅仅24天后，即5月24日，他就要和邓恩在德国打一场比赛了。这意味着他将在94天之内连续打三场卫冕战，这种节奏令人震惊。哦，不仅如此，他还打算对日本的重量级摔跤冠军安东尼奥·猪木发起挑战，比赛将于6月25日在东京举行。这场比赛将是一场集合了拳击和摔跤的杂交比赛，比赛的具体规则当时还尚未确定。不过，也就剩下这些比赛了：杨，邓恩，诺顿，福尔曼，猪木，然后就退休了。等着瞧吧，他说。

“截至目前，我在自己的领域做得很出色，所以我得找一些别的事情做。”他说。他还解释了自己为什么要和一名摔跤手打比赛，毕竟后者可能会踢他，把他扔到地上，或者拧他的脖子。“我干的就是这种事情——宣传、争议，纯粹是为了……吸引人群而演演戏。我为什么会是我？因为我会做一些荒唐的事情。”[5]

在与杨的比赛中，阿里的脸鼓得就像一轮圆月，胸部和腹部都晃悠着，体重达到了历史最高纪录230磅（104.3千克），比他在职业生涯刚刚起步的时候重了将近40磅（18.1千克）。杨的身高有6英尺2英寸（1.88米），身手敏捷，但是不算极其敏捷，体格强壮，但是不算极其强壮。他在乔·弗雷泽在费城开办的健身馆进行训练，在此之前已经打了将近7年的职业拳赛。

到了职业生涯的这个阶段，阿里认为自己用不着非得保持最佳状态才能击败大多数对手。他仰仗着自己的机智，再加上自己几乎不可能被对手击倒的事实。他觉得，在场上只要不倒下去，自己总能想办法打败大多数对手。

对于自己身体状况不佳的事实，他的解释毫无道理。就在同一场新闻发布会上，他说：

“我很胖，因为我需要能量。”

“在比赛中我会尽全力的，直到他的抵抗力减弱。”

“对我来说，这只不过是又一个有些好玩的日子。”

“唯一能打败我的就是我自己。”

“要是为了这场比赛把体重降到215磅（97.5千克），我就会恨上健身房的。”[6]

“我吃了太多的馅饼、太多的冰淇淋。”[7]

阿里身材走样，过度自信，而且还没有做好功课，没有看过吉米·杨的比赛录像。如果他看过了，如果他在乎这场比赛，他就应该知道自己碰上麻烦了。杨远远不及阿里面对过的那些顶级拳击手，但他属于最有头脑的拳击手。而且，他对比赛充满了渴望，身体状况又非常理想。在比赛刚刚开始的时候，挑战者的表现就令观众和播音员霍华德·科塞尔大吃一惊。他化弱势为强势，打拳风格比处于职业生涯这个阶段的阿里本人更像阿里。他意识到阿里喜欢打反击战。但是，如果让阿里无击可反呢？如果他就这样等待着，迫使阿里发动进攻呢？如果他迫使阿里打满15个回合，而且不会长时间地靠在围绳上休息呢？杨决定一探究竟。

阿里一下子蒙住了。在第一回合中，他只打出了5拳，一拳都没有命中目标。在整场比赛中，他也只有110拳命中目标，或者说每一回合只有7拳是有效的。他根本找不到节奏，出拳又轻又慢。他满场兜着圈子，等着对手追上来，可是杨也兜起了圈子，等着他发起进攻。到了第三回合，阿里显然有些沮丧，他靠在围绳上，招呼杨上前去打他。他又使出了倚绳战术。杨镇静地走开了，就好像是在说，谢谢，还是算了吧，我见识过这种把戏。看到这一幕，乔治·福尔曼一定在某个角落流下了眼泪。杨一次又一次地挫败了阿里，轻轻一晃头就躲开了对手的刺拳，抱住对手的胳膊和肩膀减慢其速度，有时候他还会单膝跪下，把脑袋伸到两根围绳之间，以打乱对手的节奏。面对杨的各种策略，阿里没有做出回应。

到了第六回合，邦迪尼喊叫了起来："动起来啊！"

到了第十一回合，拉哈曼嘶喊着："你就要输了。"

正在进行电视直播的霍华德·科塞尔抱怨道："你不能这样啊——都已经34岁了，身材也发福了，还不进行训练……只为了钱打比赛。"

比赛结束后，观众向阿里喝起了倒彩。除了裁判，所有人都以为阿里输了，杨对拳王取得了将近二比一的优势。然而，在拳击比赛中有一条不成文的规则：挑战者必须从拳王手中夺走这个头衔。也就是说，挑战者必须通过击倒对手赢得比赛，或者至少是以压倒性的暴力表现获得胜利，裁判不应当替他做这件事。那么，要裁判干什么呢？在和杨的这场比赛中，阿里之所以被裁判们判定获胜并不是他自己努力的结果。他能获胜只是因为他是穆罕默德·阿里。这是他的崇拜者送给他的礼物。

当科塞尔在拳击台上找到阿里时，阿里说出了一个显而易见的事实：对付杨的时候他应该更认真一些。

"我老了，霍华德。所以今年我就不干了。"他说。[8]

然而，阿里的现场医生费迪·帕切科表示，导致阿里慢下来的不仅仅是年龄和懒惰的工作习惯。"他不只有超重的问题。一次又一次的比赛让他丧失了恢复正常身材的欲望。这才是他遇到的最可怕的对手……他很快就会感到疲劳，比平时快了很多。他的反应能力只有正常水平的25%到30%。"帕切科说。[9]

安吉洛·邓迪也注意到了阿里的一个变化。多年来，邓迪一直告诉阿里，看到老拳手们走进健身房，在他们还在做准备活动的时候，在他们还在跳绳的时候，他就已经能够看出他们的身手越来越不敏捷了。"弹跳力不一样了。流畅度也不一样了。"他说。这种变化被他称为"结巴"，他指的不是拳击手们的语言能力，而是他们身体的运动方式。

"嘿，伙计，"有一天邓迪对阿里说，"你开始结巴了。"

可是，阿里听不进去。

“你不愿听我的话。我帮不了你了。”邓迪说。[10]

邓迪还注意到阿里的声音也出现了一种令人不安的变化。他说，他开始感到担心了，“因为我听不得……他开口说话。我对穆罕默德或许有些唠叨……说话就说话，别拧着嗓子说。”[11]

一名记者问阿里，考虑到自己对杨的糟糕表现，他是否会考虑在和肯·诺顿的比赛之前休息一段时间，这场比赛预计将于9月在洋基体育场或者麦迪逊广场花园体育场举行。或者至少考虑一下取消在东京与日本摔跤手的那场比赛？[12]

不，不会取消的，阿里说。

为什么不呢？记者又问道。

“600万美元。”他回答道。[13]

第四十六章

“他们可能不会让我退出”

到了1976年，穆罕默德·阿里已经是一个无处不在的人物了。一个曾经听上去陌生得让人难以理解的名字，现在却成了一个一眼就能被认出来的品牌。穆罕默德·阿里的书，穆罕默德·阿里的电影，穆罕默德·阿里的玩具，穆罕默德·阿里的海报，甚至还出现了一家名为“阿里有轨电车”的汉堡连锁店。[1]当然，还有穆罕默德·阿里的拳击比赛。但是，阿里在拳击界的名气显然已经超过了他的拳击技巧。

为了给自己和理查德·邓恩在慕尼黑体育场举行的比赛填满观众，阿里向驻扎在德国的美国军人赠送了门票。《纽约时报》的记者迈克·卡茨问阿里是否觉得一个因良心拒服兵役者邀请战士们观看他的比赛是一种讽刺，阿里回答道：“你不像看上去那么蠢啊。”这是他最喜欢的一句口头禅。接着，他又补了一句：“我反对战争。但我并不反对士兵。”[2]

为了备战和邓恩的比赛，阿里在三个星期的时间里减掉了10磅（4.5千克）的体重。他完胜邓恩，但是他的表现毫无可圈可点之处。在五个回合中，阿里只有12记刺拳瞄准了目标。对阿里而言，刺拳既是进攻的武器，同时也是防守的工具。他的刺拳速度很快，质量又高，对手根本来不及进行反击。凭着刺拳，阿里就能掌控比赛，让对手处于他的安全距离之外，同时又在他的打击范围之内。然而，邓恩是一个左撇子拳击手，不那么容易受制于阿里的刺拳。没有了最有力的出拳和敏捷的步伐，阿里就几乎没有什么保护了。当他抡圆胳膊打出一记重拳时，邓恩也会打出同样的重拳。他至少两次被邓恩打得失去了平衡。但是最终，他还是控制住了局面，在第四回合中击倒邓恩四次，在第五回合中再次将其击倒，就这样结束了比赛。但是，就连普通的拳击迷都看得出阿里现在跟以前完全不一样了。即使面对毫无名气的对手，他都无法安然无恙地躲过对方的攻击。脑袋不断被对手击中正是他为了让职业生涯继续下去而付出的代价。

比赛结束后，阿里在台上接受了一场电视采访。他感谢了真主，他的精神领袖华莱士·D.穆罕默德，总统杰拉尔德·福特，奔走美国各地呼吁人们关注饥饿问题的迪克·格雷戈里，以及帮助他备战和安东尼奥·猪木的比赛的空手道大师们。他还向“远在老家的全家人”致以了问候，但是没有提及其中任何一个人的名字。

阿里在1976年里疯狂的比赛日程反映出他疯狂的生活本质。一段9年的婚姻只剩下一点回声、一丝残存的痕迹，眼看就要彻底结束了。

不久前，贝琳达为自己改名为“卡利娅”，她说这个名字是伊斯兰民族组织的最高牧师华莱士·D.穆罕默德给她取的。在接受《人物》杂志采访时，贝琳达说：“婚姻不复存在了。已经过去了。”[3]

卡利娅、维罗妮卡和穆罕默德现在分开住在芝加哥的几套公寓里，维罗妮卡已经怀上了阿里的孩子。[4]

阿里的父母也分居了。奥德萨待在路易斯维尔的家里，那座新房子是儿子出钱买下的，凯什则在世界各地飞来飞去，欣然享受着拳王父亲这个身份带来的快乐，例如，大量的免费饮料，还有那些平日里对年龄比自己大一倍以上的男性一眼也不会多看的女人的关注。

阿里的财务状况也一团乱麻。吉恩·吉洛伊负责支付账单，吓跑趁火打劫之徒；赫伯特·穆罕默德负责洽谈生意；鲍勃·埃勒姆和唐·金负责安排比赛。但是，到最后赫伯特、埃勒姆和金都在争着接洽业务了。如果阿里是一位首席执行官，制定发展战略，确定长期目标，制订计划以保证自己的财务状况在长期内保持良性发展，那么他或许已经为退休做好了充分的准备。然而，他不是首席执行官。在1976年的秋天，他任命来自弗吉尼亚州费尔法克斯县的律师斯皮罗斯·安东尼为他的财产托管人。安东尼开设了一间办公室，雇了几名员工，筛选阿里收到的商业提议。“可以说，他就是世界上最受欢迎的名人。你完全想象得出人们在把什么东西丢给他，劝说他买下这些东西或者为其代言。手表，祈祷毯。一大堆令人难以置信的提议。”安东尼说。[5]他把阿里的钱投资在了房地产上，其中大部分都是写字楼和公寓。但是，没过多久阿里就指责安东尼挪用了他的钱，还用这些钱来偿还赌债，安东尼否认了阿里的指控。阿里提起了诉讼。安东尼仍然声称自己是无辜的，事实上，他还声称自己通过投资房地产为阿里赚到了几百万美元，但他最终还是同意和解，向阿里支付了39万美元。[6]

安东尼为阿里做了几笔精明的投资，还请来了一位受人尊敬的会计师，试图减少阿里的税额。可是，在查看了阿里有限的商业记录后，卡普林和德赖斯代尔会计师事务所的会计师理查德·W. 斯基尔曼发现要想将阿里合法的商业开支和他给朋友们的贷款和投资——后者看起来无穷无尽——区分开几乎是不可能的。“我想他清楚自己是在浪费钱。”斯基尔曼说。[7]

阿里在金钱方面的问题并没有到此结束。

他说过：“我真的想退出。可是，如果有人给你开价1000万，退出就不是一件容易的事情了。”他说他希望自己能够在处于巅峰的时候带着健康的身体退出拳坛，可他也希望在退出拳坛的时候手里拿着价值1000万美元的美国国债，“这样一来，每个月我的邮箱里都会收到一张写着8.5万美元的免税支票”。如果他的生意从一开始就得到妥善的经营，如果他采取避税手段，对收入进行明智的投资，那么退役后他每个月可以拿到的钱将远远超过8.5万美元。然而，现在，当职业生涯将近尾声的时候，他的情况却并非如此。现在，他必须趁着还有能力打比赛的时候尽量多赚一些钱，以弥补他失去的时间、一个个拙劣的决策、一场场昂贵的婚姻，以及那些白白浪费掉的机会。他身边的许多人——包括他的父亲、弟弟、邦迪尼和其他一些人——也指望他能尽可能多赚一些钱，能赚多久就赚多久。

“他们可能不会让我退出，除非我再也打不动了。”他说。[8]

与猪木的比赛——如果可以称之为一场比赛的话——是赫伯特的主意。日本主办方承诺给阿里600万美元，他们想看一看一位拳击冠军和一位摔跤冠军在赛场上相遇会出现怎样的情况。比赛日渐临近了，可是似乎谁都不确定这场比赛究竟应该按照预计的那样只被当作一场适度的表演赛，还是应该被当作一场真正的比赛，遵循一套糅合了拳击和摔跤两种运动规则的规则。

比赛定于6月26日，东京武道馆14000个座位的门票已经售罄。在美国，有将近33000人将在纽约的谢伊体育场观看闭路电视转播，为此他们每个人花了10美元购买门票。除了阿里和猪木的比赛，他们还将观看到拳击手查克·韦普纳和职业摔跤手“巨人”安德烈进行的一场现场比赛。阿里从来都是一个自我推销的高手，他告诉采访者这场比赛能够吸引到的观众人数将超过他打过的任何一场比赛。他还信誓旦旦地表示，比赛是真刀真枪的，有可能会比较血腥。

比赛日越来越近了，而且猪木显然想要正正规规地打一场比赛，并且获得正规的冠军头衔。阿里方面制定出了一套规则，在很大程度上能够防止摔跤手做出任何伤害对手身体的动作。在比赛中，阿里将戴上一副仅有4盎司（113克）重的薄薄的手套，猪木则赤手空拳；双方都不得用膝盖或者拳头击打对方腰带以下的部位；一方倒下后，另一方不得继续出拳；踢踹动作是允许的，但只有在单膝跪地的情况下才能踢踹。在赛前，主办方没有向外界公布这套规则。如果公布了，那么我敢打赌没有人会花钱去看这场比赛，毕竟它听上去更像是一场考验谁的身体更柔韧的“扭扭乐”，而不是一场搏击比赛。

比赛一开始，猪木首先从拳击台的另一头跑了过来，朝着阿里的方向飞出一脚，试图铲倒对手。这一次他失手了，接着他又试了一次，又失手了。他没有站起来，而是趴在垫子上，像螃蟹一样蹿来蹿去，时不时地对着阿里扫出一腿，试图从膝盖后方夹住阿里，将他放倒在地。猪木知道阿里只有一种打斗方法——他的拳头。只要他趴在地上，阿里就出不了拳。猪木在地上蹿来蹿去，一下又一下地扫着腿，而阿里则像试图踩住一条蛇一样不停地跳来跳去。

一回合接着一回合，猪木一直仰面踢踹着阿里的小腿和大腿。在第四回合中，为了躲避猪木的进攻，阿里一度蹿到了围绳上，还惊恐地大叫起来。在第六回合中，阿里试图抱住猪木的腿，但还是猪木占了上风，用另一条腿缠住阿里的小腿，将阿里放倒了，这是整晚出现的第一次倒地。猪木飞快地爬到阿里的胸口，跨坐在他的脸上。

为了600万美元，一个人愿意受到多少侮辱？阿里已经给出了答案。

猪木的这一招成了整场比赛中最精彩的一幕。

阿里奚落起了猪木，叫他站起来比赛。“一拳！给我一拳！”他嚷嚷着。猪木可不愿挨打，他继续趴在地上。很快，阿里的腿就肿了起来，还流了血。安吉洛·邓迪坚持要求猪木用胶带把自己的鞋子粘起来，以免继续划伤阿里的腿。

哪怕一场枕头大战应该都会比这场阿里—猪木大战更激动人心。直到比赛结束，阿里只出了6拳，而且每一拳都毫无成效。不过，他后来吹嘘过：“一拳100万。”[9]事实上，他的报酬水平比他说的更夸张。在他打出的6拳中，只有两拳命中目标，也就是说每一记有效拳为他赚到了300万美元。或者说，如果这场比赛产生的收入和预期一样多的话，一拳可以赚300万美元。

搏击迷们喝起了倒彩，向拳击场内扔着垃圾。裁判宣布比赛结果——平局，这时花钱买票观看这场比赛的观众更加起劲地用污言秽语叫骂起来。

对阿里而言，这场比赛不仅是一次尴尬的经历。检查了阿里肿胀的腿部之后，费迪·帕切科竭力主张他卧床休息几天。然而，第二天阿里就飞往韩国的首尔，参加为美国军人举办的一场持续了4个回合的表演赛。乘飞机回到美国后，阿里的两条腿上已经结起了血块，他不得不在医院里待了几个星期。[10]

如果说这还不够糟的话，后来发生的事情就更是雪上加霜。猪木对阿里提起诉讼，他声称在比赛开始前的最后一分钟阿里一方修改了比赛规则，导致他无法进行正常的搏击，门票销售因此遭受了损失。[11]

阿里从日本回来大约一个月后，维罗妮卡·波奇生下了一个名叫哈娜的女孩。在孩子出生三个星期后，即1976年9月2日，卡利娅以丈夫存在私通行为并且“反复对她实施极端的精神虐待”为名提起离婚诉讼。[12]离婚案很快就得到了解决，阿里同意在五年内向妻子支付67万美元，保证她在芝加哥有一个家——一幢公寓楼，并且给了她其他一些财产。他还承诺为他们的4个孩子设立一个100万美元的信托基金。

现在，阿里又有了一个孩子需要抚养，也又有了一位前妻需要补偿，这意味着他有了更强烈的动机继续从事拳击运动。可是，与此同时他的自律性却越来越差了。感觉精力充沛的时候，早上5：30他就会醒来，开着他那辆豪华的斯图兹“黑鹰”从自己伍德朗大街的家中出发，去一英里（1.6千米）外的华盛顿公园，绕着公园跑上一个半小时。[13]可是，他已经不像以前那么精力充沛了，很多个早晨他都根本不锻炼。而维罗妮卡又不太做饭，所以他就总是吃“哈罗德”炸鸡店的炸鸡和裹着橙味辣酱的炸薯条。[14]

在备战与肯·诺顿在洋基体育场的比赛期间，阿里没有再提过退役的话题。与此同时，他还开始寻找更多的商业机会。他签下了一份推广“阿里非洲情感”床单的广告，床单的外包装上都会印着阿里身着燕尾服的照片。在宣布这笔交易的新闻发布会上，阿里又像吟诗一样地说道：“我们有床罩和毛巾，还有羽绒被／我们的床单适合黑人，适合白人，也适合你。”

拳击对我这样的老人越来越难了
卖床单却像喝冰茶一样轻松
图案很漂亮，想法很美好
你能相信吗，他们还要付我钱？[15]

一家名叫“米高国际”的玩具公司正在生产穆罕默德·阿里娃娃（以及像雪儿、法拉·福塞特—梅杰斯和热播电视剧《快乐的日子》中的丰兹的娃娃）。还有一部以阿里为主角的卡通电视剧《穆罕默德·阿里历险记》，在剧中他会与鳄鱼搏斗，击退非洲丛林中的盗猎者，与太空战士战斗。甚至还出现了一首以阿里为主题的歌曲《黑色超人》，歌词中带有“刀疤”和“迄今为止的拳台之王”这样的韵脚，歌曲在美国之外的地方风靡一时。旋即，阿里还参加了穆罕默德·阿里牌运动服、沙特阿拉伯丰田经销商、穆罕默德·阿里牌鞋油、吉诺快餐店、宝路华手表、穆罕默德·阿里倚绳战术牌挂绳肥皂、穆罕默德·阿里牌花生酱糖果脆条、鸟眼牌“足三两”汉堡（在英国推出的时候，阿里说过：“大嘴巴才吃得了大汉堡”）、奥雷达薯饼、必胜客，以及布鲁特古龙水（“动如蝶舞，拳如蜂蜇，布鲁特的香味，阿里的拳头”）等等的商业宣传活动。阿里还与沙特阿拉伯的一家公司达成了合作，该公司计划向不发达国家销售“拳王先生”软饮料、涂料和其他各种产品。[16]他还同意出版一部讲述超人大战穆罕默德·阿里的漫画书。另外，他还跟德康公司签订了合同，将在电视和杂志上为该公司生产的灭蟑螂器和除蟑螂喷雾做广告，德康公司的产品外包装上都会印上阿里的照片。

这是一个征兆吗？预示着这位拳击手生命的下一个篇章将如何展开吗？阿里不再在种族、宗教和政治问题上挑战外界了。很快，他也就不再对着别人出拳了。当这一天到来的时候，他将成为商品推销员，而不是商品本身。但是，仅此而已吗？这样够了吗？阿里没有表态，他似乎也不急于知道答案。

在两个人第一次交手时，诺顿打烂了阿里的下巴；在第二次交手时，阿里以一个受到争议的判定侥幸获胜。诺顿不会像弗雷泽那样暴打对手，也不会使出福尔曼那样的力量攻击对手，但他是一个强壮、聪明、善于防守的拳击手，阿里知道自己必须发挥出最佳状态才能赢得比赛。但是，他的问题依然存在：他的最佳状态足够好吗？

这一次，阿里的训练场地不在鹿湖，而是位于纽约州卡兹奇山地区的康科德度假酒店。他只进行了大约100回合的对打练习，也就是他以往备战时训练量的一半左右。[17]记者们大多都对他的职业道德反应平平，一名记者就曾调侃道：“他和过去一样拼命做的事情……就只有照镜子。”[18]有一天，趁着几次训练的间隙，他开着高尔夫球车载着维罗妮卡四处跑，试着打了几下高尔夫球，不过基本上都没有打中。[19]还有一天，他迎来了一群军士，他们问他是否愿意拍几张照片，帮助军队招募新兵——现在军队已经废除征兵制了。穿着拳击短裤、身披白色长袍的阿里欣然同意了对方的请求。[20]即使他对这件如此具有讽刺意味的事情发表过评论，记者们也不曾提及。还有一天，他开车去杰维斯港看一处他宣称自己刚刚买下的房产，可是走到中途他迷路了，没能找到那处房产。

为了这场比赛，阿里瘦了下来，但还是显得有些松软，胸部的轮廓不够鲜明，腰间还残留着一些脂肪。他的体格像一个一直在努力减肥的人，而不是一个努力变得强壮的人。尽管如此，他依然吹嘘说作为拳击手，自己比以往任何时候都更强大，自己的新风格既不需要速度也不需要精妙的技巧。“跟第一次和诺顿打比赛那会相比，我的水平几乎提高了一倍。弗雷泽和福尔曼都没有干掉我。诺顿又怎么可能呢？”他说。[21]

门票的销售很缓慢。各个闭路电视转播场地座位的市场需求也非常不乐观。阿里–诺顿之战应该是一场精彩的比赛。这将是他们两个人决定高下的最终一战。可是，这场比赛不像阿里–弗雷泽之战和阿里–福尔曼之战那么令人兴奋。阿里甚至懒得嘲弄自己的对手，“我不想搭理他，”他说，“他引不起我的兴趣。”[22]

在称体重的时候，阿里想要让自己兴奋起来，他大声叫喊着：“我要你，黑鬼！”“上场吧，黑鬼！”[23]可是，诺顿似乎对此不以为然。

这场比赛在洋基体育场举行，现场大约有两万名观众，当天晚上下着雨，天气凉爽。纽约一家小报喜欢用双关语的头条新闻记者将体育场称为“洋基恐怖场”，《体育画报》将其称为“拳击迷体育场”。当时，纽约市正处于危机中，犯罪率飙升，政府濒临破产，这个国家的其他地方也只能说比纽约市略好一点。这个世界上最伟大的超级大国已经严重依赖于来自其他国家的石油，现在出现了严重的燃料短缺问题，汽油和取暖油的价格大幅上涨。许多美国人换掉了耗油的凯迪拉克轿车和奥兹莫比尔轿车，用上了日本制造的节油汽车，但是他们并不一定乐意这么做。这令他们感觉像是承认了自己的软弱似的。几十年来，美国第一次出现了衰落之势。通货膨胀严重加剧，经济一片萧条。晚间新闻里充斥着有关恐惧和沮丧的报道。

在一星期里的任何一个晚上，布朗克斯区都有可能充满了危险，在比赛的这一天晚上，这里就更是危险了。由于新出台的工作时间表和迟迟没有等到的加薪，那些下了班的警察聚在洋基体育场外进行抗议，他们阻塞了交通，鼓励没有门票的年轻人撞开大门溜进体育场去看比赛，还或多或少地散布着没有人会被逮捕的消息。[24]豪华轿车被洗劫一空，有人遭到了抢劫。《纽约时报》的瑞德·史密斯也被偷了。[25]尽管如此，奥德萨·克莱还是到现场观看了这场比赛。她穿着一件黑色的晚礼服，与丈夫分开坐在两处。摩托车特技车手埃维尔·克涅韦尔也去了现场，他的手上戴着几枚钻石戒指，脚上穿着用蟒蛇皮做成的牛仔靴。[26]出席比赛的还有画家勒罗伊·内曼、演员泰利·萨瓦拉斯、网球明星吉米·康纳斯，以及卡罗琳·肯尼迪和乔·路易斯。比赛稍微推迟了一会，因为就连两位拳击手赶往体育场的时候也遇到了麻烦。

比赛终于开始了。阿里试图尽快击倒对手。现在，他在场上就像桑尼·利斯顿一样，喜欢重拳出击，喜欢快速完成工作。可是，他不具备利斯顿那种能够击倒对手的力量，当他稳稳地站在拳击台中央，左一下右一下地挥动拳头时，大部分出拳都被诺顿挡住或者躲开了。随着比赛的进行，诺顿一直没有受到比较严重的伤害，阿里也是如此，但是大部分出拳都来自诺顿。相比阿里，诺顿显得更忙碌，攻势更猛，打法也更巧妙。阿里运用了许多现在已经为人们所熟知的技巧：摆动屁股；蜷起胳膊，就像出拳之前先给胳膊装上弹簧似的；在许多回合中，到了最后几秒发动更猛烈的攻击，以此给裁判们留下比较持久的好印象。在比赛的最后一分钟里，他的表现尤为出色。他给自己装满弹药，打出很多重拳。诺顿在最后一回合的比赛中则是一副坚信自己已经稳操胜券、无须继续冒险的样子。

落在诺顿身上的一记记刺拳很轻。阿里始终没能撼动他，也没能打伤他，甚至没能让他的速度慢下来。经过15回合平淡无奇的较量，诺顿和阿里的有效拳分别为286拳和199拳，其中的重拳分别为192拳和128拳。数字无法衡量痛苦。也测量不出伤害。但是，对于这场比赛，数据很能说明问题。作为拳击手，诺顿的表现更为出色，身体也更为强壮。他命中目标的出拳超过了阿里，出拳的命中率更高，出拳的力度也更大。

当终场铃声响起时，诺顿冲着阿里吼道："我打败你了！"[27]

阿里没有作答。他转身回到自己的角落，低着头，垂着肩膀。

可是，诺顿说错了。他没有打败阿里——至少根据裁判们的打分，他没有打败阿里。裁判宣布阿里获胜，这是拳击史上最具有争议性的一个判决。

离开拳击台的时候，诺顿啜泣着说："他们抢走了我的胜利。"[28]

后来，在更衣室里，阿里承认自己大概是靠"风格分"才赢了这场比赛。"评委们总是喜欢看到拳击手蹦来蹦去。我改变了计划，因为站在那里一动不动地打拳不像我预想的那么奏效。”他非但没有宣称自己是最伟大的拳击手，反而说多亏了人们对他的期望越来越低，他才取得了这一次的胜利。“我跟你说，就我的年龄和经历而言……今晚的表现非常完美。”他说。[29]

如果这就是阿里心目中的完美表现，那么他的标准对他自己来说就太低了。比赛结束后，《纽约邮报》的记者保罗·齐默曼询问同行，他们觉得谁打赢了这场比赛。结果，21个人中有17个人选择了诺顿。正如乔·弗雷泽所问的那样：“阿里让大家赚了那么多钱，你觉得他们会判定肯获胜吗？”[30]

一名黑人记者问阿里：“你还能靠着嘴巴打多久？”

“你这个汤姆叔叔一样的黑鬼居然问我这种问题。”阿里回敬道。

那名勇敢的记者又说了一遍自己的问题：“我在问你，你还能靠着嘴巴打多久？”

“能坚持到揍你的黑屁股的那一天。”阿里回答道。[31]他的脸上没有露出笑容。

阿里在1976年打了4场比赛（不包括他和猪木那场闹剧般的表演），要不是裁判们对他那么慷慨，其中的两场他可能就输掉了。就连他在新闻界的那些崇拜者也开始用“过气”这个词来形容他了，马克·克拉姆就在《体育画报》的文章中写道：“阿里不再是一名拳击手了，这一点已经毫无疑问了。辛苦的工作，在马尼拉经历的生与死，以及他身边那伙傻瓜没完没了地给他提供的一大堆女人，将他扼杀了。”[32]

打完和诺顿的比赛后没过几天，阿里就和华莱士·穆罕默德飞往土耳其，去会见穆斯林领袖。在伊斯坦布尔机场接受采访时，阿里说自己也许会和乔治·福尔曼再打一场比赛，然后就退休。阿里、华莱士和土耳其副总理内吉梅丁·埃尔巴坎一同参加了伊斯坦布尔著名的苏丹艾哈迈德清真寺（又被称为“蓝色清真寺”）在中午举行的祷告仪式。仪式结束后，阿里发表了一项重要声明：“在我的领袖华莱士·穆罕默德的敦促下，我宣布退出拳击运动，从现在开始，我将和其他人一起为伊斯兰事业而奋斗。”

他说：“我的毕生梦想就是成为拳王，然后退出拳坛，运用我的影响力和声望参与伊斯兰教和真主的事业。有许多人建议我退休，也有许多人建议我再打上几场比赛。我一场比赛都不想输，如果继续打下去的话，我可能就会输。我或许能赚到很多钱，但是穆斯林的爱和同胞们的心比个人利益更有价值。所以，我要在大家都高兴的时候、在我还能获胜的时候停下来。这一位就是我的领袖，”他指着华莱士·穆罕默德说，“这一位就是我在伊斯兰教方面的精神导师。无论怎样，我都想退休了。现在，他告诉我这样做是明智的。我丝毫不感到困惑。”[33]

在华莱士的教导下，阿里对正统的伊斯兰教有了更多的认识。他每天都鞠躬祷告，还经常邀请教外的朋友跟他一起做祷告。他喜欢向别人解释祷告的意义和重要性，他说“伊斯兰”一词的意思就是顺从，或者说屈服，每一个穆斯林都知道，如果一个人希望生活在和平中，谦卑地顺从真主的旨意就是至关重要的事情。日常的祷告是为了加强自己与真主之间的联系，一遍又一遍地提醒自己真主是全知的、仁慈的和永恒的。阿里从来就不善于顺从别人的意志，在他成为一名伟大拳击手的过程中这种品质起到了一定的作用。但是，质疑政府的权威是一回事，质疑神的权威则是另外一回事。他在《古兰经》的经文中找到了慰藉，他告诉朋友那些祈祷文让他感到宇宙是有秩序的。

即便如此，阿里还是不太确定自己是否真的准备放弃拳击。在和华莱士·穆罕默德从土耳其飞回家的时候，这位拳击手又有些举棋不定了。他告诉华莱士，他已经把在诺顿那场比赛中赚到的钱花掉大半了，他知道自己将面临继续打比赛的巨大压力，尤其是当他与鲍勃·埃勒姆、唐·金和赫伯特·穆罕默德这些人谈话的时候，压力就更大了。

回到美国后，华莱士在芝加哥向自己的追随者发表了一场讲话，其间他对阿里退出拳坛的决定赞扬了一番。他说，他知道阿里可能会难以适应没有拳击的生活，或许会面临经济压力，“如果他因为改变生活而失去财富，那我会把我的财富全都送给他”。不过，阿里的这位宗教导师又表示自己很有信心，他说他为这位拳击手感到骄傲，从今往后他都将为真主——而不是金钱——而战了。

“穆罕默德·阿里，无论你是否会坚持下去，我都要祝贺你选择了这一立场。”他说。[34]

第四十七章
"你们还记得穆罕默德·阿里吗？"

"电影明星！我是电影影影影影影影——明星星星星星星星星——！"阿里尖叫着。[1]

退役一个月后，他在迈阿密拍电影，影片讲述的正是他的故事。他也谈论着自己作为好莱坞明星的未来。

"这张脸价值几十亿呢。我的角色总是头号主角。我不可能演在厨房里打杂的小孩。有些橄榄球大明星会在电影里演一个服务生，而某个同性恋却在同一部影片里演主角。我要当主角。和查尔顿·赫斯顿一样，他的形象就很严肃：摩西，《机场》里的机长，一个真正的男人。总是那么尊贵，总是那么高级。"而且不会有性爱镜头。"基辛格可不会拍这种镜头，"他指的是美国国务卿亨利·基辛格，"我可比基辛格更重要。"[2]

也比基辛格更英俊。不过，这一点是不言而喻的。

两个星期后在休斯顿拍摄一场戏的时候，阿里告诉记者，他准备结束退休生活。

"我想要福尔曼。我要消灭福尔曼。"他说。[3]

不过，他并不急于跟福尔曼较量一场，对他来说，这位拳击手显然是最危险的对手。他说自己可能会先跟杜恩·博比克或者厄尼·沙沃斯打一场，接下来才会对付福尔曼。然后——很有可能——他就退休了。

与此同时，阿里还在继续大手大脚地花钱，那副样子就像他源源不断地输出自己的观点一样，而且好像他总有源源不断的进账似的。在芝加哥的一个冬日，他告诉朋友蒂姆·沙纳汉他得给维罗妮卡买一件生日礼物。

他刚刚拿到和诺顿那场比赛的报酬，现在正在考虑给维罗妮卡买一辆奔驰轿车。于是，他就和沙纳汉开着他的“凯迪拉克”去选购“奔驰”。路上，沙纳汉建议阿里也给自己买点东西。

阿里喜欢这个主意。“咱们就买辆‘劳斯莱斯’吧！”他说。

下一站：森林湖市郊区的一家“劳斯莱斯”经销店。沙纳汉还记得，阿里在那里选中了一辆双色调的黄绿色“险路”敞篷车，这辆车的售价约为8.8万美元。在1976年的美国，新房的平均售价大约是这个价格的一半。阿里没有付钱就把车开出了停车场，他叫销售员给他的律师打电话，让后者处理这笔交易。离开经销店的时候，沙纳汉提醒阿里他们应该给维罗妮卡买一样礼物。

于是，阿里掉头回到了经销店。

“你们有漂亮的女士车吗？”他问道。

销售员带他看了一辆银色的阿尔法·罗密欧敞篷车，还主动给他打了折。阿里回到家，让维罗妮卡看了这份礼物。维罗妮卡钻进车里，看着阿里。“我不会开手动挡的车。”她说。

于是，阿里就把这辆“阿尔法”送给了沙纳汉，然后回经销店又给维罗妮卡买了一辆“奔驰”。[4]

之前主办方承诺阿里，在和诺顿的那场比赛中他将得到600万美元，可是最终他只拿到了其中的一小部分。赫伯特·穆罕默德拿走了阿里全部收入——不只是拳击收入——的30%至40%，他曾开玩笑说，如果有人在街上找到阿里、给他5块钱让他在杯子里尿一点尿，那他最好记得给他的经理分一些。[5]在阿里通过和诺顿的那场比赛赚到的600万美元中，有200万美元直接进了赫伯特的口袋，还有200万美元得预留给国税局。此外，阿里还得从收入中分出一部分钱用来支付前妻的赡养费、子女的抚养费、财产税，以及司机、保安和其他人的薪水。

钱不是万能的，但没有钱是万万不能的。因此，在和诺顿打完比赛、宣布退休将近8个月后，阿里又回到了拳击场上。这一次，他的对手是不太可怕的阿尔弗雷多·伊万杰里斯塔，这位号称“蒙得维的亚山猫”的拳击手此前从未在美国参加过比赛，总共也只打过16场职业比赛，最近刚刚被名不见经传的洛伦佐·扎农打败。就连浸淫拳击界多年的人都对伊万杰里斯塔知之甚少。唐·金曾自吹自擂地说："对于这场比赛，你们知道什么才是真正的大新闻吗？我翻了翻书，随便找了个人，让他跟阿里打上一场比赛，就拿到了270万。"[6]就连阿里都想不出应该如何推销这场比赛，在看完伊万杰里斯塔的录像后，他告诉记者："看起来，他的出拳重不到哪去。"[7]

伊万杰里斯塔的出拳的确不够重。不过，阿里也是一样。在马里兰州兰多弗市的资本中心体育馆，伊万杰里斯塔与阿里打了15个漫长乏味的回合，最终裁判一致判定阿里获胜。阿里赢得了比赛，却没有赢得多少在现场观看比赛的拳击迷们的支持，为了这场比赛他们买了高达150美元一张的门票。他几乎一直站定在那里，几乎没有展现自己特有的滑步，几乎没有运用倚绳战术，也几乎没有怎么出拳。不过，在大部分时间里，他看上去非常清楚自己应该做些什么才能拿到报酬，同时又不愿意付出更多的努力。体育馆里的人为他的表现喝起了倒彩。几个回合过后，记者们不再做笔记了。对于在家观看这场比赛的人来说，至少霍华德·科塞尔的评论还能让他们乐一乐。早在第一回合的时候，科塞尔就说表示："这就是一场杂耍表演。"

稍后，他又说："我想这能让观众开心。可我不觉得这有什么好笑的。"

两位拳击手一度在场上兜了好一会儿圈子，一拳未出，看到这种情景科塞尔用有些古怪的口吻调侃道："哦，我一直认为我见过的最出色的一对舞蹈搭档是几年前的尼古拉斯兄弟。"

当阿里退到角落，垂下双手，试图引诱伊万杰里斯塔攻击他的下巴时，科塞尔说："我不喜欢这一幕。说实话，我很抱歉这一幕出现在直播节目中。"

在第七回合中，阿里一拳都没有命中目标，科塞尔说："你不由得会想，如果阿里还能再做些什么，他能做到哪一步，毕竟此时此刻，你会期望他为了捍卫自尊努力一下。看看这一幕。这一切就都不言自明。"

在第十一回合中，他说："谁都不喜欢揍一匹老马。到现在为止，这场比赛太可怕了。"

他还说："你只会想，我们曾经认识的这位伟大的拳击手已经没有多少实力了，如果说还有的话。看呀，他打空了。看呀，他打空了。你们还记得穆罕默德·阿里吗？"

到了最后，他宣称整场比赛就是"一场萎靡迟钝得令人难以置信的对打练习"。[8]

比赛结束后，在拳击台中央接受科塞尔采访时，阿里趁机为自己即将上映的电影做了一次广告，他的发音含糊而轻柔。他还将华莱士·穆罕默德赞扬了一番，并且向一个他想不起名字的人表示了感谢。

即使只是一场拙劣的表演，即使只是为了金钱而战，阿里也还是再一次不得不求助于倚绳战术，不得不打满了15个回合，不得不挨了一个人高马大的年轻人141拳。最终，他靠着裁判的一致判定获得了胜利，但是在其他许多方面他都输了。

1977年6月19日，打败伊万杰里斯塔一个月后，阿里和维罗妮卡·波奇在洛杉矶的比佛利山威尔希尔酒店举行了一场世俗婚礼。准新娘告诉记者，她已经是穆斯林了。[9]阿里穿着白色的燕尾服、胸前镶着褶边的白衬衫，脚上穿着白色的鞋子，手上戴着白色的手套，维罗妮卡穿着一条裙裾很长的白色拖地长裙。[10]夫妻俩站在一个装饰着白色康乃馨的金属天棚下，天棚下摆着两个白色的鸟笼，每个笼子里有两只白鸽。他们去了夏威夷度蜜月，但是阿里不是那种能安心坐在沙滩上的人，他更喜欢在人行道和酒店大堂里与陌生人签名，冲对方挥上几拳。所以，他带着霍华德·宾厄姆一起去了夏威夷。[11]蜜月只有几天的时间，然后阿里就回到了健身房，为迎战下一位对手——厄尼·沙沃斯——开始备战工作。

在22岁那一年，还在俄亥俄州扬斯敦市一条汽车装配线上当工人的沙沃斯参观了一家拳击馆，那是他有生以来第一次试戴上拳击手套。他和另一个年轻人爬上了拳击台，后者知道所有的拳击动作，知道如何来回摆动身体，如何迂回前进，如何高举双手，如何打出流畅的刺拳和快速的组合拳。结果，沙沃斯挥了一拳，就把对方打得倒地不省人事了。[12]

从1969年到1977年，沙沃斯打赢了54场职业比赛，除了两场，其他都以击倒对手的方式获得胜利。多年后，他说："我和乔治·福尔曼或许是有史以来最伟大的猛冲猛打型选手。"[13]他们当然都属于最伟大的拳击手之列。但是，沙沃斯不是一个完美无缺的拳击手，他打不出敏捷的组合拳，刺拳也不太可怕，脚步也算不上优雅。但是，他用不着这些技巧，因为他打起拳来就像拆轮胎的铁撬棍一样。他一拳击出的力量太大了，就像他的一位对手说过的那样，"他能让7月变成6月"，[14]就连乔·弗雷泽和乔治·福尔曼都不愿意与他交手。

这就产生了一个显而易见的问题：阿里为什么要这么做？

拳击教练雷·阿赛尔说过："上帝给你造出下巴不是为了挨打的。"[15]阿里知道自己的下巴不是用来挨打的，但他也知道自己的下巴有可能会挨打，但他很有可能会一直站立不倒，头脑也会比较清醒。正是凭着这种自信，他才走到了这一步。可是，挑战沙沃斯对阿里来说存在着巨大的风险。赫伯特·穆罕默德，还有鼓励他参加这场比赛的那些人，都是在极大地伤害他，费迪·帕切科说过这些人的做法就是"一种过失犯罪行为"。[16]

1977年9月29日，阿里和沙沃斯在麦迪逊广场花园广场相遇，大约7000万人通过全国广播公司电视网观看了这场比赛的现场直播。据估计，当时全美国54.4%的电视都在收看这场比赛。[17]沙沃斯通常都是那种喜欢速战速决的拳击手，但是和所有人一样，他知道阿里不是一个容易被击倒的人，所以他调整了自己的战术，做好了打一场持久战的准备。在第二回合中，从形势看上去沙沃斯似乎根本不需要坚持多长时间。阿里和这位危险的重拳手进行着正面交锋，面对后者的拳头，他没有快速移动脚步，也没有下潜闪身。如果他为这场比赛进行了认真的训练，那他或许就会用击败乔治·福尔曼的方式击败沙沃斯：在拳击场上走上几个回合，将对手拖得疲惫不堪，然后将其击倒。可是，现在阿里的身体已经不在巅峰状态了，动作也不到位，因此就出现了他和有史以来最危险的一名重拳手正面交锋的景象。沙沃斯用右手打出一记猛拳，这一拳力量大得将阿里向后推出了三四英尺。阿里的身体就像一个225磅（102千克）的豆袋椅一样被围绳反弹起来。他的两个膝盖都发软了，但是当他的身体向前飞起来的时候，他又恢复了平衡。他抓住沙沃斯，好让自己站定。靠在对手身上的时候，他又给观众扮起了滑稽相。他张开嘴，睁大眼睛，就像是在说：哇，好疼！当然，他之所以扮出这副模样是为了告诉观众这一拳一点也不疼。在比赛过后，《纽约时报》在报道中将阿里比作一个用假嗓子唱高音的歌剧演员，一个靠无畏的心态蒙混过关、靠虚张声势弥补技能低下的人。[18]

沙沃斯后退了一点，审视了一下自己面前的这个人。“这家伙是装的还是真的受伤了？”他问自己。就在比赛还剩下一分钟的时候，他又用一记右拳“撬”开了阿里。阿里又一次摇摇晃晃地向后倒去，用一只手抓住围绳，这才没有倒下去。他摆了摆手，示意沙沃斯加把劲，再给他几拳。他的目光已经有些呆滞了。无疑，他受伤了。他已经挨了沙沃斯一顿暴打。然而，他还是扭着屁股，做出一副滑稽的样子。沙沃斯又给了他一记重击，打得他向后退去，摇了摇脑袋，然后又扭了扭屁股。

阿里挺过了这一回合，不过只能说是侥幸逃生。后来，沙沃斯说很后悔自己没有在第二回合发动更猛烈的攻势。不过，他还是将这位对手称赞了一番：“阿里招架住了很厉害的一记重拳。”[19]

阿里挨了沙沃斯许多记厉害的重拳。他一次又一次摇着脑袋告诉大家他没有受伤，与此同时他还是一直任由沙沃斯控制着比赛的节奏，一直任由沙沃斯暴打他。在第十三回合中，他又一次被沙沃斯打得双膝弯曲，下巴也挨了两记嗖嗖作响的重拳。他继续掩饰着自己的真实情况，靠在围绳上，直到脑袋清醒过来。

在第十四回合结束时，阿里大睁着眼睛，下颌无法收紧，看上去似乎需要别人的帮助才能回到他的角落。在最后一回合刚刚开始的阶段，在沙沃斯的拳头面前，他退缩了。然而，就在这一回合的最后几秒钟，他重振旗鼓，最后一次爆发出能量。现在，沙沃斯摇晃了起来。这一幕太令人震惊了：这两个人倾尽身体里的最后几盎司力量你一拳我一拳地坚持了3分钟。谁都没有猫下腰躲开对方的拳头。谁都没有快速移动脚步躲开对方的拳头。整整3分钟的时间里，阿里和沙沃斯相互投掷着一枚又一枚炸弹。脑袋飞旋。双腿颤抖。可是，谁都没有倒下去。铃声响了。

阿里回到自己的角落，看上去他已经精疲力竭了，也许被击败了。沙沃斯的出拳更多。命中目标的出拳更多。命中目标的重拳更多。出拳命中率更高。重拳命中率更高。给对手造成的伤害也超过了对手给他造成的伤害。他完全有理由对胜利抱有希望，然而，裁判们又一次将胜利送给了阿里，这样的结果或许并不出人意料。

比赛结束后，阿里在更衣室里瘫倒在桌子上，[20]有人在他的胸脯上盖上了一条毛巾。阿里闭着眼睛，把右手放在头顶上，似乎是想摁住脑袋，减轻疼痛，凯什·克莱站在儿子的身边。阿里又一次逃过了失败，但是没有躲过伤害。他的手很痛，左膝也是如此。[21]“这是我打过的最艰难的比赛，仅次于跟乔·弗雷泽在马尼拉打的那场。阴阳之间，现在我都能清楚地感觉到。骨头里都能感觉到。”他说。[22]

对于这位35岁的重量级拳王而言，拳击运动还从来没有如此危险过，他身边的一些人看得到这一点。他说话的速度变慢了，口齿变得模糊了，动作也不那么流畅了。在和沙沃斯的比赛之后，为麦迪逊广场花园体育场安排赛事的中间人泰迪·布伦纳在一场新闻发布会上告诉记者，如果阿里执意将职业生涯继续下去的话，他就只能去其他地方比赛了，麦迪逊广场花园以后不会再为他安排比赛了。[23]竟然有人将运动员的健康置于赚钱的欲望之上，这种情况在拳击界实属罕见。接着又发生了一桩罕见的事情：费迪·帕切科辞去了阿里现场医生的工作，他说自己不会再参与这位拳击手自我毁灭的努力了。帕切科从纽约州体育委员会那里拿到了一份实验室报告，报告显示阿里的肾功能正在衰退，他给阿里、维罗妮卡和赫伯特·穆罕默德都寄去了报告的副本，但是他没有得到任何回音。帕切科还致信给纽约州拳击委员会，敦促后者吊销阿里的拳击执照。

帕切科是否告诉过阿里他面临着脑损伤的危险？“是的，我跟他说过。”愤怒之下，帕切科提高了音量，身体也离开了座位。“该死的每一天我都在跟他说……他就是不明白这一点。他觉得自己的大脑没有受伤。他什么事情都不记得了。说话结结巴巴的……我拦不住他。我试过了。”[24]

凯什·克莱也试过了。

在阿里与沙沃斯的那场比赛结束后，凯什对阿里说：“放弃吧，儿子，趁着你还没有受伤的时候。”

阿里无法放弃。“我现在如履薄冰。”他轻声对父亲说。[25]

第四十八章
步履蹒跚

这一天是阿里的36岁生日，他在迈阿密的第五街健身房用蛋糕和一场对打练习为自己庆祝，他的职业生涯差不多就是从这家健身房开始的。

有一次，阿里发誓要跟肯·诺顿和吉米·杨之间的胜者较量较量，可是在诺顿获胜后，他又改变了主意，即使唐·金信誓旦旦地给他许诺了800万美元的酬金。[1]他宣布自己将与1976年的奥运会金牌获得者莱昂·斯平克斯一决高下。体育记者们都说这就是一场闹剧，斯平克斯只参加过7场职业拳击赛，多少还算是个业余选手。他们说阿里是在侮辱这项运动。不过，拳王本人当然不这么认为。“我是救世主，是先知，是复活者。完全是因为我，这东西［拳击运动］才有了活力，我仍然是有史以来最伟大的拳击手。”他说。[2]他的意思就是：我想和谁打就和谁打。

阿里用手狠狠地戳着自己的生日蛋糕，与此同时，邓迪说起了他的体重问题。

“他大概有235、236磅（106.6千克，107千克）。他会减掉10磅（4.5千克）左右。眼看就要出现中年发福的问题了，而且这些体重就再也减不掉了。”[3]

多余的体重并不是阿里唯一的问题。一天，经验丰富的拳击经理莫伊·弗莱舍观看了阿里的对打练习，他简直不敢相信自己看到的一切。“他竟然任由陪练揍他。我真是想不明白。要是我的人接受训练，那这个人永远都是老板。”弗莱舍对体育记者瑞德·史密斯说。[4]果然，拳王阿里被陪练狠狠地捶打着，一个回合，两个回合，三个回合，四个回合。陪练迈克尔·多克斯爆发了，“继续出拳！”阿里咕哝着，他的肚腩吊在运动裤的腰带外面。

铃声响了。

“再来一回合！你19岁，我36岁。这是最后一回合了。让我看看你的真本事！”阿里固执地说道。

打到第五回合时，多克斯决定亮出自己的真本事。他摘掉头盔，一把将头盔丢到一边。阿里也摘掉了头盔。

多克斯的架势就像年轻时的阿里一样，将下颌暴露给对手，每当对手的拳头飞到跟前时他又一下子将下颌收了起来。

“你今天动起来了。”阿里说。

多克斯把阿里逼到了角落里，狠狠地捶打着他的脑袋。

多克斯打出了一拳又一拳。“继续打！”阿里说。

铃声响起时，阿里突然爆发了，每一拳都命中目标。爆发完后，他径直去了更衣室，耶利米·沙巴兹告诉众人阿里不接受采访。现在，阿里对新闻界采取了一种新的策略——沉默。史密斯因此受到了启发，为次日发表的专栏文章构思出了标题——《地狱已经冰封》。[5]

阿里的沉默可不是闹着玩的。在接下来的几个星期里，他一直保持着这种态度。“我就是受够了媒体，受够了别人。”他说。[6]

“他在为什么事闹心。我觉得可能是因为在职业生涯的这个阶段，为了恢复体形他接受了一段时间地狱级的训练。”鲍勃·埃勒姆说。[7]

此外，阿里在资金方面还面临着更多的问题。

《纽约时报》在一篇头版报道中披露，阿里在一项房地产投资中损失了数百万美元，在筹集资金支付税款方面也遇到了麻烦，而且最近还产生了一大堆没有支付的账单。据《纽约时报》所述，为了筹措资金，阿里打算卖掉自己在鹿湖的训练营以及在密歇根州贝里安斯普林斯的家。这份报纸还指出，阿里在职业生涯中赚到了大约5000万美元，包括过去8年里赚到的4640万美元，可他还是负担不起“自己和朋友们已经习以为常的生活方式”。[8]

阿里承认对于这样的经济状况自己是有责任的。一天，他一边抱着女儿在自己的膝盖上弹着，一边说："我傻乎乎地花了很多钱。等她长大了，她会说：'爸爸，钱都去哪儿了？'"[9]

对于这个问题，唐·金是这样解释："阿里的性格很费钱。我想他没有任何避税手段。我想没有人用正确的方法帮他处理这方面的事情。"[10]

与斯平克斯的比赛能让阿里得到大约350万美元，但是这笔收入这似乎还是不足以让他打起精神来。他开始沿着公路跑步了，每天早上5点接到吉恩·吉洛伊打来的叫醒电话后，他就沿着拉斯维加斯沙漠酒店的高尔夫球场跑上三四英里，然后自己一个人或者和吉洛伊一起溜溜达达地走到酒店的咖啡馆，在那里吃顿早餐。[11]他闷闷不乐的模样令记者们摸不着头脑。现在，他和维罗妮卡已经有两个孩子了：19个月大的哈娜，仅仅6周大的莱拉。在比赛前，维罗妮卡和孩子们跟阿里一起住在拉斯维加斯希尔顿酒店的顶层套房里，所以阿里如此郁闷也许根本不是因为他真的感到郁闷，而是又有了孩子之后的正常疲惫导致的。[12]但是，大多数报道阿里的记者都认为他的沉默是一种恐惧的表现——担心自己输给这个更年轻、更渴望获胜的人，担心自己已经违背了与自己的身体达成的契约，或者是担心经过计算之后，自己会得出一个结论：无论打多少场比赛，自己都摆脱不了目前深陷的经济困境。

尽管如此，阿里仍然是最受外界欢迎的拳击手，赔率大约是8∶1。阿里是一个英雄，他的崇拜者们并不打算让他就这样衰落下去。1977年上映的阿里的传记片以及流行一时的影片主题曲《最伟大的爱》为阿里的故事带来了新一代的崇拜者。"那是1970年代末，小马丁·路德·金和民权运动死亡后的一段漫长岁月……而阿里正是那个充满黑人自豪感和成就的历史时代最后一个善良的象征……他是我心目中仅有的几个黑人英雄之一。"凯文·鲍威尔，当时他只有11岁。[13]而斯平克斯则是一个没有经验、不为人知的天才，一个微不足道的拳击手。这场比赛看上去呈现一边倒的态势，至少有一名记者怀疑这场比赛能否在收视率方面超过同一时间在美国广播公司播出的热门电视剧《霹雳娇娃》。

1978年2月15日，在拉斯维加斯的希尔顿酒店，阿里慢吞吞地爬上了拳击台。这时，斯平克斯和观众一起为这位拳王鼓起了掌，房间里的大喇叭里传出了响亮的《威风堂堂进行曲》。阿里轻轻地笑了笑，绕场走了几步，然后做了几下移步的动作，对着空中挥了几拳。这场比赛的现场观众不多，只有5300人。现场门票销售一空，还有数百万观众通过电视观看了这场比赛，但是观众数量似乎还是低于阿里的标准，这就像是一个日渐没落的明星凭一己之力撑起一部低成本电影一样。

比赛开始了。阿里径直走到围绳那里，任由斯平克斯攻击他。攻击他。继续攻击他。卫冕拳王没有做出反击的表示，甚至连装都不装一下。但是，真正令人惊讶的不是阿里的懒散，而是斯平克斯的速度和精力。24岁的斯平克斯彻底压倒了阿里。他的刺拳打得阿里失去平衡，组合拳又让阿里没有时间或者空间做出反应。比赛刚一开始就呈现出这种局面。终于，阿里离开了围绳，快速地移步躲闪了一会，而斯平克斯只是等待着，等他完成表演，看着他回到围绳上休息，然后就又发动猛攻。

如果你从未看过拳击比赛，又对这项运动一无所知，当你突然看了这场比赛，然后有人告诉你斯平克斯能拿到30万美元的报酬，而阿里能拿到350万美元，那么你大概会得出一个合情合理的结论：这场比赛的目的在于衡量哪一方更能忍受暴力攻击。只有根据这一标准，阿里才有资格获胜，或者说，证明他的巨额酬金是合乎情理的。在两位拳击手中，阿里一点也不像更有天赋的那一个，也不像试图证明自己是世界上最伟大拳击手的那一个。

在根本没有出手的第一回合结束后，阿里回到了角落里。“我知道我在做什么！”他说。

“是啊，你看上去不错。”永远鼓励他的邦迪尼·布朗说。

第二回合结束后，他又说了一遍：“我知道我在做什么。”[14]他或许是在试图说服自己相信这种说法，毕竟在这个回合中他又几乎一拳未出。

阿里似乎认为压力或者他的侮辱会让斯平克斯感到不安。多年后，斯平克斯说：“他疯了，所以我就使劲打他。他一直在胡言乱语，所以我就更使劲地胡言乱语。他打我，我打他，我就想自己的攻击超过他的攻击。我觉得一点都不好玩。我被吓坏了。”[15]

在第三回合刚一开场的时候，阿里蹦跶起来，然而斯平克斯只是等着这位年迈的拳击手停下来。很快，阿里就不再蹦跶了。斯平克斯的块头不大，身高6英尺1英寸（1.85米），体重略低于200磅（90.7千克），但他年轻强壮，也打出了他应有的状态。他的动作并不流畅，但是他不断地用高能量的进攻向对手施加压力。优秀的拳击手肯定有能力跟斯平克斯过过招，而低劣的或者懒散的拳击手往往只会被他的猛攻彻底压制住。当卫冕拳王再一次走到围绳跟前休息时，斯平克斯逼上前来，冲着他打出了38拳，每一拳都没有激起他的反应。阿里用胳膊挡住了其中的大部分出拳，但并不是每一拳都被挡住了。而且，即使用胳膊挡住了对方的拳头，他还是被对方击中了。他的两条胳膊被斯平克斯的拳头反复击打着，戴着手套的手不停地碰撞着自己的脑袋。

在整个过程中，阿里一直在说话，但是没有出拳。他的嘴唇流血了。右眼上方出现了一道伤痕。他出拳很慢，而且大多都偏离目标很远。

在比赛结束后，他解释说："有些事情你看到了，你想去做，可你就是做不到。"[16]

阿里一副迟钝茫然的样子，活像是一个晕头晕脑地跟重感冒做搏斗的人。如果不靠在围绳上休息，他就抱着斯平克斯的脖子，试图阻止住他的猛攻。在前7个回合中，斯平克斯有200多拳击中了阿里，阿里命中目标的出拳差不多只有他的三分之一。在中间几个回合中，阿里投入了更多的精力，但他仍然输得很惨，没有足够的能量进行反击。在第九回合中，斯平克斯用一记惊人的右拳打得阿里摇晃起来。疼痛穿透了他的胸腔。他的右半个脑袋都感到了阵痛。[17]

在第九回合结束后，阿里回到自己的角落。"这个回合我占了上风吗？"他问邦迪尼。[18]

邦迪尼没有说实话。他告诉阿里，是的。

斯平克斯太年轻、太强壮了。每当阿里使出全身的力气奋战上30秒钟左右，斯平克斯都会用更大的力气做出回应。在第十回合中，斯平克斯试了一下倚绳战术，摆出一副无力还击的架势，任由阿里对他出拳。在整场比赛中，阿里只在两个回合中的出拳数超过了斯平克斯，第十回合就是其中之一。到了第十一回合，斯平克斯又成了进攻者，打出一记又一记右拳，再也不考虑自己是否会被对手击中的问题。在第十一回合和第十二回合中，两位拳击手一直在进行正面交锋。阿里已经意识到了自己必须对拱手相让的前几个回合做出弥补。斯平克斯是不会帮他这个忙的。面对扑面而来的重拳，他看得到，可是躲不开。他唯一能做的就是后退，挨打。

当两个人擦肩而过、朝各自的角落走去时，斯平克斯咧嘴一笑，轻轻地拍了几下阿里的屁股。阿里耷拉着肩膀。

最后一回合很野蛮，就像操场上的一场斗殴，凶狠的拳头四处乱飞，两个人都懒得用各种方式躲闪和拦截对方的拳头。这一幕简直就像是两名枪手闭上眼睛相互开火，直到弹匣被打空为止。对阿里而言，现在的局面令人极其绝望，他需要击倒对手；对斯平克斯而言，此时此刻就是他拳击生涯中最伟大的一个夜晚令人肾上腺素激增的尾声。在整场比赛的最后几秒钟，阿里——他毫无防护的头部——一次又一次地被打中，看起来他就要倒下去了。就在这时，铃声响了，他得救了。裁判宣布斯平克斯获胜，这位新拳王举起双臂，脸上露出一个十分灿烂的笑容，一个少了牙齿的笑容。他被团队成员用胳膊托起来，浮在半空中。

英国广播公司的一名播音员正在为远在英国的观众讲述这场比赛，当阿里悄悄逃离拳击台的时候，他说：“显然，这将是我们最后一次看到他。”[19]

阿里走下了拳击台。他高高地昂着头，眼中含着泪水。[20]

尽管他很疲惫、很受伤，尽管他的脸已经青肿得不成样子了，但他旋即就表示自己还会打下去的。

“我想成为第一个三次赢得重量级冠军的人。”他说。[21]

第四十九章
王储

这是1978年8月一个温暖的星期三早晨，阿里刚刚把女儿哈娜送进托儿所，现在他正开着伊利诺伊州车牌（ALI78）的米色斯图兹“黑鹰”赶去他在鹿湖的训练营。他向所有人承诺过，他还会再打一次比赛，然后就退休。他将在重赛中击败斯平克斯，夺回重量级拳王的头衔，然后就退休。他做了保证。坐在车里的一名记者问他，知道自己的职业生涯很快就要结束了，以后的一代代人从小到大都看不到他的比赛了，他做何感想。[1]

“他们也从没见过耶稣，还有爱因斯坦、富兰克林·德拉诺·罗斯福啊。但是，他们会在历史书中读到他们的故事。所有人都会死，所有人都会老去。直到你死了，我也死了，这座山还会在这里。”[2]

他说，不管怎样，在结束了拳击事业后，他仍然会是一个名人。“要比重量级拳王有名十倍。我发现从事拳击运动只是让世界认识了我。现在，我才刚刚开始成为一个男人。”他说，自己并没有夸大事实。他有一个真正的计划：成立一个名为“世界”的国际组织——世界权利、自由和尊严组织——“在这个国家建立男童训练营，向遭受洪灾和其他灾害的人们提供救济，在全世界有需要的地方建立医院，努力改善各国之间的关系”。就在不久前，阿里去了一趟莫斯科，同苏联领导人列昂尼德·勃列日涅夫见了面，后者令他倾倒，还承诺给他在克里姆林宫里留一间办公室。“我要成为我自己的联合国。”他说。[3]

阿里说，再打一场比赛，他就要开始慈善和外交事业了。

大约就在同一时间，另一名记者问阿里，他是否担心拳击运动给大脑造成的损伤有可能会阻碍他开始下一阶段的人生计划。

不担心，阿里缓缓地说道，“吃拳太多的人才会这样”。[4]

其实，阿里挨的拳头也非常多，仅仅在过去的4场比赛中他就挨了1100多拳。[5]他最早参加的那些比赛没有被统计出准确的数据，但有一点是众所周知的：在他最早的12场比赛中（约翰逊、米特夫、班克斯、摩尔、琼斯、库珀、利斯顿、和利斯顿的重赛、帕特森、丘瓦罗、和库珀的重赛，以及伦敦），他总共挨了不到1100拳。在那些日子里，年轻的凯瑟斯·克莱确实身手敏捷、头脑聪明，能够躲开其他拳击手经常遭受的伤害。可是，那些日子早已过去了。现在，无论是在对打练习中还是在真正的比赛中，他都越来越像一个长着腿的沙袋了。

斯平克斯接下来本该和肯·诺顿交手，后者是争夺冠军的下一位人选。但是，在输掉比赛后，阿里坚称自己有权再和斯平克斯较量较量。他说这是一项传统，失败的拳王有权利再跟将他拉下王位的人较量一次。

拳击界有两个自封的制裁组织：世界拳击协会和世界拳击理事会，这两个组织都不具有任何法律权威，但是都拥有很大的权力。这种情况滋生了混乱、腐败，有时还存在对运动员的剥削。世界拳击理事会剥夺了斯平克斯的拳王头衔，将其交给诺顿，他们说应当让诺顿具备一定的资格，以便他在阿里和斯平克斯重赛之前向斯平克斯发起挑战。但是，斯平克斯仍然是世界拳击协会认定的拳王，这对阿里来说就足够了。

鲍勃·埃勒姆一度宣布，斯平克斯和阿里的重赛可能会在南非举办，并且将由南非国营的南太阳连锁酒店提供赞助。但是，这些计划都流产了，因为美国民权领袖不满地表示，阿里和斯平克斯在支持南非的种族隔离政府，这种做法就是在“出卖自己的灵魂”。[6]最终，这场比赛定于9月15日在新奥尔良的超级穹顶体育场举行。

直到8月份，阿里才开始了刻苦的训练。但吉恩·吉洛伊还是抱怨说，这位拳击手太容易分心了。他会自己接听电话，急切地接受别人的邀请，他会跟到访的客人打招呼，花几个钟头的时间给他们讲故事、变魔术。鹿湖的小木屋里有一个装满商业提议的文件夹，阿里似乎对自己听到的每一个建议都颇有好感。

吉洛伊曾告诉一名记者："他怎么都说不出这个'不'字。"[7]

不过，阿里还是拒绝过一个请求。

一天，路易斯·法拉罕来到阿里家，这座房子坐落在芝加哥海德公园附近，马路对面就是伊利贾·穆罕默德的故居。

两个男人站在厨房里。电视上正在播放一场橄榄球赛。

法拉罕告诉阿里，他计划重建伊斯兰民族组织，恢复伊利贾·穆罕默德阁下教义的重要地位，自从华莱士·穆罕默德接替父亲成为组织领导人，与阿里一起走向正统的伊斯兰教以来，这些教义就不断地受到淡化。现在，法拉罕希望得到阿里的支持，他请求阿里重新投身于先前那位导师的智慧。

"我问阿里：'你愿意帮我重建咱们老师的工作吗？'"法拉汗说。

阿里指了指电视。

"他对我说：'法拉罕，那个体育场里的每一个人都知道我。'他只把话说了半截，后半截其实就是'那个体育场里几乎没有人知道你'。所以，不言而喻，他的意思就是，'我凭什么要跟着你重建他的工作呢？'……所以，他拒绝了我，他继续过他的生活，我继续过我的生活，重建我们老师的工作。"[8]

就连能写会唱的民谣歌手比利·乔尔也表达过自己对阿里的担忧，他认为生活中的各种干扰因素对他在拳击台上的表现造成了伤害。他在歌曲《桑给巴尔》的开头对阿里提出了警告：不要去市中心，否则他还会"再打一场徒劳无功的比赛"。可是，阿里说自己有信心恢复体形，在下一场比赛中取得胜利。"我知道我在做什么。我今天就要开始了。今天早上我称了一下，是226磅（102.5千克）……我还有6个星期来减到217、215磅（98.4千克、97.5千克）。我只需要6个星期……我现在的身体状况已经比上一场比赛的时候好多了。"他说。[9]

阿里发誓这将是自己的最后一场比赛，每一次接受采访时他几乎都在这么说。乔·弗雷泽在32岁的时候宣布了第一次退休的消息。28岁的乔治·福尔曼已经成了休斯顿一所教堂的牧师，他的拳击生涯似乎已经结束了。现在，拳坛上涌现出一批年轻的拳击手取代了他们的位置。就在不久前，在与厄尼·沙沃斯和肯·诺顿的两场比赛中，拉里·霍姆斯都以优异的成绩被裁判判定获胜，他说自己渴望与斯平克斯争夺拳王头衔。霍姆斯必定认为自己曾经的老板阿里很快就会像弗雷泽和福尔曼那样退出拳坛。毕竟，阿里一直把这件事情挂在嘴上。

“要是在这场比赛之后我还继续打比赛，那我就太过分了。我的精神状态刚够应付这场比赛的训练工作。”阿里说。[10]

然而，阿里已经“过分”很长时间了。

在1978年的一次采访中，费迪·帕切科问道：“除了进一步让自己的传奇恶化下去，阿里还能怎么办？每挨一次打，他挨打的能力就会减弱一分。真他妈希望我是错的。可是，事实就是：如果他能幸运地打败斯平克斯，那对他来说将是最不幸的事情。他会把这种所谓的轻松比赛继续打下去。可是，对于这个家伙来说，没有哪一场比赛是轻松的。身体根本不知道你是赢是输，比赛前他的身体就一直在不断地挨打。”帕切科说阿里犯了一个严重的错误，让陪练凶狠地殴打他。“你不可能通过让大脑和肾脏经常遭受打击来让它们变得强壮起来。这跟手上起茧是不一样的。从外表上看，他似乎跟以前没有什么变化，其实他已经没有反应能力了。以前，他的两条腿总是能让他摆脱麻烦，谁都打不到他。现在，谁都打得到他。现在，他说话还含糊不清的。这正是脑损伤的一个要素。”[11]

这一年里，《滚石》杂志发表了一篇亨特·斯托克顿·汤普森撰写的文章，文章也含蓄地指出延长职业生涯有可能给阿里带来极大的风险。汤普森写道：“很久之前，即21岁生日过后不久，有一天穆罕默德·阿里下定了决心：他不仅要在自己的地盘上成为世界之王，而且还要在其他所有人的地盘上成为王储……这是一个非常、非常崇高的想法，即使你实现不了。大多数人都没有能力应付这种大事……而少数应付得了的人大多也都非常理智，不会把自己的好运气推开。

“这基本上就是穆罕默德·阿里和我们其他人的不同之处。他来过了，他看到了，即使他没有彻底征服——对于这注定要失败的一代人而言，他可能是我们在有生之年见到的最接近征服一切的人。”[12]

虽说只训练了6个星期，但是阿里训练得很刻苦，他相信只要恢复了体形，自己就能打败斯平克斯。对于这场比赛，斯平克斯却没有抱以同样的获胜决心。名气给这位新晋的重量级拳王带来了惩罚。斯平克斯来自圣路易斯，自幼过着贫困的生活，读完十年级后就辍学了，并且加入了海军陆战队，退役后他开始了拳击生涯。现在，老朋友、远房亲戚、新闻记者、电视节目制作人和潜在的经纪人纷纷冒了出来，心急火燎地讨好着这个一夜乍富的年轻人。他吃喝玩乐，挥金如土，有时候他的训练内容就是跑上一英里（1.6千米），抽一根大麻卷，再跑上一英里，再抽一根大麻卷。[13]他在家乡圣路易斯被逮捕过两次，一次是因为交通肇事罪，另一次就是因为持有大麻和可卡因，他还在其他城市与警察发生过争执。第二次在圣路易斯被监禁时，他冲着逮捕他的警官打了声招呼：“得了吧，伙计，我是莱昂。”[14]在比赛前待在新奥尔良的一段日子里，斯平克斯每天晚上都会在附近的酒吧里喝得酩酊大醉，他知道自己是不会被经纪人找到的。[15]

外界对这两位拳击手的期望值都很低。瑞德·史密斯称这场比赛就是“一场还没有学会打拳的新手和一个已经忘了如何打拳的老手之间的较量”。[16]美国联邦调查局对一条线报展开了调查，线报称顶级拳击公司（鲍勃·埃勒姆和赫伯特·穆罕默德组建的拳击推广公司）的高级职员试图贿赂斯平克斯，让他故意输掉比赛。[17]联邦调查局档案馆里的文件没有显示调查结果。

在比赛前举行的最后一场新闻发布会上，阿里向众人道别的方式就像他在十四年半之前和桑尼·利斯顿那场比赛前的开场白一样，热情洋溢地说个没完，拍打着自己的胸膛，宣称自己是世界上最英俊、最机智、最勇敢、最美丽的男人，能把另一位参赛选手打得流鼻血。他选择了健身房向外界做告别演说，而不是更衣室，这样就能有1200名听众听到他如何评价自己所说的“我在训练馆里的最后一天”了。[18]

阿里承认最近几个星期他的状态似乎不太好，他也承认即使想继续比赛，他可能也坚持不了多久了。[19]他的体重仍然在220磅（99.8千克）上下浮动，高于他的期望。不过，他并不感到担心。自从战胜了福尔曼之后，他就坚信在训练方面自己比所有人都聪明，而且通过培养对疼痛的忍耐力自己就能够在比赛中占据上风，这一点是独一无二的。“我在训练的过程中不追求打败我的陪练。有时候，我挨拳头只是为了让自己变得更坚强。我是有史以来最能挨打的重量级拳击手。我会通过训练让自己培养起忍受暴打的能力。”他坦言。[20]

说完，他吟了一首诗，这首诗成了他在职业生涯中以拳击为主题创作的最后一首诗。其实，他只是将自己在1960年代里创作的一首诗改动了一下，将“桑尼·利斯顿”换成了“莱昂·斯平克斯”：

阿里来到斯平克斯面前
然而，斯平克斯开始退缩
斯平克斯又向后退了一英寸
一屁股坐在了拳击台边的座位上。

他就这样说了下去。听到这些熟悉的陈词滥调，有些记者翻起了白眼，不过听众们还是很买他的账。

超级穹顶体育场挤满了观众。观众人数超过了63000人，这是自1892年约翰·L. 沙利文对战吉姆·科贝特的那场比赛以来，新奥尔良市经历的最盛大的一场比赛，也是观众人数最多的一场室内拳击比赛。西尔维斯特·史泰龙、丽莎·明奈利和约翰·特拉沃尔塔也在现场。

“明星们都是冲着阿里来的，打工仔们则是冲着斯平克斯来的。”伊什梅尔·里德在文章中写道。[21]这些打工仔大部分都是黑人，他们会跟一个在公共住房中长大、因交通违法行为而被戴上手铐的人产生共鸣。他们会跟一个喜欢酗酒、烧钱、被条子折腾来折腾去的人产生共鸣。

观众的喧闹声大得几乎有些可怕。阿里蹦蹦跶跶地上场了。他一直待在拳击台的中央，如果需要休息，他就用左手勾住斯平克斯的脖子，把后者拉入自己的怀中，而不是靠在围绳上消磨时间。裁判没有干涉他的这种举动。在第一回合中，阿里只有4拳命中目标；在第二回合中，只有9拳命中目标。不过，斯平克斯的表现也好不到哪去。一回合接着一回合，他们两个人重复着同样的模式。阿里出几记刺拳，抱一下对手，出几记刺拳，抱一下对手。他们谁都没有被对方击倒过，也没有受重伤。但是，在15个回合里阿里始终保持着警觉，跟他最近打的几场比赛相比，这一次他精力充沛多了，似乎时光倒流了至少一两年。他的表现给观众和裁判留下了深刻的印象，就连播音员霍华德·科塞尔都对他感到钦佩。在比赛进行到第十四回合的时候，科塞尔被感动得唱起了歌，或者说，几乎是在唱歌——他背诵起了鲍勃·迪伦最伤感的歌曲《永远年轻》的歌词。

裁判一致判定阿里获胜。当裁判宣布结果时，拉哈曼试图把哥哥举到空中。阿里再一次获得了拳王的头衔，他抬起一只胳膊，向观众献上了飞吻。

科塞尔问拳王是否会宣布退休。

“我还不确定。我会考虑这件事的。”阿里轻声地回答道。

第五十章
老人

他再一次成为了拳王，成为了世界之王。为了纪念这一时刻，他为所有的随从订购了金戒指，每一枚戒指的表面都有一顶金王冠，王冠的周围写着“三冠王M. 阿里”的字样。他告诉记者，他并不急于正式退休。他还说，他更愿意在拳王的宝座上坐上六七个月，好好地享受一下它，在自己的荣耀中多沉浸一段时间，然后再放手。

11月，拳王参加了一场要求穿着正装出席的募捐活动。这场活动是为64岁的乔・路易斯举办的，当时他已经只能坐着轮椅上讲台了。

“人们总是跟我说这对乔・路易斯来说很丢人，这种话我听够了。”阿里说，也许他强调的更多的是乔的经济状况，而不是他的身体状况，乔之所以靠轮椅出行在很大程度上是中风造成的。“人们总是跟我说，可别像乔・路易斯一样啊，这种话我听够了。这怎么就丢人了？对所有人来说，乔・路易斯是一个真正的朋友。”[1]

12月，阿里出现在英国电视节目《这就是你的生活》中，节目对他的那部传记进行了评述。令他惊讶的是，节目组还花钱买了机票，将几个在他的生活中占据重要地位的人请到伦敦，安排他们逐一在节目中亮相。阿里穿着一身黑色西装，系着一条银灰色领带，他和维罗妮卡坐在一起，看着自己的生活在眼前闪过。到场的嘉宾有：他的父母，弟弟，学校的一位老师，最早的教练乔・马丁和弗雷德・斯托纳，朋友及陪练吉米・埃利斯，霍华德・宾厄姆，安吉洛・邓迪，亨利・库珀，以及乔・弗雷泽。

这些年来，阿里似乎一直都在表演，一直都很清楚自己希望在电视观众面前展现怎样一副形象，即使当他和霍华德·科塞尔或者约翰尼·卡森调侃时，即使当他和甲壳虫乐队或者邦迪尼·布朗一起在镜头前扮小丑、做怪相的时候也是如此。然而，这一次他变了。他看上去吃了一惊，充满了真切的感情——基本是开心的。他没有表现出一副得意扬扬的模样。也没有吹嘘自己。这是阿里在电视生涯（当然不包括他的比赛）中最真实的一个时刻。他尖叫起来，捂住自己的脸，笑得几乎从椅子上掉下来。多年后提起这件事情时，维罗妮卡说："看到别人把他当回事的时候，他还是会乐得要死。他就像一个充满了惊喜的小孩子。"[2]

节目结束后，哈娜和莱拉也出现在了节目现场，阿里笑了笑，俯下身子，一把将两个女儿都抱了起来。摄像拍摄下了一个生活大赢家的形象，这个大赢家实现了自己设定的所有目标，赢得了庆祝的权利。

然而，这种心满意足的形象没能维持多久。6个月后，即1979年7月，阿里又坐下来接受了科塞尔的采访。播音员在纽约，阿里在洛杉矶，两个人的脸并排出现在屏幕上的两个窗口里。这一次，阿里的眼睛里没有一丝亮光，声音里也没有笑意。他的脸比之前更圆了，说话的时候完全就是在低语，声音很小很虚，就好像他已经好几天没有睡觉了。他告诉科塞尔他要正式退休了。

"每个人都会老去。"他说。

有报道宣称，鲍勃·埃勒姆向阿里支付了30万美元，让他正式向外界宣布退休的消息，这样埃勒姆就可以安排一场比赛，决出新的拳王。科塞尔问阿里这种说法是否属实，阿里回答道："即使是真的，我也毫不知情。"

"一切都结束了，你开心吗？"科塞尔问。

"是的，先生，霍华德，真开心一切都结束了。我很高兴自己还能说话。我很高兴我是三届冠军。我很高兴认识了你。"阿里说。

"你是最伟大的，不是吗？"科塞尔说。

阿里很勉强地笑了笑。

"我尽力吧。"他说。

对于退休后的生活，阿里没有什么计划。他曾含糊地说起了一个新的全球慈善项目，但是他并没有采取任何措施来启动这个项目。他也没有存够钱，无法保证自己过上舒适的生活。赫伯特·穆罕默德仍然是他的亲密知己和商业经理，但他时不时地会向朋友们抱怨赫伯特用他的钱装满了自己的口袋，而且如果他的这位经理做了自己应该做的事情，那他以后都会过着衣食无忧的生活。一天，阿里向朋友蒂姆·沙纳汉抱怨起了自己的财务状况，他说自己打算重新找一个经理来解决这些问题。“给我找个犹太律师！”他半开玩笑地说道。[3]

阿里没有找到犹太律师，但在结束了与斯平克斯的重赛后，他还是得到了帮助。芝加哥第一国家银行的董事长罗伯特·阿布德在《纽约时报》上读到一篇报道，报道称阿里的财务状况不太稳定。读过文章后，阿布德要求与这位拳击手见一面。在两个人见面的时候，阿布德提出组建一支由著名会计师、律师和艺人经纪人共同组成的豪华团队来管理阿里退出拳坛后的职业生涯——这些服务基本都不收费。团队里的每一个人都会竭力帮助伟大的阿里，这对他们来说是一份殊荣，当然，他们也将有机会在墙上挂起镶着镜框的照片，跟朋友和客户们吹嘘自己认识这位拳王。提起往事，阿布德说：“那时候我觉得他就是一个国宝。”[4]他的口气听上去就像路易斯维尔赞助团的成员，成立于1960年的这个赞助团的宗旨就是帮助一个有着大好前途的年轻运动员发展职业生涯——或许顺便还能赚点钱。阿布德清楚地看到，阿里主要是在需要花钱的时候才会对钱的事情上心。

阿布德指派年轻的银行职员罗伯特·里奇利审计阿里的财务状况，并制订一套财务计划。里奇利对阿里的问题进行了总结：赫伯特·穆罕默德从阿里那里拿走了很大一部分收入，阿里自己消费过高，他一直受到太多愚蠢的商业交易的坑害，这种状况目前仍然存在。里奇利说，好消息是，他还年轻，还很有名，这就意味着他还有时间“通过自己的地位赚钱，将自己的未来转化为证券”。[5]

用阿布德的话来说，他和里奇利试图在阿里周围“筑起一道篱笆”。[6]他们告诉阿里，如果没有他的某一位新财务顾问和他的联合签字，他就不能再签署任何合同，也不能对任何交易表示同意。银行高管们组建了一个团队，专门负责处理阿里各个方面的业务往来：玛吉·托马斯将负责记账和日常财务需要；国际管理集团的巴里·弗兰克将负责处理代言和许可协议；霍普金斯与萨特律师事务所的迈克尔·菲纳将担任阿里的律师。在此之前，阿里的大部分法务工作都依赖于查尔斯·洛马克斯，而洛马克斯同时还代理了赫伯特·穆罕默德和唐·金的业务，这中间显然存在着利益冲突。加入团队后，菲纳安排了一次与赫伯特和洛马克斯的会面，复查阿里签署的所有合同，确保阿里收到了他应得的报酬。菲纳还坚决要求，以后任何交易在完成之前必须先告知他，必须减少赫伯特从阿里的收入中拿走的分成。"赫伯特能拿到30%到40%。这还不是他们能从他那里搞到的全部收益，因为他太慷慨了。"菲纳说。时隔多年，菲纳说他已经不记得确切的数字了，但是经过一次次漫长而艰难的谈判，赫伯特终于同意大幅减少他的提成。[7]

"迈克尔·菲纳救了我们。真高兴，有一个不是骗子的人来处理这些事情。"维罗妮卡·波奇说。[8]

他们还设立了信托基金，购买了健康保险。在此之前，阿里一直在用自己的钱为自己、妻子、孩子和雇员支付医疗费。[9]

巴里·弗兰克为阿里做了几笔好买卖：为爱达荷州的马铃薯种植户代言，阿里拿到了25万美元的代言费；和乡村音乐歌手克里斯·克里斯托佛森联合主演电视电影《自由之路》，他又拿到了100万美元的片酬。[10]弗兰克还安排了一场名为《永别了，穆罕默德·阿里》的电视直播节目以及在欧洲10个城市的巡演告别会，前者为这位拳击手带来了80万美元的报酬，后者有望给他继续增加数百万美元的收入。与此同时，阿里和维罗妮卡搬到了洛杉矶，在汉考克公园附近的弗里蒙特广场买了一幢房子，那里距离阿里的朋友卢·罗尔斯家不远。为了装修房子，阿里又花了不少钱。

罗伯特·阿布德说，他失望地看着自己一手建造的"篱笆"坍塌了，这主要是因为阿里任由自己的朋友和熟人践踏它。举个例子：阿里在芝加哥有一座豪宅，他曾斥巨资对其进行过改造，现在他不仅没有卖掉这座豪宅，反而在赫伯特·穆罕默德的劝说下将其捐了出去。[11]菲纳说，由于处理方式的问题，阿里都无法从税款中扣除这笔捐赠。[12]这位拳击手根本不可能对别人说不。某个朋友打电话来说自己认识一个人，后者会付给阿里3000美元现金，让他到自己经营的汽车经销店或者电器商店露上一个钟头的面。阿里会答应这样的请求吗？会的，他会答应——而且会在那里待上三个钟头，而不是一个钟头，因为等待签名的队伍总是会超过组织者的预期。有一次，巴里·弗兰克为阿里争取到了为碳酸饮料“法奇那”代言的交易，这是一笔有利可图的生意。[13]可是，一位律师发现阿里已经拿了“拳王可乐”10000美元现金的代言费，而且还跟对方签了合同，按照合同的规定他不能再为其他软饮料代言，因此他和“法奇那”的这笔交易就告吹了。

“他非常天真。让人难以置信。”弗兰克说。一个商人找到了阿里，提议他们一起合伙制造汽车，阿里非常喜欢这个主意。想想看，会有多少人买车，他惊叹道。几百万啊！至少得有几十万人想要拥有穆罕默德·阿里制造的汽车。可是，阿里不明白，或者说是没有意识到，合同要求他自己投资100万美元用于产品的研发，他也不知道设计、制造和销售汽车的工作有多么复杂。“他对世界上正在发生的事情一无所知。他一点都不明白。他以为唐·金只是一个跟他一样勉强维持生计的黑人。他会清楚地记得一个装满百元钞票的手提箱，对支票却没有什么印象。他知道你能用百元钞票做什么，但是不太明白支票的作用。其实，他明白支票的作用，但是在情感上，在直觉上，他不认为支票跟一箱子钞票一样有意义。”[14]

维罗妮卡有时候也会感到沮丧。进屋来拿他们的行李时，司机们会偷走她放在梳妆台或者床头柜里的首饰，可是阿里不会解雇他们。维罗妮卡说，在她见过的人中，阿里的“心是最善良、最纯洁的”。[15]他不在乎自己在银行里有多少钱，不在乎自己住在丽思卡尔顿还是假日酒店，不在乎自己的手表是劳力士还是天美时。在购物方面，他确实有一个怪癖——根据重量来判断家具和电器这类用品的质量，越重越好。[16]他还会在自己的家里走来走去，热情地要求客人挑上几件家具或者电器，试着抬一抬，感受一下它们令人印象深刻的分量。不过，维罗妮卡说，阿里几乎不曾表现出物质主义的迹象。

有一次，阿里从比佛利山的一家汽车经销商那里给迈克尔·菲纳打去电话，管他要钱，因为他要再买一辆“劳斯莱斯”。菲纳建议阿里离开汽车展销厅。这位律师说，他相信一旦走掉，阿里就能为这辆车搞到一个更好的价格。

“迈克尔，你觉得我能省下多少钱？”阿里问。

菲纳说大概能省下10000美元，甚至更多。

“迈克尔，我有钱吗？”阿里问。

菲纳做了肯定的回答。于是，阿里钻进了轿车，把车开走了。[17]

有一次，菲纳和阿布德提到要给阿里请一名全天候财务保安的事情，每当有人找他谈生意的时候，他身边应当始终都有一个人进行干预。事实证明，这种想法是不切实际的。

1979年，一个自称是“哈罗德·史密斯”（此人的真名是尤金·罗斯·菲尔兹）的人采取了行动，试图取代唐·金——拳击界的头号推广者。史密斯投入了足够的现金，将自己的想法化为了现实。他说服阿里把自己的名字出借给赞助田径赛和拳击锦标赛的“穆罕默德·阿里业余体育公司”和推广职业拳击比赛的“穆罕默德·阿里职业体育”。有了阿里的背书，再加上似乎无限量的现金储备，史密斯很快就和拳击界的一些顶级人才签订了合同，其中包括托马斯·赫恩斯、肯·诺顿、杰瑞·库尼、迈克尔·斯平克斯、马修·萨德·穆罕默德和埃迪·穆斯塔法·穆罕默德。最终，联邦调查局发现，史密斯在内部人士的帮助下从加利福尼亚州富国银行盗用了超过2100万美元，这起案件在当时成了美国有史以来最大的银行诈骗案之一。阿里从未受到与史密斯合谋的指控，但是这位拳击手至少拿到了富国银行的50万美元。[18]当媒体得知骗局的消息时，阿里举行了一场新闻发布会，他告诉外界自己对这起犯罪活动一无所知。他还开玩笑说：“一个家伙用我的名字盗用了2100万美元。没有几个名字能偷走这么多钱。”[19]

除了糟糕的商业交易，阿里还要面对一连串已经存在的和潜在的亲子诉讼案，这类官司太多了，菲纳和同事们都开玩笑说他们可能最后会在一起集体诉讼案中为阿里的婚外情进行辩护。菲纳很崇拜阿里，他说不崇拜阿里是不可能的。可是，无论付出多大的努力，他都保护不了这位拳击手，因为后者不会保护自己，或者说，是没有能力保护自己。《纽约时报》的一名记者曾经目睹了非常典型的一幕：在新泽西州梅多兰喜来登酒店的套房里，阿里四仰八叉地躺在床上——他经常躺在床上接受采访、参加商务会谈，有时候穿着衣服，有时候光着身子——一个女人拿给他一个棕色的瓶子，瓶子里装满了“穆罕默德·阿里”牌维生素，还对他说：“只要你签了这份合同，它们就能在店铺里销售了。”阿里都没有起身就在合同上签了字，那个女人把合同放进公文包，然后就离去了。[20]没过多久，一个男人又递给阿里一本小册子，他向阿里解释说这是为一所拟建中的新学校——穆罕默德·阿里技术和戏剧学院——设计的广告。“好的，伙计，”阿里说，“谢谢，伙计。”他还是没有下床。[21]

“事情甚至发展到让我们觉得我们的律师事务所已经面临一定的风险，因为有人会说，霍普金斯与萨特律师事务所为什么就不阻止这一切呢？”菲纳说。[22]

菲纳和弗兰克告诉阿里，巡回告别会有可能让他赚到大约800万美元，但在启动巡回告别会之前，他们又碰到了令人担心的事情。阿里邀请自己认识的每一个人跟他同行，并且表示愿意支付他们的旅行费用。菲纳和弗兰克坚决要求阿里精简同行人员的名单，阿里答应了他们的要求，最终选定了维罗妮卡、霍华德·宾厄姆和其他几个人。可是，当阿里赶到机场，即将启程的时候，他遇到了一位不速之客——邦迪尼·布朗。邦迪尼拖着一个超大号的行李箱，箱子里装满了“穆罕默德·阿里”牌T恤衫、“穆罕默德·阿里”牌雪茄，以及其他各种“穆罕默德·阿里”牌的产品，他打算趁着巡回告别会的机会销售这些产品。邦迪尼没有机票，但是他向阿里开了口，阿里答应帮他买票——每一站的机票价格大约为1500美元。[23]

这场巡回告别会非常成功。阿里和吉米·埃利斯来了一场表演性质的比赛，在一座座从未到过的城市逛上很长时间，给无数人签了名，吃了无数块馅饼和蛋糕（还自豪地炫耀着鼓鼓的肚子，开玩笑说人们都开始问他是否怀了一对双胞胎）。他和电视台的采访者坐在一起，一聊就是很长时间，其间还重温着自己最早参加的那些比赛和自己最喜欢的几首诗。他的头发有些发白，语速慢了下来，声音变得柔和起来，采访者先是播放了一段他早期出现在电视里的镜头，然后镜头又切回到正在演播室里参加直播的他，这一点就变得更加明显了。但是，他的记忆仍然和以前一样清晰。他不只会讲述某一场比赛，就连某些回合和某些出拳他都依然记得，依然能讲得那么详细生动。他说，打表演赛他能拿到7.5万美元，他觉得跟古巴重量级冠军特奥菲洛·斯蒂文森较量几个回合能让他拿到100万美元，后者在过去的两届奥运会上都获得了拳击金牌。当年7月，阿里和莱尔·阿尔萨多打了一场表演赛。阿尔萨多是丹佛野马队的防守端锋，在此之前他从事过拳击运动，还获得过“金手套”。在这场比赛中，阿里拿到了25万美元。比赛原定为8个回合，但是随着比赛的进行，阿尔萨多显然对比赛过于认真，时不时地就给阿里造成了伤害，因此两位拳手一致同意跳过第七回合。在和阿尔萨多的这场表演赛上，阿里的体重为234磅（106.1千克），[24]他坦率地承认在击败斯平克斯后的六个月里，他一英里都没有跑过，一天都没有进过健身房。[25]

不难想象，这样的生活一过就是好几年时间：环游世界，靠着演讲或者为各种产品代言赚钱，接受采访，穿上运动裤、装模作样地打上几个回合的比赛，说说笑话。（当时他最喜欢的笑话就是：醉了三天的亚伯拉罕·林肯在醒来后说了什么？他说：“我把什么人给解放了？”[26]）似乎只要能让别人开心，阿里就会就很开心。阿里曾在新西兰接受过一次采访，在访谈的过程中一位播音员不得不充满歉意地告诉观众其余的常规新闻节目要推迟播出了，因为阿里在节目占用的时间超过了预计，他花了80多分钟对自己的一生和自己的整个职业生涯进行了回顾。[27]

“我打够了。你们再也不会在拳击场上看到我了。”他说。[28]但是，他又表示在接下来的十多年里自己还会打一些表演赛，[29]好让年轻人永远记得他的名字，永远记得——正如他在巡回告别会上对一位采访者所说的那样——他是“有史以来最伟大的拳击手，有史以来最受关注的、最具争议的、速度最快的、最英俊的拳击手，一位移步躲闪大师，世界历史上最伟大的拳击手”。[30]他停下来，冲着电视监视器欣赏了一会自己，然后他笑了起来，叫摄像师把镜头推过来，给他一个特写镜头。他说他期待着继续自己的生活："瞧瞧，在你们的节目里我的自我感觉有多好。多么能吹牛，多么会说话。我的一生都是我自己造就的，因为我刚一出场就成了胜利者。要是你们刚一出场就成了失败者，那你们就会担心……我希望以拳王的身份死去，我希望以三届冠军的身份退休……真高兴，我刚一出场就爬上了顶峰。"

在结束了所谓的巡回告别会之后，阿里回到了美国，他又一次宣布自己正式退休了——以防还会变卦。现在，拥有重量级拳王头衔的人是曾经给阿里当过陪练的拉里·霍姆斯，在场上的时候，他把每一位对手都打得落花流水，时不时地就会展现出阿里精湛的步法、打出一记刺拳，他的表现或许比他的导师都更为出色。

对于阿里最新一次宣布的退休，一些记者表示了怀疑，但是一直对阿里极其苛刻的批评家瑞德·史密斯却向这位拳击手做了一番亲切的告别。"事实就是，阿里是一名杰出的运动员，几乎可以肯定地说，他脚底下的速度超过了任何一个时代的任何一位重量级拳击手。他是一个富有想象力和创造力的表演者，一个不知疲倦的娱乐明星。他会装腔作势，扮滑稽相，装模作样，用速度弥补了他作为一个纯粹的拳击手的所有罪过。他是一位公平的拳击手，他对拳头的承受能力超过了他那个时代任何一位拳击手的出拳能力。作为一名极其优秀的拳击手，凭着和乔·弗雷泽的那一战，他就足以证明自己的伟大，正是弗雷泽将他体内的拳王激活了……他参加过的卫冕赛、遇到'废物'的次数，都超过了任何一位重量级拳击手。首先就是利斯顿。无论他们两个人在第一次交手时发生了什么事情，当他们在缅因州的刘易斯顿再次见面时，利斯顿都彻底熄火了。在这一点上，根本不存在任何疑问，丝毫没有疑点，没有任何一点值得怀疑的地方。自马尼拉之战以来，阿里再也没有打出过一场精彩的比赛，尽管在参加了8场比赛之后他依然拥有胜利者的头衔。到说再见的时候了。早就该说再见了。不过，现在说也没有关系。他成了体育界的一个装饰品。如果说他在这里已经待得太久了，那至少在一定程度上是因为我们十分不愿意看到他离去。"史密斯在文章中写道。[31]

第五十一章
胖蛋先生

1979年秋季的一天，阿里挤进了一把蓝色的塑料椅子，在纽约市的社会研究新学院里给坐了满满一房间的学生做了一场讲座。这些学生们选修的这门课程旨在探讨穆罕默德·阿里最喜欢的一个话题——穆罕默德·阿里。[1]

这一天是这门为期7周的课程的最后一次会议，学生们将听到研究对象本人的亲口讲述。

“有关我的知识，”阿里说道，他露出笑容，准备吟诗了，“你们从我这里学到的，会比在任何一所大学里学到的都多。”[2]

阿里为学生们吟出了更多的诗。讲了笑话。还详细地谈了谈当时伊朗正在发生的那场危机。就在一个月前，吉米·卡特允许伊朗国王礼萨·巴列维进入美国，接受癌症治疗。作为对此事的回应，伊朗国王的一些政治对手冲进了美国驻德黑兰大使馆，劫持了52名美国人质。伊朗领导人“阿亚图拉”鲁霍拉·霍梅尼称美国是“大撒旦”，拒绝与其就释放人质的问题进行谈判。伊朗人对美国大使馆的袭击给美国人造成了沉重的打击。撤离越南已经令美国人十分沮丧了，而这件事情才刚刚过去几年的时间，与此同时，石油短缺给美国经济造成的伤害也越来越严重了，在这种情况下，伊朗事件就成了又一个能够证明美国国力虚弱的证据。阿里急切地表示愿意帮忙。他主动提出愿意去伊朗用自己换回人质。他一度激起了学生们的爱国情怀。“没有一个国家能比得上美国，就连我们最小的城市都比世界上任何一个国家更伟大”，他说。但他也指出，美国的许多问题纯属咎由自取，“这就是一个建立在谎言之上的国家”。

阿里的发言自相矛盾，但是他深信自己能够成为一名能干的外交官，用他的话说就是“黑人版的亨利·基辛格”。事实上，就在人质劫持事件发生后不久，卡特总统的确考虑过让阿里从中斡旋的事情，[3]这也许是因为阿里是美国最著名的穆斯林，也许是因为他太受欢迎了。这个想法最终还是没能实现。不过，卡特的确给阿里分派了另一项外交任务。1979年12月，苏联入侵阿富汗，为了表示抗议，美国宣布抵制1980年在莫斯科举行的夏季奥运会。当时，阿里正在印度执行一项慈善任务。卡特给这位拳击手打去电话，问他是否愿意和国务院的一个团队一道前往非洲，向非洲人解释美国为什么不参加这届奥运会，看看能否说服其他国家加入对苏联的抵制行动。

当然，这件事情颇有讽刺意味。曾经因为他拒绝参加美国入侵越南的战争而起诉他的政府，现在却试图得到他的帮助，以便向苏联施压，迫使其从阿富汗撤军。不过，这份差事看起来还是很轻松的。国务院的官员们给阿里简单地介绍了一下情况——他要做的就是提醒非洲人民，美国是一个自由的国家，不会一声不吭、袖手旁观，任由苏联蹂躏阿富汗。阿里在非洲的呼声很高，这不仅是因为他曾在扎伊尔打败了乔治·福尔曼，而且还因为他曾在1964年击败桑尼·利斯顿之后出访过这片大陆。如果他只露露脸，一句话也不说，如果他只向人群挥挥手，在空中挥上几拳，把谈话的工作基本上都交给国务院的官员们，那么他应该就能成功地完成这项任务了。可是，他很容易受到外界的影响，这种性格削弱了他的外交能力。

阿里乘坐美国国务院的专机抵达了坦桑尼亚的港口城市达累斯萨拉姆。这一次，他将出访5个国家，坦桑尼亚是第一站。刚一落地，他就陷入了尴尬境地。一名坦桑尼亚记者问阿里，莫斯科为黑非洲各国的许多人民解放运动提供了援助，那么非洲人民凭什么应当支持对莫斯科奥运会的抵制呢？阿里的反应令人惊讶，他说没有人告诉过他苏联为黑非洲的自由战士们提供了支持。“也许他们在利用我做一些不正确的事情。要是发现我真的错了，那我就会回美国去，取消整个行程。”他说。[4]与此同时，坦桑尼亚的总统朱利叶斯·尼雷尔表示拒绝与阿里会面，他说卡特总统竟然派了一名拳击手来见他，这是对他的侮辱。

下一站：肯尼亚。在这个国家，阿里进一步破坏了卡特总统的目标，他表示非洲运动员应该自由决定是否参加莫斯科奥运会。“我来这里不是为了向任何人施压的。”他说。[5]后来，有人问阿里，为什么美国没有在非洲抵制1976年蒙特利尔奥运会时对非洲表示支持。在奥运会之前，新西兰派出一支橄榄球队对南非进行了访问，因此新西兰代表团在奥运会上的亮相引发了非洲国家的抗议。阿里说，没有人告诉过他1976年的抵制事件，如果他知道这件事，他绝对不会参加此次在非洲的游说工作。[6]《时代》杂志将阿里此次非洲之行称为“美国历史上最离奇的一场外交访问活动”。[7]

从非洲回来后不到一个月，阿里说他又想打拳了。他告诉拳击推广人鲍勃·埃勒姆，他想跟世界拳击协会认定的重量级拳王约翰·塔特打一场。[8]在世界拳击理事会的眼中，曾经给他当过陪练的拉里·霍姆斯才是拳王。在拳击界的两大管理机构争夺最高权力的过程中，重量级拳王这个头衔被一分为二了。

他的一些跟班为他有望复出的消息感到激动不已，另一些人则有些沮丧。这个消息无疑令一些生意人感到不安，他们不久前才把阿里的告别仪式卖给电视网，还把他的一系列告别演出推销给了美国和欧洲的几个城市。阿里重返拳坛的想法也让那些关心他健康的人感到不安。退休后，他的体重增加了20磅（9.1千克），安吉洛·邓迪提醒他，减肥和恢复比赛状态将比以往任何时候都更费力。“我还是觉得他不会回来，我希望不会。不过，要是他想要我，我还是会再和他一起训练的。”这位教练说。[9]

阿里已经38岁了，体重超过240磅（108.9千克），而且已经有18个月没有打过比赛了。前年，他只打过两场比赛。距离他上一次击倒对手已经过去将近四年的时间了，距离他上一次以令人钦佩的表现获得胜利已经过去四年半了，那一场正是他和弗雷泽在马尼拉艰苦卓绝的比赛。自击败莱昂·斯平克斯以来，他是否有过训练到汗流浃背的时候，更不用说费力控制体形了？对于这个问题，外界无从得知。除了怀念他昔日的辉煌之外，人们没有理由相信他有资格与约翰·塔特或者拉里·霍姆斯同场竞技。弗雷迪·布朗教练曾经指导过洛基·马西安诺、洛基·格拉齐亚诺，以及许多没人听说过的“洛基”，这位73岁的教练就说过：“阿里已经打不了拳了。他都没法连续打上两个精彩的回合了……太可惜了，他坚持得太久了。如果他在马尼拉之后就退出，那我会说他是有史以来我们见到的最好的重量级拳击手。”[10]

然而，唐·金、鲍勃·埃勒姆、赫伯特·穆罕默德和其他一些人都信誓旦旦地表示，如果阿里决定重新出山，他们都会助他一臂之力的。埃勒姆说过，他试图劝阻阿里，但是没有成功。可是，如果埃勒姆和其他人拒绝提供帮助呢？如果他们告诉阿里再多的钱也不可能改变他们的想法呢？如果他们说自己最关心的是他的健康呢？他会改变主意吗？

维罗妮卡·阿里说她反对她丈夫重返拳坛。[11]

她说：“最后三场左右。他打比赛是因为他必须打比赛，如果不打比赛，他就会破产。”维罗妮卡认为是赫伯特·穆罕默德和其他一些人造成了这种局面，这些人发了大财，却从来不花心思帮助阿里进行合理的投资、保护他的收入。“赫伯特这样的人就喜欢让他一直工作下去。”她说。[12]

维罗妮卡注意到阿里出现口齿不清的问题已经有好几年的时间了，但她一直没有多想。她还注意到阿里的左手拇指“有点抽搐”，但是在多年后的一次采访中她已经记不清这个问题是什么时候出现的。[13]她说自己的丈夫几乎从不抱怨身体上出现的问题。那时候，对阿里来说身体方面最严重的问题就是难以入睡。这个问题太严重了，他甚至同意去看看病。许多头部受伤的人都存在睡眠障碍，但是接诊阿里的那位医生显然没有把这两个因素联系起来。他告诉拳击手，他的睡眠问题可能与他经常旅行有关。

奥德萨和凯什·克莱也对儿子表示了关心，他们强烈要求他不要再打比赛了。凯什说：“我觉得他走路的时候不太对劲。我以为也许是他的屁股出了问题。我觉得他说话的时候可能也不太对劲。可我是这么想的，这个孩子从12岁起就开始打拳了。人的脑袋能承受的击打就那么多。你知道的，对大脑来说，有时候挨上一击就可能受不了了。他说话的样子，我注意到有时候不太清楚。我叫他退休，不要老是复出。要是脑袋上再挨上几拳，你就不需要脑袋了。可他跟我说，他想继续打比赛。”[14]

拉哈曼也劝说过哥哥放弃拳击。“他只是血肉之躯。我告诉过他。可是他不在乎。”他说。[15]

世界拳击协会的主席罗德里戈·桑切斯警告说，拳击管理机构不会允许阿里参加拳王争霸赛，除非他先打一场热身赛，以证明自己的身体条件适合拳王争霸赛。事实证明，桑切斯的警告只是一句空话。阿里，还有鲍勃·埃勒姆和唐·金这样的人肯定都知道，金钱的诱惑会让桑切斯保持沉默的。金钱的诱惑也会压倒费迪·帕切科的警告，这位医生曾告诉一名记者：“阿里就不应该想着复出，绝对不应该。当拳击手的时候，他的身体经受过那么严重的磨损。所以，到了他这个年纪，哪怕只是为了恢复体形，所有长期遭受虐待的器官——他的心脏、肺、肾脏、肝脏——都不得不付出更大的努力。每一位过了时间还不退役的拳击手都令我感到十分不安……对于一个曾经跟乔·弗雷泽和乔治·福尔曼这些凶狠的重拳手打过交道的人，他的身体绝对不可能不遭受这样的损耗。”[16]

阿里复出后面对的第一位对手很可能会是拉里·霍姆斯。当这一计划越来越明确的时候，霍姆斯也提醒阿里应当三思：“对拳击界来说，这将会是悲伤的一天，因为他会受伤。”[17]

1980年3月8日，阿里回到迈阿密第五街健身房，投入了训练。他没有通过打沙包和跳绳来恢复体形，做好面对打人和挨打这种消耗身体的运动的准备，而是立即开始了对打练习。他和年轻而平庸的阿根廷拳击手路易斯·阿科斯塔打了3个回合，在整个过程中他看上去很糟糕。[18]不过，在结束了与阿科斯塔的对打后，他又立即与一位更优秀的拳击手——保持着不败纪录的重量级拳手杰夫·西姆斯——较量了8个回合。西姆斯对着阿里的脑袋左右开工，打得这位曾经的拳王大口大口地吐起了血。事后，阿里缝了10针。[19]由于伤势过于严重，他不得不暂时告别拳击场，一些人甚至认为他的复出计划可能被彻底粉碎了。然而，事实并非如此。

在这次受伤后不久，阿里接受了来自纽约布克·T. 华盛顿初中的记者——14岁的迈克尔·莫里斯——的采访，他坦率地告诉莫里斯他“失去了一点速度，一点决心，一点耐力”。他承认自己的反应速度已经不如以前了，但是他说他仍然相信自己比“普通年轻人”的速度更快、技术更好。

莫里斯本来可以问一下阿里，拉里·霍尔姆斯是否符合“普通年轻人”的标准，但是他没有这么问，而是问了一个更具有挑战性的问题：“医生们都说你存在脑损伤的问题，对于这种说法你是怎么想的？”出于尊重，成年人几乎绝不可能向阿里提出这个问题。

“脑损伤？我想是英国的某个人说的吧，或者说是伦敦的某个医生，他听到我说话，看到我做动作，还有走路的样子，他就说我出现了脑损伤。你就坐在这里，我说话的时候像是有脑损伤的人吗？”阿里说。

“不像。”莫里斯说。

“我觉得我听起来比其他那些回答你问题的人都聪明，我不在乎你都会跟谁说话——拳击手、政客、总统、市长、州长——我觉得在回答问题的时候，世界上没有人能比我回答得更好、更准确了。”

这位年轻的记者问阿里，如果他打输了，如果到头来他就像其他拳王一样“在赛场上熬得太久，最终还是失去了拳王头衔”，他会做何感想。

“我会感到糟透了。哦，伙计，我会感到糟透了。我先拿到了拳王头衔，然后又输了，丢掉了拳王头衔，他们会说他跟别的黑人拳击手一样，熬的时间太长了，结果还是输了，在后半辈子里这件事情会一直困扰着我。”他说。[20]

不过，阿里坚定地认为自己不可能输掉这场比赛。他说，如果他觉得有一丁点的可能，他都不会参加这场比赛。

正如他对另一名记者说过的那样，“你觉得我现在回来是要当一个失败者吗？你觉得我会那么蠢吗？”[21]

拉里·霍姆斯来自佐治亚州的一户佃农家庭，家中有12个孩子，为了找工作，他们全家搬到了宾夕法尼亚州的伊斯顿。搬家后不久，霍姆斯的父亲就抛弃了家庭，让妻子在政府补贴的低收入住房中独自抚养孩子。在13岁那一年，霍姆斯辍学了，他先是在一家洗车厂工作，后来又进了一家油漆厂。在鹿湖训练营给阿里当陪练的时候，他还没有丢掉工厂的工作。霍姆斯年轻，精力充沛，加入阿里的训练营令他感到十分兴奋。在训练营里，他经常提醒那些“长辈”，如果需要买油漆，他可以给他们打打折。[22]

所有人都很喜欢他。[23]

成为重量级拳王后，霍姆斯也没有穿上花哨的衣服，开上昂贵的轿车。就连他的绰号“伊斯顿刺客”也没有多少魅力。成年后的他只有过一位妻子，也一直住在伊斯顿，他用通过拳击比赛获得的财富在当地建造了一座价值50万美元的房子。[24]他曾吹嘘说自己的银行账户里有300万美元，足够在纽约或者洛杉矶买一座豪宅。但是，他说自己更喜欢伊斯顿，因为他知道朋友们会让他保持谦虚，如果他开车开得太快或者喝得太多，警察也会放他一马。他说自己的目标就是，退出拳坛时自己能有钱在伊斯顿开一家餐馆，还能给美国全国有色人种协进会和伊斯顿男孩俱乐部捐一大笔钱。[25]

霍姆斯断断续续地在穆罕默德·阿里手下工作了4年的时间，以一星期500美元的价格给阿里当陪练。在这期间，他学了拳击。不过，他学到的不止这些。用他的话来说，他还了解到重量级拳王都会招引来太多“该死的寄生虫”。他还认识到，对于一个无法控制性冲动的男人来说，女人或许会成为一种可怕的干扰因素。但是，最重要的或许是，他意识到拳击手不应该挨太多的拳，在对打练习中不应该，在正式比赛中也不应该。他说，即使获得了胜利，脑袋被击中也不是一件光荣的事情。[26]

霍姆斯尽力躲避着对手的拳头。他只会模仿阿里拳击场上最好的习惯。他的一招一式都很到位；而且，虽然打不出能够击倒对手的那种一击致命的重拳，但是他能用一记记刺拳耗尽对手的体力，直到他们快要倒下或者根本无力反击。霍姆斯的刺拳就像一个除颤器，又快又准，比许多拳击手打出的勾拳都更有力。大部分拳击手都会以刺拳起始，打出一套组合拳，霍姆斯用不着这样。他靠着刺拳就能赢得比赛。阿里的刺拳很厉害，堪称有史以来最厉害的刺拳之一，而霍姆斯的刺拳比他的更厉害。

霍姆斯原本不想和阿里在场上相见，可最终他还是被唐·金说服了。正如一位记者所说的那样，“只要钱到位，唐·金都能说服乔·路易斯离开轮椅上，把他送到罗伯特·杜兰①的手上”。经过唐·金的一番劝说，霍姆

① 罗伯特·杜兰（1951—），绰号“石拳”的巴拿马拳手。

斯相信，如果不和阿里一决高低，自己就永远走不出阿里的阴影。[27]

很快，霍姆斯的口气就变得像是对这种说法深信不疑了。

在提到阿里时，他说："我不在乎他会不会受伤。他一直不把我应得的东西给我……在赛场上是不会有人可怜他的。他要么被击倒，要么受伤。"[28]

比赛定于10月2日举行。唐·金说过要把比赛安排在开罗、台湾或者里约热内卢，可是最终他决定在拉斯维加斯的凯撒宫赌场度假酒店的停车场里搭建一座临时性拳击场。阿里将拿到800万美元，拳王霍姆斯的收入只有他的一半左右。

为了确定让一名38岁的拳击手和一个比他年轻健康的对手同场竞技没有问题，内华达州体育委员会宣布阿里必须在比赛前接受大量的身体检查，包括脑部扫描。[29]

就在阿里为这场比赛进行备战的时候，外界越来越为这位老拳击手的健康感到担忧。一名英国医生就刚刚告诉记者阿里的头部遭受了太多的打击，他担心已经出现了脑损伤的问题。阿里对这些担忧不以为然，他说："只有真主了解我的大脑。所以，我压根就不会在意这一切。"[30]

但是，其他人对这份报告很上心。费迪·帕切科说，阿里"曾经是一位激动人心的演说家，可是现在他出现问题了。他说他累了。他真的累了。他的大脑疲劳了。"[31]

鲍勃·埃勒姆也同意这种说法，他曾在1980年6月的时候表示："和阿里交往密切的人几乎全都注意到了他说话含糊不清、慢慢吞吞的。我刚刚在周一跟阿里通过电话，我感觉他的口齿不如以前那么伶俐了。而且，他的发音也不太正常。很有可能是因为他在拳击场上待得太久了。毕竟，这个家伙已经打了26年的比赛了，在近来的几场比赛中又挨了诺顿、沙沃斯和斯平克斯的一些狠拳。在下一场比赛之前，他应当做一次全面的检查。"[32]

7月，阿里真的做了一次全面检查。检查是在梅奥诊所做的，历时三天。梅奥诊所出具了两份报告，其中一份来自肾脏科和内科的约翰·米切尔医生。这份报告称："初步检查显示，从医学的角度而言体检人的总体健康状况良好，没有证据表明其患有肾脏损害，以及慢性或急性疾病。"[33] 另一份报告来自神经科的弗兰克·霍华德医生，他在报告中提到他向阿里询问了他口齿不清的问题。根据霍华德医生留下的备忘录，这位拳击手告诉他自己说话这么慢是疲劳导致的。报告继续写道："在过去的十到十二年里，他一直存在轻度的口齿不清的问题。他表示，体检当天他有些累，几乎没怎么睡觉。他说自己在跑步、拳击和跳绳方面没出现过身体不协调的情况。他还说自己的记忆力非常好，在不看笔记的情况下都能连续讲上五场45分钟的课……他否认自己存在神经系统的任何症状，只是在早上醒来的时候偶尔手会感到刺痛，手一做动作，这种感觉就更明显了。在检查神经系统的时候，他似乎显示出轻度的共济失调性构音障碍（说话困难）症状。他在其余各项检查中均显示为正常，只是在单脚跳的时候不像正常人期望的那么敏捷，在指鼻试验中有些偏离目标，但是对于这些测试，身体疲劳这个因素有可能会产生很大的影响。"

"对头部进行了CT扫描，结果显示体检人的脑部只存在一种先天性的变异，即较小的透明隔腔。其余检查均显示为正常，上述结构是先天性异常，与任何脑部创伤无关。通过大量的心理测试，体检人的记忆力只出现了极其轻微的下降，当体检人处于疲劳状态时这种下降表现得更为明显，但其他智力功能均显示为完好无损。"

"总之，没有哪项检查结果足以禁止体检人继续参加职业拳击赛。几乎没有证据表明他的言语功能和记忆力存在障碍，也许只有身体协调能力存在极其轻微的障碍。当体检人处于疲劳状态时，这些问题会表现得更为明显。"[34]

梅奥诊所出具的报告提出了一些问题：言语功能和记忆力要遭受多大程度的损失，拳击手才会因健康状况而无法继续参加比赛？身体协调能力要遭受多大程度的损失才算严重？医生们怎么知道阿里的透明隔腔（脑部一处充满液体的空间）不是由脑部创伤造成的？最后这个问题最令人费解，毕竟数十年来科学家们一直在说透明隔腔大多出现在受击打过于严重的拳击手身上。

尽管存在这些问题，内华达州体育委员会还是给阿里颁发了比赛执照。

比赛还有一个月就要举行了。阿里告诉记者，他的体重已经从最高时的250磅（113.4千克）降到了226磅（102.5千克）。然而，即使只有226磅，他的身体看上去还是很松弛。他留起了浓密的胡子——也许是为了掩盖在对打练习中留下的一道伤口，还第一次把头发染成了灰色。[35]他继续进行着对打练习，很多时候都有大批的崇拜者围观。但是，对阿里而言，对打练习的主要内容就是向后靠，等着陪练向他出拳。他和比他年轻、比他瘦小、比他敏捷的拳击手一起训练，也和比他高大、比他强壮的重拳手一起训练。但是，他的训练方法基本上是一成不变的。他就任由对手向他开火。

在与霍姆斯的比赛之前，阿里请了蒂姆·威瑟斯彭当他的陪练。威瑟斯彭22岁，是一个厉害的重拳手，技术能力比较过硬。和自己的偶像一起走上拳击台，这令威瑟斯彭感到兴奋。然而，在第一次对打练习中，威瑟斯彭就感到了震惊。“我注意到他没有那么强壮，他的动作不像我以前在电视上看到的那样。”他说。跟阿里长期合作的那些人都信誓旦旦地告诉威瑟斯彭：过上一两个星期，你再瞧瞧。他们把他称作最伟大的拳击手可不是无缘无故的。你就看吧！威瑟斯彭看着，可是他没有看到一点起色。[36]

对威瑟斯彭而言，这就像是一个蹩脚的骗子将他心目中的英雄取而代之了。甚至比这更糟糕。这一幕太可怕了。“在场上进行对打练习的时候，他总是叫我打他的脑袋。我就打他的脑袋，这太容易了。我注意到他丝毫不见起色，所以出拳打他的时候我就不会使出十足的力气。我打他就像扇巴掌一样。可是，要是我不打他的脑袋，他就会生气。这种情况就一直这么持续着。打中他变得越来越容易了。他一点都没有变得更强壮……我觉得他有些不对劲。”[37]

威瑟斯彭并不是唯一一个意识到这一点的人。

威斯康星州麦迪逊市的《首都时报》刊登了这样一则头条新闻：《阿里出现了一些脑损伤的迹象》。[38]在1980年的夏天里，报纸上纷纷出现了类似的报道。

在观看了阿里的训练后，经验丰富的教练比利·普雷赞特说：“他就是个空架子。”

麦迪逊广场花园的泰迪·布伦纳说：“你不可能再把胖蛋拼回去了。”①

“他挨的打太多了。”邦迪尼·布朗说。

“你不该让别人把你打得那么狠，谁都不行。”邓迪说。

“他太孤独了。他需要挑战。”维罗妮卡说。

一名陪练都把阿里的鼻梁打出了一道口子。在几个回合里，阿里什么也没做，只是一动不动地站在那里忍受着对方的拳头。就这样打了几个回合之后，阿里大口大口地喘起了气。他没有偏转脑袋。没有打出组合拳。没有移步躲闪对方的拳头。他只是站在那里，忍受着对方的拳头。情况变得太糟糕了，邓迪不得不使出作弊的手段。没等一回合结束，他就高声喊道：“时间到！”[39]

阿里的体重变轻了，但是或许还不够轻。在距离比赛还有大约三个星期的时候，查尔斯·威廉姆斯医生去看望了正在拉斯维加斯进行训练的阿里。威廉姆斯给伊利贾·穆罕默德当过私人医生，还一直是赫伯特·穆罕默德的医生。根据作家托马斯·豪瑟对威廉姆斯所做的一次采访，在阿里备战和莱昂·斯平克斯的第二场比赛期间，威廉姆斯给他做了一次检查，当时医生断定阿里之所以无精打采是因为出现了甲状腺机能减退的问题。“我纠正了这个问题，我不会告诉你我是怎么做到的。我只有一两天的时间来纠正这个问题。这么说吧，我纠正了这个问题，然后阿里轻轻松松地打败了莱昂·斯平克斯。”威廉姆斯告诉豪瑟。[40]这一次，当阿里正在备战和霍姆斯的比赛时，威廉姆斯医生给了他一种治疗甲状腺的药物和减肥药“迪德雷克斯”。“迪德雷克斯”类似于安非他命，常被用于治疗肥胖症。阿里开始大口大口地吃起了这种药，就好像这种药只是薄荷糖似的，他开

① 这句话源自童谣《胖蛋先生》，原文为：“胖蛋胖蛋坐墙头，高高的地方掉下来。国王的兵，国王的马，破蛋重圆没办法。”

心地发现这些药片似乎能帮他消除脂肪、提高精力。[41]

9月15日上午，记者皮特·德克斯特出现在拉斯维加斯阿里入住的酒店房间里。看完霍姆斯的一场比赛录像后，阿里休息了一会。他站起身，走到衣柜前，那里摆着一台秤，还有一大盘药片——30种不同的药片。[42]

阿里挑了8到10片药，就着早餐服了下去。然后，他朝窗外望去，一群人站在那里等着看一个名叫加里·威尔斯的年轻人骑摩托车飞跃凯撒宫的喷泉。特技车手埃维尔·克涅韦尔也做过同样的尝试，结果险些丧命。阿里把脸转了过去。

“我可不想看到别人的脑袋被扯下来。他们都在鼓励他，可我知道面对这种事情的时候人们究竟想看到什么。”

阿里将镜中的自己打量了一会，然后在床上躺了下来，他的按摩师路易斯·萨里亚拉上了窗帘。

“你和我都会死，这就跟你能听到我的声音一样，是板上钉钉的事情。”他说。[43]

一个钟头后，那个骑摩托车的年轻人偏离了落地坡道，险些以85英里（137千米）的时速撞到一堵砖墙上，一命呜呼。[44]

到了比赛的那个星期，阿里出现了肠道出血的问题，大腿、肩膀和手臂也流失了大量的肌肉。但是，他染黑了头发，刮净了胡子，这样一来，他看上去就没有那么衰老了。事实上，他的状态看上去很不错，媒体里的一些怀疑论者甚至开始怀疑当初把他当作过气明星一样不闻不问或许是错误的。在《体育画报》上发表的文章中，记者帕特·普特南欢呼道：“他又回到了29岁。”[45]就好像在停工两年之后，阿里还能在自己的第60场职业比赛中给崇拜者们露上一手——震惊世界的最后一招。

“我减轻了体重，恢复了体形。所以，我知道我能获胜。伙计，我有信心。”他说。[46]

可是，任何一个看过阿里训练的人都知道他所谓的减肥只是一种幻觉。就连打沙袋他都打得很吃力。在拳击场上，陪练一个个都在场上蹿来蹿去，就好像没有对手阻挡他们似的。

“他就跑不动。见鬼，他都几乎无法保持清醒。”阿里的老朋友吉恩·迪布尔说。[47]

在距离比赛还有大约一个月的时候，维罗妮卡·阿里对丈夫充满了信心，她觉得丈夫肯定会打败霍姆斯的。他的训练，他的体格，他的态度，都令她刮目相看。但是，她说就在威廉姆斯医生给了阿里一些药之后，阿里的体重减得太厉害了，而且减得太快了。多年后，维罗妮卡说："宾厄姆和我都认为这是蓄意的。也许有人赌他输，所以就想确保他能输掉比赛……我们都认为有人在蓄意破坏那场比赛。"[48]

在比赛前两天的清晨，阿里像平时一样出去跑步了。在那个星期，拉斯维加斯黎明时分的气温大约是华氏70度（21摄氏度），这种天气不太适合跑步，但也不算太糟糕。可是，连一英里（1.6千米）都没跑完，阿里就出事了。[49]在比赛那周的一天早上，阿里跑完步之后就倒在路边了。据他的朋友兼顾问拉里·科尔布所述，由于身体脱水，他被送进了医院。[50]

科尔布问赫伯特·穆罕默德出了什么事，赫伯特告诉他："这个愚蠢的黑鬼把剂量加大了两倍。"[51]尽管如此，赫伯特仍然坚持要求阿里打完和霍姆斯的这场比赛。赌注下得太大，这场比赛已经无法取消了。

蒂姆·威瑟斯彭说，在比赛当天他无意中听到阿里的拳击经理和业务经理们在讨论让阿里上场是否安全的问题，他听见他们提到"脱水"和"甲状腺"这些字眼。[52]威瑟斯彭的态度很鲜明。他已经跟阿里对打好几个月了，亲眼看着阿里的身体先是略有起色，然后又变得比以往任何时候都更糟糕。他确信阿里会输掉这场比赛，但是他担心的并不是输赢的问题。他担心的是阿里有可能会丢掉性命。

比赛即将开始。阿里已经穿上了拳击短裤，系上了鞋带，手上缠好了绷带，

现在他正舒展地躺在一把红色的躺椅上打盹，随行人员都紧张不安地站在一旁。很快，他站起身，走向拳击台。临时搭建的拳击场闷热拥挤，烟雾缭绕。阿里耷拉着双肩，拖着脚步向前走去。他的肢体语言不太会让人联想到重量级拳王这一头衔的挑战者，当然也不是准备面对一场激烈肉搏战的人应该呈现出的那样。但是，一走上拳击台，来到明亮的灯光下，

他就打起了一点精神，在比赛的铃声响起之前鼓励崇拜者们向他的对手喝倒彩，摆出一副渴望立即开战的架势。但是，他的表现很难令人信服。如果说有什么值得注意的话，那就是他看起一副醉醺醺的样子。

“我是你的主宰者！”阿里对霍姆斯吼道。

霍姆斯瞪着眼睛，像一尊雕像一样纹丝不动地站在那里。

在比赛刚开始的一两分钟里，霍姆斯小心翼翼地朝阿里逼近，就好像在观望阿里的比赛计划。然而，阿里完全是一副毫无计划的样子，甚至都无意伤害对手。于是，霍姆斯用那种果断的刺拳发起攻击。他打出了一记又一记刺拳，阿里毫无反应。看上去阿里无力躲开霍姆斯的攻击，也无力进行反击。即使他的大脑向他的身体下达了这些指令，他的身体也没有做出反应。

第一回合过后，阿里一屁股瘫坐在凳子上。他已经精疲力竭了。

正如他在多年后所说的那样，当时他就在心里嘀咕着：“哦，天哪，还得再打十四个回合。”[53]

在第二回合中，阿里有一拳击中了霍姆斯。无力的一拳。尽管如此，他仍然是一个传奇人物，所以观众还是在鼓励他。“阿里！阿里！”他们一遍又一遍地呼喊着。阿里做出了回应，他在用自己的脸招架着更多的刺拳。在无法反击的情况下，他选择了虚张声势。他指着自己的下巴，叫霍姆斯继续打他。霍姆斯出拳了。一拳又一拳。

体育场里热气腾腾，就连记者和拳击迷们都汗流浃背。霍姆斯的身体闪闪发亮，阿里的身体却没有汗水折射出的光芒。他目光呆滞得就像一个神志不清的人。他挤了挤眼睛，似乎想要让头脑变得清醒起来。

这是一场拳王争霸赛。然而，经过三个回合的较量，阿里似乎已经输掉了比赛。他只有5拳命中了目标，而霍姆斯还在不断地快速挥出一记又一记凶狠的刺拳。每次被对手击中时，阿里都显得很惊讶，仿佛他都不知道这一拳是从哪里冒出来的，也不清楚自己为什么都不试着躲闪一下。

尽管如此，阿里的崇拜者和聚集在一起的记者们还是继续等待着。他们以前见识过阿里慢热的样子，见识过他捉弄对手的样子。他们仍然心存希望。

到了第五回合，阿里终于蹦跶起来，绕着场子转来转去。可是，他在移步的时候没有出拳；停下脚步的时候，他又什么都做不了，只能继续挨打。越来越多的刺拳落在他的脸上，他的眼睛变得又红又肿。在这一回合的最后几秒钟里，霍姆斯连续打出一串左手拳，给阿里造成了严重的伤害。5个回合过后，双方的出拳数据已经非常令人震惊了：霍姆斯击中阿里141拳，阿里击中霍姆斯12拳。

"你打起来呀，不然我就叫停比赛。"邓迪冲着自己的拳击手吼道。

"不，不，不，不，不，不，不。"阿里说。[54]

这时，观众喝起了倒彩。阿里以前经历过很多次观众的起哄，他粗鲁的性格、政治立场、宗教信仰和滑稽的表演都会受到观众的嘲笑。但是，在超过25年的充满激烈竞争的拳击生涯中，他从不曾因为能力不足而招致观众的鄙视。阿里没有做出任何回应——对观众是这样，对霍姆斯也是这样。他只是靠在一根紧索器上，冲着霍姆斯吼叫。他浑身上下只有嘴巴在动弹："打啊！打啊！打啊！"他说。

在第七回合中，阿里又努力了一次。他蹦跶了一小会，打出了几下刺拳，这曾经是他最有效的拳法。可是，现在他发现自己的刺拳已经不够快了，根本碰不到既定的目标。在蹦蹦跶跶地对着空气挥了1分15秒的拳头之后，他的体力被耗尽了。整个晚上，他的表现已经很接近一名拳击手了，但还是不够接近。如果说他在向全世界的观众展示什么的话，那他展示的就是衰老对一个人的影响。或者是，和拳击运动有关的脑损伤对一个人的影响，这种情况就更糟糕了。

第八回合结束后，阿里坐在凳子上，他的脸肿了起来，两只眼睛都带着浓重的淤青。邦迪尼·布朗凑到阿里跟前，拍着他的肩膀，试着吸引阿里的注意力，激怒他，为他注入活力，搜肠刮肚地说着鼓励他的话语，这是他一直以来最擅长的事情。阿里一言不发地凝视着前方，张着嘴大口大口地喘气，对邦迪尼毫无反应。在对面的角落里，霍姆斯在向自己的教练寻求建议，但他完全不是那种在混战中寻求教练帮助的样子。他随心所欲地攻击着阿里。太容易了。他甚至担心自己可能会给对手造成严重的伤害。现在，他问守在角落里的教练他是否应该就此打住。

教练告诉他，打得更狠一些，狠到裁判别无选择，只能结束比赛。

在第九回合刚一开始的时候，阿里看上去毫无防卫能力。霍姆斯用一记重重的右拳击中了阿里的下巴，紧接着又是一记上勾拳。在他打出这一拳之后，拳击运动史上几乎闻所未闻的一幕出现了，就连那些目睹过无数人被无数拳头击中的头发花白的体育记者都被震惊了。这一幕真真切切地出现在了观众们的眼前——一声尖叫。伟大的穆罕默德·阿里尖叫了起来——究竟是出于痛苦、恐惧，还是震惊，谁都不知道。人们只知道他尖叫了起来。他尖叫着，试图像弯起手指一样蜷缩起身体，好让自己躲开霍姆斯的攻击。他看上去就像一个遭到抢劫的人，毫无防卫之力，只能把自己包藏起来，指望着抢劫者能称心如意地拿到想要的东西，不要伤害他。比赛结束后过了很长时间，阿里的团队成员和记者席上的那些人都依然记得那声尖叫。

与此同时，霍姆斯还在不停地挥舞着拳头。

第九回合过后，安吉洛·邓迪再次威胁说要叫停比赛。阿里没有提出异议，可是在铃声响起时，他还是站起来去迎战霍姆斯了。一串迅猛的拳头向他袭来：刺拳，刺拳，刺拳，刺拳，右拳，右拳，刺拳，刺拳，直捣肾脏的一记勾拳，一套组合拳，接着又是一串似乎模糊不清、不知道从哪里冒出来、也不知道何时会结束的重拳。在这样的攻势下，他毫无招架之力，但他仍然没有倒下。

在整场比赛的大部分时间里，在霍姆斯击中阿里340拳，而阿里只击中霍姆斯42拳的时候，赫伯特·穆罕默德一直低着头坐在台边，他无法观看比赛，但又不愿叫停比赛。[55]在第十回合结束后，他终于抬起头来，用目光和邓迪交换了意见，然后点了点头。邓迪告诉裁判他要求结束比赛。

不再继续下去了。

阿里坐在凳子上，闭着眼睛，张着嘴，两只肩膀耷拉着。他就一言不发、一动不动地坐着。

走到阿里的角落时，霍姆斯哭了起来。他对自己的手下败将说："我爱你。我真的很尊敬你。我希望咱们永远都是朋友。"[56]

阿里回到酒店的房间，吉恩·吉洛伊问他是否想脱掉衣服洗个澡。

“不想。我想我只希望躺下休息一会儿。”阿里说。

半个小时后，霍姆斯和自己的弟弟杰克敲响了阿里的门。

“你没事吧，拳王？”霍姆斯问道，“我没想打伤你。”

阿里问：“那你干吗还要这么做？”说完，他轻声地笑了笑。

“我希望你能答应我一件事：再也不打比赛了。”霍姆斯说。

阿里反复地呼喊了起来：“我要霍姆斯。我要霍姆斯。我要霍姆斯。”

“哦，老天爷。”霍姆斯笑着说道。

几个小时后，阿里回到了前一天晚上他战斗过的那个体育场。现在，体育场里空空荡荡。他坐了下来，接受了一场电视直播采访。

他的脸上布满肿块，两只眼睛也青了，但他用墨镜将眼睛遮住。他低下头，轻轻地揉着眉毛。

采访者问他是否打算继续参加比赛。对方当然会问这个问题。

“可能会回来吧。我想考虑一下。不过，我们可能会回去，再试一次……过上一个月就进健身房，看看我的感觉怎么样。”他说。[57]

第五十二章
最后的欢呼

在阿里和霍姆斯的这场比赛结束两个星期后，内华达州体育委员会提交了一份报告，报告称阿里没有通过赛后药检。尿液样本显示他体内含有可待因和吩噻嗪（止痛药和抗抑郁药）的成分。[1]

这位拳击手声称，刚一输给拉里·霍姆斯，他就服用了这些药物，以加速自己的康复过程。即使阿里的说法符合事实，他的做法也违反了内华达州体育委员会的规定，而他和他的团队肯定都了解这些规定。

1980年12月29日，内华达州体育委员会就是否吊销阿里拳击执照的问题举行了一场听证会。阿里出席了听证会，但是没等听证会开始，他就主动放弃了自己的执照。他的律师指出，既然阿里已经放弃了执照，他就不再受到内华达州规定的约束，也就不应当受到惩罚。阿里承诺自己再也不会在内华达州申请比赛执照，鉴于他的态度，内华达州体育委员会也承诺取消听证会，并且不再询问他在比赛前服用甲状腺药物的问题，虽然他自己已经承认了这一点。[2]

如果阿里是被内华达州强制退休的，那么其他各州的体育委员会就有可能也会跟着吊销他的执照。"这将成为一个可怕的先例。"律师迈克尔·菲纳告诉记者。[3]

当时担任内华达州体育委员会主席的希格·罗基奇说过，事后看，他们就不应该允许阿里和霍姆斯打比赛。在多年后接受采访时，他说："我们操之过急了。那么大的一场比赛……门票卖得那么好，都座无虚席。我一直试图保持客观。我认为我们一部分工作就在于为我们的城市做宣传，我们想要证明我们这座城市是举办这些活动的完美选择。”[4]

各大电视网都没有报道阿里未通过药检的新闻。大部分报纸都只在体育版最隐蔽的地方刊登了一条篇幅不长的报道。尽管如此，这对阿里来说还是很丢脸。更多的羞辱接踵而至。就像拉里·霍姆斯的拳头一样，阿里看得到它们，却阻止不了它们。

按照合同上的规定，阿里在和霍姆斯的比赛中应当拿到800万美元，可是唐·金只付给他683万美元，后者坚称他在比赛前的一次谈话中表示同意修改合同。事实上，在唐·金要求阿里正式修改合同的时候，迈克尔·菲纳拒绝了他的要求，然而唐·金坚称阿里对他做过口头承诺。[5]

菲纳对唐·金提起了诉讼，要求他向阿里支付剩下的120万美元。唐·金从一场本不该存在的比赛中捞到了几百万美元，为了这场比赛阿里几乎赔上了自己的性命。唐·金肯定知道一旦闹上了法庭，他就会输掉和菲纳的这起官司，但是他不打算就这样放弃。“现金就是王道，王道就是现金”，这位拳击推广人总是把这句话挂在嘴上。想到这一点，他在一个公文包里塞了5万美元，然后吩咐耶利米·沙巴兹将公文包交给阿里。他告诉沙巴兹，直到阿里在一封信上签了字，才能把这笔钱交给阿里。这封信将免除唐·金“一切应付给我的钱，或者根据上述拳赛协议我可能有权得到的钱”。[6]

在去洛杉矶跟阿里见面的时候，沙巴兹还带上了一位公证人。在给阿里读了唐·金的信之后，公证人问阿里是否了解自己所签署的这份协议的内容。阿里说了解，然后接过现金，在那封信上写下了自己的名字。凭着这封信，唐·金不仅能保住自己原本没有资格染指的这笔将近120万美元的巨款，而且还获得了一项权利：如果阿里又决定参加比赛的话，那么下一场比赛的推广权就归他了。

当阿里打电话告诉菲纳发生的这一切时，菲纳哭了。[7]

穆罕默德·阿里就这样完蛋了吗？

记者们将阿里面临的困境与乔·路易斯的经历相提并论。路易斯是一位伟大的拳王，打了太久的拳，最终破产了，现在看上去比实际年龄大了

10到20岁。但是，阿里在和霍姆斯交手时的表现远比路易斯在任何一场比赛中的表现更拙劣。在那场比赛结束后，世界各地的报纸杂志纷纷刊登了阿里有气无力地坐在凳子上的照片：双眼发青，半闭着，脸肿着，胳膊搭在围绳上。但是，即使眼看就要满39岁了，他还是无法说服自己宣布这一切都结束了。他找了不少借口。他说，是这些药片把他的体力耗尽了。他的老朋友——镜子——让他失望了。镜子明明说他的身体状况很好。镜子还告诉他，他又恢复了青春，也恢复了强壮的体格。到了下一次，他又说自己再也不会上当了。再下一次，最令他担心的又成了他的力量和耐力，而不是体重问题。再下一次……

费迪·帕切科提出过警告："再过两三年，我们就会看到跟霍姆斯的这场比赛给他的大脑和肾脏造成了什么样的影响。到那时，他大脑中的所有疤痕组织将进一步侵蚀他的言语功能和平衡功能……赛前，他就已经受伤了，现在他的伤势正在日渐恶化……他在赛后第二天就爬起来，来参加新闻发布会，还说自己可能会跟韦弗打一场，他真是太愚蠢了。这就不是什么宣传手法，这是生病的一种表现。他根本就没法正常思考问题。他身边的人得让他清醒一点。这是他们的责任。"[8]

然而，阿里身边的大部分人都只是在含糊其辞。赫伯特·穆罕默德说，他希望阿里永远不再参加拳击比赛，但是他又信誓旦旦地表示，如果阿里参加比赛，他会支持自己的朋友。唐·金也是这么说的。只要有钱赚，这些人和其他一些人是不会跟钱过不去的。

1981年1月19日，阿里在洛杉矶的家中接到霍华德·宾厄姆打来的电话。宾厄姆说这会有一个男人站在9层楼高的奇迹大道办公楼窗台上，威胁说要跳楼。几分钟后，阿里开着他那辆双色调的棕色"劳斯莱斯"赶了过去。他逆行把车开到办公楼下，然后匆匆忙忙地冲上楼，从窗户里探出身子，冲着那个男人喊道："你是我的兄弟！我爱你，我是不会骗你的！"[9]当时，有人拍下了一张照片，在照片中，这名想要自杀的男子似乎试图更清楚地看到阿里，结果摔倒了。不过，大约30分钟之后，阿里说服他爬下了窗台。第二天，阿里去医院看望了这名男子，还答应给他买一些衣服，帮他找一份工作。

三个月后，即4月12日这一天，乔·路易斯由于心脏病发作在拉斯维加斯的家中与世长辞，享年66岁。《纽约时报》在讣告中写道，路易斯“拥有世界重量级拳王的头衔将近12年之久，在长大成人后的大部分时间里，他还一直拥有美国民众对他的爱”。[10]

路易斯不只是一位拳击手，也不只是一个受人爱戴的人，他还是美国历史上最有影响力的黑人之一。杰克·约翰逊和穆罕默德·阿里也是如此。这三个男人都过着冒险的生活，都承受过痛苦，他们也都从不畏惧赤裸上身、将自己的极限和力量展示给公众，让世界看到在一个充满暴力和痛苦的领域里也存在着格调和美的生存空间。

1967年，乔·路易斯和一名捉刀人在《拳台》杂志上发表了一篇文章，在文章中路易斯描述了自己打算如何对付穆罕默德·阿里——或者说是凯瑟斯·克莱，路易斯当时还用这个名字来称呼阿里。路易斯说，他会把阿里逼到围绳那里，狠狠地揍他。这位比阿里年长的拳王对自己的优势充满了信心。尽管如此，他还是对自己的这位继承人赞赏了一番，并且讲述了一个甜蜜的故事，故事的主角正是这位年轻的拳击手：

“有一次，我正走在路上，克莱在哈莱姆区的特雷莎酒店外面冲着人群嚷嚷：‘我是最伟大的！’看到我，他就走了过来，一边还向人群喊道：‘这是乔·路易斯。我们是最伟大的！’”

“真可爱。凯瑟斯·克莱是个好孩子，也是个聪明的拳击手。但是，我相信乔·路易斯能够打败他。”[11]

1981年秋天，阿里宣布自己将在12月里与特雷沃·伯比克打一场比赛。他将这场比赛称为“巴哈马的好戏”，因为比赛将在巴哈马群岛的拿骚举行。然而，阿里和相对来说默默无闻、毫无成就的伯比克之间的这场比赛很难说是一场“好戏”。观众已经对阿里的表演感到厌倦了。在全盛时期，他一直那么激动人心；在职业生涯的晚期，他也一直能给人们带来欢乐。而现在，即使是最忠实的崇拜者也清楚地知道，他已经不属于拳击场了，看到他的脑袋受到那么多次击打，观众们也越来越感到痛苦了。可以肯定的是，这些崇拜者都希望看到阿里让自己的才华再最后闪现一次。可是，这值得吗？甚至，这种可能性存在吗？这能证明什么呢？

阿里的健康状况以及他没能通过药检的事情引发了大量的疑问。首先，没有人知道他能否拿到比赛执照。推广人将这场比赛称为“最后的欢呼”，直到签订了合同之后，美国各大电视网仍然在转播比赛的问题上踌躇不前。直到距离比赛只剩下3个星期的时候，主办方还没有开始发售门票。

抵达巴哈马群岛的时候，阿里的体重是249磅（113千克）。[12]他坚称自己参加这场比赛并不是为了赚钱，也不是为了博得外界的关注。即使他的说法属实，他宣称的动机也很难激起人们的钦佩。他说，他的目标是成为史上第一个四次赢得重量级拳王头衔的人。“谁都做不到5次。你们跟我一样清楚，人老得太快了。以前，我每天要跑6英里（9.7千米），可现在我跑上3英里都很吃力……就连穆罕默德·阿里都不可能五次夺冠……别人叫我不要再打拳了，可是，他们站在知识的墙脚下，而我在上面。我的眼界比他们的开阔。人们为什么要上月球去？马丁·路德·金为什么要说他有一个梦想？人们需要挑战。”[13]

阿里知道外界很关心他的健康状况，所以他经常问记者，他们是不是认为他有脑损伤，他说话是不是有些含糊不清。为此，他还做出了一个不寻常的举动，向外界公布了一份体检报告。在结束和拉里·霍姆斯的比赛后不久，阿里做了一次体检，加州大学洛杉矶分校医学中心的一位内分泌专家在体检报告中指出，阿里第一次来到这家医院是在1980年10月6日，也就是败于霍姆斯的4天后，当时他抱怨说自己“很疲倦、虚弱、呼吸困难”。这份报告涵盖了阿里4次去医院做检查的情况，报告称：“患者倾向于轻声说话，有时有些吐字不清；但是，在被问到这一点时，他说话又很正常，未显示出任何能够证明他存在语言功能障碍的证据。一名神经外科医生和一名神经科医生都对他进行了评估，他们都认为他的言语模式不是病理性的。”[14]加州大学洛杉矶分校的医生们还说，他们在阿里的身上只发现了一个问题：他失去了嗅觉，这种情况的出现有可能是因为拳击运动对他的嗅球造成了损害，嗅球位于额叶下方，负责将信息从鼻子传递到大脑。[15]

在拿骚的一天清晨，阿里出去跑步了。这时是凌晨5点，公鸡已经在打鸣了。加勒比海的上空，太阳才刚刚显露出一丝它已经到来的迹象。跑了大约一英里半（2.4千米）之后，阿里停下来走了一会儿，然后钻进一辆豪华轿车，返回了酒店。根据现场记者的报道，他的对打练习也同样平淡无奇。在比赛前的那段日子里，阿里一直拒绝站到体重计上，他不想让任何人知道他有多重。[16]

阿里的状态显然不太理想，但他仍然相信自己能够击败伯比克。27岁的伯比克保持着19胜2负2平的战绩，其中包括跟拉里·霍姆斯打满15回合但最终还是输掉的那场比赛。阿里确信自己输给霍姆斯是不正常的，是乱用各种药物导致的结果。他信誓旦旦地表示，这一次他整晚都会“十分兴奋，动个不停”，远离伯比克的射程，一回合一回合地得分，直至最终轻松取胜。[17]他太自信了，已经开始说下一个对手的事情了。

在距离比赛还有两个星期的时候，阿里告诉瑞德·史密斯：“伯比克，我能轻松搞定。我会打败他，胜过他，还要跟他谈一谈。他们说我有脑损伤，说不了话了。我现在听起来怎么样？”史密斯承认他听起来的确像穆罕默德·阿里。“我的下一个对手将是迈克·韦弗。他已经向胜利者下了战书。”他说，跟韦弗打完之后，他还要跟拉里·霍姆斯再打一次。他告诉另一个记者，在霍姆斯之后，“我还要再打几场卫冕战，然后就退休，去世界各地布道。我尝试一下有什么问题吗？你这辈子见过这么多人为一个黑人担心的景象吗？”[18]

他眨了眨眼睛，向这名记者问道：“你觉得我听起来像是有脑损伤的人吗？”[19]

在距离比赛还剩4天的时候，唐·金在自己入住的酒店房间里遭到了袭击，造成鼻梁骨折、牙齿折断，嘴唇撕裂。[20]唐·金声称，殴打他的凶手是推广这场比赛的神秘人物科尼利厄斯·杰斯（又名詹姆斯·科尼利厄斯、科尼利厄斯·詹姆斯和杰斯·科尼利厄斯）。[21]没有人知道杰斯来自哪里，不过，生意伙伴无缘无故地冒出来或者消失并不会令阿里感到意外。直到这场比赛过后，媒体才得知杰斯是一名重罪犯，曾在1975年承认涉及一家二手车经销商的5项盗窃罪。[22]

在被问及杰斯的背景时，赫伯特·穆罕默德说："他是一个推销商。推销一些东西。但是我不清楚都是些什么东西。"[23]

杰斯答应给别人付款，可是他给对方开出的不是支票，而是信用证。人们的怒气越来越大。没有人为特雷沃·伯比克安排前往巴哈马的行程；尽管大幅降价，售出的门票仍然屈指可数；临时搭建的拳击场也尚未完工。说是拳击场，其实就是在一座经过了改造的棒球场里摆了一堆摇摇晃晃的椅子，搭了一堆乱七八糟的看台而已。由于没有拿到钱，将在主赛之前打副赛的拳击手威胁要退出比赛。就连阿里似乎都不太确定自己的钱是否已经到账。[24]在比赛前两天，阿里得知杰斯开出的一张支票被退了回来，于是他收拾好行李，宣称要离去。据拉里·科尔布所说，直到巴哈马的一群商人和政府官员给阿里送来一个装着100万美元现金的手提箱，阿里才同意留下来。[25]

比赛迟迟才开始，因为主办方一时没找到棒球场四周几扇大门的钥匙，而拳击场就设在里面。阿里面色阴沉地缓缓走上拳击台。在等着伯比克到来的时候，他半抬起双臂，向观众对他发出的欢呼表示感谢。

杰斯忘了为这场比赛采购拳击手套，这意味着当晚所有参赛选手都只能共用同一对拳击手套。到了主赛开始的时候，两副手套已经被汗水浸透了。杰斯也没有在拳击台边摆上一个合适的铃铛，于是计时员就拿着一把锤子敲响一个牛铃，示意穆罕默德·阿里的最后一战开始了。

阿里走到拳击台中央。他的体重是236磅（107千克），比对战霍姆斯时多了将近20磅（9.1千克）。他之前信誓旦旦地告诉外界他会不停地蹦上10个回合，可是比赛刚一开始他就放弃了这个想法，丝毫没有展现出那位曾经为自己从事的运动注入活力的拳击手的风采：没有亮出花哨的步法，没有打出蛇芯子一般的刺拳，甚至都没有嘲弄自己的对手。他只是站在拳击台中央，试图和伯比克就这样你来我往地进行一场正面交锋。

伯比克并不是一个杰出的拳击手，但他比阿里更强壮、更敏捷、更年轻，这一点表现得很明显。阿里的刺拳总是在对手的预料之中。组合拳慢得发挥不出效力。他会拼命打上几秒钟，然后就退回到围绳那里。就在那里，伯比克向阿里发动了攻击，看上去他丝毫不担心阿里的报复，那副架势就像是一支部队在炮轰一座被遗弃的前哨基地。

在第三回合中，阿里不断地挨着伯比克的拳头，不过这些出拳都不太凶狠。在这一回合结束后，他似乎在找凳子的时候脚下打滑了。到了第四回合，伯比克对着阿里的下巴打出一记又一记重拳，打得他摇晃起来。他踉踉跄跄地走了几步，但是没有倒下去。等缓过劲之后，他打出了一套漂亮的组合拳，但是伯比克让他为此付出了代价——又一记重拳打在了他的下巴上。一回合又一回合，阿里慢吞吞地从凳子上站起身。一回合又一回合，面对伯比克的重拳他皱起了眉头。到了第七回合，阿里看上去已经疲惫不堪了，一口气只能反击几秒钟的时间。第八回合开始了，他终于踮着脚上了场，这一幕令观众激动得高声呼喊了起来："阿里！阿里！"然而，等他停止轻快地移步，伯比克又一次逼上前去、发动进攻时，观众的合唱就结束了。在第九回合结束后，阿里停留了一下，然后才回到自己的角落。他眯起眼睛，透过呆滞的双眼打量着伯比克，仿佛在估量这位对手的体格和力量，把他年轻坚硬的身体和自己的身体进行比较——他不喜欢这种比较。

在职业生涯最后一场比赛的最后一个回合中，阿里试图唤起自己年轻时拥有的魔力。他蹦蹦跶跶地上场了。他的步伐很沉重，但他已经尽力了，这也足以促使观众发出最后的欢呼。"阿里！阿里！"他们高声呼喊着，他们的呼喊声代表着对他的鼓励，或者是寄予他的痴心妄想，或者是有关他的记忆，或者是与他的告别，或者是所有这些情感的集合体。阿里蹦蹦跶跶地挥舞着刺拳，就这样坚持了大约10秒钟。然后，观众停止呼喊，伯比克又挥舞起了重拳。

现在，伯比克已经彻底把阿里压制住了，压得他喘不过气来。伯比克不停地捶打他，把他从一根围绳上打到另一根围绳上。在比赛还剩下大约45秒钟的时候，阿里试图打出一记左勾拳。然而，那一拳看上去就好像在水中划动一样，划得那么慢，根本造成不了伤害。伯比克轻轻松松地接住了这一拳，随即就对着阿里的脑袋发出一记令人震惊的重击。

比赛还剩下30秒钟。阿里试图靠着最后一阵爆发拿下这一回合，在面对自己的劲敌——乔·弗雷泽、肯·诺顿和乔治·福尔曼——的时候，他已经这么做过很多次了。可是这一次，他眼看就要输给一个次等的对手了，一个原本应该是活靶子的对手。只需要最后使出一点魔力，或者说，最后一记足以击倒对手的重拳，他就能够避免被打败的结局了。现在，他召唤自己的双臂投入战斗。他将手臂向后拉去。他尽力了。只是，没有拳头飞出来。他已经根本不会打拳了。伯比克逼了上去，一记凶狠的左拳打在阿里的下巴上，把他打得头晕目眩。没等他恢复过来，一记右拳又重重地砸在他的另一边脸上。阿里退到围绳前，用两只胳膊抱住伯比克的脖子，然后又溜走了。伯比克追着他，一记又一记凶狠的拳头落在他的脑袋上。阿里已经无能为力了。他又一次靠在围绳上。他的拳击生涯就这样结束了，拳头在他的脸前飞舞着，直到牛铃叮叮当当地响了起来。铃声宣布，一切都结束了。

裁判做出了一致判定。阿里输了。

在比赛结束后，阿里和一位电视播音员说了几句，每一句都很简短，就好像他得花费很大的力气才能一次多说上几个字。他说得太小声太缓慢了，让人难以听明白他究竟在说什么。

“很接近的，很接近的。我必须服从裁判。他很强壮。他很棒。我想他赢了……我看到了他的出拳，可我没有接住。时光老人还是没有放过我。”他说。[26]

有人问他，他的职业生涯终于结束了吗？这场比赛真的是他的最后一场比赛吗？

“目前我的确退休了。我想我不会改变主意了。”

在更衣室里，他懒洋洋地坐在椅子上。除了左眼有点擦伤外，他全身上下都干干净净的。

“你是没法打败时光老人的。”他喃喃低语。

“这是你的最后一战吗？”一名记者又问了一遍。

“是的，我的最后一战。我知道是的。我再也不会打比赛了。”他说。[27]

他还说：“至少我没有倒下……没有我躺在地上的照片，没有我从围绳上掉下去的照片，牙齿没断，也没流血。现在，全世界的人更爱我了，他们会发现我和他们是一样的。我们都会有失败的时候。我们都会变老。我们都会死去。”[28]

这一次，阿里真的要退出拳坛了。消息传开后，他的那些跟班打算为他们在一起度过的时光留个纪念。最终，他们决定凑钱买一块牌匾，把它挂在鹿湖的木屋健身房外面。正是在那座健身房里，他们一起度过了那么多美好的时光；也正是在那里他们聚在一起组成了一个奇特而美丽的家庭，阿里就是他们光辉而热情的领袖。他们会按照姓氏首字母顺序将他们的名字一一写在这块牌匾上：霍华德·宾厄姆、邦迪尼·布朗、安吉洛·邓迪、吉米·埃利斯、吉恩·吉洛伊……

购买牌匾的任务落到了邦迪尼的身上。

他订了一块墓碑。

第五十三章
吃拳太多

1982年11月的一天，一位非洲老人和一个小男孩按响了汉考克公园一幢白色房子的门铃，这幢大房子是阿里的家。

阿里的朋友拉里·科尔布应声开了门。

“我们上这来是因为我想在死之前让我的孙子认识一下伟大的穆罕默德·阿里。”老人说。

阿里告诉科尔布让他们进来。男孩拿着一个纸袋，袋子里装的是巨无霸汉堡，这是他送给阿里的食物。穆罕默德拥抱了小男孩，给他表演了一个魔术。然后，吃掉了“巨无霸”。

老人说他们先去了一趟芝加哥找阿里。他们还在洛杉矶待了三天。

据科尔布所述，老人告诉阿里：“今天终于找到你了。明天我们就能回家了。”阿里把祖孙俩留下吃了顿饭，然后亲自开着自己那辆“劳斯莱斯”把他们送回他们住的廉价机场酒店。他拥抱了他们，亲吻了他们，还告诉他们神与他们同在。[1]

在开车回家的路上，阿里告诉科尔布，他相信地球上的每一个人都有一位天使一直看护着。他把这位天使称为“记账天使”，因为当一个人做了好事或者坏事的时候，这位天使就会在账本里记上一笔。他说：“等咱们死了，如果咱们得到的好事分数超过了坏事分数，咱们就会上天堂。如果坏事分数更多，咱们就会下地狱。”他还说，地狱就像把你的手放在煎锅里捣烂，让它一直在煎锅里滋滋作响，没有结束的那一天。

“我做过很多坏事。现在，得一直做好事了。我想上天堂。”他告诉科尔布。[2]

那个月晚些时候，在北迈阿密的艾伦公园青年活动中心，阿里坐在更衣室里，这里距离他1964年击败桑尼·利斯顿的地方只有一小段车程。他穿上拳击短裤，系好鞋带，准备投入训练。他要努力恢复状态，参加将在阿拉伯联合酋长国举办的一系列拳击表演赛。比赛不是免费的。他说，通过此次巡回赛筹集到的资金将被用来在芝加哥建造一座清真寺。[3]

一名记者在文章中写道，当他问阿里什么时候回来，阿里喃喃自语了起来，他说出来的话"就像蜘蛛网一样粘在一起"。"我要去6个星期，"他一边说，一边掰着指头数着，"11月10号回来。"

"你是说12月10号，是吧？"记者问道。

"是的，"他抬起眼睛，"12月10号。"

"那就是说，你要去3个星期，而不是6个星期。"

"是的。我要去3个星期。"他慢吞吞地说。

距离他输给特雷沃·伯比克已经过去一年了。从那时起，每当提到复出的话题时他都只是在玩笑。他喜欢说："我会回来的……"停顿了一下之后又说，"回到我在洛杉矶的家。"[4]

他说，现在外出走走、筹集资金来推广自己的宗教信仰令他感到心满意足。他来到北迈阿密的这家健身房是为了保持体形，减掉几磅体重，根本无意重新参加比赛，他健身只是为了让自己在表演赛上显得状态很不错。

"我在40岁的时候才开始生活。我参加过的所有拳击比赛都是在为现在做准备。我上这来不是为了参加比赛进行训练。我要去那些国家募捐。等我到了那里，我会让整座城市都停下脚步。你没听说过弗雷泽、福尔曼、诺顿、霍姆斯、库尼有什么新闻吧。可是，等我到了那些城市，机场会有300万人等着我。他们会站在通往市区的马路两旁。"[5]

说完，他去了楼下的健身房。他慢吞吞地爬上狭窄的木台阶，钻进了拳击台。铃声响了。阿里朝陪练走了过去，一记又一记的重拳撞击着他的头盔。[6]

就在阿里在北迈阿密的健身房接受采访的前两天，韩国拳击手金得九与绰号“轰隆隆”的拳王雷·曼奇尼进行了一场凶残的持久战，金得九被击倒后陷入昏迷，很快就因脑水肿——大脑肿胀——身亡了。金得九的死亡促使美国立法委员会对拳击运动的安全性进行了仔细研究。然而，这项运动最终并没有出现多少改变。新泽西州的众议员詹姆斯·J. 弗洛里奥问道：“拳击界对这场争议是怎么看的？嗯，答案是：拳击界是不存在的。它毫无体系。它就不是一个成形的体系。而且，现在情况变得越来越糟糕了。”[7]

1983年，《美国医学会杂志》刊登了两篇社论，两篇文章都在呼吁取消拳击运动。一篇社论指出，在其他运动项目中受伤都是不受欢迎的副产品，然而“拳击比赛的主要目的却在于让对手受伤、丧失防御能力、丧失行动能力、失去知觉”。[8]在穆罕默德·阿里接受一家全国性电视台采访的时候，采访者请他对这篇社论做出回应。阿里坐在洛杉矶家中的壁炉前，看上去疲惫不堪，精神涣散。他的声音很小，还有些浑浊。当被问及是否因为从事拳击运动而导致大脑受损时，他敷衍地回答道：“有可能吧。”[9]

1983年4月11日，《体育画报》刊登了一份有关拳击运动中的脑损伤现象的特别报告。报告指出，长期以来拳击场上的死亡事件不断促使人们呼吁改革，然而却很少有人会关注在职业生涯中遭受的数千次击打给拳击运动员造成慢性脑损伤的问题。杂志指出，阿里正是一个典型的例子，这位前冠军不仅口齿不清，而且“最近表现得很抑郁”。[10]

在一些旁观者看来，阿里似乎感到百无聊赖，情感上也很冷漠。为了自娱自乐，他会拿出自己的通讯录，给名人朋友打电话。但是，有时候聊着聊着他会突然停下来，因为他想不起来自己正在和谁说话了。《体育画报》在报道中宣称，“许多观察家”都认为阿里已经出现了所谓“拳击晕头症”的症状。

杂志记者问阿里是否愿意接受一系列神经系统测试，例如CAT（计算机轴向断层扫描），这对当时的医生来说还是一种比较新的检查工具，它能够显示出大脑的萎缩状况。阿里拒绝接受这样的测试。但是，杂志记者拿到了阿里1981年7月在纽约大学医学中心做的一次体检的大脑扫描图，并且让医学专家进行查看。来自放射科医生的这份报告（1981）断言阿里的大脑处于正常状态，但是在《体育画报》记者的请求下复查扫描结果的几位医生比大多数放射科医生更了解与拳击有关的脑损伤问题，他们不同意之前的结论。他们发现了明显的脑萎缩症状，尤其是扩大的脑室和透明隔腔的存在，隔膜部位原本不应该出现这样的凹陷。[11]

长岛犹太医学中心的神经科医生艾拉·卡森问道："他们认为这很正常？换作我，我可不会认为这是正常的。真不明白，对于一个39岁的男性，你怎么会说这些脑室不算大。他的第三脑室很大。他的侧脑室很大。他还出现了一处透明隔腔。"[12]

梅奥诊所也发现了一些相同的问题，但他们认为这些问题与拳击运动无关。在几十年后接受采访的时候，卡森医生对梅奥诊所的结论表示了强烈的反对。"这完全符合拳击运动造成的脑损伤。"他说。[13]

作为一名拳击手的生活已经结束了，但是阿里仍然在频繁地外出。结识新朋友、参观新地方永远都不会令他感到厌倦。在日本的一天晚上，阿里和朋友拉里·科尔布吃完晚饭就返回了酒店房间。走到门口时，他停了下来，凝视着长长的走廊。按照这家酒店的习惯，客人在进入房间之前要先换上拖鞋，把外出的鞋留在走廊里。这时候，几乎所有人都已经入睡了，每个房间的门前都摆着鞋子。阿里的脸上露出淘气的神情，他朝科尔布点了点头。接下来，他们两个人就一言不发地在走廊里忙活起来，给那些鞋子重新安排了位置。忙完后，他们俩咯咯地笑了起来，钻进了自己的房间。[14]

1983年5月，阿里出现在拉斯维加斯。拉里·霍姆斯将在沙丘酒店打一场比赛，唐·金给了阿里1200美元的"闲逛钱"，让他在比赛开始前和拳击爱好者们聊几句。[15]唐·金知道，即使只拿到1200美元，阿里都会跟崇拜者们待上一整天。一走出家门，他就在做这种事情，而且还没有报酬。因此，这位曾经的拳王就来到了拉斯维加斯，给人们签签名、表演表演魔术。他还遇到了戴夫·金德里德，从他刚刚成为职业拳击手的时候这位记者就一直在报道他。"在41岁的时候他就已经是个老人了。"金德里德在文章中写道。[16]

阿里承认自己也很担心自己的身体状况。他的朋友和家人也感到担心。他一直感到昏昏欲睡，走路时拖着脚，说话时只会喃喃低语。他的左手拇指出现了颤抖的现象，嘴里时不时会流出口水。[17]突然间，他觉得自己成了一个老人，他想知道自己这是怎么了。

1983年10月，阿里回到加州大学洛杉矶分校接受了进一步的测试。这一次，脑损伤的迹象已经发展到不容忽视的程度。脑部扫描显示第三脑室扩大，脑干萎缩，并且存在一处明显的透明隔腔。神经心理学测试显示，他在学习新知识方面有困难。在用治疗帕金森病的药物"心宁美"进行治疗后，他的病情立即得到了改善。

在接受采访的时候，阿里坚称自己没有太严重的问题。"我挨过大约17.5万拳，我想换作任何人，都会受到影响。可是，这并不意味着我的脑子有问题。"他说。[18]尽管如此，他还是说过他想知道为什么自己的身体好像在背叛他。他说，自从在马尼拉与乔·弗雷泽的比赛之后，他就一直觉得自己受了伤，而且情况一直在不断地恶化。[19]

1984年9月，阿里来到纽约哥伦比亚长老会医疗中心，在那里接受了几天的检查。美国著名神经病学家斯坦利·法恩博士在阿里就诊时就指出，阿里表现出了一系列的症状，包括语速缓慢、颈部僵硬、面部动作缓慢。[20]法恩博士告诉作家托马斯·豪瑟："他在回答问题的时候速度有点慢。但是，没有确凿的数据能够表明他的智力正在下降。"[21]

5天后，阿里出院了，因为他需要前往德国。回国后，他又住进了医院，这一次他住院的消息传遍了全世界。弗洛伊德·帕特森前往医院探望了他一次，刚刚放弃竞选总统的杰西·杰克逊牧师去了两次。[22]在民主党的总统候选人初选中，阿里对杰克逊表示了支持，但是在大选中这位曾经的拳击手却倒向了共和党的候选人罗纳德·里根。1970年，还是加利福尼亚州州长的里根驳回了阿里对拳击执照的申请，当时他说："得了吧，那个逃避兵役的家伙休想在我的州打比赛。"当拉里·科尔布提醒阿里里根当年的表态时，阿里反驳道："至少他没有管我叫'逃避兵役的黑鬼'。"[23]阿里或许认为这很有趣，但是杰西·杰克逊和其他人都不这么认为。在阿里表示支持里根后，杰克逊说："如今，他的脑子转得不太快了。他有点拳击晕头症。"[24]亚特兰大市长安德鲁·杨感到非常不安，他安排了一次与阿里的会面，试图改变这位前拳击手对总统候选人的选择，但是没能成功。

科尔布既是阿里的朋友，也是他的经纪人，为了陪着阿里，帮忙接听电话，他住进了阿里隔壁的病房里。很快，维罗妮卡也来到了医院。阿里的病房位于7楼，每天从病房的窗户望出去，他都会看到人行道上聚集着一群记者和崇拜者。[25]

一天，阿里鼓起勇气走了出去，和人们打了打招呼。他告诉记者："我看到那么多人等着，都以为我快要咽气了，所以我就穿上衣服，打扮得漂漂亮亮的，让你们知道我没有死。"说完，他扬起下巴大喊了起来："我仍然是有有有……史以来来来……最伟大的……"[26]

在对阿里进行检查期间，法恩博士在一场新闻发布会上告诉记者，对于造成阿里这些症状的原因，各项检查其实已经排除了帕金森病。他说，阿里很有可能患有帕金森综合征，即一系列类似于帕金森病患者病象的症状。法恩博士说，他们将用帕金森病患者通常使用的药物"心宁美"和盐酸金刚烷胺对阿里进行治疗。他还说，阿里的病情"很可能"是他在拳击生涯中头部遭受重击带来的结果。[27]

按照法恩博士的说法，只有尸检才能确定拳击运动究竟是否对阿里的大脑造成了损伤。在阿里被确诊之前，英国公布的一项对200多名拳击手的调查发现，大约10%的退役拳击手存在与阿里相似的症状。[28]在神经学的教科书中，帕金森病被称为大脑的一种退行性疾病。脑干中的神经细胞开始死亡了。当这些细胞死亡后，大脑就无法产生足够的多巴胺，而多巴胺的缺失则会导致患者出现步幅缩短、脚步不稳、口齿不清、面部表情消失，以及双手颤抖。正是这些症状促使半个世纪前的人们创造了"拳击头晕症"这个术语，《体育画报》在一年前刊登的一篇有关拳击运动和大脑损伤的报道所描述的也正是这些症状。

在多年后的一次采访中，法恩博士表示，阿里可能早在1975年的时候就出现了这些症状，他与乔·弗雷泽的马尼拉之战就发生在那一年，不过他遭受的损伤肯定不是单单一场比赛造成的。[29]观看阿里比赛多年的费迪·帕切科也表达了同样的观点。阿里的拳击记录也为法恩的猜想提供了证据。根据拳击数据统计公司Compubox所做的一项分析，从职业生涯刚刚开始到被禁赛三年之前，阿里平均每个回合只挨了11.9拳。然而，在他参加的最后10场比赛中，他平均每个回合被击中18.6拳。这些数字虽然不能证明阿里的大脑受到了损伤，但是足以表明他正在丧失速度和反应能力，而且造成这种状况的可能不只是年龄这一个因素。

法恩说："我认为，他的身体状况是由于头部长时间遭受反复击打造成的。有人可能会说，根据他说话的状态发生的变化，我们早就应该发现他患上帕金森症了。这只是推测。但是，如果真是这样的话，他就不会参加最后几场比赛，也就不会受到后来的损伤。遭受损伤已经很糟糕了，在过去的几年里头部受到击打就更是有可能进一步加剧了他的损伤。另外，由于帕金森综合征导致了行动迟缓等问题，人们完全有理由怀疑，阿里在最后几场比赛中遭受暴打或许就是因为他患有帕金森综合征，无法像以前那样在拳击场上快速移动，因此更容易被对手击中。"[30]

但是，法恩同时也表示，阿里看起来和以前一样聪明机灵，这不啻为一个好消息。他没有生命危险。而且，药物治疗能够缓解他的一些症状。[31]

药物能够控制住阿里的病情。然而，他经常不按时服药。

"我很懒，会忘了吃。"他说。[32]真相是，这些药会让阿里产生强烈的呕吐感，因此他常常宁愿忍受疾病的折磨。

他继续外出，继续参加世界各地的拳击表演赛，有时候甚至都不知道自己明天要去哪里，他完全相信赫伯特·穆罕默德的引导。至少，他的自尊心没有减弱。他说："现在，我更出名了，崇拜者更多了，我相信我比这个国家制造的所有巨星都更受欢迎。我们有一句谚语：'真主养育的人，谁都无法贬低。'我相信我就是被真主养大的。"[33]

阿里经常外出，但是他现在在家的时间比以往任何时候都多。不过，对于家庭生活，他还是不太容易适应。在成年后的大部分时间里，他的家人就是他那群男跟班。而现在，他似乎对为人父母的生活和工作毫无准备，或许也不感兴趣。他没有关起门来，和维罗妮卡以及两个女儿（8岁的哈娜和6岁的莱拉）过自己的小日子，而是在家里招待着源源不断的客人，利用每一次受邀出游的机会来逃避无聊感。莱拉说过，她讨厌进父亲的书房，因为总是有很多人待在那里——“顾问、朋友、崇拜者、马屁精”。多年里，她一直在电视上看着父亲，现在她渴望父亲的陪伴，她不愿意和围在他身边的那些陌生人分享他。阿里就像一个大孩子，他的女儿喜欢这样的他。他会带她们去鲍勃大男孩餐厅，让她们“完全把甜点当饭吃”。他会在她们进入房间的时候藏在门背后，他会戴着可怕的面具追着她们在房子里跑来跑去。他会把孩子要吃的维生素片全都吃掉，这样她们就用不着吃了。他会用录音机把自己和孩子们的谈话录下来，告诉她们录音带记录着他们在一起的时光，有一天她们会为拥有这样的录音带感到高兴。他是一个非常有趣的人，但是正如莱拉所说，他却没能为她提供她所渴望拥有的那种温暖、安全、充满爱的环境。[34]

莱拉在回忆录中写道：“我从未听到过父母吵架，但是他们分房而睡的事实已经说明了一切。”[35]

莱拉的童年是在洛杉矶度过的，她在回忆录中将洛杉矶的那个家称为“豪宅”和“我父亲的豪宅”。除了感恩节那一天，全家人不会在一起吃饭。女佣和厨师照顾孩子们的饮食起居。当迈克尔·杰克逊和约翰·特拉沃尔塔这些名人出现在客厅时，莱拉丝毫不觉得有什么了不起的。“相反，我被住在这条街上的另一个黑人家庭所吸引，他们全家人每天晚上都一起吃饭……父母给孩子制定规则，监督他们遵守规则。这一切都让我嫉妒。我渴望拥有这样一个家庭。”她在书中写道。[36]

阿里在上一段婚姻生下的几个孩子每年都会跟父亲见两三次面。在最近的一次采访中，贾米拉·阿里说自己和姊妹拉希达、梅与同父异母的姊妹哈娜和莱拉相处得很好。卡利娅的孩子和维罗妮卡的孩子彼此很熟悉，在这个方面阿里做得很好。当维罗妮卡与阿里离婚时，几个孩子经常一起在洛杉矶的那幢房子里度过夏天。贾米拉说，与继姊妹分享父亲没有什么难的，“无论如何，我们都得和别人分享他，都得和全世界分享他”。[37]

阿里的私生子与父亲相处的时间就更少了。阿里和帕特里夏·哈维尔的女儿米娅说，父亲经常给她打电话，还时不时地邀请她去洛杉矶。有一次，她在学校里遭到了同学们的嘲笑，因为大家不相信她的父亲会是阿里。于是，阿里坐飞机赶了过去，送她去学校，还给全体学生讲了话。他告诉大家，他是米娅的父亲，还和几个对他女儿的说法表示怀疑的同学单独聊了聊。“这对我来说太重要了，言语根本无法解释。”米娅说。[38]

维罗妮卡也不得不和别人分享阿里。她常常待在自己的房间里，明明住在自己的家里，她却觉得自己像是一个囚犯。除非穿戴整齐，否则走进厨房或者客厅总是会令她感到不自在，因为她从来不知道谁在那里。维罗妮卡的性格有些腼腆，因此总是被人误以为她为人冷漠。[39]

她在几年后的一次采访中说：“我变得麻木了。是的，这种事情太伤心了。太伤心了。”[40]

在与维罗妮卡的婚姻中，阿里自始至终一直在出轨。“他会把一个女人带到你面前，事后你才会发现他在和她鬼混。”维罗妮卡回忆说。她说，即使得知了阿里与朗尼·威廉姆斯保持着稳定的关系，她也接受了，因为她并不觉得丈夫真的爱上了另一个女人。[41]

阿里的第二任妻子卡利娅（原名贝琳达）在20世纪70年代末也搬到了洛杉矶，这让事情变得更加复杂了。1979年，卡利娅出演了由简·方达和杰克·莱蒙主演的影片《中国综合征》。可是，在那之后她的演艺事业就垮掉了，她把离婚时得到的钱也几乎全败光了。1980年代，她在前夫和他的新家庭居住的那个洛杉矶社区做着清洁工的工作，还不得不出卖自己的血浆，以换取每星期90美元的收入。[42]

朗尼于20世纪80年代中期也来到了洛杉矶。她比阿里小15岁。她第一次见到这位拳击手是在1963年，当时她的家人搬到了路易斯维尔维罗纳路，他们住的那幢房子正好就在阿里为父母买的房子的马路对面。当时，朗尼还是一个扎着两根辫子的小女孩，刚刚进入小学一年级。她的母亲玛格丽特·威廉姆斯与奥德萨·克莱成了密友。多年来，阿里把自己的每一任妻子都带回过路易斯维尔，桑吉、卡利娅、维罗妮卡都曾在威廉姆斯家吃过饭。[43]朗尼亲眼目睹着这些女人像走马灯一样轮流登场，然后轮流离去。1982年，在回到路易斯维尔的时候，阿里邀请朗尼和他一起共进午餐。在吃饭的时候，阿里的情绪和身体状况令朗尼感到不安。她曾告诉托马斯·豪瑟："他很消沉。那不是我认识的穆罕默德。"[44]不久后，阿里想出了一个方案，维罗妮卡也接受了这个方案：朗尼搬到洛杉矶帮着照顾阿里；作为回报，阿里将支付她所有的费用，包括她在加州大学洛杉矶分校读研究生的学费。

在妻子和孩子面前，阿里毫不掩饰自己的新恋情。莱拉在书中写道，事实上，"他有时还会带我们一起去……她在韦斯特伍德的公寓……那时候，我并不知道有什么不对劲的。过了好多年，我才意识到一个已婚男人介绍自己的孩子认识朗尼这样的特殊朋友是不合适的。"[45]

1985年夏天，维罗妮卡和穆罕默德决定离婚。阿里告诉自己的律师别管婚前协议书了，他不想对维罗妮卡那么吝啬。阿里的一些朋友认为维罗妮卡之所以和阿里离婚是因为阿里生病了，对于这种说法，维罗妮卡表示了坚决的否认，她说当时她还以为丈夫的情况稳定，能活上很长时间，而且会过着活跃的生活。她说那时候她仍然爱着阿里，她之所以离开他是因为他和其他女人的风流韵事给她造成了太多的伤害。"你不可能在做了这种事情之后还指望着别人继续爱你。"她说。[46]

1986年11月19日，阿里在路易斯维尔与朗尼结婚了，参加婚礼的有一小群朋友和家人。朗尼的父母、凯什、奥德萨和拉哈曼都参加了婚礼。[47]

这一年，朗尼29岁。阿里44岁。他开始了一段新的旅程，不仅他的婚姻如此，他的身体也是如此。在一生中，阿里的身体一直在听从他的命令。他的美丽和强壮一度到了几乎难以估量的程度。还是一名年轻的拳击手的时候，他能够快速移动脚步或者压低身子躲开危险，同时又快速而凶狠地攻击到对手，他似乎从未受到真正的威胁。在停赛三年后，他的速度慢了下来，但是他用头脑和力量弥补了这一缺陷，将乔治·福尔曼戏耍了一场。在职业生涯的最后阶段，他失去了双腿，失去了反应能力，失去了敏捷的双手，失去了一切，只剩下欺诈的伎俩和忍受痛苦的意志。

现在，他的身体正在一点点地抛弃他，他的声音变小了，走路的时候两只脚根本离不开地面。他将不得不再一次重新塑造自己。

第五十四章
“他跟我们一样，也是人”

阿里的手在颤抖。他的脸掩盖住了情绪。他的声音变得模糊不清。他还会在不应该打瞌睡的时候打起瞌睡。他不是一个老人，但有时他看上去就像一个老人。正如职业生涯后期在拳击台上那样，阿里适应了现实，将弱点转化成了优势。

每当对采访或者会议感到厌倦，他就会假装睡着。那个令他感到无聊的人离开房间后，他又一下子从椅子上蹦起来，唱起老牌黑人乐队“派特斯”的一句歌词：“是的，我是了不起的伪装者！”

在接受采访的时候，他也会假装睡觉。在摄影机不停转动的时候，他表现得就像是他梦到了自己打过的某场比赛似的：他会挥上几拳，一开始动作还比较慢，接着就加快了速度，力量也更大了。朗尼和霍华德·宾厄姆还会配合他的表演，要求房间里的陌生人不要把他从梦中唤醒。就在这时，他的一拳停在了距离采访者的脸只有几英寸的地方，然后他就睁开了眼睛，向对方表明这只是一场表演。这种做法很聪明，无须言语就能娱乐对方，同时也能掩饰他真实存在的疲劳状态，给人一种一切尽在他掌握中的印象——这就是一个疲惫的中年人使用的倚绳战术。

尽管身体不适，阿里还是喜欢四处旅行。原先那群跟班已经离开他了，不过，朗尼、宾厄姆、拉里·科尔布、赫伯特·穆罕默德、助理经理阿布维·马赫迪，以及其他一些人还陪在他的身边。他会参加巡回政治筹款宴会，席间他都无法连续吃上两口饭，因为他时不时地就要放下刀叉，给别人签名拍照，但是他从未抱怨过。他讲着老掉牙的笑话和故事，那副模样就好像他是第一次讲这些笑话和故事。他会推销商品，为慈善事业筹集资金。他会把记者请进门，和他们一起坐上几个钟头，观看以前那些比赛的录像，他会固执地告诉对方他感觉很好，没有什么值得遗憾的事情。当他走进走出某家餐馆的时候，人们会起立为他鼓掌。无论走到哪里，他都是现场所有人里最有名的一个人。即使病情越来越严重，他的出现依然会让人们心跳加速，依然会给人们留下难忘的印象。

拉里·科尔布提起过自己最喜欢的一件事情。当时，阿里在纽约出席一场正式的慈善晚宴，他就坐在前重量级拳王泽西·乔·沃尔科特的旁边。沃尔科特当时已经七十多岁了，在阿里的衬托下，他显得很干瘪瘦小，丝毫引不起别人的注意。几十个男男女女等着索要阿里的亲笔签名，一条长长的队伍从阿里的座位滑过沃尔科特的身旁。阿里向科尔布示意了一下，还附在他的耳边小声说了一句："拉里，起来，去队伍前面，告诉大家坐在我旁边的那个人也是一位伟大的拳击手。他的名字是泽西·乔·沃尔科特，他是世界重量级拳王。告诉他们，如果他们想要我的签名，他们得先管泽西·乔要签名。"[1]

1985年，阿里和科尔布、赫伯特·穆罕默德，还有其他几个人一起去了贝鲁特，据科尔布所述，一行人中包括时任副总统的乔治·布什介绍给他们的中情局特工罗伯特·森西。[2]他们此行是为了解救被穆斯林极端分子扣押在黎巴嫩的四十多名人质，其中包括四名美国人。当时的新闻报道称这次任务遭到了彻底失败。事实上，报道这件事情的记者们并不了解这场行动究竟有多么复杂。在森西的带领下，阿里和同伴们先飞往伦敦，在那里阿里见到了几名据说与伊朗最高领袖"阿亚图拉"霍梅尼关系密切的伊朗人。白宫方面认为，在黎巴嫩实施绑架的人员正是受到了霍梅尼的暗中操控。科尔布说，在伦敦期间，阿里与霍梅尼通了电话，或者说是某个自称是霍梅尼的人。很快，一名美国人质被释放了。阿里告诉记者人质获释是因为他与霍梅尼的谈话起了作用，在此之后，美国人的这场外交任务就陷入了僵局。霍梅尼的助手告诉阿里，伊朗与人质在黎巴嫩遭到劫持的事情毫无瓜葛，如果他真的想让更多俘虏获释的话，那他就应该前往黎巴嫩。[3]

到了贝鲁特后，有一天美国一行人在半夜被带到真主党（黎巴嫩）的一处安全屋，在那里他们见到了一些神秘人物，后者提出要想让更多人质获释，美国方面就得满足他们提出的几个条件。[4]他们没有释放更多的人质。阿里住在海边的夏日乐园酒店，在酒店套房里，在自己造访的清真寺和学校里，他每天都听得到发射火箭弹的声音，子弹呼啸而过的声音和爆炸声。他用中东航空公司的信纸给老朋友吉恩·吉洛伊写了一封信，原先帮他协调工作的吉恩·吉洛伊现在成了拉斯维加斯一家赌场的主持人，像长期以来伺候阿里那样伺候着一位位贵宾。这封信的落款日期是1985年2月20日。上面写着：

亲爱的吉恩：

我现在要离开黎巴嫩，去苏黎世了，我想给你留下一封信。当你听到炸弹在你周围爆炸时，你会想到你是多么喜欢和自己关心的人待在一起啊。

希望能尽快见到你。我想让你知道，我很感激你多年来的忠诚。

爱你

穆罕默德·阿里

你的“男孩”

他还在“男孩”的旁边画了一个笑脸。[5]

在继续外出期间，阿里的病情还在不断地恶化。他的两只手哆嗦得越来越厉害，说话声音越来越小，步态也越来越笨拙。以前，他的速度一直那么快，脑子一直那么聪明；而今，他总是被丑闻和伤心事纠缠着。

在1980年代早期，阿里开始与律师理查德·M. 赫希菲尔德合作。阿里不确定自己最早是在哪里见到的这个人，也不清楚这个人究竟从事哪方面的法律工作。不过，这些都不重要，毕竟赫希菲尔德似乎总是有大把大把的现金，还能想出很多赚钱的点子。他与赫伯特·穆罕默德、阿里一起创办了冠军体育管理公司，他们计划在阿里名下的鹿湖训练营以及弗吉尼亚州的一个地方经营训练和代理拳击手的业务。但这还不是全部。他们还计划通过其他一些商业实体投资一家豪华酒店、巴西的一家汽车制造公司、苏丹的一家炼油厂，以及西德生产的一种疱疹疫苗。赫希菲尔德向阿里与赫伯特保证，他会让他们全都变成大富翁。[6]

如果阿里或者赫伯特·穆罕默德调查一下赫希菲尔德的背景，他们或许就会和他保持距离。在此之前，赫希菲尔德已经受到过一次指控，罪名是股票欺诈。1984年，就在成为阿里的合伙人后不久，赫希菲尔德再一次被美国证券交易委员会盯上了，因此他不得不关闭了冠军体育管理公司。吉恩·吉洛伊警告过阿里，赫希菲尔德是“一个坏人”，[7]是有史以来最坏的坏人之一。可是，阿里还是继续与他做着生意。

这位退役的拳击手在威尔希尔大道租下一间办公室。房间里没有办公桌。没有椅子。没有照片。什么都没有。只有一部电话。阿里会开着自己的“劳斯莱斯”上办公室去，站在窗前，躺在地上，有时还会睡着。他对一个朋友说过，他想知道现在世界是否知道他在哪里。[8]

阿里还在洛杉矶市中心一家破破烂烂的汽车旅馆包下一个房间，以前德鲁·邦迪尼·布朗总是在这个房间里把自己灌得酩酊大醉。1987年的秋天，57岁的邦迪尼摔了一跤，头部和颈部受了重伤。有一天，阿里去医院看望了他。

邦迪尼躺在床上。“很……很……很抱歉……拳王。”他抬起头说。

“安静，德鲁。”阿里对他说。

两个男人手拉着手。

阿里拿起一条毛巾。

“轮到我给你擦汗了。”他说。

阿里告诉邦迪尼他很快就要去天堂见上帝了，或者说矮子，这是邦迪尼对全能者的称呼。“总有一天我也会的。”他说。

邦迪尼没有作答。

“嘿，邦迪尼，动如蝶舞，拳如蜂蜇！轰隆隆，年轻人，轰隆隆！”阿里又努力了一次。

他的声音很轻柔，带着几分怀旧的意味和爱意，当年他们都还是桀骜不驯的小伙子时他们可不会这样说话。最后，阿里张开嘴，轻轻地说了一声“啊啊啊”。

邦迪尼笑了。

阿里吻了吻他的额头。

不到一个星期，邦迪尼就走了。[9]

1987年秋天，就在邦迪尼去世后，阿里对巴基斯坦进行了友好访问。在巴基斯坦期间，他参观了清真寺、圣地、学校、医院、孤儿院和政府办公室。他认为，拜访这些地方也是宗教仪式重要的组成部分，慈善行为是净化灵魂和接近真主的一种手段。从1980年代末到1990年代初，他每年都要旅行数十万英里，在旅行途中还会分发出无数带有他亲笔签名的宗教宣传手册。他就把小册子装在大号的公文包里，两只胳膊各拎一个，有时候一天要拎上几个小时。他说，自己因此变得强壮了。不过，锻炼只是一个额外的收获。阿里说，他觉得自己有责任帮助美国人了解伊斯兰教，也有责任帮助穆斯林了解美国。

现在，阿里已经克服了对飞行的恐惧，有时候他甚至都懒得系上安全带。有一次，一名乘务员叫他系好安全带，他回答道："超人用不着安全带。"乘务员说："超人用不着飞机！"[10]阿里喜欢别人跟他顶嘴，当他和朋友们一起乘飞机旅行时，他会经常重复这样的对话。

阿里说，比起当拳击手的生活，他更喜欢退休生活。现在，他再也不用每天早上5点起床锻炼了，再也不用挨那些人高马大的男人的拳头了。现在，他只需要沉浸在崇拜者对他的喜爱中。无论他走到哪里，人们都会高呼他的名字——"穆罕默德·阿里·克莱"，中东人这么称呼他是为了让他区别于生活在伊斯兰国家里的许多"穆罕默德·阿里"。当他坐车驶过人群时，人们会把鲜花抛向他的车，在他的脖子上挂上花环。政府要员们送给他昂贵的礼物，通常阿里总是将这些礼物留给酒店的清洁工。深夜，如果难以入睡，他就会敲响某位旅伴的房门，跟对方聊上几个钟头他最喜欢的话题：宗教、权力、金钱和性。有时候，他会说："如果每个爱我的人都给我一美元，我就会成为亿万富翁。"他很少聊起拳击的话题，令人惊讶的是，他也很少说大话了。"他总是那么阳光灿烂。他让你有安全感……在内心深处，他是我见过的最谦逊的一个人。"科尔布说。[11]

在婴儿时期，阿里无法乖乖待在婴儿车里；到了上中学的时候，他又无法忍受和路易斯维尔中央高中的其他孩子一起坐公交车去上学。现在，当他的私人司机开着“梅赛德斯”穿过巴基斯坦一个又一个村庄时，他也同样无法安心坐在自己的座位上。尽管他摇下了车窗，冲人们挥着手，大多数路过的卡车和公共汽车上的人还是看不到他。于是，他把高大的身体探出车窗，坐在窗沿上，将好大一截身体吊在车身外，好让路过的所有人几乎都能瞥见他。[12]

一天，一支穿着白色制服的军乐队为阿里演奏了一首“小夜曲”——纯乐器版的《黑色超人》。[13]在阿拉伯世界，无论走到哪里他都能听到这首歌。[14]在位于巴基斯坦和阿富汗边境的开伯尔山口，阿里向抵抗苏联干涉的阿富汗人民表示了祝贺，还承诺向他们提供支持。[15]这天晚上，开车沿着阿富汗边境的山路走了一个小时后，阿里又发表了一次讲话，这一次是在白沙瓦一间摇摇欲坠的老礼堂里。阿里的声音含糊不清，但不难听懂。“美国有很多人都对穆斯林一无所知。美国有很多人都对先知穆罕默德一无所知。美国是一个大国。美国是一个美丽的国家。美国有所有的民族、所有的种族、所有的宗教，但是统治阶层和新闻媒体所描绘的穆斯林非常糟糕。一提到穆斯林，人们就会想到巴勒斯坦游击队；一提到穆斯林，他们就会想到霍梅尼，想到卡扎菲上校。无论穆斯林做什么，他们都会认为他们在造反。我在拳击场上的战斗只是为了让我更受欢迎。我从来不喜欢拳击。我从来不喜欢伤害别人，打倒别人。可是，这个世界只承认权力、财富和名望——这几样东西的先后顺序就是这样的。我听到了伊斯兰教强大的信息，看到了穆斯林美丽的团结状态，看到了孩子们是如何被抚养长大的，看到了祈祷的过程，看到了我们的饮食方式、我们的着装方式，以及伊斯兰教的整个态度，这一切都是那么的美好，在耳闻目睹了这一切之后，我说过必须有更多的人了解这一切，如果他们真的理解了这一切，就会有更多的人接受它，并加入进来。无论他们是黑人还是白人，还是红种人、黄种人，或者是棕色人种，无论他们是基督徒、犹太教徒、印度教徒、佛教徒，还是无神论者，一旦他们听说了伊斯兰教，读了《古兰经》，听了关于穆罕默德的朴素真理，他们就必然会受到某种影响。”[16]

拉里·科尔布委托他人跟踪拍摄下了阿里为期一周的巴基斯坦之行。在白沙瓦的一段视频中，阿里坐在身着阿富汗和巴基斯坦传统服装的人海中发表讲话，人群中有一个留着长胡子、身材瘦削的男子非常醒目。他穿着阿拉伯长袍，头上戴着白色的阿拉伯头巾，坐在礼堂倒数第三排的座位上听着阿里的讲话。[17]这个人似乎是奥萨马·本·拉登，阿里发表这场讲话的时候他就住在白沙瓦。科尔布说，在本拉登成为“9·11”美国恐怖袭击的头号嫌疑人之后，他把这盘录像带交给了美国情报专家，他们告诉他这名男子很可能就是本·拉登。[18]

到了1980年代末，朗尼和阿里从洛杉矶搬到了阿里在密歇根州贝里安斯普林斯的农场，根据当地的传说，这座农场原先属于被称为“黑帮教父”的著名罪犯阿尔·卡彭。为庆祝自己的46岁生日，阿里在纽约举办了一场聚会，包括唐·金和唐纳德·特朗普在内的几十位名人出席了这场聚会。[19]阿里仍然热衷于跟老朋友见面、畅谈往昔的时光。他喜欢追忆的不是那些拳击比赛，而是与比赛无关的事情，是他建立的一段段友谊。和弟弟或者吉米·埃利斯聊起他们开了一夜的车从路易斯维尔赶到迈阿密的事情，想起他们一起摆弄收音机寻找自己最喜欢的亚特兰大电台，一起唱着摩城唱片公司在1960年代初灌制的一首首热门歌曲，这种时候他就会两眼放光，还会像一个小男孩一样咯咯咯地笑起来。他不像以前那样吹牛了，但他的幸福是毋庸置疑的。

阿里曾告诉作家彼得·陶伯：“我得了帕金森综合征。我没有疼痛的感觉。我说话有点含糊不清，有点颤抖。没什么严重的。要是我很健康——要是我赢了最后两场比赛——要是我没有任何问题，人们就会害怕我的。现在，他们为我感到难过。以前，他们以为我是超人；现在，他们可以说：‘他跟我们一样，也是人。他会碰到麻烦。’”[20]他说，如果可以选择的话，他会从头再来一次。

阿里继续制造着新闻，但并不都是好消息——就是凡人能制造出的新闻。1988年，跳槽到《亚特兰大新闻宪政报》的记者戴夫·金德里德爆出一则新闻，如果事件的主人公不是阿里，而是其他任何人，这件事情就应该显得十分荒诞了。根据金德里德的报道，一个听上去很像退役拳王的人不停地给政客、记者和国会山的工作人员打去电话，跟他们谈论着政治和游说立法的事情。一接到这种电话，金德里德立即意识到有些不对劲。对方的声音很像阿里的，但他还是强烈怀疑对方只是在模仿阿里的声音。经过对这位拳击手长达21年的跟踪报道，金德里德知道当阿里和别人说话的时候，基本上都是他一个人在说，他很少会听记者们有什么要说的。然而，1988年给他打电话的这个“阿里”却和他进行了一场“你一言、我一语的愉快谈话”，并且用到了“谬误”和“无依无靠”之类的词汇，这些词通常都不会从阿里的嘴里冒出来。不仅如此，他口齿不清的问题消失了。声音跟以前一样清晰。[21]

金德里德没用多长时间就解开了这个谜。阿里开始直接去华盛顿特区的办公室登门拜访参议员了，他先后拜访了5名参议员。每一次，这位退役的拳击手都默不作声地站着，开口说话的是他的律师理查德·赫希菲尔德。1971年，当最高法院推翻阿里逃避兵役的判决时，有人问过阿里是否打算起诉政府，要求其赔偿他的损失。当时，阿里说没有这种打算，检察官只是做了他们认为正确的事情。然而，1984年，赫希菲尔德代表阿里对联邦政府提起诉讼，要求后者赔偿他损失的5000万美元工资。由于已经过了诉讼时效，阿里的诉讼被驳回。于是，赫希菲尔德开始游说国会，试图通过立法的手段为阿里争取到第二次机会。

金德里德怀疑在电话里模仿阿里的正是赫希菲尔德，他问阿里是否给参议员们打过电话。

“我没有给他们打电话。黑人穆斯林的成员干吗要跟政客作对？我才不在乎呐。”阿里说。

“电话是谁打的？”金德里德问。

阿里说他不知道。[22]

是赫希菲尔德吗？他和阿里几乎形影不离。他们一起参与了一大堆商业交易。而且多年来，赫希菲尔德一直把模仿阿里当作给朋友们取乐的方式。[23]

“我觉得里奇（理查德的昵称）不会这么做。”

“你为什么要和他去国会山？”

“那些参议员，里奇说他们想见我。”

有一次，面对金德里德的不断追问，阿里提出警告：“你会被起诉的。”

“我只是想把报道写好。”金德里德说。

“那个犹太小律师会起诉你的。”阿里说。[24]

在《亚特兰大新闻宪政报》刊登的文章中，金德里德讲述了赫希菲尔德为了从美国政府手中榨取钱财而进行的一场大胆骗局。但是，对于在电话里冒充阿里的事情，赫希菲尔德表示了否认，他坚称自己只是教会了阿里那样说话。阿里没有受到任何罪名的指控，但是根据金德里德的文章和有关这起丑闻的其他报道，外界很难相信阿里是完全无辜的。拉里·科尔布当时还是阿里的一名经纪人，他说过阿里与赫伯特·穆罕默德都对赫希菲尔德做的事情一清二楚：“我知道穆罕默德参与了这件事，我还知道，穆罕默德认为自己没有做错什么。”他还说，阿里认为让律师代表他发言没有什么不合适的。[25]阿里始终没有因为不法行为受到指控，他的公众形象也只是略微受到了一点打击。但是，赫希菲尔德被判犯有逃税和证券欺诈罪。当了8年联邦政府的逃犯后，他被捕了，最终死在监狱里，显然是自杀。

几年后，即1989年，朗尼与阿里前往麦加。1964年马尔科姆·X被自己的朝圣之旅所感动，古往今来无数穆斯林也都被自己的朝圣之旅所感动，同样地，阿里也被自己的这趟朝圣之旅所感动。提起那段往事，朗尼说：“那是我们俩的一次精神之旅。他很高兴，因为这是伊斯兰教的几大支柱之一，每一个负担得起费用的穆斯林都必须这样做。成千上万的穆斯林从世界各地赶来，聚在一起朝圣，他对他们感到敬畏……来自世界各地的肤色各异的穆斯林聚在一起，这件事令他感到开心。他遇到并且认识了很多拥有巨额财富的人，就是酋长和别的一些人。在朝圣期间，这些人和其他人一样，都穿着相同的衣服，身体也都经受着相同的挑战。财富毫无影响力。还有很多年幼的孩子也跟随父母一起来朝圣，有些还被他们的父亲扛在肩头，这一幕也令他感到震撼。趁着这段时间，他还对麦加朝圣的意义、先知穆罕默德的一生和伊斯兰教有了更深入的了解。晚上，我们会和那些与我们一起朝圣的人或者是穆罕默德当天结识的人进行讨论，一谈就是很长时间。看到穆罕默德，人们都非常开心，但是他们仍然会把注意力放在他们来到这里的真正目的上。换句话说，他们不允许自己因为对穆罕默德的喜爱或者是和他在身体上的接近而减弱对自己宗教职责的关注。穆罕默德在回家后的几个星期里一直说着麦加朝圣的事情。能够在死之前完成这件分内之事，他非常开心，非常释然。"[26]

在阿里的生活中，宗教占据了曾经被拳击占据的大部分空间。在几年后的一次采访中，作家托马斯·豪瑟说："在刚开始患病的时候，穆罕默德就意识到自己再也不是刀枪不入了。他开始害怕了。正是这个因素促使他开始更认真地对待自己的宗教信仰。"[27]

一天，阿里受雇参加了新成立的电视公司经典体育网在新奥尔良举办的一场推广会。他坐在一张桌子前，给人们签名，4个小时的工资是5000美元。实际上，他做得并不只是给人们签名，他还摆好姿势让人们拍照，给大家表演魔术。他在每一个崇拜者身上花费的时间太长了，等着和他见面的队伍长得一眼看不到队尾。下午3：50，眼看主办方和阿里约定的时间快结束了，雇他来参加活动的布莱恩·贝多尔开始向还在排队的人们道歉，他告诉他们不到10分钟拳王就要走了。就在这时，贝多尔听到有人从身后凑到他的耳边大声说道："嘿，老板，你在干什么？这些人是来看我的！"说话的人是阿里。[28]

阿里继续待了两个多小时，直到所有人都拿到了签名或者照片。结束后，他和贝多尔及其团队一起吃了晚饭，并且执意要为这顿两千美元的晚饭掏钱。晚饭结束后，阿里又把贝多尔和其他人请到他的酒店套房，拿出一本《圣经》让他们看，和他们讨论经文中自相矛盾的地方。他说，《圣经》中有三万处矛盾之处，他还举了一些例子。夜色越来越深，贝多尔觉得阿里会把每一处矛盾的地方都说一遍。但是，他没有这么做。他只是试图向他们证明犹太教、基督教和伊斯兰教都来源于同一套信仰。午夜过后，阿里突然停下来，推开椅子，站起身走进卧室。10分钟过后，看到阿里没有回来，贝多尔和同事们互相看了看，然后便悄悄地离开了酒店套房。[29]

在退休后接受的一次采访中，阿里曾被问及在他的职业生涯中谁对他的帮助最大。"在我的职业生涯中，一切……"说到这里他停顿了一下，露出了笑容，"真主。我所有的成功，我受到的所有保护，我所有的无畏，我所有的胜利，我所有的勇气——所有的一切都来自真主。"[30]

1990年2月8日，老凯瑟斯·马塞勒斯·克莱在路易斯维尔一家百货公司的停车场心脏病发作，随后就去世了，终年77岁。阿里和父亲的关系一直很复杂。多年来，凯什一直在酗酒、虐待妻子和孩子。与此同时，他一直在儿子的生活中扮演着常客的角色，从不会离家太远，总是参加儿子的比赛，在他的训练营附近待着，在儿子去世界各地冒险的时候，他也会随儿子一起出行。他不是一个理想的父亲，在最后的几年里，父子俩的角色有时候似乎倒了个个，阿里终于有机会向父亲证明究竟谁说了算，他也欣然享受着这样的机会。得知父亲去世的消息后，阿里告诉记者："他是父亲，是朋友，是我的教练，也是我最好的兄弟。"[31]

1990年11月，为了营救数百名美国人质，阿里前往伊拉克，与伊拉克总统萨达姆·侯赛因见面。会面时阿里基本上一言未发，但是在会面结束后，侯赛因释放了15名美国人，允许他们和拳击手一起回家。

第二年，阿里巡回推介自己的新传记，这本书由托马斯·豪瑟与他合作完成。这本书让他重新回到聚光灯下，也让他的成就第一次在历史中找到了一席之地。阿里允许自己的医生公开发表意见，通过对这些医生的采访，豪瑟还促使外界开始关注拳击运动给这部传记的主人公造成的伤害。然而，虽然为这部传记做着宣传，阿里也还是对它表现出了一种矛盾的情绪。

他对《纽约时报》的记者罗伯特·李普塞特说过："这本书把我写得就像个傻瓜。"

李普塞特问他是否读过这本书，他凑到李普塞特的耳边小声说："你不应该问这种问题。我这辈子一本书都没读过。"

"《古兰经》呢？"李普塞特问道。

"没有从头到尾读完。有些页倒是读了四十遍。"[32]

和李普塞特谈话的时候，阿里抱着一个婴儿。这是他和朗尼最近刚刚收养的男孩阿萨德。

抱着阿萨德和李普塞特谈话的时候，阿里看了自己最近在《今日秀》节目上露面的录像带，他参加这档节目就是为了推销他的传记。

看着自己颤抖的双手和录像中那张僵硬的脸，他说："我不该参加节目。如果我是崇拜者的话，我会震惊的。"[33]

朗尼时常会感到难过，因为阿里不愿意出现在镜头前，他对自己的外表感到沮丧。朗尼知道他曾经多么喜欢这样的关注，而现在她只能安慰他说："你知道我说的是实话。那个人是在颤抖，可是人们能理解他。"

"那个人看起来快死了。"阿里说。那个一直说自己很帅的男人不再喜欢眼前的景象了。

"你很好。你让其他那些身处困境的人感到了鼓舞。"李普塞特说。[34]

就在那个星期，在纽约的一场慈善活动上，阿里遇到了查克·韦普纳。韦普纳曾在1975年与阿里打过一场激烈的比赛，他一直坚称自己在比赛中有效击倒了阿里，而阿里则坚称自己倒下只是因为韦普纳踩到了他的脚。这件事情一直令阿里感到不痛快。时隔16年后，他们两人再次见到了彼此，李普塞特和其他人都一心想要看到阿里的反应。他能认出韦普纳吗？他会说些什么吗？

李普塞特的担忧很快就消失了，这位记者亲眼看着阿里和韦普纳走到一起。阿里凑到老对手跟前，身体前倾，一脚踩在了老对手的脚上。[35]

第五十五章
火炬

1994年春天的一个星期六早上，穆罕默德·阿里和弟弟拉哈曼正在路易斯维尔的母亲家里吃早饭。就在大约10：15的时候，门铃突然响了。穿着一条蕾丝边印花裙子的奥德萨·克莱应声开了门。[1]

站在门廊上的是高大壮实的白人男子弗兰克·萨德罗。奥德萨已经有好几年没有见过弗兰克了，但她还是一眼就认出了他。弗兰克的父亲就是克莱家族认识的第一位律师亨利·萨德罗，早在1960年代，每当丈夫喝多了被关进监狱时，奥德萨都会给亨利·萨德罗打去电话。在十几岁的时候，小凯瑟斯因为拿到太多的超速罚单而被吊销驾照，当时也是亨利·萨德罗帮他重新拿到了驾照。当年轻的拳击手带着金牌从罗马奥运会回来后，也是这位律师帮他审核了职业生涯中的第一份合同。在那之后不久，克莱一家将亨利·萨德罗换成了一位背景更雄厚的律师，但是克莱夫妇一直十分欣赏和尊敬亨利·萨德罗。在克莱一家成为名人之前，只有为数不多的几个白人对他们显示出了友好和尊重，亨利·萨德罗正是其中的一位。

在5岁的时候，弗兰克有时候会陪着父亲一起去克莱家。凯瑟斯和鲁迪会举起拳头，假装和这个活泼的年轻人打拳击。当时，小弗兰克说的不是“我要打你！”而是“我要钓你！”①

---

① 英文里“打”（fight）和“钓”（fish）发音接近，年幼的弗兰克口齿不清，所以说错了。

现在，奥德萨抬头看着弗兰克，小弗兰克已经是和她的两个儿子一样大的成年人了，那段记忆又在她的脑海中浮现出来。

“我要钓你！”她笑着说道。

弗兰克弯下腰，抱住了克莱夫人。

拉哈曼也来到门口。他也抱住了弗兰克。奥德萨将弗兰克请进门。

弗兰克跟着拉哈曼和奥德萨进了厨房。阿里坐在桌子前吃着一碗麦片粥，握着勺子的右手哆嗦着。到了1994年的时候，阿里的生活就像他的身体一样，开始慢了下来。他不在乎自己的样子和声音了。有些朋友觉得他有些抑郁。

奥德萨提醒阿里，弗兰克是亨利·萨德罗的儿子。弗兰克说亨利·萨德罗进了路易斯维尔市中心的诺顿医院，准备接受心脏手术——三次搭桥和瓣膜置换。存活的可能性是50%。

没等弗兰克说出想问的问题——阿里愿不愿意去一趟医院？——阿里就放下勺子，把两只拳头摁在桌面上，撑着自己从椅子上站了起来。

“咱们走吧。”他说。[2]

在医院里，阿里和亨利·萨德罗聊了45分钟。直到医生告诉阿里病人需要休息了，阿里才离开亨利·萨德罗的床边，但他仍然守在医院里。医生和患者的亲朋好友纷纷找到阿里，问他是否愿意去看一看其他人，就好像他是医生或者牧师似的。听说有一个昏迷不醒的人很快就要不行了，阿里就去了重症监护室。他走到那名患者的病床前，在他耳边低语起来。弗兰克发誓说他亲眼看见那个昏迷的人睁开了双眼。在接下来的一个小时里，阿里拉起一位位病人的手，在走廊里和护工比划了几拳，和护士调了调情，还给孩子们表演了几招魔术。

等亨利·萨德罗在心脏手术后恢复过来，阿里也离开路易斯维尔后，弗兰克产生了一个想法：“我想做点对穆罕默德有益的事情。他做的事情——放下早饭，急匆匆地去医院探望别人……没有多少人会这么做。所以我就开始想：我能为穆罕默德做些什么呢？”[3]

在弗兰克拜访克莱家后不久，奥德萨就中风了。几个星期里，阿里每天都去医院探望母亲，在她的身旁守了许多个夜晚。当奥德萨进了重症监护室，病得说不出话来、也睁不开眼睛的时候，阿里就轻轻地揉着她的鼻子，像喃喃自语一样和她说着话："我爱你，小鸟。你疼吗，小鸟？你会起来吗？"他说。[4]

1994年8月20日，奥德萨过世了。在葬礼后不久，弗兰克帮着阿里打扫了奥德萨的房子。他们在地下室里找到几个装满阿里职业生涯纪念品的箱子，于是他们两个人就在地板上坐下来，整理起了这些纪念品。阿里一边笑着讲述往事，一边决定哪些纪念品应该保留下来，哪些应该被扔掉。听着阿里的讲述，弗兰克了解了阿里的整个生活轨迹：奥德萨和凯什年幼的儿子把自行车弄丢了，他开始了拳击运动，赢得了奥运会金牌，用自己的运动天赋、从父亲那里继承来的才华以及从母亲那里继承来的善良征服着整个世界。当弗兰克想着这一切的时候，阿里生平中的一个片段突然出现在他的眼前：他在1960年奥运会上获得的胜利。对阿里来说，在罗马赢得金牌是人生的一个转折点。正是在那个时候，他第一次尝到了成名的滋味，第一次意识到自己的生活有着巨大的潜力。

从这时起，弗兰克逐渐形成了一个想法。

1996年的奥运会将在亚特兰大举行，弗兰克想知道主办方是否会通过某种方式向阿里表示敬意。奥林匹克委员会的官员会赠送给阿里一块奖牌，以弥补他丢失的那块奖牌吗？他们会让他点燃标志着奥运会开幕的火炬吗？弗兰克越想越激动。阿里是一名奥运会金牌得主，一位世界英雄，20世纪最伟大的运动员。他是一个穆斯林，还是奴隶的孙子，他正是多样性的典型体现。他是个美国人——高大、美丽、敏捷、吵闹、浪漫、疯狂、冲动。谁能比他更好地将自己的国家呈现给全世界？

只拿着一堆邮票，守着一部电话，和一辆车龄9年的奥斯莫比牌"至尊短剑"，弗兰克就投入了工作。他同时干着两份工作：一份是社工，另一份是艾泊比餐厅的服务员。但是，他没有妻子和孩子，这就意味着他可以将大量的时间投入这个项目。他给奥林匹克委员会的一位位官员发去信件，给亚特兰大市长安德鲁·杨的办公室打去电话。[5]当亚特兰大奥组委的一名官员同意跟他见一面时，他立即驱车赶往佐治亚州。弗兰克唯恐亚特兰大的官员们会认为他是个怪物，“脑子急疯了”，[6]所以他带上了自己与阿里的合影，以证明他和这位传奇运动员之间的关系。他知道希望很渺茫，但他还是在不断地努力。他打了几十个电话，或许有几百个，还发出去几十封信。在1995年1月的一天晚上，他带着阿里出去吃饭，向他讲述了自己游说奥组委官员的事情。阿里笑着向他表示了感谢。

感觉真好。即使没有其他收获，至少阿里会知道他尽力了。

距离奥运会开幕还有一个星期的时候，弗兰克已经把这件事情抛在脑后了。他的工作结束了。无论是他发出去的信，还是打出去的电话，都一直没有收到过直接答复。在奥运会开始前的几天里，电视评论员和报纸记者都在猜测谁将获得点燃奥运火炬的荣誉。大部分人都把赌注押在了亚特兰大的两个名人身上：棒球界的传奇人物汉克·阿伦和拳击手伊万德·霍利菲尔德。最终的选择应该是高度保密的事情。弗兰克觉得自己的努力毫无结果。

然后，就在7月16日凌晨2：30，也就是开幕式的三天前，弗兰克接到了一个奇怪的电话。这通电话是霍华德·宾厄姆从洛杉矶打来的，他说阿里和朗尼想为弗兰克所做的一切向他表示感谢。宾厄姆就说了这么多，他没有具体说弗兰克做了什么，只说朗尼和阿里很感激他的付出。[7]

6月19日，星期五。晚上，奥运会的开幕式出现在千家万户的电视机屏幕上。此时，弗兰克正在印第安纳州克拉克斯维尔市的艾泊比餐厅里当服务员。他一边给客人们倒水上菜，一边盯着餐厅里的电视机。亚特兰大的一座体育场里座无虚席，现场有8万名观众。全世界还有数亿人通过电视观看这一盛会。伊万德·霍利菲尔德手持火炬来到体育场，然后将火炬交给了获得过金牌的游泳运动员珍妮特·埃文斯。埃文斯手握火炬跑上一条长长的坡道。现在，她应该将火炬交给最后一名火炬手了，后者将点燃奥运主火炬，发出奥运会正式开始的信号。

那里一个人也没有。

突然，从黑暗处走出来一个身材高大、行动缓慢的人影，一个穿着一身白衣的幽灵。

体育场内喊声雷动。一开始是“哇哇哇哇哇！”，接着就变成了激动而声嘶力竭的欢呼声，人们的喊声轰隆作响。人们一遍又一遍地喊着：“阿里！阿里！”

阿里的右手紧紧地握着一支尚未点燃的火炬。他的左手失控地颤抖着，近些年来再也没有见过他的人感到了震惊。他的脸上没有流露出任何情绪。埃文斯用手中的火炬碰了碰阿里手中的火炬，阿里的火炬接住了火焰。他挺直身子，将火炬高高地举起来。一架架照相机闪动着。观众继续呼喊。阿里的左臂继续颤抖，但是他的右手紧紧地握着火炬。

阿里用两只手抓住火炬，这时他的手不再颤抖了。他绷紧了脸，全神贯注地弯下腰点燃将被滑轮送到体育场顶部的火炬芯子。可是，火炬芯子没有被点燃，火炬上的火焰烧到了阿里的手。一时间，阿里似乎需要帮助。他或许会放下手中的火炬，甚至有可能会出现更糟糕的情况——他会把自己给点着。体育场内一片寂静，仿佛8万人一起屏住了呼吸。终于，火炬芯子被点燃了。主火炬被点燃了。人们又一次欢呼起来。

人们之所以欢呼是因为他们看到阿里再一次不屑于命运的挑战。他们看到了一个无惧于暴露自己弱点的人，他那双颤抖的手让每个人都想起了他年轻时说过无数次的话：他不惧怕死亡。

这一幕带给了弗兰克·萨德罗十足的喜悦。他知道阿里是多么地喜欢聚光灯，他在退出拳坛后有多么想念这种聚光灯。他不在乎自己是否与奥委会做出的选择有关系，他知道这件事情有可能跟他打去的电话和发去的信件毫无关系，完全有可能是某个奥组委官员或者电视台主管自己想出了这个主意。这都无关紧要。真正重要的是，他的愿望实现了。当他双脚踩在艾泊比餐厅的地板上，双眼凝视着电视机，强忍着眼泪时，他又产生了新的愿望：希望阿里能享受这一刻，享受随之而来的所有关注。[8]

奥运开幕式结束两个月后，阿里和朗尼在密歇根州的家中接受了《今日美国》一名记者的采访。

在后来发表的报道中，这名记者写道：“阿里点燃了奥运圣火，这一举动让这个星球上最神奇、最受人爱戴的一位体育英雄——‘史上最伟大的拳击手’——复活了。他在人道主义方面付出的努力甚至促使一些人为他争取诺贝尔和平奖。”

“自奥运会以来，这位三次获得过重量级冠军的54岁的退役拳王在很多人的眼中不再是拳击和帕金森病的受害者了，而是对数百万残疾人的一种鼓励。”

“多年来，他一直在躲避媒体，因为神经系统方面的疾病令他感到不自在。现在，阿里又重新出现了。”

“他不仅点燃了火焰，他还为其他人——也许还有他自己——点亮了道路。”[9]

突然间，阿里不再只是一个上了年纪的体坛传奇。

当时担任时代华纳体育网总裁的赛斯·亚伯拉罕说：“他既是一个大活人，又是一个传说。我知道保罗·班扬和蓝牛①都不存在，但他们就是美国文化的一部分。他几乎就是保罗·班扬……穆罕默德·阿里——世间真的有这样一个人物吗？”[10]

---

① 保罗·班扬和蓝牛是起源于北美地区的民间传说，巨人班扬是一名伐木工，是力量和活力的象征，蓝牛是他的伙伴，被他称为“宝贝”。

第五十六章
长长的黑色凯迪拉克

阿里已经没有需要战斗的对手了。

在成年后的大部分时间里，他一直在战斗：和拳击场上的对手作战，和试图教他如何守规矩的记者作战，和将美国黑人推向社会和经济最底层的美国政治和经济体系作战。在拳击运动员中，杰克·约翰逊率先对白人高人一等的美国观念发动有力的一击，乔·路易斯紧随其后，为促进种族融合和白人社会对黑人的接受发起猛烈攻击。接下来，在全国动荡的一段时期，穆罕默德·阿里迈着敏捷的脚步、挥舞着一记记刺拳，狠狠地殴打着美国社会，他毫不担心自己的所作所为会激怒白人，他坚定地认为美国的荣耀建立在一个个黑人的脊背遭受的鞭打、一个个黑人家庭遭到的破坏，以及一个个黑人的声音受到的压制的基础上，除非他们打败整个腐朽的体制，否则美国黑人永远不会真正获得自由。

现在，阿里已经无法大声讲话了，也找不到对手战斗了，他安静下来。在朗尼和霍华德·宾厄姆的陪伴下，他继续外出旅行，继续接受荣誉，继续表演优美的拳击动作。在介绍他的时候，如果宾厄姆把他叫作“乔·弗雷泽”，他会皱一皱眉头。他会让手绢凭空消失。他会让自己显得就像是飘浮在空中似的。他会和宾厄姆一起坐在钢琴前，弹上一曲《全心全意》

在日常生活中，他很少说话。不过，说得越少，他就变得越可爱、越圣洁——至少在美国白人眼中是这样的。现在，他的身边围满了颇有声望的商人和女性。他和朗尼一起住在密歇根州贝里安斯普林斯的一座农场里，远离了媒体，远离了同胞的斗争，远离了自己的跟班，远离了那些溜须拍马的人，远离了骗子，远离了一切。登门拜访的记者会产生一种印象：他大大方方地让全世界看到他颤抖的双手和笨拙的步态，丝毫不以此为耻辱。他们说他心平气和。低哑的嗓音和简单的魔术让他显得那么有魅力，尤其是和一些粗鲁的职业运动员相比。在1990年代的体育界，有相当数量的运动员都是这样的。

朗尼拿到商学硕士学位，她清理掉一些依附于她丈夫的行为不端的生意人，找来律师和有着新思维的营销主管，谈下来更好的交易。1999年，小阿里的照片出现在"维蒂斯"麦片包装盒的正面。"维蒂斯"是美国家喻户晓的麦片品牌，它的包装盒上印着一位位成就杰出、品格优秀的运动员的照片，通过这种方式让他们接受着一代又一代人的敬意。

在托马斯·豪瑟的帮助下，阿里出版了一本鼓舞人心的书——《治愈：宽容与理解之旅》。书中引用了一些名人名言，还留了一些空白的地方，供读者写下自己有关"宽容、兄弟情谊和理解"的鼓励性的话语。朗尼和她的团队在努力稳定阿里的财务状况，改善他的形象。一路走来，这位喜欢猛冲猛打的革命者变成了一个脚步拖沓、面容温柔的神秘主义者，仁爱而睿智。

有时候，人们对阿里的敬仰具有一种宗教色彩。

"他越来越像一个行走的灵魂。"记者弗兰克·德福特在文章中写道。[1]

阿里的女儿哈娜写了一本书，她在书中称父亲是"一位先知，神的使者，一个天使"。[2]

看到阿里把一个撒了糖霜的覆盆子咖啡蛋糕塞进嘴里，为《智族》杂志撰文的彼得·里奇蒙德说："看他吃着蛋糕，我有了一种从来不曾有过的笃定感——这个人的内心一定很满足。如果说还有更笃定的时候，那或许就是他吃了第二块蛋糕的时候。"[3]

这位记者还以阿里为主题创作了一则寓言：

"几十年来，真主一直让穆罕默德·阿里做着他的工作。阿里是全国有史以来最杰出的黑人青年，他毫不畏惧挑战白人体制中最强大的对手，他大声疾呼，是的，为了黑人大声疾呼，但更多的还是为真主大声疾呼，马尔科姆·X和伊利贾·穆罕默德都不曾像他这样。[4]”

“可是，随着年龄的增长，这位门徒输给特雷沃·伯比克这种人的次数越来越多了。输的次数越多，他坠入黑洞的可能性就越大，所有试图一直坚持下去的伟大运动员都留在了那里。真主知道，穆罕默德·阿里越是接近拳击头晕症这种终极侮辱，他以特使的身份在地球上为真主效劳的能力就越弱……所以，真主想出了一个计划。阿里的声音曾经有着地动山摇的能量，现在真主让变成他了哑巴；阿里敏捷的拳头曾经以外科医生般的精准度、以雨点般的密集度落在敌人身上，现在真主让他的双手剧烈地颤抖起来，让那双手连抓起一块蛋糕都很吃力……”

“正是通过这种方式，真主确保了穆罕默德·阿里能够重新开始他的工作。十倍的工作。正是由于身体虚弱，阿里变得远比以前更有价值了。”

相比那个挑战我们美国的种族主义等级制度、激发想象力的愤怒的年轻人，现在这个沉默而痛苦的阿里对世界更有价值——这种说法有些站不住脚，但是听上去不错。

在点燃奥运火炬之后的几年里，阿里继续接受着采访，但他很少谈起种族问题和政治问题。1991年，4名洛杉矶警察被拍到恶意殴打一个名叫罗德尼·金的黑人男子，他们的这一行为引发了多起骚乱。对于这件事情，阿里不曾发表任何观点。三年后，橄榄球运动员O. J. 辛普森因涉嫌谋杀两名白人（其中一人是他的前妻）而被捕，对他的审判逐渐演变成了一场针对警方种族歧视问题的全民公决，在这个过程中阿里始终不曾公开发表过任何看法。

他仍然更喜欢谈论自己。

2001年，在接受《纽约时报》的采访时，他为自己当年将乔·弗雷泽称作“汤姆叔叔”，还说弗雷泽太蠢太丑、当不了拳王的事情表示了歉意。“我脑子一热就说了很多不该说的话，对他说了那些不该说的脏话。我要为此道歉。对不起。这一切都是为了宣传比赛。”他说。[5]

这番道歉似乎是发自真心的，就好像阿里在道歉的时候心里想着那个“记账天使”一样。除了向弗雷泽道歉，他还为数不清的慈善组织和人道主义组织提供了资助，其中包括联合国、美国帕金森基金会和许愿基金会。在菲尼克斯的巴洛神经外科研究所的协助下，他和朗尼帮助创办了穆罕默德·阿里帕金森中心和运动障碍诊所。他曾说："神将审判我们的所作所为、我们对待他人的方式、我们帮助慈善事业的方式。我治不了别人的病，所以我能做的就是帮助人们筹集资金。"[6]

2001年9月11日，阿拉伯恐怖分子劫持了4架商用飞机，指使飞机撞向了纽约的世贸中心、华盛顿特区的五角大楼和宾夕法尼亚州的一处空地，造成大约3000人死亡，数千人受伤。袭击发生后，反穆斯林的行为在美国各地愈演愈烈。无辜的穆斯林遭到拘留，清真寺的墙上和阿拉伯人经营的企业的大门被喷上了涂鸦。在这种情况下，阿里发表了一份声明："我是一名穆斯林。我是一个美国人……不管是谁实施了对美利坚合众国的这场恐怖袭击，或者说，不管是谁在幕后操控了这场袭击，他都代表不了伊斯兰教。站在暗杀者身后的不是神。"[7]

9月20日，阿里前往纽约。

在飞行途中，阿里说："再跟我说说出什么事了。"

再次听到别人对这场恐怖袭击的解释后，他转过头看着妻子，说："他们没有生我的气，对吧？"[8]

这一天，天空灰暗，雾气蒙蒙。阿里问候了在袭击现场工作的消防人员，他握起拳头，摆出一副出拳的样子，与他们合了影。大部分消防人员想和阿里聊的都是当他第一次和乔·弗雷泽较量的时候他们都在哪里，或者关于"丛林之战"他们记得最清楚的是什么。[9]可是，戴着一顶纽约消防局棒球帽的阿里却利用这个机会讨论起了宗教问题。"伊斯兰教不是一种杀戮成性的宗教。伊斯兰教意味着和平。我不能坐在家里看着人们把穆斯林说成是导致这个问题的原因。"他说。[10]

在"9·11"袭击发生后，乔治·W. 布什总统派出美国军队参加了在阿富汗和伊拉克的战斗。此次出兵的目的是击溃恐怖分子，推翻伊拉克总统萨达姆·侯赛因的统治。当时的报纸在报道中称，阿里同意在好莱坞制作的一则广告中亮相，告诉中东地区的观众即使美国军队将恐怖分子视作攻击目标，美国还是会尊重穆斯林的，并且打算怀着尊重对待他们。[11]由路易斯·法拉罕领导的伊斯兰民族组织出版的报纸《最后的召唤》竭力主张阿里拒绝政府的宣传活动，并且指出阿里应当利用自己的影响力呼吁人们关注21世纪里对美国黑人造成严重困扰的一些问题，例如艾滋病的流行，黑人监狱人口的迅速增长。[12]

在此之后，阿里再也没有就这个话题发表过意见。他的这种反应让观察家们产生了疑问：他对阿富汗人或者伊拉克人有什么意见吗？当布什总统急于开战的时候，他对他有什么不满吗？

在电视上接受大卫·弗罗斯特的采访时，阿里告诉这位英国人："我避免回答这些问题。我有爱我的人。我在全国各地经营着生意，卖着产品，我不想说什么，也不想做错什么，不希望自己不清楚自己正在做的事情，不希望做自己力所不及的事情，不希望说错话，损害我的生意和我正在做的事情，损害我的形象。"[13]

当对方明确提到美国入侵伊拉克的问题时，阿里回答道："这就是那种有可能给我带来麻烦的问题。我会回避这个问题。"为了强调这一点，他还用手捂住了自己的嘴巴。

曾经，阿里凭着身上粗糙的棱角成为一个备受争议、举足轻重的人物，而今这些棱角都慢慢地被磨平了。现在，他的经理们正在打造一个品牌。2001年，威尔·史密斯主演了大制作电影《阿里》，这部影片讲述了拳击手生命中的十年：从1964年到1974年，从利斯顿到福尔曼，从桑吉到维罗妮卡，从马尔科姆·X到在世最后几年里的伊利贾·穆罕默德的那个十年。

2005年，阿里获得了总统自由勋章，这是美国平民所能获得的最高荣誉。在授奖仪式上，布什总统说阿里"是一名凶狠的拳击手，也是一个热爱和平的人"，但他没有提到这位退役拳王1967年决定拒绝加入美国军队的事情。阿里也没有提及布什决定向阿富汗和伊拉克派兵的事情。不过，他还保留着一点捣蛋鬼的做派。当总统转过身，举起双拳，摆出一副准备打拳的架势时，阿里没有配合总统的表演。他没有举起拳头，而是把一根手指举到头上，快速地转了转手指，他的意思是布什疯了。房间里充满了笑声。

就在这一年，位于路易斯维尔市中心的一家博物馆向公众开放了，这家坐落在俄亥俄河畔的博物馆是为拳王建造的。在通用电气、福特汽车公司和百胜餐饮集团的支持下，朗尼和穆罕默德牵头建成了这个耗资8000万美元、占地9.3万平方英尺（0.86公顷）的穆罕默德·阿里中心。路易斯维尔还将市里的主干道核桃街更名为“穆罕默德·阿里大道”。

在朗尼和律师罗恩·迪尼科拉的帮助下，阿里终于和赫伯特·穆罕默德断绝了关系。2006年，朗尼和阿里与娱乐营销公司CKX达成协议，将拳击手名字和形象80%的营销权以5000万美元的价格出售给后者。朗尼同意与这家公司合作，为打造阿里这个品牌制定战略。

随着与CKX公司的合作，阿里一年比一年更商品化了。他开始为各种与他毫无关系的公司和产品代言，例如“宝马”“保时捷”“吉列”和“路易威登”。昔日的一些崇拜者以及在1960年代里报道过他的一些记者抱怨说，新的这个阿里代表了一切：和平、爱、团结、平等、正义，还有高档皮革制品，而代表一切有可能就等于什么都没有代表。有一段时间，阿里每签一次名就能挣到750美元，一年里他能在七千多件物品上写下自己的名字。[14]很多时候，他参加慈善机构举办的活动都分文不取，但是通过参加其他公共活动他能赚到六位数的酬劳。在不外出也不忙着签名的时候，他每天都会花上好几个小时的时间打电话，和孩子、孙子说说话，和老朋友开开玩笑。在儿子阿萨德加入路易斯维尔大学棒球队后，阿里和朗尼经常去看他的比赛。阿萨德说过：“他是一个从来不会抱怨什么的人。你永远都不知道什么时候他的帕金森病比较严重，什么时候比较轻。因为他就是那种人。他很坚强，很强壮。”[15]

2008年，阿里参加了美国第一位黑人总统贝拉克·奥巴马的就职典礼。2016年，当总统候选人唐纳德·J. 特朗普提议禁止穆斯林向美国移民时，以阿里的名义发表的一份声明又让他的崇拜者们想起了这位拳击手好斗的行事风格，只是缺少了他当年的那种活力。声明中有这样一句话：“作为一个从未被扣上政治正确这顶帽子的人，我认为我们的政治领导人应该利用自己的地位来促进社会对伊斯兰教的理解。”[16]

年复一年，阿里变得越来越羸弱，越来越安静了。

他的孩子都结婚生子了。他亲朋好友都陆续过世了：霍华德·科塞尔，1995年；阿奇·摩尔，1998年；桑吉·罗伊，2005年；弗洛伊德·帕特森，2006年；赫伯特·穆罕默德，2008年；乔·弗雷泽，2011年；安吉洛·邓迪，2012年；肯·诺顿，2013年。那些年里探望过阿里的人都发现，他的状态会因为他们见到他的时段和他之前的睡眠质量而有所不同。有时候，他会露出笑容，甚至哈哈大笑起来，用清晰的声音追忆着往事；有时候，他得花费很大的气力，所以他就静静地坐着。

现在，阿里和朗尼在密歇根待的时间比以前少了，更多时候他们都住在亚利桑那州天堂谷的一个封闭式住宅小区里，在那里他们有一幢平房。朗尼的妹妹玛丽莲和他们住在一起，帮忙照顾阿里。起居室里挂着许多阿里的肖像，其中包括安迪·沃霍尔的一大批画作。阿里喜欢坐在一张皮躺椅上，躺椅就摆在厨房跟前，椅子上安装了振动器，可以按摩他的后背和两条腿。他可以坐在躺椅上看电视或者网上的视频。他看的还是西部片和恐怖片，不过他最喜欢看的还是他自己的影片：以前的比赛，以前的采访，以前的电视新闻片。有时候，客人就坐在他的身边，而他则凝视着那个活跃而年轻的自己，看着那个有史以来最漂亮的重量级拳击手在拳击台上满场飞着，躲闪着对手的拳头，打出一记记刺拳，大笑着，喊叫着，享受着喜悦，奚落着对手。这才是真正的阿里。他本来就应该是这样的。这才是万事万物的自然法则。他那么优雅，那么目中无人，那么强壮，那么自由，一切都尽在他的掌控中。谁不想看这样的阿里呢?

在接受美国退休人员协会（曾用名）出版的杂志《美国退休人员协会公报》的采访时，朗尼谈到了自己在从伴侣转变为照顾者过程中遇到的挑战。她说：“随着时间的推移，病情的发展，这种关系会发生变化的。(病人的）身体不像以前那么灵活了，他们无法再像以前那样和你一起做各种事情了。药物有可能会对他们的认知能力产生影响。他们可能也说不了话了。”但是，她又说自己很幸运，因为她的丈夫始终保持着一种胜利的态度，从不抱怨，从不沮丧。在杂志封面刊登的照片中，阿里闭着眼睛，低着头，朗尼的嘴唇紧贴在丈夫的太阳穴上，一只手托着他的下巴。“现在，一切都是为了保护他、确保他的健康。”她说。[17]

朗尼既是一个看护人，又是一个看门人，这引起了阿里的一些孩子和朋友的不满，他们都说自己无法尽情地跟阿里见面，也无法给他打电话。报纸的一些报道称，阿里与贝琳达的儿子小穆罕默德在芝加哥南区过着贫困的生活，一家人都靠着慈善机构提供的食物和衣物生活。阿里的第二任妻子卡利娅住在政府补贴的低收入住房里，房子坐落在佛罗里达州的迪尔菲尔德海滩上。在这套灯光昏暗的一居室公寓里，只有一样东西能让她想起以前的生活：一枚带有穆罕默德·阿里形象的冰箱贴。[18]

2015年10月1日是阿里和弗雷泽在马尼拉进行的那场残酷比赛的40周年纪念日，这一天朗尼和阿里在路易斯维尔的穆罕默德·阿里中心参加了《体育画报》和安德玛运动服装公司联合赞助举办的一场私人活动。乔治·福尔曼和拉里·霍姆斯也在现场，在和记者攀谈的过程中他们称赞了阿里的伟大，还告诉记者他们并不感到难过，尽管他们还是忍不住对自己的这位老对手挥了几拳，这几拳有力地提醒着人们，这几个男人都是凭着自己的力量和骄傲为自己构建起身份的勇士。

阿里一生都在努力证明自己优于别人。他与父亲战斗过，与拳击媒体战斗过，与政府战斗过，与桑尼·利斯顿、乔·弗雷泽、肯·诺顿、乔治·福尔曼和拉里·霍姆斯战斗过。阿里就一直这样坚持着，而原本他不该坚持这么久。在这方面，他与福尔曼和霍姆斯是一样的，这两位拳王直到现在仍然保持着这种状态，仍然希望有机会出上几拳。福尔曼至少在私下里依然坚称在扎伊尔和阿里打比赛之前自己被下了药。霍姆斯则在宴会前接受的采访中坦言，他受够了人们像对待宗教领袖一样对待阿里，受够了人们一直把阿里视作超级英雄，而其他重量级拳王都是凡人。霍姆斯说，阿里是一个好人，也是一位伟大的拳击手，但他也是一个傻瓜，竟然挨了那么多拳。“他不是英雄。”霍姆斯说。[19]

阿里的弟弟拉哈曼也出现在了现场。阿里曾经向拉哈曼承诺过，他用不着打拳击，哥哥会一直照顾他，让他过上舒适的生活。而现在，拉哈曼和妻子连账单都难以付清。他们住在公共住房里，房间被装饰得就像一个低成本的穆罕默德·阿里中心。墙上贴着剪报，沙发上方挂着一幅凯什为妻子奥德萨·克莱绘制的肖像画。拉哈曼继承了父亲的一些艺术天赋，他为哥哥画了几幅肖像画。这些画都靠墙放在地上。几年前，拉哈曼和朗尼闹翻了。结果，他一连好几个月没能见到哥哥。在穆罕默德·阿里中心的颁奖仪式开始之前，一些重要人物受邀与拳王拍摄了合影，拉哈曼却不在此列。

宴会厅的门打开了，宾客们都被邀请落座，这时所有人的目光都转向阿里。他坐在主桌旁，身上穿着一套黑西装和一件白衬衫，脖子上系着一条红色的领带，他的右边坐着朗尼，左边坐着朗尼的妹妹玛丽莲。

宴会厅里很快就挤满了应邀前来的客人，许多人都径直走向阿里的桌子。最先过去的是阿里在中央高中的同班同学维克·本德尔，在那天下午早些时候，本德尔还带着一位作家参观了阿里生活过的路易斯维尔。他们先去了克莱一家在格兰德大道上的房子，然后沿着凯瑟斯和鲁迪上学的那条路跑了起来。一路上，他们一直跟着公交车的节奏，每次公交车停下来的时候他们都会停下来，当年他们这么做是为了锻炼身体，现在他们这么做是为了让朋友开心。这时本德尔奔跑着，作为一个七十多岁的大个子，他已经拼尽全力了，他想赶在其他人之前先跑到阿里身边。他跟朗尼打了招呼，然后俯下身抱住了阿里。[20]

阿里没有动，没有说话，也没有抬头看一眼。他的身体显得有些瘦小虚弱，但他的脸却那么光滑平展。他的头发有些稀疏，但是没有一丝白发。他还是那么漂亮。

颁奖仪式开始了。大屏幕上播放起一段段视频，一位位嘉宾长篇大论地发表致辞。人们在重温阿里职业生涯的一个个高光时刻，然而戴着墨镜的阿里却毫无反应。当《体育画报》的一位主管为这位退役拳击手颁发作为奖品的银盘时，一架架照相机闪烁起来，一位位宾客起身鼓掌。阿里仍然一动不动，没有露出微笑，也没有伸手接过奖品。他就像睡着了一样。仪式结束后，他坐着轮椅被人从房间里快速推走了。

宴会厅里的人都走光了，餐厅服务员们也开始清理餐具。拉哈曼和妻子卡罗琳留了下来，他们从一张桌子走到另一张桌子，把一张又一张装饰现场的小照片拿起来，放进购物袋里。那是阿里的照片。

拉哈曼问妻子："这个夜晚难道不美吗？"[21]

不到8个月后，阿里由于呼吸道感染住进了菲尼克斯的一家医院。他以前也曾因为同样的原因进过医院，每次都能恢复过来。可是这一次，经过了几天的治疗后他的情况恶化了。朗尼给几个孩子打去电话，叫他们马上过去。孩子们赶到了医院。6月3日，晚上8：30，在斯科茨代尔奥斯本医疗中心的263号病房里，阿里的床边围满了家人。他赖以维持生命的呼吸器被拔掉了。他拼命地喘着气。

一位名叫扎伊德·沙基尔的伊玛目站在阿里的床边，看着阿里。慢慢地，阿里脖子上的脉动变得越来越微弱了。沙基尔俯下身子，直到嘴巴贴到了阿里的右耳上。他吟唱了起来，召唤众人开始祈祷，每当有新生命降临人世，人们就常常用这首歌来迎接他们的到来。"无一是主，唯有安拉。"他用优美的嗓音大声地唱道。阿里的一个孙子送上了一串念珠。沙基尔将念珠塞进了阿里的手里。"穆罕默德·阿里，这正是他的意思。独一真神，说一遍，再说一遍，你曾给那么多人以启迪，天国在等着你。"沙基尔对阿里说。[22]

伊玛目结束了祷告，阿里随之便与世长辞了。

9点10分，院方宣布穆罕默德·阿里因感染性休克逝世，享年74岁。

阿里的遗体被空运到了路易斯维尔，他的葬礼将在那里举行。多年来，阿里和朗尼总是会聊起有关葬礼的话题：仪式是什么样的，谁来抬棺，谁来发表悼词。他们还有一个黑色的活页夹，里面夹满了精心设计的葬礼方案。

无论是在印刷品上、电视里，还是在互联网中，他都被描述成一个有勇气、有原则的人，他被誉为20世纪最伟大的人物之一。《纽约时报》为他刊登的讣告长达整整两页，不到一个星期后，这家报纸又为他刊发了一组16页的专题文章。奥巴马总统在白宫发表了一份声明，其中写道："他曾宣称：'我就是美国。我是你们不会承认的那个美国。你们要习惯我。黑人，自信，狂妄；我的名字，不是你们的名字；我的宗教，不是你们的宗教；我的目标，就是我自己的目标；你们要习惯我。’这就是我在成年后认识的那个阿里——他不仅是一名拳击场上的斗士，一个善于对着麦克风即兴发挥的诗人，他还是一个为正义而战的人。一个为我们而战的人。他与金和曼德拉站在一起，他在困难时期挺身而出，他在别人都不愿意开口的时候仗义执言。为了在拳击场外的战斗，他会失去拳王头衔和公众地位，会两面树敌，会遭受谩骂，甚至差点进了监狱。但是，他坚持了自己的立场。他的胜利帮助我们适应了我们今天所认识的这个美国……穆罕默德·阿里震撼了世界。世界因此变得更美好了。我们都因此而变得更好了。”[23]

一些作家说过阿里“超越”了种族。实际上，这种说法大错特错，他们只是为了掩盖他留给世人的遗产。种族是贯穿阿里一生的主题。他一直坚称，美国把敢于直言、拒绝按照别人的期望活着的黑人视作敌人。他没有克服种族。他没有克服种族主义。他大声说出了这个问题。他震慑了它。他对它进行了驳斥。他坚持认为是种族主义塑造了我们的种族观念，而不是种族观念塑造了种族主义。

出生于“吉姆·克劳”时代的阿里亲眼看到了一个黑人当选为美国总统。他自己的一生也同样了不起：一个没有受过教育的商标画师的儿子成了全世界最有名的人，他那个时代最伟大的职业拳击手成了国家最重要的兵役反抗者。他一直野心勃勃，一直渴望财富，但他也一直那么热心和真诚，一直是一个充满真情和智慧的人。他从不曾沾染过怨恨和愤世嫉俗的心态，这也许是因为他通过自己的生活领悟到了一个事实：尽管美国社会存在着种种缺陷，但它却造就出了一个个出身平凡的杰出人物。毫无疑问，他自己就是其中之一。

6月10日，一个炎热的星期五早晨，送葬队伍出现了。成千上万的人守在路易斯维尔的大街小巷，从未与阿里谋过面的人向工作单位请了假，从数百英里外的地方赶了过来。他们站在炎炎烈日下，伸长了脖子等着看一眼阿里的灵车。人们穿着带有“我是最伟大的”“我是阿里”字样的T恤衫，举着写有“谢谢”“我们爱你”字样的标语。看到阿里的灵车时，小男孩和成年男子纷纷冲着空中挥舞拳头，和假想的对手过起了招，女人们抛撒着鲜花。

阿里的灵车当然是一辆“凯迪拉克”。跟在后面的黑色豪华轿车上坐着他的家人，这些车也都是清一色的“凯迪拉克”。

送葬队伍从他在格兰德大道上的童年故居向市中心移动着。人们没有忠实地沿着小阿里在20世纪50年代上学路上跑过的路线前进，不过已经很接近了。灵车沿着百老汇大街行驶，途中经过了第四大街，当年阿里的自行车就是在这里被偷走的，也是在这里他认识了自己的拳击启蒙教练。走到第六大街的时候，人们就像扎伊尔人民在42年前观看阿里—福尔曼之战时那样用林加拉语高呼起来：“阿里，boma ye！”——“阿里，干掉他！”[24]送葬队伍经过了比彻露台公寓，十几岁的阿里曾在这里亲吻一个美丽的女孩，结果晕了过去，然后就从楼梯上滚了下去。送葬队伍经过了中央高中，尽管成绩很差，阿里还是拿到了文凭，因为校长在这个学生的身上发现了一些不寻常的东西。送葬队伍经过了百老汇旱冰场曾经所在的地方，当年阿里就是在这里拿到了一生中的第一本《穆罕默德之声》，开始对伊利贾·穆罕默德和伊斯兰民族组织有了了解。送葬队伍经过了坐落在市中心的穆罕默德·阿里中心，这里用纪念美国总统的规格纪念着这位拳击手的各项成就。最后，送葬队伍来到了洞穴山墓地，阿里的遗体将被安放在这里。

葬礼不对外开放，只有阿里的近亲参加。葬礼过后，市中心最大的体育场里举办了一场公共悼念活动，两万多人聚集在体育场里聆听了宗教领袖们的讲话，前总统比尔·克林顿、电视播音员布赖恩特·冈贝尔、演员比利·克里斯托、朗尼·阿里，以及阿里的孩子玛丽姆和拉希达也分别致悼词。阿里的前妻卡利娅和维罗妮卡、路易斯·法拉罕、杰西·杰克逊、吉恩·吉洛伊、威尔·史密斯、唐·金、鲍勃·埃勒姆、迈克·泰森、乔治·福尔曼和拉里·霍尔姆斯也出席了这场追悼会。追悼会持续了三个多小时，通过网络电视向全世界进行现场直播。

朗尼·阿里在致悼词的时候说：“穆罕默德爱上了人们，人们也爱上了他。在各种各样的人以及他们形形色色的信仰中，穆罕默德看到了真主的存在。”她继续说道，尽管阿里出生在一个将黑人视为下等人的社会，但他“拥有一双养育并鼓励他的父母，遇到了一位带他走上梦想之路的白人警察，以及几位理解他的梦想并且希望他成功的老师。奥运会金牌来了，世界注意到了他。路易斯维尔一群事业有成的商人，也就是路易斯维尔赞助团，看到他的潜力，并且帮助他铺就了一条职业发展道路。就在电视行业如饥似渴地等待着一位能够改变体育界面貌的明星时，他及时地闯入了全国舞台。你们知道，如果穆罕默德不喜欢某些规则，他就会改写这些规则。他的宗教信仰，他的名字，他的信仰，都是他自己塑造的，无论他为此付出了怎样的代价。”[25]

值得注意的是，追悼会上没有出现阿里的声音。不过，伊玛目扎伊德·沙基尔还是竭尽所能地传达出了他的声音。

沙基尔走上讲台，念了一首诗：

他动如蝶舞，拳如蜂蜇。
然而，世上最伟大的拳击手没有看到……
在他触摸过的每一个生命的心灵深处，他都留下了不可磨灭的印记，
他将永远被称为“人民拳王”。[26]

很久以前，阿里谈到过生命意义的问题。

他曾经说过：“神在看着我。神不会因为我打败了乔·弗雷泽而赞美我……他想知道的是我们怎样对待彼此，怎样互相帮助。”[27]

在生前接受的最后一次采访中，他对自己取得的成就做了一番评价：“我必须证明你能够成为一种新的黑人。我必须向全世界证明这一点。”[28]

后　记

在穆罕默德·阿里逝世5个月后，一位活跃于1960年代的政治活动家坐在芝加哥南区一家咖啡店里，讲述了这样一个故事：

1966年的夏天，小马丁·路德·金来到芝加哥，他计划将这个城市作为他正在进行的非暴力革命的中心。他将这场运动称为“芝加哥自由运动”，运动的重心就是对歧视性住房现象发动攻击。金带领人们进入只有白人的社区，在那里他遭到了暴徒们凶狠的攻击。他还组织了一场住房罢租运动，他敦促住在废弃房屋里的人不要把每月的房租留给房东，而是将其存入一个特殊的信托基金，他发誓这笔钱将被用来维修急需维修的房屋。

一天，参加罢租运动的一名志愿者听说有人正在将参加运动的一户人家驱赶出他们在加菲尔德公园附近的住房。这名志愿者是正在芝加哥大学法学院读书的一名年轻女子，她急匆匆赶去现场。当她赶到那里时，库克县治安官办公室的官员正在清空这家人的公寓，人行道上堆满了家具、衣服、书籍和家庭照片。当时的天气闷热潮湿，好几百号人站在街道两旁看着官员们驱逐这家人。

这个女孩无助地站在那里，除了干瞪着眼睛什么都做不了。突然，她感到有一只手搭在她的肩膀上。她转过身，抬起头来。是阿里。在此之前，她只在电视上见过他。阿里穿着一件漂亮的蓝色泡泡纱外套，非常帅气。他脱下外套，让女孩帮他拿着。

当时，阿里正面临逃避兵役罪的指控，但还没有被禁止参加拳击比赛。事实上，他正处于运动生涯的巅峰时期：24岁，身手敏捷得让对手难以命中，身体强壮得让对手无法抵抗，堪称全世界有史以来最完美的拳击手。

在那个夏天的大部分时间里，他都住在芝加哥，但是他没有和金一起参加芝加哥自由运动的游行，也不曾公开发表对抗议活动的看法。阿里是怎么听说这次驱逐事件的？他为什么会出现在那里？他是偶然撞上这起事件的吗？还是有人给他打了电话？

现场没有记者询问他，也没有照相机记录下接下来发生的事情。

那家人的东西都被堆在人行道上，阿里一声不吭地走过去，拿起一把厨房的椅子，把它搬回公寓。副治安官没有采取任何行动阻止他。没过几秒钟，就有几十个人跟着阿里一起忙活了起来。很快，公寓又被塞满了。

阿里拿回自己的夹克，钻上车，开着车离去了。[1]

致 谢

吉恩·吉洛伊对我说："你这次的责任很重大。可别搞砸了。"在4年的时间里，他把这句话重复了至少一百次，以免我忘了他的叮嘱。我从来没有忘记过。如果没有吉洛伊和许许多多热爱阿里的人的帮助和信任，我肯定写不出这本书。我首先想要感谢那些最了解阿里并且在我进行研究过程中指导过我的人：朗尼·阿里、维罗妮卡·波奇、卡利娅·卡马乔–阿里、拉哈曼·阿里、卡洛琳·苏·阿里、吉洛伊、弗兰克·萨德罗、维克·本德尔、布伦达·本德尔、拉里·科尔布、伯尼·尤曼、罗恩·迪尼科拉、霍华德·宾厄姆、迈克尔·菲纳、迈克·乔伊斯、伊利贾·穆罕默德三世、洛厄尔·K.赖利、阿卜杜勒·拉赫曼、路易斯·法拉罕、戴维·琼斯、蒂姆·沙纳汉、基思·温斯特德、赛斯·亚伯拉罕和汉克·施瓦兹。

我还要感谢在很多方面帮助过我的朋友和作家：罗恩·杰克逊、查理·牛顿、海蒂·特里林、理查德·巴布科克、罗伯特·库森、约瑟夫·爱泼斯坦、布莱恩·格鲁利、凯文·海利克、罗伯特·卡泽尔、鲍勃·施皮茨、戴维·加罗、史蒂夫·汉娜、杰米·汉娜、丹·卡托、托尼·佩特鲁奇、帕特里克·哈里斯、唐·特里、迈伦·乌尔伯格和凯伦·乌尔伯格、T.J.斯泰尔斯、理查德·米尔斯坦、拉比·迈克尔·西格尔、琳达·金泽尔、博阿兹·凯萨、杰里米·格什菲尔德、伊丽莎白·米勒–格什菲尔德、斯蒂芬·弗里德、乔尔·伯格、马歇尔·卡普兰、杰夫·皮尔曼、杰夫·鲁比、蒂姆·安德森、肯·伯恩斯、萨拉·伯恩斯、戴维·麦克马洪、斯蒂芬妮·詹金斯、杰里米·沙普、威利·温鲍姆、道格拉斯·奥尔登、阿什利·洛根、史蒂夫·雷斯、卡斯帕·冈萨雷斯、克雷格·西本、丹·夏因、托尼·菲茨帕特里克、吉姆·西格蒙、所罗门·利伯曼、吉姆·西格蒙、理查德·卡恩、伊森·米凯利、杰伊·拉扎尔、安迪·卡利什、迈克·威廉姆斯、路易斯·萨哈迪、乔·法沃里托、斯蒂芬·法蒂斯、巴伦·沃尔曼、A.J.巴伊姆、罗宾·蒙斯基、丹·凯、奥德丽·威尔斯、斯泰西·鲁宾·西尔弗、泰德·菲什曼、凯文·梅里达、丽莎·波拉克、夸梅·布拉斯韦特、理查德·桑多米尔、帕特·伯恩斯、马克·卡罗、詹姆斯·芬·加纳、吉姆·鲍尔斯、卢·卡洛佐、迈克尔·哈桑、里奇·卡莱茨基、马尔奇·贝利、艾米·梅里克和汤姆·查特斯。

在研究方面给予我帮助的有：洛丽·阿齐姆（她还十分出色地完成了核对事实的工作）、雪莉·哈蒙、汤姆·欧文、霍华德·布雷肯里奇、马克·普洛特金、布里特·沃格尔、马兰达·博达斯、杰克·卡西迪、夏恩·齐默、杰克·米尔纳、埃里克·霍顿、玛德琳·李、J.R.里德、贝瑟尔·哈特、梅雷迪思·威尔逊、玛丽·海因兹、艾莉森·马丁、利兹·彼得森、杰夫·诺布尔、史蒂文·波特、奥利维娅·安杰洛夫、加布里埃拉·莫兰、詹妮弗–利·奥普里霍里、米歇尔·马蒂内利和艾丽·普鲁伊特。

感谢迈克·西尔弗、鲍勃·卡诺比奥和李·格罗夫斯对本书进行了专业的事实核查。感谢罗伯特·贝克尔和国会议员迈克·奎格利帮助我加快了基于《信息自由法》提出的申请。感谢鲍勃·卡诺比奥和CompuBox公司为阿里的职业生涯提供了一批惊人的新数据。感谢维萨·贝丽莎和朱莉·利斯与我一起研究了拳击运动对阿里的语速产生的影响。感谢吉米·沃克和参加“名人拳击之夜”慈善筹款晚会的每一个人。感谢大卫·金德尔和格雷马尔金媒体公司允许我引用《最伟大的拳击手——我自己的故事》一书中记述的乔·弗雷泽与穆罕默德·阿里之间的对话。感谢斯坦利·法恩医生帮助我了解阿里的健康状况。感谢伊肯纳·埃泽和美国品牌管理公司的所有人。我还要向许多作家和摄影师表示感谢，他们告诉了我他们对阿里的认识，有些人还与我分享了他们的研究材料，他们是戴维·雷姆尼克、乔治·沙利文、卡尔·伊万兹、安迪·奎因、汤姆·朱诺、J.迈克尔·列侬、迈克尔·朗、斯蒂芬·布伦特、戴维斯·米勒、戴维·马拉尼斯、戈登·马里诺、阿特·谢伊、戴维·特恩利、彼得·安吉洛·西蒙、迈克尔·加夫尼、莫林·史密斯、托马斯·豪瑟、小马克·克拉姆、迈克尔·埃兹拉，戴夫·金德里德、罗伯特·李普塞特、尼尔·莱费尔、埃德温·波普、约翰·舒里安、理查德·霍弗、斯坦·霍克曼、杰里·伊兹恩伯格、理查德·费尔德斯坦、埃德·费尔德斯坦、兰迪·罗伯茨和约翰尼·史密斯。

感谢我的朋友和经纪人戴维·布莱克，以及布莱克公司的每一个人，特别是莎拉·史密斯，苏珊·雷霍弗和詹妮弗·赫雷拉。感谢我在APA代理公司的经纪人露西·斯蒂尔。对于霍顿–米夫林–哈考特出版集团，我要向杰出的编辑苏珊·卡纳文和她的团队表示感谢，包括詹妮·许、梅根·威尔逊和汉娜·哈洛。感谢玛格丽特·霍根出色的文字编辑工作。

感谢家人对我的支持：菲利斯·艾格，大卫·艾格、马特·艾格、刘易斯·艾格、朱迪·艾格、潘妮·艾格、杰克·艾格、本·艾格、海登·艾格、马丁·卡恩斯、唐·特谢尔、苏安·特谢尔、盖尔·特谢尔、乔纳森·特谢尔和莱斯利·西尔弗曼。感谢我的孩子们杰弗里·沙姆斯、莉莲·艾格和洛拉·艾格。这本书就是献给洛拉的，她在5岁那一年给穆罕默德·阿里写了一封信，信里写着："亲爱的穆罕默德，乔纳森真的很爱你。你爱他吗？"由于这封信，我们接到了朗尼·阿里打来的电话；由于这封信，洛拉得到了来自朗尼和穆罕默德的生日祝福；由于这封信，我和妻子受到邀请，去朗尼和穆罕默德在菲尼克斯的家中拜访了他们。

最后，也是最重要的，我要感谢我的妻子——有史史史史以来来来来来最伟大的艺术家詹妮弗·特谢尔！

尾 注

这本书是对两百多名受访者进行了五百多次访问之后产生的结晶，这些访问均由作者本人以面对面或者通过电话的形式完成。

下面的尾注部分提供了详细的资料来源，包括美国联邦调查局的数千页文献档案，数百部著作，数千篇报纸和杂志报道。一部分资料来源或许需要额外的说明。

对拳击场面的描述，我主要依赖于YouTube上的视频文件，但是我没有列出每一条视频的地址。拳击手的大部分比赛数据都来自www.boxrec.com。

非常幸运，在那么多杰出的作家纷纷撰写了有关阿里的著作之后，我还有机会涉足这个话题。这些作家的名字散见于书中和下面的注释中，其中一些人同我见过面，或者接到过我的电话，回答了我的问题。这些人包括杰里·伊兹恩伯格、托马斯·豪瑟、戴维·雷姆尼克、埃德温·波普、斯坦·霍克曼、罗伯特·李普塞特、J.迈克尔·列依、斯蒂芬·布伦特、戴夫·金德里德、约翰尼·史密斯、卡尔·伊万兹和戴维·加罗。包括理查德·达勒姆、汤姆·沃尔夫、曼宁·马拉布和尼克·蒂梅希奇在内的其他一些人则留下了一批文献档案供我研究。特别值得一提的一份文献资料来自为《体育画报》撰稿的杰克·奥尔森，他曾花了几周时间和阿里待在一起，用录音机记录下了相当长的一段十分美好的时光。这批录音资料现在由俄勒冈大学保管，它们就像时光机器一样，让我回到那个房间，尽可能地接近了年轻时的凯瑟斯·克莱、他的母亲、他的父亲，以及其他许多人。其中很多人在接受了奥尔森的采访后，外界就再也不曾听到过他们的消息了。

多年以后，当另一位阿里的传记作家来听我对费迪·帕切科、吉恩·吉洛伊、拉哈曼·阿里、卡利娅·卡马乔-阿里、唐·金、维罗妮卡·波奇、乔治·福尔曼和其他许多人的采访录音时，我希望他们能略微感受到我听杰克·奥尔森的采访录音带时的那种兴奋。

我还有幸拿到了联邦调查局和司法部有关阿里的档案，其中许多内容以前从未公开过。为此，我要向档案管理员们和负责落实《信息自由法》的官员们表示感谢，感谢他们处理了我的请求，尤其是美国国会议员迈克·奎格利办公室的罗伯特·贝克尔加快了我根据《信息自由法》的规定提交的申请。

在描述阿里与路易斯维尔赞助团的关系时，我主要依靠对该组织的律师戈登·戴维森的采访，以及存放在路易斯维尔菲尔森历史学会的一些备忘录、信件和商业记录。有关阿里的祖父被判谋杀罪的细节——此前从未被报道过，几乎可以肯定阿里对此事也不知情——来自肯塔基州图书馆和档案馆部门保存的剪报和庭审记录。朗尼·阿里帮我找到了凯瑟斯和奥德萨·克莱的结婚证书，这份结婚证充分表明奥德萨在结婚时已经怀有身孕，这也是一个此前从未被报道过的事实，阿里很可能对此也不知情。

最后，这本书收录了两份全新的研究内容。在我的请求下，拳击数据公司Compubox的研究人员观看了阿里被录制下来的每一场拳击比赛，并计算了出拳次数。结果就是，有史以来第一次我们能够非常准确地描述出在漫长的拳击生涯中，阿里在每一场比赛以及每一回合被击中的次数和他击中对手的次数。我还请求亚利桑那州立大学的语音专家回顾了阿里在电视上露面的情况，并对他说话速度的变化做了评估，这项由维萨·贝利沙和朱莉·利斯领导的研究项目为理解拳击运动对阿里认知能力产生的影响提供了新的重要线索。

序言：迈阿密，1964

1 《克莱在利斯顿的地盘上耀武扬威，桑尼口下留情》，《纽约时报》，1964年2月20日。

2 英国广播公司的新闻片，未注明日期，www.youtube.com。

3 同上。

4 《克莱在利斯顿的地盘上耀武扬威》。

5 同上。

6 约翰·克特雷尔，《穆罕默德·阿里——曾经的凯瑟斯·克莱》（纽约：芬克和瓦格纳斯出版社，1967），p.127。

7 尼克·托希斯，《魔鬼和桑尼·利斯顿》（纽约：利特尔和布朗出版社，2000），p.201。

8 英国广播公司的新闻片，未注明日期，www.youtube.com。

9 《克莱在利斯顿的地盘上耀武扬威》。

10 《马尔科姆·利特尔（马尔科姆·X）的总部档案》，联邦调查局备忘录，1964年2月5日，联邦调查局，https://vault.fbi.gov/malcolm-little-malcolm-x (hereafter FBI Vault), file 10。

11 《马尔科姆·X痛斥美国和肯尼迪》，《纽约时报》，1963年12月2日。

12 马尔科姆·X的联邦调查局档案，1964年2月5日，档案10。

13 马尔科姆·X的联邦调查局档案，1964年1月21日，档案9。

14 英国广播公司的新闻片，未注明日期，www.youtube.com。

15 默里·肯普顿，《冠军和笨蛋——利斯顿首次对阵克莱的意义》，《新共和》，1964年3月7日，http://thestacks.deadspin.com/the-champ-and-the-chump-the-meaning-of-clay-liston-i-1440585986。

16 威廉·奈克，《我的地盘——马，拳击手，不义之财和运动生涯》（马萨诸塞州剑桥：达卡普出版社，2003），p.123。

17 乔治·普林顿，《作者手记——凯瑟斯·克莱与马尔科姆·X》，见乔治·金博尔和约翰·舒里安（编），《拳击赛——美国作家笔下的拳击运动》（纽约：美国图书馆出版社，2012），p.190。

18 戴维·雷姆尼克，《世界之王》（纽约：兰登书屋，1998），xii。

19 诺曼·梅勒，《山丘之王——诺曼·梅勒笔下的世纪之战》（纽约：印章出版社，1971），p.11。

20 应本书作者的请求，拳击数据公司Compubox对穆罕默德·阿里在比赛中打过的每一拳进行了数据统计。阿里参加过的61场职业比赛中有47场保留了完整的影片。Compubox对这47场比赛的回顾显示，阿里在职业生涯每一回合中被击中的次数为14.8（略低于重量级选手15.2的平均水平）。他在一生中挨过大约20万次重击这个结论不仅来源于Compubox的数据，而且还来源于作者对他的经理、教练、合练伙伴以及对手所做的采访。作为职业选手和业余选手，阿里分别打过548回合和大约260回合比赛，在训练期间的练习赛中打过大约12000回合比赛，在表演赛上打过至少500回合比赛。在业余比赛和表演赛上，阿里在每一回合中受到击打的次数很有可能少于14.8次，但是在训练赛上受到击打的次数很有可能大于这个数字。考虑到这些猜测，下面这种计算方法很可能过于保守了：13308回合×14.8拳（每一回合）=196958拳。

第一部分

第一章 凯瑟斯·马塞勒斯·克莱

1 《子弹射穿心脏》,《路易斯维尔新闻报》,1900年11月5日，庭审记录，1900年11月12日,《联邦诉赫尔曼·克莱》,肯塔基州图书馆和档案管部，法兰克福。

2 作者对拉哈曼·阿里、卡利娅·卡马乔–阿里（原名贝琳达·阿里）、戈登·戴维森和科雷塔·巴瑟所做的采访，2014年11月10日，2016年3月28日，2014年3月18日，2014年3月28日。

3 杰克·奥尔森,《黑色是最好的——凯瑟斯·克莱之谜》(纽约：德尔出版社，1967), p.49。

4 约翰·亨利·克莱的照片，由穆罕默德·阿里的表亲基思·温斯特德提供。

5 《亨利·克莱拒绝妥协的那一天》, Smithsonian.com，2012年12月6日，http://www.smithsonianmag.com/history/the–day–henry–clay–refused–to–compromise–153589853/。

6 美国人口普查。

7 作者对基思·温斯特德所做的采访，2016年6月16日。

8 拉尔夫·埃里森,《拉尔夫·埃里森杂文集》,约翰·F. 卡拉汉（编）(纽约：现代图书馆，1995), p.192。

9 小亨利·克莱致亨利·克莱德，1847年1月1日，亨利·克莱纪念基金会文献，肯塔基大学特藏部，莱克星顿。

10 美国人口普查，www.ancestry.com。

11 作者对科雷塔·巴瑟所做的采访，2014年3月28日。

12 《2区的奴隶居民》,肯塔基州费耶特县，1850，美国人口普查，www.ancestry.com。

13 庭审记录，1900年11月12日,《联邦诉赫尔曼·克莱》

14 同上。

15 1900，美国人口普查，www.ancestry.com。

16 庭审记录，1900年11月12日,《联邦诉赫尔曼·克莱》

17 《子弹射穿心脏》。

18 《九项离婚申请获得批准》,《路易斯维尔新闻报》,1901年11月10日。

19 《监狱劳工》,《路易斯维尔新闻报》,1906年5月2日。

20 肯塔基州婚姻状况记录，www.ancestry.com。

21 死亡证明书，肯塔基州死亡记录，www.ancestry.com。

22 雷姆尼克,《世界之王》, p.83。

第二章 嗓门最大的孩子

1 作者对基思·温斯特德所做的采访，2016年6月17日。

2 《黑色是最好的——老凯瑟斯·克莱夫妇专访》,杰克·奥尔森，未注明日期，采访录音，杰克·奥尔森文献，俄勒冈大学图书馆特藏部和大学档案馆，尤金。

3 同上。

4 戴夫·金德里德,《喧嚣与愤怒——两个强大的生命,一段命中注定的友谊》(纽约:自由出版社,2007),p.30。

5 作者对拉哈曼·阿里所做的采访,2014年11月10日。

6 《穆罕默德·阿里的父亲老凯瑟斯·M. 克莱逝世》,《路易斯维尔新闻报》,1990年2月10日。

7 奥尔森,《黑色是最好的》,p.49。

8 同上。

9 作者对拉哈曼·阿里所做的采访,2014年11月10日。

10 凯瑟斯·克莱和奥德萨·格雷迪的结婚证书,1941年6月25日,密苏里州圣路易斯,圣路易斯市契约记录。

11 穆罕默德·阿里和理查德·达勒姆,《最伟大的人——我的故事》(纽约:兰登书屋,1975),p.33。

12 金德里德,《喧嚣与愤怒》,p.30。

13 奥尔森,《黑色是最好的》,p.42。

14 小凯瑟斯·马塞勒斯·克莱的出生证明,1942年1月17日,肯塔基州卫生和家庭服务委员会,公共卫生部,人口统计局,法兰克福。

15 人口计划,1940,美国人口普查,www.ancestry.com。

16 阿里和达勒姆,《最伟大的人》,p.33。

17 作者对拉哈曼·阿里所做的采访,2014年11月10日。

18 作者对拉哈曼·阿里所做的采访,2016年10月19日。

19 作者本人测量,2016年10月19日。

20 阿里和达勒姆,《最伟大的人》,p.39。

21 作者对科雷塔·巴瑟所做的采访,2014年3月28日。

22 作者对拉哈曼·阿里所做的采访,2014年11月10日。

23 作者对乔治娅·鲍尔斯所做的采访,2014年8月6日。

24 作者对爱丽丝·基恩·休斯顿所做的采访,2014年4月18日。

25 奥德萨·克莱,未定名的凯瑟斯·克莱传,未注明日期,杰克·奥尔森文献。

26 作者对拉哈曼·阿里所做的采访,2014年11月10日。

27 奥尔森,《黑色是最好的》,p.43。

28 作者对拉哈曼·阿里所做的采访,2016年10月19日。

29 作者对拉哈曼·阿里所做的采访,2014年11月10日。

30 杰克·奥尔森对玛丽·特纳所做的采访,文字整理稿,未注明日期,杰克·奥尔森文献。

31 作者对拉里·科尔布所做的采访,2017年1月2日。

32 作者对欧文·西特格雷夫斯所做的采访,2015年4月23日。

33 《黑色是最好的——老凯瑟斯·克莱夫妇专访》。

34 作者对欧文·西特格雷夫斯所做的采访,2015年4月23日。

35 奥尔森,《黑色是最好的》,p.45。

36 同上。

37 作者对汤姆·欧文所做的采访,2014年11月11日。

38 特雷西·E. 科迈尔,《通往南方的大门的民权状况——肯塔基州的路易斯维尔,

1945–1980》（莱克星顿：肯塔基大学出版社，2009），p.10。

39 阿里和达勒姆,《最伟大的人》, p.34。

40 美国人口调查局,《美国人口普查1950》, 第2卷，表87（华盛顿特区：美国政府出版局，1952）, www.census.gov。

41 乔治 · C. 赖特,《面纱背后的生活——肯塔基州路易斯维尔市的黑人，1865–1930》（巴吞鲁日：路易斯安那州立大学出版社，1985），p.276。

42 作者对拉哈曼 · 阿里所做的采访，2014年11月10日。

43 阿里和达勒姆,《最伟大的人》, p.34。

44 同上，p.37。

45 W. 拉尔夫 · 尤班克斯,《民权运动的殉道士》,《华尔街日报》, 2015年11月6日。

46 尼克 · 蒂梅希,《梦想》,《时代》, 1963年3月22日，p.78。

第三章　自行车

1 作者对拉哈曼 · 阿里所做的采访，2014年8月8日。

2 广告,《路易斯维尔卫报》, 1954年10月7日。

3 阿里和达勒姆,《最伟大的人》, p.45。

4 同上。

5 作者对拉哈曼 · 阿里所做的采访，2014年8月30日。

6 阿里和达勒姆,《最伟大的人》, p.45。

7 杰克 · 奥尔森对乔 · 马丁所做的采访，杰克 · 奥尔森采访笔记打印稿，未注明日期，杰克 · 奥尔森文献。

8 同上。

9 同上。

10 同上。

11 《黑色是最好的——老凯瑟斯 · 克莱夫妇专访》。

12 奥尔森,《黑色是最好的》, p.46。

13 同上，p.52。

14 《是谁造就了我——是我！》,《体育画报》, 1961年9月25日。

15 作者对拉哈曼 · 阿里所做的采访，2014年8月8日。

16 穆罕默德 · 阿里的电视专访,《早安美国》, 美国广播公司，1977年1月13日。

17 詹姆斯 · 鲍德温,《下一次将是烈火》（纽约：经典国际出版社，1993），p.21。

18 阿里和达勒姆,《最伟大的人》, pp.38–39。

19 作者对欧文 · 西特格雷夫斯所做的采访，2016年3月30日。

20 同上。

21 作者对维克 · 本德尔所做的采访，2015年10月1日。

22 作者对拉哈曼 · 阿里所做的采访，2014年8月8日。

23 托马斯 · 豪瑟，与穆罕默德 · 阿里合著,《穆罕默德 · 阿里的一生和他的时代》（纽约：西蒙和舒斯特出版社，1991），p.19。

24 克劳德 · 刘易斯,《凯瑟斯 · 克莱——最具争议拳击冠军的不设限传记》（纽约：麦克法登–巴特尔出版社，1965），p.23。

25 杰弗里 · C. 沃德,《不可饶恕的黑色》（纽约：克诺夫出版社，2004），p.17。

26 同上，p.14。

27 雷姆尼克，《世界之王》，p.224。

第四章　“每一天都是天堂”

1 杰克·奥尔森对查尔斯·卡尔布弗莱施所做的采访，未注明日期，杰克·奥尔森文献。

2 同上。

3 作者对霍华德·布雷肯里奇所做的采访，2014年11月20日。

4 金德里德，《喧嚣与愤怒》，p.36。

5 报道注释，1963年3月13日，《时代》杂志刊登的文章，尼克·蒂梅希文献，爱荷华大学图书馆，爱荷华。

6 作者对拉哈曼·阿里所做的采访，2014年8月8日。

7 同上。

8 克特雷尔，《穆罕默德·阿里——曾经的凯瑟斯·克莱》，p.11。

9 《中央人1959》，杰斐逊县公立高中档案馆，路易斯维尔。

10 《花花公子专访——穆罕默德·阿里》，《花花公子》，1975年11月。

11 作者对维克托·本德尔所做的采访，2016年10月19日。

12 奥尔森，《黑色是最好的》，p.64。

13 刘易斯，《凯瑟斯·克莱》，p.19。

14 奥默·卡迈克尔和韦尔登·詹姆斯，《路易斯维尔的故事》（纽约：西蒙和舒斯特出版社，1957），p.14。

15 《学校取消种族隔离制度后路易斯维尔风平浪静》，《纽约时报》，1956年9月11日。

16 同上。

17 C.范恩·伍德沃德，《吉姆·克劳奇怪的职业生涯》（纽约：牛津大学出版社，1966），p.154。

18 西尔玛·凯恩·蒂尔福德-韦瑟斯，《路易斯维尔中央高中的历史，1882-1982》（路易斯维尔：出版者不详），p.18。

19 同上，p.19。

20 作者对玛乔里·米姆斯所做的采访，2014年8月8日。

21 作者对欧文·西特格雷夫斯所做的采访，2015年4月23日。

22 《阿里取悦同学，以此向金博士致敬》，《纽约时报》，1973年1月13日。

23 豪瑟与阿里合著，《穆罕默德·阿里》，p.22。

24 作者对朗尼·阿里所做的采访，2016年1月31日。

25 奥尔森，《黑色是最好的》，p.64。

26 作者对玛乔里·米姆斯所做的采访，2014年8月30日。

27 奈克，《我的地盘》，p.178。

28 作者对维克托·本德尔所做的采访，2016年10月19日。

29 《诵读障碍的益处》，《科学美国人》，2014年8月19日，www.scientificamerican.com。

30 作者对霍华德·布雷肯里奇所做的采访，2014年11月20日。

31 同上。

32 《成为穆罕默德·阿里的传奇故事》，《路易斯维尔新闻报》，2011年1月28日。

33 同上。

34 阿里和达勒姆，《最伟大的人》，p.43。

35 同上。

36 同上，p.51。

37 作者对鲍勃·亚伦所做的采访，2016年8月6日。

38 克特雷尔，《穆罕默德·阿里——曾经的凯瑟斯·克莱》，p.19。

39 作者对维克多·本德尔所做的采访，2014年6月9日。

40 作者对拉哈曼·阿里所做的采访，2014年8月30日。

41 阿里和达勒姆，《最伟大的人》，p.51。

42 雷姆尼克，《世界之王》，p.93。

43 何塞·托雷斯，《拳如蜂蜇》（纽约：阿伯拉尔–舒曼出版社，1971），p.83。

44 克特雷尔，《穆罕默德·阿里——曾经的凯瑟斯·克莱》，p.21。

45 雷姆尼克，《世界之王》，p.96。

46 奈克，《我的地盘》，p.181。

47 安吉洛·邓迪和迈克·温特斯，《我只和胜利说话》（英国沃辛：利特尔汉普顿出版社，1985），p.17。

48 《传奇牛仔》，《圣彼得堡时报》，1980年10月1日。

49 《奇努克的T.J.琼斯进入“金手套”四分之一决赛》，《比林斯新闻报》，1958年2月26日。

50 《洛基·埃里克森：拳手弗朗西斯·特里》，《洛基·埃里克森：蒙大纳体育故事》，第1期，www.youtube.com。

51 阿里和达勒姆，《最伟大的人》，p.90。

52 奥尔森，《黑色是最好的》，p.53。

53 杰弗里·T.萨蒙斯，《拳击台下》（厄巴纳：伊利诺伊大学出版社，1990），p.149。

54 同上，p.149。

55 《路易斯维尔的年轻人在“金手套”上悄然引起关注》，《劳顿宪法报》，1959年3月26日。

第五章　预言家

1 刘易斯，《凯瑟斯·克莱》，p.25。

2 作者对拉里·科尔布所做的采访，2016年12月7日。

3 豪瑟与阿里合著，《穆罕默德·阿里》，p.25。

4 纲纳·缪达尔，《美国的困境》（新泽西州新不伦瑞克：交易出版公司，2009），2:1010。

5 C.埃里克·林肯，《美国黑人穆斯林》（新泽西州特伦顿：非洲世界出版社，1994），p.12。

6 同上，p.12。

7 同上，pp.47–48。

8 同上，p.16。

9 联邦调查局报告，1955年6月28日，联邦调查局数据库。

10 路易斯·E.洛马克斯，《当我们给予世界的时候》（芝加哥：印章出版社，1963），pp.10–11。

11 路易斯·X录制，www.youtube.com。

12 奥尔森,《黑色是最好的》, p.134。

13 同上，p.53。

14 克特雷尔,《穆罕默德·阿里——曾经的凯瑟斯·克莱》, p.20。

15 作者对拉哈曼·阿里所做的采访，2014年8月30日。

16 《凯瑟斯·克莱的分裂形象》,《路易斯维尔新闻报》, 1962年11月25日。

17 作者对拉哈曼·阿里所做的采访，2014年8月30日。

18 《琼斯与克莱，顶级拳手决战之夜》,《芝加哥卫报》, 1960年3月9日。

19 备忘录，未注明日期，汉克·卡普兰拳击档案馆，档案和特藏部，布鲁克林学院图书馆，纽约布鲁克林区。

20 克特雷尔,《穆罕默德·阿里——曾经的凯瑟斯·克莱》, p.22。

第六章　“我只是年轻，什么都不在乎”

1 《克莱在宣传和人脉方面取得巨大进展》,《路易斯维尔时报》, 1961年2月28日。

2 作者对贾米拉·穆罕默德（原名为阿丽莎·斯温特）所做的采访，2014年12月9日。

3 奥尔森,《黑色是最好的》, p.54。

4 同上，pp.54–55。

5 《一名运动员将被迫乘坐飞机吗？克莱也许将与奥运会失之交臂》,《路易斯维尔时报》, 1960年5月2日。

6 《成为穆罕默德·阿里的传奇故事》。

7 克特雷尔,《穆罕默德·阿里——曾经的凯瑟斯·克莱》, p.25。

8 《今晚奥运拳击台上将举行10场决赛》,《独立太阳报》（圣拉斐尔）, 1960年5月20日。

9 作者对汤米·加拉赫所做的采访，2015年7月17日。

10 同上。

11 《黑人历史月：击倒穆罕默德·阿里的军中拳击手（1960）》，网络拳击地带通讯社，http://www.cyberboxingzone.com/blog/? p=19447。

12 杰克·奥尔森对乔·马丁所做的采访，采访笔记打印稿，未注明日期，杰克·奥尔森文献。

13 《成为穆罕默德·阿里的传奇故事》。

第七章　美国英雄

1 雷姆尼克,《世界之王》, p.101。

2 鲍德温,《下一次将是烈火》, p.48。

3 美国娱乐与体育电视台《经典回顾》对迪克·沙普所做的采访，电视采访文字稿，2000年8月25日。

4 鲍德温,《下一次将是烈火》, p.51。

5 美国娱乐与体育电视台《经典回顾》对迪克·沙普所做的采访。

6 同上。

7 《花花公子专访：穆罕默德·阿里》,《花花公子》, 1975年11月。

8 《克莱，麦克卢尔最多面的拳击家》,《拉雷多时报》, 1960年9月4日。

9 《帕特森——克莱的目标》,《路易斯维尔时报》, 1960年9月6日。

10 克特雷尔,《穆罕默德·阿里——曾经的凯瑟斯·克莱》, p.27。

11 《记者席上:必须成功》,《路易斯维尔时报》, 1960年8月24日。

12 《美国黑人在奥运会上扮演重要角色》,《温尼伯自由新闻报》, 1960年8月30日。

13 同上。

14 《美国拳击手令人印象深刻》,《埃尔帕索先驱邮报》, 1960年8月18日。

15 《凯瑟斯·对阵伊冯·贝克特(罗马,1960年奥运会)》, www.youtube.com。

16 托尼·马迪根接受的采访,未注明日期, www.youtube.com。

17 《凯瑟斯二世》,《沃伦(宾夕法尼亚)观察家报》, 1960年8月26日。

18 《弗莱舍劝说口琴小子克莱不要破坏自己在罗马奥运会上的比赛》,《拳击台》, 1967年8月。

19 《穆罕默德·阿里(凯瑟斯·克莱)对阵泽比格纳夫·皮耶季科夫斯基》, www.youtube.com。

20 CompuBox公司为作者整理制作的点数列表。

21 《穆罕默德·阿里(凯瑟斯·克莱)对阵泽比格纳夫·皮耶季科夫斯基》。

第八章　梦想家

1 《最幸福的重量级拳击手》,《星期六晚邮报》, 1961年3月25日。

2 巴德·舒尔贝格,《失败者,仍然是冠军:穆罕默德·阿里》(纽约州花园城:双日出版社,1972), p.33。

3 克特雷尔,《穆罕默德·阿里——曾经的凯瑟斯·克莱》, p.30。

4 同上, p.31。

5 蒂梅希,《梦想》, p.79。

6 《即将成为职业选手的凯瑟斯·克莱》,《亚利桑那菲尼克斯共和报》, 1960年9月12日。

7 克特雷尔,《穆罕默德·阿里——曾经的凯瑟斯·克莱》, p.32。

8 雷姆尼克,《世界之王》, p.104。

9 同上。

10 《最幸福的重量级拳击手》。

11 同上。

12 同上。

13 雷姆尼克,《世界之王》, p.106。

14 莱曼·约翰逊,向美国联邦调查局提交的证词,1966年6月6日,路易斯维尔大学档案和特藏馆,肯塔基州路易斯维尔。

15 克特雷尔,《穆罕默德·阿里——曾经的凯瑟斯·克莱》, p.32。

16 作者对戈登·戴维森所做的采访,2014年4月18日。

17 同上。

18 打印笔记,未注明日期,杰克·奥尔森文献。

19 作者对多拉·让·玛拉基所做的采访,2015年7月26日。

20 杰克·奥尔森对乔·马丁所做的采访,打印笔记,未注明日期(1963年左右),杰克·奥尔森文献。

21 《凯瑟斯·克莱背后的十一个人》,《体育画报》, 1963年3月11日。

22 作者对戈登·戴维森所做的采访，2014年4月18日。

23 克特雷尔，《穆罕默德·阿里——曾经的凯瑟斯·克莱》，p.33。

24 同上。

25 同上。

26 给路易斯维尔赞助团的备忘录，1960年12月19日，乔治·巴里·宾厄姆文献，菲尔森历史学会，肯塔基州路易斯维尔。

27 《路易斯维尔的凯瑟斯·克莱说："我不想成为乔·路易斯那样的人"——不存在所得税的问题》，《路易斯维尔新闻报》，1960年11月2日。

28 同上。

29 同上。

30 《穆罕默德·阿里的受难》，《君子》，1968年4月。

31 穆罕默德·阿里拳击记录，www.boxrec.com。

32 《年轻的凯瑟斯·克莱会成为冠军》，《查尔斯顿每日邮报》，1960年11月5日。

33 A.J.利布林，《诗人与学究》，《纽约客》，1962年3月3日。

34 预算，路易斯维尔赞助团，1960年12月19日，乔治·巴里·宾厄姆文献。

35 雷姆尼克，《世界之王》，p.112。

36 预算，路易斯维尔赞助团，1960年12月19日，乔治·巴里·宾厄姆文献。

37 克特雷尔，《穆罕默德·阿里——曾经的凯瑟斯·克莱》，p.49。

38 同上，p.50。

39 安吉洛·邓迪，《从角落里看过去》（纽约：麦格劳·希尔出版社，2009），pp.17–20。

40 费迪·帕切科，《第五街健身房的故事》（盖恩斯维尔：佛罗里达大学出版社，2010），p.13。

41 同上，p.14。

42 汉克·卡普兰，笔记，未注明日期，传记文档，1号盒，1号文件夹，汉克·卡普兰拳击档案。

43 同上。

44 《克莱在宣传和人脉方面取得巨大进展》。

45 《23岁的冠军——被穆斯林社会接纳的男孩》，《生活》，1964年3月6日。

46 《克莱在宣传和人脉方面取得巨大进展》。

47 打印笔记，未注明日期，杰克·奥尔森文献。

48 《分类调查问卷》，美国兵役局，1961年3月1日，美国国家档案与文件署，马里兰州科利奇帕克。

49 《嘿，当个大人物可真棒！》，《纽约时报》，1962年12月9日。

50 "ESPN经典"频道对安吉洛·邓迪所做的采访，电视采访文字稿，2003年1月3日。

51 汉克·卡普兰，未注明日期，汉克·卡普兰拳击档案馆。

52 同上。

53 《喷香水，做头发，与魔鬼缠斗》，《纽约时报》，2008年9月18日。

54 托雷斯，《拳如蜂蛰》，p.104。

55 作者对阿隆佐·约翰逊所做的采访，2015年6月3日。

56 《是谁造就了我——是我！》。

57 同上。

58 克特雷尔，《穆罕默德·阿里——曾经的凯瑟斯·克莱》，p.58。

59 同上，p.60。

第九章 “20世纪的朝气”

1 穆罕默德·阿里向卡利娅·卡马乔-阿里讲述，未注明日期，作者的私人收藏。

2 同上。

3 同上。

4 作者对拉哈曼·阿里所做的采访，2014年8月30日。

5 《“非美国人”是什么？》，《穆罕默德之声》，1961年12月1日。

6 泰勒·布兰奇，《火柱：金时代的美国》（纽约：西蒙和舒斯特出版社，1998），pp.3–4。

7 约翰·弥尔顿，《失乐园》（印第安纳波利斯：哈克特出版社），第1卷，p.13，第254–255行。

8 作者对贝内特·约翰逊所做的采访，2014年1月22日。

9 作者对阿卜杜勒·拉赫曼（原名萨姆·萨克森）所做的采访，2014年1月22日。

10 作者对阿卜杜勒·拉赫曼所做的采访，2016年8月19日。

11 同上。

12 同上。

13 亚历克斯·哈利，《花花公子人物专访：凯瑟斯·克莱》，《花花公子》，1964年10月。

14 雷姆尼克，《世界之王》，p.135。

15 《克莱希望赢得世界桂冠，也希望为拳击界注入活力》，《纽约时报》，1962年2月7日。

16 A.J.利布林，《亚哈与复仇女神》，《纽约客》，1955年10月8日。

17 同上。

18 克特雷尔，《穆罕默德·阿里——曾经的凯瑟斯·克莱》，p.83。

19 艾纳·图林，《与凯瑟斯一起喝咖啡》，1962年12月30日，汉克·卡普兰拳击档案馆。

20 克特雷尔，《穆罕默德·阿里——曾经的凯瑟斯·克莱》，p.82。

21 吉姆·默里，《凯瑟斯爱上了克莱》，《洛杉矶时报》，1962年4月20日。

22 克特雷尔，《穆罕默德·阿里——曾经的凯瑟斯·克莱》，p.87。

第十章 “这是表演业”

1 《克莱没有认错，他要摧毁鲍威尔》，《芝加哥卫报》，1963年1月21日。

2 蒂梅希，《梦想》，p.80。

3 《新闻标题兑现了》，《温尼伯自由新闻报》，1963年1月30日。

4 克特雷尔，《穆罕默德·阿里——曾经的凯瑟斯·克莱》，p.92。

5 《利斯顿的优势：致命的左拳》，《体育画报》，1964年2月24日。

6 报道注释，1963年3月13日，刊登在《时代》上的文章，尼克·蒂梅希文献。

7 同上。

8 《凯瑟斯·克莱的分裂形象》。

9 杰克·奥尔森对威廉·法弗舍姆所做的采访，未注明日期，杰克·奥尔森文献。

10 同上。

11 财务主管詹姆斯·罗斯·托德给路易斯维尔赞助团的备忘录，1963年1月30日，乔治·巴里·宾厄姆文献。

12 《路易斯维尔赞助团会议记录》，1962年12月21日，乔治·巴里·宾厄姆文献。

13 蒂梅希，《梦想》。

14 汤姆·沃尔夫，《神奇的嘴巴》，见杰拉尔德·厄尔利（编），《穆罕默德·阿里读本》（纽约：埃科出版社，1998），p.20。

15 《对话汤姆·沃尔夫》，多萝西·斯库拉（编）（牛津：密西西比大学出版社，1990），p.11。

16 沃尔夫，《神奇的嘴巴》，p.20。

17 詹姆斯·鲍德温，《我的某个思想区域的来信》，《纽约客》，1962年11月17日。

18 《安静的凯瑟斯在跟政府争夺驾照的比赛中获胜》，《路易斯维尔新闻报》，1963年3月30日。

19 《克莱对自己跟白人女孩的合影很谨慎》，《芝加哥卫报》，1963年3月18日。

20 斯科特·谢尔曼，《漫长的告别》，《名利场》，2012年11月30日，http://www.vanityfair.com/unchanged/2012/11/1963-newspaper-strike-bertram-powers。

21 《自负的凯瑟斯自食其果》，《体育画报》，1963年3月25日。

22 克特雷尔，《穆罕默德·阿里》，pp.96－97.

23 刘易斯，《凯瑟斯·克莱》，p.62。

24 克特雷尔，《穆罕默德·阿里》，p.96。

25 同上。

26 刘易斯，《凯瑟斯·克莱》，p.63。

27 同上。

28 CompuBox公司为作者整理制作的点数统计数据。

29 《1963年3月13日凯瑟斯·克莱对战道格·琼斯》，www.youtube.com。

30 克特雷尔，《穆罕默德·阿里——曾经的凯瑟斯·克莱》，p.100。

31 报道注释，1963年3月14日，刊登在《时代》上的文章，尼克·蒂梅希文献。

32 克特雷尔，《穆罕默德·阿里——曾经的凯瑟斯·克莱》，p.101。

33 艾尔·门罗，《记者们没有引述利斯顿的话，失去了精彩报道》，《芝加哥卫报》，1962年10月2日。

34 艾尔·门罗，《重量级拳王"耍嘴皮子"会怎样？》，《芝加哥卫报》，1963年7月30日。

35 伍德沃德，《吉姆·克劳奇怪的职业生涯》，p.175。

36 塞西尔·布拉斯韦特，《献给凯瑟斯的颂歌》，《芝加哥卫报》，1963年4月1日。

37 报道注释，1963年3月14日，刊登在《时代》上的文章，尼克·蒂梅希文献。

38 报道注释，1963年3月15日，刊登在《时代》上的文章，尼克·蒂梅希文献。

39 同上。

40 销售合同，1963年5月9日，肯塔基州路易斯维尔市，杰斐逊县办公室，路易斯维尔。

41 报道注释，1963年3月15日，刊登在《时代》上的文章，尼克·蒂梅希文献。

42 同上。

43 同上。

第十一章　动如蝶舞，拳如蜂蜇

1 汉克·卡普兰，《拳击——来自南方》（未发表，未注明日期），汉克·卡普兰拳击档案。

2 作者对鲍勃·埃勒姆所做的采访，2015年11月17日；作者对吉恩·吉洛伊所做的采访，2015年11月17日。

3 作者对费迪·帕切科所做的采访，2013年12月30日。

4 作者对小德鲁·布朗所做的采访，2016年3月7日。

5 作者对戈登·戴维森所做的采访，2014年4月18日。

6 利布林，《诗人与学究》。

7 塔那西斯·科茨，《在世界和我之间》（纽约：施皮格尔和格劳出版社，2015），p.36。

8 马尔科姆·X给亚历克斯·哈利的信，《马尔科姆自传》（纽约：巴兰坦出版社，1965），p.350。

9 作者对阿塔拉·沙巴兹所做的采访，2015年10月1日。

10 马尔科姆·X给亚历克斯·哈利的信，《马尔科姆自传》，p.350。

11 克劳德·安德鲁·克莱格三世，《一个独树一帜的人：伊利贾·穆罕默德的一生和他的时代》（纽约：圣马丁出版社，1997），p.185。

12 同上。

13 照片（无题），《穆罕默德之声》，1963年12月20日。

14 《凯瑟斯·克莱在公共通道上接受采访时说黑人穆斯林很伟大》，《芝加哥太阳报》，1963年7月3日。

15 同上。

16 戈登·戴维森给小威廉·法弗舍姆的信，1963年7月23日，乔治·巴里·宾厄姆文献。

17 同上。

18 小威廉·法弗舍姆给路易斯维尔赞助团的信，1963年4月26日，乔治·巴里·宾厄姆文献。

19 作者对戈登·戴维森所做的采访，2014年4月18日。

20 兰迪·罗伯茨和约翰尼·史密斯，《亲兄弟》（纽约：基础书籍出版社，2016），p.121。

21 同上，p.119。

22 邓迪，《从角落里看过去》，p.80。

23 《他说到做到》，《体育画报》，1963年7月1日。

24 同上。

25 杰克·伍德，《亨利·库珀对战凯瑟斯·克莱》，《每日邮报》，2011年5月3日，http://www.dailymail.co.uk/sport/othersports/article-1382819/Henry-Cooper-v-Cassius-Clay-The-punch-changed-world.html。

26 《他说到做到》。

27 《凯瑟斯·克莱对战亨利·库珀，1963年6月18日》，www.youtube.com。

28 同上。

29 CompuBox公司为作者整理制作的点数统计数据。

30 《凯瑟斯·克莱对战亨利·库珀，1963年6月18日》，www.youtube.com。

31 《他说到做到》。

32 邓迪，《从角落里看过去》，p.83。

33 《他说到做到》。

34 《爱德华王子县的黑人在缺席四年后终于走进校园》，《纽约时报》，1963年8月15日。

35 《马尔科姆牧师表示进军华盛顿就是一场“闹剧”》，《穆罕默德之声》，1963年10月25日。

36 《克莱来了——丑陋的大狗熊要倒下嘞》，《奥克兰论坛报》，1963年9月28日。

37 《愤怒的凯瑟斯·克莱毫不理睬出现在黑人穆斯林集会上的新闻记者》，《费城论坛报》，1963年10月1日。

38 《一点也不富裕的克莱没有债务，因为路易斯维尔人在给他施加压力》，《路易斯维尔新闻报》，1964年2月9日。

39 《杰克·帕尔秀》，www.youtube.com。

40 票根，沃斯·宾厄姆，1963年8月8日，乔治·巴里·宾厄姆文献。

41 凯瑟斯·克莱，《我是最伟大的！》，《击倒》（哥伦比亚唱片公司，1963），B面第4段。

42 《最后的回顾》，《纽约时报》，1963年7月25日。

43 亚历克斯·波因塞特，《小析凯瑟斯·克莱：拳坛最大的大嘴巴》，《乌木》，1963年3月。

第十二章　丑陋的大狗熊

1 克特雷尔，《穆罕默德·阿里——曾经的凯瑟斯·克莱》，p.113。

2 豪瑟与阿里合著，《穆罕默德·阿里》，p.59。

3 汤姆·沃尔夫，《糖果色橘瓣流线型宝贝车》（纽约：斗牛士出版社，2009），p.108。

4 雷姆尼克，《世界之王》，p.75。

5 克特雷尔，《穆罕默德·阿里——曾经的凯瑟斯·克莱》，p.116。

6 赫斯顿·霍恩，《令人遗憾的梦化为了现实》，《体育画报》，1963年11月18日。

7 《克莱——嘴巴的功劳》，1963年3月12日，汉克·卡普兰拳击档案。

8 《征兵，利斯顿不担心克莱》，《芝加哥卫报》，1963年12月30日。

9 霍恩，《令人遗憾的梦化为了现实》。

10 《桑尼又一次动怒了》，《太平洋星条旗报》，1963年11月7日。

11 《警犬盯着克莱远离利斯顿的住宅》，《格里利县每日论坛报》，1963年11月5日。

12 霍恩，《令人遗憾的梦化为了现实》。

13 同上。

14 《征兵委员会能击倒克莱》，《米德尔斯伯勒每日邮报》（肯塔基州），1963年11月9日。

15 同上。

第十三章　“黑人穆斯林又有什么错呢？”

1 作者对杰西·杰克逊所做的采访，2016年7月6日。

2 《我有点特殊》，《体育画报》，1964年2月24日。

3 《凯瑟斯·克莱与挑战》，《体育》，1964年3月。

4 《我有点特殊》,《体育画报》, 1964年2月24日。

5 《利斯顿的优势——致命的左拳》。

6 阿瑟·戴利,《一个不幸的选择》,《纽约时报》, 1966年1月14日。

7 雷姆尼克,《世界之王》, p.151。

8 戴维·雷姆尼克,《美国渴望》,《纽约客》, 1998年10月12日。

9 同上。

10 作者对哈里·本森所做的采访, 2016年9月12日。

11 詹姆斯·布克, 报道注释, 1963年3月14日, 刊登在《时代》上的文章, 尼克·蒂梅希文献。

12 黑方公司对亚历克斯·哈利所做的采访, 1988年10月24日,《瞄准大奖II: 站在种族问题十字路口的美国, 1965–1985》, 亨利·汉普顿的私人收藏, 电影和媒体档案馆, 华盛顿大学图书馆, 圣路易斯, http://digital.wustl.edu/cgi/t/text/text-idxc=eop;cc=eop;q1=malcolm%20x;rgn=div2;view=text;idno=hal5427.0088.062;node=hal5427.0088.062%3A1.7。

13 詹姆斯·布克, 报道注释, 1963年3月14日, 刊登在《时代》上的文章, 尼克·蒂梅希文献。

14 乔治·普林顿,《假想拳》(纽约: G. P. 帕特南父子出版公司, 1977), p.97。

15 罗伯茨和史密斯,《亲兄弟》, p.164。

16 马尔科姆·X给亚历克斯·哈利的信,《马尔科姆自传》(纽约: 巴兰坦出版社, 1965), p.354。

17 《利斯顿的优势: 致命的左拳》。

18 美国联邦调查局备忘录, 穆罕默德·阿里档案, 1964年2月13日, 美国联邦调查局档案馆, 美国国家档案和记录管理局, 华盛顿特区。

19 乔治·普林顿,《迈阿密手记: 凯瑟斯·克莱与马尔科姆·X》, 见乔治·金博尔和约翰·舒里安(编),《拳击赛》, p.195; 沃尔夫,《神奇的嘴巴》, p.20。

20 罗伯茨和史密斯,《亲兄弟》, p.107。

21 作者对拉里·科尔布所做的采访, 2016年5月28日。

22 汉克·卡普兰,《从这个有利的角度看利斯顿对战克莱》(未发表, 未注明日期), 汉克·卡普兰拳击档案。

23 汉克·卡普兰,《回顾克莱和利斯顿的比赛》(未发表, 未注明日期), 汉克·卡普兰拳击档案。

24 《凯瑟斯为胜利感到高兴, 但是为外界以大赔率押他失败感到气愤》,《纽约时报》, 1964年2月26日。

25 汉克·卡普兰,《没什么可说的——也没什么可写的了》(未发表的专栏文章, 1963年12月1日), 汉克·卡普兰拳击档案。

26 座位票价, 汉克·卡普兰拳击档案。

27 哈罗德·康拉德,《亲爱的马弗》(纽约: 斯坦和戴出版社, 1982), p.169。

28 雷姆尼克,《世界之王》, p.178。

29 克特雷尔,《穆罕默德·阿里——曾经的凯瑟斯·克莱》, p.151。

30 雷姆尼克,《世界之王》, p.181。

31 《拳击"专家们"的耳朵挨了拳头》,《纽约时报》, 1964年2月26日。

32 汉克·卡普兰,《比赛倒计时》(手写笔记, 未注明日期), 汉克·卡普兰拳击档案。

33 汉克·卡普兰,《对凯瑟斯·克莱震惊世界的那一天的简要回顾》(未发表, 未注明日期），汉克·卡普兰拳击档案。

34 《路易斯维尔的手套生产商为凯瑟斯起舞》，《纽约时报》，1964年2月26日。

35 《电视转播体育赛事的320万美元的纪录有望被打破》，《纽约时报》，1964年2月26日。

36 迈克尔·埃兹拉，《穆罕默德·阿里：制造偶像》（费城：天普大学出版社，2009），p.82。

37 同上，p.83。

38 《克莱欣喜若狂》，《纽约时报》，1964年2月26日。

39 雷姆尼克，《世界之王》，p.186。

40 克莱对战利斯顿，www.youtube.com。

41 作者对小德鲁·布朗所做的采访，2016年3月7日。

42 《凯瑟斯为胜利感到高兴》。

43 《菲利克斯透露第五回合的戏剧性内幕》，《纽约时报》，1964年2月26日。

44 《克莱和利斯顿的比赛》，www.youtube.com。

45 作者对哈里·本森所做的采访，2016年9月12日。

46 《克莱和利斯顿之战的第七回合及广播录音》，1964年2月25日，www.youtube.com。

47 《桑尼·利斯顿对战凯瑟斯·克莱，1964年2月25日——第六回合及采访》www.youtube.com。

第十四章　成为穆罕默德·阿里

1 《23岁的冠军》。

2 彼得·古拉尔尼克，《追逐梦想的黑人：山姆·库克的胜利》（纽约：利特尔和布朗出版社，2005），p.532。

3 作者对吉姆·布朗所做的采访，2014年6月25日。

4 豪瑟与阿里合著，《穆罕默德·阿里》，p.106。

5 《克莱谈自己的未来、利斯顿以及黑人穆斯林》，《纽约时报》，1964年2月27日。

6 同上。

7 《克莱说自己接受了伊斯兰教并认为这种宗教是实现和平的道路》，《纽约时报》，1964年2月28日。

8 同上。

9 《穆罕默德·阿里的完整故事》，约瑟夫·康森蒂诺和桑德拉·康森蒂诺（导）（1996，电视电影，加利福尼亚州伯班克，华纳家庭影业公司，2001）。

10 《穆罕默德·阿里塑造了我的一生》，《纽约时报》，2016年6月5日。

11 作者对约翰·阿里所做的采访，2015年4月4日。

12 《冠军悬赏2万美元征召能够使其改变穆斯林信仰的人》，《喷气机》，1964年3月26日，pp.50–58。

13 克特雷尔，《穆罕默德·阿里——曾经的凯瑟斯·克莱》，p.175。

14 《有消息称克莱、马尔科姆·X计划组建新的组织》，《芝加哥卫报》，1964年3月2日。

15 备忘录，1964年3月12日，美国联邦调查局马尔科姆·X档案，10号档案。

16 《克莱在参观联合国的2个小时里透露自己计划前往麦加》，《纽约时报》，1964年3月5日。

17 《克莱在名字中加入了黑人穆斯林组织使用的“X”》,《纽约时报》, 1964年3月7日。

18 曼宁·马拉布,《马尔科姆·X:重新来过的一生》(纽约:企鹅出版社,2011),p.292。

19 奥尔森,《黑色是最好的》, p.133。

20 录音带,Ax322,第1–34号录音带,杰克·奥尔森文献。

21 奥尔森,《黑色是最好的》, p.139。

22 《黑人领袖就克莱支持黑人穆斯林一事提出批评》,《纽约时报》, 1964年2月29日。

23 《克莱受到了批评》,《路易斯维尔新闻报》, 1964年3月20日。

24 作者对杰西·杰克逊所做的采访,2016年7月6日。

25 奥尔森,《黑色是最好的》, p.103。

26 《23岁的冠军》。

27 雷姆尼克,《世界之王》, pp.209–210。

28 埃尔德里奇·克里弗,《搁置的灵魂》(纽约:戴尔出版社,1992), p.117。

29 《广告:“最伟大的”——可是他有销路吗?》,《纽约时报》, 1964年2月27日。

30 会议记录,1964年3月8日,路易斯维尔赞助团,菲尔森历史学会。

31 《有待观察的拳赛合约》,《纽约时报》, 1964年2月28日。

32 克特雷尔,《穆罕默德·阿里——曾经的凯瑟斯·克莱》, p.154。

33 《格林反对克莱和利斯顿进行第二次比赛》,《纽约时报》, 1964年4月27日。

34 刘易斯,《凯瑟斯·克莱》, p.101。

35 《克莱平静地接受了让他不能入伍的裁决》,《纽约时报》, 1964年3月21日。

36 《克莱承认入伍测试难住了他》,《纽约时报》, 1964年3月6日。

第十五章　选择

1 作者对迪克·格雷戈里所做的采访,2015年6月7日。

2 卡尔·伊万兹,《真主的使者:伊利贾·穆罕默德的崛起和衰落》(纽约:万神殿出版社,1999), p.291。

3 作者对路易斯·法拉罕所做的采访,2015年8月8日。

4 备忘录,1964年3月12日,美国联邦调查局马尔科姆·X档案,10号档案。

5 备忘录,1964年3月23日,美国联邦调查局马尔科姆·X档案,10号档案。

6 备忘录,1964年3月13日,美国联邦调查局马尔科姆·X档案,10号档案。

7 马拉布,《马尔科姆·X》, p.298。

8 同上,p.365。

9 《克莱与马尔科姆·X绝交》,《纽约时报》, 1964年5月18日。

10 同上。

11 《对埃及人来说克莱是个谜》,《纽约时报》, 1964年6月15日。

12 《捷径》,《伦敦书评》, 2016年5月19日。

13 《尼日利亚之行赢得了欢呼声,留下了坏印象》,《纽约时报》, 1964年6月4日。

14 《克莱说一旦埃及有需要他就会投入战斗》,《纽约时报》, 1964年7月11日。

15 《克莱与马尔科姆·X绝交》,《纽约时报》, 1964年5月18日。

16 马拉布,《马尔科姆·X》, p.365。

17 《和克莱一起度过的一天:电视,唱歌,穆斯林》,《纽约时报》, 1964年6月27日。

第十六章　“小妞，你愿意嫁给我吗？”

1 给美国联邦调查局局长的备忘录，1965年10月6日，赫伯特·穆罕默德档案，马尔科姆·X-曼宁·马拉布私人收藏，哥伦比亚大学图书馆，纽约。

2 作者对洛厄尔·赖利所做的采访，2014年7月8日。

3 阿里和达勒姆，《最伟大的人》，p.184。

4 同上，p.187。

5 豪瑟与阿里合著，《穆罕默德·阿里》，p.115。

6 作者对夏洛特·沃德尔所做的采访，2015年10月2日。

7 作者对萨菲亚·穆罕默德-拉玛所做的采访，2015年8月6日。

8 作者对洛厄尔·赖利所做的采访，2014年7月8日。

9 《克莱或许将在埃及度蜜月》，《路易斯维尔卫报》，1964年8月15日。

10 同上。

11 奥尔森，《黑色是最好的》，p.151。

12 阿里和达勒姆，《最伟大的人》，p.188。

13 作者对拉哈曼·阿里所做的采访，2014年8月30日。

14 奥尔森，《黑色是最好的》，p.161。

15 同上，pp.166-167。

16 录音带，Ax322，第1-34号录音带，杰克·奥尔森文献。

17 奥尔森，《黑色是最好的》，p.153。

18 《工作，游戏，谈话，克莱的全明星阵容》，《路易斯维尔卫报》，1964年11月12日。

19 《克莱做了一场成功的疝气手术》，《纽约时报》，1964年11月14日。

20 《还是受伤了，还是迷失了》，《体育画报》，1964年11月16日。

21 同上。

22 阿瑟·戴利，《时代的热门运动》，《纽约时报》，1964年11月15日。

23 《依然痛苦，依然迷茫》，《体育画报》，1964年11月16日。

24 《克莱没有流露出对佐拉·福利和征兵的担心》，《路易斯维尔时报》，1967年3月21日。

25 《工作，游戏，谈话，克莱的全明星阵容》。

26 杰克·奥尔森对费迪·帕切科所做的采访，打印笔记，未注明日期，杰克·奥尔森文献。

27 雷姆尼克，《世界之王》，p.246。

28 杰克·奥尔森对费迪·帕切科所做的采访，打印笔记，未注明日期，杰克·奥尔森文献。

29 《克莱做了一场成功的疝气手术》。

30 《克莱做了一场手术——战胜疾病》，《路易斯维尔新闻报》，1967年11月14日。

31 作者对路易斯·法拉罕所做的采访，2015年8月8日。

32 作者对戈登·戴维森所做的采访，2014年4月18日。

33 雷姆尼克，《世界之王》，p.239。

第十七章　暗杀

1 马拉布,《马尔科姆·X》, p.398。

2 加斯帕·冈萨雷斯和艾伦·汤姆林森（制作）,《穆罕默德·阿里——迈阿密制造》,（公共广播公司，2008）。

3 欧文·库普西内特对穆罕默德·阿里所做的采访，WRKB-TV，1965年3月15日；美国联邦调查局马尔科姆·X档案，美国联邦调查局电子档案馆。

4 豪瑟与阿里合著,《穆罕默德·阿里》, p.110。

5 马拉布,《马尔科姆·X》, p.436。

6 阿里和达勒姆,《最伟大的人》, p.192。

7 同上，p.191。

8 备忘录（无题）, 1965年1月19日，美国联邦调查局档案馆。

9 保密备忘录（无题）, 口述于1965年2月16日，美国联邦调查局档案馆。

10 《凯瑟斯·克莱说他不害怕——每天在街上散步，不带保镖》,《蒙特利尔公报》, 1965年2月25日。

11 作者对约翰·阿里所做的采访，2015年4月4日。

12 作者对阿卜杜勒·拉赫曼所做的采访，2016年8月19日。

13 阿里和达勒姆,《最伟大的人》, p.191。

14 同上，p.192。

15 同上，p.193。

16 同上，p.194。

17 同上，p.195。

18 《在克莱的大客车上耳罩很有用》,《波士顿环球报》, 1965年5月1日。

19 《国王应该自己打水吗？》,《迈阿密先驱报》, 1965年4月1日。

20 金德里德,《喧嚣与愤怒》, p.88。

21 作者对埃德温·波普所做的采访，2014年3月20日。

22 《国王应该自己打水吗？》。

23 作者对埃德温·波普所做的采访，2014年3月20日。

24 作者对小德鲁·布朗所做的采访，2016年3月7日。

25 《由于车轴起火，拳王和记者们被困在了北卡罗来纳》,《波士顿环球报》, 1965年5月2日。

26 《假想拳》, p.118。

27 《尤利丑陋的一面》,《迈阿密先驱报》, 1965年4月2日。

第十八章　幽灵拳

1 《保持公正太难了》,《迈阿密先驱报》, 1965年4月4日。

2 《桑尼·利斯顿的生日》, ThisWeekScience.com，http://www.thesweetscience.com/news/articles-frontpage/15175-a-birthday-for-sonny-liston。

3 《还是受伤了，还是迷失了》。

4 娱乐体育电视网《经典赛事》对杰拉尔丁·利斯顿所做的采访，电视采访文字整理稿，2011年5月2日。

5 雷姆尼克,《世界之王》, p.254。

6 同上。

7 《凯瑟斯惊险取胜》,《体育画报》, 1965年5月24日。

8 雷姆尼克,《世界之王》, p.261。

9 《一记快而狠的右拳，一场毫无必要的激烈抗议》,《体育画报》, 1965年6月7日。

10 《医生说眼睛说明了问题》,《路易斯维尔新闻报》, 1965年5月28日。

11 《一记快而狠的右拳，一场毫无必要的激烈抗议》。

12 《没有作弊》,《路易斯维尔新闻报》, 1965年5月28日。

13 美国联邦调查局备忘录，1965年7月30日，美国联邦调查局电子档案馆。

14 娱乐体育电视网《经典赛事》对杰拉尔丁·利斯顿所做的采访。

第十九章　真爱

1 阿里和达勒姆,《最伟大的人》, p.200。

2 作者对杰里·伊兹恩伯格所做的采访，2015年1月20日。

3 奥尔森,《黑色是最好的》, p.155。

4 《导致克莱婚姻破裂的或许是与妻子就穆斯林问题产生的争执》,《皮尔斯堡新闻论坛报》(佛罗里达), 1965年6月24日。

5 作者对萨菲亚·穆罕默德-拉玛所做的采访，2015年8月6日。

6 作者对阿卜杜勒·拉赫曼所做的采访，2016年8月19日。

7 美国联邦调查局报告，1968年2月6日，赫伯特·穆罕默德档案，马尔科姆·X-曼宁·马拉布私人收藏。

8 作者对拉哈曼·阿里所做的采访，2014年8月29日。

9 作者对罗斯·詹宁斯所做的采访，2014年3月10日。

10 《导致克莱婚姻破裂的或许是与妻子就穆斯林问题产生的争执》。

11 《克莱的妻子得到了350美元的不完全援助》《皮尔斯堡新闻论坛报》(佛罗里达), 1965年7月1日。

12 奥尔森,《黑色是最好的》, p.155。

13 同上，p.149。

14 同上，p.156。

15 作者对拉哈曼·阿里所做的采访，2014年8月29日。

16 马克·克拉姆,《伟大的人会经历两次死亡》(纽约：圣马丁格里芬出版社，2015), p.76。

17 杰克·奥尔森对奥德萨·克莱所做的采访，未注明日期，杰克·奥尔森文献。

18 同上。

19 《穆罕默德的儿子被发现殴打妇女》,《芝加哥卫报》, 1962年10月13日。

20 美国联邦调查局报告，1966年1月14日，赫伯特·穆罕默德档案，马尔科姆·X-曼宁·马拉布私人收藏。

21 美国联邦调查局报告，1967年1月16日，赫伯特·穆罕默德档案，马尔科姆·X-曼宁·马拉布私人收藏。

22 作者对鲍勃·埃勒姆所做的采访，2015年11月17日。

23 作者对罗斯·詹宁斯所做的采访，2014年3月10日。

24 作者对萨菲亚·穆罕默德-拉玛所做的采访，2015年8月6日。

25 作者对鲍勃·埃勒姆所做的采访，2015年11月17日。

26 戈登·戴维森给穆罕默德·阿里的信，1965年1月6日，路易斯维尔赞助团文献。

27 《克莱在1964年度的预支款明细》, 1965年3月17日，路易斯维尔赞助团文献。

28 戈登·戴维森给昌西·埃斯克里奇的信，1965年3月9日，路易斯维尔赞助团文献。

29 汉克·卡普兰，对穆罕默德·阿里进行的采访，未注明日期，汉克·卡普兰拳击档案。

30 戈登·戴维森给约瑟夫·托马斯的信，1965年2月8日，路易斯维尔赞助团文献。

31 戈登·戴维森给阿奇博尔德·福斯特的信，1964年12月9日，路易斯维尔赞助团文献。

32 沃斯·宾厄姆的备忘录，未注明日期（1965）, 路易斯维尔赞助团文献。

33 阿瑟·格拉夫顿，给路易斯维尔赞助团的备忘录，1965年8月5日，路易斯维尔赞助团文献。

34 阿奇博尔德·福斯特给阿瑟·格拉夫顿的信，1965年8月9日，路易斯维尔赞助团文献。

35 同上。

36 同上。

37 同上。

第二十章　一场神圣的战斗

1 汉克·卡普兰对穆罕默德·阿里所做的采访，未注明日期，汉克·卡普兰拳击档案。

2 同上。

3 《花花公子专访：凯瑟斯·克莱》,《花花公子》, 1964年10月。

4 克特雷尔,《穆罕默德·阿里——曾经的凯瑟斯·克莱》, p.240。

5 《我要彻底打败克莱》,《体育画报》, 1964年10月19日。

6 弗洛伊德·帕特森,《必须打败凯瑟斯·克莱》,《体育画报》, 1965年10月11日。

7 克特雷尔,《穆罕默德·阿里——曾经的凯瑟斯·克莱》, p.243。

8 弗洛伊德·帕特森与盖伊·特立斯,《为凯瑟斯·克莱辩护》,《君子》, 1966年8月。

9 《在拉斯维加斯“猎兔”》,《体育画报》, 1965年11月22日。

10 奥尔森,《黑色是最好的》, p.166。

11 同上，p.167。

12 阿里和达勒姆,《最伟大的人》, p.188。

13 给路易斯维尔赞助团执行委员会的备忘录，1966年1月11日，戈登·戴维森文献，菲尔森历史学会。

14 埃兹拉,《穆罕默德·阿里》, p.93。

15 美国联邦调查局备忘录，1967年6月14日，美国联邦调查局电子档案馆。

16 阿瑟·格拉夫顿,《给路易斯维尔赞助团成员的备忘录》, 路易斯维尔赞助团文献。

17 给路易斯维尔赞助团执行委员会的备忘录，1966年1月11日，戈登·戴维森文献。

18 埃兹拉,《穆罕默德·阿里》, p.93。

19 作者对鲍勃·埃勒姆所做的采访，2015年11月17日。

20 作者对鲍勃·埃勒姆所做的采访，2016年6月22日。

21 作者对约翰·阿里所做的采访，2015年4月4日。

22 美国联邦调查局报告，1968年2月6日，赫伯特·穆罕默德档案，马尔科姆·X-曼宁·马拉布私人收藏。

23 美国联邦调查局报告，1967年1月16日，赫伯特·穆罕默德档案，马尔科姆·X–曼宁·马拉布私人收藏。

24 作者对鲍勃·埃勒姆所做的采访，2015年11月17日。

25 作者对约翰·阿里所做的采访，2015年4月4日。

26 同上。

27 阿奇博尔德·福斯特给路易斯维尔赞助团的备忘录，1966年2月8日，路易斯维尔赞助团文献。

28 阿瑟·格拉夫顿，《给路易斯维尔赞助团成员的备忘录》，路易斯维尔赞助团文献。

第二十一章 不要争吵

1 《拳击手指责董事会存在偏见》，《纽约时报》，1966年2月18日。

2 《越南战争伤亡人数统计资料》，2008年4月29日，美国国家档案馆，http://www.archives.gov/research/military/vietnam-war/casualty-statistics.html#date。

3 罗伯特·李普塞特，《一名意外诞生的体育记者》（纽约：埃科出版社，2012），p.73。

4 《拳击手指责董事会存在偏见》。

5 作者对鲍勃·哈洛伦和鲍勃·埃勒姆所做的采访，2015年11月17日。

6 穆罕默德·阿里专访，未注明日期，录音，杰克·奥尔森文献。

7 同上。

8 《克莱想要在"世纪之战"中击倒获胜》，《图森公民日报》，1966年3月28日。

9 斯蒂芬·法特西斯，《没有一个越共管我叫"黑鬼"》，《石板》（网络杂志），2016年6月8日，http://www.slate.com/articles/sports/sports_nut/2016/06/did_muhammad_ali_ever_say_no_viet_cong_ever_called_me_nigger.html。

10 《兵役登记局，因良心拒服兵役者专用登记表》，1966年2月28日，国家档案与文件署。

11 同上。

12 《吉姆·默里》，《新期刊》（俄亥俄州曼斯菲尔德），1966年2月23日。

13 《克莱未被列入3月征兵名单》，《科科莫晨时报》（印第安纳州），1966年2月22日。

14 美国联邦调查局报告，1967年1月16日，赫伯特·穆罕默德档案，马尔科姆·X–曼宁·马拉布私人收藏。

15 作者对鲍勃·埃勒姆所做的采访，2015年11月17日。

16 克里弗，《搁置的灵魂》，p.118。

17 《〈黑人学者〉专访：穆罕默德·阿里》，早期版本，《穆罕默德·阿里读本》，p.89。

18 《克莱说他是一架喷气式飞机，别人都是螺旋桨飞机》，《纽约时报》，1966年3月25日。

19 作者对戈登·B.戴维森所做的采访，2014年4月18日。

20 作者对鲍勃·埃勒姆所做的采访，2015年11月17日。

21 《跟沙袋决一高下》，《体育画报》，1966年3月28日。

22 《克莱被陪练击倒》,《纽约时报》, 1966年3月20日。

23 《历史决定论：重量级拳王大决战》,《多伦多人》, 2013年3月23日，http://torontoist.com/2013/03/historicist-the-heavyweight-showdown/。

24 《多伦多之战》,《纽约时报》, 1966年3月30日。

25 CompuBox公司为作者整理制作的点数统计数据。

26 罗恩·弗里德对埃迪·富奇所做的采访，未注明日期，征得罗恩·弗里德的同意引用。

27 《拳王向顽强的对手致敬》,《纽约时报》, 1966年3月30日。

28 乔治·丘瓦罗,《丘瓦罗》(多伦多：哈珀柯林斯出版社，2013)，p.176。

第二十二章 “我叫什么？”

1 《困境中的冠军？》,《体育画报》, 1967年4月10日。

2 《近距离看拳王》,《乌木》, 1966年11月。

3 CompuBox公司为作者整理制作的点数统计数据。

4 资本项目备忘录，沃斯·宾厄姆文献，路易斯维尔赞助团，1966年10月20日，菲尔森历史学会。

5 银行对账单，公民富达银行和信托公司，沃斯·宾厄姆文献，1966年5月15日，菲尔森历史学会。

6 《凯瑟斯和他的守护天使们依依惜别》,《路易斯维尔新闻报》, 1966年10月16日。

7 埃兹拉,《穆罕默德·阿里》, p.115。

8 《惨败》,《体育画报》, 1966年11月21日。

9 同上。

10 《我会怎样把凯瑟斯·克莱痛打一顿》,《拳台》, 1967年2月。

11 霍华德·科塞尔对穆罕默德·阿里和厄尼·特雷尔所做的采访，1966年12月28日，娱乐体育电视网《经典赛事》, www.youtube.com。

12 《就是左边》,《体育画报》, 1967年2月6日。

13 《技术全面、为人残忍的阿里》,《体育画报》, 1967年2月13日。

14 《穆罕默德·阿里对阵厄尼·特雷尔[整场比赛录像]》, www.youtube.com。

15 豪瑟与阿里合著,《穆罕默德·阿里》, p.165。

第二十三章 “面对愤怒”

1 《学习伊利贾的高级仇恨课》,《体育画报》, 1966年5月2日。

2 《我的朋友凯瑟斯》,《路易斯维尔新闻报》, 1966年7月31日。

3 豪瑟与阿里合著,《穆罕默德·阿里》, p.280。

4 《〈黑人学者〉专访：穆罕默德·阿里》,《黑人学者》, 1970年6月。

5 《性感偶像》,《体坛内幕》, 1980年11月30日。

6 作者对小安德鲁·杨所做的采访，2014年8月11日。

7 同上。

8 《凯瑟斯对阵军方》,《纽约时报》, 1967年4月30日。

9 汤姆·威克,《国家内部：穆罕默德·阿里与不同政见》,《纽约时报》, 1967年5月2日。

10 《克莱有可能导致征兵出现改变》,《圣安东尼奥快报》, 1966年8月26日。

11 《国会议员抨击克莱的征兵状态》,《圣安东尼奥快报》, 1967年2月22日。

12 美国联邦调查局备忘录，1967年2月23日，美国联邦调查局电子档案馆。

13 艾伦·J.罗勒给拉姆齐·克拉克的信，1967年5月9日，穆罕默德·阿里资料汇总，国家档案与文件署。

14 美国联邦调查局备忘录，芝加哥分局发给局长的备忘录，1966年3月17日，美国联邦调查局电子档案馆。

15 同上。

16 海登·C.卡温顿给穆罕默德·阿里的信，1966年9月2日，作者的私人收藏。

17 同上。

18 《穆罕默德·阿里对阵佐拉·福利——1967年3月22日——比赛始终——1-7回合及访谈》, www.youtube.com。

19 《佐拉·福利将穆罕默德·阿里评为拳坛头号选手》,《体育画报》, 1967年4月10日。

20 《为拳王打拍子》,《体育画报》, 1967年5月8日。

第二部分

第二十四章　放逐

1 美国联邦调查局备忘录，1968年2月6日，赫伯特·穆罕默德档案，马尔科姆·X-曼宁·马拉布私人收藏。

2 《克莱与金博士称这次谈话让两人“重修旧好”》,《路易斯维尔新闻报》, 1967年3月30日。

3 《牧师凯瑟斯被迫接受分歧判定》,《路易斯维尔时报》, 1967年3月30日。

4 《克莱与金博士称这次谈话让两人“重修旧好”》。

5 《牧师凯瑟斯被迫接受分歧判定》。

6 《越战背后》, 1967年4月4日，斯坦福大学小马丁·路德·金教育研究所，http://kingencyclopedia.stanford.edu/encyclopedia/documentsentry/doc_beyond_vietnam/。

7 戴维·加罗,《联邦调查局与小马丁·路德·金》（纽约：企鹅出版社，1981）, p.182。

8 《最高法院给克莱的沉重打击》,《阿比林记者新闻》, 1967年4月18日。

9 霍华德·L.宾厄姆和马克斯·华莱士,《穆罕默德·阿里最伟大的一场比赛》（马里兰州兰纳姆：罗曼和利特菲尔德出版社，2000）, p.145。

10 《为拳王打拍子》。

11 《直到拒绝入伍前，凯瑟斯还在开玩笑，跳舞》、《路易斯维尔新闻报》, 1967年4月29日。

12 《克莱拒绝入伍，拒绝失去拳击王冠》,《路易斯维尔新闻报》, 1967年4月29日。

13 《为拳王打拍子》。

第二十五章 信仰

1 美国联邦调查局备忘录，1967年6月14日，美国联邦调查局电子档案馆。

2 卡利娅·卡马乔-阿里，未出版的回忆录，未注明日期，征得卡利娅·卡马乔-阿里的同意引用。

3 作者对萨菲亚·穆罕默德-拉马所做的采访，2015年8月6日。

4 同上。

5 作者对卡利娅·卡马乔-阿里所做的采访，2016年3月28日。

6 卡利娅·卡马乔-阿里，未出版的回忆录。

7 作者对卡利娅·卡马乔-阿里所做的采访，2014年11月21日。

8 卡利娅·卡马乔-阿里，未出版的回忆录。

9 作者对卡利娅·卡马乔-阿里所做的采访，2016年3月1日。

10 作者对萨菲亚·穆罕默德-拉马所做的采访，2015年8月6日。

11 《穆罕默德与贝琳达秘密举行婚礼》，《芝加哥卫报》，1967年8月23日。

12 《凯瑟斯在芝加哥与新娘喜结连理》，《亚特兰大宪报》，1967年8月19日。

13 《穆罕默德·阿里的婚礼》，《芝加哥卫报》，1967年8月21日。

14 作者对卡利娅·卡马乔-阿里所做的采访，2016年3月27日。

15 同上。

16 作者对鲍勃·埃勒姆所做的采访，2016年6月22日。

17 作者对鲍勃·埃勒姆所做的采访，2015年11月17日。

18 同上。

19 作者对吉姆·布朗所做的采访，2014年6月25日。

20 作者对威利·戴维斯所做的采访，2015年11月19日。

21 《我不为阿里感到担心》，《体育画报》，1967年6月19日。

22 作者对约翰·伍滕所做的采访，2015年11月19日。

23 作者对柯蒂斯·麦克林顿所做的采访，2015年11月19日。

24 《我不为阿里感到担心》。

25 作者对吉姆·布朗所做的采访，2014年6月25日。

26 《克莱不会改变主意》，《科科莫晨时报》（印第安纳州），1967年6月5日。

27 同上。

28 《我不为阿里感到担心》。

29 《克莱在征兵一案中被判有罪，被判处5年监禁》，《纽约时报》，1967年6月21日。

30 宾厄姆和华莱士，《穆罕默德·阿里最伟大的一场比赛》，p.162。

31 同上，p.179。

32 作者对夏洛特·沃德尔所做的采访，2015年10月2日。

33 戴夫·齐林，《我叫什么名字，傻瓜？体育和美国的抵抗活动》（芝加哥：海马基特出版社，2005），p.67。

34 迈克·马魁西，《救赎之歌》（伦敦：左页出版社，1999），p.165。

35 《黑人按照要求抵制体育比赛》，《纽约时报》，1967年7月24日。

36 《穆罕默德·阿里——衡量一个人的标准》，《自由之路》，1967年春。

37 《抵制蓝调》，妮娜·西蒙演唱，www.youtube.com。

第二十六章　殉道者

1 《法官要求克莱向前妻支付拖欠的赡养费》，《纽约时报》，1967年10月21日。

2 《律师起诉凯瑟斯·克莱拖欠284615美元律师费》，《纽约时报》，1967年10月17日。

3 作者对夏洛特·沃德尔所做的采访，2015年10月2日。

4 作者对卡利娅·卡马乔–阿里所做的采访，2014年11月21日。

5 卡利娅·卡马乔–阿里，未注明日期的采访的文字稿，卡利娅·卡马乔–阿里的私人收藏。

6 作者对拉哈曼·阿里所做的采访，2014年11月10日。

7 作者对卡利娅·卡马乔–阿里所做的采访，2014年11月21日。

8 《克莱的父亲胸口被刺伤，一名女子受到指控》，《路易斯维尔新闻报》，1967年5月9日。

9 美国联邦调查局报告，1968年2月6日，赫伯特·穆罕默德档案，马尔科姆·X–曼宁·马拉布私人收藏；卡利娅·卡马乔–阿里，未出版的回忆录。

10 《穆罕默德·阿里的受难》。

11 同上。

12 作者对蒂姆·沙纳汉所做的采访，2014年7月15日。

13 作者对乔治·洛伊斯所做的采访，2015年6月30日。

14 同上。

15 同上。

16 《阿里独自悼念金的逝世》，《芝加哥卫报》，1968年4月11日。

17 《大块头凯瑟斯大得无法“蝶舞”，但气势依然如同蜂蜇》，《路易斯维尔时报》，1969年2月15日。

18 《罗伯特·肯尼迪就小马丁·路德·金遇刺身亡发表的讲话》，1968年4月4日，www.youtube.com。

19 《穆罕默德·阿里的独立世界》，《波士顿环球报》，1968年4月22日。

20 《克莱定罪上诉败诉》，《芝加哥论坛报》，1968年5月7日。

21 《困境中的冠军？》。

22 《阿里无所畏惧地面对未卜的前途》，《芝加哥卫报》，1968年2月22日。

23 《穆罕默德·阿里——又名小凯瑟斯·马塞勒斯·克莱——回来了》，《纽约时报》，1969年11月30日。

24 《70岁的阿里：最伟大的拳击手成就卓越》，《洛杉矶时报》，2012年1月18日。

25 《凯瑟斯·克莱说不要融合》，《巴克斯县信使时报》，1967年11月1日。

26 无标题的文章，《沃托家民主党人报》（北卡罗来纳州），1969年9月25日。

27 《穆罕默德·阿里敦促黑人选择“分离主义”》，《洛杉矶哨兵报》，1968年2月8日。

28 《老凯瑟斯–穆罕默德》，《芝加哥卫报》，1968年4月24日。

29 《“圣战”中的克莱》，《洛厄尔星期日报》（马萨诸塞州），1967年9月6日。

30 《“不再打拳了”——凯瑟斯》，《亚特兰大宪报》，1968年2月9日。

31 卡利娅·卡马乔–阿里，未注明日期的采访的文字稿，卡利娅·卡马乔–阿里私人收藏。

32 《穆罕默德·阿里》,《乌木》,1969年4月。

33 同上。

34 《在被罢免的冠军凯瑟斯眼中，为信仰而入狱很有吸引力》,《路易斯维尔新闻报》,1969年8月24日。

35 广告,《迈阿密时报》,1969年9月12日。

36 《阿里在迈阿密入狱》,《匹尔斯堡新闻论坛报》(佛罗里达州),1968年12月17日。

37 《克莱开始了10天的刑期》,《评论报》(弗吉尼亚州丹维尔),1968年12月17日。

38 豪瑟与阿里合著,《穆罕默德·阿里》, p.197。

39 《穆罕默德·阿里——又名小凯瑟斯·马塞勒斯·克莱——回来了》。

40 迪克·沙普,《当时和现在的穆罕默德·阿里》,金博尔和舒里安(编),《拳击赛》, p.216。

41 给司法部的信件，穆罕默德·阿里资料汇总，1969年2月13日，国家档案与文件署。

42 比尔·巴维克给林登·B.约翰逊总统的信，穆罕默德·阿里资料汇总，1967年6月24日，国家档案与文件署。

43 《穆罕默德·阿里》,《乌木》,1969年4月。

第二十七章　唱歌跳舞和祈祷

1 作者对卡利娅·卡马乔–阿里所做的采访，2016年4月29日。

2 同上。

3 同上。

4 鲍德温,《下一次将是烈火》, p.64。

5 作者对卡利娅·卡马乔–阿里所做的采访，2016年4月29日。

6 《穆罕默德·阿里失去了在黑人穆斯林的名字》,《纽约时报》,1969年4月20日。

7 作者对路易斯·法拉罕所做的采访，2015年8月8日。

8 同上。

9 伊利贾·穆罕默德,《致美国黑人》(菲尼克斯：使者伊利贾·穆罕默德传播协会秘书出版社，1973), p.246，http://www.finalcall.com/columns/hem/sport_play.html。

10 莫林·史密斯,《〈穆罕默德之声〉与穆罕默德·阿里：伊斯兰民族组织和体育在1960年代里的交集》,蒂莫西·钱德勒和塔拉·马格达林斯基(编),《神与他们同在：为宗教服务的体育》(伦敦：路特雷奇出版社，2002), pp.177–196。

11 同上。

12 穆罕默德·阿里，手写笔记，未注明日期，由卡利娅·卡马乔–阿里提供。

13 《阿里的为人之道》,《体育画报》,1969年5月5日。

14 同上。

15 《我觉得演艺业名声不好》,《纽约时报》,1969年11月23日。

16 《凯瑟斯·克莱的音乐剧只演了7场》,《纽约时报》,1969年12月5日。

17 罗伯特·李普塞特,《想当就当穆罕默德·阿里》(纽约：哈珀柯林斯出版社，1977), p.90。

18 《小凯瑟斯·马塞勒斯·克莱》,美国联邦调查局备忘录，1969年12月8日，穆罕默德·阿里资料汇总，国家档案与文件署。

19 美国联邦调查局备忘录，1973年11月30日，美国联邦调查局电子档案馆。

20 作者对利昂·穆罕默德所做的采访，2016年6月13日。

21 作者对贾米拉·穆罕默德所做的采访，2014年12月9日。

22 作者对卡利娅·卡马乔–阿里所做的采访，2014年11月21日。

23 同上。

24 作者对卡利娅·卡马乔–阿里、维罗妮卡·波奇和贾米拉·穆罕默德所做的采访，日期不同，2014–2017。

25 作者对卡利娅·卡马乔–阿里所做的采访，2014年11月21日。

26 同上。

第二十八章　有史以来最伟大的一本书

1 《万众瞩目的一本书》,《华盛顿邮报》, 1970年3月29日。

2 同上。

3 作者对卡利娅·卡马乔–阿里所做的采访，2014年11月21日。

4 伊什梅尔·里德,《穆罕默德 · 阿里全传》(蒙特利尔：巴拉卡出版社，2015), p.151。

5 作者对杰西·杰克逊所做的采访，2016年7月6日。

6 作者对吉恩·吉洛伊所做的采访，2016年7月1日。

7 《克莱“自封”世界冠军》,《华盛顿邮报》, 1970年5月27日。

第二十九章　陪着我

1 本章中出现的引文、体态描写和其他细节都摘自阿里与达勒姆合作完成的《最伟大的人——我的故事》一书。达勒姆的原稿现保存在芝加哥的卡特·G.伍德森地区图书馆，但是采访录音带不在图书馆的馆藏中。达勒姆的妻子克拉丽斯在接受作者采访时说，她相信她的丈夫准确地引用了录音中的原话。达勒姆的传记作者索尼娅·D.威廉姆斯在描述达勒姆的生活时写道，达勒姆与阿里抵制住了赫伯特·穆罕默德的反对意见，坚持要求这本书中的人物对话不应当经过任何改动，也不应该受到审查。本章中出现的来自达勒姆的一些补充说明经过了作者的编辑，一些对话也有所删减，但是作者没有增添或改动任何对话或体态描写。

第三十章　东山再起

1 《切里希尔在穆罕默德·阿里的一生中扮演了重要角色》,《信使邮报》(新泽西州切里希尔), 2012年9月13日。

2 《克莱被黑人斗士击倒》,《印第安纳晚报》, 1970年1月30日。

3 作者对吉恩·吉洛伊所做的采访，2016年5月4日。

4 作者对马克·萨塔洛夫所做的采访，2015年4月15日。

5 作者对雷吉·巴雷特所做的采访，2016年3月22日。

6 《一段奇怪的友谊》,《体坛内幕》, 1981年7月31日。

7 作者对吉恩·吉洛伊所做的采访，2016年8月22日。

8 作者对勒罗伊·约翰逊所做的采访，2016年6月1日。

9 《阿里，欢迎回来》,《体育画报》, 1970年9月14日。

10 作者对萨姆·马塞尔所做的采访，2016年5月10日。

11 作者对勒罗伊·约翰逊所做的采访，2016年6月1日。

12 同上。

13 《阿里，欢迎回来》。

14 《阿里赢得了百万美元，却面临着平衡预算的艰巨考验》，《纽约时报》，1978年3月25日。

15 《阿里，欢迎回来》。

16 同上。

17 《克莱不认同达马托对压力的定义》，《路易斯维尔时报》，1970年10月26日。

18 《经历了拳坛多年捶打的拳击手杰里·科瑞逝世，享年53岁》，《纽约时报》，1999年1月5日。

19 《官方表示3年禁赛的判决有失公正》，《纽约时报》，1970年9月15日。

20 《他动如丝绸，拳顶千斤》，《体育画报》，1970年10月26日。

21 作者对杰西·杰克逊所做的采访，2016年7月6日。

22 《击倒获胜》，《亚特兰大》，2005年10月。

23 同上。

24 舒尔贝格，《失败者，仍然是冠军》，p.78。

25 《拳击场内的人群组成了一道耀眼的背景》，《纽约时报》，1970年10月27日。

26 《观众席上的竞技和社会学》，《亚特兰大宪报》，1970年10月28日。

27 《拳击场内的人群组成了一道耀眼的背景》。

28 作者对萨姆·马塞尔所做的采访，2016年5月10日。

29 《阿里在桃树街》，《哈泼斯杂志》，1971年1月。

30 普林顿，《假想拳》，p.157。

31 同上，p.163。

32 舒尔贝格，《失败者，仍然是冠军》，p.74。

33 作者对杰里·伊兹恩伯格所做的采访，2016年6月22日。

34 邓迪，《从角落里看过去》，p.139。

35 《穆罕默德·阿里——杰里·科瑞，1970年10月26日，I》，www.youtube.com。

36 阿里和达勒姆，《最伟大的人》，p.326。

37 作者对吉恩·吉洛伊所做的采访，2016年5月4日。

38 《20万美元被抢——“至少这个数”》，《亚特兰大宪报》，1970年11月1日。

第三十一章 “全世界都在看着你”

1 《这将是一场拳王和废物之战》，《体育画报》，1971年2月1日。

2 金德里德，《喧嚣与愤怒》，p.137。

3 《阿里对战波纳维纳》，美国娱乐与体育电视台，www.youtube.com。

第三十二章 另一个拳击手

1 《戴安娜·罗斯对这场比赛的总结：克莱看起来很棒》，《路易斯维尔时报》，1970年

10月27日。

2 邓迪,《从角落里看过去》, p.143。

3 CompuBox公司为作者整理制作的点数统计数据。

4 同上。

5 作者对吉恩·吉洛伊所做的采访，2016年9月16日。

6 豪瑟与阿里合著,《穆罕默德·阿里》, p.213。

7 作者对费迪·帕切科所做的采访，2013年12月30日。

8 舒尔贝格,《失败者，仍然是冠军》, p.96。

9 同上。

10 《与海明威先生聊天》,《纽约时报》, 1950年9月17日。

11 作者对小马克·克拉姆所做的采访，2016年8月13日。

12 作者对老乔·汉德所做的采访，2014年3月21日。

13 梅勒,《山丘之王》, p.67。

14 《公牛对阵蝴蝶——拳王之战》,《时代》, 1971年3月8日。

15 《在这个角落……官方认定的重量级拳王》,《纽约时报》, 1970年11与15日。

16 《公牛对阵蝴蝶——拳王之战》。

17 《在这个角落……官方认定的重量级拳王》。

18 同上。

19 马克·克拉姆,《马尼拉的幽灵》（纽约：哈珀永久出版社，2002）, p.28。

20 同上，p.29。

第三十三章　一场500万美元的比赛

1 《时代》, 1971年3月8日。

2 《穆罕默德·阿里对战乔·弗雷泽（I）：1971-03-08》, www.youtube.com。

3 《这将是一场拳王和废物之战》。

4 同上。

5 作者对吉姆·邓迪所做的采访，2015年6月11日。

6 《弗雷泽-阿里之战的收入将近2000万美元》,《纽约时报》, 1971年5月9日。

7 《500万美元的体坛发薪日》,《体育画报》, 1971年1月25日。

8 舒尔贝格,《失败者，仍然是冠军》, p.128。

9 《花孔雀运动员》,《时代》, 1971年1月4日。

10 金德里德,《喧嚣与愤怒》, p.165。

11 《铃声响起……》,《体育画报》, 1971年3月8日。

12 作者对马尔维斯·弗雷泽所做的采访，2014年3月8日。

13 《我给克莱准备了一个惊喜》,《体育画报》, 1971年2月22日。

14 《帕特森和阿里悼念利斯顿》,《芝加哥卫报》, 1971年1月7日。

15 《“熟透”的阿里预言自己将获胜》,《洛杉矶时报》, 1971年1月16日。

16 同上。

17 同上。

18 《对吹牛的解释》,《奥克兰邮报》, 1971年2月4日。

19 《“熟透”的阿里预言自己将获胜》。

20 同上。

第三十四章　阿里-弗雷泽之战

1 梅勒,《山丘之王》, p.62。

2 康妮·布鲁克,《当好莱坞之王诞生的时候》(纽约：兰登书屋，2004), p.309。

3 作者对卡利娅·卡马乔-阿里所做的采访，2014年12月23日。

4 同上。

5 《1971年3月8日这一天，你在哪里？》, ESPN.com, http://espn.go.com/classic/s/silver_ali_frazier.html。

6 《世纪转播》,《纽约时报》, 1972年8月21日。

7 梅勒,《山丘之王》, p.76。

8 克拉姆,《马尼拉的幽灵》, p.144。

9 娱乐体育电视网《经典赛事》对乔·所做的采访，电视采访文字稿，2001年1月17日，由娱乐体育电视网提供。

10 托雷斯,《拳如蜂蜇》, p.208。

11 阿里和理查德·达勒姆,《最伟大的人》, p.405。

12 《"所有人都会记住这一幕"》,《体育画报》, 1971年3月15日。

13 梅勒,《山丘之王》, p.17。

14 《穆罕默德·阿里说："我不是拳王"》,《查尔斯顿每日邮报》, 1971年3月9日。

15 《弗雷泽赢得了王冠》,《纽约时报》, 1971年3月8日。

第三十五章　自由

1 《穆罕默德·阿里的"费城故事"》,《费城公民报》，2016年6月6日。

2 普林顿,《假想拳》, p.200。

3 同上，p.201。

4 同上，p.203。

5 同上，p.204。

6 同上，p.206。

7 美国兵役登记局，1961年3月13日，国家档案与文件署。

8 马蒂·莱德曼,《"凯瑟斯·克莱诉美国案"的故事》, ScotusBlog.com，2016年6月8日，http://www.scotusblog.com/2016/06/muhammad-ali-conscientious-objection-and-thesupreme-courts-struggle-to-understand-jihad-and-holy-war-the-story-of-cassius-clay-vunited-states/。

9 同上。

10 穆罕默德,《致美国黑人》, p.322。

11 作者对托马斯·克拉腾梅克所做的采访，2016年6月29日。

12 《拳击场外的胜利日》,《纽约时报》, 1971年6月29日。

13 同上。

14 《法官们的判决日：5-3-1，对阿里有利？》,《纽约时报》, 1971年6月28日。

15 《拳击场外的胜利日》。

16 《阿里的评价终结了威尔特的拳击生涯》,《洛杉矶时报》, 1989年1月15日。

17 《阿里将在和乔打完比赛后退出拳坛》,《隆波克纪事》(加利福尼亚), 1971年6月23日。

18 《拳击场外的胜利日》。

19 同上。

20 唐纳德·里弗斯,《黑王子》,《纽约时报》, 1971年5月17日。

21 《穆罕默德·阿里:世界最伟大的拳击手》,《萨克拉门托观察者报》, 1971年2月25日。

22 《疲惫的阿里在代顿表演赛上表现平平,他暗示自己有可能退役》,《齐尼亚每日公报》(俄亥俄州), 1971年6月26日。

23 同上。

24 《阿里在刻苦训练》,《纽约时报》, 1971年7月24日。

25 《嘴巴要上阵了》,《太平洋星条旗报》, 1971年7月24日。

26 同上。

27 《阿里在第十二回合结束时才干掉了埃利斯》,《纽约时报》, 1971年7月27日。

28 作者对费迪·帕切科所做的采访, 2013年12月30日。

29 同上。

30 作者对鲍勃·古德曼所做的采访, 2014年12月4日。

31 作者对鲍勃·福斯特所做的采访, 2014年6月12日。

32 娱乐体育电视网《经典赛事》对安吉洛·邓迪做的采访。

33 作者对鲍勃·福斯特所做的采访, 2014年6月12日。

第三十六章　花招

1 作者对鲍勃·埃勒姆所做的采访, 2015年11月17日。

2 《费雷泽的统治戛然而止》,《纽约时报》, 1973年1月23日。

3 《30岁开始学会生活,就连穆罕默德·阿里也不例外》,《纽约时报》, 1972年9月14日。

4 作者对吉恩·吉洛伊所做的采访, 2014年12月13日。

5 《30岁开始学会生活,就连穆罕默德·阿里也不例外》。

6 作者对贾米拉·阿里所做的采访, 2015年7月25日。

7 尼基·乔万尼对穆罕默德·阿里所做的采访, 1971年, www.youtube.com。

8 托马斯·豪瑟,《穆罕默德·阿里的回忆》(纽约:里佐利出版社, 1992), 无编号页面。

9 《30岁开始学会生活,就连穆罕默德·阿里也不例外》。

10 《赛后,阿里引开了一记飞快的刺拳》,《纽约时报》, 1972年9月21日。

11 《花花公子专访:唐·金》,《花花公子》, 1988年5月。

12 杰克·纽菲尔德,《只有在美国》(纽约:威廉·莫罗出版社, 1995), p.3–4。

13 《拳击手身边的独行侠协调人》,《体育画报》, 1974年9月2日。

14 纽菲尔德,《只有在美国》, p.3。

15 同上。

16 作者对劳埃德·普赖斯所做的采访, 2015年7月30日。

17 同上。

18 纽菲尔德,《只有在美国》, p.37。

19 同上，p.3。

20 《花花公子专访：唐·金》,《花花公子》, 1988年5月。

21 作者对吉恩·吉洛伊所做的采访，2016年3月4日。

22 作者对唐·金所做的采访，2015年12月13日。

23 独立记者安迪·奎因对唐·金所做的录像采访，2014年12月14日，由安迪·奎因提供。

24 作者对唐·金所做的采访，2015年12月13日。

25 安迪·奎因对唐·金所做的录像采访，2014年12月14日。

26 作者对唐·金所做的采访，2015年12月13日。

27 克拉姆,《马尼拉的幽灵》, p.149。

28 《安排了一场伐木战》,《体育画报》, 1973年1月15日。

29 同上。

30 《体坛人物：还是那个阿里》,《纽约时报》, 1973年2月13日。

31 《花花公子专访：唐·金》,《花花公子》, 1988年5月。

32 纽菲尔德,《只有在美国》, p.47。

33 《体坛人物：还是那个阿里》。

34 乔伊斯·卡罗尔·奥茨,《论拳击》(纽约：哈珀永久出版社，2006), p.30。

35 《冲锋号拳王》,《体育画报》, 1978年6月12日。

36 《阿里-弗雷泽之战重蹈美元贬值的覆辙》,《纽约时报》, 1973年4月2日。

37 布莱恩·伯勒,《愤怒的日子》(纽约：企鹅出版社，2016), p.5。

38 同上。

39 作者对吉恩·吉洛伊所做的采访，2016年7月19日。

40 作者对雷吉·巴雷特所做的采访，2016年3月4日；作者对卡利娅·卡马乔-阿里所做的采访，2016年3月4日。

41 作者对雷吉·巴雷特所做的采访，2016年3月4日。

42 斯蒂芬·布伦特,《面对阿里》(康涅狄格州吉尔福德：里昂出版社，2002), p.175。

43 同上，p.170。

44 美国广播公司电视报道，1973年3月31日，www.youtube.com。

45 同上。

46 《他的嘴几乎在咆哮》,《体育画报》, 1973年4月23日。

47 同上。

48 作者对卡利娅·卡马乔-阿里所做的采访，2016年3月4日。在这次采访的过程中，卡利娅说导致自己爆发的一部分原因是自己的失落情绪，而且她发现在这场比赛之前阿里还在嫖娼，此外还有一个她不愿说出来的原因。

49 同上。

50 《诺顿打晕阿里，还想挑战福尔曼》,《海沃德每日评论》(加利福尼亚), 1973年4月1日。

51 作者对费迪·帕切科所做的采访，2013年12月30日。

52 《阿里的股价暴跌，下巴也弯了》,《温尼伯自由新闻》, 1973年4月2日。

53 李·温弗瑞,《穆罕默德的陨落：是悲剧，还是纯粹的时间问题？》,《芝加哥论坛报》, 1973年4月15日。

第三部分

第三十七章　战斗到底

1 《一样的阿里，不一样的表现》,《埃姆斯每日论坛报》(爱荷华州),1973年5月4日。

2 同上。

3 《栓丝结扎固定的下颌也无法让谦卑的阿里闭上嘴巴》,《纽约时报》,1973年5月4日。

4 同上。

5 理查德·霍弗,《狂热的比赛》(波士顿：达卡波出版社，2014),p.118。

6 作者对鲍勃·古德曼所做的采访，2014年12月4日。

7 安吉洛·邓迪，娱乐体育电视网《体育世纪》采访稿，未注明日期，由ESPN提供。

8 《阿里当然喜欢在路易斯维尔举行的比赛，但是……》,《路易斯维尔新闻报》,1975年3月25日。

9 作者对卡利娅·卡马乔–阿里所做的采访，2014年11月21日。

10 《阿里和他的随从们》,《体育画报》,1988年4月25日。

11 同上。

12 作者对洛厄尔·赖利所做的采访，2014年3月14日。

13 安吉洛·邓迪，娱乐体育电视网《体育世纪》采访稿。

14 同上。

15 《穆罕默德·阿里影像和声音》,《纽约时报》,1973年9月6日。

16 《阿里在自己的山巅上“舞动”》,《纽约时报》,1973年8月26日。

17 《阿里对战诺顿》,www.youtube.com。

18 《穆罕默德·阿里和乔·弗雷泽在电视台混战》,美国广播公司电视台，1974年1月24日，http://abcnews.go.com/WNT/video/muhammad-ali-joe-frazier-scuffle-tv-studio-14906366。

19 《记忆重现》,《纽约时报》,1974年1月29日。

20 《穆罕默德·阿里和乔·弗雷泽的第二场比赛完整录像》,www.youtube.com。

21 丹尼尔·奥克伦特(编),《美国的娱乐：瑞德·史密斯文章精选》(纽约：美国文学经典出版社，2013),p.418。

22 《阿里说“我们并不反感对方”,并且提到了第三场超级比赛》,《纽约时报》,1974年1月29日。

23 《花花公子专访：穆罕默德·阿里》,《花花公子》,1975年11月。

第三十八章　黑暗之心

1 作者对汉克·施瓦兹所做的采访，2016年7月27日。

2 纽菲尔德,《只有在美国》,p.52。

3 乔治·福尔曼,《乔治亲笔：乔治·福尔曼自传》(纽约：维拉德出版社，1995),pp.99–100。

4 同上。

5 作者对汉克·施瓦兹所做的采访，2016年7月27日。

6 《拳击手身边的独行侠协调人》。

7 同上。

8 作者对汉克·施瓦兹所做的采访，2016年7月27日。

9 《拳击手身边的独行侠协调人》。

10 作者对汉克·施瓦兹所做的采访，2016年7月27日。

11 同上。

12 汉克·施瓦兹，《从拳击台一角到寰宇一角》（纽约州瓦利斯特里姆：西维康姆出版社，2009–2010），p.155。

13 维克多·博克里斯，《拳击手天堂里的穆罕默德·阿里》（纽约：库珀广场出版社，2000），pp.125–126。

14 作者对吉恩·吉洛伊所做的采访，2014年5月16日。

15 《财政问题和违法犯罪行为令黑人穆斯林组织身处困境》，《纽约时报》，1973年12月6日。

16 阿里和达勒姆，《最伟大的人》，p.209。

17 克拉姆，《马尼拉的幽灵》，p.9。

18 豪瑟与阿里合著，《穆罕默德·阿里的一生和他的时代》，p.201。

19 作者对吉姆·布朗所做的采访，2014年6月25日。

20 美国联邦调查局备忘录，1975年3月11日，赫伯特·穆罕默德档案，马尔科姆·X-曼宁·马拉布私人收藏。

21 作者对汉克·施瓦兹所做的采访，2016年7月27日。

22 《窃国者》，《邮政卫报》（南非约翰内斯堡），1997年9月12日。

23 同上。

24 《扎伊尔正在自豪地为成为福尔曼–阿里之战的战场做着准备》，《纽约时报》，1974年7月2日。

第三十九章　斗士的天堂

1 《阿里希望自己与福尔曼的比赛成为最后一战》，《纽约时报》，1974年3月5日。

2 《他们在说什么》，《纽约时报》，1974年3月31日。

3 作者对吉恩·吉洛伊所做的采访，2016年6月10日。

4 《福尔曼在普莱森顿进行训练》，《阿格斯报》（加利福尼亚州费利蒙），1974年7月30日。

5 《福尔曼对自己和阿里之战的评价很"官方"》，《长滩新闻电讯报》（加利福尼亚），1974年7月30日。

6 同上。

7 作者对罗斯·詹宁斯所做的采访，2014年3月10日。

8 同上。

9 《昂贵的全套服务》，《格伦斯福尔斯邮政星报》（纽约州），1974年8月14日。

10 《扎伊尔：最激烈的拳赛即将到来》，《纽约时报》，1974年8月13日。

11 《记者团终于抵达扎伊尔》，《芝加哥论坛报》，1974年9月18日。

12 作者对比尔·卡普兰所做的采访，2016年8月9日。

13 作者对比尔·卡普兰所做的采访，2015年2月2日。

14 《扎伊尔正在自豪地为成为福尔曼-阿里之战的战场做着准备》。

15 作者对罗斯·詹宁斯所做的采访，2014年3月10日。

16 托马斯·博斯泰尔曼，《1970年代：从民权到经济不平等的一部新世界史》（新泽西州普林斯顿：普林斯顿大学出版社，2012），p.12。

17 戴夫·金德里德，《走进阿里的内心》，《中西部杂志》，1974年9月1日。

18 同上。

19 《花花公子专访：穆罕默德·阿里》，《花花公子》，1975年11月。

20 《旷野中的声音》，《纽约时报》，1974年8月17日。

21 普林顿，《假想拳》，p.226。

22 金德里德，《喧嚣与愤怒》，p.198。

23 同上，p.199。

24 作者对卡利娅·卡马乔-阿里所做的采访，2014年11月23日。

25 同上。

26 莫里·Z.利维，《可怜的蝴蝶》，《费城杂志》，未注明日期（约1975）。

27 穆罕默德·阿里新闻发布会，纽约市，1974年9月，《当我们都是王者的时候》，环球影城，2005。

28 《面对福尔曼，阿里有获胜的机会吗？》，《体坛》，1974年9月。

29 《阁楼专访：穆罕默德·阿里》，《阁楼》，1974年6月。

30 《体育简讯》，《纽约时报》，1974年9月5日。

31 作者对维罗妮卡·波奇所做的采访，2016年5月25日。

32 作者对吉恩·吉洛伊所做的采访，2016年6月21日。

33 作者对维罗妮卡·波奇所做的采访，2016年5月25日。

第四十章　“阿里，干掉他！”

1 《镜子，墙上的镜子啊，谁才是……》，《纽约时报》，1974年9月10日。

2 穆罕默德·阿里在《当我们都是王者的时候》中接受的采访。

3 《走进阿里的内心》。

4 大卫·弗罗斯特专访穆罕默德·阿里，英国广播公司，未注明日期，www.youtube.com。

5 同上。

6 戴夫·安德森，《华尔道夫破碎的酒杯》，《纽约时报》，1974年6月24日。

7 《纽约时报》使用了“脏话已删除”这句话，而不是“蠢货”（表示“蠢货”的ass也有“屁股”的意思），其他媒体采用的是“尾部”一词，显然表明《纽约时报》删除的措辞是“蠢货”。同上。

8 《华尔道夫破碎的酒杯》。

9 《穆罕默德·阿里的“丛林轰鸣声”》，《路易斯维尔新闻报》，1974年9月15日。

10 作者对乔治·福尔曼所做的采访，2015年9月28日。

11 福尔曼，《乔治亲笔：乔治·福尔曼自传》，p.106。

12 《穆罕默德·阿里的黑暗面》，《沙龙》，http://www.salon.com/2001/06/06/ali_2/。

13 作者对吉恩·吉洛伊所做的采访，2014年5月16日。

14 同上。

15 作者对杰里·伊兹恩伯格所做的采访，2016年5月23日。

16 《圣战咏叹：阿里，打倒他！》,《纽约时报》, 1974年10月28日。

17 《逃兵对战大腕》,《体育画报》, 1974年10月28日。

18 《阿里对战福尔曼》, www.youtube.com。

19 诺曼·梅勒,《拳赛》(纽约：古典出版社，1997), p.44。

20 同上。

21 奥茨,《论拳击》, p.185。

22 同上，p.391。

23 斯托克利·卡迈克尔,《准备革命：斯托克利·卡迈克尔的一生和斗争》(纽约：斯克里布纳出版社，2003), p.707。

24 《许多拳击迷都将观看这场比赛——但不是在扎伊尔》,《纽约时报》, 1974年10月27日。

25 《扎伊尔的千万美元豪赌》,《纽约时报》, 1974年10月27日。

26 同上。

27 作者对维罗妮卡·波奇所做的采访，2016年12月20日。

28 同上。

29 作者对维罗妮卡·波奇所做的采访，2016年5月25日。

30 作者对罗斯·詹宁斯所做的采访，2014年3月10日。

31 克拉姆,《马尼拉的幽灵》。

32 作者对维罗妮卡·波奇所做的采访，2016年5月25日。

33 《福尔曼的眼睛在对打训练中被打裂，拳王争霸赛延期一周至三十天》,《纽约时报》, 1974年9月17日。

34 作者对维罗妮卡·波奇所做的采访，2016年5月25日。

35 作者对罗斯·詹宁斯所做的采访，2014年3月10日。

36 作者对卡利娅·卡马乔-阿里所做的采访，2014年11月21日；作者对维罗妮卡·波奇所做的采访，2016年5月25日；作者对吉恩·吉洛伊所做的采访，2016年10月22日。

37 作者对卡利娅·卡马乔-阿里所做的采访，2014年11月21日。

38 作者对维罗妮卡·波奇所做的采访，2016年12月20日。

39 克拉姆,《马尼拉的幽灵》, p.165。

40 作者对维罗妮卡·波奇所做的采访，2016年5月25日。

41 《走得越远，跌得越惨》,《体育画报》, 1974年9月2日。

42 梅勒,《拳赛》, p.116。

43 普林顿,《假想拳》, p.228。

44 作者对维罗妮卡·波奇所做的采访，2016年5月25日。

45 作者对罗斯·詹宁斯所做的采访，2014年3月10日。

46 《阿里说这将是最后一战》,《纽约时报》, 1974年10月22日。

47 《福尔曼卫冕的赔率升至3：1》,《纽约时报》, 1974年10月27日。

48 瑞德·史密斯,《金沙萨可以说是非洲的谢尔比》,《纽约时报》, 1974年10月23日。

49 《阿里独一无二的名声——一切是怎么开始的》,《芝加哥论坛报》, 1974年11月3日。

50 普林顿,《假想拳》, p.299。

第四十一章　丛林大战

1 乔治·普林顿,《为了“舞会”放弃约会》,《体育画报》, 1974年11月11日。

2 同上。

3 《许多拳击迷都将观看这场比赛——但不是在扎伊尔》。

4 《福尔曼将于今晚在扎伊尔对战阿里，赔率3：1》,《纽约时报》, 1974年10月29日。

5 邓迪,《从角落里看过去》, p.184。

6 阿里和达勒姆,《最伟大的人》, p.403。

7 普林顿,《假想拳》, p.324。

8 作者对吉恩·吉洛伊所做的采访，2016年5月22日。

9 普林顿,《为了“舞会”放弃约会》。

10 阿里和达勒姆,《最伟大的人》, p.405。

11 迈克·西尔弗,《拳击运动的发展历程》(北卡罗来纳州杰斐逊：麦克法兰出版社，2008), p.123。

12 阿里和达勒姆,《最伟大的人》, p.411。

13 《阿里对战福尔曼》, www.youtube.com。

14 作者对乔治·福尔曼所做的采访，2015年9月28日。

15 同上。

16 作者对吉恩·吉洛伊所做的采访，2016年5月22日。

17 普林顿,《假想拳》, p.329。

18 普林顿,《为了“舞会”放弃约会》。

19 普林顿,《假想拳》, p.329。

20 梅勒,《拳赛》, p.222。

第四十二章　继续前进

1 《阿里在芝加哥受到冠军礼遇》,《纽约时报》, 1974年11月2日。

2 伊万兹,《真主的使者》, p.419。

3 同上。

4 《穆罕默德·阿里——高于生活》,《蒙大拿标准报》, 1975年2月23日。

5 《阿里打算捐出自己的收入》,《比林斯公报》, 1975年2月11日。

6 《阿里向黑人发起挑战》,《乌木》, 1975年1月。

7 《家乡——全世界最棒的城市：众多支持者欢迎阿里回家》,《米德尔斯伯勒每日新闻》(肯塔基州), 1974年11月7日。

8 《阿里向黑人发起挑战》。

9 同上。

10 同上。

11 金德里德,《喧嚣与愤怒》, p.204。

12 穆罕默德·阿里献给伊利贾·穆罕默德的悼词，追悼会，1975年2月25日，由伊利贾·穆罕默德三世提供的数字影碟。

13 克拉姆,《马尼拉的幽灵》, p.113。

14 穆罕默德·阿里献给伊利贾·穆罕默德的悼词。

15 作者对劳埃德·普莱斯所做的采访，2015年7月30日。

16 作者对吉恩·吉洛伊所做的采访，2014年5月17日。

17 布鲁斯·J.舒尔曼，《70年代》（纽约：自由出版社，2001），p.53。

18 伊万兹，《真主的使者》，p.425。

19 威尔弗莱德·希德，《穆罕默德·阿里：谈话和照片构成的肖像画》（纽约：图章出版社，1975），p.161。

20 《拳坛庸人查克·韦普纳》，《长滩独立报》（加利福尼亚州），1975年1月27日。

21 纽菲尔德，《只有在美国》，p.90。

22 《双赛之阿里–韦普纳之战》，《坎伯兰（北卡罗来纳州）新闻》，1975年1月25日。

23 作者对吉恩·吉洛伊所做的采访，2016年8月26日。

24 作者对阿卜杜勒·拉赫曼所做的采访，2016年8月19日。

25 《伊斯兰民族组织筹办重大活动》，《芝加哥卫报》，1975年8月30日。

26 作者对查克·韦普纳所做的采访，2014年2月26日。

27 《阿里说自己体重过大，没有热情》，《芝加哥卫报》，1975年3月15日。

28 《疲惫的阿里在第十五回合中击倒获胜，成功卫冕》，《路易斯维尔新闻报》，1975年3月25日。

29 《阿里步履蹒跚、"拍松枕头"都是有理由的》，《路易斯维尔新闻报》，1975年5月30日。

30 《花花公子专访：穆罕默德·阿里》，《花花公子》，1975年11月。

31 作者对拉里·霍姆斯所做的采访，2015年10月1日。

32 《万王之王》，《纽约时报》，1975年6月29日。

33 作者对拉里·霍姆斯所做的采访，2015年10月1日。

第四十三章　冲动

1 作者对卡利娅·卡马乔–阿里所做的采访，2016年3月1日。

2 作者对利昂·穆罕默德所做的采访，2016年6月6日。

3 作者对贾米拉·穆罕默德所做的采访，2014年12月9日。

4 《阿里受到起诉，对方要求他继续支付抚养费》，《洛杉矶时报》，1985年1月18日。

5 作者对维罗妮卡·波奇所做的采访，2016年12月20日。

6 作者对利昂·穆罕默德所做的采访，2016年6月6日。

7 作者对蒂姆·沙纳汉所做的采访，2014年1月12日。

8 作者对卡利娅·卡马乔–阿里所做的采访，2014年12月3日。

9 作者对卡利娅·卡马乔–阿里所做的采访，2016年3月1日。

10 作者对卡利娅·卡马乔–阿里所做的采访，2014年11月21日。

11 作者对迈克尔·菲纳所做的采访，2014年1月7日。

12 作者对卡利娅·卡马乔–阿里所做的采访，2016年3月1日。

13 同上。

14 作者对拉里·科尔布所做的采访，2016年5月28日；作者对洛厄尔·赖利所做的采访，2016年3月12日。

15 《拳击界最有势力的推广人埃勒姆还要当皮条客》，《体育画报》，2012年12月5日。

16 作者对鲍勃·埃勒姆所做的采访，2015年11月17日。

17 作者对卡利娅·卡马乔-阿里所做的采访，2016年3月1日。

18 作者对维罗妮卡·波奇所做的采访，2016年5月26日。

19 作者对贾米拉·阿里所做的采访，2015年7月25日。

20 作者对维罗妮卡·波奇所做的采访，2016年12月20日。

21 《远大前程》,《纽约时报》, 2012年4月8日。

22 作者对维罗妮卡·波奇所做的采访，2016年12月20日。

23 《击倒获胜》。

24 作者对维罗妮卡·波奇所做的采访，2016年5月26日；作者对卡利娅·卡马乔-阿里所做的采访，2016年3月1日。

25 作者对卡利娅·卡马乔-阿里所做的采访，2016年3月1日。

26 作者对维罗妮卡·波奇所做的采访，2016年5月26日。

27 同上。

28 《万王之王》。

29 作者对拉哈曼·阿里所做的采访，2014年11月10日。

30 柯特·冈瑟，照片，MPTV图片社，1963。见阿扎德·安萨里，《从未公开过的照片：年轻的穆罕默德·阿里在家里》, CNN.com, http://www.cnn.com/2016/06/05/us/cnnphotos-muhammad-ali-rare-pictures/index.htmlsr=twcnni060616cnnphotos-muhammad-ali-rare-pictures0226AMVODtopLink&linkId=25239242。

31 作者对皮特·邦文特里所做的采访，2016年6月2日。

32 作者对贾米拉·穆罕默德所做的采访，2014年12月9日。

33 同上。

34 皮特·邦文特里,《阿里之谜》,《新闻周刊》, 1975年9月29日。

35 作者对维罗妮卡·波奇所做的采访，2016年12月20日。

36 戴夫·安德森,《从麦哲伦、麦克阿瑟到穆罕默德》,《纽约时报》, 1975年9月23日。

37 《阿里夫人离开马尼拉，她表示"第三者的存在令人很不舒服"》,《纽约时报》, 1975年9月27日。

38 作者对贾米拉·穆罕默德所做的采访，2014年12月9日。

39 《阿里之谜》。

40 《阿里向公众讲述自己的私生活》,《纽约时报》, 1975年9月24日。

第四十四章　阿里三战弗雷泽

1 《比赛需要两位选手》,《纽约时报》, 1975年10月2日。

2 克拉姆,《马尼拉的幽灵》, p.169。

3 《阿里向公众讲述自己的私生活》。

4 克拉姆,《马尼拉的幽灵》, p.171。

5 《阿里—弗雷泽的总收入将创造新纪录》,《纽约时报》, 1975年10月2日。

6 小比尔·梅斯,《家庭影院频道崛起内幕》(北卡罗来纳州杰斐逊：麦克法兰出版社，2015), p.79。

7 《电视评论：谁将美国广播公司送上了第一的宝座？》,《纽约时报》, 1975年11月2日。

8 《上帝啊，上帝，他很伟大》,《体育画报》, 1975年10月13日。

9 同上。

10 同上。

11 同上。

12 《你完全可以信任埃迪·富奇教练》,《纽约时报》, 2001年10月14日。

13 邓迪,《从角落里看过去》, p.199。

14 克拉姆,《马尼拉的幽灵》, p.189。

第四十五章　日渐衰老

1 霍华德·科塞尔对穆罕默德·阿里所做的采访，美国广播公司电视频道,《马尼拉战栗以及阿里的反馈》, 未注明日期（约1975）, www.youtube.com。

2 《阿里夫妇：他们的婚姻已经触礁了吗？》,《乌木》, 1975年12月。

3 霍华德·科塞尔对穆罕默德·阿里所做的采访。

4 《1976年的一场典型新闻发布会》,《纽约时报》, 1976年2月22日。

5 《摔跤手的下巴要经受阿里的嘴巴的打击》,《纽约时报》, 1976年3月26日。

6 《230磅的阿里在今晚迎战杨》,《纽约时报》, 1976年4月30日。

7 《杨"潜身"躲开拳王头衔》,《德瑟雷特新闻报》(犹他州盐湖城）, 1976年5月1日。

8 《穆罕默德·阿里对战吉米·杨》, 美国广播公司电视频道，1976年4月30日，www.youtube.com。

9 《最具有主观性的运动》,《纽约时报》, 1976年5月2日。

10 娱乐体育电视网《体育世纪》对安吉洛·邓迪所做的采访。

11 同上。

12 《最具有主观性的运动》。

13 同上。

第四十六章　"他们可能不会让我退出"

1 照片及说明文字,《喷气机》, 1976年1月8日。

2 作者对迈克·卡茨所做的采访，2014年5月17日。

3 《阿里和贝琳达正式分手，神秘的维罗妮卡带着身孕露面》,《人物》, 1976年4月19日。

4 同上。

5 作者对斯皮罗斯·安东尼所做的采访，2016年3月9日。

6 同上。

7 作者对理查德·W.斯基尔曼所做的采访，2016年12月12日。

8 《阿里承认自己的状态在退步，可是"他们可能不会让我退出"》,《纽约时报》, 1976年5月26日。

9 《阿里继续为军人打拳》,《纽约时报》, 1976年6月28日。

10 《阿里住院了》,《纽约时报》, 1976年7月2日。

11 《阿里对今晚和诺顿的比赛充满信心》,《纽约时报》, 1976年9月28日。

12 《人物笔记》,《纽约时报》, 1976年10月5日。

13 作者对蒂姆·沙纳汉所做的采访，2014年7月15日。

14 蒂姆·沙纳汉,《跟拳王一起跑步》(纽约：西蒙和舒斯特出版社，2016）, p.98。

15 《阿里把手伸向了床单》,《纽约时报》, 1976年8月4日。

16 《阿里的新饮料：拳王先生苏打水》，《纽约时报》，1978年5月9日。

17 《对打练习：肯225回合；阿里100回合》，《纽约每日新闻》，1976年9月26日。

18 《说着复出的阿里现在坐在拳王头衔的旋转木马上》，《纽约每日新闻》，1976年9月23日。

19 《阿里达到正常水平》，《纽约时报》，1976年9月23日。

20 《像蜜蜂一样忙碌》，《纽约邮报》，1976年9月25日。

21 《阿里和邓迪如何团结一心》，《纽约邮报》，1976年9月22日。

22 《阿里决意在最后一战中大干一场》，《体育画报》，1976年9月27日。

23 《拳王的表演》，《纽约邮报》，1976年9月24日。

24 《在阿里–诺顿之战当晚，警察阻塞交通，对法院命令表示蔑视》，《纽约时报》，1976年9月29日。

25 作者对迈克·卡茨所做的采访，2014年5月17日。

26 《拳赛观众的盛装》，《纽约邮报》，1976年9月29日。

27 《为了往昔时光》，《纽约时报》，1976年9月29日。

28 《他们抢走了我的胜利》，《纽约邮报》，1976年9月29日。

29 《阿里在自己的更衣室里看到了不相信神话的人》，《纽约时报》，1976年9月29日。

30 《阿里还剩下什么？——不剩多少》，《纽约邮报》，1976年9月29日。

31 同上。

32 马克·克拉姆，《并非最佳选择》，《体育画报》，1976年10月11日。

33 《阿里宣布退休，以协助发展“伊斯兰事业”》，《纽约时报》，1976年10月2日。

34 《阿里的未来又生疑云》，《曼彻斯特询问者报》（康涅狄格州），1976年10月4日。

第四十七章 “你们还记得穆罕默德·阿里吗？”

1 《身为电影明星的穆罕默德·阿里试图取得“击倒获胜”的成绩》，《纽约时报》，1976年11月7日。

2 同上。

3 《看到未来的福尔曼（和博比克），阿里又改变了退休计划》，《纽约时报》，1976年11月23日。

4 作者对蒂姆·沙纳汉所做的采访，2014年1月12日。

5 作者对洛厄尔·赖利所做的采访，2014年7月8日。

6 《对阵阿里的西班牙人基本上算不得一个厉害角色》，《纽约时报》，1977年5月15日。

7 同上。

8 阿里对战伊万杰里斯塔，www.youtube.com。

9 《阿里的新家庭》，《喷气机》，1977年5月5日。

10 《一身白开启阿里的第三段婚姻》，《洛杉矶时报》，1977年6月21日。

11 豪瑟与阿里合著，《穆罕默德·阿里的一生和他的时代》，p.343。

12 作者对厄尼·沙沃斯所做的采访，2014年11月28日。

13 同上。

14 《史上最伟大的15位猛冲猛打型拳击手》，Boxing.com，http://www.boxing.com/the_15_greatest_composite_punchers_of_all_time.html。

15 《我仍然是一把枪》，《体育画报》，1983年11月7日。

16 费迪·帕切科,《马尼拉战栗》,见戴维·韦斯特（编）,《穆罕默德·阿里全书》（费城：朗宁出版社，2012）, p.359。

17 《阿里在考虑退休的问题，但目前也许没有这种可能》,《纽约时报》, 1977年10月1日。

18 同上。

19 作者对厄尼·沙沃斯所做的采访，2014年11月28日。

20 迈克尔·加夫尼,《拳王：我和穆罕默德·阿里在一起的日子》（纽约：偏离出版社，2012）, p.49。

21 《阿里在考虑退休的问题，但目前也许没有这种可能》。

22 同上。

23 泰迪·布伦纳,《只有拳击台是公平的》（新泽西州恩格尔伍德克里弗斯：普伦蒂斯-霍尔出版社，1981）, p.144。

24 作者对费迪·帕切科所做的采访，2013年12月30日。

25 加夫尼,《拳王》, p.49。

第四十八章 步履蹒跚

1 《阿里并没有"超越拳击界"》,《纽约时报》, 1977年11月7日。

2 瑞德·史密斯,《斯平克斯将在2月15日与阿里对战》,《纽约时报》, 1977年11月20日。

3 同上。

4 同上。

5 瑞德·史密斯,《地狱已经冰封》,《纽约时报》, 1978年1月18日。

6 《在阿里看来"超人"是个糊涂蛋，但是斯平克斯让他陷入了沉默》,《纽约时报》, 1978年2月1日。

7 同上。

8 《阿里赢得了百万美元，却面临着平衡预算的艰巨考验》。

9 《富人-穷人》,《体坛内幕》, 1980年11月30日。

10 《阿里赢得了百万美元，却面临着平衡预算的艰巨考验》。

11 《他是最伟大的，我是最出色的》,《体育画报》, 1978年2月27日。

12 同上。

13 凯文·鲍威尔,《阿里：一个黑人男孩心中的英雄》,《不败之神》, 2016年6月8日, https://theundefeated.com。

14 《穆罕默德·阿里对战莱昂·斯平克斯，1978年2月15日，I》, www.youtube.com。

15 作者对莱昂·斯平克斯所做的采访，2015年8月17日。

16 迪克·卡维特对穆罕默德·阿里所做的采访，未注明日期，www.youtube.com。

17 《他是最伟大的，我是最出色的》。

18 《穆罕默德·阿里对战莱昂·斯平克斯，1978年2月15日，I》。

19 同上。

20 《斯平克斯击败阿里，获得拳王头衔》,《纽约时报》, 1978年2月16日。

21 同上。

第四十九章　王储

1 《已经36岁的阿里仍然说着打一场精彩比赛的事情》,《纽约时报》, 1978年8月4日。

2 同上。

3 同上。

4 迪克・卡维特对穆罕默德・阿里所做的采访。

5 CompuBox公司为作者整理制作的点数统计数据。

6 《斯平克斯选中阿里作为下一位敌手，但是黑人反对在南非举办比赛》,《纽约时报》, 1978年3月9日。

7 《已经36岁的阿里仍然说着打一场精彩比赛的事情》。

8 作者对路易斯・法拉罕所做的采访，2015年8月8日。

9 《已经36岁的阿里仍然说着打一场精彩比赛的事情》。

10 同上。

11 《阿里，斯平克斯，以及新奥尔良之战》,《纽约》, 1978年10月2日。

12 亨特・斯托克顿・汤普森,《拉斯维加斯的最后一支探戈》, 见厄尔利（编）,《穆罕默德・阿里读本》, pp.194–195。

13 作者对拉里・科尔布所做的采访，2016年12月23日。

14 《因毒品案入狱的斯平克斯在缴纳保释金后获释》,《纽约时报》, 1978年4月22日。

15 《再次问鼎》,《体育画报》, 1978年9月25日。

16 瑞德・史密斯,《第一因素是勇气》,《纽约时报》, 1978年8月7日。

17 美国联邦调查局备忘录，1978年9月6日，美国联邦调查局电子档案馆。

18 《阿里以一首有关斯平克斯的诗结束了训练》,《锡拉丘兹邮政标准报》(纽约州), 1978年9月14日。

19 《今晚穆罕默德将成为拳王》,《锡拉丘兹邮政标准报》(纽约州), 1978年9月15日。

20 《阿里以一首有关斯平克斯的诗结束了训练》。

21 伊什梅尔・里德,《第四个阿里》, 见厄尔利（编）,《穆罕默德・阿里读本》, p.203。

第五十章　老人

1 《向拳坛“褐色轰炸机”致敬》,《阿尔图纳镜报》(宾夕法尼亚州), 1978年11月10日。

2 作者对维罗妮卡・波奇所做的采访，2016年12月20日。

3 作者对蒂姆・沙纳汉所做的采访，2014年1月12日。

4 作者对罗伯特・阿布德所做的采访，2014年12月17日。

5 作者对罗伯特・里奇利所做的采访，2014年12月8日。

6 作者对罗伯特・阿布德所做的采访，2014年12月17日。

7 作者对迈克尔・菲纳所做的采访，2017年1月3日。

8 作者对维罗妮卡・波奇所做的采访，2016年12月20日。

9 作者对迈克尔・菲纳所做的采访，2014年1月7日。

10 《阿里出演法斯特的〈自由之路〉》,《纽约时报》, 1979年10月29日。

11 作者对维罗妮卡・波奇所做的采访，2016年5月26日。

12 作者对迈克尔・菲纳所做的采访，2017年1月3日。

13 作者对迈克尔·菲纳所做的采访，2014年1月7日。
14 作者对巴里·弗兰克所做的采访，2015年11月11日。
15 作者对维罗妮卡·波奇所做的采访，2016年5月26日。
16 同上。
17 作者对迈克尔·菲纳所做的采访，2017年1月7日。
18 《拳坛大骗局》,《体育画报》, 1985年2月18日。
19 豪瑟与阿里合著,《穆罕默德·阿里的一生和他的时代》, p.424。
20 《一朝成拳王，终生是拳王》,《纽约时报》, 1979年7月1日。
21 同上。
22 作者对迈克尔·菲纳所做的采访，2014年1月7日。
23 同上。
24 《阿尔萨多在阿里身上看到了塔肯顿》,《纽约时报》, 1979年7月15日。
25 《阿里还是那个阿里，直到他上了拳击台》,《纽约时报》, 1979年3月13日。
26 《阿里并不需要话筒》,《纽约时报》, 1979年3月9日；作者对拉里·科尔布所做的采访，2016年12月19日。
27 鲍勃·琼斯和皮特·蒙哥马利对穆罕默德·阿里所做的采访，未注明日期，www.youtube.com。
28 同上。
29 《阿里还是那个阿里，直到他上了拳击台》。
30 鲍勃·琼斯和皮特·蒙哥马利对穆罕默德·阿里所做的采访。
31 瑞德·史密斯,《这一次阿里是认真的——也许吧》,《纽约时报》, 1979年8月8日。

第五十一章　胖蛋先生

1 《穆罕默德·阿里的讲座：主题就是最伟大的拳击手》,《纽约时报》, 1979年11月22日。
2 同上。
3 豪瑟与阿里合著,《穆罕默德·阿里的一生和他的时代》, p.396。
4 《阿里对抵制奥运会的立场重新进行了评估》,《波士顿环球报》, 1980年2月4日。
5 《在敦促各国抵制奥运会的出访过程中阿里换挡了》,《波士顿环球报》, 1980年2月4日。
6 《穆罕默德·阿里表示非洲之行很成功》,《纽约时报》, 1980年2月11日。
7 《外交：阿里失利》,《时代》, 1980年2月18日。
8 《已经"退休"的阿里想跟塔特打比赛》,《纽约时报》, 1980年3月1日。
9 《阿里的退休》,《纽约时报》, 1980年3月2日。
10 《霍姆斯、阿里和一位教练》,《纽约时报》, 1980年7月7日。
11 《阿里被陪练打伤》,《纽约时报》, 1980年3月9日。
12 作者对维罗妮卡·波奇所做的采访，2016年12月20日。
13 作者对维罗妮卡·波奇所做的采访，2016年5月26日。
14 《拳头太多，关心太少》,《体育画报》, 1983年4月11日。
15 作者对拉哈曼·阿里所做的采访，2016年10月19日。
16 《阿里的复出》,《纽约时报》, 1980年3月2日。
17 《参加这场比赛的人想要拿到700万美元一天的酬金》,《纽约时报》, 1980年3月7日。
18 《阿里被陪练打伤》。

19 《阿里将于5月30日在明尼苏达州与勒杜交手》,《纽约时报》, 1980年5月6日。
20 《14岁的采访者成功采访阿里》,《纽约时报》, 1980年6月29日。
21 《拉斯维加斯奇迹》,《纽约时报》, 1980年8月22日。
22 《霍姆斯的目标：用拳头驱散阿里的阴影》,《纽约时报》, 1980年9月28日。
23 作者对吉恩·吉洛伊所做的采访，2015年9月30日。
24 《霍姆斯的目标：用拳头驱散阿里的阴影》。
25 作者对拉里·霍姆斯所做的采访，2015年12月13日。
26 同上。
27 《印象》,《体坛内幕》, 1980年11月30日。
28 同上。
29 《阿里-霍姆斯之战被安排在拉斯维加斯举行》,《纽约时报》, 1980年7月18日。
30 《阿里：有关脑损伤的报道"太愚蠢"了》,《里诺公报》, 1980年6月3日。
31 《阿里出现了一些脑损伤的迹象》,《首都时报》(威斯康星州麦迪逊), 1980年6月4日。
32 同上。
33 豪瑟与阿里合著,《穆罕默德·阿里的一生和他的时代》, pp.404–405。
34 同上，pp.405。
35 《阿里：有准备，有积极性，但是有能力吗？》,《纽约时报》, 1980年9月29日。
36 作者对蒂姆·威瑟斯彭所做的采访，2015年8月10日。
37 同上。
38 《阿里出现了一些脑损伤的迹象》。
39 《阿里：有准备，有积极性，但是有能力吗？》
40 豪瑟与阿里合著,《穆罕默德·阿里的一生和他的时代》, p.414。
41 同上，p.489。
42 《印象》。
43 同上。
44 《加里·威尔斯尝试飞跃凯撒宫的喷泉》, 1980年9月15日，www.youtube.com。
45 《可别小瞧"老年人"》,《体育画报》, 1980年9月29日。
46 同上。
47 豪瑟与阿里合著,《穆罕默德·阿里的一生和他的时代》, p.410。
48 作者对维罗妮卡·波奇所做的采访，2016年5月26日。
49 《穆罕默德·阿里仍然不知道自己已经38岁了》,《纽约时报》, 1980年10月4日。
50 作者对拉里·科尔布所做的采访，2015年11月20日。
51 作者对拉里·科尔布所做的采访，2016年12月10日。
52 作者对蒂姆·威瑟斯彭所做的采访，2015年8月10日。
53 《荒漠里的末日》,《体育画报》, 1980年10月13日。
54 《大事件》,《体坛内幕》, 1980年11月30日。
55 CompuBox公司为作者整理制作的点数统计数据。
56 《大事件》。
57 《穆罕默德·阿里仍然不知道自己已经38岁了》。

第五十二章　最后的欢呼

1 毒理学实验报告，南内华达纪念医院病理科，1980年10月10日，内华达州体育委员会。

2 《阿里退休了——仅限内华达境内》,《纽约时报》, 1980年12月30日。

3 同上。

4 作者对希格·罗基奇所做的采访，2015年12月9日。

5 作者对迈克尔·菲纳所做的采访，2014年1月7日。

6 纽菲尔德,《只有在美国》, p.166。

7 作者对迈克尔·菲纳所做的采访，2014年1月7日。

8 《阿里的经理:"我觉得他不该再打拳了"》,《新墨西哥圣达菲报》, 1980年10月7日。

9 《穆罕默德·阿里和打算跳楼的男子交谈》,《洛杉矶时报》, 1981年1月20日。

10 《统治拳坛12年的重量级拳王乔·路易斯逝世，享年66岁》,《纽约时报》, 1981年4月13日。

11 路易斯,《我会怎样把凯瑟斯·克莱痛打一顿》。

12 《没有大嗓门，只有低语》,《体育画报》, 1981年12月21日。

13 《39岁的阿里有更多的事情需要证明》,《纽约时报》, 1981年11月29日。

14 同上。

15 《拳头太多，关心太少》。

16 作者对拉里·科尔布所做的采访，2016年12月23日。

17 《没有大嗓门，只有低语》。

18 《最伟大的拳击手致以谢意》,《纽约时报》, 1981年11月27日。

19 同上。

20 《拿骚上空的乌云》,《纽约时报》, 1981年12月9日。

21 《与阿里对决之前，伯比克先谈好了价钱》,《纽约时报》, 1981年12月10日。

22 《有关科尼利厄斯的更多消息》,《纽约时报》, 1982年1月15日。

23 《阿里的神秘推广人》,《纽约时报》, 1981年12月11日。

24 同上。

25 作者对拉里·科尔布所做的采访，2016年12月23日。

26 《穆罕默德·阿里对战特雷沃·伯比克，1981年12月11日》, www.youtube.com。

27 《穆罕默德·阿里吐露真言》,《纽约时报》, 1981年12月12日。

28 《阿里再一次退出拳坛》,《纽约时报》, 1981年12月13日。

第五十三章　吃拳太多

1 作者对拉里·科尔布所做的采访，2016年12月31日。

2 同上。

3 《健身房里的蜘蛛网》,《纽约时报》, 1982年11月15日。

4 同上。

5 同上。

6 同上。

7 《拳击与大脑》,《纽约时报》, 1983年6月12日。

8 《文明国家都应禁止拳击运动》,《美国医学会杂志》, 1983年1月14日。

9 《拳头太多，关心太少》。
10 同上。
11 豪瑟与阿里合著，《穆罕默德·阿里的一生和他的时代》，p.430。
12 《拳头太多，关心太少》。
13 作者对艾拉·卡森所做的采访，2016年11月23日。
14 作者对拉里·科尔布所做的采访，2016年12月22日。
15 金德里德，《喧嚣与愤怒》，p.269。
16 同上，p.270。
17 豪瑟与阿里合著，《穆罕默德·阿里的一生和他的时代》，p.489。
18 《穆罕默德·阿里说自己听够了有关他有脑损伤的传言》，《喷气机》，1984年4月30日。
19 豪瑟与阿里合著，《穆罕默德·阿里的一生和他的时代》，p.489。
20 作者对斯坦利·法恩所做的采访，2015年6月1日。
21 豪瑟与阿里合著，《穆罕默德·阿里的一生和他的时代》，p.491。
22 作者对拉里·科尔布所做的采访，2016年12月9日。
23 同上。
24 《彭德尔顿是对的》，《维多利亚倡导者》，1984年11月26日。
25 作者对拉里·科尔布所做的采访，2016年12月9日。
26 《住院期间的阿里："我不难过。"》，《洛杉矶时报》，1984年9月21日。
27 《阿里的改善据称令人惊叹》，《纽约时报》，1984年9月21日。
28 《拳击运动和大脑》，《英国医学杂志》，1989年1月14日。
29 作者对斯坦利·法恩所做的采访，2015年6月1日。
30 豪瑟与阿里合著，《穆罕默德·阿里的一生和他的时代》，p.492。
31 作者对斯坦利·法恩所做的采访，2015年6月1日。
32 《调皮的阿里和记者耗到底》，《纽约时报》，1984年11月20日。
33 同上。
34 莱拉·阿里与戴维·里兹（合著），《触及》（纽约：亥伯龙出版社，2002），p.20。
35 同上，p.12。
36 同上，pp.19–20。
37 作者对贾米拉·阿里所做的采访，2015年7月25日。
38 《他那温柔的灵魂》，《娱乐体育电视网杂志》，2016年6月27日。
39 作者对维罗妮卡·波奇所做的采访，2016年5月26日。
40 同上。
41 作者对维罗妮卡·波奇所做的采访，2016年12月20日。
42 作者对卡利娅·卡马乔–阿里所做的采访，2015年1月12日。
43 《穆罕默德·阿里是她的初恋，也是她最伟大的恋人》，《纽约时报》，2016年6月9日。
44 豪瑟与阿里合著，《穆罕默德·阿里的一生和他的时代》，p.469。
45 莱拉·阿里与戴维·里兹（合著），《触及》，p.20。
46 作者对维罗妮卡·波奇所做的采访，2016年5月26日。
47 《穆罕默德·阿里又戴上了戒指——第四次结婚》，《路易斯维尔新闻报》，1968年11月20日。

第五十四章 “他跟我们一样，也是人”

1 作者对拉里·科尔布所做的采访，2015年10月14日。

2 拉里·科尔布，《上流社会》（纽约：河源出版社，2004），p.205。

3 同上，p.212。

4 同上，pp.207–229。

5 穆罕默德·阿里写给吉恩·吉洛伊的信，1985年2月20日，吉恩·吉洛伊的私人收藏。

6 金德里德，《喧嚣与愤怒》，p.272。

7 作者对吉恩·吉洛伊所做的采访，2017年4月3日。

8 同上。

9 金德里德，《喧嚣与愤怒》，p.278。

10 作者对拉里·科尔布所做的采访，2016年12月31日。

11 同上。

12 1987年的录像，由拉里·科尔布提供。

13 同上。

14 作者对拉里·科尔布所做的采访，2016年12月31日。

15 作者对拉里·科尔布所做的采访，2016年12月22日。

16 1987年的录像，由拉里·科尔布提供。

17 同上。

18 作者对拉里·科尔布所做的采访，2016年12月22日。

19 彼得·陶伯，《阿里——依然充满魔力》，《纽约时报》，1988年7月17日。

20 同上。

21 金德里德，《喧嚣与愤怒》，p.288。

22 同上，p.290。

23 《参议员们被阿里的模仿者给耍了？》，《圣彼得堡时报》，1988年12月14日。

24 金德里德，《喧嚣与愤怒》，p.290。

25 作者对拉里·科尔布所做的采访，2016年1月10日。

26 朗尼·阿里给作者发送的短信，2017年1月3日。

27 作者对托马斯·豪瑟所做的采访，2017年1月5日。

28 作者对布莱恩·贝多尔所做的采访，2014年4月7日。

29 同上。

30 大卫·弗罗斯特对穆罕默德·阿里所做的采访，未注明日期，www.youtube.com。

31 《穆罕默德·阿里的父亲逝世》，合众国际社档案，http://www.upi.com/Archives/1990/02/09/Father-of-Muhammad-Ali-dies/4127634539600/。

32 罗伯特·李普塞特，《阿里仍然能给许多上了年纪的粉丝带来安慰》，《纽约时报》，1991年6月7日。

33 同上。

34 托马斯·豪瑟，《穆罕默德·阿里失落的遗产》（多伦多：体育经典图书出版社，2005），p.182。

35 同上。

第五十五章　火炬

1 作者对弗兰克·萨德罗所做的采访，2016年11月5日。

2 作者对弗兰克·萨德罗所做的采访，2014年6月5日。

3 同上。

4 作者对布伦达·本德所做的采访，2016年10月19日。

5 多封信件的副本，日期不一，来自弗兰克·萨德罗的私人收藏。

6 作者对弗兰克·萨德罗所做的采访，2014年6月5日。

7 同上。

8 作者对弗兰克·萨德罗所做的采访，2016年10月6日。

9 《重新现身的阿里得到的不是怜悯，而是爱》，《今日美国》，1996年10月11-13日。

10 作者对赛斯·亚伯拉罕所做的采访，2015年6月15日。

第五十六章　长长的黑色凯迪拉克

1 弗兰克·德福特，《认识了穆罕默德·阿里最好的朋友，你才认识了他》，《体育画报》，1998年7月13日。

2 埃兹拉，《穆罕默德·阿里》，p.183。

3 彼得·里奇蒙德，《穆罕默德·阿里无与伦比》，《智族》，1998年4月。

4 同上。

5 《没有蝶舞，没有蜂蜇，阿里向弗雷泽伸出了手》，《纽约时报》，2001年3月15日。

6 同上。

7 《愤怒时期需要冷静》，《纽约时报》，2001年9月19日。

8 作者对乔治·富兰克林所做的采访，2015年1月20日。

9 同上。

10 大卫·弗罗斯特对穆罕默德·阿里所做的采访，家庭影院频道播出，2002年6月25日，www.youtube.com。

11 《政府向阿里不断施压》，《锡拉丘兹邮政标准报》（纽约州），2002年1月16日。

12 《阿里，就说不》，《最后的召唤》，2002年1月8日，http://www.finalcall.com/columns/akbar/ali01-08-2002.htm。

13 大卫·弗罗斯特对穆罕默德·阿里所做的采访，家庭影院频道播出，2002年6月25日。

14 作者对迈克·弗罗斯特所做的采访，2014年12月23日。

15 阿萨德·阿里在《今日秀》中接受的采访，美国全国广播公司，2016年6月10日，http://www.today.com/news/muhammad-ali-s-son-opens-about-his-dad-today-he-t97571。

16 《在特朗普提议对外国穆斯林颁布禁令后，穆罕默德·阿里为伊斯兰教做了辩护》，《纽约时报》，2015年12月10日。

17 《照顾最伟大的拳击手》，《美国退休人员协会公报》，2014年6月。

18 作者对卡利娅·卡马乔-阿里所做的采访，2014年12月24日。

19 作者对拉里·霍姆斯所做的采访，2015年10月1日。

20 作者对维克·本德尔所做的采访，2015年10月1日。

21 作者对拉哈曼·阿里所做的采访，2015年10月1日。

22 汤姆·朱诺德，《安息，最伟大的拳击手》，《娱乐体育电视网杂志》，2017年6月

12日。

23 《奥巴马总统有关穆罕默德·阿里的声明》,《纽约时报》, 2016年6月4日。

24 《逝世后, 阿里依然那么非凡》,《路易斯维尔新闻报》, 2016年6月11日。

25 朗尼·阿里的悼词, 作者录制, 2016年6月10日。

26 伊玛目扎伊德·沙基尔的悼词, 作者录制, 2016年6月10日。

27 《穆罕默德·阿里谈论自己的死亡》, www.youtube.com。

28 雷姆尼克,《世界之王》, xiii。

后　记

1 作者对伯纳丁·多恩所做的采访, 2016年11月9日。

附　录

比赛日期	对手	比赛地点	比赛结果	判定方式
1960-10-29	滕尼·汉萨克	自由厅（美国肯塔基州路易斯维尔市）	W	UD
1960-12-27	赫伯·塞勒	大剧院（美国佛罗里达州迈阿密海滩）	W	TKO
1961-1-17	托尼·埃斯佩蒂	大剧院（美国佛罗里达州迈阿密海滩）	W	TKO
1961-2-7	吉米·罗宾逊	会议中心（美国佛罗里达州迈阿密海滩）	W	KO
1961-2-21	唐尼·弗莱曼	大剧院（美国佛罗里达州迈阿密海滩）	W	RTD
1961-4-19	拉马尔·克拉克	自由厅（美国肯塔基州路易斯维尔市）	W	KO
1961-6-26	杜克·萨贝东	会议中心（美国内华达州拉斯维加斯市）	W	UD
1961-7-22	阿隆佐·约翰逊	自由厅（美国肯塔基州路易斯维尔市）	W	UD
1961-10-7	亚历克斯·米特夫	自由厅（美国肯塔基州路易斯维尔市）	W	TKO
1961-11-29	威利·贝斯马诺夫	自由厅（美国肯塔基州路易斯维尔市）	W	TKO
1962-2-10	桑尼·班克斯	麦迪逊广场花园（美国纽约州纽约市）	W	TKO
1962-2-28	唐·华纳	会议中心（美国佛罗里达州迈阿密海滩）	W	TKO
1962-4-23	乔治·洛根	洛杉矶体育馆（美国加利福尼亚州洛杉矶市）	W	TKO
1962-5-19	比利·丹尼尔斯	圣尼古拉斯体育馆（美国纽约州纽约市）	W	TKO
1962-7-20	亚历汉德罗·拉沃兰特	洛杉矶体育馆（美国加利福尼亚州洛杉矶市）	W	KO
1962-11-15	阿奇·摩尔	洛杉矶体育馆（美国加利福尼亚州洛杉矶市）	W	TKO
1963-1-24	查利·鲍威尔	市体育馆（美国宾夕法尼亚州匹兹堡市）	W	KO
1963-3-13	道格·琼斯	麦迪逊广场花园（美国纽约州纽约市）	W	UD
1963-6-18	亨利·库珀	温布利体育场（英国伦敦市温布利区）	W	TKO
1964-2-25	桑尼·利斯顿	会议中心（美国佛罗里达州迈阿密海滩）	W	RTD
1965-5-25	桑尼·利斯顿	迈阿密中央市政中心（美国佛罗里达州迈阿密市刘易斯顿）	W	KO
1965-11-22	弗洛伊德·帕特森	会议中心（美国内华达州拉斯维加斯市）	W	TKO

续表

比赛日期	对手	比赛地点	比赛结果	判定方式
1966-3-29	乔治·丘瓦罗	枫叶花园体育馆（加拿大安大略省多伦多市）	W	UD
1966-5-21	亨利·库珀	阿森纳足球场（英国伦敦市海布里区）	W	TKO
1966-8-6	布莱恩·伦敦	伯爵府体育馆（英国伦敦市肯辛顿区）	W	KO
1966-9-10	卡尔·米尔登伯格	瓦尔德球场/商业银行球场（德国黑森州法兰克福市）	W	TKO
1966-11-14	克利夫兰·威廉姆斯	太空巨蛋体育场（美国得克萨斯州休斯敦）	W	TKO
1967-2-6	厄尼·特雷尔	太空巨蛋体育场（美国得克萨斯州休斯敦）	W	UD
1967-3-22	佐拉·福利	麦迪逊广场花园（美国纽约州纽约市）	W	KO
1970-10-26	杰里·科瑞	亚特兰大大剧院（美国佐治亚州亚特兰大）	W	RTD
1970-12-7	奥斯卡·波纳维纳	麦迪逊广场花园（美国纽约州纽约市）	W	TKO
1971-3-8	乔·弗雷泽	麦迪逊广场花园（美国纽约州纽约市）	L	UD
1971-7-26	吉米·埃利斯	太空巨蛋体育场（美国得克萨斯州休斯敦）	W	TKO
1971-11-17	巴斯特·马西斯	太空巨蛋体育场（美国得克萨斯州休斯敦）	W	UD
1971-12-26	约克·布林	大体育场（瑞士苏黎世）	W	KO
1972-4-1	麦克·福斯特	武道馆	W	UD
1972-5-1	乔治·丘瓦罗	太平洋体育馆（加拿大不列颠哥伦比亚省温哥华市）	W	UD
1972-6-27	杰里·科瑞	会议中心（美国内华达州拉斯维加斯市）	W	TKO
1972-7-19	“蓝人”阿尔文·刘易斯	克罗克公园体育场（爱尔兰都柏林市）	W	TKO
1972-9-20	弗洛伊德·帕特森	麦迪逊广场花园（美国纽约州纽约市）	W	RTD
1972-11-21	鲍勃·福斯特	撒哈拉-太浩湖酒店（美国内华达州州界镇）	W	KO
1973-2-14	乔·巴格纳	会议中心（美国内华达州拉斯维加斯市）	W	UD
1973-3-31	肯·诺顿	圣地亚哥体育馆（美国加利福尼亚州圣地亚哥市）	L	SD
1973-9-10	肯·诺顿	广场体育馆（美国加利福尼亚州英格尔伍德）	W	SD
1973-10-20	鲁迪·吕贝尔斯	邦卡诺体育场（印度尼西亚雅加达市）	W	UD
1974-1-28	乔·弗雷泽	麦迪逊广场花园（美国纽约州纽约市）	W	UD
1974-10-30	乔治·福尔曼	金沙萨体育场（刚果民主共和国金沙萨市）	W	KO
1975-3-24	查克·韦普纳	里奇菲尔德体育馆（美国俄亥俄州里奇菲尔德市）	W	TKO
1975-5-16	罗恩·莱尔	会议中心（美国内华达州拉斯维加斯市）	W	TKO
1975-6-30	乔·巴格纳	默迪卡体育场（马来西亚吉隆坡市）	W	UD
1975-10-1	乔·弗雷泽	阿拉内塔体育场（菲律宾马尼拉大都会奎松市库保镇）	W	RTD
1976-2-20	让-皮埃尔·库普曼	罗伯托·克莱门特体育馆（波多黎各圣胡安市）	W	KO
1976-4-30	吉米·杨	资本中心体育馆（美国马里兰州兰多弗市）	W	UD

续表

比赛日期	对手	比赛地点	比赛结果	判定方式
1976–5–24	理查德 · 邓恩	奥林匹亚体育馆（德国拜恩州慕尼黑市）	W	TKO
1976–9–28	肯 · 诺顿	洋基体育场（美国纽约州纽约市布朗克斯区）	W	UD
1977–5–16	阿尔弗雷多 · 伊万杰里斯塔	资本中心体育馆（美国马里兰州兰多弗市）	W	UD
1977–9–29	厄尼 · 沙沃斯	麦迪逊广场花园（美国纽约州纽约市）	W	UD
1978–2–15	莱昂 · 斯平克斯	希尔顿酒店（美国内华达州拉斯维加斯市）	L	SD
1978–9–15	莱昂 · 斯平克斯	超级穹顶体育场（美国路易斯安那州奥尔良市）	W	UD
1980–10–2	拉里 · 霍姆斯	凯撒宫赌场度假酒店（美国内华达州拉斯维加斯市）	L	RTD
1981–12–11	特雷沃 · 伯比克	伊丽莎白女王体育中心（巴哈马拿骚市）	L	UD

缩写说明：
W 获胜
L 失败
RTD 对手因伤退赛
UD 一致判定获胜
MD 多数判定获胜（两名裁判认为一方拳手获胜，第三名裁判认为平局）
SD 分歧判定获胜（两名裁判认为一方拳手获胜，第三名裁判认为另一方拳手获胜）
TKO 技术击倒获胜
KO 击倒获胜
资料来源：Boxrec.com

图书在版编目（CIP）数据

拳王阿里的一生 /（美）乔纳森·艾格著 ；徐海娍译． — 北京 ：文化发展出版社，2023.7

ISBN 978-7-5142-2791-8

Ⅰ．①拳… Ⅱ．①乔… ②徐… Ⅲ．①阿里(Ali，Muhammed 1942-)－传记 Ⅳ．① K837.125.47

中国版本图书馆 CIP 数据核字 (2020) 第 056585 号

著作权合同登记号 图字：01-2022-0185

ALI: A LIFE by Jonathan Eig

拳王阿里的一生

著　　者　（美）乔纳森·艾格

译　　者　徐海娍

出 版 人：宋　娜

责任编辑：尚　蕾　　　　责任校对：岳智勇

责任印制：杨　骏　　　　封面设计：郭　阳

出版发行：文化发展出版社（北京市翠微路 2 号 邮编：100036）

发行电话：010-88275993　010-88275711

网　　址：www.wenhuafazhan.com

经　　销：全国新华书店

印　　刷：北京印匠彩色印刷有限公司

开　　本：710mm × 1000mm　1/16

字　　数：624 千字

印　　张：42

版　　次：2023 年 7 月第 1 版

印　　次：2023 年 7 月第 1 次印刷

定　　价：118.00 元

I S B N：978-7-5142-2791-8

◆ 如有印装质量问题，请与我社印制部联系　电话：010-88275720